社会学·政治学·文化学·教育学·民族学·历史学

陈序经全集

叶显恩 主编
王春煜 刘集林 副主编

第八卷 文化论丛（三）：东西文化观

中山大學出版社
·广州·

版权所有　翻印必究

图书在版编目（CIP）数据

陈序经全集／陈序经著；叶显恩主编；王春煜，刘集林副主编.
广州：中山大学出版社，2025.3. --ISBN 978-7-306-08274-9

Ⅰ．Z427

中国国家版本馆 CIP 数据核字第 2024GE9169 号

CHEN XUJING QUANJI: DI-BA JUAN

| 出　版　人：王天琪
| 总　策　划：王天琪
| 项目统筹：嵇春霞　王延红
| 责任编辑：罗雪梅　杨文泉
| 封面设计：雅昌文化（集团）有限公司　曾　斌　周美玲
| 责任校对：姜星宇　陈　莹
| 责任技编：靳晓虹
| 出版发行：中山大学出版社
| 电　　话：编辑部 020-84111901，84110283，84111997，84110779
| 发行部 020-84111998，84111981，84111160
| 地　　址：广州市新港西路 135 号
| 邮　　编：510275　传　真：020-84036565
| 网　　址：http://www.zsup.com.cn　E-mail: zdcbs@mail.sysu.edu.cn
| 印　　厂：恒美印务（广州）有限公司
| 规　　格：787mm×1092mm　1/16
| 总 印 张：433
| 总 字 数：8718 千字
| 版次印次：2025 年 3 月第 1 版　2025 年 3 月第 1 次印刷
| 定　　价：1980.00 元（全十四卷）

如发现本书因印装质量影响阅读，请与出版社发行部联系调换

凡　　例

一、**编排方式**。《全集》总体上兼顾著述发表时间先后与研究领域的区别。第一卷以时间为序收录了陈序经的论文、时论、书评等，其中论文已收入其他卷者，原则上只存目；同题异文者，则均予以收录。第二卷至第十三卷收录了陈序经在不同研究领域的论文或专著。第十四卷收录了陈序经的遗稿《珠崖篇》，整理了其年谱、往来书信、照片等相关资料。底稿为直排繁体者，一律改横排简体，内容列举、引用位置指向用词，如"如左"径改为"如下"等。

二、**底本来源**。《全集》所收文献中有大量未曾整理的手稿、抄稿，其版本源流、底本选择等情况，皆写入"本卷说明"中。

三、**引文说明**。《全集》所引古籍或他人著述，有漏字、错字等现象者，一般参照现今中华书局、上海古籍出版社等相应版本径改，不另说明；引用古籍或他人著述时只取其大意，与原文不尽一致，凡此，照录，不予修改；手稿或抄稿中引用本人已发表文章，但内容与已发表的原文不尽一致，凡此，亦依手稿或抄稿。

四、**校订符号**。原稿中有漏字者，在〈　〉内补之。原稿中的错讹字，在其后〔　〕内补正。原稿中的衍字，用［　］标示。原稿中漫漶不清、难以识别或残缺的字，用□表示；字数难以确定者，用▱表示。原稿中的小字夹注，置于（　）内，字体、字号同正文。外文书名、刊名用斜体。

五、**历史用语**。《全集》保留作者文字风格及语言习惯，不按现行用法改动原文。历史时期若干字词表达与今有异，但不影响理解，为存当时之真，不改。如智识（知识）分子、澎涨（膨胀）、计画（计划）、瞭解（了解）、那（哪）、澈底（彻底）、那末（那么）、原故（缘故）等。凡行文中对少数民族的蔑称，根据国家相关民族政策一律改为规范称呼，如"猺"改为"瑶"、"獠"改为"僚"、"猓猡"改为"倮倮"等。

六、外文名词。译名不统一或与现今不一致,如拿破伦/拿破仑、哥仑布/哥伦布、菲洲/非洲等,均不改。外文人名、地名书写有误者,一般径改。外文专有名词在原稿中大小写掺杂,按现今规范格式统一。

七、内文标点。原稿正文无标点或仅有简单断句者,一律按照中华人民共和国国家标准《标点符号用法》(GB/T 15834—2011)予以修改。专名号从略。

八、文字规范。《全集》中的简体字以 2013 年 6 月国务院公布之《通用规范汉字表》为准。通假字,不改。繁体字、异体字,改为规范字;但专有名词中的繁体字、异体字等,依从其使用惯例,不改。作者笔误、排印舛误等明显错误,径改。

其余未规定事项,一般遵从作者原稿。

本卷说明

第六至九卷收录了陈序经先生"文化论丛"系列著作（一）至（四）的全部内容（共20册）。书稿从1940年秋至1945年间陆续完成。本卷收录了文化论丛（三）：《东西文化观》。由刘集林点校整理，综合了陈云仙教授提供家藏陈序经手稿及南开大学图书馆藏代抄稿录入、点校。

第一部在陈云仙教授提供的陈序经先生手稿内，仅《老庄的复古的主张》、《墨子的复古的主张》、《孔家的复古的主张》（共三册，未标先后顺序）、《王启先的复古主张》（两册，未标先后顺序）、《杨光先的复古主张》、《阮文达的复古主张》、《王闿运的复古主张》等9小册共9章内容，每章亦未标章节。实际本部第十一章、第十二章《辜鸿铭的复古主张》，第十三章、第十四章《梁漱溟的复古主张》等四章内容乃录自陈序经发表的《东西文化观》（上），原文载《岭南学报》第五卷第一期，1936年7月版，这里依原文酌校。另，第十五章、第十六章亦分别录自陈序经发表的文章（详情见后），依原文酌校。其他的均依陈序经手稿点校。但在陈云仙教授提供的手稿中尚缺第十章《张绍介的复古主张》，故这一章依南开大学图书馆藏代抄稿点校。

第二部第一、二、四、五、六、七、八章内容录自陈序经发表的《东西文化观》（中），原文载《岭南学报》第五卷第二期，1936年8月版，这里依原文酌校。第十一、十二、十五章录自《全盘西化言论续集》（岭南大学1935年版），第十六章录自《全盘西化言论三集》（岭南大学学生自治会研究出版股1936年版），这里均依原书酌校。第三、十三、十四章系据已发表的《抗战时期的西化问题》（载昆明

《今日评论》第五卷第三期,1946年1月26日)一文中相关内容扩充改写而成,其中与该文重合部分,依该文酌校。第九、十章分别在《评中国本位的文化建设宣言》(载《全盘西化言论续集》)、《读十教授〈我们的总答复〉后》(载1935年5月20日天津《大公报》)两文的基础上改写而成,内容重合处,依原文酌校。另,在陈云仙教授提供的手稿中,未见本部内容,故第三、九、十、十三、十四章及结论录自南开大学图书馆藏"第二部"抄录完整的代抄稿。

具体篇章的整理情况详后。

本卷目录

第一部　复古主张的批评 …………………………… 1

第二部　折衷办法的批评 …………………………… 101

第三部　西化态度的发展 …………………………… 195

第四部　西化态度的发展：五四运动到现在 ………… 289

第五部　全盘西化的名词与意义 …………………… 385

第六部　全盘西化论史话 …………………………… 445

第一部 复古主张的批评

目 录

第一编 ··· 5
  第一章　老庄的复古的主张 ··· 5
  第二章　墨子的复古的主张 ·· 12
  第三章　孔家的复古的主张（一）① ································ 18
  第四章　孔家的复古的主张（二） ···································· 24

第二编 ·· 30
  第五章　王启元的复古主张（一） ···································· 30
  第六章　王启元的复古主张（二） ···································· 35
  第七章　杨光先的复古主张 ·· 41
  第八章　阮文达的复古主张 ·· 46

第三编 ·· 51
  第九章　王闿运的复古主张 ·· 51
  第十章　张绍介的复古主张 ·· 57
  第十一章　辜鸿铭的复古主张（一） ································· 64
  第十二章　辜鸿铭的复古主张（二） ································· 69

第四编 ·· 75
  第十三章　梁漱溟的复古主张（一） ································· 75
  第十四章　梁漱溟的复古主张（二） ································· 81
  第十五章　梁漱溟的复古主张（三） ································· 88
  第十六章　张东荪的复古主张 ·· 94

---

① 编注：底稿中相同的章题未做区分。为便利读者检索，编辑加（一）（二）……以示区分。类同者，不再注。

第一编

第一章 老庄的复古的主张

老子与庄子的思想是比较解放的思想，所以有些人还把他们的思想当为当时的革命家的思想。照老子与庄子看起来，历史的演变是退化的，是愈趋愈下的。退化不只是愈趋愈下，而且是有条理的一步一步退下去，所以老子说：

> 故失道而后德，失德而后仁，失仁而后义，失义而后礼，夫礼者，忠信之薄，而乱之首也。

得乎道的社会是老子的理想的社会，其次为得乎德的社会，其次为得乎仁的社会，再次是得乎义的社会。至于以礼去治理的社会是最坏的社会。这些各种不同的社会或阶段是基于不同的原则，而同时还可以分为不同的阶段，所以老子说：

> 上德不德，是以有德；下德不失德，是以无德。上德无为而无不为，下德为之而有以为。上仁为之而无以为；上义为之而有以为。上礼为之而莫之应，则攘臂而扔之。

这是说明各种不同的社会或阶段的不同的原则。从历史上看起来，人类的社会的退化是有实例可以证明的。庄子《在宥》篇曾述老子云：

> 昔者黄帝始以仁义撄人之心，尧舜于是乎股无胈，胫无毛，以养天下之形。愁其五藏以为仁义，矜其血气以规法度。然犹有不胜也。尧于是放驩兜于崇山，投三苗于三峗，流共工于幽都，此不胜天下也。夫施及三王而天下大骇矣。下有桀跖，上有曾史，而儒墨毕起。于是乎喜怒相疑，愚知相欺，善否相非，诞信相讥，而天下衰矣；大德不同，而性命烂漫矣；天下好知，而百姓求竭矣。于是乎斤锯制焉，绳墨杀焉，椎凿决焉。天下脊脊大乱，罪在撄人心。故贤者伏处大山嵁岩之下，而万乘之君忧栗乎堂庙之上。今世殊死者相枕也，桁杨者相推也，刑戮者相望也，而儒墨乃始离跂攘臂乎桎梏之间。意，甚矣哉！其无愧而不知耻也甚矣！吾未知圣知之不为桁杨椄槢也，仁义之不为桎梏凿柄也，焉知曾史之不为桀跖嚆矢也！故曰：绝圣弃知而天下大治。

庄子在《缮性》篇更说得清楚：

> 古之人，在混芒之中，与一世而得澹漠焉。当是时也，阴阳和静，鬼神不扰，四时得节，万物不伤，群生不夭，人虽有知，无所用之，此之谓至一。当是时也，莫之为而常自然。逮德下衰，及燧人伏羲始为天下，是故顺而不一。德又下衰，及神农黄帝始为天下，是故安而不顺。德又下衰，及唐虞始为天下，兴治化之流，浇淳散朴，离道以善，险德以行，然后去性而从于心。心与心识知，而不足以定天下，然后附之以文，益之以博。文灭质，博溺心，然后民始惑乱，无以反其性情而复其初。由是观之，世丧道矣，道丧世矣，世与道交相丧也。

我们若把了上面所说的历史的退化的原则来与这里所说的历史的退化的事实来互相对照，则这两者是好像有了暗合的地方。大致上，照老子与庄子的意见，在燧人、伏羲、神农以前的世界可以说是得乎道的世界，因为在那个时候，道德既并不下衰，而且是顺而为一，这个世界是阴阳和静、鬼神不扰、四时得节、万物不伤、群生不夭、人虽有知无所用之的一个世界。至于燧人、伏羲、神农的时代，大概只能称为得乎德的世界。到了尧舜的时代，大概只能称为得乎仁的世界，再降而至于汤武的时代，大概只能称为得乎义的世界，由此而至于春秋的时代，恐怕就是老子、庄子所谓为流至于礼的世界。

时代的退化既是由道而德、由德而仁、由仁而义、由义而礼，那么补救的方法若不能一直由礼的世界而跑到道的世界，那么至少也要一步一步的由礼的世界而达到义的世界，再由义的世界而达到仁的世界，从此又进而达到德的世界，再从此而达到道的世界。这种顺序而进的结果可以说是愈古愈好，所以从实际方面来看，老子与庄子的理想社会可以说是燧人以前的社会。然而假使一时不能达到燧人以前的社会，那么老子与庄子大约也会主张先设法去达到汤武时代的社会，然后再由汤武的社会而设法去达到尧舜以至神农、黄帝的社会，从此而再设法去达到燧人神农以前的社会中。

然而所谓燧人神农以前的社会是什么的社会呢？老子在《道德经》告诉我们道：

> 小国寡民，使有什伯人之器而不用，使民重死而不远徙。虽有舟车，无所乘之；虽有甲兵，无所陈之。使民复结绳而用之。甘其食，美其服，安其居，乐其俗。邻国相望，鸡犬之声相闻，民至老死，不相往来。

庄子在《胠箧》篇也说：

> 子独不知至德之世乎？昔者容成氏、大庭氏、伯皇氏、中央氏、栗陆氏、骊畜氏、轩辕氏、赫胥氏、尊卢氏、祝融氏、伏羲氏、神农氏，当是时，民结绳而用之，甘其食，美其服，乐其俗，安其居，邻国相望，鸡狗之

音相闻，民至老死而不相往来。若此之时，则至治已。

从老子与庄子看起来，这种社会是历史上所曾有过的社会，同时也可以说是最古的社会。庄子很明白的指出，自容成氏至神农的时代就是这种社会。而老子既说"使民复结绳而用之"，那么无疑的在他的心目中，在最古的社会中，人民是结绳以纪事，文字是后来发展的东西。他既要人们复回结绳以纪事的社会，那么他也是要人们复回最古的社会。照庄子的说法，这种社会曾存在于神农以前。老子虽没有指明这种社会存在于什么时候，然从庄子所说的话来看，再参证庄子《在宥》篇所述老子的话来看，道德的衰微既是产生于黄帝或神农以后，那么在老子的心目中，这种最古的社会大概也是在黄帝、神农以前罢。

黄帝是我们中国的开国元勋，也是我们中国文化的创始者。他垂衣裳而治天下，他争伐蚩尤，他创造舟车，他创作制度，他的名臣仓颉造作文字，他的名妃嫘祖发明蚕丝，故从文化的观点来看，中国的文化可以说是大致具备于黄帝的时代。但是，从老子与庄子看起来，所谓人类理想的社会并不是文化的社会，而是自然的社会。老子的《道德经》的要旨就是主张人类要复回自然的世界，而这个自然的世界也就是最古的世界。换句话来说，就是人类尚没有创造文化的时代，这个时代就是自然生活的时代。庄子在《马蹄》篇说得很明白：

> 故至德之世，其行填填，其视颠颠。当是时也，山无蹊隧，泽无舟梁；万物群生，连属其乡；禽兽成群，草木遂长。故其禽兽可系羁而游，鸟鹊之巢可攀援而窥。夫至德之世，国与禽兽居，族与万物并，恶乎知君子小人哉！同乎无知，其德不离；同乎无欲，是谓素朴；素朴而民性得矣……夫赫胥氏之时，民居不知所为，行不知所之，含哺而熙，鼓腹而游，民能已此矣！

这是自然的世界。所谓自然的世界，是没有文化的世界，自然的世界不只是得乎道的世界，而且是道的世界的来源。所以老子说：

> 人法地，地法天，天法道，道法自然。

所谓自然的世界，是一个无欲无知的世界。所谓无欲，就是庄子所谓"同乎无欲，是谓素朴"。在庄子《马蹄》篇又说：

> 故纯朴不残，孰为牺樽！白玉不毁，孰为圭璋！道德不废，安取仁义！性情不离，安用礼乐！五色不乱，孰为文采！五声不乱，孰应六律！

这也就是老子所谓"复归于朴"的意思，要达到纯朴，就要反对五色、五音、五味等等。所以老子说：

> 五色令人目盲；五音令人耳聋；五味令人口爽；驰骋畋猎，令人心发狂；难得之货，令人行妨。

又说：

> 是以圣人欲不欲，不贵难得之货；学不学，复众人之所过，以恃万物之自然而不敢为。

所谓无知，就是庄子所谓"同乎无知，其德不离"。换句来说，大家都不识不知才能够得乎德。这就是老子所谓"智慧出有大伪……绝圣弃智，民利百倍，绝巧弃利，盗贼无有"的意思。反过来说，无知也可以叫做愚，所以老子说：

> 古之善为道者，非以明民，将以愚之。民之难治，以其智多。故以智治国，国之贼；不以智治国，国之福。

所谓愚民，不外是要达到"其政闷闷，其民淳淳；其政察察，其民缺缺"的地位。这是从整个国家人民方面来说。从个人方面来看，又如老子所说：

> 我独泊兮其未兆，如婴儿之未孩；乘乘〔磊磊〕兮，若无所归。众人皆有余，而我独若遗。我愚人之心也哉！沌沌兮！俗人昭昭，我独若昏昏。俗人察察，我独闷闷。忽兮若晦，飘兮若无所止。众人皆有以，我独顽似鄙。

庄子在《胠箧》篇更说得很清楚：

> 今遂至民延颈举踵，曰，"其所有贤者"，赢粮而趣之，则内弃其亲而外去其主之事，足迹接诸侯之境，车轨结乎千里之外。则是上好知之过也！上诚好知而无道，则天下大乱矣！何以知其然耶？夫弓弩毕弋机变之知多，则鸟乱于上矣；钩饵网罟罾笱之知多，则鱼乱于水矣；削格罗落置罘之知多，则兽乱于泽矣；知诈渐毒、颉滑坚白、解垢同异之变多，则俗惑于辩矣。故天下每每大乱，罪在于好知。故天下皆知求其所不知而莫知求其所已知者，皆知非其所不善而莫知非其所已善者，是以大乱。故上悖日月之明，下烁山川之精，中堕四时之施；惴耎之虫，肖翘之物，莫不失其性。甚矣，夫好知之乱天下也！自三代以下者是已！

这种无欲无知的主张，也就是老子的无为的主张，虽则无欲无知是偏于心理的方面，而无为是偏于动作方面；无为的主张可以说是达到自然的世界的方法，而无欲无知也就是无为的表示。老子说：

> 不尚贤，使民不争；不贵难得之货，使民不为盗；不见可欲，使民心不乱。是以圣人之治，虚其心，实其腹，弱其志，强其骨。常使民无知无欲，使夫知者不敢为也。为无为，则无不治。

这可见得无知无欲之于无为的关系，以及无为在治国平天下上的重要。又如他说：

> 天下多忌讳，而民弥贫；民多利器，国家滋昏；人多技巧，奇物滋起；法令滋彰，盗贼多有。故圣人云："我无为，而民自化；我好静，而民自正；我无事，而民自富；我无欲，而民自朴。"

总而言之，要想达到自然的境地，就要无为。而所谓"无为而无不为"，就是自然的现象。自然的境地虽是一种理想的世界，但是同时也是一种历史的事实。这是一种理想的世界，因为自黄帝、神农以后，社会的演变是日来日坏。到了三代而特别是在老子与庄子的时代，更是坠落得不堪设想，而与黄帝、神农以前的社会有了天壤之别。老子与庄子既感觉到在他们所处的时代是一个很坏的时代，而需要加以澈底的改造，而回复到自然的世界，那么，这个自然的世界就是他们的理想的世界。

但是这个自然的世界既是黄帝、神农以前的世界，那么这种世界也就是在历史上曾经存在过的世界。在历史上曾经存在过的世界是一种历史的事实，而非一种空中楼阁，也非一种梦想社会，也非乌托之邦，也非神仙之域，假使历史上有人过着了这种生活，那么现在的人们也可以过着这种生活。主张复回这种历史上有人过着的生活，就是复古的主张。我们所以说老子与庄子的思想是偏于复古的思想，就是这个原故。

然而这种的古，既是最古的古，或是绝对的古，这种的古也就是自然的古。我们也可以说这是古代的自然的世界，其实就是没有文化的自然世界。但是所谓没有文化的自然世界，在人类文化尚未发展之前，人类固然是处在自然世界。假使现在的人类而放弃了一切的文化生活，而像其他动物一样的依赖自然的物产以为生，那么现在的人们也可以说是复回自然的生活，处在自然的世界。

自然的，人类是否愿意放弃其文化生活而复回自然的生活，处在自然的世界，当然是一个问题。不过这种生活与这种世界在古代固已存在，在现代并非完全没有。所谓野兽还是过了自然的生活，处在自然的世界。至于现在的最野蛮的人们，也可以说是很接近于自然的生活，处于比较自然的世界，而与所谓最文明的人类，在生活上若以时间的观点来看，真是好像相差了好几千年。前者好像是最古的人类，后者是现在的人类。

因此之故，老子与庄子所主张的复古，或是所谓理想中的至善之古，与其说是一种过去的绝对的古，不如说是古今所同的自然的世界。因为老子、庄子所提倡的皇古，不外就是自然的世界。在自然的世界中，所谓古代的世界与现在的世界大致是没有什么差异的。至少自人类有了文化以后，而尤其是像老子、庄子所谓自黄帝、神农以至于今的数千年中，自然世界的本身没有多大的变化，日月星辰照样的照耀，江河山岭也差不多照样的流存，北方产麦，南方产米，近海有渔盐之利，深山多鸟兽之群，大致上在四五千年内没有多大的变化。

所以老子与庄子所提倡的皇古，事实上既是自然的世界，而与十八世纪的一般欧洲学者之提倡复回自然的世界,没有多大分别。这种的古其实不能谓为纯粹的古。因为古代固是有了这种自然的世界,现代也并非绝对没有这种自然的世界。古今的自然世界,既有了根本相同之处,所谓复返古代的自然的世界,也就等于复返现代的自然的世界。换句来说,也就是主张去放弃一切的文化生活,而复回自然的生活。这种主张是根本否定文化的存在,而并非复回以往的某种文化的生活,那么根本上这种主张也无所谓为复古。

其实人类是否完全能过着自然的生活,就是一个很大的疑问。我们在别处已经说过,人类是文化的动物,不只是有了人类就有文化,而且凡有人类的地方都有。无论这种文化是优劣或高下,无论这些文化是简单或复杂。人类既不能离文化而生活,那么人类所要决定的并非是否要过着自然的生活或是文化的生活,而是要过着那一种的文化的生活。人类固可以选择中外古今的不同的文化。然而,人类决不能跳出文化以外的范围而寻找没有文化的自然的生活。

这是我们对于老庄的思想的评估。至于与老子、庄子有了密切关系的法家与杨朱的思想,我们也愿意略为说及,以为本章结论。原来法家的思想看起来好像是反对复古的主张,然而我们若详细考究起来,所谓法家表面上虽好像没有明白与积极的去提倡复古,然而他们而尤其是著名的法家的商君,并不觉得今胜于古,反之,他很直率的指出古胜于今。商君在《开塞》篇里说:

> 民之生,不知则学,力尽而服。故神农教耕而王天下,师其知也;汤、武致强而征诸侯,服其力也。夫民愚,不怀知而问;世知,无余力而服……武王逆取而贵顺,争天下而上让。其取之以力,持之以义。今世强国事兼并,弱国务力守,上不及唐、虞之时,而下不修汤、武之道。

据商君的意见,历史的演化是退化的,是日趋日下的,所谓"上不及唐、虞之时,而下不修汤、武之道",就是这个意思。而且从商君所说的话来看,不只尧舜的时代的社会是胜过汤武的时代的社会,就是汤武的时代的社会,也胜过春秋战国的时代的社会。在商君的书里,曾有所谓"上世""中世""下世"的分别。他无疑的以为上世是比中世为好,而中世又比下世为好。若以中国的历史来看,上世可以说是唐虞之世,中世可以说是汤武之世,下世可以说是春秋战国之世。总而言之,商君是以为古胜于今。

历史的事实上固是古胜于今,照道理来说,法家应该明白与积极的去主张复古。然而法家之所以没有明白与积极的去主张复古,却有其原因。原来商君看到时势固是退化的,日趋日下的,但是假使在坠落至不堪设想的社会而要用古代的治理社会的方法,去治理目前的社会,未必一定能见功效,所以他主张在紊乱至不堪设想的社会里应当用刑法去治理天下。因为刑法可以使人民畏避而逐渐的导之于善,这是法家之所以主张用刑法而不用仁义以为治理社会的原因。

理论上,商君虽没有明白与积极的去主张复古,但是事实上,商君的政策若实行起来，其趋势与结果恐怕还是跑上复古的途径。我们知道，商君是一位主张重农最力的人。因为他太过重农，他不只反对商贾与工艺的份子，而且反对所谓智识的阶级。其实照他的意见，除了统治的阶级以外，被治的阶级是不应有智识的，因而他的重农的政策也就是愚民的政策。他在《农战》《垦令》诸篇屡屡以为重农则民朴，民朴则智巧无从发生，没有智巧就是愚，愚就易治。主张复回愚朴的世界本来就是老子与庄子所谓最古的世界，或是自然的世界。那么商君所主张复回愚朴的世界，也不能不说是趋于所谓最古的世界，或是自然的世界。

总而言之，商君之主张施用刑法去治理天下，只是一种因时制宜的办法，是一种因不得已的手段。他既直率的去承认尧舜以至汤武的时代是胜过春秋战国的时代，而同时又主张复回愚朴的社会，那么能够复回汤、武、尧、舜以至古代的愚朴的自然的世界，这是他所不会反对的。

又如，孟子所谓"言盈天下"的杨朱，也是趋于复古，所以杨朱说：

> 古之人，知生之暂来，知死之暂去，故从心而动，不违自然……从性而游，不逆万物。(《列子·杨朱》篇)

所谓"古之人"，所谓"不违自然"，所谓"不逆万物"，也可以说是与老庄所主张复回最古的自然的世界没有什么分别。至于说从心而动，从性而游，又不外是如他所说：

> 恣耳之所欲听，恣目之所欲视，恣鼻之所欲向，恣口之所欲言，恣体之所欲安，恣意之所欲行。

事实上，假使人人都复回这种的古，人人都这样的"从心而动"，"从性而游"，结果是不只文化不会进步，而且会没有文化，这种主张的错误，比之老庄的主张的错误还要大得多。

第二章　墨子的复古的主张

老子与庄子的历史观固是退化的，墨子的历史观也是退化的，墨子在《三辩》篇里说道：

> 周成王之治天下也，不若武王；武王之治天下也，不若成汤；成汤之治天下也，不若尧舜。

换句来说，尧、舜的时代的社会是最理想的社会，到了成汤的时代的社会，已没有尧、舜的时代的社会那么好；至于武王的时代的社会，又趋于坠落，而再退了一步；到了成王的时代的社会，又趋于坠落而更退了一步。

墨子在这里虽然没有告诉我们，在成王以后的社会是什么样。然而从《墨子》的其他各篇来看，成王以后的社会是没有成王的时代的社会那么好是无疑的。所以我们可以说，大致上整个历史是愈趋而愈退化的。

我们应当指出，从墨子看起来，在整个历史的愈趋而愈退化的历程中，却也有其治乱交换、圣暴代替的循环的现象。比方从尧、舜而传到夏禹，虽不能说是有了很大的退化，然而从夏禹而传到夏桀，则退化得很厉害。但是到了商汤的时代社会，无疑的比起夏桀的时代的社会是好得多。又如从成汤传到殷纣，其退化之厉害很为显明，然而武王的时代的社会，也无疑的比起殷纣的时代的社会是好得多。尧、舜、夏禹是圣，而其天下是治；夏桀是暴，而其天下是乱；成汤是圣，而其天下是治；殷纣是暴，而其天下是乱；至于武王、成王，也可以说是圣贤而使其天下平治；可是在周末的时代的君王既远比不及武、成，而天下的紊乱又更甚。

这种治乱交换、圣暴代替的历史，是一种循环的历史。所以大致上，尧、舜、禹、汤、文、武可以叫作圣王，而桀、纣、幽、厉可以称为暴王。墨子屡屡告诉我们道：

> 昔者三代圣王，尧、舜、禹、汤、文、武是也……昔者三代暴王，桀纣幽厉是也。

所以从一方面看起来，历史好像是循环的。这就是说，在每朝每代都有其圣王，都有其暴王，有了圣王，其朝代才兴盛，有其暴王，其朝代必衰亡。然而从别方面看起来，这种治乱交换、圣暴代替的现象，只能说是整个历史的愈趋而愈退化的历程中的波澜的起伏，这种起伏的波澜并不能挡得住了江河日下的趋势。换句来说，这不过是江河日下中的波澜起伏而已。在从上而下或从高而低的江河中，虽然有些弯曲地方起伏波澜，看起来好像是逆流而起，然而整个潮流是下趋的。为什么呢？原来从墨子看起来，成汤、武、成固比夏桀、殷纣好，然而成王既不如武王，武王又不如成汤，而成汤又不如尧、舜，这样的一代不如一代是整个历史的趋势。墨子虽没有显明的去指出幽、厉比之殷纣较暴，而殷纣又比之夏桀较暴，然而所谓圣王之中一代既不如一代，那么把尧、舜而与武、成来比，其相差之远可想而知。至于武、成以后的所谓贤能君主，既还比不上武、成，那么这些君主之比之尧、舜，其坠落之甚更可想而知了。

总而言之，我们若舍开其最坏的时代的坏到什么地步而不谈，专以较好的时代来说，历史上所告诉我们的事实是，后一代的圣君之治天下是比不上前一代的圣君之治天下。因而尧、舜是比成汤为好，而成汤又比武王为好，武王又比成王为好，成王之后的君主之治天下，又比不上成王之治天下。

所谓圣王，在字面固是一样，在事实并不是这样，而有了优劣之高下，而是后代不如前代。每一后代的圣王既比不上前一代的圣王，那么把整个历史看起来，岂不是愈趋愈退化吗？圣王的传递尚是日趋日下，那么从其暴王方面来看，则历史之日趋日下更为显明。

人类的整个历史既是日趋日下，那么补救之法就是要复回以往的世界。所以假使春秋战国的君主而能效法成王，复回成王的社会，那是进了较好的阶段；假使成王而能效法武王，复回武王的社会，那是再进了较好的阶段；假使武王而能效法成汤，那是更进了较好的阶段；假使成汤而能效法尧、舜，那是进了最好的阶段，而实现了墨子心目中的最理想的社会了。

究竟墨子是要人们从最坏的时代的社会一直的达到尧、舜的时代的社会，还是要人们一步一步的先从最坏的时代的社会而进到较好的时代的社会，然后再进一步而达到最好的时代的社会，墨子却没有明白的指出来。然而我们可以推想，能够一直的实现尧、舜的世界，那是再好没有的，否则一步一步的去实现较好的世界，然后再去实现最好的世界，也未尝不可的。

从一方面看起来，历史的演变既是一代不如一代，那么墨子的复古主张也可以说是愈古愈好，因为成汤之古既比武、成之古为好，而尧、舜之古又比成汤之古为好。在这一点上，墨子大致上也与老子、庄子有了相同之处，因为老子、庄子也是主张愈古愈好。不过从别方面看起来，墨子之古是与老庄的古有了根本不同之处。我们上面已经说过，老庄之古就是自然的古代世界，或是古代的自然世界，这就是没有文化或少有文化的自然的环境，这种自然的环境就是老庄的黄金的时代理想的世界。这种理想的世界从历史上看起来，不只在尧、舜之前，而且在黄帝、神农之前。至于墨子所主张的古，却是尧、舜的时代的古，尧、舜的时代的古并不是一个自然的世界，而是文化已很具备的时代。若从老子与庄子看起来，这个尧、舜的时代是已经退化的时代，而且是已很退化的时代。因为在神农、黄帝的时代已经退化。至于尧、舜更为退化，虽则尧、舜以后又更为退化。

从尧、舜而退化到成汤、武、成，老、庄与墨子又有了相同的观念。不过墨子所谓理想的世界的尧、舜的时代，从老、庄看起来却是一个已经很为退化的世界。换句来说，墨子所谓为最理想的社会，却为老、庄所谓为较为坠落的社会。

可是反过来看，老、庄所觉为最理想的社会，却又为墨子所觉为尚未开化的社会，到了后来有了圣王，始有文化。且看墨子在《辞过》篇里说：

> 古之民未知为衣服时，衣皮带茭，冬则不轻而温，夏则不轻而清。圣王以为不中人之情，故作诲妇人，治丝麻，梱布绢，以为民衣。为衣服之法，冬则练帛之中，足以为轻且暖；夏则缔绤之中，足以为轻且清。

这是关于衣的方面。至于食的方面，墨子也说：

> 古之民未知为饮食时，素食而分处，故圣人作，诲男耕稼树艺，以为民食。

又关于住的方面，他也说：

> 古之民，未知为宫室时，就陵阜而居，穴而处，下润湿伤民，故圣王作为宫室。

这都是关于物质方面的文化，其关于非物质方面，他在《尚同》篇说道：

> 古者民始生，未有刑政之时，盖其语人异义。是以一人则一义，二人则二义，十人则十义。其人兹众，其所谓义者亦兹众。是以人是其义，以非人之义，故交相非也。是以内者父子兄弟作怨恶离散，不能相和合；天下之百姓，皆以水火毒药相亏害。至有余力，不能以相劳；腐朽余财，不以相分；隐匿良道，不以相教。天下之乱，若禽兽焉。夫明摩天下之所以乱者，生于无政长，是故选择天下之能可者，以立为天子。天子立，以其力为未足，又选择天下之贤可者，置立之以为三公。天子、三公既以立，以天下为博大，远国异土之民，是非利害之辩，不可一二而明知，故画分万国，立诸侯国君。诸侯国君既已立，以其力为未足，又选择其国之贤与能者，置立之以为正长。正长既已具，天子发政于天下之百姓……故子墨子言曰："古者圣王为五刑，请以治其民。譬若丝缕之有纪，罔罟之有纲。"

可见得，最古的人类是正像禽兽一样，没有圣王，没有三公，没有诸侯，没有正长，同时也像禽兽一样没有衣服，不知饮食，没有宫室，其实这就是老子、庄子所说的自然的世界。老庄的自然的世界是一个"国与禽兽居，族与万物并"的世界，这也就是他们的最理想的世界。反之，这个自然世界从墨子看起来却是一个野蛮的世界、紊乱的世界，所谓"乱若禽兽"就是这个意思。

总而言之，墨子所说的古并非最初的古代，并非自然的环境，而是文化已经发展到了相当的地位的古代。他不只不主张复回神农、黄帝以前的古代，而且不主张复返神农、黄帝的时代。神农、黄帝在文化方面虽已立了不少的基础，然而还没有尧、舜的时代那么具备。这样看起来，从最古代而经过神农、黄帝的时代，而至于尧、舜的时代，文化是日趋日进的、日趋日繁的。墨子以为到了尧、舜的时代就是最好的时代，是最理想的时代，自此以后而降至成汤、武、成，不只不愈来愈好，而且是愈趋愈坏。

为什么文化的进步到了尧、舜以后就转而成退步呢？墨子并没有一个充分的理由加以解释。他好像以为文化这个东西只好发展到了某一阶段，就不应再发展下去而至于奢靡。比方在衣的方面，他告诉我们道：

> 故圣人之为衣服，适身体，和肌肤，而足矣。非荣耳目而观愚民也……冬则轻暖，夏则轻清，皆已具矣。必厚作敛于百姓，暴夺民衣食之财，以为锦绣文乎靡曼之衣，铸金以为钩，珠玉以为佩，女工作文采，男工作刻镂，以为身服……是以其民淫僻而难治，其君奢侈而难谏也。夫以奢侈之君，御好淫僻之民，欲国无乱，不可得也。

在食的方面，他说：

> 其为食也，足以增气充虚，强体适腹而已矣。故其用财节，其自养俭，民富国治。今则不然，厚作敛于百姓，以为美食刍豢，蒸炙鱼鳖，大国累百器，小国累十器，前方丈……人君为饮食以此，故左右象之，是以富贵者奢侈，孤寡者冻馁，虽欲无乱，不可得也。

在住的方面，他说：

> 为宫室之法，曰室高足以辟润湿，边足以御风寒，上足以待雪霜雨露，宫墙之高，足以别男女之礼，谨此而已。凡费财劳力，不加利者，不为也……是故圣王作宫室，便于生，不为乐观也。

我们明白墨子所反对的是奢侈的文化，其所主张的是节俭的生活。他的《节用》《节葬》与《非乐》诸篇都是这个意思。但是他好似忘记了假使人人都能有了美衣、美食、美室，岂不是更好吗？墨子一方面虽有了儒家的"不患贫而患不均"的主张，然而贫乏在墨子的心目中是有了限度的。因为假使若大家都贫到〔大家〕衣皮带茭，大家都贫到素食分处，大家都贫到阜居穴处，这是墨子所不赞成的，因为这种生活是变为禽兽的生活。然而一方面主张文化较高的均平的生活，一方面又反对文化的进一步的美满而也可以均平的生活，这是一种矛盾。

其实墨子这种矛盾是由于他的根本的矛盾而来。所谓根本的矛盾，就是一方面以为自最古至尧、舜的文化是进步的，一方面又以为自尧、舜以后的文化是退步的。这种的相对的古代的理想的世界，本来也是儒家的理想的世界。其矛盾之处与错误的观点，我们在下面批评孔家的复古的主张时，当加以详细的指摘。不过墨子除了与孔家犯了同样的复古的主张的矛盾与错误之外，还有了重要的矛盾与错误，我们愿意在这里说明。

我们已经指出，墨子所主张复回的古代是尧、舜的时代，或是尧、舜、禹、汤、文、武的时代。为什么墨子主张复回这些时代的社会呢？墨子的回答是，这些圣王是顺了一个最高的主宰的意志，这个最高的主宰就是天。且看他说：

> 夫爱人、利人，顺天之意，得天之赏者，谁也？曰：若昔三代圣王尧、舜、禹、汤、文、武是也。尧、舜、禹、汤、文、武，焉所从事？曰：从事"兼"，不从事"别"。兼者，处大国不攻小国，处大家不乱小家，强不劫弱，众不暴寡，诈不谋愚，贵不傲贱；观其事，上利乎天，中利乎鬼，下利乎人，三利无所不利，是谓天德。聚天下之美名而加之焉，曰："此仁也，义也。爱人、利人，顺天之意，得天之赏者。"不止此而已，书于竹帛，镂之金石，琢之盘盂，传遗后世子孙，曰："将何以为？将以识夫爱人、利人，顺天之意，得天之赏者也。"《皇矣》道之曰："帝谓文王，予怀明德，不大声以色，不长夏以革，不识不知，顺帝之则。"帝顺其法则也，故举殷以赏之，使贵为天子，富有天下，名誉至今不息。故夫爱人、利人，顺天之意，得天之赏，既可得留而已。（《天志中》）

尧、舜、禹、汤、文、武的时代，既是顺乎天意的时代，那么所谓复回尧、舜、禹、汤、文、武的古，不外就是顺了天意。天意既是古今一样的，那么所谓复回古代的天意，也就是顺乎今世的天意。这么一来，墨子所主张的复古又非纯粹的复古。我们在上面一章已指出，老子、庄子所主张复返古代的自然世界，并非纯粹的复古。因为古今的自然环境并没有什么差异，所以复回古代的自然世界，也可以说跑回现在的自然环境。墨子的天意或天志既是古今没有差异的天意或天志，那么他所说的复古也非纯粹的复古。

不但这样，自然环境是一种人人可看得见的东西。至于天意或天志，却是一件视而不见、听而不闻的神秘的东西。墨子说：

> 古者圣王，知天鬼之福，而辟天鬼之所憎，以求兴天下之利，而除天下之害。（《天志中》）

这是一种迷信了，我们既不愿批评，也不值得批评。

其实照墨子的意见，天是一切东西的创造者。他在《天志中》里说：

> 且吾所以知天之爱民之厚者，有矣。以磨为日月星辰，以昭道之；制为四时春秋冬夏，以纪纲之；雷降雪霜雨露，以长遂五谷麻丝，使民得而财利之；列为山川溪谷，播赋百事，以临司民之善否；为王公侯伯，使之赏贤而罚暴；赋金木鸟兽，从事乎五谷麻丝，以为民衣食之财。自古及今，未尝不有此也。

这好像《圣经》里的《创世纪》中所说，上帝创造了一切东西一样而难于置信。然而说到这里，我们又不得不指出墨子的一种重要的矛盾与错误。原来墨子既以一切的自然现象、自然物产以至王公侯伯是天所创造的，同时又以为衣服、耕稼、宫室是圣王所作的。那么天造圣王的时候就应该造作衣服、耕稼、宫室，而使人民有了衣服、有了耕稼、有了宫室，为什么在神农、黄帝以前，人民尚没有衣服、没有耕稼、没有宫室呢？难道在神农、黄帝以前，天尚未立王公侯伯吗？天既已磨为日月星辰，制为春秋冬夏，以及王公侯伯，为什么又在尧、舜之前或神农、黄帝之前，尚为一乱若禽兽的世界呢？而且尧、舜、禹、汤、文、武既皆是顺天之意、得天之赏，为什么武王之治天下不如成汤，而成汤之治天下又不如尧、舜？若说尧、舜时之天是比成汤或武王之天为好，所以尧、舜之治也是比成汤或武王之治为好，那么天之所以为天，并非至善之天，并非不变之天，而是受时代的变化而变化的天。若是因时代的变化而变化的，则天之所变化，必有其变化的原因。这么一来，天的本身就成为被动的，而非主动的。那么天之所以为天，不只不是至善的，而且不是至尊的了，结果是墨子的天的观念不攻而自破了。

第三章 孔家的复古的主张（一）

老子、庄子与墨子之主张复古，既像我们上面所说，并非所谓纯粹的复古，而其他各家像杨子、法家的复古趋向，又并不很明白与很积极的表示出来。理论上能够很明白与很积极的提出一种所谓纯粹的复古的主张，而成为我国的复古的中心思想与传统观念的，恐怕要算孔家的复古的主张了。

大致上，孔子、孟子以至后来的一般的儒家的历史演化的观念，并非与老子、庄子、墨子与其他各家有了差异之处。我国以往一般解释中国历史的人们，都以为历史的演化是退步的，是日趋日下的，老子、庄子、墨子固是这样的看法，其他各家也是这样的看法。至于孔子、孟子以至后来的一般的儒家，也不是这个例外。

然而他们却有其差异之点。老子、庄子看得历史的演化是退化的，是日趋日下的，他们虽然并不否认社会可以一步一步的逐渐加以改善，先从紊乱的礼的社会而进到义的社会，以至于仁的社会，再进而至于德的社会。然而他们的理想社会是最古的自然的社会，而这种的自然的社会既不只是最古才有的社会，而是今代也有的社会。所以这种的古代社会，不能谓为纯粹的古代社会。墨子也以为历史的演化是退化的，是日趋日下的，主张复回的古代虽是尧舜的古代，而与孔家所主张复回的古代有了相同之处，但是墨子心目中的尧舜是天命的天子，天上帝所赏识的人物，而成为一种神秘不可究诘的古代。此外，又如杨朱虽也以为历史的演化是退化的，是日趋日下的，主张复古。可是他所主张的古，既也是趋于没有文化的世界，而成为自然的世界，那么他所主张的古是像老子、庄子的古，而也非所谓纯粹的古代。又如法家像商君也以为历史的演化是退化的，是日趋日下的，因而有了主张复古的趋向，而希望复回过去的黄金的时代。然而他们既觉得古今的时代不相同，而以为复回过去的黄金的时代是一件在目前所不容易做得到的事情，于是乃提出所谓因时制宜的办法，以救燃眉之急。待到目前的社会有了秩序、得到治平之后，然后再来打算。

至于孔家所主张复回的古代，却是历史上已经进化到某种程度的一种不先不后的古代。这种的古代在孔子的心目中，就是尧舜的时代。所以孔子说：

> 大哉！尧之为君也，巍巍乎！唯天为大，唯尧则之。荡荡乎！民无能名焉。巍巍乎！其有成功也。焕乎！其有文章。

孔子这里所说"唯天为大，唯尧则之"，虽然有点像了墨子所说尧舜之治是顺天之意，不过孔子所说的天并没有墨子所说的那么神秘，那么有意识、有感觉、有情操、有行为。而且墨子自受了儒家而尤其是孟子骂为禽兽之徒之后，墨子的学说之在后代几乎完全断绝，而对于中国的思想没有什么影响，直到最近数十年来，经过一些学者提倡之后才引起人们的注意。故中国的传统的复古思想不能不以孔家为代表。

孔子既极力去尊崇唐尧，他也很尊崇虞舜。关于舜，孔子说：

> 舜有臣五人而天下治。武王曰："予有乱臣十人。"孔子曰："才难，不其然乎，唐虞之际，于此为盛。"

《礼记·中庸》述孔子说：

> 舜其大知也与，舜好问而好察迩言，隐恶而扬善，执其两端，用其中于民，其斯以为舜乎。

又如孔子说：

> 无为而治者，其舜也欤？夫何为哉？恭己正南面而已矣。

此外又如：

> 巍巍乎！舜禹之有天下也，而不与焉。

其对于禹，孔子说：

> 禹，吾无间然矣！菲饮食，而致孝乎鬼神；恶衣食，而致美乎黻冕；卑宫室，而尽力乎沟洫。禹吾无间然矣！

从上面数段话看起来，唐虞与舜禹虽是并称，而"巍巍乎"这个口气虽然也用之于唐尧、舜与夏禹三者，然而在孔子的心目中，唐尧却是最理想的君主，而唐尧的时代却是他的理想的世界。所谓"唯天为大，唯尧则之"，可见得尧的伟大。所谓"荡荡乎！民无能名焉"，又可见得尧的广大。所谓"其有成功也。焕乎！其有文章"，更可见得尧的天下的治平的隆盛，而两次用了"巍巍乎"的口气，更可见他之尊崇唐尧是无所不至了。

至于虞舜呢？孔子就没有像尊崇唐尧一样。所谓善用五臣，所谓无为之治，都可以说只是平平淡淡的赞美，而不能算作了不得的尊崇。至于夏禹，孔子所谓"禹，吾无间然矣……禹吾无间然矣"都是注重在禹个人的节俭的私德，以及其治平水灾方面。夏禹既不像虞舜之盛，更比不上唐尧之伟大、广大，从此可知，历史的演化，从尧的时代到舜的时代已经退化，而从舜的时代到禹的时代又再退化。

然而孔子对于尧、舜、禹三者尚用了"巍巍乎"的口气去说明其尊崇的态度。至于成汤，孔子不只少为说及，而且并不用所谓"巍巍乎"的说法。从此我们又可以推想，他对于成汤所统治的天下，必定以为是比不上夏禹所统治的天下。所以成汤的时代不只是比不上尧、舜的时代，而且是比不上夏禹的时代了。

孔子对于文王、周公虽极力颂扬，然事实上他并没有用过"巍巍乎"的口气去赞美他们，而且自文王、周公以后，历史的退化照孔子看起来更为显明。我们且看《论语》上载：

> 子畏于匡，曰："文王既殁，文不在此乎！天之将丧斯文也，后死者不得与于斯文也。"

从周德之衰而至于五霸，历史的演变是更为退化，更是日趋日下。比方齐桓公所用而富强齐国的管仲，在历史上是有名的臣人，然而孔子却告诉我们道：

> 管仲之器小哉！或曰："管仲俭乎？"曰："管氏有三归，官事不摄，焉得俭？""然则管仲知礼乎？"曰："邦君树塞门，管仲亦树塞门。邦君为两君之好，有反坫，管氏亦有反坫。管氏而知礼，孰不知礼？"

五霸所治理的国家，虽是比之文王、周公所治理的天下退化得多，然而比之其他诸侯还是较好，这正像董仲舒在《对贤良策》里所说：

> 五伯比于他诸侯为贤，其比三王犹武夫之比美玉也。

其实孔子自己虽是像上面责备管仲，以为他的器量小，不知俭，不知礼。然而在别的地方，他又告诉我们道：

> 桓公九合诸侯，不以兵车，管仲之力也。如其仁，如其仁。

又说：

> 桓公九合诸侯，一匡天下，民到如今受其赐，微管仲，吾其被发左衽矣！

在孔子的心目中，五霸虽然是不好，然而比之其他的诸侯，无疑的是好得多。所以他不只以为管仲是"如其仁，如其仁"，而且以为假使没有管仲，那么天下更要紊乱得不堪设想而使他"被发左衽"了。

上面是说孔子的历史观。至于所谓"亚圣"的孟子，也同孔子一样的以为历史是退化的，是日趋日下的，以为从尧、舜以至禹、汤、文、武、周公五霸，是一代不如一代。关于孟子的历史的退化观，孟子自己说得很清楚：

> 由尧舜至于汤，五百有余岁，若禹、皋陶，则见而知之；若汤，则闻而知之。由汤至于文王，五百有余岁，若伊尹、莱朱，则见而知之；若文王，则闻而知之。由文王至于孔子，五百有余岁，若太公望、散宜生，则见而知之；若孔子，则闻而知之。由孔子而来至于今，百有余岁，去圣人之世若此其未远也，近圣人之居若此其甚也，然而无有乎尔，则亦无有乎尔！

从表面上看起来，孟子在这里好像是主张循环论者，正如他说"五百年必有王者兴"，而以每五百年为一循环。至于他以为"去圣人之世若此其未远也，近圣人之居若此其甚也"，也好像是在他自己的时代并未见得很为坠落。然而照他看起来，大致上从尧舜以后，历史是退化的，是日趋日下的。且看他说：

> 尧舜，性之也；汤武，身之也；五霸，假之也。久假而不归，恶知其非有也。

他又说：

> 尧舜，性者也；汤武，反之也。

什么叫作"性者也"呢？这不只是与孔子所谓"唯天为大，唯尧则之"的意义一样，而且是进一步的看法。这就是说，尧舜不只是以天为法则，而且明白天是什么，或是孟子所谓为"知天"。孟子说：

> 尽其心者，知其性也，知其性则知天矣。

把尧舜当为天来看待，则其尊崇之至可以想见。尧舜既被尊崇得那么高、那么大，则尧舜的时代无疑的是黄金的时代，无疑的是理想的世界。尧舜以后，禹与皋陶还能看见与知道尧舜的黄金时代，可是他们已不能实现这种世界。至于商汤，则不过是闻而知之，这可以说是历史的演化又退了一步，所以他说"尧舜，性之也；汤武，身之也"。而其最显明的是像他所说"尧舜，性者也；汤武，反之也"。从此以后，至于五霸，更是日趋日下。孟子说得很清楚：

> 五霸者，三王之罪人也。

五霸固是三王的罪人，然而五霸之中也有好与不好的分别。照孟子的意见，五霸之中是桓公为盛，桓公以后的五霸更是退化。然而五霸固是三王的罪人，五霸之中固也有良莠不齐，可是五霸比之其他的诸侯还是较好得多，而在当时的大夫又比不上当时的诸侯。我们且看孟子说：

> 五霸者，三王之罪人也；今之诸侯，五霸之罪人也；……天子适诸侯曰巡狩，诸侯朝于天子曰述职。春省耕而补不足，秋省敛而助不给。入其疆，土地辟，田野治，养老尊贤，俊杰在位，则有庆；庆以地。入其疆，土地荒芜，遗老失贤，掊克在位，则有让。一不朝，则贬其爵；再不朝，则削其地；三不朝，则六师移之。是故天子讨而不伐，诸侯伐而不讨。五霸者，搂诸侯以伐诸侯者也。故曰，五霸者，三王之罪人也。
>
> 五霸，桓公为盛。葵丘之会，诸侯束牲载书而不歃血。初命曰："诛不孝，无易树子，无以妾为妻。"再命曰："尊贤育才，以彰有德。"三命曰："敬老慈幼，无忘宾旅。"四命曰："士无世官，官事无摄，取士必得，无专杀大夫。"五命曰："无曲防，无遏籴，无有封而不告。"曰："凡我同盟之

人，既盟之后，言归于好。"今之诸侯皆犯此五禁，故曰今之诸侯，五霸之罪人也。

长君之恶其罪小，逢君之恶其罪大。今之大夫皆逢君之恶，故曰今之大夫，今之诸侯之罪人也。

大夫之不如诸侯，犹如诸侯之不如五霸，而诸侯之不如五霸，犹如五霸之不如三王。从此可见得历史退化的大概与社会坠落的情况。

我们知道，孟子对于孔子是很为尊崇。孔子生在春秋的时候，正是五霸相继称雄的时代。孔子虽是对于三王的治平闻而知之，然而孔子在当时也没有办法去挽狂澜于将倒。然而孔子能够对于三王的治平闻而知之，也可以称为圣人。

因为孔子能够对于三王的治平闻而知之，所以孔子才能够像《礼记·中庸》里所说，"仲尼祖述尧舜，宪章文武"，所以孔子的伟大处，就是能够将过去的所谓黄金时代的事实，加以叙述而传诸后世，以为后人所效法，而实现其理想的社会。

然而很可惜的是，在孔子的时代，以及后来，五霸既是三王的罪人，而诸侯又为五霸的罪人，加以大夫又为诸侯的罪人。这真可以说罪上加罪而又加罪，那么社会坠落之甚，真是不堪设想了。

不但这样，孟子又告诉我们，在那个时候，不只圣王没有，不只五霸争雄，不只诸侯放恣，不只大夫逢君之恶，而且处士横议，使天下之言不归杨则归墨。照孟子看起来，杨氏的为我的学说是等于无君，而墨子的兼爱的学说是等于无父，而无父无君就是等于禽兽。杨墨之道不息，孔子之道是不能行的。孟子既指出杨墨之言盈天下，那么孔子之道之不能行又可以概见。而且杨墨之道既大行，那么天下之人之流为禽兽也很为显明。天下之人既流为禽兽，则当时的社会坠落之甚更是不堪设想了。

这样看起来，孟子之尊崇尧舜比之孔子之尊崇尧舜既只有过之而无不及，而他对于后代的社会坠落之甚尤为愤慨。然而大致上，他不过是申说了孔子的看法而拥护孔子的主张罢。

历史的退化既到了不堪设想的地位，既像禽兽的世界一样，那么就有了圣王贤君出来。治理天下，也不是一下就能使天下平治，所以孔子免不得要感叹道：

如有王者出，必世而后仁。

历史既是这样的退化，而不易立刻实现尧舜时代的黄金世界，那么在尧舜的时代的黄金世界尚未实现之前，则周公、文王、武王、商汤、夏禹的世界能够实现，也是一个比较上可以效法的社会。孔子说：

周之德可谓至德矣。

又在梦里他也常常希望看见周公，所以说：

>甚矣我衰矣！久矣吾不复梦见周公。

又如：

>吾学周礼，今用之，吾从周。

因为历史的演化是退化的，是日趋日下的，所以补救的方法是愈古愈好。不过在尧舜的黄金世界未能实现之前，我们可以先去实现较古而较好的社会。这是一个复古的步骤的问题。但是商周之古也好，尧舜之古也好，在孔家看起来总是比之今世较好得多。在《荀子·哀公》篇里，我们找出下面的谈话：

>鲁哀公问于孔子曰："吾欲论吾国之士，与之治国，敢问如何取之邪？"
>孔子对曰："生今之世，志古之道；居今之俗，服古之服。"

可见是孔子之好古，但是这是就治国方面来说。若就个人方面来看，孔子也告诉我们道：

>我非生而知之者，好古，敏以求之者也。

又如：

>述而不作，信而好古。

再如《孝经》上所说：

>非先王之法服，不敢服；非先王之法言，不敢言；非先王之法行，不敢行。

总而言之，国家的治平与个人的成就在其施行的范围固有大小的不同，然而在其实现的原则上却是根本没有差别。其实个人能够好古，就是国家复回古代黄金世界的起点。所谓先修其身而后齐其家，先齐其家而后治其国，国治而后天下平。个人、家庭、国家以至天下，名称固是不同，范围固有大小的不同，然而修身齐家治国平天下，都要以复古为原则。

第四章 孔家的复古的主张（二）

我们已经说过，孔家的心目中的黄金时代与其理想世界就是尧舜的时代的社会，所以他的复古主张就是复回尧舜的时代的社会。从表面上的研究与普通人的观察，这种复古的理论好像是一种很严密而很精确的理论，而同时是根据在历史的事实方面并非凭空造说出来的主张。但是，假使我们细心去考究起来，这种理论却有了一个很大的矛盾。这种矛盾，据我个人的意见，虽是经过二千多年的历史，然而直到现在，恐怕还没有人能够加以特别的注意而指摘出来。

我们阅读我国周秦诸子的各种著作的记载，我国历史的传说是远在尧舜之前。后人所托造的盘古开辟天地的神话固不必说，但是所谓钻木取火的燧人，构木为巢的有巢，教民耕稼的神农与制作八卦的伏羲，其事迹年代无一不在尧舜之前。而这些事迹之见于诸子著作的固不胜枚举，就是在《易经》的《系辞》中也有记载，而且据说《易经·系辞》乃是孔子所著。孔子删订《尚书》，不始于燧人、有巢、神农与伏羲，而始于尧舜，这不能不说是别有所见于心。原来孔子在周秦的时代也不过是九流十家之一，孔子所删订的书籍正像其他各家所著作的书籍一样，从客观的立场来看，孔家的典籍并不一定是比了其他各家的著作较为确实。而况所谓孔子所自著的《系辞》中，也曾载及尧舜以前的史事。然而为什么在所谓史书的《书经》中，却不始于尧舜以前的事迹，而却始于尧舜的时代呢？所以我们不能不说，孔子删订《书经》始于尧舜是别有所见于心。

不但这样，关于古代事迹的史料，我们近代所觉得比较可靠的要算司马迁的《史记》。司马迁对于孔子虽尊崇备至，然而《史记》的著作不始于尧舜而却始于黄帝。所谓黄帝之世，也是在尧舜之前。据司马迁《史记》的《黄帝本纪》，黄帝乃吾国历史上的很重要的人物。他不只是中国的开国元勋，而且是我国文化的创始者。司马迁之作《史记》虽远在孔子之后，然而黄帝的事迹之见于周秦诸子，既随处可见，而在《易经·系辞》中也有黄帝的记载。此外《系辞》还且告诉我们，黄帝、尧、舜垂衣裳而天下治，那么黄帝在孔子的心目中也并非不为重要。然而，孔子删订《书经》既不始自黄帝，而在其关于孔子的言行的最可靠的史料的《论语》中，也没有一言提及黄帝。反之，对于尧舜却是尊崇备至。这又岂不是证明孔子之尊崇尧舜是必因别有所见于心吗？

但是所谓孔子是别有所见于心的，究竟又是什么东西呢？

据我的愚见，这不外是因为尧舜的时代的文化已经进步到相当的阶段。而在人类生活的需要上，照孔子看起来，已能得到相当的满足。反过来说，在尧舜以前的文化还未发展到孔子的理想中的文化罢。比方燧人以前恐怕少有文化，就是有了也必很为简单，很不开化，固不待说，就是燧人的时代的文化，大概也就是偏于熟食方面，其他如居住衣服还是没有，所以人们还是处于所谓野蛮的地位。到了有巢的时代，虽然有了室居，然这种室居大概并不大异于巢居，而且在这个时候人类所食的东西还是靠着天然的物产，自己不只不会耕种，而且也不会有家畜。据古籍的记载与传说，我们的祖宗是经过伏羲、神农而特别是黄帝的时代的各种创作之后，才逐渐的懂得耕种，才逐渐的有了衣服，才逐渐的有了文字，以及社会的各种制度，如婚姻、政治等等。

黄帝的时代与黄帝以前的时代的文化之逐渐进步，是孔子所承认的。他对于这种进步的事实也有过详细的记载。我现在且把《易经·系辞》中几段话抄之于下：

> 古者包牺氏之王天下也，仰则观象于天，俯则观法于地，观鸟兽之文，与地之宜，近取诸身，远取诸物，于是始作八卦，以通神明之德，以类万物之情。作结绳而为网罟，以佃以渔，盖取诸《离》。
>
> 包牺氏没，神农氏作，斫木为耜，揉木为耒，耒耨之利，以教天下，盖取诸《益》。日中为市，致天下之民，聚天下之货，交易而退，各得其所，盖取诸《噬嗑》。
>
> 神农氏没，黄帝、尧、舜氏作，通其变，使民不倦，神而化之，使民宜之。《易》穷则变，变则通，通则久。是以"自天佑之，吉无不利"。黄帝、尧、舜垂衣裳而天下治，盖取诸《乾》《坤》。刳木为舟，剡木为楫，舟楫之利，……盖取诸《涣》。服牛乘马，引重致远，以利天下，盖取诸《随》。重门击柝，以待暴客，盖取诸《豫》。断木为杵，掘地为臼，臼杵之利，万民以济，盖取诸《小过》。弦木为弧，剡木为矢，弧矢之利，以威天下，盖取诸《睽》。
>
> 上古穴居而野处，后世圣人易之以宫室，上栋下宇，以待风雨，盖取诸《大壮》。古之葬者，厚衣以薪，葬之中野，不封不树，丧期无数，后世圣人易之以棺椁，盖取诸《大过》。上古结绳而治，后世圣人易之以书契，百官以治，万民以察，盖取诸《夬》。

他以为古代各种文化的造作皆由八卦而来，固不足以置信，然而假使所谓伏羲、神农、黄帝、尧、舜而有其人，而代表古代文化的各时代，那么从伏羲、神农以至于黄帝、尧、舜的文化的演化乃一步一步的进步，可以说是文化发展的一种普通的现象。前一代的人们创造了一些文化，后一代的人们除了享用前一代的人们所创造的东西之外，又改良了这些东西或增加了一些东西，所以后一代的文化应当比之前一代的文化较为优高。伏羲时代的文化胜于燧人时代的文化，神农时代的文化又胜于伏羲时代的文化，黄帝时代的文化胜于神农时代的文化，尧、舜时代的文化既因过去的人们的成就而加以创作及改良，那么尧、舜时代的文化之胜于黄帝与以前各时代的文化是自然而然的。孔子之所以尊崇尧、舜的时代而为理想的世界也是自然而然的。

承认尧、舜以前的文化不及尧、舜的时代的文化，是承认尧、舜以前的文化的演化是进步的，是向前发展的。尧、舜以前的文化既是进步的，是向前发展的，那么孔子又为什么以为尧、舜以后的文化不但没有进步，没有向前发展，而且是退化的，是日趋日下的呢？这本来是一个矛盾。

孔子对于这个矛盾并没有加以解释，而只含糊的置之不谈，其结果是他所主张复回唐虞的古代，并不是个最古的古代或绝对的古代。因为孔子所主张复回的古代既非黄帝、神农、伏羲之古代，也非像老子或庄子所主张复回神农、伏羲以前的古代，或是所谓自然的世界。孔子之所谓古，既是一步一步的进步的古，同时又以为这是一个至真至善至美的古，而成为孔子的理想的世界，而当为一个绝对的古。其实，尧、舜的古既是由尧、舜以前的好多时代演进而来，那么这个古并非最古的古，并非绝对的古，而乃相对的古。这个古固然是胜黄帝以前的古，然而这也正像黄帝的时代是比之神农、伏羲的时代较为进步，没有分别。伏羲的文化既可以进步而为神农、黄帝的文化，神农、黄帝的文化既可以进步而为尧、舜的文化，为什么一到尧、舜的时代文化的发展就不能再进步，而反为退化？这岂不是一件很奇怪的事情吗？而况尧、舜之古，照我们上面所说只是一个相对的古，而孔子却当为一个至好的绝对的古，这岂不是一个矛盾吗？

孔家一方面虽以为自尧、舜以后历史是日趋日下的，然而所以极力主张复回尧、舜之古，然而别方面又以为尧、舜以后的时代也有可取的地方。比方颜渊问为邦，孔子曾答道：

行夏之时，乘殷之辂，服周之冕。

其比较显明的是，如他说：

周监于二代，郁郁乎文哉！吾从周。

孔子不取唐时虞而赞夏之时，不取唐、虞、夏的辂而要殷的辂，不取唐、虞、夏、商的冕而颂周的冕。此外，所谓"我学周礼，今用之，我从周"，均是表明唐虞的文化未必是样样好。而所谓"周监于二代，郁郁乎文哉！吾从周"，更是表明周代的文化是比夏、商为进步。我们上面已经说过，后一代的人们根据前一代人所创立的文化的基础再加以创作或改良，则后一代的文化应该比前一代的文化较为进步。孔子在这里并不否认这个道理，但是他一方面既并不否认这个道理，而一方面又以为自尧、舜以后，历史是愈趋愈下，这又岂不是一个矛盾吗？

我们上面虽然指出孔家的理论的矛盾，然而我们也得指出孔子之所以特别被人尊重而视为千古以来特出的圣人，也可以说是由于这种矛盾而来。为什么呢？

我在上面已经说过，孔子的理论的矛盾是没有人加以注意，而一般读孔子书的人都特别注意到他的理想的尧舜的世界。他们完全想不到孔子这种的理想世界是缺了事实的根据与严密的理论，因此之故，他们只觉得孔子的理想世界是怎样的安乐，怎样的治平，而忘记这个理想世界乃是孔子个人的空中楼阁。除了孔子个人以外，恐怕没有别人能够知道这个理想世界是怎么样。因为所谓绝对的古，像老子、庄子所提倡的古，既是古今所同的自然的世界，那么这个自然的世界是人人所能想得到、看得到的世界。提倡人人所能想得到、看得到的东西，则一般人对于提倡这些东西的人的信仰心未必很高。惟有提倡一个矛盾的与相对的绝对至善的古，才使一般人想不到、看不到，然后始能成为一种专利的东西，而引起人们的尊崇。因为除了孔子以外，他人既想不到、看不见，那么这位能想得到、看得见的孔子，必定是一位超越千古的人物，所以凡是羡慕尧舜的黄金的世界的人，没有一位不崇拜孔子。结果是尧舜之道往往也就是孔子之道，尊崇孔子的必定尊崇尧舜，而尊崇尧舜的也必定尊崇孔子。尧舜与孔子虽是异名与异时，可是其道是一样的。

因此之故，孔子的弟子们，像颜回，而尤其是子贡，其对于孔子之尊崇备至，真是不下于尧舜，这是读过《论语》的人所能明白的。到了后来的孟子也一则曰："乃所愿，则学孔子也"；再则曰："自生民以来未有孔子也"；三则曰："自生民以来未有夫子也"；四则曰："自生民以来未有盛于孔子者也。"

从士的阶级的尊崇而得到帝王的尊崇，所以使溺儒冠的汉高祖作了皇帝之后，也曾以太牢祠孔子。此后如光武之使大司空祠孔子，章帝之封孔僖，魏文帝之称孔子为"命世之大德，亿载之师表"，陈后主之所谓"并天地而合德，与日月而偕明"，唐玄宗之所谓"德配乾坤，身揭日月"。此外，如宋之真宗、元之武宗，没有不把孔子来当为千古的独一的圣人。

原来孔子之所以能得到君主之如此尊崇，不外是由他之极力主张尊君而来。他所谓"民可使由之，不可使知之"，所谓"天下有道，庶人不议"，所谓"不在其位，不谋其政"，均是专制君主的护身符、愚民政治的良剂。他作《春秋》正像董仲舒所说，是屈民而伸君。君主既得孔家的理论的拥护，孔家又得政治实力上的保护与宣传，两者互相利用，合而为一。结果，不只是在政治上，数千年来的中国变来变去，变不出了专制政治的圈子，就是在思想上，中国也逃不出孔子的复古的主张。

到了后来，一般尊崇孔子的人，像康有为一样，还且以为孔子为创造人类文化的始祖。我且把康氏《以孔教为国教配天议》里一段话录之于后：

> 夫孔子者，以人为道者也，故公羊家以孔子为与后王共人道之始。盖人有食味被服别声安处之身，而孔子设为五味五色五声宫室之道以处之；人有生我、我生同我并生并游并事偕老之身，而孔子设为父子夫妇兄弟朋友君臣

之道以处之；内有身有家，外有国有天下，孔子设身家国天下之道以处之；明有天地山川禽兽草木，幽有鬼神，孔子设为天地山川禽兽草木鬼神之道以处之。人有灵气魂知死生运命，孔子于明德养气穷理尽性以至于命，无不有道焉，所谓人道也。上非虚空之航船道，下非蛇鼠之穿穴道，孔子之道，凡为人者，不能不行之，故曰"何莫行此道也"，故曰"道也者，不可须臾离也"。凡五洲万国，教有异，国有异，而惟为僧出家者，不行孔子夫妇之一道而已。此外乎，凡圆颅方趾号为人者，不能出乎孔子之道外者也。而今之妄人，乃欲攻孔子，是犹狂夫射天斩地，闭目无睹，含血自噀，多见其妄而已。

这真是"多见其妄而已"，但像康有为这些人之所以妄到这个地步，也不外是把孔子之道当为至善之道，正像孔子之把尧舜之道当为至善之道。结果是他们之所谓复回孔子之道，也犹孔子之所谓复回尧舜之道。因而尊孔与复古成为名异而实同的主张。这是读过二千余年的历史，而尤其是稍能知道近数十年的尊孔与复古运动的人，所不能否认的。

孔子既自命为独一无二的闻知尧舜的黄金的时代的人，而要人们复回尧舜之古，那么凡是与孔子所说的古道不同的理论，都在排斥之列。因此之故，孔家的排斥异己的成见最深，而容纳他人的意见往往成为理论所不许。其原因是，凡是把过去的法则以为行为的标准，总是绝对的。因为这种法则是决不能变为较好的法则，要是变了，只有愈变愈坏，而愈变愈坏则愈要复古，回头是岸就是他们的劝告。一个不晓得游水的人，若是跑进大海里，则愈下愈深，愈深则愈危险，说来说去，总是要速点转头向岸走才有生机。本来岸上也许是很危险的，也许是有了性命之虞才跑下海去，不过这种已成为陈迹的岸还有谁能够证明其不好呢？只有我知道。这是孔子的回答。跟着我罢。这是孔子的劝告。假使不跟着我，则：

攻乎异端，斯害也已。

这个信条一经宣布，则无论是谁都要信仰我的道，不然的话就是叛徒。孔子作司寇七日，便杀大夫少正卯，而其最大的理由，据他自己说，是其谈说足以饰褒莹众。换句来说，就是鼓吹异端。孟子之谩骂杨墨，也就是因为这个原故。到了汉朝，孔家所谓异端之说就指了百家之言。董仲舒《对贤良策》里说：

今师异道，人异论，百家殊方，旨意不同，是以上亡以持一统；法制数变，下不知所守。臣愚以为诸不在六艺之科、孔子之术者，皆绝其道，勿使并进。邪辟之说息灭，然可统纪可一，而法度可明，民知所从矣。

此外，又如晋朝的范宁之反对王弼、何晏，唐朝的韩愈之反对杨墨老佛，都是受了所谓"攻乎异端，斯害也已"的信条的余毒。而所谓盲目的反对异端，若推行下去，便成为排外的偏见。所谓"夷狄之有君，不如诸夏之亡也"，也就是这种偏见的表示。又如《战国策》所载，赵造之反对赵武灵王之采纳胡服的理由，也不外是说：

> 服奇者志淫，俗僻者乱民，是以莅国者不袭奇僻之服，中国不近蛮夷之行，非所以教民而成礼者也。

又如江统的《徙戎论》，也不外是固守著"内诸夏而外夷狄"的信条，至如韩愈的《谏迎佛骨表》，所谓"今也，举夷狄之法而加之先王之教之上，几何其不胥而为夷狄也"，也是一种盲目的排外的思想的表征。再如，中西海道沟通以后的排外的思想的厉害，我们当在别处说明，这里只好从略。

理论上孔子之道是不容许其他的学说，然而万一事实不能作得到而采纳了人家的思想，孔家的信徒若非含默不言就是乱言惑众。孟子曾受过老子的影响，所以他对于杨子、墨子虽骂得体无完肤，然而对于老子却一言没有提及，所以江瑔在《读子卮言》里说："至若孟子痛辟杨墨不遗余力，而无一言语及老子，此盖渊源所自，不敢轻议其师也。"这是窃了人家的东西而不承认的病弊。至于明白的受了人家的影响，而还自命为孔家的忠臣，我们可以把陆象山为例子。

陆象山开口便自命为忠实的儒家，而且明白去反对佛老，然在他《与王顺书》里，他说："大抵学术有说有实，儒者有儒者之说，老氏有老氏之说，释氏有释氏之说，天下之学多矣，而大门则此三家也。"又《与曹立之书》里说："杨朱、墨翟、老庄、申韩虽不正，其说自分明。"所谓各家有各家之说，以及其说自分明，是承认人家的好处。他又说："我无事时，只好似一个全无知无能的人，及事到方出来，又却似个无所不知无所不能。"这正是老家"无为而无不为"的道理。又说："道非争竞者可知，惟静退者可入。"这又是佛老清静的主张。佛老的清净无为之说，陆象山不只承认其价值，而且能够身体而力行，然他还却自命为儒家的忠实信徒，这岂不是自欺欺人？

总而言之，孔家的复古的理论不只其本身有了不少的矛盾与错误，而且因而排斥异己，而至于窃取了人家的东西而不承认，使中国的思想愈趋固塞，使中国的文化愈趋停滞，使中国的国家陷于贫弱，使中国的民族吃了大亏。

第二编

第五章　王启元的复古主张（一）

国人既深受了固有的文化，而尤其是孔家的思想的影响，因而对于外来的文化以至外国的人民之入中国的，都往往持了反对的态度，而这种态度在中西海道沟通以后尤为显著。

我们知道，中西海道的沟通是始于十六世纪的初年，而最先到中国的西洋人又是葡萄牙人裴化行神父（Pere Henry Bernard）。在其所著《天主教十六世纪在华传教志》（*Aux portes de La chine: les Missionnaires du Seizième Siècle*）（页廿四）曾指出，在一五一五年一月六日，葡萄牙人安德累·科尔舍利斯（Andre Corsalis）告诉我们道：

> 葡萄牙人之到中国的，中国人民以为中国习惯不同，不许外人进入房屋而拒绝其登陆。

到了十六世纪的中叶，圣沙勿略（Saint Francois Xavier）也这样的告诉我们：

> 为试看是否有广东省的商人愿意把我带到内地，我费了不少的气力，但是他们都拒绝了我的请求。他们都说，这件事对于他们的生命财产是一种极大的冒险，因为若是官厅知道了他们把我带到那里去，那自然要惩治他们。（《裴化行神父全书》页四十八，中译萧濬华页七十四）

可见得我国的人民与官吏同样的持了反对外人进入中国的态度。外人既为国人所排斥，外国文化也自然而然的为国人所排斥。排斥外国的文化的反面是固守或保持我国固有的文化，而所谓固守或保持我国固有的文化就是复古的主张。

在十六世纪的时候，而尤其是在十六世纪的下半叶以后，介绍西洋文化于中国最力的，要算西洋的天主教教徒，而耶稣会的会士罗明坚（Michel Ruggieri），而特别是利玛窦（Matteo Ricci），在输入西洋的文化的功绩上尤为伟大。罗明坚是一五八〇年到中国，利玛窦是一五八二年来中国。前者实为中西海道交通以后的宣传天主教入中国的先锋，而后者是介绍西洋文化于中国的开山人物。我们知道，罗明坚虽写了一本《天主实录》，然而影响并不很大。在宗教的介绍上，发生影响最先而又最大的，要算利玛窦的《天主实义》这本书。最初在南昌于一五九五年刊行，在一六〇一与一六〇四年又在北京重刊，而在一六〇五与一六〇六年又在杭州重印，可见得在十年之内重刊了好多次，而其销路之广亦可以概见。

利玛窦及其徒众之来中国，目的是宣传宗教，然而要达到这种目的，他们又不得不以算术、天文、地理以至制造钟表、枪炮的方法以为宣传宗教的工具。因此之故，不只西洋的主要的精神文化如宗教、学术得而输入中国，就是西洋的好多的物质文化也因而输入。

西洋文化的各方面的源源输入对于中国所谓固有的文化不只是有了不少的影响，而且发生了不少的反感。这种反感之特别值得我们注意的，是沈㴶与方从哲之反对西洋宗教与西洋历法。沈㴶在其《参远夷疏》里说：

> 臣初至南京，闻其初聚徒众营有室庐，即欲修明本部，职掌擒治驱逐。而说者或谓其类实繁，其说浸淫人心，即士君子亦有信向之者，况于闾左之民，骤难家喻户晓。臣不觉喟然长叹，则亦未有以尊中国大一统人心风俗之关系者告之耳。（参看《破邪集》卷一页五）

在其《再参远夷疏》里又说：

> 若使士大夫峻绝不与往还，犹未足为深虑，然而二十年来，潜往既久，结交亦广，不知起自何人何日，今且习以为故常，玩细娱而妄远略，比比是矣。

沈㴶是南京的礼部侍郎，他的目的，据说是反对徐光启、李之藻等之尊崇西洋宗教而特别是采纳西洋历法。然而要反对这些醉心西化的士大夫，他又不得不反对西洋人。所以他主张：“今后再不容许此辈阑入，违者照《大明律》处斩，庶乎我之防维既密，而彼之踪迹难诡。”

到了一六一二年，南礼部部员余懋孳、徐如珂等又有参劾徐光启、李之藻、杨廷筠的疏，以为他们是邪教之首，并反对这些人主张利用西铳。然而余懋孳与徐如珂的反对的目的是迎合沈㴶，也可以说是处于被动的地位而非主动的行为。

其实，沈㴶之反对西洋文化以至西洋教士，与其说是在西化上的争论，不如说是内政上的争论。他不只不懂得西洋文化是什么东西，他也并不完全是反对西化而反对徐光启、李之藻、杨廷筠诸人，因而他之反对西化既是偏私人的仇恨，而又缺乏了学理上的根据。

所以在十七世纪的初年，真正从中国固有的文化的立场而尤其是从孔家的思想的立场去反对西洋的文化，而特别是西洋的宗教，恐怕要算王启元了。

王启元的反对西化而特别是西教的著作，是他的《清署经谈》。这部书是刊行于天启三年，这就是西历一六二三年。这部书虽是刊行于三百年前，然而三百余年来很少有人注意。陈受颐先生在民国二十五年的国立中央研究院所刊行的《历史语言研究所集刊》第六本第二分发表了一篇《三百年前的建立孔教论》，恐怕是关于王启元的思想的最早或唯一的介绍了。

王启元的著作既为人们所不注意，他的生平也少有记载，广西《马平县志》卷七《乡贤》里曾有下面一段记载：

> 王启元弱冠博通经史，登万历乙酉（一五八五）科榜，连上公车十三次。至天启壬戌（西历一六二二）始成进士，授翰林院检讨。以老告归犹著书不辍，其笃学如此。

据陈受颐先生的考证，王启元约当生于一五六二年以前。他的年纪大约是七十岁，他的《清署经谈》刊行的时候，他大约已是六十多岁。《清署经谈》是一部大著作，约二十万言，分为十六卷。序前有"清署经谈一集"的字样，这可以证明著者是预备继续去写第二集。究竟王启元有没有写过第二集不得而知，不过所谓第二集始终没有传下来，至少直到现在还没有被人发现。

在王启元在世的时候，正是西洋宗教以及其文化的其他方面输入中国的时候。利玛窦以及其徒众在广东的肇庆居住了十多年之久。王启元是广西马平人，靠近西江的上游，与肇庆的水道交通很为便利，必已习闻了利玛窦及其徒众宣传所谓"天学"的工作，而且据其《清署经谈》的自序里说，"先后留京二十年"，大概他在京都的时候利玛窦尚未逝世。利玛窦是死于一六一〇年，他到京师是十六世纪的末年。王启元成进士于一六二二年，但据《马平县志》所载，他既连上公车十三次而始成进士，那么在利玛窦住在京师未死之前，王启元也许已在京师。而况利玛窦虽死，而其徒众在京师却极得朝廷与士大夫的信用，那么西洋教士在中国的势力之大可以概见。王启元在南方既习闻利氏之传教，在京师的时候又必深感西教势力的广大，所以他之反对西教是有其背景的。

在《清署经谈》卷十六《昭告上帝》篇，他说：

> 兹有人焉从大西之国来，以为上帝降生于民间，别号曰"天主"，所传有经，所立有教。兹其人欲以天主之教行于中国，尽辟旧时三教之说而驾其上。其称号甚尊，其理论甚实，且谓天主，即中国所称上帝，信如其言，即天子犹将让尊焉，彼三教之说固有不待攻而不敢并立者矣。

照王启元的意见，天主之教是与中国的三教——儒、道、佛——处于相反的地位，使耶教而在中国发达起来，则三教必受其威胁。而况天主教的人们以为天主就是中国固有的上帝。这么一来，则在中国所谓至尊的天子的地位也要居于天主之下，所以天主教的盛行不只对于中国的儒、道、佛三教有了不利的结果，就是对于中国皇帝，也有了不利的地方。

其实王启元不只希望三教的人士要起而反对天主教，而且希望天子以政治的力量去排除天主教。因为天主教不只是"其称号甚尊"，而驾于天子与三教之上，而且"其理论甚实"，不是个人或平常的力量所能压制的。

其实上帝是我们中国所固有的，王启元告诉我们道：

> 天地有上下之定位，中外之位象而握天地之大权者则惟上帝。据经所言，郊祀后稷以配天，宗祀文王以配上帝，则天与上帝似当有微异。以理推之，则无名无为者宜属天，有主有权者宜属上帝，然实一体而二名。（卷二页五）

又说：

> 盖天上地下以为体，日月中宫以为用，四时四面以为局。幽则治鬼神，明则生人物，而孰为之统治者，则上帝也。（卷五页廿六）

上帝既为中国所固有的，现在却有了西洋的天主传入中国，而假借上帝的名义侵夺上帝的地位，那么凡是中国人，都有保卫中国的固有的上帝的责任，与反对外来的天主的宗教的义务了。

而况天主教的各神输入中国，与中国的固有的各神也不能相容，而处于相反的地位。使中国固有的各神不能安居于其原有的地位，结果必使中国的宗教上有了无谓的纷争。这又是王启元所持以为反对天主教的理由之一。

不但这样，从天主教本身的教义来看，也有了不少的矛盾与错误。关于这方面，陈受颐先生在其《三百年前的建立孔教论》一文里，曾把王启元所提出的理由作了简明的叙述，今且录之于下：

> 他（王启元）以人事六项证明天主教义之不当。天主不应降生于开辟四千多年之后，天主未降生前天地不当无主。如说降生前后各有天主，则天地不应有二本。天欲均爱世人，故不当亲自降凡生于犹太。上帝最尊，惟天子才有祀天的资格，凡人不应以妄干之。中国并非不知天，不应求之于西教。

天主教的教义既有了不少的矛盾与错误，那么天主教之应当被斥，而中国固有的上帝之应当尊崇，是很为显明的。所以在《公请任道》篇里，王启元又说：

> 当今之世，有能尊上帝以辩天主，将功高二氏，董仲舒、韩愈无不及焉，非中原豪杰孰能胜其任而愉快乎！岂惟远方之士，拭目俟之。将太祖在天之灵，实式临之，惟高明留意，天下幸甚。

原来在中国的所谓三教之中，佛教也是外来的宗教，王启元是不是只反对天主教而没有反对佛教呢？王启元在《清署经谈》中所给我们的回答是，佛教固也要排除，然其为害并不若耶教之大。换句来说，他之反对佛教并不若他之反对耶教之甚。我们且看王启元自己的说法：

> 或曰：子之论宽于佛而严于天主，何也？答曰：佛之教虽自以为尊于上

帝，然上帝与佛为二人，犹能辨之也。天主自谓上帝矣，与中国者混而为一矣，人将奉中国原有之上帝也，抑奉彼之天主耶？吴越之僭王号，《春秋》犹严辨之，而况混上帝之号者哉。

不但这样，

> 且佛与儒争教，其兆在下，天主与上帝争名，其兆在上。既欲斥小中国之儒宗，又欲混淆上帝之名号，此其志不小，其兆亦不小，窃恐有识者之所隐忧，不止世道人心而已。

而且：

> 天主之教首先驱佛，然后得其入门，次亦辟老亦辟后儒，尚未及孔子者，彼方欲交于荐绅，使其教伸于中国，特隐忍而未发耳。愚以为佛氏之说易知而天主之教难测，有识之士不可不预为之防也。（卷十六页卅三）

王启元之反对天主教的理由是否充足，我们在这里暂不必加以讨论。我们所要指出的是，他在这里所说的隐忧是并非没有根据的。我们知道，利玛窦来华以后最初虽曾穿过僧服，可是他对于佛教始终是公开的反对，而且当虞淳熙写信劝他不要随便去攻击佛教，他还回信去直率的攻击佛教（参看《天学初函》中的《辩学遗牍》）。又在他的名著《天主实义》里，他不只反对佛教、反对老学，而且对于孔子也有微词。且看利玛窦用中士与西士的问答的方法去说明他的立场：

> 中士曰……吾中国有三教，各立门户：老氏谓物生于无，以无为道；佛氏谓色由空出，以空为务；儒谓易有太极，故惟以有为宗，以诚为学。不知尊旨谁是？西士曰：二士之谓，曰无曰空，于天主理大相刺谬，其不可崇尚明矣。夫儒之谓，曰有曰诚，虽未尽闻其释，固庶几乎？

可见得天主教的教徒不只是排斥佛老，就是对于孔子也并不尽力去拥护，所谓"虽未闻其释，固庶几乎"，与其说是尊崇孔子，不如说贬低孔子。其实读了《天主实义》的人，就能在字里行间体会利玛窦在间接上与骨子里是反对孔教及其制度狠烈的。他所以不直接的与表面的去批评孔子，恐怕正像王启元所说，是"彼方欲交于荐绅，使其教伸于中国，特隐忍而未发耳"。

第六章　王启元的复古主张（二）

王启元虽要利用佛教与道教去排斥天主教，可是他对于佛教而尤其是道教也并没有好感。佛教虽也为外来的宗教，但是王启元之责备佛教并不若他之责备道教那么苛刻，所以他说：

> 三教之混至今日而极矣，然日流于下未有若道家之甚者也。何也？今之道者，论外则先炉火，论内则先彼家，夫炉火近利，彼家近欲，世俗自好者且不屑谈，而道者乃自以为得意，方且秘之而不轻授，宜高禅之掩口而笑也。（卷十五页二十一）

可是这种堕落之道教并不一定是老子的道教，所以他说：

> 然而首废礼法，不贵仁恩，遂使高明之士蔑视纪纲，脱略名分，为东晋之风流残忍之徒，刍狗视人，土苴视事，为申韩之惨刻。其至于今，则一味专言命宗丹道，既不知有虚静极笃以养其神，又不知清净无欲以治天下，其视道德之书不啻天渊悬殊，彼之失传方且得罪于道，尚不足挂高禅之齿颊，又何敢与儒并论哉。（卷十五页二十三）

从王启元看起来，佛教虽为外来的宗教，然而比之后来的道教却较为优越，虽则佛教之比孔教却又不及。其实，王启元对于佛教而尤其是道教，虽是排斥，可是他却以为我们对于这两种宗教没有反驳的必要。且看他说：

> 或曰，前儒尊孔子者必辟二氏百家，子独专尊圣经，无一言旁及，何也？曰大舜有大焉，乐取诸人以为善，自耕稼陶渔无有遗者，此圣德之大也。二氏百家具在，岂无一言之可与耕稼陶渔比者，以乐取之，量容之固不必辟也。且春秋之义，先自治而后治人，圣经尚未深考详究而且旁及乎，固不暇辟也。况天地间之理不可易与、不可缺者。儒者既亦悉取之矣，所处既高，所得已多矣。所谓大者先立小者，不能夺也，即补所未足，发所未尽，不妨兼听并观以天下之用为用，何至自贬其高，与之争胜，必欲尽出于己而后快乎，何示人以不广也……夫圣教本明而不知其本明，是自昧其本也，圣品本尊而与二氏百家争胜自生一敌国，是自贬其尊也。

从儒家的立场来看，对于佛教与道教是不必辟的，是不暇辟的。其实从王启元的语气来看是不值得去辟的。且看他说：

> 故区区性命之谈，在方外为专门，亦在方外为无碍。儒者身处人伦之中，乃舍所重所长所本而与方外专门者争胜负，一何不智之甚耶！所以然

者，儒者未尝深究圣经，过疑纲常之外别有性命，而圣经之谈性命又甚略而弗详，不得不就彼专门者求之，求之而不胜其疑似则争之耳……倘圣经所无而向彼求之，兼听并观，亦不失乐取诸人之量。乃考之圣经之中，则性命之全局，原无一不具焉。顾自忘其有而屑屑乎于彼争之，彼中具眼者已掩口而窃笑矣。钊降尊以角卑，舍大而趋细，不公之是急而私之是营，是岂忠臣孝子之心，亦岂卓识大观之士哉！故惟儒者之计，决当以纲常为重，而纲常之主，决当以天子为尊，正不必如后儒之见，首以辟二氏为卫道功也。

佛教与道教之不必辟、不暇辟，与不值得去辟，不只是因为这两者是低下之教，与之争论是自贬其高，而且是因为这两者之所谓专门之谈，这就是性命之谈，儒者也已具有。连了佛家所谓出世的观念，照王启元看起来，儒家也未尝没有。所以他说："谓佛氏谈出世则有之矣，谓吾儒只有经世而无出世则未然也。"又说："谓之未言则可，谓无其理则不可。"又说：

圣人立教以有形为显仁，以无形为藏用。显者，民可使由，故圣人诲而不倦；藏者，民不可使知，故圣人略而不言。非圣人无出世法也，韩子得其显反足以彰圣人之大，宋儒辨其隐适足以混二氏之深。盖不知即显仁而寓藏用者，是儒者之出世也，离显然而言藏用者，是二氏之出世也，圣人复起，不易吾言矣。

总而言之，照王启元的意见，佛教与道教本来是不若儒教那样的高明，假使他们有了多少的好处的话，那么这些好处又为儒教所具有。反之，儒教所有的优点，而尤其是儒家的纲常之教，却为二氏所缺乏，所以尊崇佛道只是有其坏处多、好处少，而尊崇儒教则不只是因其自身的优越，而且兼有佛道的优点。

我们说到这里就可以明白，王启元所要我们排斥的不只是西洋的天主教，而且包括了佛教与道教。虽则在他的心目中，前者的为害是比后者的为害较大得多。而且他所要我们拥护的不外就是儒教，因为儒教不只在教义上比之佛教、道教以至天主教较优得多，而且在起原上也比之这些宗教较早得多。他说：

《系辞》又曰：河出图，洛出书，圣人则之。自古自立教未有天人亲相授受者，则此图书者非天所亲授于圣人之秘密乎。夫二氏百家大抵兴于中古之后耳，而肇于开辟之初则为儒者独也。故叙道统者必推极于天地，而又实指天地之所亲授，而后儒者之本源始定。此统一定，岂惟二氏百家不能混，即天地再辟千圣复起不可得而易矣？（卷二页二—三）

天地是道统的来源，而这个道统就是儒教。儒教既是道统，儒教也是天地所生的，而儒教之所谓君师也是天地所生的。王启元告诉我们道：

后儒但以草木万物属天，至于作君作师，则专属之圣人，不知君师之位，圣人能自尽其道，岂能自生其身哉。且天之所为大德曰生，岂仅止于生物而不及生人，又不能于人之中生君师，于君师之中生圣人，于圣人之中生至圣，则亦无贵为天矣。此论天之自生者，不可不兼鬼神；而论天之生物者，不可不先君师也。（卷一页八）

上面已经指出，王启元所谓天与上帝是"实一体而二名"，所以这里所说的天也就是上帝。照他的意见，上帝除了生万物之外，还生人类与君师。这种思想虽已胚胎于《书经》的《商书·仲虺之诰》与《周书·泰誓》。然而，在王启元的时代，基督教的《圣经》的《创世纪》已经传入中国，所以他之主张万物人类为上帝所生，恐怕免不了是受了基督教的《创世纪》的影响的，而同时在他心目中的孔子，却是基督教中的耶稣。因为孔子是上帝所降生的，所以说：

孔子所以称万世帝王之师，则有数义焉：一元之数，自开辟以来，从寅入巳几至午矣，中天之运，此其正盛之时，天将纵一人焉以为宇宙斯文之主，孔子应期而生一也；群盛迭兴，有以君道显者，有以相道显者……独师道未有著焉，亦宇宙一缺典也，孔子承前而起二也。（卷八页二）

王启元常常又告诉我们道：

孔子原自至神，圣经原自大备。

又说：

经至孔子而后全，道至孔子而后神，教至孔子而后定，殆若天实有意于其间，非人之所能为也，呜呼盛哉！

孔子无疑的是教主，然自孔子而特别是自孟子以后，儒教被了一般人误会，结果是有了好多的派别，而与孔子所建立的儒教相去愈远。王启元曾把孟子以后的儒者分为八等，而其最为他所痛恨的是一般阳奉儒而阴奉佛与悖圣经以肆己意的儒者。这就是他所说的第七与第八两种儒者。我们且把他批评于这两种儒者的话抄之于下：

七曰援圣经以附己见。如宋末之儒某某者——姑无指其名——（按：他指的是陆象山）。以彼之才，超然远览，卓然高步，尽有大过人者，徒以未能深入圣经，遂以佛氏之说先入为主，牢不可破，凡圣经有与佛说相似者，改头改面说向儒家，遂纽合而为一。夫圣经大义未及大明，使人皆合佛说以混圣经则其势必且圣经，日轻，佛说日：重其究将使佛超圣人之上，圣人反居于佛之下，如近世之儒敢于轻毁圣人而略无忌惮者矣。昔人有言，王、何之罪深于桀纣。近世轻圣人者，无不以某某为宗律，以王、何之义是亦圣门之罪魁耳。

关于第八种,他说:

> 八曰悖圣经以肆己意。宋儒之学虽亦有阳儒阴佛者,然未敢明言毁圣而敢于背本者也。不意我太祖专尊孔子,圣教大行,乃不幸有叛圣之徒见于当世儒者著书之中,一人倡之于前,一人复和之于后。彼所据者,不过佛氏广大之语,信以为真,其于圣人之经皆未窥其毫末,即有一二未尽,古人尚为贤者讳,况圣人乎?且彼之聪明才辨视颜孟何如,以颜孟之去圣一间,犹心悦而愿学焉,乃由圣人出身敢悖逆而无忌惮,如此是诚何心哉!于王制为不忠,于家传为不孝,于悖教为不义,于陷后学为不仁,此其滔天之罪与乱贼何异!语云:"乱臣贼子,人人皆得而诛之。"愿与天下有志之士共鸣鼓而攻,由圣人出身复背本而叛圣人者,孟子所谓"圣人之徒庶几无负乎"。

其实,王启元之批评后来的儒家比之他指摘其他各家尤为严厉,所以他说:

> 或曰:"子于诸儒则论之严于诸子,顾取之恕得无有未当乎?"曰:"诸子自为一家,于我为客,即有讥刺,是门外之戈也;诸儒业已究心圣经,即圣经之主矣,乃反从而斥小之,所谓入室操戈者,非乎,春秋之法责备贤者……然则严于诸儒者,盖亦窃取春秋之义哉。"(卷十五页三十五)

后来的好多儒者对于孔子的教义既不明瞭而曲解孔教,以至于反背孔教,而同时又有了二氏百家之徒,以至西洋的天主教发展于中国而与孔教处于对峙的地位,那么排除二氏百家而尤其是天主之教,而恢复与发展孔子之教是一件急不容缓的事情了。王启元之所以著这本《清署经谈》,就是有了这种的抱负,所以他说:

> 臣不胜愤,又不胜惧,乃盟心自誓专取十三经,一意深研,盖数年而后得其大概。窃谓孔子之功有不可忘,孔子之德有不可及,考之于经,一一皆有实据,又皆人所易知,非驾空以夸大其说者。臣非惟感孔氏之私恩,亦将以明万世之公论耳,兹请为上帝颂。伏望天慈垂鉴焉。(卷十六《昭告上帝》篇)

在其序言里又说:

> 于是取十三经正文,朝夕焚香危坐,反复百思,先后留京二十年,誓欲成此一事。当其立志之专、用功之笃,虽有家不顾,虽贫不悔,宁迟进取不负圣经者。积日既久,亦若粗有入焉,岂天怜其一念之愚,殆阴有以启之耶!然未敢遽信也,家居十年细心密体,而后乃知孔子原出至神,圣经原自大备,人自求之弗深,考之弗详耳。因随其所入,叙为数集,以俟请正大方。

而他所欲实现的孔教是一个三位一体的孔教,所以他说:

> 倘合天之全局，以按孔子之全局，真见其一一符合而无所遗且无所异也。则虽世世帝王之祀，天以其中奉上帝，左以奉孔子为师，右以奉祖宗为君，是谓陟降在帝左右，岂不愈为郊社之光也哉。

总而言之，王启元的目的是要以原始的孔教去反对与代替佛教、道教，而尤其是正从西洋输入的天主教。

上面是把王启元的思想加以概要的解释，我们现在且略为指出他的思想的错误。

我们知道，王启元的《清署经谈》虽有了二十万言左右，然而他的主要观念，在消极方面，是反对正在输入的西洋的文化，而尤其是西洋的宗教。而对于从印度输入的佛教，以及所谓中国固有的道教，也持了反对的态度。在积极方面，他不只主张复回孔子之道，而且主张建立一种孔教。而所谓孔教，是原始的孔教，而非后儒所解释的孔子之道。其实有了好多儒者不只曲解了孔子，而且反叛了孔子，因而复回原来的孔子之道更为必要。

我们在这里不愿意详细的去批评王启元这种主张，我们只要简单的去指出他的思想的错误。王启元以为儒者是"肇于开辟之初"，而二氏百家是兴于中古之后，这种的中国文化发展观是一个大错误。佛教是外来的宗教，我们可以不必加以讨论。至于道教，不只是托始于老子，而其实是从中国古代的原始宗教如卜巫以及各种迷信发展而来，所以道教实比儒教为早。不但这样，孔子生于春秋时代，而"儒"这个名词的使用，最先是见于《论语》，若谓在孔子之前中国没有宗教，那是无稽之谈。其实，我们在别的地方曾经指出，孔教或儒道也可以说是从古代的道教发展而来，而况孔子在春秋的时代也不过是诸子之一，而儒家的发达却在汉朝以后，所以王启元主张复回孔子或儒家之教，既并非中国最古之教，也非中国独有之教。这样，其实孔教在中国既有了数千年的历史，不但不能排除从外方输入中国的佛教，不但不能抵抗王启元所目的低下的道教，而且不能拯救后来的儒者，以致他们受了二氏百家的理论所惑。那么儒教之不能统治人心可以概见。要想以这种儒教而反抗"其称号甚尊，其理论甚实"的天主教，岂非更不容易吗？

而况王启元是受了西洋的宗教的影响之后，而才有了建立孔教的主张。所谓孔子是天生的教主，所谓昭告中的祈祷的方法，以至他所说的圣经、上帝等等名词，都可以说是受了西洋的宗教的影响之后，而始把来以为建设孔教的理论或口号。换句话来说，王启元所要建立的孔教，表面上固是中国固有的东西，事实上却是受了西洋的影响。简单的说，这种孔教是西化的孔教罢。王启元本来是要建立一种孔教以为反抗西洋宗教的工具，可是结果这种宗教却有意的或无意的受了西教的影响，所以就使他的孔教的主张而实现了，那么这种孔教并非纯粹中国固有的一种孔教，而却成为中西合璧的一种孔教。其结果也好像陆象山的儒道，是深染佛教的色彩，或董仲舒的春秋，是深染了道教的色彩。这样一来，王启元之所以严责后儒的话，岂非变为自责的话吗？

明明白白是为反对耶教而著作，口口声声是为拥护孔子而立教，而其结果却是拾了西教的余绪，以为复兴孔教的张本，孔子地下有知，恐怕是不会瞑目的。

第七章 杨光先的复古主张

在明末清初的时候，西洋文化继续不断的输入中国，其影响于中国最大的，恐怕要算天主教与天文学两方面了。我国人的传统思想既偏于保守，偏于复古，那么对于这些外来的文化，而尤其是对于这些外来的文化的输入的初期，其反对与排斥的力量必然很大。天主教与天文学对于中国的影响既较大，那么这些文化之被国人之极力反对或排斥，也是一件自然而然的事情。

关于反对天主教的言论，我们在上面所叙述的王启元的《清署经谈》可以说是一个很显著的例子，在这一章里，我们要把一些排斥西洋天文学而尤其是西洋的历法的代表人物以及其主张，加以简单的叙述与加以简要的批评。

我们知道，自利玛窦在一六〇一年朝见万历之后，很能得到中国朝廷的优待，因而其徒众之来中国的也日来日多。利玛窦死后，他的徒众同样的得到朝廷的信任。就是明朝覆灭之后，清廷的开国君主对于西洋教士而特别是一些精通历法的教士，很为优待。关于这一点，我们愿意把德礼贤神父所著《中国天主教传教史》里两段话抄之于下，以为说明的例子。

> 汤若望供职钦天监时候，顺治帝不但随时唤他到宫中相见，叫他不拘礼节，还不顾中国数千年来相沿着的那神圣不可侵犯的帝王法度，纡尊降贵，屡次突然驾幸汤若望氏的寓所，往往整天徘徊着，问问这样，讲讲那样，惯用满洲语称汤若望为"马法"（Mafa），即亲爱的神父，这样一年中竟有二十多次。顺治帝曾给汤若望一个称号叫"通微教师"，又加封了许多荣显的官衔。此外，在一六五〇年兴建北京第一座天主"南"堂的时候，这位皇帝也捐助了银一千两。汤氏见这个中国君主听了他明智的诱导，竟有这样的善意和欣迎，心中便怀着一个希望，希望他将来有一天要归奉圣教。可是顺治在肉欲里沉浸得太深了，总没有这度着纯洁的信友生活的勇气，然而那时候却有好几个宫廷的命妇和在朝的职官做了天主教友。

又如：

> 康熙登极后，南怀仁继续了汤若望的职位，不久便得康熙的信任。他要学习西洋的科学，便请南氏做他的老师，五个月中差不多天天要召见南氏，往往整天把他留着。南氏见康熙孜孜向学，尤其是对于天象一门，便像汤若望一样，心里想"既然古代那一颗异星曾经引导过东方三个哲王去朝拜真天主，那么这位远东皇帝也许要因着认识了辰星，被引到认识和钦崇那众星之主"。那时候南氏是这样希望着，但是他的希望也和汤氏一样没有实现。

这虽是一位天主教徒所说的话，说不定有了夸张清廷君主对于天主教士的待遇。然而在清初的开国君主之优待天主教士，有意去采纳西洋文化，而尤其是西洋的天文，这是没有可疑的。

这些教士像汤若望、像南怀仁之来中国的主要目的虽为宣传天主教义，希望感化远东君主去崇奉天主之教，然而他们所用以博这些君主的欢心，并不是天主之教，而是他们的科学，而尤其是天文的智识。天文的智识使他们能够看出中国的固有的历法的缺点，而介绍西洋历法。

西洋的历法既是外来的东西，从中国人的传统的保守与复古的态度来看已经不合口胃，而况这些西洋的教士既因西洋的历法而得到帝王的特别宠幸，那么免不了更会因此而引起国人的嫉忌。嫉忌的心理与守旧的心理混合起来，则西洋人以及其用以博取人主欢心的历法之所以引起国人的剧烈的反感，是一种很自然而然的事情。

我们知道，在顺治十四年四月，回回科秋官正吴明烜已疏言汤若望的历法的舛谬。朝廷为了这件事，曾命好多大臣共同去查明并加以测验，结果是证明了吴明烜所指摘汤若望的错误是没有根据的，并且判定了吴明烜的诈妄的罪状。可是据说到了康熙的初年，吴明烜还是极力反对西洋的历法。

但是，反对西洋历法之最力而又较早的，恐怕要算杨光先了。

杨光先是徽州歙县人，他是恩荫新安卫官生，在顺治十七年（一六六〇）上疏言西人的天主教不是圣人之教，而指摘汤若望的历法的谬误，而特别指出汤若望所算造的《时宪书》，面不当用"上传依西洋新法"的字样，他所上的疏被了礼科驳回。到了康熙三年，他又状告礼部，指出汤若望的新法十谬及选择不用正五行的错误，于是康熙乃命大臣等集议查明，因而汤若望及其徒众遂被罢黜，而且差不多要被处死。杨光先遂因之而被录用，康熙四年特授钦天监右监副，不久又授监正。杨光先既得势，于是乃废除新历，复回旧历。但是杨光先对于天文既并无专门的智识，而对于历法的推算自然不会准确。他自己到了这个时候也知自己干不下去。据说他曾叩阍辞职上了五次疏，但是朝廷都不准他辞职，使他真是处于进退维难的地位。

到了康熙七年的年末，朝廷见得杨光先的历法既并不准确，于是又命大臣等召南怀仁与监官质辨。到了康熙八年正月，诸大臣同赴观象台测验立春、雨水、太阴、九星、木星，结果是证明南怀仁所预推的度数与所测的事实通通符合，而杨光先及其徒众所说的不实。这些大臣于是乃请将康熙九年《时宪书》交南怀仁推算，并授南怀仁为钦天副监而罢黜杨光先。

杨光先的推算既被证明其错误，当时一般的士大夫而尤其是喜讲历法的人们，皆右天主教士而左杨光先。杨光先在愤愧之余，乃著了一本书，叫作《不得已书》，去辩护自己。据《池北偶谈》，杨光先是因推算天象错误而被论大辟。

然据他说，而尤其是杨光先的同乡，却谓杨光先被黜之后，南归家乡，在其途中暴卒。而且有些人说，他的暴卒是由于西洋教士所毒死。

《不得已书》的主要目的虽是反对西洋的历法，然而他对于西洋人之在中国传教也极力反对。而且指出，西洋教士自利玛窦入中国，其徒众是借历法以宣传宗教，所以他对于西洋教士之在中国宣传宗教也极力反对，所以他说：

> 自利玛窦入中国以来，其徒党皆藉历法以阴行其天主之教于中土。今开堂京师宣武门外各省凡三十窟穴，而广东之香山澳，盈数万人盘踞其间，成一大都会，以暗地送往迎来，而棋布党羽于大清十三省要害之地，其意欲何为乎？

不但这样，西洋的天主教徒之在中国不只是对于中国的国防与领土上有了危险，就是在中国的礼教与伦常上也有了危险。我们且看他说：

> 兹敢著书显言东西万国及我伏羲与中国之初人，尽是邪教之子孙，其辱我天下人至不可言喻，而人直受之而弗耻。异日者，脱有蠢动，还是子弟拒父兄乎？还是子弟卫父兄乎？卫之于义不可，拒之力又不能，请问天下人何居焉？

照天主教的《圣经》看起来，人类是上帝所造，所以杨光先以为假使中国人而相信天主教，那就是相信中国人也是上帝的子孙。上帝是西洋人的上帝，而非中国人的上帝，西洋的教士把中国人也当为上帝的子孙，这是侮辱了中国人，因为中国人有中国人的祖宗，而不能以西洋人的上帝以为其祖宗。

杨光先本来是反对西洋人的历法，然而西洋的历法是西洋的教士所传入的，西洋教士除了输入西洋的历法之外，还宣传其宗教与有了图谋不轨的野心。这是很不利于中国的伦理与国家的。他之所以这样解释，不外要转移国人的视线，以反对天主教徒之在中国居住，而使其无从宣传宗教，而特别是介绍西洋历法于中国，因为他所特别仇恨的与特别所排斥的是西洋的历法。他告诉我们道：

> 汤若望之历法件件悖理，件件舛谬，乃诧于人曰：我西洋之新法，算日月交食有准。彼以此自奇，而人亦以此奇之，竟弗考对天象之合与不合，何其信耳而废目哉！已往之交食，姑不具论，请以康熙三年甲辰岁十二月初一戌午朔之日食验之，人人共见，人人有目，难尽掩也。其准与不准，将谁欺乎？而世方以其不合天象之交食为准，而附和之。

可见得杨光先虽然不懂得历法，虽然因测验不准确而被革职，可是他对于西洋的历法还不屈服，而加以置辩，这种食古不化的心理之深入人心可以概见。杨光先及其徒众也不过是一些例子罢。

杨光先又告诉我们道：

是以西洋邪教为中国之人而欲招徕之，援引之，自贻伊戚也。毋论其交食不准之甚，即使准矣，而大清国卧榻之内，岂惯谋夺人国之西洋人鼾睡地也耶！盖从古至今，有不奉彼差来朝贡，而可越渡我疆界者否？有入国陪臣不还本国，呼朋引类散布天下而煽惑我人民者否？江统《徙戎论》盖蚤烛于几先，以为毛羽既丰，不至破坏人之天下不已。

可见得他是用反对西洋在中国居住的言论以为反对西洋历法的前提，因为若是中国没有西洋人，则西洋历法也是无从输入的。

杨光先更进一步去主张，中国可以没有好的历法，不可有了西洋人，所以他说：

光先之愚见，宁可使中国无好历法，不可使中国有西洋人。

而其理由是：

无好历法不过如汉家不知合朔之法，日食多在晦日，而犹享四百年之国祚，有西洋人，吾惧其挥金以收拾我天下之人心，如厝火于积薪之下而祸发之无日矣。

这可见得他以为就是西洋的好东西，我们也用不着去效法。其实杨光先并非不知道西洋人的天文科学是比之中国为优，且看他说：

世或以其制器之精奇而喜之，或以其不婚不宦而重之。不知其仪器精者，兵械亦精，适足为我隐患耳；不宦不婚者，其志不在小，乃在诱吾民而去之，如图日本取吕宋之已事可鉴也。《诗》曰："相彼雨雪，先集微霰。"又《传》曰："鹰化为鸠，君子犹恶其眼。"今日海氛未靖，机察当严，揖盗开门，后患宜惩。宁使今日詈予为妒口，毋使异日神予为前知，是则中国之厚幸也。

杨光先在这里不只承认西洋人在天文上的仪器是精于中国，而且承认西洋人在战争上的兵器也比中国为优。其实在明末清初的时候，西洋人的枪炮不只因其兵船战舰之东来而已表现之威力之大，就是一些教士也已在中国铸造枪炮。明朝末年与清朝初年，政府朝廷都利用过西洋的精良的兵器，杨光先也是不能不承认这种事实。此外，西洋人之其他器械之精良的，如时辰钟、测地器，杨光先也未尝不知道，而且日本、吕宋之被西洋人所垂涎，他也并非不知。总之，我们不能说是一个旧陋寡闻的顽固人物，因为他不只明白到了中国的洋人的厉害，而且知道了中国以外的大概，所谓"海氛未靖，机察当严"，并非完全没有意识的言论。

然而杨光先忘记了西洋人既有了优越的科学、精良的兵器，那么中国虽严禁西洋人的东来，然而西洋人却可以利用其优越的科学与精良的兵器以为侵犯中国的工具、以为征服中国的工具，使中国被迫而开放门户，使中国被迫而住西洋人。

其实自雍正以后，中国逐渐的施行其闭关政策，而实现了杨光先的梦想。然而正是因为施行了这种政策与实现了这种梦，结果是引起鸦片的战争，使中国在世界文化上不只落后了两三百年，而且吃了一个大亏。

原来自中西海道沟通以后，中国既不能闭关自守，而西洋的文化又日进千里，我们不愿意去急趋直追，就要落后。在文化落后的国家，也许因地理或其他的原因而能维持其苟安的局面于一时。然洋人若打主意去侵略这个国家，这个国家是无法抵抗的。杨光先以及一般复古者流不明白这种道理，以为禁止西洋人之来中国，中国就可以苟安无事，所谓"汉家不知合朔之法……而犹享四百年之国祚"，就是不明白这道理的错误。他忘记在汉朝的时代与他自己的时代已大不相同。因为在汉朝的时代，不只中西的海道并不沟通，就是在那个时代的西洋文化，也没有明末清初的西洋的文化那么优越。想把明末清初的中国复回汉朝的局面，这真是食古不化，这真是不识时务。

而况杨光先并非不知道西洋、西洋人的文化，而尤其是他们的天算、兵器，比之中国的优良得多呢。一个不懂得西洋人的文化的好处的人，反对西洋文化尚且可原，一个懂得西洋人的文化的优越，而特别是他们的兵械的精良的人，还且故意去排斥这种文化、这种兵械，这岂不是故意去使中国的文化落后而自吃其亏吗？

第八章 阮文达的复古主张

胡礼垣在其《康说书后》里曾有过下面一段话：

> 纪公（昀）曾于内庭管《四库全书》，阮公（元）曾建设学海堂于广东各省，南北学士，莫不资法于二公。二公博览群书，不愧一代之文宗。今者艾儒略、南怀仁等重涉重洋，来诣我邦，二公表面勉为敬崇，而不用其说。其意以为我中华《一统志》卷五百，至详且尽，安用此浅近之《地球说略》《舆地图说》等为？又以为尧舜之时已创历法，垂四千年而不变，彼琐琐之说，恶足以易之？

胡礼垣在这里虽以纪昀与阮元并提，然而我们所要特别加以注意的是阮元。因为阮元不只是自命为通晓天算的人物，而且他的《畴人传》是一部被人目为集中国天算的集成的著作。诸可宝纂录《畴人传三编》卷第三"阮元"条曾有一段对于阮元推崇备致的话。今且录之于后：

> 窃尝闻之，一代之兴必有耆宠魁垒之臣。若唐之燕许及崔文贞、权文公、李卫公，以经术文章主持风会，而其人又必聪明蚤达，兼享大年，其名位著述足以弁冕群材，其力尤足以提倡后学若仪征，太傅真其人哉。夫太傅敭历中外五十余年，颐养里第又十一年，身为名臣通儒，犹孜孜焉于天文、算术不倦。良因术数之妙，穷幽极微，可以纲纪群伦，经纬天地，乃儒流实事求是之学，非方技苟且干禄之具。用是上下二千年，纲罗将三百家，勒成一编，传诸永久。是故勿庵兴而算学之术显，东原起而算学之道尊，仪太傅出而算学之源流传习，始得专书。

阮元既是一代通儒，又是天算名家。从他看起来，天算是我们中国所固有的东西，而且其历史很久，所以他的《畴人传》始于羲和常仪。他以为黄帝使羲和占日，常仪占月，臾区占星气，伶伦造律吕，大挠作甲子，隶首作算数，容成综斯六术而著调历。

而且从他看起来，中国的天算不只渊源很久，而且到了满清一代很为发达，且看他说：

> 羲和常仪之伦乃占天之元始，算事之厥初也。自兹以后，下涉汉唐，代有增修，益求密合。然日官颁朔类忒，迨至本朝《时宪书》而后推步之术，乃至精至密焉。此盖伏遇我圣祖仁皇帝，抚辰建极，叶纪体元，御制数理精蕴，考成上下诸编，启千圣不传之秘，立万年有道之基，是固度越汉唐与黄帝之名，察度验先后同揆者矣。

我们知道，在阮元的时候，西洋的天算不只已经久传入中国，而且对于中国历法已有很大的影响。事实上，钦天监一职且常为西洋人所做，所以清朝一代的历法之所以比以往各朝代的历法较为精密，可以说是受了西洋的历法的影响。但是，阮元对于这一点不只不愿意承认，而且以为西洋人的历法是学自中国，《畴人传·凡例》里第十六条说：

> 西法窃取于中国，前人论之已详。地图之说本乎曾子，九重之论见于楚辞，凡彼所谓至精极妙者，皆如借根方之本为东来法，特翻译算书时不肯质言之耳。近来工算之士每据今人之密而追咎古人，见西术之精而薄视中法，不亦异乎？

在《畴人传》卷四十四《利玛窦传论》里又说：

> 自利玛窦入中国，西人接踵而来，其于天学皆有所得，采而用之，此礼失求野之义也。而徐光启至谓利氏为今日之羲和，是何其言之妄而敢耶！天文算术之学，吾中土讲明而切究者，代不乏人，自明季空谈性命，不务实学，而此业遂微。台官步戬天道，疏阔弥甚，于是西人起而乘其衰，不得不矫然自异矣。然则但可云明之算家不如泰西，不得云古人皆不如泰西也。我国家右文尊道，六艺昌明。若吴江王氏、宣城梅氏皆精于数学，实能尽得西法之长，而匡所不逮。至休宁戴东原先生发明《五曹》《孙子》等经，而古算学明矣。嘉定钱竹汀先生著《廿二史考异》，详论《三统》《四分》以来诸家之术，而古推步学又明矣。学者苟能综二千年来相传之步算诸书，一一取而研究之，则知吾中土之法之精微深妙有非西人所能及者。彼不读古书，谬云西法胜于中法，是盖但知西法而已，安知所谓古法哉。

在《畴人传》卷四十五《汤若望传论》中又说：

> 明季君臣以《大统》寖疏，开局修正，既知新法之密，而讫未施行。圣朝定鼎，以其法造《时宪书》，颁行天下。彼十余年间，辩论、翻译之劳，若预以备我朝之采用者，斯亦奇矣。夫欧罗巴，极西之小国也；若望，小国之陪臣也，而其术诚验于天，即录而用之。我国家圣圣相传，用人行政惟求其是，而不先设成心，即是一端，可以仰见如天之度量矣。若望以四十二事表西法之异，证中术之疏，由是习于西说者，咸谓西人之学非中土之所能及。然元尝博观史志，综览天文算术家言，而知新法亦集合古今之长而为之，非彼中人所能独创也。如地为圆体，则《曾子十篇》中已言之。太阳高卑，与《考灵曜》地有四游之说合。蒙气有差，即姜岌地有游气之论。诸曜异天，即郗萌不附天体之说。凡此之等，安知非出于中国，如借根方之本为东来法乎？盖步算之道，必后胜于前，有故可求，则修改异善。古法之所以疏者，汉魏之术冀合图谶，唐宋之衍拘泥演撰，天事微眇，而徒欲以算

术缀之，无惑乎其术之未久辄差也。至《授时》去积年日法不用，一一凭诸实测，其于天道已能渐近自然，然则由《授时》而加精，不得不密于前代矣。彼西人者幸值其时耳，使生于《授时》以前，则其术必不能如今日之密。唐之《九执》，元之《万年》可证也。且西术之密，亦密于今耳，必不能将来永用无复差忒。小轮之法，频改椭圆可见也。必有郭守敬其人，诚能遍通古今推步之法，亲验七政运行之故，精益求精，则其造诣当必有出于西人之上者。使必曰西学非中土所能及，则我大清亿万年颁朔之法，必当问之于欧逻巴乎？此必不然也。精算之士，当知所自立矣。

从上面数段话看起来，我们就可以找出阮元的不少的错误。第一，我们知道天算的渊源在中国虽然很久，但是我国的天算并不算得发达，星相五行等等迷信在古代用不着说，直到现代还很普遍于民间。什么天星坠落是伟人死兆，以至谓日出于东而落于西，都是一些显明的例子。至于算术，二千年前的欧几里得（Euclid）已有了《几何原本》的刊行，而我们直到近代始在学校教授几何。所以，从天算的发达史看，西洋的天算的发达是较早于我国是无可疑的。

第二，阮元以为西洋近代的好多新发现均为我国所已有，这是中外海道沟通而西洋文化传入中国以后，国人所常犯的一种毛病。比方，阮元以为地圆之说本乎曾子就是一个例子。地圆之说在西洋是一惊天动地的学说，不但在思想上是一种革命，就是在实际上也有很大的作用，哥伦布之发现新大陆也是以这种学说为根据。阮元以为地圆之说本于曾子已是穿凿附会，而况就使这种学说本于曾子，为什么二千多年来这种学说不但在实际上没有什么作用，就是在思想上也没有什么影响，而必候至西洋的地圆之说输入之后，国人始觉悟这种学说为我国固有的东西，这岂不是更显得我们的固有的学说之没有用吗？

第三，至说西法实窃取于中国，这也是一种夸大狂。我们知道，我国的印刷、火药、指南针以及其他的东西，虽是传入西洋而影响于西洋的文化，然而在天算方面而尤其是近代的科学，却非中国所输入。西洋的算术的发达，在西洋历史较久，用不着说，天文在西洋近代的科学中发达也是较早。在中西海道沟通以后，以传教为目的的天主教士之到中国的，尚能指摘中国旧历之错误，而对于中国天算上有了很大的贡献，可见得西洋天算的智识的普遍，以及其功用的广大。国人对于新奇的科学，为了守旧的传统思想所蒙蔽而不愿去努力讲求也算罢，还说这是西人拾了中国的余唾，这岂不是一种夸大狂吗？所谓地圆之说本于曾子，正像后来一些染了夸大狂者，以为飞机是发明于墨子一样。阮元是被称为通晓中西学问的人，而却如此固塞，中国学术的水平线之低可以概见。

第四，照阮元的意见，我国的天算在古代已很发达，只因汉魏之术冀合图谶，唐宋之术拘泥演撰，而明朝一代又喜空谈性命，不务实学，而此业逐微，所以我们只可以说，明之算家不如泰西，不得云古人皆不如泰西。是则阮元并非完全否认西人的天算是优于中国，明明承认汉魏以后，我们的天算是落后。然而他又以为，学者苟能把中国二千年来所传下的步算诸书一一取而研究，则知吾中土之法之精微深妙，有非西人所能及者。那么这里所指的二千年来所传下的步算诸书，岂非是汉魏以来的步算诸书吗？一方面指出汉魏以后而特别明代的天算的退步，不如西洋的优越；一方面又说汉魏以来的中土之法之精微深妙，有非西人所能及，又岂不是一种矛盾吗？其实，阮元以为汉魏以前的天算是比之汉魏以后的天算较为优越已成疑问。徐光启以为利玛窦是今日的羲和，然而事实上，利玛窦的天算比之羲和的天算无疑的是高明得多。徐光启的说法已使羲和的地位增高了不知多少倍，可是阮元却无限感慨的责备徐光启道："是何其言之妄而敢耶"。阮元这种说法真"是何其言之妄而敢耶"。假使羲和的天算必比之利玛窦为高明，那么文化还有什么进步之可言；假使我们而只有了羲和的天算的智识，那么不但中国天算永远不会进步，则中国的人民恐怕也要复回穴居野处，茹毛饮血的地位罢。

事实上，阮元并非否认西洋的天算是比之中国的较为高明，所谓"明之算不如泰西"，所谓"西术之密亦密于今耳"，都是这个意思。在《畴人传·凡例》中也说：

> 欧逻巴人自明末入中国，嗣后源源而来，相继不绝，利玛窦、汤若望、南怀仁等于推步一事，颇能深究。

又在《畴人传》卷四十五《南怀仁传论》中又说：

> 怀仁谓推步之学，未有略形器而可骤语精微者，斯言固不可无见也。西人熟于几何，故所制仪象极为精审。盖仪象精审则测量真确，测量真确则推步密合，西法之有验于天，实仪象有以先之也。不此之求而徒骛乎钟律卦气之说，宜为彼之所窃笑哉。

而在卷四十五《汤若望传》中也说：

> 新法增置者，日象限仪、百游仪、地平仪、弩仪、天环、天球、纪限仪、浑盖简平仪、黄赤全仪、日星等晷，而所制远镜，更为窥天要具。此西洋近时新增，百年前未有也。

可见得阮元不只反对所谓钟律卦气之说，而且感觉到精审的仪器的必要。可惜他自己虽然有了这种感觉，但是他自己既并不努力于仪器的创造以至利用，而却化了平生的不少力量在我国古书中，曲解附会，以求西法原于中土的证据，结果不只是为了一般守旧者张目，而且自己也成为一个复古的人物。不但对于中国的天算少有补益，而且阻碍了中国的天算的发展，这岂不是一种白费工夫而自相矛盾的事情吗？

我们上面曾已指出，王启元想在中国古代古书中找出一个上帝、一个孔子，以建立一个宗教，以与西洋对抗，现在阮元也要从中国古代古书中找出天文算术以自炫，而与西洋的天文算术相抗衡，结果是陷于同一的错误。而况宗教固可以从旧，科学却不能不从新。阮元明知西洋的新法胜于中国的旧法，而还不愿舍旧从新，其顽固的程度实甚于王启元。而况既承认了人家的优越，还不愿意去采纳人家的好处，这又与我们上面所说的杨光先如出一辙。阮元生于王启元、杨光先之后，看不出这两者的错误而却兼了这两者的短处，这真是错误而又错误了。而况阮元是被称为当世名臣、一代通儒，南北学士莫不资法，则其为害于当时及其后代，实非浅鲜。

其实在明末清初，名臣如徐光启、李之藻，君主如顺治、如康熙，对于西法均能极力提倡，自雍正、乾隆以后，自尊自大的思想既日来日高，而闭关自守的政策又愈施愈严，一方面固由于朝廷的固塞，一方面却由于臣僚的无知。阮元就是后者中的一个显著的例子。

第三编

第九章　王闿运的复古主张

在清朝一代，自雍正以后，闭关自守的政策既逐渐发达，而自尊自大的思想更为流行。这种政策与这种思想既有了密切的关系而互相影响，因而中国的人心更是易趋于固塞。这种人心固塞的表示，可以从乾隆末年因英国大使马戛尔尼（Macartney）请求通商传教而给与英国皇帝的敕谕中看出来。乾隆所给英王的敕书有二次，其第一次敕书中曾有下面一段话，今录之于后：

> 至尔国王表内恳请派一尔国之人住居天朝，照管尔国买卖一节，此与天朝体制不合，断不可行。向来西洋各国有愿来天朝当差之人，原准来京，但既来之后，即遵用天朝服色，安置堂内，永远不准复回本国，此系天朝定制，想尔国王亦所知悉……天朝抚有四海，惟励精图治，办理政务，奇珍异宝，并无贵重。尔国王此次赍进各物，念其诚心远献，特谕该管衙门收纳。其实天朝德威远被，万国来王，种种贵重之物，梯航毕集，无所不有。尔之正使等所亲见。然从不贵奇巧，并无更需尔国制办物件。

其第二次敕书里又说：

> 天朝物产丰盈，无所不有，原不假外夷货物以通有否，特因天朝茶叶、磁器、丝斤为西洋各国及尔国必需之物，是以加恩体恤，在澳门开设洋行，俾得日用有资，并霑余润……至于尔国所奉之天主教，原系西洋向奉之教，天朝自开辟以来，圣帝明王垂教创法，四方亿兆率由有素，不愿惑于异说。即在京当差之西洋人等居住在堂，亦不准与中国人民交结，妄行传教，华夷之辨甚严。今尔国使臣之意欲任听夷人传教，尤属不可。

从上面数段话看起来，乾隆不只反对精神文化方面的西洋宗教在中国宣传，而且反对物质文化方面的西洋货物。因为在精神文化方面，中国既有了圣帝与明王，去垂教与创法，而在物质文化方面，天朝又有了奇珍与异宝和丰盈的物产。中国既无所不有，中国本来是用不着去依赖外夷以通有否，然而，中国之所以允许外夷在澳门通商，并非因为中国有所需求于外国，而乃因为外国有所要求于中国，这就是西洋人所需要的茶叶、磁器、丝斤等等。所以从乾隆看起来，中国允许西洋人在澳门通商，完全为体恤西洋人起见而表示天朝的宽大为怀、仁义为心，西洋人还不知足，欲在北京居住，使节照管买卖与宣传宗教，这岂不是荒妄之至？

其实在十八世纪的末年，中国并非完全不需要西洋的货物，而沿海各省而特别广东一省的财政，尤多依赖于海外通商。又敕谕中所谓"尔国（英国）所奉之天主教，原系西洋向奉之教"也是有了错误。西洋自十六世纪初年宗教改革之后，就有天主教与新教之分，而英国对于新教不只信奉较早，而且拥护很力。直到十八世纪的末年，西洋基督教之传入中国的完全为天主教，乾隆因而以为所有西洋人之信教的皆为天主教徒，这也不能不说是国人对于西洋智识的浅薄。

乾隆所给与英王的敕书，不只反对西洋宗教与货物的输入，而且把英国当作一个蕞尔小国，其实英国在那个时候，本国的疆域虽不大，然属地已布满世界各处。乾隆一方面当英国为朝臣入贡，一方面以为天朝德威远被，万国来王，也可以说昧于世界的大势，而蔑视了英国在那个时候的势力的澎涨的事实。

总而言之，乾隆给与英王的敕书，可以说是当时的国人的闭关自守的政策与自尊自大的思想的结晶品，而这种政策与这种思想，又可以说是国人数千年来的传统的复古的主张的结晶品。

但是我们知道，乾隆承了顺治的开国的基础与康熙、雍正的时代的武功与内治，而成为满清一代中的黄金的时代，无怪得因而愈增其闭关自守的态度与自尊自大的信心。但是事实上，在乾隆的末年，既已呈满清内部的空虚与衰弱，而西洋的文化在这个时候又正在日新月异，工业革命以至农业革命是在这个时候发生的，美国革命、法国革命也是在这个时候发生的，同时，各种科学也在这个时候如日初升、如花怒发。西洋的文化虽正在日新月异，西洋的势力也正在深入四方，在这种情形之下，中国的内部就使没有空虚衰弱的现象，也抵不住西洋这些急流，而维持闭关自守的政策与自尊自大的思想。

鸦片战争的原因虽多，然而主要的是由于西洋的文化的进步与其势力的澎涨，以及中国的这种政策以及这种思想所酿成。鸦片战败之后，中国割地赔款，数千年来的闭关自尊与数百年的轻视西洋的态度大受打击，再加以太平天国的事件，所谓中兴名臣如曾国藩、李鸿章，不只要借西洋的枪炮，而且要用西洋的将领，以荡平太平天国。中国一方面既不能抵抗西洋人的势力，一方面又不得不利用西洋器械与人材去压制内乱。以常情而论，国人应该痛定思痛，努力去急趋直追，以免中国落后而又落后。那里知道在所谓创痛之余，一般的士大夫全不觉悟，不只不积极的去维新，还且愈趋于守旧，我们在这里不愿多去举出这些守旧的士大夫，我们愿意把王闿运以为一个代表人物来说明。

王闿运可以说是一个典型的复古人物，一个极端的守旧的代表。他在其《致高直牧书》中很自负，他自己"所著书则《春秋公羊传笺》《诗》《礼》《尚书笺》皆唐突古人，自成一家"（参看《湘绮楼书牍》卷三）。然他实在是一个食古不化的人，他虽把在《致郭嵩焘书》（同书卷二）中郭嵩焘当为当时知洋务者的先觉先知，可是他对于郭嵩焘之主张西化反对最力。他自己说："时复高谈夷务折筠仙（嵩焘）而关少荃（李鸿章）之口。"（《致高直牧书》）他在《致郭嵩焘书》（同书卷二）中又说道：

> 闿运论之，公（嵩焘）之行湘轮，李之开津路，皆为家门外宜有此一种洋货高兴之举也。以两公一代伟人，高瞻远瞩，得意之笔，而鄙论如此，又何怪天下之揣测纷纷，张香涛、李黼堂之妄听妄论乎？先生休矣。不如专攻郑康成、剽学黄山谷之横恣优游也……闿运破船多载，蓝盘盖天，随处荒唐，幸无龃龉，唯颇畏教学，又不喜言洋。（《湘绮楼书牍》卷二）

这可见得他是反对洋务、反对西化。然而最足以使我们注意的，是他的著名的《陈夷务疏》。我们现且摘录于后：

> 臣前读钞报，见议立同文馆。大学士倭仁（注一）所陈利弊，及谕旨开慰之言，私窃感激，至于叹息。然以为不必论也。言御夷者，皆欲识其文字，通其言语，得其情伪，知其山川厄塞、君臣治乱之迹，及其国内虚实之由。其最善者，取其军食，以济我师；得其器械，以为我利。今设同文，意亦在此。而臣独以为无益者。夷人始入，非以其入中国之俗，据中国国地，收我图籍，颂我诗书，知我政治，而姑与之和也；以其船大炮精，驶我海口，防之不固，战而不利，而后得志也。即其船炮可骇，屡战不胜，亦非有夷船，与水师纵横百战于海岛，又非有大臣宿将僵仆相望于炮丸，连兵累年，精锐并尽，而后与之和也；以其交绥而溃，故骑长驱，而不暇再整也。五口通商，四国遣使，我之文字言语，厄塞虚实，彼今固知之矣，军食器械若强而取之，宜易为力矣。然彼乃和顺其貌，从容其词，以和为请。假令中国得其船炮，习其风俗，遂可以深入其阻，扫穴犁庭，则易地而观，天下之忧，未可量也。今日情势彰灼如此，彼犹不敢生心，而我乃汲汲焉为他日之图。故臣以为不必论者一也。

又说：

> 臣又观大学士曾国藩覆天津一事，言妖教之行善，愚民之易动，含吐其词，揣度其平，臣又以为不必也。夫中外之防，自古所严，一道同风，然后能治。假令法国布尧舜之政，读周孔之书，分置师儒，助我仁政，则诸君将束手坐观，望风赞叹，以为真圣人之国乎？祆教之行，教堂之立，但问其可行不可行，不当问其教善不善。为法国谋者，若使中土赍六艺之文，陈先圣之书，入其国都，宣我木铎，彼之忠臣智士，必宜守桀犬吠尧之义，明国无异政之礼，守死勿听，以为其主耳！何况祆教妖异，约书鄙陋，兢兢计较，何关损益？臣所谓不必论者二也。

又说：

> 臣又观协办大学士李鸿章覆奏天津一事，料我强弱，策其水陆，以为战未必败，事难逆料。而臣又以为无益者，御敌之道，但当论我之欲战不欲战，不当问战之能胜不能胜。孔子曰："三军可夺帅也，匹夫不可夺志。"故弱女夺掌而豹虎避路，相如张目而秦王击缶，岂力能胜之哉？志以为必胜也。若如所言，必胜而战，则是洪寇鸱张之日，苏杭糜烂之时。曾国藩困踬于祁门，李鸿章寄身于上海，宜亦姑务招抚，休士息民。然且有进无退，忘身许国。若使用兵之时，已操必胜之机，力沛然有余，而后进战，则庸夫皆可以藉手，二臣何以膺侯伯之赏哉？今不论事宜，而先言胜败，故臣以为不必论者三也。

然而，其最妙的言论是：

> 火轮船者，至拙之船也；洋炮者，至蠢之器也。船以轻捷为能，械以巧便为利。今夷船煤火未发，则莫能使行；炮须人运，而重不可举。若敢决之士，奄忽临之，骤失所恃，束手待死而已。又况陆地行战，船炮无施；海口遥攻，登岸则困。蹙而击之，我众敌寡，以百攻一，何患不克？而乃张皇其船炮，未交而已溃。机器船局效而愈拙，是则武灵王之胡服，而忘其探雀彀；信冀北之多马，而未知其无兴国也。臣所谓不必论者四也。

这种言论的荒妄在现在看起来，幼稚园里的孩童也能明白，不必加以批评，也不值得加以反驳。然而在那个时候，相信这种荒妄的言论的人实在不知几许。我们以为像王闿运这些人物既不懂得洋炮洋船为何物，而又没有出过国门一步，其固塞无知尚有可原，其最奇怪的是，当时曾有随使出洋周游过西洋各国的人，回国之后著书反对西洋文化，发表火船不如帆船的论调，而与王闿运上面所说的话好像同一鼻孔出气。①

总而言之，从王闿运看起来，中国人不只不必去学西洋的文字、语言以及其宗教、科学，就是枪炮、战船、铁路、轮船也不必学。因为一来中国的学术、礼教既比西洋的为高明，而中国的弓矢、帆船又比西洋的为便捷。其实照他的意见，中国人不只是不必学这些东西，而且对于这些东西就不必谈。二来照他的意见，中国与西洋打仗，中国之败并不是败于战船不坚，器械不精，而乃败于国人斗志不坚，因为根本上战争的胜败就非决定于船器的优劣，而乃决定于斗志的坚强。

其实义和团也就是这种态度的结晶品，他们所以自信独自能够抵抗西洋的枪炮，也就是因为他们以为斗志可以胜敌。不只不懂得西洋的枪炮的厉害，而且相

---

① 校按：以下内容为陈云仙教授提供的手稿所缺，故以南开大学图书馆藏代抄稿点校。

信中国的弓矢、拳术是胜过西洋的器械。义和团之所以能够崛起而至于猖獗，完全是由于这种心理所养成。而上自朝廷，下自人民，在义和团初起的时候，多为了这种心理所影响。王闿运的言论实在可以说是义和团的思想的先驱，同时又是中国的传统思想的代表。

我在上面曾指出，不只是没有出过国门的王闿运极力反对西化，就是随使西洋的人中，也有像王闿运那样固塞而发表轮船不如帆船的论调。其实在守旧思想垄断人心的时代，就是有些明白西洋的物质文化是优越过中国的物质文化，而也以为中国不必或是不能效法西洋的，也不乏人，我现在且从志刚在同治六年出使外国后所著的《初使泰西记》中，摘录一段，抄之于后，以为这种思想的代表。

> 客问使者火车之利益何如？曰公私皆便而利益无穷。以公事言之，地方偶有变乱，虽数千百里，军卒器械刍茭朝发而夕至，可及时戡定而免蔓延之患，或水旱偏灾均平转输可及时补救，而免逃亡之虞。至于税课无涓滴之漏，商贩无后时之悔，行旅忘驰驱之劳、免盗贼之劫，其利未可一一数也。曰何以中国不急办也？曰中国欲行火车将何途之从邪？城池、庐舍皆可改易，惟坟墓乃各家择地而葬，非若泰西聚处而丛葬也，其新者可迁，而数十百年之远则不可迁。各家视其墓茔之祖父，较泰西天主堂之视天父，尤为亲切，若使因修铁路而可以毁天主堂，亦不可滥毁其祖宗之墓茔。若以朝廷之势力灭中华孝敬之天性，曰将以牟利也，恐中国之人性未易概行灭绝也。客无以为难。

事实上，假使志刚所说是对的，那么直到现在，我们还不能建筑铁道，或效法西洋的文化的其他方面。然而志刚既明知火车的利益那么大，而却感觉到中国人的天性是反对建筑铁道而无法改变，我们可以想到中国人的守旧的势力之大与因此而吃亏之多。志刚周游西洋各国而又看到火车的好处而尚有此感觉，国人人心之固塞如此之甚，我们又怎能怪得王闿运的荒妄的论调呢。

可是王闿运并不只是在消极方面极力去反对西化，而且在积极方面希望中国的固有的文化能够传到西洋。其实照他的意见，西洋的文化好像早已受了我国禹、墨的影响，不过其所缺乏的是中国的儒术。当郭嵩焘出使在英国的时候，王闿运曾致书给与郭嵩焘道：

> 唯是海岛荒远，自禹、墨至后，更无一经术文儒照耀其地，其国俗，学者专己我慢，沾沾自喜，有精果之心而并力于富强之事。诚得通人开其蔽误，告以圣道，然后教之以入世之大法，与之论切己之比务，因其技巧，以课农桑，则炮无所施，船无所往，崇本抑末，商贾不行，老死不相往来，而天下太平。此诚不虚此使，先之苏武牧羊、介子刺主，可谓狂狷，无所裁者矣。夫好异喜新者，人之情也，利玛窦之学在中土则新，在彼国则旧，公之

学在中土则旧，在彼国则新。诚为之告以佳兵之不祥，务货之无益，火器能恐人而不能服人，马头利分争而不利混一，铁路日行万里何如闭户之安，舟车日获万金不过满腹而饱。彼土人士心气已达，耆欲是同，其比之徐光启之见西儒，奚啻十倍倾仰而已，纵不即化而后生有述。昔老聃之流沙而胡皆为佛，即其效也。奉使称职一时之利，因而传教万世之福。

西洋人会不会倾仰我们的圣道，以至老子是否到流沙，是否化胡为佛，这些问题我们用不着在这里讨论。我们所要指出的是，王闿运不只反对郭嵩焘所提倡的轮船火车，而且希望其在西洋宣传我国的圣教，使西洋人能放弃其火车、轮船、枪炮，而效法我们中国的文化，怪不得郭嵩焘要常常叹道"中国之人心有万不可解者"了。

（注一）

　　数为六艺之一，诚如圣谕为儒者所当知，非歧途可比。惟以臣所，见天文算学，为益甚微，西人教习正途，所损甚大，有不可不思而虑及之者，请为我皇帝陈之。窃闻立国之道，尚礼义不尚权谋；根本之图，在人心不在技艺。今求之一艺之末而又奉夷人为师，无论夷人诡谲未必传其精巧，即使教者诚教，学者诚学，所成就者不过术数之士，古今来未闻有恃术数而能起衰弱者也。天下之大，不患无才，如以天文算学必须讲习，博采仿求，必有精其术者，何必夷人，何必师事夷人。且夷人吾仇也。咸丰十年，称兵犯顺，凭陵我畿甸，震惊我宗社，焚毁我园囿，戕害我臣民，此我朝二百年来未有之辱，学士大夫无不痛心疾首，饮憾至今，朝廷亦不得已而与之和耳，能一日忘此仇耻哉！议和以来，耶稣之教盛行，无识愚民，半为煽惑，所恃读书之士，讲明礼义，或可维持人心。今复举聪明隽秀，国家所培养而储以有用者，变而从夷，正风为之不伸，邪气因而弥炽，数年以后，不尽驱中国之众咸归于夷不止。伏读圣祖仁皇帝御制文集，谕大学士九卿科道云：西洋各国，千百年后，中国必受其累。仰见圣虑深远，虽用其法，实恶其人。今天下已受其害矣，复扬其波而张其焰邪？闻夷人传教，常以读书人不肯习教为恨，今令正途学习，恐所习未必能精，而读书人已为所惑，适堕其术中耳。伏望宸衷独断，立罢前议，以维大局而弭隐患，天下幸甚。

　　（同治六年春三月设同文馆于京师，大学士倭仁上疏云）

第十章　张绍介①的复古主张

张绍介先生的复古的主张，可以在起〔其〕所著的《中西学说通辨》一书找出来。这部书是自己印行的，坊间很为少见，而且也很少有人注意。我从天津工商学院沈诚斋（Pere Schante）神父处借阅这部书。

其实张绍介先生这部书里所说的话，而尤其是关于西洋文化的看法，不只至为浅薄，而且好像是村妇骂街一样，所以阅了这本书的人，免不了要感觉得这种书册不只不值得我们加以注意，而且不值得拿来刊行。

然而国人之有了这种主张或是赞同张绍介先生这种看法的并不乏人，所以张绍介先生在这部书里所说的话，而尤其是对于西洋文化的看法，不只是他一个人的主张，而却是一部分的国人的见解，而且在他著作这本书的时期，而特别是在他著作这本书之前，恐怕是大部分的国人的看法。我所以把张绍介先生这本书在这里加以介绍与批评，不外是把他当为一个只懂得皮相的西洋文化而却极端与顽固的主张复古的一个例子罢。

张绍介先生是山东即墨县人，据《中西学说通辨》的序言里说，这部书始写于民国元年，而完成于民国十五年。用了十五年的功夫去著作这本书，就可以见得作者对于这本书的著作的时间之长。然而这本书的完成虽是经过这么长的时间，可是这么长的时间，而尤其是在这个中国文化的态度因革命运动与五四运动而变化得厉害的时期里，张绍介先生对于西洋文化的看法既还是这样的浅薄，而对于复古的主张的拥护又是这样的极端，我们不能不因之而慨叹中国人心的固塞之深与改变之不易了。

这部《中西学说通辨》分为四册，前三册为上编，后一册为下编。上编分为九卷，纲目为老庄学辨、杨墨学辨、告子学辨、申韩学辨、荀杨学辨、陆王学辨、乾嘉汉学辨与尊孔学辨。下编分为七卷，纲目为西学辨、平等辨、自由辨、幸福辨、女权辨、新刑律、西洋哲学辨与心脑学辨。

照这本书的篇幅来看，大部分的篇幅是用于我国的固有的思想的辨别，而其主要的目的是反驳诸子尊崇儒道而特别是孔子之道。然而我们在这里所要特别加以注意的却是下编。因为张绍介先生之反对西洋文化的主张，是在这一编里说明，而他的中西文化的差异以及其自由、平等与女权运动等观念，也是在这一编里解释。

张绍介先生以为中西文化的差异的要点，是中国人明伦，西洋人蔑伦。而所

---

① 编注：多数文献记载为张绍价，今从底稿，不做改动。

谓伦就是人伦，而人伦的人字又是对着禽兽而说的。所以他说：

> 人伦，人字乃对禽兽而言，有此伦即为人，无此伦即为禽兽。

从他这种理论推衍起来，其结论是中国人明伦，所以中国人才是人，西洋人蔑伦，所以西洋人却是禽兽。因为中国人之所以与西洋人的差别，就是前者是人而后者是禽兽，而这种人与禽兽的差别，并不是自然生理上的各异，而是文化上的伦理的各异。所以他说："有此伦即为人，无此伦即为禽兽。"所以中国人之所以是人，是因为中国人明伦；而西洋人之所以是禽兽，是因为西洋人蔑伦。反过来说，假使中国人蔑伦，那么中国人也会变为禽兽；假使西洋人明伦，西洋人也会变为人。我所以说这种人与禽兽的差别并不是自然生理上的各异，而是文化上的伦理的各异，就是这个原故。

其实把人当为或骂人为禽兽，并不始于张绍介先生，比方在二千余年前的孟子，就把人当为与骂人为禽兽。在《孟子》一书里，孟子曾说：

> 圣王不作，诸侯放恣，处士横议，杨墨之言盈天下。天下之言不归杨，则归墨。杨氏为我，是无君也；墨氏兼爱，是无父也。无父无君，是禽兽也……杨墨之道不息，孔子之道不著，是邪说诬民，充塞仁义也。仁义充塞，则率兽食人，人将相食。我为此惧，开圣人之道，距杨墨……能言距杨墨者，圣人之徒也。（《滕文公下》）

这样看起来，不只是张绍介先生所说的蔑伦的西洋人是禽兽，就是孟子所说的杨朱、墨翟也是禽兽了。又据孟子所说，"杨墨之言盈天下，天下之言不归杨，则归墨"，那么杨墨的徒众之多可以概见。杨墨既因了主张为我与兼爱而至于无君无父而成为禽兽，那么跟从了杨墨这种主张的徒众，也无疑的成为禽兽了。

因此我们可以想像，在春秋战国的时候，除了孔子、孟子以及少数的孔孟的弟子之外，中国人差不多都是变为禽兽。禽兽是蔑伦的。中国人在春秋战国的时代，也许是在春秋战国，既已多变为禽兽，那么西洋人固因蔑伦而变为禽兽，中国人也并非都能明伦而是人。因此之故，张绍介先生把中国人当为人，把西洋人当为禽兽，把中国人当为明伦，把西洋人当为蔑伦，却是一种错误。因为中国人大部分的中国人，既如孟子所说是禽兽，那么中国人大部分的中国人，照张绍介先生的看法，也是蔑伦。西洋人固是蔑伦，中国人大部分的中国人也是蔑伦，那么所谓以明伦与蔑伦去区别中西的文化，岂不是一种错误吗？

不但这样，所谓"杨墨之道不息"，究竟是否要弄到像孟子所说"人将相食"，我们不必加以讨论。不过在我国的历史上，吃人并不是一件稀奇的事情，《史记·项羽本纪》曾载刘邦说过"必欲烹而翁，则幸分我一杯羹"的话。好多人阅了这话之后，都以为这是一种荒诞之言，不足置信，因为在礼义之邦的中国，是不会有人吃人的事情。然而事实上，在我国历史上，吃人既并不是一件稀奇的事情，那么假使项羽真是烹了太公，说不定刘邦也能饮其羹，而况比方洪藏杀其爱妾，以飨将士，是吃人的一个实例。胡适之先生在《人间世》第三期中曾指出，在《罗忠壮勇公年谱》里曾有下面一段话：

> 官兵屯扎茅坪，缺粮，实属无法。余上前回明，令所获三千五百多贼人，剥杀煮食。七大人应允。每日将所获贼人立斩，均剥肉煮食。

又云：

> 粮仍未到，人肉用完，各兵饿急，将贼之首脑尸骸肾囊等类一并割食，惟茎物一昼一夜硬煮不烂，口嚼不断，似乎绵絮。

这是一百三十余年前的事情（嘉庆六年）。至于最近这数十年来，据报章所载，四川各处的人吃人的消息更是屡见不鲜，可见得不是杨墨之徒，也有了人吃人的事实而反背乎人伦了。

张绍介先生以为西洋人之所以不讲人伦，而趋于禽兽以至吃人的路途，是因为他们主张与实行自由平等的学说。换句话说，自由平等是背人伦的，所以他在下编卷二《平等辨》里说：

> 中国以明伦之教，故尊卑上下皆有一得之分，截然不可逾越；西国以平等立教，故父子君臣夫妇皆以平等行之，攘权竞利，名分荡焉。彼族狂榛未化，囿于宗教习惯，不能舍其旧俗以从中国文化，固无足怪。吾国以数千年来声明文物之邦，而浅中薄植之徒，厌故善新，以亲义序别信为自由之贼，诋礼法纲常为弱国之媒。舍旧有之文明而从西俗，为异教作先驱，为圣门扶藩篱，畔周孔之教，杨墨耶之教，是诚何心哉。

又说：

> 摩西四诫事天，六诫治人，不孝渎伦均有常刑，其说最近名教，耶稣晚出，撷拾墨释，创立新教，变易旧诫，君臣父子夫妇均以平等行。异说一倡，全欧风靡。吾国士大夫闻其说而慕之，兴耶抑孔，用夷变夏，废三纲灭五伦，放言横议，祸烈于洪水猛兽矣。

又说：

> 许行并耕之说已开君民平等先声，孟子以大人小人劳心劳力辟其谬，发明五伦各以一言尽其要，曰亲、曰义、曰别、曰序、曰信，各安其分，各尽其道，何尝不得其平，必如西政西律而后谓之平，是人而禽兽也。亲权有年限，父子相殴，各系狱三月，则父子无亲；谋反谓之国事，犯外人袒护政府，不能向之索取，则君臣无义；婚姻自择，先淫后配，学堂男女合校，宴客男女杂坐，则夫妇无别；尊长施之卑幼，与卑幼施之尊长齐等，则长幼无

序。无亲,无义,无别,无序,无信,名虽为人,而实无异于禽兽。

我不知今日的人们,而尤其是所谓革命同志与学界青年阅了这几段话之后,作何感想。然而最奇怪的,张绍介先生本来是反对西洋人的平等的学说,可是他一方面既以摩西十诫近于中国的名教,一方面又以墨耶并称而同时以为许由并耕之说已开君民平等先声,那么所谓的名教,既为西洋所也有的东西,而平等的学说又为中国所固有的学说。这样看起来,所谓以名分与平等去区别中西的文化,又岂不是一个矛盾吗?

而且他以为孟子曾以大人小人劳心劳力去辟许由的君民平等之说,然而他却忘记了孟子曾主张民为贵君为轻的学说。许由不过是说君民平等,而孟子却说民贵君轻,那么孟子比之许由岂更不是进一步去打破了君臣之义而紊乱名分之别吗?

关于自由,张绍介先生说:

> 自由幸福四字,其大乱之媒介乎。上之人欲享自由幸福,则剥民脂膏以自盈其欲;下之人欲享自由幸福,则必夺上权利以自快其私。上下交争,而国之祸乱不可弭矣。

同时他又反对英国的约翰·弥尔(John S. Mill)所谓思想、择业与结会三种自由,所以他说:

> 思想有邪正,择业、结会亦有邪正,安可任意自由。思想自由则邪思妄念缠绕纠结,其为累也大矣。思无邪,思不出位,未闻思想可自由也,思想尚不可自由,况营业、结会乎?

所以他的结论是"自由二字为万恶渊薮",然而很可奇怪的是,张绍介先生却以为"道德之我可以自由",自由二字既为万恶之渊薮而加以极端的否认,但是同时又以为道德之我可以自由,这岂不是一种矛盾吗?

照张绍介先生的意见,破坏人伦的平等与自由的最显明的例子是女权的运动,所以他又极力反对女权的运动。他说:

> 中国以礼教立国,重妇德而无女权,女权之说出自西国穆勒(按:即弥尔)。斯宾塞生长荒裔,倡女权以媚女主。中国士大夫素读周孔之书,乃亦拾其余绪,卑男尊女,抑阳扶阴,肆为邪说。斫丧妇女廉耻以破坏夫妇之伦,女权昌而妇德亡矣。

此外,他又说"西国男女革命,原于穆勒《女人压制论》"。其实,穆勒尚未发表《女人压制论》(一八六九)之前好几十年,已有人提倡女权之说。在十八世纪的末年,英国的福尔斯顿克拉夫特(Mary Wollstonecraft),这就是哥德文(W. Godwin)的太太,已发表过《女权宣言》(*Vindication of the Rights of Women*)

（1792）。至说斯宾塞（H. Spencer）提倡女权，也未免有点错误。斯宾塞虽是一位极力主张个人主义与自由主义的，但是他对女权的运动却并没有赞同的热情。在一八六七年间，在其给与穆尔的一封信里，斯宾塞很显明的指出，他不大赞成当时的妇女有选举权，因为他相信，不只在体格上女子与男子有了不同之处，就是在智力上，女子也较男子为低。这种意见在斯宾塞后来所著的《社会学研究》（*The Study of Sociology*）一书又加以详细的解释。

张绍介先生又说：

> 西人知天地之形体，不知天地之性情。不知天地之性情，故不知男女夫妇阴阳健顺刚柔动静之理。彼皆懵然无所知而汲汲然提倡女权，女可治外则阴可制阳，地可陵天，逆理甚矣。中国士大夫不讲于正理已久，宜其闻西说而颇首以迎也。

这么一来，好像只有我们中国人才配得去讲天文地理，而西洋人却是懵然无所知，这真是怪谬之论了。其实照张绍介先生看起来，西洋人不只是对于天文地理懵然无所知，就是对于政治、法律、宗教以至哲学、心理等等学问，也是比不上我们中国，所以中国人而去向西洋人学习这些东西，都是他所极力反对的。简单的说，西洋人是一无所知的，所以中国西化不只没有用处，而且是一件耻辱的事情。所以他的结论是：中国人应该恢复与固守中国的固有的文化。

然而，张绍介先生却又述其师灵峰先生下面一段话：

> 西学之精者，杨墨之余也。杨墨之学孟子辟之数千年之前，而复盛于数千年以后。诸侯放恣，处士横议，邪说诬民，仁义充塞。立战国而观今日，若符合券质而目验也。能言距杨墨者，圣人之徒也……然则居今日而有距西学者，非孔孟在天之灵所日夜望之者欤，距西学所以距杨墨也，距杨墨所以竖孔孟程朱存人道而卫中国也。

张绍介先生更申说这段话如下：

> 西学自由，杨之为我也；平等，墨之兼爱也。西洋宪法出于杨。有一义务必有一权利，无权利之义务，君不能得之于臣，父不能得之于子，夫不能得之于妇，朝野上下扰扰焉，惟权利是务，快乐幸福是趋，而杨氏之旨大畅矣。西洋宗教出自于墨。视人如己，视敌如友，从其教者，子当与父疏，女当与母疏，妇当与姑疏，人之仇敌即在家人，等天亲于路人，无复爱亲敬长之意，而墨氏之旨大畅矣。新学小生提倡平等自由，畔孔孟，排程朱，尊杨墨，坏人心而祸世道，可胜诛哉。

我们用不着去指出这些话的荒妄，我们所要指出的是，国之人相信西学的精华是原于杨墨或中国的不知多少。比方陈炽在其《庸书》里说：

中国大乱（指秦时），抱器者无所容，转徙而至西域。彼罗马列国，《汉书》之所谓大秦者，乃于秦汉之际，崛兴于葱岭之西，得先王之绪余而已足纵横四海矣。

又说：

摩西者，墨翟之转音也，出埃及者，避秦之事也。是知爱人如己，即尚同兼爱之心也；七日拜天即天，志法仪之论也；衣衾简略，即节用节丧之规也；壁垒精坚，即备突备梯之指也。《经说》上下，为光学、重学之宗；句读旁言，乃西语西文之祖。其天堂、地狱说，本于《非命》《明鬼》诸篇，乃窃释氏余绪，以震惊流俗，而充其无父之量，不惮自弃其宗亲，盖墨氏见距于圣门，转徙迁流而入西域，其抱器长往者，遂挟中国之典章文物以俱行也。

又如俞樾在孙诒让的《墨子间诂》的序言里也说：

近世西学中，光学、重学，或言皆出墨子，然则其备梯备突、备穴诸法，或即泰西机器之权舆乎！嗟乎，今天下一大战国也，以孟子反本一言为主，而以墨子之书辅之，傥足以安内而攘外乎？勿谓仲容之为此书，穷年兀兀，徒敝精神于无用也。

又如王闿运以为耶稣教的十字架为矩，矩即墨家之巨子，因而断定墨子为耶稣。这种看法虽与陈炽所谓摩西为墨翟相异，然而两者都以为西洋的宗教学术以至于整个文化是从中国输入，却是同一论调。

这种论调的牵强附会，凡是现代稍有智识的人，都能容易看出来。不过，我们要在这里特别加以提醒的是，这是数十年来的一般主张复古以至侈谈洋务的人们的一种最流行的见解。

但是，西学之精者既乃是杨墨的余绪，而西洋的政治、法律、宗教以至平等、自由种种学说，既也是杨墨的余绪，那么所谓中西文化的不同，实乃孔孟与杨墨的差异。换句话来说，所谓中西文化的不同，并非中国与西洋的文化的不同，而乃中国的文化的本身上的差异。因此之故，距西学固是距杨墨，而距杨墨也就是距西学，因为西学不只是同于杨墨之学，而且是出自于杨墨之学。

张绍介先生及好多的复古的人们，本来是反对西洋文化极力而主张复回中国文化最力的人们，然而同时，他们却又以为西洋的文化的精华以及其各方面是传自中国，而尤其是来自杨墨。从一方面来看，西洋的文化的精华以及其各方面既是不外拾了中国而特别是杨墨的余绪，那么西洋人是没有创造文化的能力，而西洋的文化是成为中国的文化的附庸。这么一来，西洋人的地位之低，及其文化的价值之低，是很为显明。反之，中国人的地位之高，及其文化的价值之高，也是很为显明。这种看法，正是合乎中国人的自尊自大的心理，而巩固了中国的固有文化的地位。

然而，从别方面看起来，这种论调正是这些主张复古的人们的自己打了自己的嘴巴的说法。原来，这些主张复古的人们是最痛恨西洋文化的人们，可是他们这种论调的结果却是为了西洋文化赦罪。因为西洋的文化既是杨墨的余绪，那么西洋的文化的余毒也就是杨墨的余毒，而且穷根究原，所谓西洋的文化的遗毒的祸首，乃是杨墨而非西洋人。西洋人不过是拾了杨墨的余唾，盲从了杨墨的学说。这么一来，所有西洋的文化中的一切的错误流弊，还是中国人自造出来，而于西洋人没有多大关系，没有多大责任。

其实所谓"明伦之国""圣人之邦"，而竟容了杨墨之徒蔓延天下，遗毒后代，使中国人几乎完全流为禽兽而吃人，已可痛心流涕；而况杨墨之学又使其流传西洋，使西洋人又把其余毒再传回中国，而贻害华夏，这岂不是证明孽由自取吗？这又岂不是表示我国的圣人与人伦之太不中用吗？

第十一章　辜鸿铭的复古主张（一）

　　上面数章里所举出的主张复古的代表人物，差不多个个都是只对于中国文化的演化上，有了一知半解的认识。他们对于西洋的文化，差不多可以说是完全没有半点的了解。自孔子到明末，因为东西的航路尚未开通，而且在这个时代里的西洋文化，也许未必是很优胜于中国文化，所以我们实在怪不得这般孔家徒弟的顽固的主张复古。到了东西航路既通而两种文化接触以后，中国人之对于西洋文化，还是照旧鄙视，顽固的排除。王壬秋固不待说，就是知道西洋文化也有其精到处的杨光先，也脱不去数千年来的固习态度，而主张宁愿中国无好的历，无好的器械，勿使中国有洋人。此外，像所谓维新的中坚人物，而且写过十余国游记①的康有为的对于西洋文化，除了走马看花的看过西洋各国外表，和从很不完全而很为浅白的翻译书籍，得到半点皮相的西洋智识外，他委实不晓得西洋文化是什么东西。他不外是像我们近十余年来的一般失意政客，不得已跑到外国逛逛，在"唐人街"里见得外国人也有不少的因为好奇的心理，或特别的原故，到唐人街一尝中国的杂碎，或是欣赏一下中国的古董店中品物，于是神经过敏的人，以为外国人也要崇拜采纳中国文化了，结果是回国以后，到处提倡发扬中国文化，保存中国国粹。

　　这样的去提倡复回中国的固有文化，是值不得我们批评的，也值不得我们一瞧的。我们以为对于东西文化这问题上的讨论想有多少的价值，应当对于东西文化的认识上要有相当的了解。不晓得中国文化是什么，固然配不上来谈东西文化这问题；不晓得西洋文化是什么，也是自然而然的配不上来谈这个问题。我们数十年来屡见一般的卫道先生们，开口便骂一般对于中国历史现状以及文字没有了解的留学生，乱谈中国问题；然而他们忘记了像他们一般的不晓西洋情况文字，就配得来谈西洋的文化吗？就配得来谈中西文化的问题吗？

　　因为这个原故，我觉得这位所谓中西学问兼通的辜鸿铭先生的复古的理论，是值得我们在这里介绍的。

　　我想中国留学生之出洋较早，而对于欧洲各种文字之明晓较多，而且能引起外国思想家之给与多少的注意者，恐怕莫如辜鸿铭。辜氏留英差不多是五六十年前的事，他除了本国文字外，能写流利的英文，能说流利的德语，能读情深意浓的法文歌诗，能述古典的拉丁文字，能听希腊、俄罗斯等话，而且回国以后又追随了二十余年前的位尊望重的张之洞，所以好多外国的支那学者，像 Giles，还

---

①　校按：康有为书名为《欧洲十一国游记》。

把他来和张之洞一样的名人并称齐列。

然而，这样的辜先生之在国内，很少得到人家的赏识，连他的著作，到今也很不容易找得。这个原因，大概是由于他的重要著作，多是用西文发表，不晓得西文的人，当然欣赏不到辜先生的言论；而晓得西文的人，大概对于辜先生的极端复古，又加以否认，结果也是不愿去领略辜先生的著作。

辜先生的关于本题的重要著作，据我所知的，约有三本：一为《总理衙门论文集》（Papers From a Viceroy's Yamen），一为《中国牛津运动史略》（Story of a Chinese Oxford Movement），一为《春秋大义》（Spirit of the Chinese People）。《春秋大义》是欧战发生后，在北京出版，后来除了在伦敦英文再版外，又有德文和法文译本。《中国牛津运动史略》是张之洞死后刊行的，也有德文译本。《总理衙门论文集》是义和团事发生、八国联军入京后刊行，其中一篇题为《文化与纷乱》（Culture and Anarchy），也有德文译文。这一篇和《中国牛津史略》均为德国支那学者 Richard Wilhelm 译为德文，而题为《中国对于欧洲观念之辩护》（Chinas Verteidigung gegen europäische Ideen）。我们试根据这本书和其《春秋大义》下论断罢。

《中国牛津运动史略》大概是述他和他的同僚的复古运动的事实，《文化与纷乱》（Kulture und Anarchie）是受过联军陷京师后，一种对外的宣传，而《春秋大义》却是从欧战发生而生出的反响。辜先生最初看见一个四千余年而有四万万民众的古国，现在被西洋各国蹂躏不堪，后来又见了欧战中的欧洲各国，自相残伤到这么利害，于是忍不住的要对着西洋人说几句话。他劝告西洋人一方面不要恃了现代文化所产生出的优胜器械来征伐蹂躏他自己的祖国，一方面不要自相残害。而其结果是不但主张西洋人而今而后不要蹈着西洋文化所走的错路，而且希望西洋人能够跟着中国人数千年前所已走的正路。

这是辜先生著书的动机和其立说的大意。但要是辜先生要劝外国来复中国之古，辜先生是自然而然的要自己而且要中国人去复古。西洋的路是不通的呵！西洋的路是很残酷的呵！西洋文化的本身，是要破产的呵！这是辜先生的呐喊。还是照着我们的旧路跑罢！这是辜先生的劝告。

然而辜先生这种结论，除了欧战方完，欧洲人为了变态心理所驱使，而稍表同情于辜先生外，现在他们已不再相信了。而辜先生的著作之在欧洲，也许没有几个人去过问罢。因为他们现在早已从变态的心理，而回复常态的心理。不但这样，欧战以后的事实，也并没有丝毫的足以证明欧洲的文化是要破产，中国的固有的文化是能够保存，而且能够实现我道也西。反之，欧战之所摧残者，不外是欧洲文化所发出之果实，果实固是被人打落和鸟兽的摧残，然果树依然存在，欧洲人见得那季的打落和摧残，于是格外努力去培养和保护。结果是来季的果树和果实，不但没有见得损伤，简直是比去季生长得好看。这是欧战以后的欧洲文化的情况。至于中国呢，天天鼓吹复返固有的文化，天天希望西洋日本来卫道。西洋日本人既没有来卫道，反是时时刻刻的重给庚子甲午的教训。不只是固有的文化保不下来，连固有的田园土地也被人家占据了。我们现在只想保存这些固有的文化在我们的博物院里，来给我们的子孙鉴赏玩视已不可得，还说甚么继长增高，还说甚么发扬域外。

我以为辜先生之所以陷于这种错误的根本原因，是由于他对于文化本身是甚么，没有充份的明瞭。同时他对于西洋文化内容和历史，既没有做过深刻的研究，他对于中国文化的精神和演化，也免不得有了不少的误会。质言之，因为他所根据以为他的文化观的前提，已经错误，所以他从这种前提得到的结论也是错误。

我们现在且把他的前提分开来说。

辜先生以为所有的文化最初都是从征服自然而来，而所谓征服自然，就是压制和管辖足以祸害的、可恐怕的自然势力。他承认欧洲近代文化之对于征服自然上是很成功的，这些的成功是超过历史上和世界上任何一种的文化。但是除了这种可怕而足为人类祸害的自然势力之外，还有别一种比较来得利害，而更为可怕的势力，这就是人类的心理的情绪的冲动。这种情绪的冲动之为害于人类，比之自然的势力的压迫，还要利害。所以除了人类的情绪的冲动能够得了相当和适宜调节和管辖，则文化无疑的无由发生，而人类也会没有人生的兴趣的可能。

这段话是从《春秋大义》的绪言里首一段译意而来，虽然不能尽量的代表英文原文的词句，但是大意却没有差别。辜先生既明明白白的指出文化之发生，由于征服自然而来的，临尾又忽然以为若不把人类的情绪的冲动压制，则文化无从发生。这是什么话？他以为情绪的冲动所发生的结果如战争，是误把以征服自然而创造文化的武力来破坏文化，所以应当用道德的势力去节制情绪的任意冲动，而保有文化。他却忘记了不但是文化的创造是要依赖于情绪的冲动，就是道德势力之养成也是很多依赖于情绪的冲动。辜先生承认基督教条是一种道德的势力，然而试问这种道德势力之养成，是不是靠着不少的情绪的冲动呢？情绪的冲动与道德的势力，决非两种完全处于对峙地位的东西；反之，两者有时互为利用。比方十字军之举动，是一种由情绪而发生的武力，然而这种情绪之发生及武力之后盾，完全是靠着基督教的道德的势力。可知基督教的道德的势力，不只是不能节制十字军的情绪的冲动，还是助长了这种情绪的冲动。

辜先生又在同页中接着告诉我们，在初期和简单的社会里，人们不能不用自然势力（武力）来节制人类的情绪的冲动，只有在文化进步的社会里，人们始发明出比较有效的道德势力，来节制情绪的冲动。其实道德的势力是随着文化的发展而发展的，在文化比较进步的社会，固然是有道德的势力，在文化低下和简单的社会里，也有道德的势力。我们还且相信在文化比较低下、比较简单的社会里的道德的势力，对于人类的行为的节制上，比之文化较高的社会，还要利害。一般俗人所谓某种社会里是野蛮的，没有道德的信条来范围他们的行为的，这些捏造，完全是戴着自己的眼镜，去批评人家的东西。事实上，并非这个社会没有道德的信条，而乃因为他的信条是和这般俗人的道德的信条，各有不同。我们试放开眼睛，看看世界上无论其文化的程度怎么低下，那里有没有所谓道德的势力的存在者。其原因是因为道德势力之发生，差不多是和文化的发生是相连带而来的。而所谓道德的信条的势力，也不外是所谓文化的势力的部分罢。

因为道德的势力的发展，是随着文化的发展，而且道德的势力，是文化势力的部分，所以，道德势力随时随处跟着文化而变换的。因此之故，专靠道德的势力，去节制因情绪的冲动而生的武力的战争，以免文化的破坏，而至于沦亡，是不异持半升之沙土，而阻黄河之溃决一样。

辜先生对于文化道德的发展上的解释，固是错误，他对于文化性质和内容是什么，也没有充分的了解。在他的《文化与纷乱》那篇文里（德文译文），他以为文化的标准不能专从生活的程度而定。他以为德国的大学教授的生活的安乐上，未必能及一个百万家财的美国富翁的儿子，然决不能说这位德国教授的文化就低过这位富翁的儿子。同样，在英国，一种商场的不景气象，可以抑低了英国人的生活程度，然决不能说英国的文化就因之而衰（德文本页三）。我们也许相信辜先生这话，然而他又说：

> 我们可以无疑的把生活程度之优高来做文化的必要条件，然生活程度的优高的本身上，不能叫做文化。

我们以为生活程度的优高，不但是像辜先生所说，是文化的必要条件，而且生活程度的本身上，也就是文化本身上一方面或一部份。文化是人类适应环境时代，以满足其生活的努力的结果和工具。所以一种宗教或道德的信条，或是一个教授所编出的讲义，固然可以叫做文化；一间美丽安适的屋子，一套舒适的衣服，和一餐合口的饭菜，也不能不叫做文化。

辜先生虽然没有明白的告诉我们，文化是什么一回事，而同时他自己也觉得说明文化是什么并非一件容易事。但是他在《春秋大义》的序言里说：

> 照我看起来，要想估量某种文化的价值，我们所要问的问题，并不是问问什么大的城，什么大的房子，什么好的道路已能建筑，或是能够建筑；也并不是问问什么舒服和美丽的家私，什么灵敏和有用的各种器具，已经造成及能够造的；而且不是什么制度，什么艺术和科学，已经发明。我们所要问的问题，以估量某种文化的价值，是那一种的人类（Humanity），那一种的男男女女——这种的人们——能于某种文化里产生，是这一些人才能够证明出这个文化的本体、人格，或总而言之，她的灵魂。

其实我们已经说过，文化是人类的创造品。某种文化的价值如何，固然是赖于这种文化里的男男女女，但是这种文化里的男男女女的价值和程度如何，也能于他们所创造的文化中见之。辜先生好像是把某种文化所养成出来的男男女女来做评估这一种文化的价值，他却忘记了这种文化的价值，也是由于这种文化里的男男女女所养成。要是辜先生的说法是对的，那么文化这件东西，不但只是停滞不变的东西，而且是发生比较人类为先的东西。这不只是反乎事实，而且理论上是说得不通的。原来所谓文化不外是人类所创造的，文化既是人类所创造，那么没有人类，决没有文化。照辜先生的说法，文化的价值是从文化所养成出来的男男女女中看出，这样一来，就是承认先有文化，然后养出某种人类。殊不知文化之最初发生，是由于人类的努力的创造。我们在这里并非否认文化能够淘汰和影响人类，然而无论那种文化之能够发生和发展，是由于人类的创造和改变。辜先生以为文化是固定的、不变的，殊不知这么一来，还能叫做什么文化。

辜先生这个错误，是由于他对于文化的根本观念——文化的成份，没有充分的了解。他处处都暗示我们，文化不外是道德；同时他又相信道德是固定的，不变的。这种的错误，本来是他用来作他的复古论调的根据。因为设使他相信道德是变化的，那么复返孔子的伦理信条的主张，就要根本打破。然他却忘记了，道德不外是文化各部份中的一部份；道德固然可以叫做文化，城市、房屋、家私、器具、制度、艺术、科学等等，就不算做文化吗？须知道德固然是文化一部份，文化未必就是道德。难道辜先生对于这么浅白的道理，都不晓得吗？并且我们已经说过，因为道德是文化的好多方面之一方面，所以道德是时时处处都受整个文化的影响和牵制，而且时时处处是随着整个文化的变更而变更的。

所以无论是从文化的发展上，或是文化的性质上看去，辜先生的文化观，都是错误的、偏见的。为了这样的原故，怪不得他把道德来看得太重，怪不得他把道德看做千古不变。因为把道德看得太重，所以文化的别的方面通通都被他抛弃了；因为看道德是不变的，所以他极力主张复返孔子之道。

第十二章　辜鸿铭的复古主张（二）

前一章是说明辜先生对于文化的根本观念没有相当的认识，在这一章里，我们要做进一步的去考研辜先生的东西文化的解释及其出路。

原来辜先生的东西文化观是筑在他的文化根本观念上，我们也许可以说，他的东西文化观是从他的文化观推衍出来的。我们前一章既已说过，他对于文化的根本观念是错误的，那么他之对于东西文化的观察的错误，也是一件自然的事。不但这样，辜先生是位学文学的人，而他对于文学上的兴趣，又不外是注意于一两个人，因此之故，他对于文化的根本观念，缺乏相当的了解，也是一件自然的事。

其实辜先生的著作的全部，差不多是为着东西文化而解释。我们这里因为篇幅所限，只能将其大概来说，同时也只能将其重要的错误指摘出来。

我们且先从辜先生的西洋文化观方面说起。

辜先生以为西洋人自从中世纪到现在之所赖以维持他们的社会安宁，而不致使其文化衰落者，有了两种势力：一为宗教，一为法律。质言之，中世纪之欧洲文化，不外是基督教的《圣经》文化，而近代的欧洲文化，又不外是法律的文化。所以中世纪的社会能够安宁，是由于欧洲人之畏惧上帝；而现代欧洲社会之安宁，是由于他们之畏惧法律。畏惧是包含使用势力，而势力又是控制社会和保存文化的要素。但是要想使人畏惧上帝，欧洲人不得不维持了一大帮而没有用的僧侣，因为了僧侣太多，糜费过繁，人民担负多而痛苦增。而事实上，所谓宗教改革的三十年战争，不外是欧洲人之努力推倒僧侣。僧侣既倒，欧洲人遂失了以畏惧上帝的势力来维持社会的安宁，于是遂代之以法律。但是要使人民畏惧法律，他们又不得不设立糜费比较僧侣为繁的军警；军警所给与于欧洲人的痛苦，就是欧洲的大战。所以正如欧洲人之在三十年战争之努力推倒僧侣，欧洲人之在欧洲大战，又想推倒这些军警。军警既倒，欧洲人除非再回过去所赖以维持社会安宁者，则必别寻一种与僧侣和军警有同样的势力的，来维持欧洲的治安。

辜先生觉得这个问题是欧洲文化最大的问题，同时他又觉得过去的经验所诏示于欧洲人者，是他们没有法子再叫一班僧侣回来，维持欧洲的局面，而保存他们的文化。就使能够叫他们出来，也没有用处，因为欧洲人已不再信上帝之威权。因此之故，欧洲人的唯一出路，不外是完全抛弃僧侣和军警二者，而代以中国之文化。

上面这两段话是辜先生的著作中处处可以找出的，我们现在且慢一步的去解释辜先生的中国文化观，先把他的西洋的文化观的错误处指摘出来。

原来欧洲中世纪的文化的中心，固然可以说是基督教的文化，但是所谓中世纪的欧洲的基督教的文化的本身，至少已含了三种要素：一为古代希腊的伦理，次为罗马帝国的色彩，三为犹太的教义。所谓宗教化的中世纪文化，实在是含了政治、伦理的色彩。事实上，教会和帝国的长期争持，是表示政治势力之支配中世纪，并不亚于宗教的势力，何况教会势力之澎涨，不过是中世纪中之一个很短的时期，又何况在教会势力最澎湃的时期，政治的势力还是照旧的做了维持欧洲社会的安宁的中坚。此外，封建制度之在这时期里，是一种很流行而有势力的制度。然而与其说封建制度是一种宗教制度，不如说是经济或是政治和伦理的制度。忠于主人是一种伦理的关系，受了主人的保护，是一种政治的关系，而耕种主人之地，又是经济的关系。封建制度既是含有经济、政治、伦理的要素，那么封建制度之在中世纪的文化上所占的位置，当然不能轻视。

中世纪之文化，既不是纯粹的畏惧上帝的文化，现代之欧洲文化，更不是法律代表的文化。把法律这件东西来包括这么繁杂的现代欧洲文化，那是太过于抹煞事实。难道辜先生看不见三百年来的西洋思想的解放的事实吗？听不到三百年来的科学的势力吗？想不到三百年来的政治、经济、工商业的变迁和发展吗？

辜先生在他的《文化和纷乱》一文里，以为从教会僧侣的崩裂而至军警制度的代替的中间，欧洲曾经过一个真正的文化的时代——这就是十八世纪的自由主义。自由主义之发生于欧洲，是从中国输入的，输入这种主义的媒介，是在中国的欧洲教士及著名的著作，像孟德斯鸠的《法意》（L'espirit Des Lois）。因此之故，辜先生不但劝欧洲要复返十八世纪的时代，他且觉得现世所谓东西文化或黄白人种之斗争，不外是亚洲的文化和中世纪的文化之斗争——十八世纪的文化和中世纪的文化之斗争。

我们以为，从中世纪的文化，而进到现代的欧洲文化，中国文化之输入，固有多少的作用。然这是十二、三、四世纪的事情。欧洲自由主义之发展，从文艺复兴、宗教改革，和政治解放，一步一步的逐渐得来。孟德斯鸠也不外是这些历史所产出的果实。他的《法意》虽有几处提及中国，但所提者与其说是自由主义，不如说是专制主义。他写这本书的主要资料，是从英国拿到来。他的自由主义之暗示，是从他的三权分立的学说而来。然而三权分立的学说，是孟德斯鸠错认了英国政治组织的结果。

反过来看，自由这件东西之在中国历史上，不但没有见过，就是这两个字还是不易找出。严几道译穆勒《自由论》，而苦无适当之中国名词，因而题为《己群权界》①。中国人之出世，在家有森严的家法，在国有至尊的帝王，在社会有牢不可破的礼俗，死了阴间有阎王，天上有玉皇。黑格尔在他的东西方《历史哲

---

① 校按：应为《群己权界论》。

学》老早说过,自由之于中国人,是绝对没有的。我们不但享不到自由,连说也说不到自由,设使十八世纪的欧洲人,像辜先生所说,是从中国输入的自由主义,那必定是欧洲人的错误了。

辜先生既错认十八世纪的自由主义,是从中国输入,他又不说明白他所谓真正文化的自由主义如何继承中世纪之僧侣制度,以及僧侣制度如何崩裂,而生出军警的制度。他以为三十年的战争是推倒僧侣的主因,而这次的欧战又是军警崩裂的明证。然读过欧洲历史的人,总能知道三十年的战争并非僧侣倾倒的主因。留心过欧洲现状的人,也会觉到一九一四——一九一八的大战,像我上面已说过,也非打倒辜先生所谓继僧侣而起的军警文化。

辜先生既错认了欧洲打倒了军警,于是他又劝欧洲人复返十八世纪的自由主义——复返中国人所已指示过欧洲人的路。我们以为就使欧洲而复返十八世纪的自由主义,不但像我已经说过,这非中国人的路,而且更不是像辜先生所说的孔子之道,何况根本上自由主义,就不能包含范围这么广大的文化。自由主义固可以叫做文化里头一种特性,然所有的文化,是和自由主义有了莫大的差异的。

我们现在且来谈谈辜先生的中国文化观罢。

上面已经说过,辜先生见得可怜的西洋人无路可跑,于是发了慈悲的婆心,去劝西洋人来跟着我们已跑了数千年的固有的路,这就是中国文化的路。

但是,什么是中国文化呢?

我们前一章已经说过,辜先生用来估量某种文化的价值的标准,就是这个文化所养成出来的男男女女。所以要问中国文化是什么,应当问问中国的男的和女的是怎样。但是除了男和女以外,辜先生还觉得别有一种要素,这就是这些男男女女所说的语言。辜先生那本《春秋大义》中有三篇最重要的文章,这三篇文章,就是专为说明中国的男男女女及其语言。首一篇是说明中国的男子,次一篇是说明中国的妇女,再次是说明中国的语言。把这三种东西合起来,就是中国的真正文化了。

辜先生的文化观念的偏狭,前一章已说过,我们这里觉得很奇怪的,是他于男男女女之外,加了语言,而却不加其他的文化要素,像科学、艺术、社会、制度,以及各种物质上的需要。语言是代表这些男男女女的观念、动作和成就,难道这些东西就不是表示他们的观念、动作和成就吗?

然而辜先生是错误的,尤其是他对于男男女女及其语言这三件东西上的偏见和固执。我们现在先从语言方面说起,辜先生大概这样的说:

> 现在的中国,好像当拉丁语言是欧洲的学术,或是缮写的语言(Learned or Written Language)的时候,人民是适当的分为两大显明的种类——有过教育的,和没有教育的。说话(Spoken)的语言是没有教育人所用的语言,而缮写的语言(文字)是真实的有过教育的人所用的语言。为了这样的原故,

在这个国家里（中国），不出一半的有过教育的人民。照我看来，正是为了这个原故，所以中国人才极力主张有了二种语言。我们现在可以想想在一个国家里有了一半的有过教育的人民所产生出的结果。试看今日的欧美，便能知道。在欧洲和美洲，自从拉丁语言没用以后，文字和说话的语言的显明区别，也因之而没有。结果是产生出一种一半有过教育的人民能够用了真实的有过教育的人所用的同样语言。他们也会说什么文化、自由、中立、军国主义，及泛斯拉夫主义（Pan-Slavism），而同时对于这些名词的真正意义，却没有半点的认识。有些人说普鲁士的军国主义，是对于文化很危险的。但是照我看起来，这一半的有过教育的人——今日世界上这一半的有过教育的流氓，乃是真实的对于文化很危险的。（《春秋大义》英文本页一〇一——一〇二）

读者看了这段话，总能知道辜先生除了为中国人着想和辩护外，还替欧美人担忧。好几年前钱玄同先生所提倡的废除汉字，从辜先生看起来，是诛之而后快；吴稚晖的注音字母，也是禁之而后安；就是胡适之们的白话语言，也是要贬之而后可。再推衍下去，就是中国六十年来之派留学生，学习英、德、法、日文和设立外国语言学校，努力平民教育这类东西也是离经叛道的行为。不过最可怜的还是这位辜先生，他不只是不幸而学了这些只会产生出流氓的教育的语言，来发表和宣传至圣先师孔子之道，试问这些流氓的语言怎能达得至圣的语言？怎能表出至圣的意想呢？

其实辜先生之不喜欢有一半人民能够明晓文字（缮写的语言），不外是希望能够实行"民可使由之，不可使知之"的孔家遗训，"庶人不议""不在其位，不谋其政"的信条。然他却忘记了中国之所以弄到这步田地，也就是因为有了这些遗训和信条的势力的缘故。

我们再来看看辜先生对于中国妇女的观念。

辜先生以为理想的中国妇女，可以从这个"婦"字解释得来（参看《春秋大义》页七七以下）。"婦"从"帚"，"帚"就是扫帚。质言之，理想的中国妇女，是手里把着一把帚的为着打扫家宅的。放广其意，就是专为管理家室的了。管理家室又叫做主中馈——厨房里的主人。这不过是从劳力方面看去的理想妇人。从德性方面看去，就有三从和四德。四德是妇德、妇言、妇容、妇工；三从是在家从父，出嫁从夫，夫死从子。三从四德和尽劳力于家室的真谛，是没有自己（No Self）。换句话来说，就是专为着人牺牲的。因此之故，丈夫的妾媵之纳取，和种种的连带礼俗，当然为辜先生所赞许了。

辜先生也觉到有人也许问难道：为甚么专要女人牺牲，却不提出男人牺牲？辜先生的回答是：男人对内要负扶养之责，对外要忠于君，忠于国，这也是很大的牺牲。质言之，女人因为男人而牺牲，男人又为君而牺牲。这么一来，女子之绝对服从男人，也犹男人之绝对服从君主。这样看起来，政治和社会家庭的专制主义，又为辜先生的理想妇人的理论的根据了。同时辜氏既把妇女来专做执扫主厨，那末无才便是德，又是辜先生的当然信条。而一般所谓女子教育运动、参政运动，又是他的理论中所不容许的事情了。

我们的意想，是工作上的分工，是复杂的社会所必有之事。妇女在家庭管理一切的事情，是世界各国所共同的现象，用不着辜先生去宣传。而且照个人的经验和平情静心来说，外国妇女之忠心勤劳于家务，恐怕胜过中国妇女百倍，像辜先生所赞美的有闲的贵族的太太奶奶们。然而智识上的给与和社会上的位置，至少要当作平等观。辜先生所说的男女同有牺牲，并非平等的牺牲，而是连带的牺牲，这种牺牲的尽头，还是单方的牺牲。因为男子之绝对为君主而牺牲，而君主却不为男子而牺牲。何况一个人为着他人而牺牲，不应当就再要别一个来为己而牺牲。要是要了，那么牺牲和牺牲二者相等相消，结果是君主固无牺牲，男子也无牺牲，而牺牲者仍是妇女。至于辜氏之辩护妾的制度，及其他文化的偏见，我们觉得时代自己能评判，用不着我们多费篇幅罢。

关于辜先生的中国男人观念，他说得最为详细。《中国人民的精神》一文，占了《春秋大义》的大部分，且是本书西文的名称。事实上这里所说的中国人民，应当是包括女人。辜先生在《中国妇女》一文里，也说理想的中国妇女和理想的中国男子一样，理想的男人是要做君子（Gentleman），而理想的女子是要做"君女"（Gentlewoman）。所谓君子，就是得乎孔子所说的君子之道的人。而君子之道，又是孔子之道。孔子之道，照辜先生的说法，虽不是宗教之道，然她有了宗教的功用；孔子之道虽不是法律之道，然却有了法律的功用。要是法律是理性之果，宗教是情感之花，那么孔子之道，就是兼乎两者而有之。所以一个真实能行孔子之道，而成为真实的中国人，是一个头为成人之头，而心为赤子之心的人（《春秋大义》页十三）。头为成人之头的人，是理性成熟的人，而心为赤子之心的人，是心地平坦的人。这两种东西合而有之，遂成为一个理想完全的人。这种理想完全的人，是中国文化的精神所在。欧洲文化的最大缺点，是不能把这两件东西来调和，他们一方面有了科学和艺术，一方面有了宗教和哲学——头之于心灵，魂之于理性，没有法子调和。所以唯一的救药，是把孔子之道来代替。

欧洲人的科学和艺术，与宗教和哲学的关系，这一点我暂不必提。至说孔子之能够把理性和感情融洽，却为我所不敢承认。孔子一方面受过老子"圣人皆孩之"这句话的影响，一方面又受过"圣人而作之"的影响，于是一口吞了这两个意想，入了肚里。然他一生未尝能把这两个意想融化起来，反而生出处处都有矛盾的结果。原来老子所谓"圣人皆孩之"，就是希望天下人人都有赤子之心；伏羲、尧、舜、禹、汤、文、武、周公这班人是创造器物制度而有特别智能的人，是像长成而有理性的人。也许孔子以为"圣人皆孩之"和"圣人而作之"，是同样的圣人,却不知老子的圣人自己也是"孩之",所以他说圣人无常心,以百姓心为心。结果是"孩之"和"作之"没有法子来融化。"作之"必非孩所能为,而"孩之"又不能作。因此之故,在孔子的思想里,处处都现出矛盾来。比方《论语》所说的仁的道,是固定的,而《易·系辞》却说易的道,是变动的。疑是依着自然而无为,然他又是造作文化的圣人。学固可以至于道,然而"上智与下愚是不移"的。器固然是君子圣人所造,然而"君子不器",这些的举例,均是表明名义上他固然是说过"吾道一以贯之",事实上却是处处矛盾。孔子自己既免不了这种矛盾,难道还要把来解决西洋人的矛盾吗?

事实上,辜先生的复古运动是失败的,这种失败是他自然承认的。他的《中国牛津运动史略》,简直是一本凭吊已死的复古运动的自白和回忆。我们读到《中国牛津运动史略》的尾:Aber nun, Während der Ausgang der Schlacht noch ungewik ist, ist unser Führer tot, 免不得要代辜先生感叹道:"道不行,道不行。归与,归与。"然而,谁与归?谁与归?

第四编

第十三章　梁漱溟的复古主张（一）

要是前面两章里所说的辜鸿铭先生，是复古主张者之能引起外国的思想界多少的注意，那么在国内复古主张者，于近十余年来之能引起国人注意较大者，恐怕要算梁漱溟先生了。

梁先生之复古主张之见于著作者，要算他的《东西文化及其哲学》一书。据梁先生自己的话，他对于这个问题的研究，是在民国六七年间，过了三四年后，他才将其研究所得，于民国九年、十年间，在北京大学及山东济南教育会讲演。他这本《东西文化及其哲学》是从这些演讲而编成的。最近梁先生曾将其已在《村治》杂志发表过的数篇重要文章印成一册，名为《中国民族自救运动之最后觉悟》。从这本文集里，我们见得梁先生的东西文化观虽有多少变更，然根本上可以说是仍然如旧。而且这本文集的言论，是偏于政治方面的村治救国。所以在这一章里和下面一章里所据以为解释及批评梁先生者，还是以《东西文化及其哲学》为主。

本来十余年来之解释及批评梁先生者颇不乏人，然平情来说，他们好像看不出梁先生的病症所在，而大概上若不是做了枝叶的批评，就差不多只会像张君劢先生所说苦索难明，而置之不理罢。为了篇幅的关系起见，我们这里只能将梁先生的见解的大概加以说明，而对于其错误比较重大的点，略为指摘。

照梁先生的意见，文化这件东西可把它来分做三方面，而它也不外三方面（《东西文化及其哲学》页一五——一六）。

（一）精神生活方面：如宗教、哲学、科学、艺术等是。宗教、文艺是偏于感情的，哲学、科学是偏于理智的。

（二）社会生活方面：我们对于周围的人——家族、朋友、社会、国家、世界——之间的生活方法，都属于社会生活一方面，如社会组织、伦理习惯、政治制度及经济关系是。

（三）物质生活方面：如饮食、起居，种种享用，人类对于自然界求生存的各种是。

文化本身上既有了这三方面，现在的世界的文化的派别上，又有了三种。这三种文化，又好像暗合了文化本身的三方面。现在世界的文化的三派，就是印度、中国和西洋，而其差异处，据梁先生的公式是（页八十—八一）：

（一）西方文化是以意欲向前要求，为根本精神的。
（二）中国文化是以意欲自为调和持中，为其根本精神的。
（三）印度文化是以意欲反身向后要求，为其根本精神的。

梁先生以为所谓以意欲向前面要求，是文化的本来的路向。其特点是努力奋斗，去满足和取得其所要求。"遇到问题，都是对于前面去下手，这种下手的结果，就是改造局面"。比方有了一间屋子，因为了种种原故而漏起来，那么照这种路向去做，就是要再翻造别一间新的房子。所谓以意欲调和持中，是文化的第二种路。其特点是没有解决改造局面的要求，而适应于某种境地之下，以求我自己的满足。比方上面所说的房子是漏了，但并没意想去再翻造新房，而却变换自己的意想，去迁就这种境地，同时自己也觉得满足和有趣。至于所谓以意欲反身向后的路，却又是别一种路向，而和前两种路向都不相同。其特点是遇着问题发生的时候，其意想是根本取销这个问题，遇了要求发生，根本是想取销这种要求。换言之，就是禁止欲望的路向。

我上面已经说过梁先生所谓世界文化分为三大派——印度、中国和西洋，是暗合他所说的文化本身的三方面——精神、社会和物质。这就是说，印度是精神的，而特别是印度的佛教、宗教生活；中国是偏社会的，而特别是孔子的生活；西洋是偏物质的生活。从文化本身的三方面而观察现代世界文化的三派别，这三派别的文化虽各有所偏重，但是从文化自身和现世的成就来看，所谓偏重未必就是优胜。因此之故，若把文化本身三方面来评估现世文化的三大派别，则西洋文化之成就，无论比之印度或是中国，都较胜一等。梁先生告诉我们道：

> 如果就此三方面观察东西文化，我们所得到的结果，第一，精神方面，东方人的宗教——虽然中国与印度不同——是很盛的，而西方的宗教，则大受批评打击；东方的哲学，还是古代的形而上学，而西洋人对于形而上学，差不多弃去不讲，即不然，而前途却是很危险的。此种现象的确是西洋人比我们多进了一步的结果；西洋人对于宗教和形而上学的批评，我们实在不能否认。中国人比较起来，明明还在未进状态的。第二，社会方面，西洋比中国进步更为显然。东方所有的政治制度也是西方古代所有的制度，而西方却早已改变了。至于家庭社会，中国也的确是古代文化未进的样子，比西洋少走了一步。第三，物质生活方面，东方之不及西方犹不待言，我们只会点极黑暗的油灯，而西洋用电灯；我们的交通上只有很笨的骡车，而西洋人用火车飞艇。可见物质方面的不济更为显著了。由此看来，所谓文化只有此三方面，而此三方面中，东方化都不及西方化。那么东方文化明明是未进化的文化，而西方化是既进化的文化……是很对的。（页十六）

上面的比较，所用的名词，固是东方和西方，然大概是指着西洋和中国。梁先生对于印度文化之西方和中国，也做同样的比较。梁先生说：

> 印度文化与中国文化，同样的没有西方文化的成就，这是很显明的。……其物质之无成就，与社会生活之不进化，不但不及西方，且直不如中国。他的文化中俱无甚可说，唯一独盛的只有宗教之一物，而哲学、文学、科学、艺术附属之。于生活三方面成了精神生活的畸形发展，而于精神生活各方面，又为宗教的畸形发达，这实在特别古怪之至。（页九六）

从文化的横的方面——精神、社会和物质——来看，印度固不如中国，而中国又远不及西洋。然而，从文化的纵的方面——文化发展的时期或阶段——来看，其发展的秩序却是由物质而社会，再由社会而精神，或是精确的说，由西洋化而中国化，再由中国化而印度化。读者须要记得，梁先生以为世界文化的横的分析，固不外是三方面——西洋文化、中国文化和印度文化；就是纵的方面，文化的发展的阶段，也不外是这三方面——西洋、中国和印度。换言之，文化最初的发展，是西洋文化的路向，次为中国的文化，再次就为印度的文化。由此看起来，在文化的发展的途程上，中国是比西洋进一步，而印度又比中国进一步。因此之故，印度文化的生活，是最高的文化的生活，中国的文化的生活，是比较低一级，而西洋的文化生活，又比较再低一级。这三个文化的阶段，是文化发展所必经的阶段，而人类文化的趋势，也是这样的朝向的。

文化发展的必然的阶段和趋势固是这样，然而每个阶段或方面的本身上，又必有了相当的成熟的发展，然后能进到较高的一级或一方面。比方我们说西洋的文化是物质的文化，但是物质的文化，必定发展到完满和相当的程度和范围，始能进到第二的阶级，这就是中国文化的阶级或方面。同样，中国文化的阶级或方面，也必定发展到美满和相当的程度和范围，然后始能进到第三的阶级，这就是印度文化的阶级。

设使文化的发展是有秩序的，不躐等的，那么理想中的最高的文化，就是印度的文化，次之则为中国的文化，再次然后到西洋的文化。这是什么缘故呢？原来人生的最终的目的，是求着佛教的文化——印度的文化。目前所必有的文化，是物质的文化——西洋的文化。介乎这两者的中间，而不能不经过者，是孔子的文化——中国的文化。然而，要做佛教的文化生活，必先把孔子文化生活弄得适当完满；而要做孔子的文化生活，又必先把物质文化生活弄得适当完满。因此之故，物质文化生活，是孔子文化生活的首先条件，而孔子的文化生活条件，又是佛教文化生活条件的前提条件。

设使文化的发展是没有秩序的，躐等的，那么就是早熟。早熟固未必就夭逝、衰亡，然早熟却是文化发展上一件很不幸的事。因为一经早熟，有时就会长此以终，没有再上发展的轨道。从历史上看去，每种文化都有早熟的弊病，东方的中国、印度固然是早熟，西方文化也有过早熟。原来世界上三种文化——印度、中国和西洋，最初发展的时候都是走着西洋文化——物质文化那条路。然而走了不久，物质文化——西洋文化的路还没走完，还没弄得妥当，西洋和印度却跑入第三条路——印度的路。中国也躐等的跑入第二条路——中国的路。中国自从这一次走错路后，一直到了现在，还是在第二条路上。同样，印度从那一次走错路——早熟后，一直到了现在，也是走着第三条路。惟有西洋自从转入第三条路——中世纪的宗教的路，或是也可以叫做印度的路，经过了一千多年，始再走回一千多年以前那条原路。梁先生说：

> 欧洲到了文艺复兴的时代，乃始拣择批评的，重新走第一条路，把希腊人的态度又拿出来。他这次当真的走这条路，便逼直的走下去不放手，于是人类文化所应有的成功，如征服自然、科学、"德谟克拉西"，都由此成就出来。所谓近世的西洋文化的胜利，只在适应人类目前的问题。（页二九四）

西洋人既重新折回第一条路，逼直的走，有了成就，而得到第一步所应当有的妥当和完满的发展。"他可以沿着第一路走去，自然就转入第二路，再走去转入第三路，即无中国文明或印度文明的输入，他自己也能开辟他们出来。"（页二九九—三〇〇）因此可知，西洋的现在的文化的发展，已上了正当的轨道。反之，中国和印度的文化，还是没有达到这种轨道。

西洋的文化，既明明白白的走了第一条路——西洋文化或物质文化的路，西洋人当然是要走第二条路——我们中国文化的路——而尤其是孔子的路了。

西洋人是这样的，中国人要怎样呢？据梁先生的好几年来研究这个问题之最后结论是（页二九八）：

第一，排斥印度的态度，丝毫不能容留。

第二，对于西方文化是全盘承受，而根本改过，就是对其态度要改一改。

第三，批评的把中国原来态度重新拿出来。

这些最后结论，据梁先生说，是几经审慎而后决定，并非偶然的感想。我们阅了上面的解释，对于这三条的结论的提出的背景，已略明白，然想得充份的了解，还要加入点说明。

原来印度的态度之所以丝毫不能容留的排斥，就是因为她太理想，太高尚，此时此境的已上轨道的西洋文化，还才开始转入第二条路，离开这理想高尚的第三条路的印度文化，还不知要走多少途程，而需了多少的时间，何况第一条路还未走完的早熟的中国文化呢。梁先生说：

> 本来印度人那种生活，差不多是一种贵族的生活，非可遍及平民；只能让社会上少数居优越地位，生计有安顿的人，把他心思才力，用在这个上边。唯有在以后的世界，大家的生计都有安顿，才得容人人来作，于自己，于社会，均没有妨碍。这也是印度文化在人类以前文化中为不然，而要在某

种文化步段以后，才顺理之证。（页二九七）

目下万做不到的东西，无论怎样理想高尚，勉强来做，不但没有益处，还怕有害。三十六计避为长，所以顶好还是不要做，这是梁先生绝对反对印度态度的理由。

至于对于西方文化之要全盘承受，就是因为全盘的西洋文化，是文化发展的第一阶级所必有的适当和完满的阶级，故要全盘承受。设使不是全盘承受，那又恐怕尚未成熟而走入早熟的歧途。然而，为什么又要根本改过，或是对其态度要改一改呢？梁先生的回答是：西洋自从文艺复兴时代折回第一条路以后，逼直走下，真个不休。这就是说，走得过度，结果是生出好多毛病和烦恼。所以为中国文化的目前前途计，当知其毛病烦恼而改之。梁先生说：

> 西洋人从他的文化而受莫大之痛苦，若近若远，将有影响于世界的大变革，而开辟了第二条路文化。从前我们有亡国灭种之忧虑，此刻似乎情势不是那样，而旧时富强的思想也可不作。那么，如何要鉴于西洋弊害，而知所戒，并预备促进世界第二条文化之实现？（页三〇一）

所谓西洋文化受莫大之痛苦，根本上要改过，梁先生虽没有明白的说明，然大概是指物质文化太过繁杂，于是人生刺激太多，而痛苦愈出。梁先生这里所说的第二条路的文化，当然是指着中国文化，而特别是孔子的文化。梁先生在其书末的自序里曾说：

> 我又看着西洋人可怜，他们当此物质的疲敝，要想得精神的恢复，而他们所谓精神，又不过是希伯来那点东西，左冲右突，不出此圈，真是所谓未闻大道。我不应当导他们于孔子这条路来吗？我又看见中国人蹈袭西方的浅薄，或乱七八糟，弄那不对的佛学，粗恶的同善社，以及到处流行种种怪秘的东西，东觅西求，都可见其人生的无着落。我不应当导他们于至好至美的孔子路上来吗？无论西洋人从来生活的猥琐狭劣，东方人的荒谬糊涂，都一言以蔽之，可以说他们都未曾尝过人生的真味。我不应当把我看到的孔子人生贡献给他们吗？然而西洋人无从寻得孔子，是不必论的。乃至今天的中国，西学有人提倡，佛学有人提倡。只有谈到孔子，羞涩不能出口，也是一样无从为人晓得。孔子之真，若非我出头倡导，可有那个出头？这是迫得我自己，来做孔家生活的缘故。

这正是"吾曹不出，其如苍生何"的口气；这正是当今之世，舍我其谁的感慨；这正是如有用我者，期月三年而有成的殷望。孔子文化之要提倡，固为欧洲人目前的需要；孔子文化之要提倡，犹为中国人之目前的急务。孔夫子已说过，"如有王者出，必世而后仁"。乃至今天始有圣人出，仁乎，道乎，安得其能立行而救燃眉之急乎？痛哉！哀哉！

孔子文化之必行，既为时势所使，然而孔子文化之本质，又若是之完满美好，为什么还要批评的把中国原来态度，重新拿出来呢？

大约照梁先生的意见，因为一方面孔子的文化被了没有真正的中国文化的色彩所遮染，一方面被了所谓康（有为）陈（焕章）一般未闻大道的人所误解，所以不得不批评的重新拿出来，而且全盘承受西洋文化这件事之于保存发扬孔子之文化，在一般人的心目中，总有了不少的冲突。所以梁先生说：

> 我们可以把孔子的路放得极宽泛，极通常，简直是去容纳不合孔子之点，都不要紧。

梁先生好像是要说，道不同亦相为谋，攻乎异端，斯益也已。我们于此且暂作一个段落，至于批评梁先生的学说，当于下章说明。

第十四章　梁漱溟的复古主张（二）

我们为要明瞭梁先生的学说的大概，所以在上面一章里，除了将他自己的理论说明外，并没有加以指摘和批评。我曾尽力的去做一个忠实的解释者，而保全梁先生的真面目；我曾尽力的去使读者对于梁先生的学说的大概，能够有了一目了然的认识。设使读者只像张君劢先生的对于梁先生的原书，只见得"苦索难明"，而读了上面一章，却见出梁先生的不少的明明白白的矛盾和含糊，那就是对于梁先生的著作有了多少的认识。因为梁先生的学说之所以"苦索难明"，就是因为了他的矛盾和含糊，你若不见得他的矛盾、含糊，怎能懂得真正的梁先生。换句话来说，真能对梁先生明白者，就是能够明白梁先生的矛盾和含糊。

我们现在且把梁先生的矛盾和含糊，比较重要的几点说明于下。

梁先生把文化分做精神、社会和物质三方面，本来是我们为了认识和研究文化便利起见，而把文化来分析的好多种类之一种。我们尽管分析做两方面、三方面、四方面，至十至五十方面。然而，文化本身上却没有这一回事，她是处处互相交错的，互相连带的。所以在世界和历史上，无论那一种的文化，都含有这三方面——物质、社会和精神。西洋的文化固是如此，中国、印度的文化也是如此。梁先生把印度、中国和西洋的文化来相比较，都是从这三方面来看，可见得梁先生也承认每种文化都有了这三方面。要是每种文化都含有了这三方面，那么文化的发展就是三方面的发展。梁先生以为印度文化的这三方面，仿佛不及中国，而中国文化的这三方面，又是比不上西洋。那么从文化发展的秩序阶级上看去，明明白白是西洋最高，中国次之，而印度又次之。试问梁先生所谓文化的发展的秩序和阶级，是由西洋文化而进到中国文化，再由中国文化而进到印度，岂不是自相矛盾吗？

梁先生也许说道，文化的发展的步骤，正是像所谓"衣食足而知荣辱，仓廪实而知礼节"；知荣辱与礼节，而后明神灵。衣食、仓廪是西洋的物质文化，礼节、荣辱是中国的社会文化，神灵是印度的精神文化。神灵的精神的生活，是好过礼节、荣辱的社会生活，而这后者又高于衣食、仓廪的物质生活，所以印度高于中国，而中国优于西洋。这样一来，是把这三方面的文化分开起来，大家没有连带关系。然而我们已经说过，文化的这三方面，是分开不来的，每种文化都有了这三方面。她的本身既是分开不来，我们试问怎能把她来做了三种不同的文化，同时更有什么法子来把这空间上分开不来的三方面，再造成时间上的三个不同时期的发展呢？

文化因为本身上分开不来，所以一方面的波动，是常常会影响到别的方面。

就把梁先生所谓西洋文化在三方面的特性来说，精神方面的科学特性，是和物质方面的机器是一而二、二而一的东西，而社会方面的"德谟克拉西"，又是和这机器与科学有了密切难分的关系（参见前章的说明）。"德谟克拉西"好像是机器所产生出的工业的制度的结果，而机器又是科学所产生出的花叶。那么我们不要机器则已，要是像梁先生所说一定是要机器来发展文化的物质方面，我们一方面不能不要精神文化的科学，而他方面又不能废去她们所产生出的"德谟克拉西"（民主政治），这么一来，不但是去欲去物的佛教文化不能留存，就是"君子不器"的孔子文化又怎能把他来融于一炉？从物质上的影响而更动了孔子的社会生活和佛教的精神生活，结果是把整个的孔家和佛家的文化推翻打倒，还说什么提倡孔佛生活呢？

不但这样，梁先生明白的说西洋人现在已走完了第一条路——物质文化的路，他们可以沿着第一条路走去，自然而然的进到第二条路。那么西洋人之不必跟着中国孔子的路，而能自行正路，是件很为显明的事。梁先生所谓要把中国孔子的路来救一般可怜的西洋人，岂非多事？我们就算中国孔子的路是第二条路，然而西洋人既自能开辟第二条路，西洋的第二条路是人自辟的路，结果仍是西洋的路，而非中国孔子的路。若说中国孔子的路是第二条路，所以说西洋人第二条路就是我们中国孔子的路，那就是等于说中国人能做诗，西洋人也能做诗，故西洋诗也就是中国诗。这样的逻辑的错误，是很显明的。因为中国孔子的路，固是文化第二条路。然而，第二条路未必就是中国孔子自己的路。把人家自辟自做的东西，来当作自己的东西，那是太过份了。

梁先生又告诉我们道，西洋文化自从折入中世纪的时代，是像印度一样的，未等第一条路走完，就错入了第三条路，或是像印度文化的路。这么看起来，西洋人若是循序而升，达了一级又到一级，则将来西洋人之进入第三条路，也是自然而然的。但是这条第三条路——宗教的路，也是西洋人已经行过而为西洋人所固有的路，并非什么东方印度的路，西洋人若再次进去，无非是复返故路。换言之，这条最高最好的路，仍是西洋人自己的路。那么西洋人用不着去跟着印度的路，正像西洋人之用不着去跟着中国的路。这么一来，东方的印度文化之于将来的西洋文化上，又有什么用处，什么功劳呢？梁先生与其说文化发展的最高一级和将来的文化的实现，是印度的文化，不如说是西洋的中世纪的天国文化，从墓坟里复生出来，较为妥当，何必又要捧出印度文化。

综而言之，西洋人最初的时候，也许偶一不慎，蹦等的错入第三条路。西洋人经过千多年后，能够转身回来，再跑着那条正当的第一条路。到了现在，竟然能够循序而进，就要跑入第二条路，以至第三条路。中国和印度人自从走错路后，一直到了现在，无法转回。像梁先生说，若没有外力进门，环境不变，他会长此终古。不但第三条路永无希望进去，就是第一条路也是终无法子退回。这样看起来，西洋人之能进能退，能转能变，要是孔子再生，免不得又要叹道："其犹龙乎"。反之，中国人连自己走错了路都不知道，感官悟性，如此愚笨，同时还要西洋人把针注射，然后有了知觉，才知是走错路，才知有所适从。熟知他只一醒，路途还不跑，工夫还不做，却只是口里念念对着西洋人说：呵！可怜的西洋人呵！你们真是可怜呵！你们真的要来我们这里，学学我们孔子的道呵！这岂不是癫狂吗？这不是错误中的错误吗？

　　从文化事实的发展方面看去，梁先生的最含糊的地方，是他的文化早熟的学说。他以为印度、中国、西洋的文化，最初发生都是顺势的，都是走本来所应走的路。但是到了后来，印度和西洋折入第三条路，而中国折入第二条路，西洋能够自己转返第一条路，而中国和印度却是不能。这个原故，梁先生实在没有法子去说明。若说中国因为是走入中间条路，不上不下，长此终古，然我们就要问，为什么同西洋一样的跑入第三条路的印度，却也没有法子去转返正路？梁先生把印度、中国和西洋三部历史略念一遍，既不明白，又无法子来说得通顺，因此想出早熟之说，以为物质文化，至少要有汽车、飞艇才算止境舒服。他却忘记了过去的神话的飞天穿地，不过是文化发展的途径上的一个阶级。梁先生所满意的汽车、飞艇，安知又不是一千年后的人所觉得像梁先生所觉的骡车、手车同样的笨呢？物质文化既无止境，至少照我们过去的经验和现在的努力上看，既是日进无疆，把现在的西洋物质来做止境看，而跳入孔子之路，岂不是又转入早熟的路？过去已经错了一错，万牛莫挽，现在又错一错，如何使得？大约读过欧洲史的人，都知道十三世纪的西洋人之游历中国者，无不惊叹中国物质文化之胜，甲于全球，而达了最高之点；他们所觉得遗恨者，是中国没有精神的文化。万一当时孔子再生，岂不叫起弟子"鸣鼓而攻之"？然而生在二十世纪的梁先生，又做了一种相反的观察，耶稣、康德有知，又当作何感想？

　　再从理论上的发展看去，梁先生所说的三个时期，同样是含糊不明。梁先生以为继西洋的物质而起的文化，是中国孔子的文化，再下去就是印度的佛家文化。我们现在要问，再走下去又是什么文化呢？若说是要止境，那么经过这么多年后，人口增加，地方和物质供给早已止境，僧多粥少，孔子的社会信条，固无法来维持，念佛又有什么心事？若说到那时，再来转回提倡物质文化，如此下去，结果是成了一个循环的发展。明知是要再返第一条路，何不现在设法提倡，以避将来之患。若说是不知，那么又是走了错路，走了错路，又是早熟，那又变成像上面所说的早熟的错中错。若说文化发展到了印度的路还要发展，我们就要问问，印度文化以后的文化，是什么文化呢？

　　再来看看梁先生所谓印度、中国和西洋文化的三方面的态度的不同。梁先生以为西洋文化是以意欲向前要求的，中国文化以意欲调和持中的，而印度文化是以反身向后的，是完全错误了意欲的真谛。意欲是无论何时何处，都是向前直赴的,她并不持中,也不退后,她正是像炉火中的火,有了一点火焰,就有了一点热度。她时时都是向前向上的赴,只有没有火时,才没有热了。同样,意欲之所以为意欲,就是因为她是向前活动的,惟有完全没有意欲,才没有向前的动作。同样,一切文化所走的途径,都是以意欲为向前要求。进一步,加一点,固要有向前要求的意欲;去做保留祖宗所传的遗业,也要有向前要求保存的意欲。就是禁止意欲,而不理一切来到目的问题,也要有了向前要求的意欲。梁先生很明白的说印度人是极有勇气的,他们那样坚苦不挠,何尝不是奋斗?梁先生既把宗教和科学并列而为精神方面的文化,那么从事科学上的研求,固是要有向前要求的意欲,难道矢志于宗教上的精进超脱,就不要有向前要求的意欲吗?

事实上,以意欲向前面要求来做西洋人根本精神所在,以区别于中国人的以意欲调和持中,梁先生自己现在也怀疑起来了。且看梁先生在近著《中国民族自救运动之最后觉悟》里一段话(页二九九—三〇〇):

> 余往于《东西文化及其哲学》中,拈出"向前面要求"五字为西洋人根本精神所在,而以"自己调和持中"释中国人之态度,历久而弥觉此言之不可易。但自近年来,于人类之所以为人类,大有所见,深悟中国古人之学,为人类自尽其天赋才性体力之学,遂觉"自己调和持中"一语,虽可概说一般中国人之态度,而未足以尽中国古人之精神,道出中国文化之根据。故近年乃恒用"有对""无对"字样,以为东西人之分判。无对,即中国古人所谓"仁者与物无对"之无对;有对,亦即与物为对之意。

梁先生这一次的变,真非同小可。我想,要是梁先生若再从这么的变,用了这些有对无对的公式,再写一本东西文化及其哲学,则根本上我们现在所据以为讨论的那本《东西文化及其哲学》,恐怕简直是不可再用罢。至说"仁者与物无对"的无对,和"与物为对"的有对的意义,据我们的愚见,好像是老子的道物,而特别是孔子的道器的意义。这么一来,梁先生差不多可与四十年前的薛福成所说的"道的文化"和"器的文化"的折衷办法,并驾齐驱。

但是梁先生会抗议的说:我的"君子不器"的孔子之道,安能和薛福成道器调和之说,混为一谈呢?

是的,梁先生是一位主张复孔最力的人,这是我把梁先生编入复古一派的原因;并且梁先生在他的《东西文化及其哲学》里,作过不止一次的声明,他是极端反对调和派的,极端主张复孔派的(看原书页二九二—二九三)。但是,话固然是这样的说,骨子里头梁先生老早是位有意或是无意的,要我们中国人去做一种中西合璧的生活的人。

梁先生是位恭敬信仰罗素很力的人,这种的态度,在《东西文化及其哲学》里,已表露不少。在他的近著《中国民族自救运动之最后觉悟》里,他且禁不住的叹道:呜呼!贤矣,罗素,伟矣,罗素。然而罗素怎么样呢?罗素说:

> 中国政治独立之所以重要者，非以其自身为最终之目的，乃以为中国旧时之美德与西洋技艺联合之一种新文化，非是莫由发生也。苟此目的不达，则中国政治之独立，几无价值可言。

本来罗素是主张折衷办法很力的，梁先生把他上面一段话写下后（页九七），于是赞道"贤矣，伟矣"，这岂不是赞成他的折衷调和办法吗？

不但如此，梁先生曾说过，我们可放宽孔子之路，而容纳有些不合孔子之点，本来是调和论调，而忘记孔子的"道不同，不相为谋""攻乎异端，斯害也已"的遗训。而况他又主张全盘接受西洋文化，来做中国文化的下层基础。一上一下，一先一后，无论从发展上看去，或是从分析方面看去，都是中西合璧，还说是反对调和，这是什么话呢？再者，若照梁先生的理想文化看去，文化是要发展到印度的文化才好，然而，要进到印度佛家之路，要先作好中国孔子之路，要达孔子之路，又要弄好西洋物质之路，可知印度是不能离中国和西洋而发展，而中国又不能不兼有西洋的文化。这样的发展完全时，不只是中西两者合璧，而是西、中、印三者调合了。

然而，梁先生还是说目前文化的趋势，是中国文化复兴的时代。中国孔子的文化到了现在，已兴了二千余年，还未绝气，复兴的是什么呢？

大约梁先生的最大弊病，是对于这个问题没有做过澈底深刻的研究。他把贩运来的一些东鳞西爪的材料，见得样样都好，同时又不甘从人；人家的意见，样样都是不好。自己只管说话，说得多，文章做得长，使得读者只能得到一个扑朔离迷、莫名其妙的结论。

然而，梁先生并非一个绝对固执的复古者可比，他曾告诉我们："二十岁后折入佛家，一直走下去，万牛莫挽。"连了他最敬爱的父亲主张复孔，他也反对。但是后来他父亲死后，多经世故，又想起他父亲当年留下的深刻印象，于是变了一变，来做孔子生活，主张复孔。我们读了他的《思亲记》（《漱溟卅后文录》），要为他感叹道：先君在天之灵，导他于道。我们现在为他可惜者，就是像他自己所说，没有出过国门一步，未得一见西洋文化的真相。胡适之先生述过，日本有名的经济学家福田先生，不愿跑去美国，是怕着美国的事实和印象，会变换了他素来的主张。梁先生是位容易而且愿意变换主张的人，我们相信一到西洋，必定再变一变，而做西洋的文化生活。那么从印度化而做孔子化，再由孔子化而西洋化，岂不是一个绝妙无双的自身的三步发展，而和梁先生刻下所主张的由西洋化而变至孔子化，再由孔子化而变至印度化，针针相对吗？

在前一章的首一段，我已说过辜鸿铭先生和梁漱溟先生是近代主张复古最力而在国内国外各有特殊地位的。辜先生的著作刊行较早，而且年岁较深。梁先生和辜先生究竟关系如何，我无从得知。他们的异点，自然很多。然而其同点，也复不少。我把他们这两位的著作仔细考研，令我疑心梁先生是受过辜先生的影响不少。梁先生虽说西文不好，看书不易，然口传翻译总有可能。辜先生所谓孔子之道，是可以调和和替代西洋的宗教和法律，这一点是梁先生所乐道（页二〇六及二八六以下）。他们两位，都以为孔子之道，虽非宗教，却有了宗教的功用；虽非法律，有了法律的功用。梁先生的文化三方面及其发展的三个阶级，也正是把中国孔子的文化来放在感情的宗教文化和理智的物质文化的中间。他不但是横方的分析的三方面的中间物，而且是纵方的发展的三级段的中间必经的途径。辜先生的中心思想既如彼，梁先生的中心思想又如此，这是一个很好的巧合。

然而他们也有异处，从文化的横的方面看去，辜先生的文化不外是社会的道德文化，而梁先生却于这层以外，加了精神和物质二方面。因为他的文化的范围广了好多，他觉得于孔子的社会的道德之外，要有物质和精神融合起来，而成为理想的文化。换言之，辜先生是一个诚诚实实的认识而提倡孔教的人，梁先生却是一位借重孔子，而迎合时势的人。再就文化的纵的方面来看，辜先生的唯一标准，是孔子之道，所以他把文化看做固定不动的东西。梁先生因为加入精神宗教和物质两件要素，于是不得不把孔子之道，来放得极宽泛，宽泛就要变动，所以他看得文化是一步一步的变动，然也是有限定止境的。由此来看，我们觉得辜先生是一位孔子的忠实信徒，而梁先生差不多可以说是冒徒。因为辜先生是信徒，所以他对于孔子的认识，特别深刻精到，因为梁先生是冒徒，所以他对于孔子的认识若明若晦。因为了深刻和精到，所以看辜先生的书的人，一看就能明白；因为了若明若晦，所以看梁先生的书的人，免不得要"苦索难明"。

最后，梁先生的三种文化的发展的程序的见解的渊源，他自己虽没有说出来，然事实上却和谭嗣同的《仁学》里所说的耶、孔、佛三教的施行和发展的程序，有了很凑巧的暗合。梁先生以为文化只有西洋、中国（孔教）、印度（佛教）三种。从文化的性质方面看去，佛教文化最为高尚，孔教次之，西洋又次之。但其发展之程序，却应从西洋，然后再至孔教，最后乃至佛教。谭氏好像以为西洋、中国、印度的文化，可以耶教、孔教、佛教三者为代表。从各教的目标上看去，佛教最为高尚，孔教次之，而耶教又次之。从教义的施行和发展的程序上看去，耶教应先昌明，次及孔教，再次就是佛教。不但这样，从各教的发生史上看去，佛教却是最先，孔教次之，而耶教又次之。这种历史上的发生程序和其所应当发展的程序的背驰，谭氏虽没有明白的叫做早熟，然已暗合了梁先生的文化早熟学说。我们且看谭氏的话：

　　□□□曰：三教其犹行星之轨道乎？佛生最先，孔次之，耶又次之。今乃耶教既昌明矣，孔教亦将引厥绪焉，而佛教仍晦盲如故。先生之教主，教反后行；后生之教主，教反先行，此何故欤？岂不以轨道有大小，程途有远近，即运行有久暂，而出现有迟速哉。佛教大矣，孔次之，耶为小。小者先行，次宜及孔，卒乃及佛，此其序矣。□□□曰：佛其大哉，列天下六道，

而层累于其上；孔其大哉，立元以统天；耶自命为天已耳，小之其自为也。（《仁学》卷上）

我以为除了梁先生好像把耶教和佛教来相提并论，而以物质文化为西洋文化的特征，与谭氏好像以西洋的物质文化乃耶教的表现以及其他的不甚重要的差异外，上面所抄出谭氏那段话，可以叫做梁先生的《东西文化及其哲学》的总纲了。

第十五章　梁漱溟的复古主张（三）[①]

在《大公报》十月十三日登载《乡建工作讨论会在定县开幕详纪》里，我们找得梁漱溟先生下面一段演讲词：

……乡建的目的是：（一）从中国固有的历史，演变下来的，使中国成为高度文明、以乡村为主体为根据的社会；（二）西洋的近代文明，与中国固有的文明，结合演成今日状况。西洋的都市文明、工业文明与中国的乡村文明、农业文明，两相接触，改造一种新的环境，在不断的转变之下，成为今日中国民族自救的运动，成为我们今日的乡村运动。我国经过不少运动，惟此运动，切重实际，亦可谓之最后的运动。已往诸运动，初起时亦呈风起云涌之势，但渐渐失败。……中国原以农业立国，自受西洋工业文明影响以后，也想走入西洋之路，但未走通；如已走通，固无需再有今日乡建运动矣。如日本因种种条件适宜，故摹仿工业文明而成功，走上了工业文明、都市文明之路，所以无需有乡建运动，农村受都市压迫过甚，故偶然的需要救济，但谈不到建设。我们因无路可走，才走上乡建之路，开辟别一个新路线，以农村为主体来繁荣都市，……开辟世界未开辟的文明路线，以乡建工作为民族自救的惟一出路。

在梁先生这段话中，可以商榷之点很多，但我在这里所要把来讨论的是，他以为西洋文化是都市文化，中国文化是乡村文化，而且这两种文化接触起来，就会产生出一种中西合璧的新文化。

我们的意见是，所谓都市与乡村，从文化的观点来看，不但是在性质上，不过是文化很多方面的两方面，就是在发展上，是要在文化较高的社会里才能发展的。因此之故，在一般经济学者所谓渔猎以至畜牧时代的社会，城市固是难于发生，连了梁先生所谓以农业为基础的乡村，也是难于发生。

不但这样，乡村的发展固多依赖于农业，然而有了农业的社会，未必一定是以乡村为社会的基础。比方南方好多的苗黎和南洋好多的土人，所住的地方，在很远的距离中，才见了一家茅屋。所谓乡村固是少见，就是三五个家庭聚居一处，也不多有。然而这些人们，大多数是靠着农业为生，同时他们的农业的智识和经验，未必低过我们所谓以农立国的国民。

同样，都市固是工业的展览处，可是都市尚未发生或发达的原始社会，工业

[①] 校按：此章即陈序经最初发表于《独立评论》126号（1934年11月版）上的《乡村文化与都市文化》一文，后收入冯恩荣编《全盘西化言论续集》（岭南大学1935年版），这里依《独立评论》校改。

也许已很进步。比方美洲土人所制作的土器，菲洲土人所铸造的铁具，苗黎的刺绣，以及他们或其他的原始社会的人们在工业的其他方面的出品，在人类文化史上所占的位置，都很重要。

都市与乡村既不只是文化很多方面的两方面，而且是要在文化发展较高的社会，或是某种特殊的文化的社会里，才能发达，我们就能容易明白文化可以概括都市与乡村，而乡村与都市却不能概括文化。梁先生以都市与乡村来范围文化，已经不合逻辑，何况就算都市与乡村可以范围文化，则西洋文化既不只是都市文化，中国文化，也非只是乡村文化呢？

原来西洋现代的文化并非突然的发生或创造出来的。它是经过好多年的时间，和费了无数人的精神劳力，一点一点，和一步一步的累积而成的。所谓二十世纪或十九世纪的西洋文化，不外是十六、七、八诸世纪的文化的伸张；而十六、七、八世纪的文化，又不外是从西洋文化发生以至十四、五诸世纪的文化的果实。都市是文化特性之一，当然也是像文化一样的发展而来。所以从大体上看起来，西洋的都市历史，也有了好几千年的久远。然而从其发展的速度方面来看，这种速度的增加得利害，是十九世纪以后的事情。我们知道，一八〇〇年的法国的人口过十万的都市，不过有了三个。在那个时候，纽约大约只有六万人，伦敦不过十四万左右，巴黎是欧洲的重心，也不过是五十万左右；芝加哥到了一八三〇年，还不过是一个百人左右的乡村。此外，在今日，所谓为大都市，在一八〇〇年有的还是荒丘旷野，有的还是穷乡陋邑。所以一八〇〇年以前的西洋的人民，差不多百分之九十都在所谓乡村里过着他们的生活，我们若用了梁先生的名词来说明西洋文化，那么这时候的西洋文化岂非也是乡村文化吗？然而一八〇〇年的西洋文化，老早已进入现代文化的时期。

就是十九世纪中叶的西洋都市，有了一百万人的，固不易找出来，有了五十万以至十万的，还是无多。纽约成为美国最大的都市，人口至多也不过五十万左右，芝加哥只有五万；巴黎据说有了一百万，可是在法国那个时候，百分之八十的人民，是乡村的居民，于是可知西洋的文化不只是都市的文化。

而且事实上，近百余年以来，西洋的都市固是发展得很快，西洋的乡村何尝又没有发展呢？一般浅见的人见了纽约、伦敦、巴黎、柏林、芝加哥的人口，在这个时期里，增加了好多倍，他们忘记了西洋各处的乡村人口，在这个时期里也增了不少。举一个例罢，一八〇〇年的英伦与威尔士两个地方的人口，总数是九百万，住在都市的有了三百万左右，住在乡村约有六百万。到了一九〇〇年，这两个地方共有人口三千万，住在都市的约二千万，而住在乡村约一千万。这个统计虽也指示都市的发展是较乡村的发展为快，但是我们所要特别注意的点是，乡村并不因都市的发展而零落。反之，乡村的人口，也差不多增加了一倍。何况事实上，今日之所谓为都市，大多数是从前的乡村，所以表面上，我们虽说乡村发展和都市发展有了分别,事实上,所谓都市的发展,差不多也就是乡村的发展。

同样,这般浅见的人,只见得新的都市在这百余年以内,增加不少,他们忘记了在同样的时期里,新的乡村也增加了不少。他们只见得西洋在这百余年来,都市的物质文化,进步得很快,他们忘记了西洋在同样的时期里,乡村的物质文化,也进步得很快。他们只见得都市人口增加较快,乡村人口增加较迟,以为后者就被了前者压迫。他们忘记了机器发明以后,从前要十人来耕一幅地,现在只用一个人就够了。他们又忘记了,交通便利以后,所谓乡村与都市的界限,已不像从前那样的清楚,居住乡村的人,也有不少跑去都市,然而居住都市的人,也有不少的跑去乡村。

再从西洋文化性质来看,一般人——梁先生也在内——都以为科学及民治为西洋文化的特征,但是科学对于都市的发达上固有不少的帮助,其对于乡村的发达上,又何尝没有很大的贡献?例如交通上种种便利,与其说是有益于都市,不如说是更有益于乡村。至于民治精神与制度之发展,差不多可以说是以乡治国的表征。在帝王专制的时代,政治完全取决于国都与都市。在民治时代的国家,政治主权,是要在一般民众的手里找出来。现代国家的乡村的民众,既还占相当的数目,则乡村之在政治上的力量,也是不可忽视的。

上面是说明西洋文化不只是都市文化,我们现在可以解释中国文化不只是乡村文化。

《易》云:"日中为市",这可以说是中国都市的起源;《周礼》里国与鄙每相对称,鄙是指着乡村,而国却可以说是都市。至于管子说"野与市争",已经证明市的位置的重要。又如《公羊传·宣十五年》何注文说:"春夏出田,秋冬入城郭",是指出都市不但是政治工商的中心,而且是农民的秋冬两季的寄托所。至如秦的咸阳、汉的长安的位置的重要,更不待说而可以明白。汉代文化的中心,是在黄河流域,故《史记·货殖传》载长安以外河南有七个大都市,直隶、山东、山西、安徽诸省各有两个;南方文化较低,故都市之见于《货殖传》者,仅江苏、湖北、广东各一。于是可知中国的文化,从来就不只是乡村文化。而且从《货殖传》里的指示,我们知道,文化之优高低下,每以都市之大小多少为衡。

从汉朝至现在,朝代虽变了不少,然都市在中国文化的位置的重要,是无可怀疑的。我们试读元代马可波罗的中国游记,其所赞美歌颂的中国文化,何莫非像梁先生所说的"都市文化"?假使那个时候的欧洲人,而像梁先生一样的把文化来分为都市和乡村两方面,则读了马氏游记之后,岂不是也要叹道:中国文化是都市文化了!

梁先生既错认中国的文化是乡村文化,他又错认中国成为高度文化是以乡村为主体为根据。我们要问梁先生所谓以乡村为主体为根据而成高度的中国文化,是指着那一种的文化呢？在物质方面，是不是以农业为本的乡村的农业出产呢？在社会方面，是不是以宗族为本的乡村的宗族制度呢？在精神方面，是不是以保守为本的乡村的只知有乡不知有国、有世界；只知因袭、只知复古，不知进取、不知图新的思想呢？其实中国数千年来的文化之所以停滞而不能发达的一个很重要的原因，恐怕正是因为中了这种乡村制度的遗毒，和受了老子、孟子的"老死不相往来"的理想乡村的影响。结果是智识固塞、科学不振，工业商业固无从发展，连了所谓为乡村基础的农业，也是沿旧蹈常，与所谓原始文化的社会的情况，相去不远。至今无路可走，迫不得已的还要派留学生到西洋学农业，派大官红员去西洋调查乡制、考察农政、购买农品、移植种子。我们清夜扪心，应该惭愧万分，努力急起直追，企有与西洋并驾齐驱的一天。那料所谓乡村运动领袖像梁先生，还要在那里梦想以西洋人千数百年前所也曾经过的中国式"农村文化"，而融合于西洋的现代文化，以成为什么一个新路线、新文化，岂非可笑！

事实上，我们相信，新的文化的创造，与其说是依赖于乡村，不如说是依赖于都市。上面已经说过，一般人都以为现代西洋文化的特征，是科学与民治，可是科学这件东西差不多完全是都市的产物。同样，民治的发展也是得力于都市。法国所有的革命，都起自都市，而特别是法国最大的都市——巴黎。法国的革命是这样，别的国家的革命也是这样。在英国，在瑞士，民主政体的种子，人们虽说是他们祖宗在山林田间种下来，然而我们不要忘记，他们的现代的民主政治是工业革命以后才发展的，而工业革命的策源地又是都市。而且工业革命的发生，是由于机器的发明，机器的发明，又不外是科学发达的表征。

所谓现代西洋文化的特征，既是都市的产物，现代西洋文化的高峰或梁先生所谓的高度文化，也是要在都市里找出来。西洋固是如此，中国也是如此。中国都市的发达虽然比不得上西洋，可是中国而真是有了高度文化，那么这些的高度文化，也是"都市的文化"。我们的都市且叫做"国"，我们的乡村是叫做"鄙"，已是表示两者的文化高低不同。我们的乡人曾屡唱着"不到京城终贱骨"的句子，可是我们没有听过都市的人唱过"不到乡村终贱骨"的句子。我们有乡下佬出城的笑话，我们没有城上人下乡的笑话。这不过是就我们传统和一般人的观点来说。假使我们从我国的文化本身来看，那么无论在物质方面，在精神方面，都市都比乡村为高、为优。所以外国人来中国观光（？）时，我们要叫他去北平看皇宫，看花园，看《四库全书》。万一外国人到了我们的乡下，照了几张泥屋、豚尾、人畜共处、鬼神偶像的片子回去在西洋的影戏院里开演起来，我们马上就抗议，以为他们侮辱我们的国体、民族。连了一般真是同情于中国一般民众生活、农村概况的外国人，若是到了像定县那样的地方，我们所给与他们参观的，也不外是在县城里或是县城附近的西化的保健院、西化的农场……试问，我们所谓以乡村为主体、为根据的中国的高度文化，又在那里呢？是的，在定县的农场里,我们曾搜集了华北好多的家畜,像鸡,像猪,和好多的农品,像麦,像棉,然而,把我们这些东西和西洋的这些东西陈列在一块地方,三尺孩童,一拿两者比较起来,立刻见得我们的农品的低劣。比方中国顶好的棉花,一比起美国棉花,不但是小得很利害,而且向地生长,正像了垂头丧气的老大要死的人一样。难道梁先生所指为高度文化,就是这些东西吗?我想,定县试验的领袖们也许是不会这样想的。他们的目的,要是我的认识不错,无非是想把美国的种子,介绍到中国来。可是这么一来,他们的目的,并不像梁先生所说乡村运动和建设的目的是欲以乡村为主体、为根据的中国的高度文化,加上西洋的现代文化上而成为一种新的文化。反之,他们的目的是西洋化,也许澈底西洋化,全盘西洋化。

农产上的目的固是如此,其他像教育,像医院,以至像瞿菊农先生家里的火油箱做的沙发(sofa)椅的目的,也是如此。假使他们的目的不是这样——澈底西化,全盘西化,那么定县的试验简直没有意义,无疑的且要失败。因为他们若只是以保存中国固有的乡村的文化来做他们的运动和试验的目的,那么这种运动,这种试验,在中国已有了好几千年的历史,用不着他们再来费了宝贵的光阴、劳苦的工夫和有用的金钱呵!

明明白白是走在西洋化的路,偏偏要说是中国的路,中西合璧的路,世界未曾开辟的路,这是谎话,这是矛盾。

我以为梁先生的最大错误,是他把目的与手段这两件东西弄得不清不楚,目的是要西化,而且是要澈底与全盘西化。至于如何达到这个目的,那是手段或方法的问题。美国的棉花,大过中国的棉花好多倍,我们要移植这种棉花来中国,使其能像美国的棉花一样,这是我们的目的。可是因为人才、智识、经济的原因,我们不能一时推广美国的种子,故用美国人改良种子的方法来改良中国的种子,或是把美国的猪种来和中国的猪种混合起来,而得到一种较好于中国固有的棉花或猪种,这是一种达到西洋化的目的的手段或方法,而非目的的本身。若说中国的小猪和了美国那样好的猪混合起来,第二代就会有了比美国猪还要好的结果,那是一种笑话。农产如此,整个文化,也何尝不是如此。

总而言之,梁先生和我们的异点,是他要把中国固有的乡村来融合于西洋或西化的都市,而成为一种新文化;我们却要把中国的乡村西化起来,使能调和于西洋或西化的都市而成为一种澈底与全盘西化的文化。这是从目的方面来说。若从手段或方法来说,乡村西化固是要从乡村本身上着手,然而我们也要知道,科学化的试验工作未必一定是要在乡村的。岭南大学的农场、丝厂,中山大学和金陵大学的农场所试验的东西,好像正是定县的农场所试验的东西,何况定县的农场,也要设在定县城,或县城附近地方。又从经济的供给,和设备的便利,以及人才的利用方面来看,试验的工作,与其分散于这么多的乡村,不如集中于数处，而这数个地方，无疑的以在都市或都市附近的地方，较为得当。这样看起来，都市固不只不会像梁先生所谓，是压迫乡村的仇敌，而是帮助乡村的好友了。何况事实上我们今日所谓乡村运动的人才、经济种种，差不多完全是依赖于都市呢。一般乡村居民，不但不懂乡村运动、乡村建设是什么一回事，还要一般生于都市，或长于都市，或受教于都市，或居住于都市的人们，用尽苦心，出尽方法，才能不遭乡村人民的反对，得到他们的信心，然后才能开始乡村建设的工作呵！

最后我觉得我们现在所谓乡村运动，是最近数年来才发生的。可是这种运动之在西洋，却有了很久的历史。我们很多乡村运动的领袖，饱受西洋文化的空气，或且专在西洋研究过农村运动，究竟能否同意于我们主张中国的乡村应该澈底与全盘的西化，是别一个问题。然大家大约总不会说我们这个运动是没有受过西洋的乡村运动的影响；只有没有出过国门，不懂西洋乡村是什么的人，才会自夸这个运动，是我们自己发明的新运动、自己开辟的新路线罢。

第十六章　张东荪的复古主张[1]

张东荪先生曾在《正风》半月刊一卷二期发表了《现代的中国怎样要孔子》一篇文章。据他自己说："此文原题为《从孔子说到中西文化的异同与民族复兴的方向》，似乎太长了，所以改为今题。"

张先生说：

> 照原题便可看见我所要讨论的有三点：即（一）是孔子的思想；（二）中西文化的异同；（三）此后民族复兴的径途。但详述孔子思想，不是一个短文所容许。因此，对于孔子，只好说其要点；而我的注重点，依然在于由中西文化的比较，而得指出民族复兴的路向。

因为张先生这篇文章的注重点，是"依然在于由中西文化的比较，而得指出民族复兴的路向"。所以张先生在本文里对于我们所主张的全盘西化说，有所讨论。

张先生本来是一位主张西化颇力的人，虽则没有主张过全盘西化。这是读过张先生从前的著作的人，总能明白的。张先生在本文里也说："我在以前向来主张中国宜充分吸收西方文化。"可是现在他又变卦了。且看他说：

> 但近来试看实际情形，乃恍然知道一个民族，所以能吸收外族的文化，必定其自身具有很强的消化力，这便和食东西一样，倘使一个人胃力很弱，你只劝他多食，仍是不中用的。

因此之故，张先生不但反对我们所主张的全盘西化论，而且怀疑了他自己已往的西化主张。这就是张先生之所以写这篇文章，而提倡现代的中国之需要孔子的原因。

张先生说：

> 我以为中国历史上最不幸的人，就是孔子。因为他被后人所推崇，所以他被后人所利用。亦可以说自孔子死后，凡是推崇孔子的，都是要利用孔子的。

张先生于是又指出孔子之所以容易为人利用，就是因为他的思想是维持派。然而张先生又说：

---

[1] 校按：本章即陈序经写于1935年2月的《评张东荪先生的中西文化观——读〈现代的中国怎样要孔子〉后》一文，是文见冯恩荣编《全盘西化言论续集》（岭南大学1935年版），这里依《全盘西化言论续集》校改。

> 至于孔子本身的思想，我们苟细加研究，便知道是不容易利用的。

一方面说孔子的维持的思想，是容易被人利用，一方面又说孔子的本身的思想，是不容易利用的。这岂不是一个矛盾吗？

张先生说：

> 汉儒讲章句，宋儒把佛理引进去，清儒讲考据，这都是足以证明对于孔子本身的道理，只好避而不讲。据我看来，孔子的真正主张，只是一个政治理论，他有一个理想的社会，并所以达到这个境界的步骤。似乎他主张以自己为发点，人人都从自己出发，好像一个石子投于湖面上，先是一个小圈儿，后来变为一个大圈儿，再后来更发为一个较大的圈儿；一个一个的圈儿，连续扩大；但都是从一个中心点推广出来的。所谓正心、诚意、修身、齐家、治国、平天下，便是这些一层一层的圈儿。

张先生既以为过去的人们，对于孔子这种的政治思想，避而不讲，他又以为他对于孔子的思想的解释，又和时流很少相同。换言之，他好像以为除了他以外，没有别人找出孔子的真正思想。我以为张先生简直忘记了所谓"正心、诚意、修身、齐家、治国、平天下"这种政治思想，在近代像孙中山先生早已特别注意，在过去像真西山和邱琼山曾用过一生的工夫去研究。

而且我们不要忘记，所谓"正心、诚意、修身、齐家、治国、平天下"这种政治思想，正是《书经》的《尧典》里所谓"钦明文思安安，允恭克让，光被四表，格于上下；克明俊德，以亲九族，九族既睦，平章百姓，百姓昭明，协和万邦，黎民于变时雍"。这段话的缩影，《书经》据说是孔子所删的，可知张先生所谓这些一层一层的圈儿的真正政治思想，并非孔子自己的政治思想。孔子自己也说过"述而不作"。假使这种政治思想是一种宝贝，而值得赞美宣扬，我们也不应该"写在孔子的账上"。这么一来，我们今日为什么又要孔子呢？张先生一方面指摘胡适之先生不应该把纳妾与缠足，和利用孔子的人们做了无数的罪恶，一概写在孔子的账上，一方面张先生又把所以为中国思想的宝贝而非孔子的东西，写在孔子的账上，这岂不是又一个矛盾吗？

若说《书经》是孔子自作的，那么孔子又岂不是以为假言欺世的人吗？

就算这种政治思想是孔子自己的思想，我们还要问问这种政治思想是否没有错误？是否值得提倡？我对这个问题，当在别处讨论。我现在所要指明的，是张先生自己对于这种政治思想，也承认其为错误，也承认其不能实现。张先生说：

> 孔子的德治主义，在精神上是对的，而问题乃在于如何实现。换言之，即以修身为本，这是不错的；不过修身以后要齐家，则必有齐家之法；要治国，必有治国之术。所以修养是一方面，而方法（即治术）又是一方面，决不能以其一而代替其他。孔子的大失败就在于缺少后一方面。

所谓孔子的"正心、诚意、修身、齐家、治国、平天下"是从他所谓"吾道一以贯之"而来。张先生既然明白修养（正心、诚意、修身）与治术（齐家、治国、平天下）是两件东西，而不能以其一而代替其他，同时又承认孔子的大失败是在于缺少后一方面，然则孔子这种政治思想，还值得我们提倡吗？何况所谓政治思想的对象是政治的社会，孔子既像张先生所谓只以修身为本，而缺乏治国之术，则孔子的思想，不能谓为政治思想，是很显明的。而张先生又谓孔子的真正主张，只是一个政治理论，又岂不是一个错误，一个矛盾吗？

最奇怪的，张先生在这里又以为孔子的大失败不在孔子自身，而在传孔子道理的门徒。成功（？）则写在孔子的账上，失败则写在为孔子传道理的门徒的账上。颜回、曾参、子夏、子贡而地下有知，安能瞑目呢？其实要是孔子所称为最得意的门徒所传下的道理尚不足信，则二千余年来人们所谓为研究孔子最可靠的一部《论语》，不早为秦政烧掉了，岂非可惜？

上面是讨论张先生所提出的第一点。这就是孔子的思想。我们现在且来谈谈他的东西文化观。

张先生说：

> 就社会组织与经济状态来讲，诚然只有古今的纵式区别，即欧美是现代，而中国是古代。但就思想而言，则确有东西的不同，不能以古今来概括之。因为东西双方的思想同发源于古代，而二者思想却不同。西方思想的根源，一个是希腊，一个是希伯来。其后发展起来，便成为一个是科学，一个是宗教。而我们中国却只有一个人生哲学；把政治、经济、法律等都浑然包括在内。换言之，那只有一个做人问题，一切都从做人来出发。

张先生这段话的错误与矛盾很多，我现在只能把几点比较重要的指出来。

第一，张先生一方面以为"就社会组织与经济状态来讲，诚然只有古今的纵式区别，即欧美是现代，而中国是古代。但就思想而言，则确有东西的不同，不能以古今来概括之"，一方面又以为"中国只有一个人生哲学，把政治、经济、法律等都浑然包括在内"。这是一个矛盾，因为上面既说中国的社会组织与经济状态是别于中国的思想，下面又说中国的人生哲学或思想是包括政治、经济、法律。质言之，什么是社会、经济、法律、政治，什么是思想，张先生还没有弄明白罢。

第二，思想是文化很多方面的一方面，所以思想是受文化的影响，虽则思想也可以影响于文化。换言之，思想是政治、经济、法律、社会等等的反映，虽则后者也可以成为前者的果实。因此之故，一方面的变动，每每波及于他方面。张先生不明白这个道理，所以生出思想不变，和主张采纳西洋政治、经济等，而不主张采纳西洋的思想的矛盾与错误。

而且张先生忘记了他所谓中国只有一个做人问题，与只有一个人生哲学，这些东西,西洋人从古到今对于这种问题、这种哲学之研究的热忱,著作的丰富,远胜于我国。所以我们现在一般的要懂做人问题是什么,人生哲学是什么,大都还要从西洋人的言论著作找出来。何况"做人问题""人生哲学"这些名词,根本已是西洋的名词,因为我们二千年来虽曾做人,虽有人生,然而我们所谓问题,所谓哲学,还是受过西化文化的洗礼而后始注重的。

至于张先生以为孔子的德治礼治,是西洋所无的东西,我以为张先生是同样的陷于像辜鸿铭和梁漱溟的错误。这一点我在别处已经批评。我在这里所要说明的,是孔子的德治的意思之见于西洋的现代著作里,固不待说;就是古代像柏拉图已经特别提倡。至于礼,则与西洋人所谓 Mores,事实上,根本上,并没有很大的不同。

张先生说:

> 这二三十年来,欧化东渐,人们往往只看见他人的长处,同时又只看见自己的短处。凡社会上所崇拜的人,大抵是痛骂本国文化的人。一个民族对于自己固有文化这样看不起,便自然而然失了自信心。多少年的思想与教育,可以说都是助长这种自卑的潮流。其实我们固然必须知道自己的短处,但同时亦不妨承认自己亦有些长处。

我以为二三十年来痛骂本国文化的人之所以受社会的崇拜,无非是证明我国现在的文化,比起二三十年前较为进步。三四十年前的郭筠仙提倡机器西化,而被京师人士所反对。五十年前的曾纪泽乘小轮船回家乡葬父,而被乡里所讥骂。难道现在的我们,还要崇拜这些只会骂人的复古守旧的先生们吗?

其实,照今日的情况来看,倒是一般趋时的颂扬本国文化的先生们,多以在位之身而容易得到一般社会的盲从。连了一般从前因了痛骂本国文化,而稍得半点声名的人,现在也要向后转而提倡尊孔复古。这虽然使我们生出无穷的感慨,然也非完全没有原因的。原来在旧文化的惰性特别利害的中国里,痛骂本国文化,当然受旧势力所排斥。同时在这种西化尚未澈底的社会里,欲认真从西化上有所建立,并非像做一件平常的事情那样容易,在这种环境之下的人,假使他是一位意志坚强的,而始终要向澈底西化的路途走,往往要成为时代的牺牲者。因为一方面他既没有西洋文化的环境来培养与发展他的天赋才能,而使西洋人或西化的人去崇拜他;一方面他因为痛骂本国文化,不但复古者流要反对他,就是讲折衷的人也要骂他。所以平情来说,只有复古与折衷的人,不但可以抱残守缺,去迎合一般酣梦未醒的国人,而可以利用这些所谓国粹国宝去迎合一般为好奇心所驱使而不懂中国文化是什么的外国人。这一些人,每每利用以己之长,来救人之短,或是以人之长,来补己之短的口号来号召群众,而事实上,往往是取人之短,来加上于己之短上。从国家社会方面来看,所谓"皮毛的西化"以及只会购西货,不会西化,往往是由这些人做出来的。然而,从他们的个人思想习惯方面来看，比方中国的"不孝有三，无后为大"的信条，既可以使他们来做三妻四妾的护符以遂其私欲，同时西洋的汽车洋楼也可以作为他们虚心采纳西洋文化的表征。这一种人，我们无以名之，只可名之曰"时代的投机者"。

张先生在上面那段话里又以为"一个民族对于自己固有文化这样看不起，便自然而然失了自信心"，我们的意见是，文化是人类的创造品，固有的文化，是过去人的创造品，我们生在现代，不自发奋创造现代文化，而要重视保存祖宗过去的文化，则我们祖宗从前做过茹毛饮血结绳记事的生活，难道我们也要重视保存吗？我以为所谓真正的民族自信心，并非自信我们过去的文化是比西洋为优，乃在自信西洋人所能达到与做到的文化，我们自己也可以达得到做得到呵！只有这种的自信心，才有希望将来西洋人所尚未达到或做到的文化，我们也许能先达得到或做得到。盲目的自信我们祖宗数千年的文化是优于西洋现代的文化，不但使我们的文化，正像数千年来一样的停滞不进步，而且这种"自信心"，只是一种奴隶的自信心。甘心去做古人的奴隶，势必至于不做西洋人的奴隶而不止。试问这样的"自信心"，还值得我们提倡吗？

又如张先生在本文的第九段里，明明白白承认中国的固有文化不能和西方文化媲美，而上面一段话里又说"我们不妨承认自己亦有些长处"，这又是一个矛盾，何况所谓"不妨""有些"这些名词，已使我们明白张先生的理由的薄弱了。

张先生说道：

> 现在广东方面，还有人主张什么全盘西化论。要把西方文化整个儿输进来。我以为论者于此，恐怕有些误会。须知今天的问题，不是中西好坏比较的问题，乃是中国如何以吸取西方文化的问题。亦就是一个人吃了东西如何消化的问题。你只劝他多吃，是不相干的，因为吃了未必能消化，而反会生病。所以我以为一个民族，若自己没有对于外族文化侵入的反应力，断乎不能吸收外族的文化。其结果不外为外族所征服而已。须知所谓吸取西方文化，乃是说中国人以西方的文明而立国。倘使中国变为殖民地，纵使人民都欧化了，这亦不得称为吸取西方文化。可见欧化不难，欧化而一如欧人之卓然立于世界则大难而特难了。我敢告全盘西化论者，这不是好坏的问题，乃是能不能的问题。以一个民族尽弃其固有文化，而完全采取他族文化，在历史上，虽不是没有，然而亦决不能像要怎样就怎样的那么容易。

关于全盘西化的理论，我已于别处说明，我现在只能将张先生在上面这段话里的矛盾与错误，简单的指出来。

张先生以为"今天的问题，不是中西好坏比较的问题，乃是中国如何以吸取西方文化的问题"。他在第八段里又说："不但是中国，恐怕任何民族，都得要采取西方文化的主要部分，所以今天决不能讨论中国要近代化或欧化与否的问题，因为只有一个如何欧化的问题"。我以为张先生一方面既相信我们不能不采取西洋文化的主要部分，而同时问题又在如何欧化；一方面又要恢复固有的文化，本来已是一个矛盾。比方取了西洋现代的经济政治，则不但以孔家为护符的专制政治，农本经济受了动摇，就是儒家所拥护的中国家庭制度等等，也要推翻。张先生屡屡以为孔子的做人的道理是和西洋的经济政治等没有冲突，他忘记了像我上面所谓做人的道理，是受了经济政治等的支配与影响。一个人既不能离开政治经济等而生活，则做人的道理，也不外是这些东西的反映。

至说吸取西洋文化，未必能消化而会生病，我们的回答是，所谓全盘西化，就是要我们西化，并非吸取西货，而又吃而难消的弊害。但是若要全盘西化，首先就要全盘除去了那些窒碍的固有的文化。非然者，一方保存固有文化，一方要西化，结果当然不易消化，而会生病。若说中国人的胃是生来而不合于西化，那么我们只好守此残余，束手待毙罢。所以问题并不是能否消化，而是我们是否愿意去除去固有的窒碍物，诚意的全盘西化。

所谓全盘西化，当然"是说中国人以西方的文明而立国"。张先生说："欧化不难，欧化而一如欧人之卓然立于世界，则大难而特难了。"我们的回答是，欧化若不难，则欧化而一如欧人之卓然立于世界也不难。因为欧人之所以能卓然立于世界，就是依赖他们的优越的文化及其原则。何况就算欧化而一如欧人之卓然立于世界，而是大难而特难，难道我们就因为难的原故，而不要西化吗？而不要以西方的文明而立国吗？

最后，谈到民族复兴的途径。张先生说：

> 要不外一方面从做人下手，恢复中国人的自主性。如此才能有吸收外族文化的主体资格，而他方面依然须尽量采纳西方文化。

这本来是一种折衷办法的论调。我在别处已详细的批评过，不必再述。而且我已说过，除了我们澈底与全盘的打破所谓固有的文化，我们没有法子去尽量采纳西方文化，所以我的复兴民族的途径，也不外是要我们自动的，或像张先生所说自主的，不要留恋于固有的文化，尽量采纳西方文化。

第二部 折衷办法的批评

目　　录

第一编 ⋯⋯⋯⋯⋯⋯⋯⋯⋯⋯⋯⋯⋯⋯⋯⋯⋯⋯⋯⋯⋯⋯⋯⋯⋯ 105

　第一章　道的文化与器的文化 ⋯⋯⋯⋯⋯⋯⋯⋯⋯⋯⋯⋯⋯ 105

　第二章　中学为体与西学为用 ⋯⋯⋯⋯⋯⋯⋯⋯⋯⋯⋯⋯⋯ 111

　第三章　新的体用的折衷文化 ⋯⋯⋯⋯⋯⋯⋯⋯⋯⋯⋯⋯⋯ 117

　第四章　精神文化与物质文化 ⋯⋯⋯⋯⋯⋯⋯⋯⋯⋯⋯⋯⋯ 122

第二编 ⋯⋯⋯⋯⋯⋯⋯⋯⋯⋯⋯⋯⋯⋯⋯⋯⋯⋯⋯⋯⋯⋯⋯⋯⋯ 128

　第五章　静的文化与动的文化 ⋯⋯⋯⋯⋯⋯⋯⋯⋯⋯⋯⋯⋯ 128

　第六章　植物文化与动物文化 ⋯⋯⋯⋯⋯⋯⋯⋯⋯⋯⋯⋯⋯ 134

　第七章　人的文化与物的文化 ⋯⋯⋯⋯⋯⋯⋯⋯⋯⋯⋯⋯⋯ 140

　第八章　科学方法的选择文化 ⋯⋯⋯⋯⋯⋯⋯⋯⋯⋯⋯⋯⋯ 145

第三编 ⋯⋯⋯⋯⋯⋯⋯⋯⋯⋯⋯⋯⋯⋯⋯⋯⋯⋯⋯⋯⋯⋯⋯⋯⋯ 150

　第九章　十教授的本位的文化（一） ⋯⋯⋯⋯⋯⋯⋯⋯⋯⋯ 150

　第十章　十教授的本位的文化（二） ⋯⋯⋯⋯⋯⋯⋯⋯⋯⋯ 156

　第十一章　吴景超的折衷的文化（一） ⋯⋯⋯⋯⋯⋯⋯⋯⋯ 161

　第十二章　吴景超的折衷的文化（二） ⋯⋯⋯⋯⋯⋯⋯⋯⋯ 168

第四编 ⋯⋯⋯⋯⋯⋯⋯⋯⋯⋯⋯⋯⋯⋯⋯⋯⋯⋯⋯⋯⋯⋯⋯⋯⋯ 173

　第十三章　张申府的分合的文化 ⋯⋯⋯⋯⋯⋯⋯⋯⋯⋯⋯⋯ 173

　第十四章　冯友兰的共殊的文化 ⋯⋯⋯⋯⋯⋯⋯⋯⋯⋯⋯⋯ 178

　第十五章　张佛泉的根本的西化 ⋯⋯⋯⋯⋯⋯⋯⋯⋯⋯⋯⋯ 183

　第十六章　胡适之的充分的西化 ⋯⋯⋯⋯⋯⋯⋯⋯⋯⋯⋯⋯ 188

结　论 ⋯⋯⋯⋯⋯⋯⋯⋯⋯⋯⋯⋯⋯⋯⋯⋯⋯⋯⋯⋯⋯⋯⋯⋯⋯ 193

第一编

第一章 道的文化与器的文化

道和器两个名词之连用，最先见于《易·系辞上》第十二章，这两个字本用为对待名词，而其词句是：

> 形而上者谓之道，形而下者谓之器。

据说《系辞》是孔子所作，而《系辞》之言道器者，尚有多处。道与器固虽然是对待名词，但却非完全没有关系的东西。《易·系辞上》第一章里说：

> 是以明于天之道，而察于民之故，是兴神物，以前民用。……是故阖户谓之坤，辟户谓之乾。一阖一辟谓之变，往来不穷谓之通，见乃谓之象，形乃谓之器。……

可知器是从道而来的。孔子大概是受过老子的影响的，他这里以为器是由道而来。正像老子所说：

> 道生一，一生二，二生三，三生万物。

从上面所举《系辞》一段话里看，从道到器，中间尚有一个间隔东西，这就是象。老子不说道生万物，而说："道生一，一生二，二生三，三生万物。"也是感觉到由道到万物非直接的，这中间有了一个东西——象，老子也明白的说：

> 道之为物，惟恍惟惚。惚兮恍兮，其中有象；恍兮惚兮，其中有物。

象是什么？象就是从道而到器的中间所必经的阶段或步骤，这种步骤是赖于变动，故《系辞下传》说"易者，象也"。所有的万物制度，都是从道而来，然并非从道直接而来，这是孔子和老子的同处。但是他们也有其异处。照老子的意见，从道而至万物是一步一步，自然而然的发展出来，所以老子就主张圣人无为。比方他说"圣人无为，而民自治"，他又说"万物将自化"。照孔子的意见，从道至器，固然也是一步一步的发展，然其所以能够发展，是赖于圣人之有为。所以他说八卦之作，是由包牺之"观象于天，观法于地"，从此推衍下去，一切的器用制度，都是赖于圣人之造作。故《易·系辞》说"有圣人之道四焉……以制器者尚其象"，又说"立成器以为天下利"。

孔子不只是把老子自然而然的发展，改作天生圣人而造作；他对于老子所说的道，好象也没有充分的了解。所以他一生对于"道"这个字的解释，总只是含糊过去，怪不得子贡要说"夫子之言性与天道，不可得而闻也"。这个原因，大约也是由于他既把老子的自然而然之道，改作圣人造作之道，结果是他既没有相当的魄力去推翻老子，而又没有法子去把这人为之道来调和自然之道，所以最好是含糊的说"吾道一以贯之"，而使弟子们自己去解释。

从这些的异同和孔子的含糊不明，遂生出后来宋代的苏朱之争。苏辙和朱熹的道器的解释的不同，在朱子《苏氏黄门老子解》一文里说得很透澈（《朱文公集》），我且把他分段抄下来：

（1）苏曰："孔子以仁义礼乐治天下，老子绝而去之，或者以为不同。《易》曰：'形而上者谓之道，形而下者谓之器。'"

余（朱子自指）以为道器之名虽异，其实一物也，故曰："吾道一以贯之。"此圣人之道，所以为大中至正之极，亘万世而无弊者。苏氏论其言而不得其意，故其为说无一辞之合。学者于此先以予说求之，使圣人之意晓然无疑，然后以次读苏氏之言，其得失判然矣。

（2）"孔子之虑后也深，故示人以器而晦其道。"

余谓道器一也，示人以器则道在其中，圣人安得而晦之。孔子曰："吾无隐乎尔。"然则晦其道者，岂圣人之心哉？大抵苏氏所谓道者皆杂器而言，不知其指何物而名之也。

（3）"使中人以下守其器，而不为道所眩，以不失为君子。"

余谓以苏氏此言，是以道为眩人，使之不为君子也。则道之在天下，适所以为此人之祸乎。

（4）"老子则不然，老于道而急于开人心。"

余谓老子之学以无为为宗，果如此言，乃急急有为，惟恐其缓而失之也。然则老子之意，苏氏亦不能窥者矣。

（5）"故示人以道者薄于器，以为学者惟器之知，则道隐矣，故绝仁义弃礼乐以明道。"

余谓道者仁义礼乐之总名，而仁义礼乐之体用也。圣人之修仁义礼乐，凡以明道也。今曰绝仁义弃礼乐以明道，则是舍二五而求十也。

平心来说，苏朱两者各有其是，也各有其非。苏氏见得老子说"失道而后德，失德而后仁，失仁而后义，失义而后礼"之言，因以道器二字来区别老子、孔子之说，以为孔子既注重仁义礼乐，显然轻视老子之道。因为老子明明的说，道失然后有仁义礼乐，因此遂以为老子取道，孔子取器。朱子见得孔子以为圣人体天道以造万物，故曰道器乃一。照两者的解释，道器的本身上，并非完全没有道理，然两者都忘记了孔子所说：

> 君子不器。

原来孔子所谓君子，是得乎道的人。得道的人既不器，则朱子所谓示人以器，则道在其中的道器一体，既非孔子之真意；而苏子所谓孔子取器不取道，也非孔子之真意。孔子明明白白的说："朝闻道，夕死可矣。"又说："士志于道，而耻恶衣恶食者，未足与议也。"他之对子贡去食存信，他之骂樊迟请学稼，均是表示取道而舍器。他固然觉得器是由道而来，但是道却又可以离器而独存。

照我的意思，苏氏、朱氏的错误，就是不明白孔子自己之对于道这个字，就没明白。孔子一方面放不下老子之所谓至高至善的自然而然的道，一方面又放不下所谓圣人之对于人生所不可无的器用和制度的创造，结果是生出一个矛盾。他忘记了若是顺着自然而然，就不应当靠圣人出而创作，若要靠着圣人的创作，就非自然而然。其实孔子的根本思想，就是矛盾，这种矛盾是处处能找出来。比方他一方面希望人人学而致君子之道，然他方面又说："唯上知与下愚不移。"孔子本身既是矛盾，所以照着孔子一样的去解释道器的意义，固然是会生矛盾，就是明白道器本身的人而以之解释孔子，也是错误。只有承认孔子的道器观念是矛盾错误的人，才能知道真的孔子，才能没有矛盾，没有错误。

老子的道物观，一到了孔子之手，遂成为含糊难辨的道器观念，而道器观念之在中国历史上所占的地位，又和孔子在中国历史上所占的地位为正比例。我们差不多可以说，二千余年来的中国文化，都可以道器这两个字来代表。所谓道的文化，是形而上的，而所谓器的文化，是形而下的。前者大概是指了一切所谓视而不见，听而不闻，摸而不觉，嗅而无味，要想而始知的东西；后者大概是指了那些看能见，听能闻，摸能觉，嗅有味的东西。

自东西文化接触以后，国人于是把道器来区别中国本身文化思想以外，又把来区别东西文化的差异。他们以为东方的文化是道的文化，而西方的文化是器的文化。因为了道的文化和器的文化之不同，于是遂生出两者融合的论调。把东西文化来区别为道器文化，而主张一种折衷办法的代表人物，要算无锡的薛福成了。薛福成说：

> 尝谓自有天地以来，所以弥纶于不敝者，道与器二者而已。开辟之初，生民浑噩，所需于世者盖寡。其后不能无以自养，不能不相往来，即不能无争斗。圣人者出，于是有耒耜之教，有舟楫之利，有弧矢之威。其风气所趋，不能不然者，道也；而道之所寓者，器也。数千年来，土宇日辟，智巧日生，吴、楚、秦、越昔之所称戎蛮者，今皆为中原腹地；匈奴、突厥昔之常作边患者，今即是蒙古外藩。而天复使泰西诸国，研精器数，以通我中华，于是有农织之机器，有火轮之舟车，有铜铁之枪炮。盖中国所尚者道为重，而西人所精者器为多。然道之中，未尝无器，器之至者，亦通乎道。设令炎帝、轩辕复生于今世，其不能不从事于舟车、枪炮、机器者，自然之势

也。今之议者，动引古圣，啜糟粕而去精华，务空谈而忘实践，失之于弥远。欲求驭外之术，惟有力图自治，修明前圣制度，勿使有名无实；而于外人所长，亦勿设藩篱以自隘。斯不道器兼备，不难合四海为一家。盖中国人民之众，物产之丰，才力聪明，礼义纲常之盛，甲于地球诸国，既为天地精灵所聚，则诸国之络绎而来合者，亦理之固然。（《薛福成文集·文编》卷二）

这篇言论，本来是薛福成代李鸿章《答彭孝廉书》里一大段，鸿章阅后，曾评为"精凿不磨之作"。我对彭孝廉之原书，虽未得阅，然据福成答书述云：

来书援引古今，推究形势，所谓中国之洪荒，以圣人制度文物辟之，外国之洪荒，以火轮、舟车、机器、电报之类辟之。……世界日开，其机自外国动之，其局当自中土结之。

这些言论，本和福成东西道器融合之旨相近，而薛亦以为"此乃崇论闳议，于中外大局洞若观火，足破物墟之见"。可见得他们二位，和势大位尊的李鸿章都是心神相印的。

这篇答书，是写于光绪二年丙子年间（一八七六）。福成于光绪元年（一八七五）曾有过《应诏陈言疏》，洋洋万余言，疏上后，据说"京师颇多传诵，议论一播，鼓动中外，建言者往往响应而起"。然而我们可以说答彭孝廉的书，乃是这篇疏的结晶品，而这篇疏又是十年前（一八六五）福成应曾国藩张榜招致贤才而上曾氏之书脱胎而来。国藩得读此书后，曾大加奖誉，因此而邀福成入幕府。文正且每语人云："吾此行得一学人，他日当有造就。"所以我们可以说与彭孝廉这封信所说的道器之异，名称固未见于前，然意思却是一八六五年的。

一八六五年正是太平天国失败，而洪秀全自杀之第二年。我以为中国人于鸦片之战，虽败于洋人，然鸦片之战之失败，大家还以为是由海岸固守之缺少联络，并不大觉得西洋人有特别之优点。在洪杨时代，国人见得外国人及外国器械之精，得之足以致强败敌，于是开始提倡效法西洋。薛福成之上书于国藩，可以说是这种趋向的开始。福成最初追随国藩，后来又得李鸿章之倚重，最后出使外国。见闻虽较广，然其根本思想，至死仍然如故。光绪二十年（西历一八九四甲午丧师以前）这卅年中，乃是曾、李时代，而福成之言论，又可以为曾、李之代表。福成之东西文化之根本观念，既可于道器之说找出，福成的之道的文化及器的文化，对于这时期之重要，可以想见。

但是我们已经说过，孔子和历来对于道器之说既矛盾含糊，福成应用之以区别东西文化，更是错误。孔子的"君子不器"是反器取道，福成想把西洋之器而融于孔子之道，根本已是错误。孔子欲以老子所谓天地自然无为而生长之道，以调合伏羲圣人所创造之器之矛盾，福成默许承认，结果也是矛盾。

福成以为道之中未尝无器，而器之至者亦通乎道。照这种议论而应用到东西文化问题，就是说，东方固然重道，然也有器；西方因为器精，故也通于道。我们现在要问，西方之精于器而通于道的道，和中国的道，是不是一样呢？若说是不同，那么孔夫子已经说过，"道不同不相为谋"，东西的道之不能融合，可以立见。何况福成以为西方人之于道，不若中国之重呢？若说东西之道是同的，那么为什么有了同样的道，而有了不同的器呢？为什么西洋之器则精过中国之器呢？若说中国是从道而见器，西洋是从器而见道，那么老子、孔子所谓道先于物、于器之说，可以不攻而自破；而孔子所谓必有圣人（得道者）出，而后制器、立器以为天下利之说，岂非荒谬？若说以轻道的西人而能因器之精而通道，而得道的中国圣人，却不能造出精良之器，则不但中国之道器根本上是和西洋之道器不同，而且中国之得道的圣人，简直比不上西洋人了。因为西洋人既能由器精而通道，中国圣人却只能通道而不会创造精良之器，且要效法西洋人始有精良之器，西洋人之优于中国圣人也如是！有了天生之圣人，只能通道；没有天生之圣人的西洋人，却有了道器两全。中国圣人之无用，熟甚于此；中国古道之没有价值，亦可以概见。

福成不察这些道理，他的头脑充满了孔子之道，同时又见得欧人器械之精巧，想搬过来，于是发出舍短取长之说。且看他说：

> 今诚取西人之器数之学，以卫吾尧、舜、禹、汤、文、武、周、孔之道，俾西人不敢蔑视中华。吾知尧、舜、禹、汤、武、周、孔复生，未始不有事乎此，而其道亦渐被乎八荒，是乃所谓用夏变夷者也。（《全集》卷九《筹洋刍议·变法》篇）

西人既因器精而通道，试问何须乎中国之道呢？中国人既只有道而要效法西人之器，那么中国人正是用夷变夏，还说甚么用夏变夷呢？假使中国之道，是高过西洋，则中国之器，亦应当高过西洋，这么一来，我们何必用西洋之器，来卫中国之道。事实上，我们的道既要西洋的器来卫护，我们又怎能说"而其道亦必渐被乎八荒"。简单来说，我们的道既是要西洋的器来卫护，就是表明我们自己没有自卫的能力，而须求卫于人。自己既承认自己的无能，而求卫于人，怎能又说"俾西人不敢蔑视中华"？这么浅白的道理，以曾、李幕下唯一人才的薛氏尚不见及，中国士大夫的智识的浅陋固塞，一至于此，那么中国此后的前途之所以日趋日下，已可概见。

从东西道器的不同，他又发出东西新旧文化及文化接触的特异的学说来。他说：

> 中国上古之世，继天立极之圣人，应运造卦，画造市易，……使鸿荒气象，一变为宇宙之文化，盖新莫新于此矣。其化由东而西，至今西学有东来之法，是能新中国并能新及遐方殊俗者，莫中国之圣人若也。降及近古，中

国之病固在不能更新，尤在不能守旧。即以制器一端而论，惟周公之指南针，民间尚知造针之法，外此如《考工记》所论，暨公输般之攻具，墨子之守具，……诸葛亮之木牛流马，……已尽失其传。藉令因其旧法相与潭思渴想，庸讵不能出西人上乎。（《考旧知新说》）

中国文化之输入西洋，乃元之初叶，若说西洋之由鸿荒之世而成为文明之世，乃中国圣人之赐，则希腊中世纪的文化，将为中国文化的支流了。这么一来，我们就要问问为什么这些像指南的文化——器的文化，在西洋却能日新月异，而在中国却是日趋日退呢？像周公的指南针的器的文化，显明是由他的道的文化产生出来；现在西人的器的文化，既是百倍优于周公的器的文化，那么西人的道的文化，又岂不是百倍胜于周公的道的文化吗？假使近古中国之病尤在于不能守着过去的器的文化，那么提倡守旧就已够用，我们又何苦取西人之器，来卫中国之道呢？并且，假使中国上古已有了继天立极的圣人，来造作出这么多这么好的器的文化，为什么到了现在，不但这些圣人不生产，连了保守固有的器的文化的人，也找不出来呢？这岂不是明白的指示天之将亡中国，而不赐以圣人？没有圣人，怎能保存圣人之道？没有圣人之道，那么尧、舜、禹、汤、文、武、周、孔们的圣人的道，老早就已成为历史上的陈迹。我们生在今日，不求所以生存于今日的道，而急急然要卫这些老早已亡的道，还要把他来渐被八荒，这岂不是愚昧之至？

原来西洋人制器之精，乃由于西洋人通道之至而来；中国人造器之劣，乃由于中国晦道不明，所以有了西洋之器固像福成所说，亦通乎道。然反过来看，我们也可以说，惟有了西洋之道，然后始有西洋之器，故器精则道至，道至则器必精。反之，器不精者，其道也必不至，道不至者，其器也必不精。俗人固明白画符以治病，而病不能治，是由于道士之道不至。然他们却看不见中国之器之劣于西洋者，乃由于中国之道之不至，劣过西洋之道。今欲以西洋之器而融化于中国之道，那真何异乎叫画符的道士，舍其用符以医疮，而授之以西洋的医方器具以割之。这样一来，其流弊危险之甚，不待言而自知。

不但这样，福成及曾、李以至世人所称为见识较为高一点的郭嵩焘之所谓西洋的器的文化，不外是专指机器而言。我们试读薛氏一八六五年的《上曾侯相书》，及十年后的《应诏陈言疏》以至二十年后的言论，所谓效法西洋者，虽于商业条约、外交方面略为致意，然大体均以机器为主。所谓造兵船、筑铁路以至开矿务，都不外是机器的器的文化。这种文化的介绍，始于曾文正而继于李鸿章，都没有多少的变换。除了机器的器的文化，他们不知西洋有了道的文化，就是别的器的文化，他们也是茫无所知，视若无所睹。

第二章　中学为体与西学为用

体用之说和道器之说的关系如何，颇难确定。有些人说，前者是由后者脱胎而来，这话也未尝没有多少道理。原来《易经》上也曾说过，"立成器以为天下利"，所以这里所说的器是注重这个"利"字，而利用厚生也可以说是注重于用，故器、用两字可以连用。此外，体用的体，和道器的道，也有多少同义。又道器和体用，两者都表示一重一轻、一本一末的意义。换言之，道和体为重为本，而器和用为轻为末。又从时间历史上看去，道器之说，是流行于太平天国败后，而至甲午之辱的三十年左右；而体用之说，却是从甲午以至欧战的二十年左右。从这一点看起来，我们可以说道器的折衷办法，是体用的折衷办法的前身了。

然而体用两字，不但字面上和道器不同，就是意义也非完全一样。道器的意义正如《易·系辞》所说："形而上者谓之道，形而下者谓之器。"体却是可以包含有形的。《易》曰："故神无方而易无体。"易固无体，而道更是无体。又《易》曰："形乃谓之器。"那么体也就是器，而和道处于对待之地位。器既是有形，而用却不必是有形，有器固不必一定有用，然用却不能离器，于是又见得器与用之不同了。

事实上，道器、体用这些名词，用之者既没有明晰的解释，而所谓道器之差、体用之别，又是含糊不清，结果是找不出一个确定的意义来。我们的结论，是道器之于体用，虽有了差别，然并非没有关系的。

体用之于道器的差别和关系，固没有明白正确的解释，体用本身的意义也是言人人殊。有些人以为体是当做桌子，用是当做椅子，这样说来，那么中学为体、西学为用，就是以中学去比桌子、以西学去比椅子，还有什么意义？又有些人以为体是能力（Capacity），用是动作（Action）。更有些人以为体是机体，用是功用。这些解释层出不穷，我们这里所举只略表示其分歧之繁罢了。

我已经说过，中学为体、西学为用，是甲午到欧战的二十年间一种最流行的折衷言论，而主张这派言论的人简直是指不胜屈。上自名流学者，下至私塾小学里的学生，都能侃侃言之。然我觉得比较说得透澈而最有力量者，恐怕要算南皮张之洞氏。张氏对于这种主张最力的著作，是他的《劝学篇》。这本书约有四万言，广布于光绪二十四年间，本子有好几种，故印刊时间多不同。张之洞的序是光绪二十四年三月写于湖北，然四五月间广东广雅书局已有王存善写检本，篇末且有王氏一篇跋云：

为政者能读此书，可变弱而为强也；为学者能读此书，可变愚而为明也；农工商贾能读此书，可变贫而为富，皆长存而不亡也。欲御外侮，先修政令；欲靖内乱，先明纲常。是诚迷流之舟筏，苦海之津梁也。吾愿七十万方里，四百兆丁氓，书万本诵万编，笃信谨守，而勿敢忘也。

光绪二十四年七月后所刊之本多载了下面一段谕批：

光绪二十四年六月初七日，内阁奉上谕：本日翰林院侍讲黄绍箕呈进张之洞所著《劝学篇》，据呈代奏一折，原书内外各篇，朕详加披览，持论平正通达，于学术人心大有裨益。著将所备副本四千部，由军机处颁发各省督抚学政各一部，得广为刊布，实力劝导，以重正教而杜卮言，钦此。

张之洞在当时本为第一等名流疆吏，言论足以左右人心，自不待言，而又得了学者之若是提倡，圣旨之若是奖励，其影响之大，可以想见。张氏早年主张尊孔复古最力，传说后来见得康梁维新运动，如潮汹涌，于是不得不变其素来之极端主张，而迁就潮流。此书之作，乃对康梁而发。辜鸿铭《中国牛津运动》一文（德文本）说此书之起源，稍异其说，惟据张氏自序里说：

图救时者言新学，虑害道者守旧学，莫衷于一。旧者因噎而食废，新者歧多而羊亡；旧者不知通，新者不知本；不知通则无应敌制变之术，不知本则有非薄名教之心。夫如是，则旧者愈病新，新者愈厌旧，交相为瘉，而恢诡倾危、乱名改作之流，遂杂出其说，以荡众心。学者摇摇，中无所主，邪说暴行，横流天下。敌既至无以战，敌未至无以安，吾恐中国之祸，不在四海之外，而在九州之内矣。（序言）

为了这个原故，所以不得不找出一个折衷办法来。然所谓折衷办法，就是中学为体、西学为用。《劝学篇》的目的，就是说明这种办法的。这本书分内外两篇，内篇有九，其题目为《同心》《教忠》《明纲》《知类》《宗经》《正权》《循序》《守约》及《去毒》；外篇分为十五，题目为《益智》《游学》《设学》《学制》《广译》《阅报》《变法》《变科举》《农工商学》《兵学》《矿学》《铁路》《会通》《非弭兵》《非攻教》。内篇的旨趣务本，外篇的旨趣是开风气；内篇所说皆求仁之事，外篇所言皆求智求勇之事。所以内外两篇的差异和需要，正是暗合乎中学为体、西学为用的差异以及两者的需要。这里所说的折衷办法，据张之洞说，是合乎中庸之道。他说：

夫中庸之书，岂特原心秒忽、校理分寸而已哉。孔子以鲁秉礼而积弱，齐、邾、吴、越皆得以兵侮之，故为此以言破鲁国臣民之聋瞆，起鲁国诸儒之废疾，望鲁国幡然有为，以复文武之盛。然则，无学无力无耻，则愚且柔；有学有力有耻，则明且强。在鲁且然，况以七十万方里之广，四百兆人民之众者哉。（序言）

照张之洞的意见，所谓中学，就是旧学，所谓西学，就是新学。四书、五经、史事、政书、地图，为旧学；西政、西艺、西史，为新学（《设学》篇）。张氏这样去分别中西之学，只有程度上的差异，没有种类的区别。所以中学里的政书固要学，西学里的政书也要学。结果是要"新旧兼学，不使偏废"（《设学》篇），"知外不知中，谓之失心；知中不知外，谓之聋瞽。"（《广译》篇）

因为中学为内学，西学为外学，所以中学乃治身心的学，西学乃应世事之学（《会通》篇）。我们对于新旧中西内外之学，既不可偏废，我们为学者"不必尽索之于经文，而必无悖于经义，如其心圣人之心，行圣人之行，以孝弟忠信为德，以尊主庇民为政。虽朝运汽车，夕驰铁路，无害为圣人之徒也"（《会通》篇）。

大约在当时之一般守旧者，差不多样样都依据经文而行，在经文里找不出的东西，均在排挤之列。汽机、铁路是经文所不载的，故应在排挤之类。听说曾纪泽因奔父丧，而坐汽船返乡，全乡人都以为他不只是反经违道，而且污辱家风。因是在这样的环境里，免不得要使张之洞发出"不必尽索于经文，而必无悖于经义"的言论。若把张氏的言论推衍起来，则一切西洋文化，中国都可采用，只要这些东西和中国的固有文化没有针对的冲突。

但是若要从西洋输过来的文化，不要和中国文化相背驰，则中国文化不只是有了存在的必要，而且成为采纳西洋文化的标准。假使这些文化是和中国的文化有了背驰处，则宁可弃西学而留中学。因为这个原故，中学仍当为本，而西学不外为末。而在求学和采纳文化上，也应以中学为先，西学为后。这样看起来，中西之不同，不但只有内外新旧的差异，而且也有本末先后的区别。他在《内篇·循序》里说：

> 今日学者必先通经，以明吾中国先圣先师立教之旨；考史以识吾中国历史之治乱，九州之风俗；涉猎子集，以通我中国之学术文章；然后择西学之可以补吾阙者用之，西政之可以起吾疾者取之，斯有其益而无其害。如养生者先有谷气，而后可饫庶羞；疗病者先审脏腑，而后可施药石。西学必先由中学，亦犹是矣。

然而张氏又说：

> 今欲强中国存中学，不得不讲西学。

照他的意见，西学是不可不讲的，因为西学不讲，则中国弱，中国愈弱，则必至于亡，中国亡则学术必随之而亡。所以不但是为强盛中国计，要讲西学，就是为保存中学计，也不得不讲西学。所以中学为体，西学为用，是两件缺一不成的东西。一者是末，一者是本，无本固是没有末，然若是没有末——照张之洞的逻辑来说——也保不住本了。中学固不可无，而且要先学，然为保存中学及强中国计，西学尤其是不可不讲的。

上面是略将张氏的中学为体、西学为用的理论，大概解释出来。细心的读了这些理论的人，当然看出张氏本身上的矛盾和错误。事实上，现在也再没有人去相信这种理论，她已成为历史上一种陈迹。然而她在当时的确是一种金科玉律，不刊之论。她又是一种上承道的文化和器的文化，而下开后来一般的折衷派的论调。而且她的理论上的错误所在，四十年来好像没有人做过详细研究而指摘，所以我们不妨略将她的错误处说明于下：

第一，张之洞是像一般对于体用这两个字没有明白的认识。他说"虑害道者守旧学"，好像是把道来做体，然我们已说过道和体是有很大的分别的。而且他在自序里又说"中学考古非要，致用为要"，这么说来，那么中学为体，西学为用的分别，根本就打破了。

第二，他以为中学为体，西学为用，乃合乎孔子中庸之道。这也是牛头不对马嘴的一个很大错误。原来孔子中庸之道既是包括仁、智、勇三者，那么我们尽管照着我们孔子固有的仁、智、勇的三不偏废的中庸做去，就已够了，何苦再要去学西人之智、之勇，而只留孔子之仁呢？若说西方之智、之勇是胜过中国，故要采纳，那么西人之智勇，是和孔子之所谓智勇不同了。把西人的智勇去加在孔子的仁上，本来是行不得的，就是有了可能性，那么这个中庸又是张之洞的中庸，怎说是孔子之中庸呢？

第三，一般用中学西学这名词的人，其所指明的范围虽是很广，然他们所谓中学西学从文化的立脚场来看，总是嫌得太狭。他们所说的西学不外是西政和西艺；而所谓西政和西艺，照张之洞的看法，不外是学校、地理、度支、赋税、武备、律例、劝农工商（统称西政），算、绘、矿、医、声、光（统称西艺）。张之洞又说："西艺非要，西政为要。"那么所谓效法西洋文化的范围更是狭隘。我们当然承认张之洞心目中所见的西洋文化上，比了机器的器的文化范围较广，这是因为甲午受了蕞尔的日本教训以后，而引起较深一层的觉悟。然除了西艺、西政以外，一切的西洋的哲学、人生观、社会观、以及促成西洋文化的原动力，他们不但没有注意，简直是不知其存在。同样，他所说的中学，也不外是指四书、五经、史事、政书、地图。所以他之所谓学，固然是想包含一切而等于文化的全部，或是重要部分。然为了他对于学的范围，既只知其一而不知其二，结果他对于学是什么东西，就没有充分的认识。不懂学的本身是什么，而来高谈东西的学的优劣以及异点，而定取舍之方，以为调和东西文化的张本，这正是舍本而求末呵！

第四，学固有新旧之分，却没有东西中外之分。质言之，学固有时间上的差异，却没有空间上的不同。在东西中外未曾接触以前，我们既没有东西学的观念，致东学西学的名词也无由成立。在东西接触以后，其趋势和结果，若不是一致，必定和谐；若不是一致，又不是和谐，则必是一者逐渐伸张，一者逐渐成为陈迹。而只有历史上，或为研究而研究的价值，而其结果也是一致。而所谓中西学的真义，又不外是新学旧学。张之洞屡用中西、内外、新旧诸名词，而不指其接触以后的各种不同的结果，于是把中学为旧学，西学为新学。要是旧了，她必定是旧时代的产儿。旧时代的产儿是旧时代用的，新时代的产儿是新时代用的。张之洞既承认西学乃救时应世之学，那么西学之为新环境所需要，必更甚于旧学。张之洞且承认，不讲西学，不但中国不能强盛，就是中学也保存不来。那么西学之为体为本，而中学之为用为末，不言而明。何况中学既是旧学，事实上就不能和新学熔于一炉。因为若能融合，她必定也是新时代所需，新时代所需要的东西，就是新的，又怎能叫做旧学？

第五，体用这两件东西，若照普通的意义来说，是分不开的。有其体就有其用，有其用必依其体。中学固有中学的体，西学也有西学的体；中学固有其用，西学也有其用。然而中学之用（要是她有了用）必定是依著中学的体，而西学之用也是依着西学的体。换句话说，有了体，固未必一定有用，然要有用，必定先有体。所以西学之用，完全由西学之体而来，没有西学之体，必无西学之用。比方听是用，耳是体；视是用，目是体。耳的用所以异于目的用，就是因为耳的体是异于目的体。今因了耳聋而欲以目的视的用，来配到耳的体，怎能配得同样？他们既承认中西学之不同，则中西学的体用也有其不同处。今欲存中学之体，而只取西学之用，其愚昧之甚，和以目之用而配于耳之体，有何分别？其实，体用是二而一的东西，要是中学只有了体，而没有用，那么中学已成了废物，至多只能当作古董来玩玩，或为研究而研究罢。

最后，张之洞还有一种错误，这就是养成为学不澈底和浮夸的风气。这本来是由于他本身上对于学问就没有做过澈底的工夫，这种错误，也是由于他的中学为体、西学为用的信条推衍出来。他不知道学有专科，而劝人就其所欲所长者以求精益求精，而把学分为中西。同时又感觉到不讲新学，则势不行，兼讲旧学，则力不给的困难，于是劝人中西兼学，而其实是弄成中西兼缺。

因为要学兼中西，所以劝人不必以殚见洽闻为贤，同样他又见得西文难于东文（日文），所以他又劝人读西文不如读东文，译西书不如译东书，留西洋不如留东洋。我想晚清以来西洋文化之介绍于中国，以留日学生之功劳最大，大约是由于张氏之赐。然因此之故，国人所得之西化乃间接而非直接，乃皮相而非澈底。梁启超在其所著《清代学术概论》里说：

> 晚清西洋思想之运动，最大不幸者一事焉，盖西洋留学生殆全体未尝加于此运动，运动之原动力及其中坚，乃在不通西洋语言文字之人。坐此为能力所限，而稗贩、破碎、笼统、肤浅、错误诸弊，皆不能免。故运动垂二十年，卒不能得一健实之基础，旋起旋落，为社会所轻视。就此点论，则畴昔之留洋学生，深有负于国家也。

其实梁氏所责备于留学生者，正乃张氏之所盼望于他们的。而其原因，就是因为他要以中学为体，西学为用。他忘记了学问的门类到这么多，能够专精支流百出的西学中的一件，已是不容易事，何况要学贯中西。他忘记了直接去学西学，尚恐不能窥其全豹，何况从日本人手中所得来的西学。他更忘记了日本人既能直接去学西学，中国人安有做不到之理？自暴自弃，一至于此，学之浮夸，可以想见。

第三章　新的体用的折衷文化[①]

我们在上面曾指出"中学为体西学为用"的学说的错误。自张之洞及其同时的人们倡了中体西用的学说之后，批评这种论调的人虽然不少，然而从理论的立场而作有系统的批评的并不多见。直到最近数年以来，有些学者对于文化的体与用，才逐渐的加以特别的注意。我们在这一章里所说的贺麟先生的体与用的观念，可以说是一个例子。

贺麟先生的文化上的体与用的观念，主要的是见于他的《文化的体与用》一文里。这篇文发表于《今日评论》第三卷第十六期，而在《今日评论》同卷第一期所发表他的《物质建设现代化与思想道德现代化》一文中，也有所解释。我们现在就根据这两篇文章来讨论。

照贺麟先生的意见，不只道器之说是与体用之说有了密切的关系，就是精神物质以至所谓本位文化，也是与体用有了密切的关系。所以贺麟先生在《文化的体与用》一文里，曾说我们"应该以道，以精神，或理性作本位。换言之，应该以文化之体作为文化的本位"。

贺麟先生虽指出道、体、精神与本位是同一的东西，而与器、用、物质是同一的东西一样。然而，以道器、体用、精神、物质与本位文化去调合中西的文化，是他所反对的。他是从哲学的观点去说明体用的合一。所以他说：

> 根据文化上的体用合一的原则，便显见得中学为体西学为用之说法之不可通。因中学西学，各自成一整套，各自有其体用，不可生吞活剥，割裂零售。且因体用不可倒置，西学之体在中国来，决不会变成用，中学之用亦决不能变作西学之体。而且即在精神文明为体、物质文明为用的前提下，或道学为体、器学为用的前提下，中体西用之说亦讲不通。盖中学并非纯道学、纯精神文化，西学亦非纯器学、纯物质文明。西洋的科学或器学，自有西洋的形而上学或道学以为之体，西洋之物质文明亦自有西洋之精神文明以为之体。而中国之旧道德，旧思想，旧哲学，决不能为近代科学及物质文明之体，亦不能以近代科学及物质文明为用。当中国有独立自得新科学时，亦自会有独立自得新哲学以为之体。中国的新物质文明须中国人去自力建设创造，而作这种新物质文明之体的新精神文明，亦须中国人自力去建设创造。这叫做以体充实体，以用充实用，以用补助用，使体用合一发展，使体用平

[①] 校按：本章系据陈序经《抗战时期的西化问题》（载昆明《今日评论》第五卷第三期，1946年1月26日）一文中贺麟体用观的内容扩充而成，内容与该文重合处，依该文酌校。

衡并进。除此以外，似没有别的捷路可走。此外，以新酒旧瓶、旧酒新瓶之喻，来谈调合中西文化的说法，亦是不甚切当，最易滋误会的比喻。因为各部门的文化，都是一有机统一体，有如土壤气候之于植物，密切相关，决不似酒与酒瓶那样机械凑合。

贺麟先生又说：

> 研究，介绍，采取任何部门的西洋文化，须得其体用之全，见其集大成之处。必定对于一部门文化，能见其全体，能得其整体，才算得对那种文化有深刻切实的了解。此实针对中国人研究西洋学问的根本缺点而发。因为过去国人之研究西洋学术，总是偏于求用而不求体，注重表面而忽视本质。只知留情形下事物，而不知寄意于形上的理则。或则只知分而不知全，提倡此便反对彼。老是狭隘自封，而不能体用兼赅，使各部门的文化，皆各得其分，并进发展。假使以这种偏狭的实用的态度去研究科学，便难避不陷于下列两个缺点：一因治科学缺乏哲学的见解，和哲学的批评，故科学的根基欠坚实深厚，支离琐屑，而乏创造的学派，贯通的系统。一因西洋科学家每承中古修道院僧侣之遗风，多有超世遗形骸的精神寄托与宗教修养，认研究科学的目的，而在于见道知天，非徒以有实用价值之技术见长，此种高洁的纯科学探求的境界，自非求用而不求体者所可领略。

又如贺麟先生在《今日评论》第三卷第一期里所发表《物质建设现代化与思想道德现代化》一文里，更指出清末人所提出的"中学为体西学为用"的主张的错误。他说：

> 清末人所提出"中学为体、西学为用"的主张，实则单求物质之现代化，而不求思想道德之现代化。其所以终归失败，即由于不明瞭体用之合一而不可分性。"体"的方面，若没有现代化的思想道德以植之基，则"用"的方面，徒生硬的输入些现代化的物质工具，也绝不会消化利用而有成效。离开思想道德的现代化，而单谈物质工具的现代化，便是舍本逐末。

照贺麟先生的意见，体用是不分的，同时所谓思想道德是偏于体的方面，而物质工具是偏于用的方面。照这种理论来看，我们若要采纳人家的用，或是物质工具，我们也得采纳人家的体，或是思想道德。所以思想道德比之物质工具，尤为重要。贺麟先生在同上一文里又说：

> 就事实言，也可以就常识言（但不能认作科学的理论或哲学的学说），经济实业可以影响（不必用决定二字）思想道德，思想道德亦可影响经济实业。但被动的为经济所影响的思想道德，非真正的有意义与价值的思想道德。反之，为思想道德的努力所建设的经济实业，方是真正的经济实业。不

然，未经过思想的计划、道德的努力而产生的物质文明，就是贵族的奢侈，贪污的赃物，剥夺的利润，经济的生活的病态。

我特地把这几段话抄下来，不但因为贺麟先生是一位认识西洋文化较为深刻的人，而且因为这种理论，是十余年来主张全盘西化的人的一种基本的理论，一种有力的理论。这种理论不只是指出上面所说的张之洞的"中学为体西学为用"的折衷办法的不通，而且证明一般人之以欲西洋的物质文化来调和中国的精神文化的论调的错误。

我们可以说，一直说到这里，贺麟先生的理论是与全盘西化的主张处于相同的立场。

在理论的解释上，贺麟先生虽主张体用不可分离，有其体必有其用，有其用也必有其体。然而在理论的应用上，而尤其是在这种理论应用到中西文化的问题上，贺麟先生却与我们所持的意见有了很大的差异。因为我们所主张的是全盘西化，而他所主张的是折衷办法。贺麟先生曾告诉我们道：

> 我所谓治西学须得其体用之全，须得其整套，但这并不是主张全盘西化。因为说须对于所研究的那部门的学术文化，得其体用之全，或得其整套，不唯不致被动的受西化影响，奴隶式的模仿，而且可以自觉得吸收，采用，融化，批评，创造。这样，既不算得西化，更不能说是全盘西化。

贺麟先生一方面既指出"中学西学，各自成一整套，各自有体用，不可生吞活剥，割裂零售"，所以研究、介绍或采用西洋文化"须得其整套""须得其体用之全""须见其集大成之处"；一方面又以为这并不算得西化，并不能是全盘西化，因而否认中西文化的异同论，反对全盘西化论。这不能不说是一种矛盾。而况在上面所抄的数段话里，贺麟先生明明白白反对"中学为体西学为用"的折衷办法，指摘调合中西文化的说法。而在其《文化的体与用》一文的最后一段里，又很肯定的表示他无法赞成中国本位的文化的说法；而一方面他自己又有意的主张中西文化的折衷办法。这又不能不说是一种矛盾。

我读贺麟先生的《物质建设现代化与思想道德现代化》一文，以为他在这篇文里虽用"现代化"这个名词去代替"西化"这个名词，然他既并不反对"西化"这个名词，而在其全文的要旨来看，他是一个主张全盘西化的理论最力的人。可是三个月后，在他所写《文化的体与用》一文中的前大部分，还是一个主张全盘西化的理论最力的人，而在该文中的后小部分却变为一个主张折衷办法的人。这种态度的变化，固如我们上面所说，是有了矛盾。而同时他为什么这样的变化，又没有明白的加以解释，这不能不说，不使读了他的文章的人有了莫名其妙的感想。

我要指出，主张全盘西化的人，并不主张被动的西化，奴隶式模仿，而是主张自觉的吸收、采用、融化、批评与创造的精神。西洋文化本身之所以能有剧烈的进步,也就是有了这些精神;中国文化本身之所以落后,就是缺乏了这些精神。其实主张这些精神的人,已是有了西化的精神。

贺麟先生又说:

> 我承认中国一切学术文化工作,都应该科学化,受科学的洗礼,但全盘科学化,不得谓为全盘西化,一则科学乃人类的公产,二则科学仅是西洋文化之一部分。

我们承认科学乃人类的公产,然而我们不能否认近代的科学是西洋的特产,所以科学化不能不谓为西化。我们并不否认科学在中国的前途是很光明的,我们也不能否认我们的西化的科学还很落后。所以科学的提倡,虽有七十年的历史,科学的介绍虽有三百年的历史,然而直到现在,我们还要派留学生到西洋学习。明明是到西洋学科学,明明是受西化的教育,却又否认是西化,这是国人的夸大狂。正像陆象山之徒,明明受了佛教的影响,却口口声说这是"我儒之道"。正像一般留学生,自小至大就进西化的学校,出了九牛二虎之力,希望一到西洋,然后回国之后,却大吹其复古的法螺,对于中国的固有的生活,既并不见愿意享受,反而阻碍科学的发达、西化的发展。今日一般之住洋楼、乘汽车,而说周孔之道,甚至享姨太太之权者,都是这种夸大狂作祟。

我们承认科学仅是西洋文化的一部分,然而要西洋的科学,也得要西洋的哲学,因为在西洋的文化里,这两种东西是有了密切的关系。这一点贺麟先生自己就很明白。他不但用亚里士多德的相对的"体用"概念,去说明哲学为科学之体,科学为哲学之用,而且以为西洋的科学家"每承中古修道院僧侣之遗风"。我所以说贺麟先生对于西洋文化认识较深,就是这个原故。西洋的科学,既与西洋的哲学以至神学都有了密切的关系,那么照贺麟先生理论,所谓西洋体用之全,就是不只要得西洋的科学之全,而且要得西洋的哲学以至神学之全了。我已说过西洋的物质文化,是由西洋的科学产生出来。西洋的精神文化是由西洋的哲学,以至神学产生出来,物质、精神两方面,都要西化。这岂不是全盘西化吗?孔德把西洋的文化分为神学时期、哲学时期、科学时期。若照贺麟先生的理论,恐怕所谓效法西洋不只效法现代的西洋,而且要效法十七、十八世纪以至中世纪的西洋了。

此外,又如贺麟先生说:

> 文化乃人类的公产,为人人所持之不尽用之不竭的宝藏,不能以狭意〔义〕的国家作本位,应该以道,以精神,或理性作本位。换言之,应该以文化之体作为文化的本位。不管时间之古或今,不管地域之中或西,只要一种能够启发我们的灵性,扩充我们的人格,发扬民族的精神,就是我们所需

要的文化。我们不需要狭义的西洋文化，亦不要狭义的中国文化，我们需要文化自身。我们需要真实无妄有体有用的活的文化、真文化。譬如，你写一篇科学论文，我不理会你这是中国科学抑是西洋科学，我只去考察你这篇论文是否满足任何真实的典型的科学所应具备的条件。所以我们真正需要的乃是有体有用的典型的文化，能够载道显真，能够明心见性，使我们与永恒的精神价值愈益接近的文化。

可是，同时他又说：

> 假如全盘西化后，中国民族失掉其民族精神，文化上中国沦为异族文化之奴隶。

一方不主张狭义的国家作本位的文化，而主张得人家的体用之全，见人家集大成之处与得其全套，而别方面又以为"全盘西化之后，中国民族失掉其民族精神，在文化上中国沦为异族文化之奴隶"，这又岂不是一种矛盾吗？

我并非不注意到贺先生在上面所抄一段话里，曾有"我们不需要狭义的西洋文化"的词句。然而我们也得指出，贺先生所谓"狭义的西洋文化"，不只在根本以至在地域上，现在正趋为世界的文化。贺先生不只不反对西化，而且在他的文章里，主要的是指出中体西用或是中西调合的不通，而要体用兼全与得其全套，那么中国之不能不西化固是显明，中国之不能不全盘西化也很显明。而况就以贺先生所用的科学论文来说，不只正像我们在上面已经指出，我们不能否认近代的科学是西洋的特产，就是以今日中国的科学的情形来看，我们比之人家还不知落后了多少年，而要特别的努力去效法人家而才能并驾齐驱呵！

总而言之，若照贺先生的前提来看，他是偏于全盘西化的主张的。可是他的结论，却是中西合璧的办法。结论与前提相背而趋，就是一种矛盾。

不但这样，听说一二年来，贺麟先生常常提倡孔子之道与儒家之教，而偏于复古的途径。究竟他之偏于复古的程度如何，我们不得而知，而且不必考究。但是他既有了这种复古的趋向，那么他恐怕又跑回张之洞所跑的路上，这就是中学为体与西学为用的主张，或是重中轻西的办法，以至所谓中国本位的文化的建设的论调。

贺麟先生虽是一拳打倒了"中学为体、西学为用"的谰调，一脚踢倒了各种中西文化的折衷办法，然而结果他还是趋于复古，拥护折衷，这是他的矛盾，这是他的错误。

第四章 精神文化与物质文化

与主张中学为体、西学为用的论调有多少的关系，而又有其差异的折衷派，是所谓精神文化和物质文化了。

从历史上看去，这一派差不多是承着前一派而继起的折衷论调。要是从甲午到欧战的发生是中学为体西学为用的论调流行的时代，那么从欧战的发生到了现在这廿年左右，又是精神文化和物质文化的论调的流行的时代了。

主张这一派的人们，已感觉到专把"学"字来区别中西文化的各方面，是未免太过狭隘而未妥。所以东方人之须效法于西方人者，既不专只在范围较小的学的方面，而西方人之应当效法于中国人者，也不专只这个学的方面。并且"体用"两个字，像道器一样的表示一轻一重，结果是会使人就重而弃轻。因此之故，他们乃把文化或文明这些名词来代替张之洞们之所谓学，同时又把文化来分析做两方面——一为精神的，一为物质的。这两方面的分析，既不像器从道来的道器的关系，又不像用必依体的体用的区别。照他们的意见，精神和物质不外是文化所含有的两种元素，这两种东西既未必是表示一轻一重，也未必是一末一本，一先一后，或是一新一旧，两者差不多可以说是两件平衡的对峙的东西。质言之，文化是有两种的，一种可以叫做精神，一种可以叫做物质。

文化既有精神物质之分，东西文化之差异，又是精神物质的差异。东方的文化——他们告诉我们道——是精神的文化，西方的文化是物质的文化。物质的文化生活，固是人生所不可无的生活；精神的文化生活，也是人生所应当有的生活。西方的文化既是物质的文化，而且优过中国的物质文化，则中国人之效法西洋人的物质文化是应当的；中国的文化既是精神的文化，而且优过西洋的精神文化，那么中国除了保存这些优点外，应当把她发扬起来，以救济西洋人的精神上的痛苦。

我们已经说过，所谓精神文化和物质文化，特别流行于欧战发生后，所以我们可以说这一派的主张是欧战的一种反映。他们见得欧战的利害和惨状，是由于所谓机器枪炮的进步的结果，而同时又见得欧洲人的汽车、飞机的生活过于繁杂，于是他们禁不住的要手动足舞起来，叫道：

我们可爱的青年啊！——立正！——开步走！——大海对岸那边有好多人，愁着物质文明破产，哀哀欲绝的喊救命，等着你来超拔他哩。我们在天的祖宗三大圣，和好多前辈，眼巴巴盼望你完成的事业，正正拿他的精神来加佑你哩。

这是梁启超先生，于欧战后到了欧洲游后而作的《欧游心影录》的末段劝告。这种论调，在欧战初发，已有不少人去提倡。所谓精神救国论，所谓中国人对于世界文化之责任等等好听题目，都是极力发扬中国的精神文化。不但是为了中国计，且想把来救所谓受困于物质文化的可怜的西洋人。梁先生又亲目看过满目疮痍的战后惨状，所以说得格外沉痛，而当时国人之感受这位"笔锋常带感情"的梁先生的劝告，特别深切。

这篇《欧游心影录》虽然是注重在精神文化的发扬，然梁先生究竟是位澈底相信中国物质文化太过缺乏。所以，一方面他虽是劝中国人要保存着在天的祖宗三大圣和好多前辈所遗留的精神文化，而输运到西洋去，以调和西洋人的物质文化；一方面他却承认中国应当努力于物质文化，而提高其物质生活，使中国人不但在精神文化上得到相当的位置，就在物质文化上也有相当的享用。换言之，精神和物质两方面都要俱有，而不可偏废。

我们可以说从欧战发生后尤其是欧战完了后，国人之持此种调和论调者，恐怕比之二十年前的相信中学为体、西学为用还要闹热，还要利害。智识阶级唱之于先，一般的人们随之于后，以为战后之世界文化的趋势和出路，只有这个精神物质融合起来的办法了。

中国人固是这样的相信，外国人也有不少的这样相信。印度的所谓智识分子，像泰戈尔们，和日本不少的学者，为着保存和发扬东方的固有东西，相信这种调和的可能性和必然性，固不待说。就是西洋的学者像罗素、杜威也持同样的见解。罗素在中国各处讲演，对于这种东西文化融合的论调，已唱了不少，然其有系统和比较详明的著作，要算他那本《中国的问题》（*The problem of China*）（1922）（赵文锐先生译为中文，题为《中国之问题》）。他以为中国的问题，是文化问题。而所谓文化问题，又不外是东西文化的融合问题。第十一章题为"中西文化之异同"，他以为吾人（西人）文化的特长，是科学的方法；而中国人的特长是人生目的的正当观念。精神和物质的名词，虽不多应用，然科学所产生的文化，大都是物质文化，而人生目的的正当观念，是属于精神文化的。中西的特长既不同，中西的特长又可以兼用。他以为日本人只知效法西人之短，而保存自己之短，所以对于中国人则诚恳的希望，能效西人的所长，而保存自己之所长。事实上，他相信若非合中西之所长，不足以救中国。

杜威先生对于这个问题，虽没有专书讨论，然到处演讲，都脱不去这种调和的口号。他在《亚细亚杂志》（*Asia*）（一九二一年）发表的《中国人的人生哲学》，就是主张这种折衷办法的表示。

杜威和罗素都是欧战后被中国人请过来演讲的，他们一方面受过欧战后一种变态心理狂，一方面因为中国人对于他们太好，专说中国人样样不好，也是他们心里很难过，而对不住东主的事（罗素曾自己这样的承认）。并且他们来了中国，正是走马看花，而长年生活又被了全国的最高等最洋化的社会和环境所包围,结果他是自然而然的没有机会去做一种深刻的考察,而持一种严密的态度。中国人既看不出这层,于是以为西洋的大哲人,都这样的觉得中西文化的融合的必要,火上加薪,其气愈焰,东方的精神文化和西方的物质文化互相调和之说之流行,可想而知。

然而事实上,战后的欧洲的物质文化,既并不见得破产,而中国的精神文化,也并不见得是吾道而西。同时在中国呢?精神文化的保存,既并不见得有了什么成绩,物质文化的需要,也并不见得是已经充足。这是什么原故呢?我们的回答,就是根本上,他们已经误会了精神文化和物质文化的真义。

原来一般把文化来分析而为所谓精神文化、物质文化的人们,总差不多以为精神文化是指着道德、哲理、思想方面的,而物质文化是包含像机器、建筑物以及一切的实物的。但是,文化的真义,据一般的人类学者所公认,是包含物质和精神两方面。其实所谓文化精神或物质的分析,不外是我们对于研究文化的便利起见的分析,而这种分析又是随各人的观念的不同而差异的。文化本身上并没有这回事。文化本身既没有这回事,每种文化都含有物质和精神两方面。世界上既没有过只有精神而没有物质的文化,世界上也没有只有物质而没有精神的文化。除了所谓天堂和阴间,除了只有物体的月球,我们找不到所谓人类的社会的文化,是只包含精神或物质一方面的。但是要是她不是人类的社会的文化,我们也没有法子,去找出文化来。

再从文化两个字的语源来看,文化也是指明精神、物质两方面。Culture 或德文 Kultur 一字本由拉丁文 Cultura 而来,而拉丁文 Cultura 一字,又出自 Cultus。Cultus 这个字,含有两种意义:一为 Cultus Deorum,一为 Cultus Agri。前者含有拜祭神明之义,而后者含有耕作土地之义。这两种意义在原始社会本有密切的关系,因为文化的演进而逐渐趋于复杂,这两种意义的范围,也因之而扩大。崇拜神明遂包括一切的精神方面的动作,耕作土地遂包括一切的物质上的动作。社会的文化愈进,分工的动作愈显,于是不但从事物质上动作的人,不能兼顾精神的动作;或是从事精神的动作的人,不能兼顾物质上的动作。连了从事两者中之一者的人,也没有法子能够完全做了这一件,所以分工愈趋细微。因此一般普通人,遂以为文化这个名词,是包含了好多没有关系的东西。所以从语源上去考究所谓文化,并不专指精神或物质之任何一方面,而乃含有精神、物质两方面的。

设使我们上面所说的话尚不能给读者以充分的明白。我们从东西文化的实体上看去,则读者也必觉得我们上面所说的话是不错的。折衷派的人尝说东方文化是精神文化,其实东方文化何止只是精神文化呢?中国的丝绸缎纱、山珍海错、花园大厦、长城运河,以及一切的物质方面的工具及成就,岂不是东方的物质文化吗?可知中国不但是有精神文化,而且有了物质文化。

从这个时代看起来,东方的物质文化,也许远比不上西方的物质文化,然从四百年前来看，东方的物质文化却又不是这样了。我们知道马可波罗的游记，在欧洲刊行以后，欧洲人正在那里惊讶中国的物质文化之驾于欧洲。而四百年前的欧洲人心目中的中国文化，恐怕也不外是物质文化。所谓火药、指南针，所谓印刷版、丝布以及园艺种种，是不是吾物而西呢？所以事实上经过十数世纪受制于精神天国的欧洲人，见了中国这些东西，总免不得的要说东方只有物质文化，西方呢，却只有优美的精神文化。我这话并不是凭空说的，四百年前的欧洲人，老实是这样的想，这样的说。我现在且把数段很有趣味而证明吾所说的话之真实的欧人自白，抄之于下：

> 契丹国者，地面最大国也。幅员之广，莫如伦比，人口众多，财富无穷。国滨大洋，海中岛屿星罗棋布，无人能知其数究为若干，盖无人能见其所有群岛也。其为人所得知者，皆藏珍宝，难以数计。
>
> 其国最昂贵之物，即橄榄油也。有自外国运往其境者，国王及贵族皆以重价收买之，宝藏之，视若无上之膏药。契丹国奇异物品极多，皆为世界他国所罕见。其国人聪慧敏巧，远过他人，蔑视他国之工艺，美术，科学，一若皆出其下者也。其人尝自夸，谓世界人类惟契丹人视物以两目，拉丁人以一目，而其余诸国之人，则皆盲目者。由此语吾人可以推测其国人之心理，视世界各国为野蛮不开化，不能与其人相比例。然其国亦实多奇异珍物，贩运四方，制工优雅，精美过人，诸国之人，亦诚不能为也。
>
> 国境之内，所有人民皆称契丹人。然亦有依其地方之名而称其异号者。各地人民男女皆甚娇美，而大抵两目甚小，男子无须。契丹国人，文字书法皆为美观，可与拉丁文并驾齐驱也。国内宗教派别甚多，不可以数计。有拜金铸偶像者；有因牛耕田产生五谷水果供给人食，而拜牛者；有拜各种大树木者；有研究天文而拜天者；有拜日者；有拜月者；又有人民一无信仰，又无法律，生活如兽，而与野兽亦实无别者也。
>
> 物质上或有形诸学，其人皆极灵巧，驾于他人之上。然精神上或无形之学，全国境内，不得一人，有毫厘之智识，或感觉也。

这数段的记载，而特别是最末数句，和我们中国今日之谈西方文化为物质文化者，真是千古绝无仅有的暗合。原来这里所谓契丹国者，就是中世纪的欧洲之叫中国的别名。传说欧人之由陆路来中国者，叫中国做契丹；而由海道来者名曰支那。最初一般欧人以为支那乃契丹外之别一国。到了明万历之末，葡萄牙人鄂木笃，自印度随往契丹之回教商人而抵中国境，始知契丹为支那。上面数段话是元成宗大德十一年游过中国而返的小亚美尼亚亲王海敦所口述者。张星烺编《中西交通史料汇编》（第四册，页二七—二九），因从亲王海敦的《契丹国记》中译出来，张氏且加了下面的附注：

近数年来，中西人士颇有言西洋文明以物质胜，而东方文明以精神胜，殊不知此乃近二百年来之大差异耳。二百年前西洋物质文明，固未必胜于东方，海敦此记，可以作为佐证也。

然而现在的东方的圣人，却又告诉吾们道，西方只有物质文化。我想这话不但中世纪的欧洲人会百思莫解，就是现在的欧洲人也会惊讶起来问道："东方的圣人呵！你的文化解释是怎么样呢？我们不只是有爱迪生、亨利福，还有卢梭、黑格儿，我们不单只有汽船、飞机，还有宗教、文学、哲学。试问你所持以夸耀的精神文化，是那一件为我们所没有？是那一件好过或多过我们一点呢？"

可知，精神文化既非东方所独有，物质文化也非欧洲的特产。

然而折衷派的智者，也会说道，我们并非独断的说中国没有物质文化，欧洲没有精神文化。我们不过是说欧洲偏重于物质文化，所以欧洲的物质文化，是优于东方的物质文化；东方偏重于精神文化，所以东方的精神文化，较优于欧洲的精神文化。我们的主张不外是把西方之长，以补东方之短，以东方之优，去救西方之劣。

这种理论是很好听的，可惜好听未必适于实行。原来我已说过，文化本身上因为没有精神、物质之分，所以所谓某种文化的物质方面，不外是精神方面的表现，而精神方面的表现，又必赖于物质。欧洲的物质文化能够这么发达，是赖于欧洲的精神文化的发达，而欧洲之精神文化之发达，又可从欧洲的物质文化的发达中见之。有了科学上的发明及方法，才有科学上的果实。一间五十层楼的高厦，不只是靠着一桶桶的士敏土，还要靠着不少的思想和计画；一只五万吨的大轮船，不单是靠着一堆的钢铁，还要靠着不少的潜思冥索。所以一切的文化的进步，都依赖于精神文化的进步。我们一看了人家的物质文化的程度，就可以明白人家的精神文化的程度。同样，看了人家一本制造飞机和汽车的书册，我们可以推想人家的物质的文化是怎么样。这本书是精神文化之一。然这种精神文化之有无价值，是要待物质文化来表明。设使看了这本书而照样的去做，而造不出一个飞机，或是造成而不能飞行，则这本书的价值，也不能表现出来。根据了这些道理，我们的结论是：东西的物质文化的差异，是由东西的精神的文化的差异而来；看了东西的精神的文化的不同，也可以知道东西的物质的文化之不同。我们若要西方的物质文化，我们不能不要西方的精神文化；我们若是要保留东方的精神文化，我们也只能享受从这种精神文化所表现出的物质文化。

退一步来说，就使物质文化与精神文化可以分开，我们能否把西方的物质文化来配上中国的精神文化呢？我们的回答是否定的。所谓中国的精神文化，无非是一种简单的物质生活的文化。而所谓物质简单生活的文化，并非没有物质文化，而是对于物质生活的复杂及发达上加以否认。这种文化是全由于传统思想所造成，而传统思想的代表的最显明者，又要算老子和孔子。老子之反对复杂和发达的物质生活，固不待说，孔子之所谓"君子食无求饱，居无求安""士志于道而耻恶衣恶食者，未足与议也"和"君子不器""去食存信""邦无道谷耻也"，以及骂樊迟之学稼，赞禹回之为贤，以至宋儒所谓"饿死事小，失节事大"，无一无非为着他的道的精神文化而着想。这种的精神文化，不但是物质最低下最简单的文化，而精神文化本身上已是最低下最简单。因为惟有低下简单的物质文化，始能得到这种精神文化，欲达到这种精神文化，也必先有了这种物质文化。老子、孔子明明叫我们先做这种简单低下的物质生活，然后能达这种的精神生活。去把西洋的优高和复杂的物质文化运输过来，就是违背了老子和孔子的意旨，违背了他们的意旨，是反叛他们，打倒他们，还说什么调和，什么取长去短。须知你们所谓孔、老之长，就是孔、老之短。而孔、老之短，就是你们所谓孔、老之长。西洋之长，也许就是西洋之短。然而西洋之短也，就是西洋之长呵！

第二编

第五章 静的文化与动的文化

所谓静的文化和动的文化的融合的主张,和上面所说的精神文化与物质文化的融合的主张,虽有根本不同之点,然也并非没有密切的关系。所以一般主张前者的人,也很多的主张后者。同样,一般主张后者的人,也很多的主张前者。大约把文化分为精神、物质的人,是注重在文化的分析的横方面,而把文化分为动的和静的,却是注重在文化的历程或纵的方面。

以静、动来区别东西文化的人,总以为西方物质文化之所以急进,是由于欧洲人征服自然的力量很大,而这种征服自然的力量,就是动的表示,故叫做动的文化。反之,中国人因为顺乎自然而自然的供给,自己不必用力去征服自然而能于精神上得到不少的安宁和静定,以成其静的文化。所以,根本上,东西文化的差异,就是一则以动,一则以静。

主张这一派的人很多,印度的泰哥儿以及好多的西洋学者,均以为东西文化之差异,是由于静、动之不同。国人之极力鼓吹这种差别和调合者,当推李大钊先生,及欧战时的《东方杂志》记者伧父先生。

李大钊先生于民国七年七月在《言治》季刊里发表了一篇《东西文明根本之异点》,对于动的文化和静的文化之不同,说得很透澈。现在且把文中很重要的一段抄在这里:

> 东西文明有根本不同之点,即东洋文明主静,西洋文明主动是也。……一为自然的,一为人为的;一为安息的,一为战争的;一为消极的,一为积极的;一为依赖的,一为独立的;一为苟安的,一为突进的;一为因袭的,一为创造的;一为保守的,一为进步的;一为直觉的,一为理智的;一为空想的,一为体验的;一为艺术的,一为科学的;一为精神的,一为物质的;一为灵的,一为肉的;一为向天的,一为立地的;一为自然支配人间的,一为人间征服自然的。南道之民族(指东洋),因自然之富、物产之丰,故其生计以农业为主,其民族为定住的。北道之民族(指西洋),因自然之赐予甚乏,不能不转徙移动,故其生计以工商为主,其民族为移住的。惟其定住于一所也,故其家族繁衍;惟其移住各处也,故其家族简单。家族繁衍,故行家族主义;家庭简单,故行个人主义。前者女子恒视男子为多,故有一夫

多妻之风，而成贱女尊男之习；后者女子恒视男子为缺，故行一夫一妻之制，而严尊重女性之德。农业为主之民族，好培种植物；商业为主之民族，好畜养动物。故东人食物以米蔬为主，以肉为辅；西人食物以肉为主，以米蔬为辅，此饮食嗜好之不同也。东人衣则广幅博袖，履则缎鞋木履；西人衣则短幅窄袖，履则革履。东方舟则帆船，车则骡车、人力车；西方舟则轮船，车则马车、足踏车、火车、电车、摩托车。东人写字则用毛笔、砚池，直行工楷于柔纸；西人写字则用铅笔或钢笔，横行草字于硬纸。东人讲卫生则斗室静坐，西人讲体育则在旷野运动。东人之日常生活，以静为本位，以动为例外；西人之日常生活，以动为本位，以静为例外。试观东人、西人同时在驿候车，东人必觅坐静息，西人必往来梭行，此又起居什器之不同也。

李先生于是进而分别东西思想之不同，以为一持厌世主义，一持乐天主义。东方人听于定命主义，西方人信于创化主义。至于东西宗教也有不同之点，东方之宗教为解脱之宗教，而西方之宗教为生活之宗教。因此之故，又生出道德之不同。东方之道德，在个性灭却之维持；西方之道德，在个性解放之运动。最后李先生又举出东西政治之不同，以为东方想望英雄，其结果为专制政治，以及专制所产生之各种特色；西方依重国民，其结果为民治政治，以及民治制度所产生之各种特性。

这是李先生的东西文化根本之异点的大概。然概括起来，所有的异点，都是从静的文化，和动的文化产生出来。伧父先生之对于动的文化，和静的文化的观察，也有了下面一段的重要结论。他说：

> 综而言之，则西洋社会为动的社会，我国社会为静的社会。由动的社会发生动的文明，由静的社会发生静的文明。两种文明各现特殊之景趣与色彩，即动的文明具都市的景趣，带繁复的色彩；而静的文明具田野的景趣，带恬淡的色彩。

我们这里应该声明，伧父先生是偏于静的文化方面，而大钊先生是偏于动的文化。伧父先生说：

> 吾人之美慕西洋文明者，犹之农夫牧子偶历都市，见车马之喧阗，货物之充积，士女之都丽，服御之豪侈，目眩神迷，欲置身其中以为乐；而不知彼都人士，方疾首蹙额，焦心苦虑于子矛我盾之中，作出死入生之计乎。

大钊先生却说：

> 中国文明之疾病已达炎热最高之度，中国民族之运命，已臻奄奄垂死之期，此实无容讳言。……今日立于东洋文明之地位观之，吾人之静的文明，精神的生活，已处于屈败之势。

但是他们两位都相信静动文化之能够融合，而成为一种第三者的新文化，大钊先生说：

> 东西民族因文明之不同，往往挟种族之僻见，以自高而卑人，近世政家学者颇引为莫大之遗憾。平情论之，东西文明互有长短，不宜妄为轩轾于其间。……中国民族今后之问题，实为复活与否之问题，亦为吾人所肯认。顾我人深信吾民族可以复活，可以于世界文明为第二次之大贡献。然知吾人苟欲有所努力以达此志的者其事非他，即竭力以受西洋文明之特长，以济吾静止文明之穷，而立东西文明调和之基础。

伧父先生更给吾们以东西文明已经调和的事实：

> 至于今日两社会之交通日益繁盛，两文明互相接近，故抱合调和，为势所必至。以事实证之，则西洋社会以数世纪竞争活动之结果，所获得之资本，流入吾国，以开发富源；吾国社会以数千年刻苦安静之结果，所滋生之人口，输入他国，以兴起工事，此固于两社会交有利益者。吾国现时水陆交通之逐渐便利，皆赖西洋资本之助；而西美、南非及澳洲各埠之开辟，与南洋群岛各国之兴盛，亦赖吾国人民之移殖，皆事实之彰著者。

伧父先生于是又举出欧战时法人欢迎华工，以证明东西文化之日趋于调和。然他却忘记了华工之赴欧，除了以血汗之劳力受役于欧人以外，并没有携了半点东方文化给予欧人。事实上，要希望这些在国内觅不得食、目不识丁的华工，来负宣传东方文化的责任，已是一种梦想。何况华工之赴欧，与其说是使欧人东化，不如说是他们多只运回欧人的文化的皮毛。在欧战的时期，除了法国以外，别的国没有请过华工。而欧战以后，欧美各国之禁止华工，固不待说，连欧人统治之下的南洋群岛之禁止华工，也只见得变本加厉。那么伧父先生之人口调济之说，不攻而自破。

因华工之西赴，而谋东西文化沟通之说，既未必是，伧父先生所谓赖西洋资本以开中国之富源，而发中国之交通，也有不少的错误。中国应否借外债以发展实业，是别一问题，然伧父先生所指已往之外国资本之流入，对于中国，恐怕是害多益少。中国政府数十年来之所谓借外债以开实业的说，既不外是以资一般武人之内争，饱官僚之私囊。而外人自己投资之事业，又不外是施行其剥夺殖民地之出产，而增加其国力的政策。故这两种外资之流入，都没见其益，而只见其害。至说年来交通之便利，乃得西洋资本之助，固非无例可举。然我们试看年来之道路开辟，结果不外是为美孚福特公司畅销货物，交通上的利便，固得享受。然事实上的钱财，只有流出，没有流入，也不能加以否认。

李大钊先生的调和主张，实在是一种矛盾的主张。且看他自己所说的话：

> 余既言之，物质的生活，今日万不可屏绝勿用，则吾人之所以除此矛盾

者，亦惟以澈底之觉悟，将从来之静止的观念，怠惰的态度，根本扫荡，期与彼西洋之动的世界观相接近，与物质生活相适应。

这是简直把他东西文化各有长短而持调和之说根本打破。然而李先生究竟没有十分诚意的承受这种结论，他简直徘徊于不知何所为而可的地位。

然而，大钊先生和伧父先生所列出东西文化异点的错误，更是不少。比方大钊先生以为东洋文化乃南道文化，而西洋文化为北道文化，结果是满洲、蒙古是属于北道，而成为西洋文化，这恐怕无论是谁都难相信的。满洲、蒙古的文化要是西洋文化，那么元、清之统一华夏，老早把东西文化相调和，中国何苦再学西洋，西洋何苦再学中国？此外，又像李先生以为家族制度下的女人多，个人主义之下的男人多，于是生出多妻、一妻制。中国既能因女多而多妻，西洋何故不因女少而多夫，则根本上家族主义和个人主义之于男女多少有了什么关系呢？

像上面所说的各种错误，在大钊和伧父先生的文里，举不胜举。我们以为他们的枝叶上的错误，是由于根本上他们所说的动静的文化的错误，所以我们现在且从这方面来指摘，则他们的全部见解的错误自见。

我们以为文化是人类适应时境以满足其生活的努力的工具和结果。因为时代和环境是时时处处变迁的，人类而想适应这种时代和环境，不能不时时和处处努力。文化既是这种努力所得的结果，或是工具，那么文化本身上就是动的，不是静的。因为文化本身是动的，所以一切的文化，都是动的。西方文化固是动，东方文化也是动；高等文化固是动，低级文化也是动；古代文化固是动，现代文化也是动。

我们的见解，是人类之所以异于他种动物，是人类有了文化，而动物就没有。然而人类之所以能够有文化，也是由于人类能够努力去改造环境和适应时代，而创造文化。努力总是要动，而努力所得到的结果——文化——当然也是动的。因此之故，没有努力去动作，文化固没有法子产生；没有努力去动作，文化也无由发展。某种文化之能够发生，是要赖人类的动力；某种文化之能够不断的发展，也是完全靠着不断的动力。所以变动老实是文化形成的原动力，也是文化的特性。没有变动的力，文化决不会演进。所以，文化演进的速度是和文化变动的速度为正比例。变异的动力愈大，则文化的演进愈速。文化的演进正像赛跑，要想先登，只有时时刻刻的不停的向前跑。然而每一步的途程，就是代表每一寸的动力，赛跑而不愿去出脚力，怎能配得赛跑？文化的发展，也是这样的，她之所以能够日进无已，就赖于人类不断的动力，没有动力，她也是要停滞的。

文化的发生和演进，固是赖于动，文化之所以能够保存，也是赖于动。前人创造了一点东西，我们若想继长增高，则我们所需的动力，当然要多。就使我们而只想沿旧蹈常，去保存这件东西，也是要了不少的动力。比方一间屋子，是我们祖父创造出来的，祖宗之创造这间屋子固是用了不少的动力，然而这间屋子决不是寿比南山，万年不坏的。因此之故，要想保存这间屋子，我们总要时时修理，时时照顾，修理和照顾总免不得要动力。可知保存的工作，也就是动的表示。

不但这样，所谓保存不只是修理和照顾，还要明白我们祖宗创造这间屋子的方法，所用的材料，因为这间屋子也许因了水灾或是风灾被推倒，也许是因了经过日子太久而自倒下来。我们若不依着我们祖宗创造这间屋子的方法，用他所用过的材料来重新建造一间，那么我们恐怕没有屋子来住。然而，照样的像祖宗所用方法，所用的材料，当然是需要了不少的努力和工作。努力去记着这个法子，努力的去采集材料，若是用不着自己来亲手的记着这些方法，搬运材料，自己也要努力的来找着别人，并给与人家做了这些东西的代价。于是又可知，想要照旧的重建祖宗已经创造过的屋子，而保存着祖宗所创作的功劳，也要不少的动力。

一间小小的屋子的保存，已要不少的动力。一种文化的全部的保存，试问又要了多少的动力呢？

因此，我们可以断定，西方文化固是动的文化，东方文化也是动的文化。世人但见得中国今日的固有文化，乃数千年前的祖宗已经创造过的文化，于是以为中国的文化是静的，而不是动的。他们忘记了数千年前已经创造过的文化之所以能够流传至今，而不至消灭者，也靠着子子孙孙、世世代代的不断的照顾、修理、重造的动力。设使中国人而没有了这些动力，不但中国的文化不能传诸数千年，恐怕数千年间也要烟消云散了。所以事实上世间并没有静的文化，静的文化是死的文化。然而要是静了，要是死了，怎能叫做文化？所谓静和死的文化，至多也只是化到成为乌有罢。

老实说，要是我们的文化不是动的，那么我们不只不能保存着数千年前祖宗已经创造的文化，我们祖宗也决不会从茹毛饮血而进到熟食谳饮地位，我们祖宗决不会从穴居野处而达到高楼大厦的地位，我们祖宗决不会从结绳纪事而达到用文字以记载的地位。我们祖宗既还脱不出禽兽生活的圈子，我们今日又怎能有了所谓固有的文化？

进一步来说，据科学家所考究的结果，天地万物时时刻刻都在变动的过程中，何况要靠着人类的精神脑力，手足胼胝，而始得来的文化。提倡静的文化的人们，其理论的结果，简直会弄到我们上做皇古的生活，而下做禽兽的生活了。他们忘记了皇古的人类和禽兽的生存，也是依赖于半斤头脑的焦思苦虑，和两手两足的动作不断呵！

若说"动静"二字不外是相对的名词，而非绝对的，那么我们觉得西洋文化，既不像伧父先生所说，只具都市的喧阗景趣，东方文化也不像他所说只具田野的恬淡色彩。中国人的乡村虽有田野的恬淡色彩，然而中国人既不只是有乡村而没有城市,中国人的性情和举动,并不见得比较西洋人为静。反之,西洋人固有车马喧阗的都市,和喜好运动的性情,然而运动既不是终日为之,而都市的喧阗也有规定的时间。西人之家庭既小,而居住地方又和其做事业的地方相离,而且事事都有秩序,所以车马云集的柏林,比之道狭人多的中国任何城市,未必就见得喧阗,像伧父先生所说;也未必见得西人以动为常而中国人以动为例外,像大钊先生所说。这样片面的观察,不外更显出见解之错误。

第六章 植物文化与动物文化

除了上面所举出数种折衷办法之外,又有所谓动的文化和植的文化之分。主张这种相异而趋于折衷的态度的,是刘鉴泉先生所著的《外书》。刘先生的书的全部,很可惜我刻下没有法子去找得着,我现在所见者却是他书中《动与植》一篇。这一篇见于梁漱溟先生的《中国民族自救运动之最后觉悟》(《村治论文集》)里。梁先生以为读之喜为得未曾有。但是梁先生从来说话既未可尽信,而刘先生的言论,至少在这篇比较重要的《动与植》篇里,也有不少的错误的地方。

所谓动的文化和植的文化,固然是和动的文化和静的文化有了分别,然刘先生的动与植好像是从动与静的差异脱胎而来。刘先生说:

> 近日论东西文化之异点者多矣,较而论之,以静动一说为最能该。虽然,论文化者,必根据于生活状态,社会组织,此型成民性之要素也。两方文化之所以异,正在于是。吾敢妄造二语以分别之,曰:东方为植物生活,西方为动物生活。

从这段话里和刘先生的全篇言论来看,动与植与动与静固有不同之处,然根本上没有很大的差异。因为了东方的文化是植的文化,西方的文化是动的文化,于是从动物和植物的影响而生出不少的不同,刘先生因用表列之。

中国	西洋
植根于土壤　　　　　　　　农村 　惟死物受死 　徙田出乡尚首丘	游而求食　　牧群　　商群 　逐水草而居 　离乡轻家尚探险
赖自然之惠　　　　　　　　安定 　保守知足	尽人力　　　　　　　　　　躁动 　进步贪多
枝干相扶 　血统相结　古人言家每以草木相比 　重天伦　　家单位　　黏合 　国家之性质如家,恃同情 　　大君为天下之宗子 　　地方官称父母 　政府权力不及家	亲子分散 　利益相结　西人言群每以兽类为例 　重大群　　个人单位　　离散 　国家之性质如公司,恃法律 　　欢行分立制 　家日崩坏,为他种联合形式所代
互相容让 　出入相友,守望相助 　兵主自卫	好为斗争 　种族仇敌,阶级斗争 　兵主侵略
分治 　由农村而封建制 　小工场	集中 　由游群而大帝国 　大企业

刘先生这个表是从他的动物文化和植物文化的前提推衍而来。我们以为根本上这里所谓动物文化和植物文化的意义，已经含笼混统，结果是他从这个前提所推衍出的各种异点，也是错误。

我以为设使我们把生物像生物学家一样的分为植物和动物，那么人类也是动物之一。欧洲人固是动物，难道中国人就不是动物吗？同样，欧洲人的文化既是动物的文化，难道中国人的文化，就不是动物的文化吗？

若是我们承认人类是和动物、植物不同，而有其根本差异之处，那么所谓人类的文化，也必和动物、植物不同。事实上，人类之所以异于动植物者，就是惟有人类才有文化，植物固是没有文化，动物也是没有文化。就使我们相信动植物而有文化，则动植物之文化，也必和人类之文化不同。因为根本上人类是和动物、植物有很大差别的。人类既和动植物不同，把动物、植物来做区别东西文化之不同的错误，是显而易见的。

刘先生说："生物学家又言动物分两大类，食肉之兽类，大多为非社会的，食草之兽类，大多是社会的。"照刘先生的意见，以为动物之食草与食肉的不同，遂生出非社会和社会的差异。同样，人类也可以因食植物与动物之不同，而产生出文化的不同。据刘先生的意见，欧洲人是食肉的，中国人是食植物的。因为食物之不同，而起了身体上的生理之差异；因为生理上的差异，而产生出动作和思想的不同；因为了思想、动作的不同，而成为文化的不同。东西文化之不同，也就是这样。然而这样的议论，至少有下面数点的错误。

第一，所谓生物学家之分动物为食肉和食草两类，而生二种不同的社会，不过是一种臆说，确实的证据，还是找不出来。而且这种臆说，是反乎我们平日所见的事实。比方牛羊及好多动物，虽是能群，然好多食肉动物，未必就见得像刘先生所借重的生物学家所说，是非社会的。

第二，就使相信因食物之各异而影响到文化之不同，然这种原因，只能算作多因和远因之一。所谓多因，就是除了食物之影响于文化，还有很多的原因，像气候之不同，地理之各异，心理、习惯、风俗等等之差别，这一点刘先生也有多少承认。比方他说：

> 人之质性大半生自习惯，可以递传而生于生活状态，生活状态受限于经济地理。

文化之形成的原因，既非一端，那么把东西的文化名为动物文化、植物文化，岂非等于所谓气的文化、地的文化、心的文化、俗的文化吗？

所谓远因，就是文化之受文化如风俗、习惯、社会组织等等，深于所谓心理、遗传及食物等原因。人生固不可一日无食，然而文化愈进步，则文化之受限制于自然养料之力愈薄。因食动植物而名曰动植文化，则犹不如像因信耶、佛之异，而名曰耶、佛文化之较为妥当。

第三，就使因养料之异，而成为动植文化之不同，则西人既非特别注重于肉，而中国人也非特别注重于菜食。一般没有去过外国的人，见得在中国的西餐馆的大菜，鱼、猪、牛、鸡固是肉，就是汤及饼食也含了不少的油质，于是以为西人乃肉食的人类。这正像在外国的中国餐馆注重肉食一样。其实普通的西洋人的餐食，肉食不过是好多件东西中之一，面包、蔬菜、茶、咖啡、生果、薯类为每餐之重要食品，而这些东西通通是植物。而一般生活程度比较低点的人家，肉食简直是件非常事。反之，中国之应酬酒席之多为肉食，固不必论，就是平常三餐之食肉食者，并不见得少于西洋人。肉食比菜食为贵，中国人因穷贫之故，未能饱以肉食，固不能说是不喜欢肉食。若说东方人因信佛之多，而蔬食之人也多，故名为植物文化，这也是错误。因为东方人并非因蔬食而信佛，乃因信佛而蔬食，这么说来，则世界文化之差别，乃成为佛教文化与非佛教文化，而无动植之异。何况中国人之信佛而完全蔬食的，并不算多。不但这样，一般普通人之观念，皆以为北地苦寒，植物较少，故多食肉食。然则这里所说的食物之影响于文化，只能有南北之分，并没有东西之分，而所谓南北之分，乃是中国本身上所有的。然若以此而绳中国之文化，以为北方文化是动物文化，故其文化是动的；而南方文化是植物文化，故其文化是静的，那又是反乎现代中国文化之事实。何况在交通发达的近代，食物之运输既便，北人固不因寒冷而少蔬食，南人也未必因蔬菜之多而少肉食呵！

第四，宇宙物类之进化，本来由无机而至有机，由植物而动物，由动物而人类。植物是靠着无机物而生长的，动物又靠着植物而兼以动物，至于人类也靠着植物与动物。刘先生若说人类因为靠着动物、植物为生，故有动物文化、植物文化，然则再推下去，所有植物都是靠着无机物，或是矿物，结果是与其叫做动植文化，不如叫做矿质或无机物的文化了。这么一来，岂不是成为玄之又玄，妙上加妙吗？

刘先生也许说道，我所说的动物文化和植物文化，并不是说植物或动物的本身的文化，而是人类对于动植物所生的兴趣，而影响到人类的文化上。比方西洋人喜欢养狗、养猫，而中国人却喜欢种菊、种兰。因为嗜欲菊狗之不同，而其结果是菊狗之影响于人类文化，也有不同，这就是说，从一种的间接的影响于人生生活。像种牡丹的人喜富贵，种竹的人喜气节；养羊喜驯性，养狗喜活泼。从这种的欲望和特性，而生出其种特殊的文化。刘先生自己说：

> 畜马之民健斗，畜牛羊之民温驯，人性受畜之影响，此社会学家所证明。

我们就是翻阅任何一本社会学的书，恐怕也找不出像刘先生说得这么津津有趣，就使有了，也并不见得是一种已经证明的事。而事实上我们却以为牛马之养畜，在文化低下的社会里，固受地理及他种原因的限制，而在文化较高的社会里，牛马之养畜，不但影响于人性很少，或是简直没有。连了牛马之养畜与选择，也是随乎某种地方的需要和人类的意志而定。人之所以异于禽兽者，也是前者能够用自己的意志而改造环境，而后者却为环境所支配。要是人性而像刘先生所说之受影响于禽兽，人简直是比不上禽兽了。

上面是说明动物文化和植物文化的名词和意义之不当。我们现在且再将刘先生表中所列的动植之不同，而产生出东西文化之差异的要点的错误，略为说明。

在刘先生表内第一格所列之中西异点，一者植根于土壤，一者是游而求食，因此前者成为农村，而后者成为牧群。然而事实上，一切人类都是要植根于土壤以为生的，所谓游而求食，也不外是求得一片土壤肥沃、水草生产较盛的地来居住。这种的居住，比之所谓农村的居住时间，虽然较短，然此种差别，只有程度上的差别，并没有种类上的差别。比方在五指山及南方各处的黎人、苗人，他们本来是属于刘先生所谓农村者，然而他们这季在一个地方耕种，到了下季也许因为土壤的肥质已被这季的稻谷所吸收，或他种原因，于是又移到别处。这样的农村，试问比之一个牧群找得一片水裕草丰的地方，住了一年半载，再移去别处，又有什么很大的分别呢？何况，刘先生所谓游而求食的人是逐水草而居，我们试问，他们所逐的水草是动物还是植物？畜类所吃的东西，既是植物，那么这些牧群的文化，也是植物的文化了。

事实上，稍能涉略欧洲历史的人，恐怕总不会相信刘先生所谓欧洲文化是游牧文化。希腊的论理生活和理想，及其城市的文化，既不是游牧文化，罗马帝国之发源于南欧半岛，也非游牧的文化。中世纪的教会生活，及封建制度，既不是游牧文化，近代的国家民族主义，为中心的文化，更是和游牧的文化绝对不能相容。国际公法学者，固不承认游牧民族为有国家的民族，而事实上，世界今日也差不多没有过一个没有土地的国家。

若说欧洲人之喜于迁移，敢于冒险，而能开辟世界，开拓殖民地，而趋于帝国主义，而名之为游牧文化。那么中国人自从西方移来，沿着黄河流域而发展，而扬子江，而珠江，也岂不是时时刻刻都在迁移、开辟、开拓的历程中吗？而其结果也岂不是成为游牧文化吗？若说欧洲人文化之发源是从这些牧群而来，遂目欧洲文化为游牧文化，那么吾们的庄子所谓"太古之时，人与群兽居"，商君及诸子所谓古之民"知有母而不知有父"的没有教化的时代，也岂不是一种游而求食的文化呢？

刘先生是不相信一般经济学家所谓文化之进步，是必经过游猎而牧畜，由牧畜而商业，而工业，一步一步的没有蹦等而进的。然而他又很奇怪的说：

> 夫牧畜者，渔猎之初变也，游群之风，初民所通有也。中国已无其风，而西人至今犹未脱尽。然则宁谓西人少进一步，尚谓近理，何反言中国为未进耶？……中国已至汉矣，而西方乃为诸种族角逐期，今西人种族之见极

甚，盖去部落之时，犹未远也。

这真是"夜郎自大"，这正是像梁漱溟先生所说，中国文化已进了第二步，而西人却方走完第一步。怪不得梁先生读之叹为得未曾有。然而他却忘记了这种首尾不相呼应的最大矛盾——一方面以为文化进化是没有阶级步骤，一方面却说西洋现在之文化还未脱渔猎的时期，而比之中国为退步。

从农村生活与游牧生活的错误，遂生出刘先生所说的农业文化和商业文化的差异。刘先生说：

大抵农业而兼牧畜者多畜牛羊，畜马者，非农业也。

这真是天下之妙论。以农业为主的农村生活，本来是刘先生所谓为植物的文化，农业而兼了牧畜，怎能叫做植物文化？事实上，凡叫做农家，都免不得养牛、养猪、养鸡、养鸭，我们并不以农者为专事种植的人，然想像不到提倡植物文化的刘先生也会明白这么显浅的事实，而仍要主张农业文化是植物文化，这个逻辑是什么逻辑呢？然而最奇者，是他说"畜马者，非农业也"。刘先生要是没有见过，至少也应听过欧美人之耕田，是用马的。刘先生好像以为牛是用以耕田，马是用以拖车运货，而为商业流通上所必用的。同时又以为西人多用马，中国多用牛，因此之故，牛是农业的主要，而马是商业的主要。这样一来，刘先生差不多是要叫西洋文化为马的文化，而中国文化为牛的文化。然而我们试问，牛马文化之分别，又与动植文化之理论，有无矛盾？

刘先生明白的承认欧洲也有农业，中国也有商业，他所说的不外是欧人重商，而中人重农。然而这样说法，又只有程度之差别，而这个程度之差别，不但在欧洲本身上有，中国本身上也有的。中世纪的封建制度，既不是重商，广东、福建的人民，也未必是很重农。此外，从此推衍下去，刘先生又以为中国文化是农村文化，而欧洲文化是城市文化，也是片面的见解，我们只能从略罢。

此外，又如刘先生以为中国人是赖自然之惠，而西人却尽人力，因此中国乃保守知足，西人进步贪取，以及表中所列的各种异点，均是片面及笼统。这是稍能留心于东西文化者，所能言及，用不着这里把来详细讨论的。

动物文化和植物文化的根本观念既错，动物文化和植物文化的调和的论调，也可不攻而自破。从这一篇文来看，我虽然不敢断定他是一个主张动植文化融合很力的人，然而从他这篇的语气来看，他虽很看不起因牧群而染习于野兽的西方人，然他也觉得西人有其长处。又如他说，静躁、进退、散合、商农之利害，均是朝向在调和折衷的路上。然而折衷本身上的理论，已是错误，折衷办法而施诸实行，结果也是路不通行罢。

最后我觉得刘先生这篇《动与植》的文化的分别，不外是从李大钊先生的动的文化与静的文化脱胎而来。大钊先生言因根本的动静之别，遂有农业、商业、动植、畜牧、蔬食、肉食种种不同。刘先生把这些异点推衍起来，而成为动物文化、植物文化之别。我们在前一章已将大钊先生动静之说加以驳议，那么刘先生之从李先生之动静主张脱胎而来之动植文化之不当，可以想见。

第七章　人的文化与物的文化

近来又有些人而特别是前年（民国二十年）在南京成立的亚洲文化协会的人们，把东西文化之差异，来分做人的文化和物的文化。名词上所谓人之于物，虽和上面所说那五派有了分别，然骨子里头并非完全没有关系。其实我们还是免不得要怀疑，他们所谓人、物的分别，是复返去数十年前的道的文化和器的文化的主张。不过他们所谓人的文化、物的文化，是一方面含了上面所说那五派不少的色彩，而一方面又有了他们的自己注重点。

所谓人的文化这个人字，好像是由亚洲文化协会的诸君提造出来，但是物的文化的物字，却已有人说过。前一章所谓植物文化和动物文化，都可以叫做物的文化。而老子之所谓道、物，和这里的人、物，均含有对待的意义，而有不少的同样的关系。此外十余年来，所最流行的精神文化和物质文化，这个"物"字就是他们所谓人和物的"物"字相沟通。换言之，所谓人与物的"物"，也就是物质文化的"物"字。

所谓人的文化和物的文化的意义，在亚洲文化协会于民国二十年所出版的半年报告书里，所载亚洲文化协会第一次大会的主席的"开会词"里，及《亚洲文化协会的使命》一文里，说得很详细。我现在且把主席"开会词"里几段话录之于后。

> 他们（西洋人）自己夸耀自己的文化，实际上他们的文化的本质，只是物质的侵略，他们的文化简直是物的文化，而不是人的文化。在现在的世界里，物的文化竟代替了人的文化，这是多么可痛，而又可惜的事。
>
> 欧罗巴的文化是世界上大多数民众呻吟痛苦的文化，是近百余年兴起的文化，是物的文化，是霸道的文化。
>
> 亚细亚的文化，是具有解放一切被压民族的特质的文化，是具有悠久的历史过去的光荣的文化，是人的文化，是王道的文化。

原来一切的文化都是人的文化，没有物的文化，因为惟有人才有文化。人固然依赖于物以创造文化，但是物的本身上决没有变成文化的可能性。一块很美丽而可以有用的云石，藏于大山之中，没有经过人工磨琢而成了一件东西，像一间大厦的柱或是别的用途，决不能叫做文化。一株生在深林里的果树，没有用过人工来培养，决不能叫做文化。连了能飞、能走、能叫喊、能动作的禽兽，也创造不出文化来。所以物的文化这句话，简直就是不通。

但是要是一切的文化都是人的文化，那么中国人的文化固是人的文化，难道欧洲人的文化，就不是人的文化吗？中国人从来就有夏夷之分，以为华夏才有文化，蛮夷是没有文化的。没有文化的人是近于禽兽，二千年前的孟夫子既已说过，"人之所以异于禽兽者几希"。近来像刘鉴泉先生也说西人乃习染于野兽，所以亚洲文化协会诸君也许有了这种见解，以为亚洲乃人文之邦，而西洋乃兽物之邦。然而孟夫子之时代既想不到有西洋，而他简直是把禽兽两字来加在名满宇内、学感天下的杨子、墨子的身上。这样说来，我们两千年前之祖宗，大半就是禽兽。那么我们二千年来所传下的文化，也是物的文化了。至于刘先生以为西洋文化是动物文化，而东方文化是植物文化，不但是说东西文化都是物的文化，而且在进化的程序上看去，动物的文化，就比了植物的文化高了一级。儒家的健将荀子岂不是说过吗：

> 水火有气而无生，草木有生而无知，禽兽有知而无义；人有气，有生，有知，亦且有义，故最为天下贵也。

我已说过物的本身不能变出文化，所以物的文化这句话就不能成立。就使动物文化、植物文化这些名词而有成立的可能，那么像荀子所说的有生又有知的动物的文化，岂不是胜过有生无知的植物的文化吗？那么西洋文化又岂不是胜过东洋文化吗？

上面的话似近于戏谑，但是从字面上看去，人的文化和物的文化，已是一种戏谑。自然的，我们承认人与物的文化的意义，还有别的重要意义。不过，把人的文化和物的文化来区别东方文化和西方文化，最是容易使人因词害意，望文生义的错误。所以这里所说的人的文化和物的文化，至少在字面上是不妥当的。

若说物的文化，不外是物质的文化，那么我们就要问问物质的文化，是不是人的文化呢？饮食是充饥渴，衣服是蔽寒冷，宫室是御风雨，以及一切的物质的用具，都是物质文化。这些文化无一不是由人创造，由人创造，就是人的文化了。何况人类一旦离了这些物质文化，像食物像衣服等等，若不饿死，就要冻死。人之于物质既不能须臾离开，物之文化正是人之恩物，有之则生，无之则灭。今把物之文化来做人之对方仇敌，岂非愚昧之至？其实，人的本身就是物质，没有了组成人的物质，那里还能有人，更说什么人的文化？若说所谓人的文化，就是人道，而人道之对方就是物质。人道是包括了一切的道德的美性，如仁、义、礼、乐等。但是专说人道而不讲物质，物质固不会进步，人道也是讲不来。管子岂不是说过吗：

> 衣食足而后知荣辱，仓廪实而后知礼节。

管子固然是偏于物的方面，而不大得孔子的赞同，然试问孟子之所谓"制民之产，必自经界始"，以及他的重农主张，岂不是把人道、物质来混为一谈呢？

可是，他们又说物的文化是霸道的文化，人的文化是王道的文化，这么一来，简直是愈弄愈糟了。近年以来，国人因外患日亟，于是异口同声的以为西洋文化不外是霸道文化，而东方文化乃王道文化。殊不知，所谓王道、霸道，无非乃政治上一种策略，而所谓政治，又不外是文化的很多方面之一方面。今把王道、霸道来表示全部的文化，其笼统浅薄之见，熟甚于此？何况，东方文化里既不只是王道，而没有霸道，而西方文化里，也不只是霸道，而没有王道。

何以见得中国不只是有王道呢？原来所谓霸道，大概是指着征伐，而征伐在中国历史上，是一件并非希奇的事。自我们的开国元勋直到现代，试问霸道政策之实行，指何可胜屈？《吕氏春秋》曾说：

> 兵之所自来者久矣，与始有民俱。凡兵也者，威也，威也者，力也；民之有威力，性也，性者所受于天也，非人之所为也。武者不能革，而工者不能移，兵所自来者久矣。

又说：

> 黄帝故用水火矣，共工氏固次作难矣，五帝固相与争矣。递兴废，胜者用事。又曰蚩尤作兵，蚩尤非作兵也，利其械矣。未有蚩尤之时，民固剥林木以战矣。

五帝固是如此，三王又何独不然？夏禹绥服，汤武用兵，以直到春秋之五霸，以开口就说王道之孔子，也免不得要叹道："微管仲，吾其被发左衽矣。"降及战国，七雄相争，那是更闹得了不得。秦始皇统一天下，人人知道不是王道；汉高、汉光武一般的开国人主，中兴君王，所用之道，难道不是霸道吗？三国之世，六朝之时，而唐，而宋，而元，而明，而清，那一代不是用了霸道？那几个君主是不用过酷残酌干戈？在明朝的末叶，在清时的太平天国时代，我们的皇朝人物，还要借西方之机械、枪炮，霸道所养成之臣民，来征伐所谓皇朝之叛乱，而扶王道于危倾。这样看起来，中国不但只有霸道，中国之王道，还借霸道以维持。所谓逆取顺守，所谓攘夷尊王，岂不是显明的证实了上面所说之不诬吗？

反过来看，一部欧洲历史虽有了不少的你征我伐的事情，然而雅典人的正义主张，斯多亚的世界观念，罗马法家的自然平等之法律，基督教的博爱信条，以至近代的哲学家像康德的永久和平的思想，近来的民族自决、裁兵运动种种的主张和动作，难道就是霸道的主张和运动吗？

我们的见解是，要是亚细亚人强盛起来了，那么亚细亚人之霸道之施行，恐怕还要甚过西洋人。亚细亚文化协会诸君，未尝不见及这点。所以协会开会时，除了弱小民族像中国、高丽、印度等外，日本不但不邀之人，而且反对之，谩骂之。年余以来，日人之霸道气焰，有加无已，始而占领东三省，继而扰乱淞沪，再而侵犯热河，今且进而窥伺平津。试问诸君，所谓亚细亚文化乃王道文化之说，岂非矛盾、错误之甚？籍曰日本乃步着西洋之后尘，不能称为亚细亚固有的文化，那么诸君之所谓亚细亚文化者，固非亚细亚之文化，乃是中国、印度之弱者的文化。就把日本算做例外。试问三保太监元〔之〕征服南洋诸国，元代军马之犯欧西，又岂不是霸道吗？元帝之西征欧洲，教皇之势力尚未崩坠，我们一读当时教皇所遣来求中国之使者的游记，只觉得欧洲人心目中之中国的文化，大都不外是霸道文化，而反乎欧洲之王道文化。在东西沟通艰难的十三世纪之欧洲人，尚能见到这一点真诠，乃在中外交通后的二十世纪之中国智识界，尚不及十三世纪欧人之观察，岂不令我们自觉羞愧吗？

从物质文化的霸道，和人的文化的王道，他们又分出欧洲文化为物质侵略文化，和亚洲文化为解放文化。八十年来的中国历受外人的侵略的痛苦，凡是中国人都这样感觉固很自然的。然而要免除这种痛苦，绝非盲目的自尊自大和感情的空言的抵抗侵略所能济事。欧人、日人固恃其物质优越的能力来侵略中国，然而中国有枪阶级之侵略民众，何尝不是物质的侵略？事实上，欧人之侵略中国，并不止是物质的略侵，还有其他的侵略，可知欧洲人之文化，并不只是物质的文化。

欧洲人之对外，两百余年来虽有了不少的侵略的形迹，然而欧洲各国之对内，却有不少的解放。思想上的解放，宗教上的解放，而特别是政治上的解放，无一不是欧洲近代文化史上的特点。至于中国所谓对外既不见得有所解放，而对内呢，却无时无处不在压迫之中。中国人之于欧洲民族，在历史上固以蛮夷相视，其对于亚洲之各种民族也并不见得是当作平等民族看。《春秋》和传统的内夏外夷，既不是解放思想，德以治中国，刑以威四夷的信条，更不是对解放，而乃对外压迫的表示。若说近百年来之放弃黑龙江以北之土地，东南海之大小岛屿，以及高丽之放弃，安南之割让，和最近来东三省之丧失，乃是解放的明征，那就未免过于滑稽，而且背乎协会诸君之本旨。

再从对内方面来说，恐怕有史以至今日的中国，都不见得做过什么惊人的解放。《书经·周书》里《多士》一篇所载之事实，就可知所谓以王道治天下的圣人的周公，没有法子去用王道来感化一般臣民，而唯一的办法，也不外是压迫他们迁到洛邑。孔子之尊君屈民，商君之愚民，秦始皇之徙天下之有智识、有财富的人们于咸阳，也不外是行周公之故策，这些的政策难道就是解放政策吗？此后一朝一代，几经沧桑，然思想上的束缚，礼教上的固执，专制政治之形成及发达，无一非违背解放之真谛。我们所谓亚洲文化，具有解放一切被压迫民族的特质的文化，究竟是指着那一件事呢？

他们所谓物与人的文化的观念，既是错误，他们对于文化的发展史上的观察，也是错误。他们说，现在的世界，物的文化竟代替了人的文化，难道过去的世界，是没有他们所说的物的文化吗？他们又说，欧罗巴的文化是最近百年兴起的文化，这也是错解了欧洲的现代文化史。欧洲的物质文化的发展的速度，虽是最近百余年来的事，然而近代欧洲文化之兴起，却是好几百年的事。此外，又如他们说亚细亚文化具有悠久的历史，过去的光荣，我们也有了这种感想。不过，过去的历史和光荣，是亚洲过去的人所做的历史、所得的光荣，你们生在千数百年后的，不自努力振作，去显出你们的能力和光荣，不但是太过自暴自弃，弄到样样都不如人，试问还有什么面目来对着你们的祖宗？说起祖宗的光荣，岂不是愈显得自己的丑拙吗？

我们老实的感觉到这一派的人们，对于"文化"这两个字的认识上太过糊涂。他们凭着一种感情的作用，去号召所谓亚洲的弱小民族，联合起来，希望能够反抗欧洲文化之压迫。这种的热忱是很可嘉的，无奈他们错误了文化的根本观念，以及发展的途径，和目前的趋势。于是想唤起所谓东方之优美特质，来抵抗西方的文化的输入。殊不知东方之所以衰败到这个田地，就是因为东方人忍不住的放弃他们所谓祖宗数千年来所传下那些特性特质。现在再来重张旗鼓，把这些三百年来屡试无效而反受害的法宝，去和欧洲的文化挑战，岂不是见得不死不休吗？

他们只知道日本是可恶的，然而他们却忘记了六十年前的日本同样的受过西洋文化的征服，他们又忘记了今日的日本，不但四百兆众的中国没奈他何，就是目前情况的西洋各国之于日本，也是没奈他何。然而这是什么原故呢？大约稍能留意过这问题的人，决不会不明白的。

平心来说，这一派的人们之反对西洋文化和歌颂亚洲之固有文化，他们好像是偏于复古的路上。然而，他们看得欧洲的文化只是物的文化、霸道文化，而东方的文化是人的文化、王道文化；他们一方面想把这些东方的优点去救济调和西方的物狂，一方面并没有反对西人之吾物而东，所以骨子里还是走在折衷办法的路上。

而且把东西文化分为王霸文化的论调，不足是亚洲文化协会诸君的独有论调，国人自从甲午战后，无时不希望能够利用西方之机械、枪炮、武备、兵法，来卫护尧、舜、禹、汤、文、武、周、孔之王道。所以王霸互用之说，也是一种有了相当的历史和一般普通人所主张的学说。但是根本上这种学说既不能免于错误，则这种调和学说之实施，终于不外是一种梦想。

第八章　科学方法的选择文化

上面已经说了六派的折衷办法，并指摘其错误处，这六派的名称和意义虽各有不同，然却有不少的关系。所谓道器的文化，既和中学为体、西学为用有关系，而这后者又和物质和精神的文化有关系。此外，所谓动的文化和静的文化，所谓植物文化和动物文化，以及人的文化和物的文化，均有了不少的互相交错的关系。

这六派的横的方面固如上面所说，纵的方面也有了多少的新陈代谢的秩序。所谓道的文化和器的文化，是流行于甲午以前三十年；所谓中学为体、西学为用的论调，是唱于甲午以后；至欧战以后，所谓精神文化和物质文化的折衷办法，是很流行的。于这时期中，应运而起的较早者，为静的文化和动的文化的论调。此外，如所谓动物文化、植物文化之说，虽由动静之说脱胎而来，然时间上却在民国十八九年间。到了民国二十年后，又有所谓人的文化和物的文化的提倡。

然而，除了这纵和横的都有密切关系的上面所说六派外，还有一派和这六派没有多大关系，而本身却也是一种折衷的办法，就是本章所标出的所谓科学的选择办法。

所谓科学这回事，一看而就知是一件舶来的东西。原来近年以来国人对于社会学的介绍和研究的兴趣，好像是逐渐浓厚。在外国而尤其是美国，社会学上的学派，比较新鲜一点的，要算所谓文化学派，研究社会学的人，当然对于这么新鲜的学派，要加以特别注意。

本来所谓文化学派的社会学之在外国，正是新兴的社会学，他的根基既方才立定，他的目的是想在社会学上得着多少的贡献，所以主张这一派的人，除了从学问上和解决社会学上的难题外，还说不到解决实际的文化的问题。可是在中国，研究的工夫虽很少做过，却是应用来解决实际问题已见端倪了。

平心来说，从文化的根本观念上去研究文化，以解决东西文化的问题，本来是一件很好的事。因为东西文化这问题本来就是文化问题之一，而且至少从我们东方人的立脚点来看，她可以说是文化问题中一个最重要的问题。数十年来的中国人之对于这个问题，虽然有了不少的研究和讨论，然而好像是发了无的之矢，而其根本原因就是没有明白文化本身究竟是什么一回事。文化本来是一件很复杂的东西，研究的人若只执一端来度全部，结果总是陷于偏见，于是他对于从这种偏见所得到东西文化的解决的办法，也是自然而然的陷于偏见。

现在有人能够从文化本身上来研究文化，再从这些研究的所得，而求所以解决东西文化的问题，比之过去一般讨论这问题者，总算做进一步的工夫。但可惜目下专为解决东西文化问题的著作，尚不容易找出来。而且这些的人们对于文化的根本观念，没有充分的了解，结果他们所谓用科学的文化研究，以解决东西文化问题，也是未能使得我们满意。

关于主张这种折衷办法的人物，很不容易找出来。许仕廉先生在其《文化与政治》里曾有论及，但为便利解释起见，我且暂把孙本文先生在《社会学刊》第一卷第四期所发表的《中国文化研究刍议》这篇来讨论。这篇文章是为中国文化的研究而作。而所谓现在的中国文化，又和西洋文化有密切的关系，因此之故，孙先生自然而然的谈起东西文化的问题来。

孙先生研究中国文化的动机，是见于下面一段话：

> 我中国文化富有悠久的历史，与特殊的发展，卓然自成为东方文化的一大系统。但自海通以后，欧风美雨，滚滚而来，潜滋暗长，势不可遏。时至今日，欧美文化充斥都市，遍及乡僻，可谓无孔不入，无微不至了。在此潮流中，究竟中国固有文化有否保存的必要？欧美文化又有否全盘接受的必要？此诚中国目前急需研究的一个切要问题。要解决这个切要问题，自非把中国固有文化，做一种客观的科学分析不可。

他又说：

> 我们相信只有这种科学的文化研究，方可把中国社会的特性和盘托出；只有用这种和盘托出的方法，方可见到中国文化的真相；只有根据这种文化的真相，方可决定我国目前应取的文化政策。

从这种的研究以解决东西文化，我们已经说过，是一件很好的事。无奈所谓科学的研究，对于某种研究的对象上，固可以得到充分的认识，然而对于某种实际问题的应用上和解决上，未必一定能见功效。换言之，科学也有她的范围和境域，她有她的山穷水尽处。但我要特别的声明，我并非反对用科学方法来解决实际问题，我们应该尽量的去应用科学方法，来解释和应付文化问题。然她既有她的范围和止境，我们在她的范围和止境以外，把她来应用，那是不但没有见功效，恐怕还生出不少的弊病来。

事实上，孙先生所谓科学方法的文化的分析，照我看起来，好像是非科学的。他把中国文化的特质来分为十四条大纲，每条大纲又分为若干细则。这个大纲虽和人类学者 Wissler 所著的《人与文化》里所列的大纲，和社会学者 Haukins 所著《社会研究绪论》里所列的大纲，有多少出入，但是从这两大纲脱胎而来，是无疑义的。我们若把所有学者关于文化分析的大纲，来看一看，那么恐怕没有两个相同的大纲。所以比方 Ratzel 的分析大纲和 Wissler 不相同，Wissler 的大纲一到了 Haukins 的手里，又变了一个相差很远的大纲。再从这两者而至孙先生，又复一变，结果是有十个大纲，就有十个花样。这是什么原故呢？我以为就是因为他们通通是随着主观去分析，并非客观的分析，而其弊病并不亚于一般把文化来分做为物质、精神、动静、动植等等。

我们若把孙先生十四条文化分析大纲来研究，我们觉得处处都有可以商量的余地。而其最奇者像政治制度、司法、立法三者列于政府之下。大约凡稍有政治学智识的人，都知道政治制度这个名词，是广阔过政府这名词。孙先生不把行政部分而把政治制度列于政府之下，难道司法、立法以及政府都不是政治制度吗？又如外交固含有斗争的意义，然多亦含有和平解决的意义。此外，每一大纲及他的大纲之不甚清楚，还不可胜举。这样的分析已缺了科学的精神，难道还能用科学的方法求解决文化的实际问题吗？

我们以为折衷派的主张的缺点，是对于研究文化的方法和文化本身没有充分的了解，为了便利起见，我们不妨把文化来分做物质方面、精神方面，或者像各学者所列出各种文化分析的大纲，但是我们须知，文化本身上并没有这样的分开一回事。没有明白这一点，结果不但所谓物质文化和精神文化的分别，是缺了客观的态度，而是主观的分类，连所谓科学的客观方法的分析文化的特性，也是主观的分类。假使科学这个名词是严格的，像自然科学家所常用，而应用来研究文化问题，我们根本上就会发生疑问：究竟文化问题的解决，能不能适用科学的方法？因为把所谓科学的方法，来为研究而研究文化，像上面所说各家的文化性质的分析大纲，已免不了不少的主观态度，而缺客观的态度。何况要从这些究研所得的结果，而应用来解决文化的实际问题。又何况文化本身的范围，是不像科学本身的范围这么狭小，这么严格呢。

文化本身既是一个整的东西，而分析不来，我们所假设而为研究和认识上便利起见的分析的各方面，都有连带的关系。一方面因了内部或外来的势力的冲动，必影响于他方面。她并不像一间屋子，屋顶坏了可以购买新的瓦来补好，而不必理及其他的部分，她并不是这样的机械的，简单的。

上面是说孙先生所谓科学方法的分析的研究和应用的缺点。因为这种缺点，所以孙先生所拟的科学的文化的研究的目标，也不免有了错误。孙先生的目标，约有三种：

（一）分析我国固有的文化，而了解其种种特性。
（二）根据现代世界趋势对于这种特性的价值，加以严密的评估。
（三）了解我国固有文化的特长，及其缺陷，以为改造文化的张本。

我们可以设一个例子来解释其目标的错误。比方我们照孙先生的办法去做，而寻出大家庭制度是中国文化一种特性。第二步的工作，是看看世界的趋势如何。我们对于这一点的研究的结果是，大家庭不合于世界的趋势，而且没有法子在这种趋势之下生存。第三步工作，是看看大家庭制度的好处和缺点。对于这种的研究的结果，是大家庭的好处是互助的精神，而其缺点是依赖的惰性。缺点当然是要废除，好处是应该保留。然而，世界的趋势，既不容许大家庭的存在，不但是缺点要逐渐消灭，好处也没有法子去保留，结果是所谓科学的选择的办法，也是没有办法了。

孙先生和一般折衷派的最大缺点，是太过忽略中国目前的需要，而过重所谓理想的生活文化。理想的东西通通是好的，然而理想未必能够实现，而且未必就合乎需要。去东西文化之短，取东西文化之长，好像是理论上一件很好的事。然而世界的趋势和目前的需要，有时未必能合乎我们的理想。何况天下无论那一件事情，总是利弊参错而并生，长短相互而同存。人生固不会能达到其唯一至高的理想生活文化，设使真能达到，试问人生又有什么趣味？文化的演进是没有止境的，惟有没有止境，才见得人类创造文化的价值。但是所谓没有止境，就是承认时时处处都有缺点。我们承认，现代的西洋文化不是一种理想至高的文化，我们并且相信将来的文化，也不会达到将来人的理想文化。然而我们如果承认欧洲目前的文化是比中国较好一点，则全盘放弃中国的固有文化，而全盘接受西洋的文化，总比过去进步一点。我们自然承认我们对于文化上的奢望没有折衷派这么大，然而我们所跑的路的危险，毕竟没有他们这么利害。他们以为东西文化各有长短，去短取长固是很好，然而往往弄到去两方之长，而取两方之短，简直是危险万分的。而且这种危险，是东西文化接触以后，日趋日显的现象。

孙先生岂不是告诉我们吗，"但自海通以来，欧风美雨，滚滚而来，潜滋暗长，势不可遏。时至今日，欧美文化，充斥都市，遍及乡僻，可谓无孔不入，无微不至了"。试问，所谓滚滚而来的欧风美雨，是不是现在世界文化的趋势呢？如其不是，那么我们所当据以为估评我国固有的文化的特质的现在世界的趋势，是那一样呢？如其是，那么照孙先生所说我们已完全西化了，即我们全盘接受西方文化，已成为一种事实，而且合乎现在世界的趋势了。

可惜事实上的中国，并不像孙先生这样说，就算是了，也不外是我上面所说的去长取短的危险。假使中国而真完全西化了，中国老早赶上欧美，至少也赶上日本。无奈孙先生所说的西化乃是我们只晓得享受的西货，并非我们自己所创造的西货，也并非我们自己所创造的西化。不会造汽车，只会坐汽车，这样能叫做西化吗？我们自己不会造汽船，只会乘汽船，这样能叫做西化吗？无怪数十年来的提倡西化，终不见得化的什么。

并且孙先生既承认文化是人类适应环境的出产品，那么不能不承认环境既变，文化也随之而变。把二世纪前的环境来和现在的环境来比一比，无论是谁都要承认其完全不同，然能够承认文化上应该根本改变者，能有几人？

理论上，我们若把世界的趋势来做估评我们固有文化的特性，我们也要问问这种世界的趋势，是否容许我们固有特性的存在呢？要是这种回答是"是"，那么我们所谓固有的文化的特性，并不是我们的固有了，也非吾们的特性。因为她是世界所共有，和世界所共趋。换句话来说，她是我们适应现在的环境的出产品。从历史的眼光看去，她固然是和过去的固有特性相偶合，也许是相连带，然而我们决不能说因为她是我们的过去的固有的特性优点，所以要保存她。因为我们的文化观的前提，是人类适应环境的出产品，环境变了，她也要变。

假使我们对于这个问题的回答，是否定的，则我们的固有文化的特性，已没有存在的余地，因为她已不合乎世界的趋势。不合乎世界的趋势，不但没有存在的余地，而且没有可以估评的价值。因为孙先生所用估评价值的标准，是现在世界文化的趋势。

最后我们以为，这里所谓固有和特性这些名词，只有历史上回顾的价值。因为在东西文化没有接触以前，我们既没有固有和特性的可能，而在东西文化接触以后，她若不是变为普通所有，和普通性，她必定是不能存在的。

第三编

第九章 十教授的本位的文化（一）①

十教授的《中国本位的文化建设宣言》，是发表于民国廿四年一月十日所出版的《文化建设》月刊一卷四期上。自这篇《宣言》发表以后，十教授既利用了不少的报纸杂志去宣传，又聘请了好多的学术名流去讨论，结果总可以说是风靡全国，震动一时了。

我个人以为，这篇《宣言》的本身就有了很多的矛盾与错误，而好多关于批评这篇《宣言》的文章或言论，对于这些矛盾与错误，尚未见得能够充分的指明出来。因就管见所及，写成此篇。

从一方面看起来，十教授未尝不知道，我国的文化，自汉朝以后以至鸦片战争的二千余年的长期时间，是呈了停顿的状态。所以自鸦片战争以后，我们不得不醒觉而西化。所以在《宣言》里的第二段"一个总清算"里，十教授说：

> 中国在文化的领域中，曾占过很重要的位置。从太古到秦汉之际，都在上进的过程中。春秋战国形成了我们的希腊罗马时代，那是中国文化大放异彩的隆盛期。但汉代以后，中国文化就停顿了。宋明虽然还有一个新的发展，综合了固有的儒道和外来的佛学，然而并未超出过去文化的范围，究竟是因袭的东西。直到鸦片战争才发生了很大的质的变动。巨舰大炮带来了西方文化的消息，带来了威胁中国步入新时代的警告，于是古老的文化起了动摇，我们乃从因袭的睡梦中醒觉了。

又说：

> 随着这种觉醒而发生的，便是曾国藩、李鸿章的洋务运动，康有为、梁启超的维新运动，孙中山先生的革命运动。曾、李的洋务运动只知道"坚甲利兵"和"声光化电"的重要，完全是技艺的模仿。康、梁的维新运动在于变法自强，不过是政治的抄袭。这都可以说是"中学为体、西学为用"的见解，虽在当时也有其除旧布新之历史的使命，然毕竟是皮毛的和改良的

---

① 校按：本章系在陈序经已发表的《评中国本位的文化建设宣言》（载冯恩荣主编：《全盘西化言论续集》，岭南大学1935年版）一文的基础上改写而成，改动较多。内容相同处，依原文酌校。

办法，不当满足当时的要求，于是有孙中山先生所领导的辛亥革命。他以把中国固有的"从根救起来"，把人家现有的"迎头赶上去"为前提，主张对中国的社会、政治、经济作激底的改造。

民国四五年之交，整个中国陷在革命顿挫，内部危机四伏，外患侵入不已的苦闷中，一般人以为政治不足以救国，需要文化的手段。于是就发生了以解放思想束缚为中心的五四文化运动。经过这个运动，中国人的思想遂为之一变。

新的觉悟要求新的活动，引导辛亥革命的中华革命党遂应时改组，政治运动大为展开。打倒军阀、打倒帝国主义的声浪遍于全国，由此形成一个伟大的国民革命。其间虽有种种波折，但经过了这几年的努力，中国的政治改造终于达到相当的成功。

这时的当前问题在建设国家。政治、经济方面的建设既已开始，文化建设工作亦当着手，而且更为迫切。但将如何建设中国的文化，却是一个急待讨论的问题。有人以为中国该复古，但古代中国已成历史，历史不能重演，也不需重演。

从这数段话看起来，十教授不只好像觉得西化的必要，而且觉得自鸦片战争以后，中国的西化运动在时间上固是日趋日积极，在范围上也日趋日广大。曾、李的洋务只偏于坚甲利兵和声光化电，康、梁与革命运动却又以政治为其西化的对象，五四运动在思想方面又为之一变，都是证明在时间上、在范围上，我们觉得西化的需要是逐渐增加的。

我们以为，假使十教授而能真是相信中国的西化在范围上是日趋日广大，在时间上是日趋日积极，同时明白了"古代的中国已成历史，历史不能重演，也不需重演"的真谛，那么十教授也许是变为提倡西化的人物了。

可是，尽管在这篇《宣言》里，十教授虽然这样的说，而且声明"不复古、不守旧"。然而事实上与骨子里，这篇《宣言》却是一篇复古与守旧的宣言，因为十教授明明白白的说：

要使中国能在文化的领域中抬头，要使中国的政治、社会和思想都具有中国的特征，必须从事于中国本位的文化建设。

而所谓具有中国的特征，而从事于中国本位的文化建设，又不外是如：

日本的画家常常说："西洋人虽嫌日本画的彩色过于强烈，但日本画没有那种刺目的强烈色彩，那里还成为日本画！"

我以为照这个逻辑推衍起来，结果是：比方中国人之所以成为中国人，就是因为他有长辫，喜吹鸦片，喜打麻雀了；中国女人之所以成为中国女人，就是因为她有小脚，奉三从四德了；中国车之所以成为中国车，就是因为它是用骡拖，或用人拖；中国船之所以为中国船，就是因为它是用帆驶，用桨摇；中国国家之所以成为中国国家，就是因为提倡忠君思想与建立专制政体；中国家庭之所以成为中国家庭，就是因为容忍三妻四妾与赞扬九世同堂；中国教育之所以成为中国教育，就是因为有四书五经；中国哲学之所以成为中国哲学，就是因为有了老子与孔子。如此类推，而至于文化的其他方面，那么所谓中国本位的文化建设，岂不是成为一种不折不扣的复古守旧的运动吗？

退一步来说，就使我们相信十教授是不主张守旧，不主张复古，十教授的中国本位的文化建设，至多也跳不出数十年前的张之洞所画的圈子。虽则十教授曾批评张氏的"中学为体、西学为用"为皮毛西化。十教授既以文化的建设，是别于政治、经济各方面的建设，那么十教授所说的文化，岂不就是像了张之洞所说的学吗？十教授所谓中国本位，岂不就是像了张之洞的中学为体吗？十教授所谓吸收欧美的文化，须吸收其所当吸收，岂不就是像了张之洞的西学为用？而况，从采用口号方面来看，张之洞以及其当时的一般士大夫，除了主张"中学为体"之外，还明白标出"西学为用"的口号，而十教授则只标出"中国本位"的口号。至少在词句上，十教授之留恋于复古守旧，比之张之洞之趋于复古守旧，只有过之而无不及。张之洞所谓"中学为体、西学为用"，是大家所认为重中轻西的文化观，这就是趋于复古守旧的主张，那么十教授之所谓"中国本位的文化建设"之趋于复古守旧，更为显明了。

明明是复古守旧，或至少趋于复古守旧，而却说不复古、不守旧，这岂不是一个矛盾吗？这岂不是一个错误吗？

我们以为十教授的最大错误，是不明白文化是人类适应时境以满足其生活的努力的结果与工具。时境变了，文化也随之而变。我们既可以放弃我们祖宗的穴居野处、茹毛饮血、结绳以纪事、知母不知父的文化，我们也可以放弃我们今日所谓为本位或固有的文化，而采纳现代的文化。所谓现代的文化，根本上虽是西洋的文化，然而经过我们自己的仿造与应用之后，就是我们的文化。就以十教授这篇宣言来说，不只受了西洋宣言与思想或文化的影响，而且所谓"批评的态度""科学的方法"等等词句或口气，根本就是西洋的东西。若说所谓"中国本位的文化"，一定是要十足的染了中国的色彩，那么这篇宣言的本身就已不能算为中国本位的东西。何况所谓"建设"或"创造"新文化的精神，在现代的我们，还是受了西洋文化的影响而才能够使其发展呢。

就使我们再退一步来说，十教授在所谓"不守旧""不盲从"的口号之下，至多也不过是等于一般老生常谈的折衷的办法。我们且看他们说：

> 在文化的领域里，我们看不见现在的中国了。中国在对面不见人形的浓雾中，在万象蜷伏的严寒中，没有光，也没有热。为着寻光与热，中国人〈正在苦闷〉，正在摸索，正在挣扎。有的虽拼命钻进古人的坟墓，想向骷

髅分一点余光，乞一点余热；有的抱着欧美传教师的脚，希望传教师放下一根超度众生的绳，把他们吊上光明温暖的天堂；但骷髅是把他们从黑暗的边缘带到黑暗的深渊，从萧瑟的晚秋导了凛烈的寒冬；传教师是把他们悬在半空中，使他们在上不着天、下不着地下的虚无境界中漂泊流浪、憧憬摸索，结果是同一失望。

他们虽然是批评守旧，批评维新，主张不守旧，不盲从，然而还是主张守旧，还要维新。且看他们说：

不守旧，是淘汰旧文化，去其渣滓，存其精英，努力开拓出新道路。不盲从，是取长舍短，择善而从，在从善如流之中，仍不昧其自我的认识。

其实，所谓取长舍短的折衷论调，国人已唱了好几十年。十教授的取长舍短，既以中国为本位，而趋于复古，而偏于守旧，那么他们的折衷办法，可以说是重中轻西的折衷办法。我们所以指出他们表面上与词句上虽说是不复古不守旧，而事实上与骨子里，还是趋于复古，偏于守旧，就是这个原故。而这篇《宣言》的矛盾与错误，也就是这个原故。

不但这样，十教授的《宣言》里又说：

中国在文化的领域中是消失了。中国政治的形态，社会的组织，和思想的内容与形式，已经失去它的特征。由这没有特征的政治、社会和思想所化育的人民，也渐渐的不能算得中国人。所以我们可以肯定的说：从文化的领域去展望，现代世界里面固已经没有了中国，中国的领土里面也几乎没有了中国人。

所谓要使中国的政治、社会、思想种种有其特征，岂又不是要保存了中国固有的文化吗？其实专从这一段话来看，已经有了不少的矛盾。假使世界里面已经没有了中国，那么世界里面怎能有了中国的领土呢？又中国既有了领土，怎能又说在中国的领土里面，几乎没有了中国人？其实所谓"几乎已经没有了中国人"这句话就不妥当，难道十教授以为除了他们自己之外，就找不出中国人吗？

而且十教授在《宣言》第一段里既已说明"没有了中国"，在第三段里又说"中国是中国"，这又岂不是一个矛盾吗？又中国既是中国，难道中国人就不是中国人吗？我们以为，除了中国被人并吞之外，中国还是中国；除了中国人种完全消灭之外，中国人终是中国人。事实上，国家已经被人灭了的印度人和菲律宾人，至今不但还是印度人与菲律宾人，而且希望在将来，在最近的将来，使印度与菲律宾成为独立的国家。除了十教授要把中国给与外国，或要中国人都入外国国籍之外，则十教授怎能说在现代世界里已经没有了中国？怎能说在中国的领土里几乎没有了中国人？

十教授也许回答道，所谓"没有了中国"不外是说"在文化的领域中，我们看不见现在的中国"。然而，世界上没有一个国家或社会，是没有文化的。所以有了中国，则中国也必有文化。若说所谓"在文化的领域中"的"文化"，是指着现代的文化而言，同时现在的中国正是需要这种文化，所以说我们看不见现在的中国。那么，中国就要赶紧的现代化起来。这么一来，所谓"中国本位的文化"这句话，除了因为是以中国人而接受了这种现代文化，故谓为"中国本位的文化"以外，简直就没有什么意义。若说在现代的文化领域里，所谓中国固有的文化已经消灭，故谓我们看不见现代的中国，而要提倡复回中国固有的文化，那么这种中国固有的文化，在现在的中国里，而尤其是中国的内地与乡村，还是随处可见。所谓中国的皇宫、花园，以至小脚、长辫，用不着说，就是一千年前的孔子与四千年前的祖墓，现在且由政府极力提倡拜祭。此外，又如驻俄大使颜惠庆陪着梅兰芳赴俄国演中国戏，驻英公使郭泰祺称民国二十四年的伦敦为中国艺术展览年，何一又不是中国的文化呢？这么一来，所谓中国文化必具了中国文化的特征，而始谓为"中国本位的文化建设"，那么这种文化建设，又岂不是成为复古运动吗？

此外，又如十教授说：

> 中国现在是在农业的封建的社会和工业的社会交嬗的时期，和已完全进到工业时代的英美，自然有其不同的情形，所以我们决不能赞成完全模仿英美。

十教授既然明白了中国现在是在农业的封建社会和工业的社会交嬗的时期，那么中国正是趋于完全进到工业时代的英美的路上，是无可疑的。这么一来，我们是否赞成完全模仿英美，是不成问题的。因为我们赞成也好，不赞成也好，我们的农业的封建社会，正在变为工业的社会，这就是说，超于英美的工业的路上。然则十教授所谓决不赞成完全模仿"完全进到工业时代的英美"，又岂不是成为反时代的趋势的空谈吗？十教授又说：

> 除却主张模仿英美以外，还有两派：一派主张模仿苏俄；一派主张模仿意德。但其错误和主张模仿英美的人完全相同，都是轻视了中国空间时间的特殊性。

十教授既不赞成势所必至的英美，又不赞成有样可仿的德意，却只提出"不守旧，不盲从，检讨过去，把握现在，创造将来"一类最抽象而无具体的空调出来，以为中国本位文化的建设。这真是玄之又玄了！

又所谓"中国空间时间的特殊性"，也无非就是指着中国固有时境而言。假使中国的固有时境是有了永久与特殊性在，试问现在的中国，又怎能从农业的封建社会而嬗变到工业的社会的时期呢？

至说"吸收欧美的文化，不应以全盘承受的态度，连渣滓都吸收过来"，我的回答是:我们七十年来已经把渣滓都吸收过来,而且这些渣滓,已很不容易除去,所以我们今后应当格外努力连精英都吸收过来。把精英都吸收过来,而加上已很不容易除去的渣滓,岂不是成为全盘承受吗?

第十章　十教授的本位的文化（二）

十教授的《中国本位的文化建设宣言》发表之后，虽然像了我们在上面所说，既利用了不少的报纸杂志去宣传，与聘请了好多的学术名流去讨论，而使其风靡全国，震动一时。然而事实上，十教授的这篇宣言，既有了很多的矛盾与错误，所以发表之后遂受到各方的指摘与批评。四个月后，这就是民国二十四年五月十二日，十教授又发表了一篇《我们的总答复》，去再度解释他们的立场。

十教授的《我们的总答复》，从表面上看起来，虽是答复各方面的指摘与批评，然而主要的可以说是答复全盘西化论者的指摘与批评。这是读了这篇总答复的人所能容易看出来的。其实，我们以为十教授的《中国本位的文化建设宣言》，主要目的已是注重于攻击全盘西化的主张。我们且看他们说：

> 吸收欧美的文化是必要而且应该的，但须吸收其所当吸收，而不应以全盘承受的态度，连渣滓都吸收过来。吸收的标准，当决定于现代中国的需要。

我们的回答的是，就退一步来说，我们承认我们一百年来，已经把了渣滓都吸收过来，而同时这些渣滓既已很不容易除去，那么在今日的我们，与其费了不少力量去除去这些不容易除去的渣滓，不如格外努力去连其精英都吸收过来。把精英都吸收过来，而加上所谓不容易除去的渣滓，岂不是成为全盘的承受吗？

十教授在《宣言》里虽然也有了不复古、不守旧的口气，然而事实上、骨子里，既像我们上面所指出的，是趋于复古，偏于守旧，或是至多也不过是徘徊于复古与折衷的路上。那么，主要的，他们所反对的，不能不说是全盘西化的主张了。

十教授的《宣言》，而尤其是十教授的《总答复》，虽然是反对全盘西化的主张，然而在《总答复》里的十教授的态度，比起在《宣言》里的十教授的态度，已变得很厉害。而且在《总答复》里，在表面、在词句上，他们对于全盘西化虽加以指摘，加以批评，然而事实上、骨子里，已是有意或无意的趋在这条路上。我现在且把他们的态度的变化与趋向略为解释，使我们不只可以明白十教授在《宣言》里的思想与在《总答复》里的思想有了很大的差异，而至于不少的矛盾，而且可以了解，在《总答复》这篇文里，就有了不少的矛盾、不少的错误。

我们在上面一章里已经指出，假使我们不把中国本位的文化当为中国固有的文化，或是重中轻西的文化，那么所谓"中国本位的文化"这个标语，就没有什么意义了。我们并不忘记，十教授在《宣言》里曾有"吸收欧美的文化是必要而且应该的""存其所当存""吸收其所当吸收"等等词句。然而，十教授也得明白，假使这种中西合璧的办法而能谓为"中国本位的文化"，那么全盘西化也可以叫做中国本位的文化了。因为，所谓中国本位的文化，既能容纳一部分或大部分的西化，也能容纳全盘西化。不过这里所说的中国本位的文化，无异等于所谓西化或全盘西化，是指着中国而言；而其结果是没有什么意义。因为无论何人，都会明白我们所谓西化或全盘西化，是指着中国而言的呵！

所以所谓"中国本位的文化"，在《宣言》里，不只理论上是近于复古、偏于守旧，就是事实上、骨子里，也是近于复古、偏于守旧，至少是重中轻西的折衷办法。

至于在《总答复》里，十教授告诉我们道：

> 我们深信不同的时地，不会有完全相同的需要。闭关时代的中国和门户洞开以后的中国，其需要固截然不同，处于侵略者地位的世界列强和处于被侵者地位的中国，也有其不同的需要。我们倘承认各时各地有各时各地的需要，那就应该肯定是时是地的中国自有其特殊的需要。应着这特殊需要而产生的文化，当然和闭关时代的中国文化或世界列强的文化不同，而我们所揭橥的中国本位文化建设，就应以这种特殊需要为基础。我们的信念如此，所以我们所揭橥的中国本位文化建设，在纵的方面不主张复古，在横的方面反对全盘西化，在时间上重视此时的动向，在空间上重视此地的环境。热切希望我们的文化建设能和此时此地的需要相吻合。

我们应当指出，十教授一方面以为时代已变，中国不能复古，一方面中国有其特殊境地，不能效法西洋，已有了矛盾。原来时代与境地并非两种完全没有关系的东西，其实时代一变，境地往往随之而变。自中西海道沟通，而尤其鸦片战争以后，中国在时代上固有了很大的变迁，就是境地上又何尝不有很大的变迁。而况事实上，所谓时代的变迁，往往就是指着境地的变迁。五口的开放，以至于其他各处的开放，不只是时代的变迁，也是境地的变迁。而且五口以及其他各处的开放，不只是五口与这些地方的本身的开放，而是整个中国的变迁。十教授不明白这个道理，以为时代可以变化而不能复古，而却又以为境地是永远不变而有特殊性的存在，这岂不是一个矛盾、一个错误吗？

然而，十教授的《总答复》里，对于中国本位的文化的解释，已从近于复古、偏于守旧，而趋于近于根本西化与全盘西化。上面所抄的《总答复》那段话，已有这种暗示。然而我们所特别加以注意的是，十教授在《总答复》里虽然像《宣言》里以为中国本位的文化建设是要"合此时此地的需要"，但是他们所谓"此时此地的需要"，现在却已变为（一）充实人民的生活，（二）发展国民的生计，与（三）争取民族的生存。十教授对于这三点，曾分开说明：

第一，人民的生活需要充实。中国人民的生活非常贫乏，物质方面不消说是不如人，精神生活亦何尝丰富？萧条的城市，枯窘的农村，是人们生活贫乏的反映；智识的缺乏，行动的凌乱，意气的萎靡，感情的枯燥，也是人民生活破产的象征。

其次，国民的生计需要发展。对外贸易和产业状况是衡量国民生计的尺度。中国现在是贸易入超、产业落后、农村崩溃的国家，国民生计怎能不力求发展？

最后，民族的生存需要保障。鸦片战争以还，帝国主义的势力不断侵入；从城市到乡村，密布了帝国主义束缚中国民族自由的网罗。蚕食鲸吞下的领土，何止日蹙百里。巧取豪夺下的中国主权，也早已痛切剥肤。加以经济的榨取，没有止期。整个中国民族的血液，行将枯竭。这更是当前的一个生死问题。

中国的人民生活，既这样的贫乏；中国的国民生计，又是那样的落后；中国民族的生存，又是这么的危险，那么中国文化之要改造，是无可疑的。其实十教授在上面数段话里，所描写中国文化的贫乏、落后与危险，比之主张全盘西化的人们所看见的中国文化的贫乏、落后与危险，较为露骨。主张全盘西化的人们之所以主张全盘西化，无非就是要想除去这些贫乏、落后与危险的情况，而使中国成为一个富裕、先进与治平的国家。十教授既能感觉到这种贫乏、落后与危险的情形，那么十教授也无疑的必能感觉到，中国的文化若非澈底的去改造，全盘去西化，中国的前途是更将不堪设想了。

不但这样，十教授在上面所提出中国的三种需要，从文化的立场来看，在名词上固是不同，在事实上不但有了密切的关系，而且并没有什么的差异。第一点的人民生活固是与第二点的国民生计有了密切的关系，而第二点的国民生计也与第三点的民族生存又有了密切的关系，因此之故，不只第三点与第二点是与第一点是不能分开的，而且第三点与第二点，也可以说是包括或依赖于第一点。十教授在第一项既很显明的指出："中国人民的生活非常贫乏，物质方面不消说是不如人，精神生活亦何尝丰富？"那么十教授不但承认在文化的物质方面，我们是不如人，是要西化，而且承认，在文化的精神方面，我们也不如人，也要西化了。物质与精神两方面都要西化，岂不是成为全盘西化吗？

我已说过，十教授在《宣言》里的态度是偏于复古的。就使我们承认了他们的"存其所当存，吸收其所当吸收"的标语，他们也跳不出折衷派的圈子。现在在《总答复》里，他们不但反对"任何复古"，而且反对各种折衷。所谓"复古的企图，不但是抱残守缺，简直是自觅死路"，是很明显的指出，现在所遗留的多少固有残阙也要扫除。所谓"对于任何复古的企图，都采排斥的态度"，是很肯定的排斥整个固有的文化，那么十教授在这里不但放弃了日本画家的理论，而且放弃了"存其所当存"的态度了。

十教授说"有什么体便有什么用，有什么用便有什么体"，又说"物质和精神是一个东西的两方面，根本不能分离"。这种理论本是我们主张全盘西化的人的理论，我很奇怪十教授现在也能承认。十教授既不反对西化之用，则采纳人家之用，不能不采纳其体；十教授既不反对物质西化，则采纳人家的物质，不能不采纳其精神。这样看起来，试问除了全盘西化之外，还有什么办法呢？

折衷派的支流虽不少，但大概上，我们可以说，从一八六五至一八九四的三十年，中国人对于西化的态度，可以薛福成的"道的文化（中）与器的文化（西）"来代表；从一八九五至一九一四的二十年［的］中，国人的西化态度，可以张之洞的"中学为体、西学为用"来代表；从一九一五到现在的二十年，中国人的西化态度，可以最流行的"精神文化（中）与物质文化（西）"来代表。道器之说，现在固少有人注意，其在当时也因复古势力太大，不易流行。至于体用之说及物质与精神的论调，都可以说是四十年来一般折衷派的护身符。十教授现在既一脚踢了"任何企图的复古"，又一拳打了所谓"金科玉律"的折衷论调，而相信文化不能分得开的理论，难道十教授还不承认他们是跑在全盘西化的路上吗？

我已指出，十教授的《总答复》是趋于全盘西化的路上，现在且来答复他们对于全盘西化论的批评。

十教授说"贸然主张全盘西化，岂但反客为主"，"直是自甘毁灭"。关于这一点，我用不着把十教授的《总答复》里的话去反驳他们自己，即退一步而把十教授的《宣言》来讲，十教授既说"中学为体、西学为用是皮毛的办法"，那么十教授至少愿意吸收西洋文化之一半或多半，而至多不过愿意保存中国文化之一半或少半。这么一来，十教授也岂不是甘自毁灭了一半或多半的固有文化，而打破主客之分，或是"反客为主"吗？

十教授既不明瞭所谓社会主义的文化与资本主义的文化有了一种共同的基础或性质，又不能具体的指出这两种文化有了什么根本的差异，同时好像忘记了这两者都是西洋文化。我的意见是，现在人们所谓社会主义文化的国家，不但在外交上，正与所谓为资本主义的文化的国家力求合作，近来，连了宪法也要从后者采纳过来。此外，无论在科学上，在工业上，以及文化的其他方面，在根本上都找不出什么差异来。

十教授说："敢问全盘西化论者，从何化起？"我的回答是，七十年来的中国，在文化的各方面，如教育、科学等等，虽然比不上西洋各国，但是已经西化，而且有了多少进步。所以"从何化起"这个问题，大概上是无关重要的。我以为我们在消极方面，苟能不做复古梦想，不做折衷空谈，以免阻止西化的发展；在积极方面，苟能特别努力西化，那么今后所得的进步，必当更多。我在

《再谈"全盘西化"》一文（《独立评论》一四七号）已经说明，全盘西化比之复古与折衷，都较为具体，较易采纳。假使十教授不相信我这话，我愿意回敬一句道：敢问所谓中国本位的文化建设宣言者，从何建设起？

十教授之所以不满意于全盘西化论，不外是上面所举出的三点。可是事实上，这三点都可以说是无的之矢。于是我们更可以明白，十教授已有意或无意的趋于全盘西化的路上。

末了，我愿意摘录我在《独立评论》一四九号所发表《从西化问题的讨论里求得一个共同信仰》一文里几句话，以为本文的结论：

> 我以为西化这个问题，经过这一次讨论之后，已有相当的共同信仰。这就是：我们应该全盘西化。至少这一次的讨论的趋向，是在这条路上。

第十一章　吴景超的折衷的文化（一）

最近吴景超先生在《独立评论》第一三九号发表一篇《建设问题与东西文化》，里面说明在东西文化的态度上，他是主张折衷办法的。因此，他对于我所主张的全盘西化说，特别加以批评。我阅了他这篇文之后，忍不住的要请《独立评论》的编者给我一些篇幅，使我有个机会，一方面略为指出吴先生的错误，一方面稍事解释我个人的立场。

吴先生同我一样的分关于中国文化的出路的态度，为三派：一是全盘西化派，一是折衷派，一是复古派。关于复古派，我同意于吴先生所说"没有讨论之价值"，虽则现在还有不少的人们提倡复古。

吴先生劈头便把胡适之先生来和最近的十教授的《中国本位的文化建设宣言》当做同为折衷派，而相提并论。照我个人的意见，胡先生的整个思想，虽不能列为全盘西化派而乃折衷派中之一支流，可是若以为胡先生的主张，是与仿佛回到张之洞的"中学为体、西学为用"的十教授的宣言一样，好像未免有点冤枉。这一点，我希望胡先生来给我们一个解答。

全盘西化说吴先生又分为两派：一是以文化社会学为根据的，一是以经济史观为根据的。我以为近年以来，国人之相信经济史观者，固然很多，但是我并没有听见他们之中，有主张过全盘西化者。经济不过是文化很多方面的一方面，经济史观又不过是经济思想的一派，吴先生好像明白这一点，所以他说"经济史观不能作全盘西化的护符"。其实据我所知的，经济史观的拥护者，大都是折衷派，所以前年我在中山大学讲演全盘西化说后，去年一年中继续不断的在《广州民国日报》及他种刊物所发表关于这个问题的好多文章中，反对全盘西化的名称与理论最力的，是相信经济史观的人们。吴先生把相信经济史观的人们，来列入全盘西化派，不但我个人觉得很不妥当，就是他们自己，也未必愿意罢。

吴先生以为文化的各方面都有连带及密切的关系而分开不得的论理，只含有一部分的真理，所以他说："文化的各部分，有的是分不开，有的是分得开。"他的证据是：

> 采纳了西洋电灯，可以不必采纳西洋的跳舞；采纳了西洋的科学，可以不必采纳西洋的基督教。

吴先生好像忘记了西洋跳舞的发生，是先于电灯的发明；西洋基督教的发展，是先于科学的发达。同时，他又好像忘记了电灯发明以后，对于现代的跳舞不无多少的影响；科学发达以后，对于现代的基督教也不无相当的影响。又吴先生既然明白我们"不能一方面采纳西洋的男女同学，而一方面还保存中国的男女授受不亲的礼教"，为什么吴先生又忘记了要是我们能够打破了中国的男女授受不亲的礼教，我们也可以——而且有时免不得要采纳西洋的跳舞。从现代的礼仪上看去，比方我们的外交官及其太太们，应当学学跳舞；从现代的教育上看去，跳舞是西洋的动的教育的一种表示。所以在我们的西化教育的幼稚园、小学，以至女子中学，还且设科或公开教授跳舞。我想我们既能教幼稚、小学以至女子中学的学生去跳舞，试问男子中学或大学生，若要跳舞起来，我们又有什么理由来反对呢？何况照今日的社会及有些学校的实况来看，跳舞不但是一种事实，而且我们已没有法子去阻止其发展、严禁其发生。若说跳舞是坏的，那么吹鸦片、打麻雀，岂不是更坏吗？至于宗教，照常人来看，虽与科学好像处于对抗的地位，然而我们不要忘记：西洋的好多科学家，都是基督教徒。而且西洋科学的早年输入中国，反正是基督教的功劳。一个西洋人，或西化的人固然不必是基督教徒，可是他的日常生活如礼拜休息等之受基督教的影响是不能否认的。

事实上，我们三百余年来对于基督教的排斥，和十余年对于跳舞的指摘，不可谓为不力。然而为人们与政府所反对的基督教与跳舞，和为一般人所欢迎的科学与电灯之在中国的发展，恰成了正比例。这一点，是反对文化各方面都有连带关系而分开不得，而主张取人之长、去人之短的折衷派的人，所要特别注意的。这些事实，不外是证明文化的一方面若受了影响，他方面也必受其波动的道理罢。

而且当我们讨论东西文化时，我们不能不把中国文化的各方面，来和西洋文化的各方面，比较比较，看看那一种的文化，是较为优美，或合于时势。但是所谓比较，应当以同种的东西为标准。譬如中国的娱乐，应与西洋的娱乐相比较，中国的宗教应与西洋的宗教相比较。我个人至今虽不会跳舞，不是基督教徒，然我始终觉得与其吹鸦片、打麻雀，不如跳舞；与其崇拜道教、佛教，不如信仰基督教。如此类推，凡是平心静气的人，总不能不承认中国文化，无论在那一方面，都比不上西洋文化。于是可知全盘西化的理论，并非凭空造出来的。

因为，吴先生相信文化本身是可分开的，所以他表同情于程天放先生，而分文化为两部分：一是含有世界性的，如自然科学，以及交通、工业、医药等；一是含有国别性的，如政治制度、教育设施、交际礼仪、生活习惯等。这种分类，照我个人的意见，简直是和六十年前的薛福成所谓"器的文化与道的文化"，和二十年来的"物质文化与精神文化"等分类，名称上虽是不同，事实上没有大异。以这种分类而区别东西文化的错误，我在别处已经指摘，胡适之先生八年前所发表的《我们对于西洋近代文明的态度》一文也曾做过多少批评，不必再事讨论。我在这里所要辩正的，是吴先生所提出的具体的例的错误。吴先生说：

> 美国所"创造"的教育系统，只有在美国的环境中可以发生作用，可以维持下去；别国的教育系统，也许有一二点仿效美国的地方，但整个的看

来，没有一国的教育系统，可以说是与美国的完全一致。由此可见，别国的人学美国，有的可学得到，有的却学不到，全盘西化的理论，在这种观念之下，大约是不能成立的。

我的观察，却正和吴先生这种意见恰恰相反。美国的教育系统，在枝节上，或和吴先生所说有一二点，也许和欧洲各国的教育系统，没有一致，然根本上却是相同。不但是因为美国的教育系统，本来就是欧洲的教育系统，而且因为美国现代的教育系统，无论从那一方面来看，都没有大异于欧洲各国教育系统。使吴先生而不相信这话，我愿意吴先生能够具体的提出证据来说明。而且在教育的系统上，美国并没有什么特殊的创造；就是有了，也不见得他国不能学得到。又所谓创造，也无外是西洋教育系统的伸张，我们东方人所以能把美国与欧洲各国的教育而名之曰西洋教育，就是这个原因。至于中国教育，在东西教育尚未接触之前，固可以说是自成一种系统，然近年以来，除了一些苟延生命的少数私塾以外，试问我们的教育系统，在那一方面不是朝向西化的路途呢？没有受过西洋的影响呢？至少清华大学与南开大学的教育系统，在根本上，在大致上，甚至在枝节上，是采纳西洋，而特别是美国的教育系统呵！

梁启超先生在其《先秦政治思想史》里曾说过：

> 国故之学，曷为直至今日乃渐活耶？盖由我侪受外来学术之影响，采彼都治学方法，以理我故物。于是乎昔人绝未注意之资料，映吾眼而忽莹；昔人认为不可理之系统，经我手而忽整；乃至昔人不甚了解之语句，旋我脑而忽畅。质言之，则吾侪所恃之利器，实"洋货"也。

死的国故，且要西洋方法来注射，始能复活，试问中国还有什么东西，是不要西化而始能复活呢？

至于吴先生说"别国的文化……有的无从采纳"，和"别国人学美国……有的却学不到"，我更不能表以同情。我想神妙如飞天，中国人都能学习，打破中国文化基础的家庭的基督教，中国人都愿意采纳，试问还有那一种文化，是我们无从采纳，而学不到的呢？文化是人类的创造品，除非我们承认我们是生来没有西洋人那样聪明，那样灵敏，那么我们无从相信西洋人所能达得到的文化，我们没有法子做得到。

吴先生又说：

> 在"西洋文化"这个名词之下，包含好多相冲突，互不两立的文化集团，独裁制度是西化，民主政治也是西化。……所谓全盘西化，是化入独裁制度呢？还是化入民主政治？……西方文化本身的种种矛盾，是主张全盘西化者的致命伤。

吴先生在这里，又是陷于枝节问题的讨论，而忽于根本原则的所在。举一个例罢，凡是提起"国学"这两个字起来，国人不假思索而知其为所谓中国"固有"的学问。这种"固有"的学问，是自成一种系统，而别于西洋的学问。这是一个根本的原则。然而国学之中，有所谓古学、汉学、宋学、清学种种的分别，与不少的冲突。可是这种的分别和冲突，从整个国学或从西学看起来，只是枝节的问题。同样，在"西方文化"这个名词之下，分析起来，固然是五光十色，斑驳陆离，可是总而观之，他们却有共同的基础，共同的阶段，共同的性质，共同的要点。所以在西方文化里，所谓极右与极左的政治主张与运动，不但是这个时代环境中的变态，而且事实上，他们并不推翻与离间民主中心的政治。所以西洋人，虽然有的有皇帝，有的有总统，有的有独裁，可是他们的独裁，不但是暂时和局部的现象，而且能够顾及民意、奖励民治，他们的总统，既未必像我们的总统，还要一做皇帝，他们的皇帝的权力，也不像我们所想像的大过总统。皇帝也好，总统也好，甚至独裁也好，不但在趋势上，是朝向较为民主化的途道，而且事实上，目下西洋人民之享受政治的权力，无论在数量上，或在范围上，比之欧战以前，只有增加，没有减少。

这个道理，吴先生当能明白。比方近来关于民主独裁政治的讨论，吴先生在《独立评论》第八十四号所发表的《革命与建国》一文，是被人认为拥护独裁政治的言论。可是读过吴先生的《中国的政制问题》（《大公报》十二月三十日"星期论文"）的人，免不得又要以为吴先生是一位民主政治的辩护者。胡适之先生最近在《大公报》"星期论文"（二月十七日）说明大家——主张独裁者及主张民主者——都有一个共同的信仰，可以说是去了我所谓的枝节的问题，而注重于根本的原则一个具体的例。所谓全盘西化，就是从这根本的原则上着想。何况无论独裁也好，民主也好，甚至蒋廷黻先生所提倡的专制也好，还是不折不扣的西洋文化呢！

上面是批评吴先生对于全盘西化论的批评，我现在且来批评他站在折衷派的立场，而提出三种办法。

吴先生的第一种办法是：

> 我们要指出，在中国固有的文化中，那一部分还有适应环境的活力，因此应当保存。

我以为吴先生在这里完全忽略了两种文化接触后的趋势。我的意见是，两种文化接触以后，从其发展与趋势来看，所谓保存固有文化这句话和这件事，是绝对没有存在的可能。这一点我在拙著《中国文化的出路》一书里，已经详细论及（页三四—四一），不必再述。

总而言之，从东西文化接触的趋势来看，接触以后，东方固不能存其固有，西方也不能存其固有；因为前者正在其趋于消灭的途程，而后者正趋于为共有的道路。从东西文化的程度来看，我们无论在文化那一方面，都没有人家那样的进步。从文化本身的各方面的连带关系来看，我们不能随意的取长去短。从东西文化的内容来看，我们所有的东西，人家通通有，可是人家所有的很多东西，我们却没有。从文化的各方面的比较来看，我们所觉为最好的东西，远不如人家的好，可是我们所觉为坏的东西，还坏过人家所觉为最坏的千万倍。

不但这样，一般自命为提倡保存固有的文化的人们，每每忘记了他们今日所提倡的固有的文化，除了为了外人所利用以压我民众，或为好奇心理而当做古董欣赏的文化以外，对于国家人民没有有过丝毫的帮助。比方从中国的"固有"的文化立场来看，优伶是低下的位置，做戏是鄙贱的职业。然而，因为一方面受了西化的影响，一方面为欲满足西洋人的好奇心，我国上自院长，下至平民，竟然费了不少的金钱、时间与精神，捧起梅兰芳与胡蝶，而位之于外交大使之列。好像使了一般守旧复古者流，也免不得要有生子不如梅郎、生女不如胡蝶之叹。又如孔教经书是二千年来的中国人所谓为固有的文化的精华，可是革命以后，尊孔读经几于绝迹。香港政府见其"不在其位，不谋其政"与"民可使由之，不可使知之"的信条，是合于殖民地的高压政策，因而特别奖励之，保护之。故二十年来，香港遂成为国人尊孔读经的唯一大本营。二十年来，吾国政府与人士之因此而目香港为帝国主义，为愚教吾民、奴隶同胞者，比比皆是，而未闻其提倡尊孔读经。到了东北四省丧失之后，日本人欲师香港政府之故智，而利用孔教经书，于是举国若狂，大声疾呼而提倡卫道。同是一样的政府，同是一样的人士，其行为的矛盾，有如此者！我回忆十多年前一般革命名流之到南洋，向着我们一般十岁、八岁，不知孔教经书为何物的小孩子，提倡打倒拥护专制政治的孔家店，而今又来提倡"开张骏发"，真有隔世之感了！

吴先生说："第二件事，我们要做的便是指在西洋文化中那部分应该采纳，能够采纳。"采纳西洋文化，是我们所主张的。可是吴先生之所谓"应该采纳，能够采纳"，是含有条件的。吴先生说：

> 我们的责任，便是经过研究之后，指出西洋文化中，那些部分，对于我们历史的背景、地理的环境、人民的能力，采纳过来，便可发生美满的结果。

照吴先生的意见，中国有中国的国情，所以采纳西洋文化时，我们应当以合于我国国情的以为标准。然而什么是国情呢？我在《独立评论》第四十三号所发表的《教育的中国化和现代化》一文里，曾说：

> 国情这两个字，虽然可以包括一切的天然、气候、地理、物产、人种以及文化的情况，然而事实上所指明的，根本却只能说是文化方面。我们承认天然、气候、地理、物产上的不同，固然可以影响到教育的制度，然在文化进步的社会，这些东西的影响，其实微乎其微。而且事实上，中国的天然、

气候、地理、物产和西洋文化先进的各国，并没有多大的差别。此外，若说中国的人种的聪明和脑力，不像西洋人那么高超，所以说不到来模仿新教育，配不上来享受新教育，这是不论何人都会不承认的。

教育固是如此，整个文化也是如此。吴先生所说的"地理环境、人民能力"，对于全盘西化既没有问题，吴先生所说的"历史背景"无非就是指着我们的"固有"的文化。但是"固有"的文化，一方面既不合于现代的环境和趋势，一方面又为采纳西洋文化的窒碍物，试问我们除了扫除这种"固有"文化之外，我们还有什么方法去采纳西洋文化呢？

不但这样，吴先生虽然告诉我们"取人之长、舍己之短"等老生常谈，是无济于事，可是他在上面所提出两个办法，还是老生常谈。他虽然特别注意于"具体"的研究与讨论，可是他所说的"具体"，还是纯粹的抽象。因为他还没有具体的指出那部分的中国的固有文化，应当保存，能够保存；他还没有具体的指出那部分的西洋文化，应该采纳，能够采纳。

事实上，采纳西洋之长来调和中国之长的折衷论调，我们至少已唱了七十年。然而七十年来，这种论调，除了一般时代的投机者，用为采纳所谓西洋文化之短来加上所谓中国文化之短的护符外，我们并不见得有过相当的成绩。比方一个称为沟通东西方文化的机关，往往成了麻雀跳舞的场所。又如坐汽车，住洋楼，而口说周孔之道的人，又何莫非是自命为中西合璧的折衷派呢？于是可以明白折衷派的标语，无论如何好听，可是事实上，所生出的危险，恐怕远在真正复古派之上呵！

我们主张全盘西化，并非以为西洋文化之在今日，已臻完美至善的地位。我们的见解是：中国文化根本上既不若西洋文化之优美，而又不合于现代的环境与趋势，故不得不澈底与全盘西化。全盘西化也许免不去所谓西洋文化的短处，可是假使我们而承认西洋文化之长为百分之六十，中国文化之长为百分之四十，我们若能全盘西化，则我们至少有了二十分的进步。比之一般希望以西洋文化之长而调合于中国文化之长，而其结果却是取人之短、留己之短的危险，相去之远，可以想见。何况文化本身是不能分开，何况西洋文化无论在那一方面，都比中国的文化为进步。

最后，吴先生说：

> 我们在建设的过程中，不但要保存中国的优美文化及采纳西洋的优美的文化，有时还要创造新的文化，来适应新的环境，或满足新的要求。

从一方面来看，创造别一种新文化这个问题，是超出于东西文化的讨论的范围之外。可是从别方面看起来，西洋文化在近代之所以能够有一日千里的进步，就是因为她的动性较强；二千年来的中国文化之所以停滞不发展，就是因为她的惰性较深。惰性较深，就是表示没有创造力；动性较强，就是表示有创造力。因此，有些人且叫中国的文化为保守的文化，西洋的文化为创造的文化。这样看起来，全盘西化，实为中国创造别一种新文化的张本了。

第十二章　吴景超的折衷的文化（二）

胡适之先生两个月前，曾发表了一篇《从民主与独裁的讨论里求得一个共同政治信仰》（二月二十七日，《大公报》"星期论文"，《独立评论》一四一号转载）来作民主独裁的争论的一个暂时结束。吴景超先生最近在《独立评论》一四七号发表一篇《答陈序经先生的全盘西化论》，希望我们因讨论这个西化问题，"也许可以得到一个最低限度的共同信仰"。因而不揣愚陋，作东施效颦，也来把《独立评论》与《国闻周报》在这两个月来所发表数篇关于西化讨论的文章，大略加以分析，写成此篇。

我以为，吴景超先生在《答陈序经先生的全盘西化论》一文里的态度，比起《建设问题与东西文化》一文里的态度，已经变化得很厉害，虽则他在前者里所提出的几点，可以商榷之处尚多。我现在且先讨论他所提出的几点，然后解释他的态度的变化，以及其他学者的意见。

吴先生始终不明瞭文化的各方面有了连带与密切的关系而分开不得的理论。这一点我已一再解释，不必赘述。我在这里只要声明，这种理论，只是我主张全盘西化论的很多的理由之一，所以纵使文化的各部份是可以分得开的，有如吴先生所说，全盘西化论，仍可成立，这是读过我的著作的人所能容易看得出的。而况文化的各部份，是有了连带关系而分开不得。

吴先生又很肯定的说："这种文化分不开的理论，还没有一位学者能够证明他。"我的回答是：一种理论，若有了事实的证明，不一定要借重于某一学者来张目；而况事实上，这种理论，也不是我一个人的理论。我不能而且不愿在这里多举例子，我以为只是读过 W. D. Wallis 的近著《文化与进步》（Culture and Progress）一书的人，便能明白了。

吴先生提出霍布浩士教授对于这个问题所研究得的结论，来证明他的文化各部份可以"分得开"的理论，可是他忘记了霍布浩士教授所说的每种社会里的文化的各方面，仍是有了连带与密切的关系而成为体系。所以这种文化的某一方面，若受了较优的文化像西洋的文化的影响，则其他方面，也必波动。比方他们若接受了西洋的教育或宗教，则他们的一夫多妻或一妻多夫的制度，也必受其影响。若不是这样，而照吴先生的看法，那么结果岂非有像了张佛泉先生所说"坐了汽车，却同时仍要保持东方人玩姨太太的特权"的危险吗？难道吴先生不赞成一夫一妻的制度，而为一夫多妻或一妻多夫的制度辩护吗？

关于吴先生的第二点，我已说过，"我并不以西洋文化之在今日已臻完美至善的地位"，所以我不会"没有条件"的赞美它。我只是说：比较上，西洋文化是优胜于中国的文化，而且，从现代文化的趋势及其他的理由，我们应该全盘西化。要是我们因西化而生出弊病来，那么补救的方法，还是要努力去西化。正如我们制造的飞机，时时有坠下来的危险，那么补救这种危险，还是要努力去学习飞机，决不是空谈不要飞机而提倡习大刀作骡车所能适应于现代的世界。

我说"一个受过现代西洋的精确的缜密的教育的人，见了女人而不脱帽子，是一件失礼的事"，吴先生忘记了上一句，而仅取下两句，遂谓这是奇谈，我真莫名其妙。也许像吴先生自己在外国时及回国后，看见了女人，从没有脱过帽子，故出此言。至于我方面，只因为见了现在一般受过西洋教育的人，见了女人多脱帽子，是一件事实，故尔那样的说。而且我很奇怪吴先生好像以为"礼"就是"理"。吴先生不应该忘记"礼"未必是合于"理"的。所以吴先生以为西人"见女人要脱帽子，那么见了男人也应该脱帽子，才算有礼"，恐怕是吴先生的"理"罢。

至于吴先生提出胡适之先生所谓"吃饭的，决不能都改番菜，用筷子的，决不能全用刀叉"，来"为折衷论者的张目"。我以为我们不要忘记胡先生曾一再声明折衷论是不可能的。我个人的意见是：不但一般留过学的人，在外洋的时候能吃番菜，能全用刀叉，就是国内的番菜馆的逐渐增加，也足以证明我们能吃番菜，能全用刀叉。至如西菜之较合卫生，尤其余事。

再如中国的语言问题，我以为自《马氏文通》刊行以后，我们的语言已逐渐趋于西化。胡适之先生所提倡的白话文与标点也是西化。钱玄同先生及好多人提倡改用罗马字母字，可以说是全盘西化的主张。明生先生在《双周闲谈》（《独立评论》一二六号）里，以为在现代生活速度增加的世界里，中国应当设法使一切的事情，赶快的加快。他说：

> 中国加快的大阻碍之一，我认为是文字。中国的文字，无论如何加快，赶不上用字母的文字。假使我们真有加快的决心，废止汉字，倒是一个重要的步骤。

我想凡是对于西文有过相当的研究的人，大概都能表同情于明生先生这种观察。所以若说中国语言是不能西化，则我们又怎能会学西文呢？若说中国语言是我们固有的东西，所以定要保存，那么我们何不提倡固有的结绳与古文，而要白话文呢？我们何不提倡较为近于古音的固有的广东话，而要国语呢？

我们现在可以谈谈吴先生所提出我们对于西洋文化的四方面所应采纳的态度，而指出他自己的态度的变化的程度。

吴先生的第一点是"对于某一部份的西方文化，我们愿意整个的接受，而且用他来替代中国文化中类似的部份，如西方文化中的自然科学、医学等等"。这一点我们没有可以讨论。

吴先生的第二点是"对于某一部份的西方文化，我们愿意整个的接受，只用但以补充中国文化类似的部份,而非用以代替中国文化中类似的部份,如哲学、文学等等"。因此吴先生以为"我们可以读柏拉图的《共和国》,但也不必烧《论语》"。我在这里应该声明,研究与应用是有不同的。主张全盘西化的人,不但不会烧《论语》,而且表同情于大学里有些人研究《论语》。其实,不但在西洋或西化的图书馆里,保存《论语》比较妥当得多;而且在西洋或西化的大学里的人,研究《论语》的方法与成绩,比较好得多。然而我们不能因此而说是要实行《论语》的生活。黑格儿在一百年前,已经感觉到《论语》的生活不适用。他且好像以为假使《论语》而不翻译为西文,孔子的声誉之在西洋,也许较好(参看《世界历史哲学讲义》)。可是他却不因此而不研究《论语》。张佛泉先生所谓"由一个论语式的头脑,换上一个柏拉图的头脑",大概也是这样。

吴先生的第三点是"对于某一部份的西洋文化,我们愿意用作参考,但决不抄袭"。吴先生又接着说道:"我们所以采取这种态度,或因一部份的文化,瑕瑜互见,我们不能把精华与糟粕一齐吸收过来;或因这一部份的文化,与中国国情不相合,无全盘接收的可能。"这么一来,吴先生对于这一部份的西洋文化,不只是愿意"用作参考",而且愿意"抄袭"其中的一部份或一大部份了。我的意见是,在事实上,我们现在早已吸收了很多糟粕,而且这些糟粕不易除去,故应当再把精华吸收过来,而成为整个西化。至于吴先生提出国情这个问题,我在《关于全盘西化答吴景超先生》一文里,已经解释。沈昌晔先生在《国闻周报》十二卷十四期所发表《论文化的创造》一文里,也说得很有道理:"要是采纳西洋文化须以中国的意识形态之适应与否为标准,那么我们根本不必采纳,现存的中国文化,不是更能适应中国的意识形态吗?"沈先生所说的中国"意识形态",岂不就是吴先生所说的"国情"吗?总而言之,吴先生在这一点里所说西洋文化的精华,既可以采纳,而照吴先生的说法,适于国情的东西,也可以采纳,那么,关于这一部份的西洋文化中,至少有了一半,是可以采纳的。

再就吴先生所举的例子来谈。关于西洋文化之"如资本主义,他们的大量生产方法",吴先生既赞成采纳,我们无可讨论。至说"西洋人的利图,高于一切的动机,因提高价格,不惜焚烧存货的举动",我们应该知道,这也非西洋人所愿意提倡的。关于别一类的西化,如关税政策,吴先生既以为,我们不能不以他们西洋人的办法为根据,那么,事实上我们就不能不以他们的标准以为衡。这么一来,所谓"中国本位"的关税政策,岂非成为西化的政策吗?

吴先生的第四点"是对于某一部份的西洋文化,我们却不客气的加以排弃"。吴先生的例子是如"迷信的宗教、儿戏的婚姻、诲淫的跳舞(交际的跳舞不在内)、过份的奢侈等"。吴先生应该明白,这些的文化,西洋人也何尝提倡?主张全盘西化的人,又何尝提倡?纵使我们承认西洋的这些文化,是常见的不良现象,然而反过来说,则西洋的非迷信的宗教、非儿戏的婚姻、非诲淫的跳舞、非过份的奢侈等，为吴先生所愿意采纳，是无可疑的。这么一来，这一点里所说的西洋文化，至少有了一半是吴先生所愿意采纳了。吴先生在《建设问题与东西文化》一文里，我们可以采纳西洋的电灯与科学而不要采纳西洋的跳舞与基督教，现在既已声明，以为"交际的跳舞不在内"与只"迷信"的宗教，那么吴先生的态度变更之厉害，可以说是出乎我意料之外了。

不但这样，若照吴先生上面所说的四种采纳西洋文化的态度，而用张佛泉先生的算术方法加起来，则第一与第二两点里的两个整个相加起来，得了四分之二；第三与第四两点里的至少各半，"半上加半"，又得了四分之一；再把四分之二与至少的四分之一相加起来，那么吴先生岂不是像了张先生所说"已承认了西方文化的四分之三"以上而"竟与全盘西化论很近了"吗？

而况事实上，吴先生第四点里所要"不客气的加以排弃"的西洋文化，本可以说是已经包括在第三点里所说西洋文化的"糟粕"一类中。这样看起来，吴先生不但只承认了西方文化的四分之三以上，而其实是承认了三分之二.五以上了。换句话来说，吴先生不但只承认西方文化的十二分之九以上，而且承认了十二分之十以上了。吴先生既能承认了西方文化的十二分之十以上，那么吴先生之所异于全盘西化论者，恐怕是厘毫之间罢。至少吴先生当表同情于张佛泉先生的根本西化论。我以为能够表同情于根本西化论的人，似不应该"还是不敢赞同"于全盘西化论，因为我已说过，我们在枝叶上既已西化，而且难于除去，则加上进一步的根本西化，就是全盘西化。又张佛泉先生本是主张根本西化的，但是他既"与全盘西化论是非常同情的"，那么吴先生似也可以有同样的感想，未知吴先生以为如何？

上面是讨论吴景超先生以及张佛泉先生的态度。我现在再来略谈胡适之先生与沈昌晔先生的态度。

胡先生既已一再声明他是"完全赞成全盘西化"，与屡屡指出"折衷论的不可能"，那么在态度上他与我是完全一致的。又我既并不否认胡先生所说文化是有惰性的，那么我以为"好像有了矛盾""好像骨子里仍是折衷论调"的原因，大概只是在他所谓"文化的惰性自然会把我们拖向折衷调和上去"的历程，在他看起来，好像是当作一种永久的静态，而在我看起来，都是中西文化接触以后的一种过渡时期的畸形的现象罢。假使胡先生也以为"取法乎上，仅得其中"，只是一种暂时的现象，那么我之于胡先生，大概是没有什么差异的点了。

沈昌晔先生在《国闻周报》十二卷十四期所发表《论文化的创造》的长文，也是赞成全盘西化论的。他以为全盘西化是"创造中国新文化的出路"，所以他说：

> 我以为现在文化界的领袖们，应放大了胆来做采纳整个西洋文化，以培养中国的新精神的运动，不应怕全盘西化有成为西洋文化的附庸的危险而不

取，却应以大的魄力驾驭整个的西洋文化，使中国采纳后的消化，有良好的经过，这是创造中国新的文化的出路！

沈先生的论文里，虽也有多少地方可以商榷，然大体上，我是表同情的。此外，他所指出的好几点，与我在《独立评论》四十三号所发表《教育的中国化和现代化》文里所说的话，互有相类似之处，我愿一般反对全盘西化的人，对于他这篇文，要特别加以注意。

总之，我以为西化这个问题，经过这一次的讨论之后，已有相当的共同信仰。这就是：我们应该全盘西化。至少这一次的讨论的趋向，是在这条路上。所以末了，我愿意借用胡适之先生在《从民主与独裁的讨论里求得一个共同政治信仰》一文的结语，来做我这篇文的结语：

> 我们深信，只有这样的一个最低限度的共同信仰，可以号召全国人民的感情与理智，使这个飘摇的国家、散漫的民族，联合起来，一致向上的努力。

第四编

第十三章　张申府的分合的文化[①]

张申府先生对于所谓《中国本位的文化建设宣言》，大致上是表同情的，所以他的思想也是折衷派中的一支流。他曾说过：

> 宣言的本身是无可非议的，其中大部分的意见，即是本人自己愿意说的话。在五卅惨案发生时，本人曾有《第三之文化建设》一文发表，与此可谓同调。（参看《中国文化建设讨论集》附录页三〇）

他既表同情于《中国本位的文化建设宣言》，他对于全盘西化的主张，自然持了异议。而其批评全盘西化的主张的著作，是他在民国二十七年在生活书店里所刊行的《文化教育哲学》一小册。

张申府先生是用所谓"分"的观念，去批评全盘西化论。在《文化教育哲学》的小册的《抗战建国文化的建立发端》一章里，他以为主张全盘西化的人：

> 根本没有了解西洋文化，根本没有了解西洋文化一个核心的科学的出发点是分。因此，所注重的是数量，是分析，是分别，是分寸，为什么对于文化，要囫囵待遇？

我们承认，科学的出发点是"分"，同时我们不能否认，科学的实体也是"合"。"分"是为着我们研究的便利起见，"合"是科学的基本原理。植物与动物就有其根本的相合之点，普通生物学之所以能够成立，就是筑在这个"合"的观点上。其实，科学愈发达，则这个"合"的观念，也愈显明。生物学家像赫胥黎的有名的孙儿，已经告诉我们，生命与非生命的分别的困难已逐渐的增加。自然现象的方面固有其相合之点，文化现象的方面，也有其相关之处。就以张先生所说的西洋文化一个核心的科学来说，科学发达，不但文化的物质方面有了剧烈的变化，就是文化的社会与精神各方面，也受了很大的影响。近代文化的物质方面的发展，是由于科学的发达，这是人们所共知的。在文化的社会方面，所谓资本主义的社会，或是社会主义的社会，无论是直接上或间接上都与科学有

[①] 校按：本章系在陈序经《抗战时期的西化问题》（载昆明《今日评论》第五卷第三期，1941年1月26日）一文中张申府部分的基础上扩充而成，本章与该文重合处，依该文酌校。

了密切的关系。连了所谓社会的基础的家庭，也深刻的受科学的影响。因为科学发达，工业发展，不但在形式上，大家庭的制度逐渐崩溃，就是在功用上，以前的家庭人员，而特别是妇女们，终日忙于自耕自织、自备燃料、自制食品的工作，也大为减轻。因此之故，所谓妇女运动的发展，婚姻自由的主张，也可以说是直接上或间接上受了科学的影响。此外，在文化的精神方面，比方在思想上，因科学的发达而转为精密，在迷信上却因科学的发达而逐渐破除。前者的关系可以说是相成的关系，而后者的关系可以说是相反的关系。

总而言之，西洋文化的各方面，既可以因科学的发达而受了影响，那么假使中国若采取了西洋的科学，则不但中国的文化的品质方面必受了波动，就是中国文化的社会方面与精神方面，也必受了波动。全盘西化的理论的根据，可以说是筑在文化各方面的关系上与文化的现象的合点上。

而且事实上，中国的近代文化，不但与科学有了相成的关系的西洋文化的各方面已经自动或被动的西化，就是连了与科学处于相反的关系的西洋文化，如宗教、迷信等，也有意或无意的西化。西洋文化的各方面，中国都已采纳，或正在效法，固是全盘西化；西洋文化的各方面，中国若能澈底采纳，整个效法，也是全盘西化。其实，中国的今日的文化，无论那一方面，没有不受西洋的影响的，所以全盘西化，不只是一种主张，而且是一种事实。但是中国文化的各方面虽受西洋的影响，可惜这种影响不够澈底，所以比方我们虽有轮船制造厂，可是我们所造的轮船，不但质的方面没有人家那么好，就是量的方面，也没有人家那么多。而且我们的轮船制造厂，不但所造的轮船，不如人家的好，就是轮船制造厂的组织与计画，也不如人家的那样周密。所以主张全盘西化的人，不但主张全盘西化，而且主张澈底的全盘西化。

张先生又说：

> 事实上，中国历史的文化已受过多度的外来影响，吸收了不知多少当时的新分子。最什么的，从汉起为天竺，其次为大食，更次在明末清初有西洋。中国文化久已不是一个单纯的整体了，西洋文化自希腊而发展衍变到现在，更是一个化合物，那么今日怎么不可以自觉的把中国最好的东西清理出来，把西洋最好的东西慎选起来，根据新陈代谢的作用，化合出一个更新的东西？

我们并不否认，中国文化或西洋文化是一个化合品，不是单纯的整体。不过我们也得问问，中国现在有了什么最好的东西，可以和西洋最好的东西，化合起来而成为一个新的文化呢？假使张先生说西洋最好的东西是科学，那么采取了人家的科学，则中国文化的别的方面正像上面所说，必受科学的影响，而趋于全盘西化。其实科学是不是西洋的最好的东西，就没有一个正确的标准。五年前，西化问题讨论得热闹的时候，有些人，像吴景超先生，就感觉得科学是西洋最好的东西；有些人，像张佛泉先生，以为共和国的头脑是西洋最好的东西；还有些人，像刘湛恩先生，又以为基督教是西洋最好的东西。所谓选择西洋最好的东西，既没有一个正确的标准，那么所谓选择，就无从选择。其实科学、共和国、基督教等等，既都已来了中国，事实上中国已在全盘西化的路上，不过这些西化还不够澈底，所以主张全盘西化的人，希望科学家要专于科学的研究，致力于共和国研究的人，要得共和国的精神，做基督教徒的人，要有耶稣基督的人格。在西洋，科学、共和国、基督教既有了密切的关系而可以同时存在、同时发展，在中国，也可以同时存在，同时发展。何况事实上，这些东西都已经来了中国，若照选择的办法去施行起来，则主张科学为西洋最好的东西的，不只是专要西洋的科学，而且必至于排斥共和国与基督教。这么一来，结果必使文化趋于一个单纯的整体。反之，主张全盘西化的人，正是觉得文化不是一个单纯的整体，而是一个化合物或是复杂总体，所以才主张文化的各方面，都可以全盘采纳。而况事实上也已全盘采纳，不过这个全盘不够澈底罢。总而言之，社会是分工的，你觉得西洋科学是最好的东西，你可以作科学家；我觉得共和国是西洋最好的东西，我可以研究共和国；他觉得基督教是最好的东西，他可以做传教士。假使因为你觉得科学是西洋最好的东西，而主张中国只好取西洋的科学，而不要西洋的共和国，或是基督教，或是其他的东西，这是武断，这是偏见。理论既说不去，事实上也做不到。而况人生的兴趣是多方面的，一个科学家不但同时可以读《共和国》，而且同时可以作基督教徒。一个人尚可以同时受了文化的几方面或许多方面的影响，一个国家有了那么多人，却不能受整个西洋文化的各方面的影响，这是说不去的。而况事实上，今日的西洋文化无论那一方面，都已介绍过来。

至于中国文化的优点，直到现在，一般主张保存中国文化的人，尚未能具体的指明出来。五年前，西化问题讨论得最热烈的时候，爱护固有文化的人，能举出我们的文化比西洋的为优的，并没有几个人。比方梁实秋先生曾提出三点：第一是中国菜比外国菜好吃；第二是中国的长袍布鞋比外国的舒适；第三是中国的宫室园林，比外国的雅观。张奚若先生也提出三点：第一是宫殿式的建筑，第二是写意的山水画，第三是中国饭。张奚若先生的第一点与第三点，与梁实秋先生的第一点与第三点是相同的。其实梁、张两位先生所提出的中国文化的四优点，是否比西洋的为优，也大有讨论的必要。就使我们对于这点不必加以讨论，我们也得明白，文化的各方面或成分，是千绪万端，把梁、张两位先生所提出各点总合起来，也不过四点，那么把中西文化比较起来，我们的文化相形见绌，是不能否认的事实。其实，梁实秋与张奚若两位先生，还能想出他们所能觉得数种优点，以资讨论，张申府先生除了空空洞洞的说了取长舍短之外，并没有具体的指出中国文化，在那一方面或几方面，是我们的特别优点，是值得我们去保存的。

我们并不否认，我们的文化的许多方面，曾有过光荣的历史，指南针、印刷术、火药，曾为西洋人所赞美与采纳。然而，这是历史的陈迹。这些东西，经过西洋人改进之后，无一不比我们的为优，这又是我们所不能否认的事实。

我在上面已指张申府先生以"分"的观念去作他的折衷办法的错误。我们现在且再来谈谈他所谓建立文化的原则。照张申府先生的意见，"要建立一种文化，应先晓得三个原则"。所以他说：

> 第一，文化是不可以速成的。文化的收效必须见于生活方式的改变。也可以说，就是要革风易俗。这真是谈何容易。因此，要建立一种文化，必须有久远的计画，同时不求速效。今日种树，食果应该自觉是为的后人。但唯其不能速效，所以设计不能不早。而第一步最要紧的就是端其趋向。
>
> 第二，文化的核心是哲学。在文化建立上所谓端其趋向，也就是要有一种哲学，确定一种理想。文化的建立是为的生活方式、行动习惯的改变。这里面便含着一种宇宙观或世界观、人生观或人生理想。总括言之，就是含着一种哲学。人作事也必须有一种理论基础，自信得及，然后才能理得心安，勇往直前，死而无悔。哲学就是对于一个民族或一个人群的行为供给这种理论的根据者。
>
> 第三，无论如何，文化是比较上层的东西。至少，文化与社会也是互相影响的。因此，要建立一种文化，不可不同时建立一种与之相适应的政治、经济、社会制度。旧的政治、经济、社会制度，是会妨碍新的文化的发展的。在一种哲学、一种理想之下，而进行一种新的文化的建立，其势不得不对于旧的政治、经济、社会制度有所改变。如果承认，建立文化是为的变革生活，集体的政治、经济、社会制度不改变，个人生活的改变又何从表见？文化的建立，既要有理论的基础，更必然地应当注意到物质的条件。

我特意的抄出这几段话，因为若照了这三个原则，应用到西化这个问题上，那么结果不只是张先生所主张的折衷的办法是不会实现，而且无疑的是，必然趋于全盘西化的路上。

张申府先生上面所提出三个原则，在事实上不只是有了密切的关系，而且也可以说是从一个原则推衍出来。简单的说，要建立一种文化，最要紧的就是端其趋向，要想端其趋向，也就是要有一种哲学，而这哲学就是要注意到物质的条件，而特别是政治、经济、社会制度。

张申府先生好像以为文化是属的精神的东西，所以他说无论如何文化是比较上层的东西。所以要改革文化，不可不同时建立一种与之适应的政治、经济、社会制度。这种政治、经济、社会制度，从他看起来，好像是比较下层的东西，至少这些东西是与文化是互相影响的。假使这些东西是比较下层的东西，那么这些东西若有所改变，则所谓比较上层的文化，也自然而然的会改变。此外，他好像以为，除了比较下层的政治、经济、社会制度，还有了一种更下层的物质条件。

不过这两种东西的分别，他在这里既并没有很显明的说出来，也许所谓物质的条件，就是属于比较下层的政治、经济、社会制度，而尤其是所谓经济的方面。所以，总而言之，无论是物质的条件，或是政治、经济、社会制度，一经变化，则所谓比较上层的文化，不能不随之而变化。

把文化当为一种比较上层的东西，而把政治、经济、社会制度以至物质的条件，当为比较下层的东西，而不列入所谓文化的范围之内，已是一种偏见。然而我们对于这点，不愿加以讨论。就使我们赞同张申府先生这种看法，而注意到他所指出文化与政治、经济、社会制度的互相关系、互相影响来说，已足证明他所主张的中西合璧，对于东西文化"有所扬弃、有所取舍"的途径就已不通。

原来，张申府先生已经指出，"在一种哲学、一种理想之下，而进行一种新的文化的建立，其势不得不对于旧的政治、经济、社会制度有所改变"，因为"旧的政治、经济、社会制度是会妨碍新的文化的发展的"。这么一来，要想建立中国的新的文化，就不得不改变中国的旧的政治、经济、社会制度。换句话来说，我们的政治、经济、社会制度一经西化，则我们的文化也必随之而西化。而且在积极方面的西化的是否能够建立，必先看看在消极方面的旧的政治、经济、社会制度是否能废除，因为这两者是有了关系，是互相影响的。

不但这样，张申府先生既以为"集体的政治、经济、社会制度不改变，个人生活的改变又何从表见"，那么要想建立一种新的文化，也不得不集体的去改变政治、经济、社会制度。所谓集体的，就是全盘的，全盘去改变比较下层的政治、经济、社会制度，则所谓比较上层的文化，也不能不随之而改变。这种全盘的改变，也岂不就变为全盘的西化？

张申府先生本来是用"分"的观念去作他的折衷办法的理论基础，同时也是用了这个观念去批评全盘西化的理论。然而事实上，他的比较上层的文化与他的比较下层的政治、经济、社会制度，既是互相关系、互相影响，结果不只在消极方面，使他以"分"的观念去作他的折衷办法的理论基础，被他自己一拳打去，一脚踢倒，而且在积极方面，他的这种看法，却成为全盘西化的理论基础了。

第十四章　冯友兰的共殊的文化[①]

冯友兰先生在一方面看起来，是表同情于《中国本位的文化建设宣言》，在别方面看起来，又表同情于全盘西化的主张。然而同时，他对于《中国本位的文化建设宣言》既有所指摘，他对于全盘西化的主张也有所批评。事实上，他自己也是站在折衷的立场，所以，与其说他是近于全盘西化的主张，不如说他是近于本位文化的论调。但是他对于这两种相反的理论，都表了同情，他自己的思想遂有了不少的矛盾与很多的错误。关于他对于本位文化的指摘，我们不愿意在这里加以讨论，我们现在所要叙述的，是他以折衷派的立场而批评全盘西化的理论，以及他的矛盾与错误。

冯友兰先生是以共殊的区别，去批评全盘西化论。他在《新动向》杂志上发表了十二篇文章，名为《新事论》。第一篇是《别共殊》。照冯先生的意见，文化可以分为共同与特殊两方面。所谓共同的文化，或冯先生所谓类型的文化，是人类共需的文化。所谓特殊的文化，就是每个民族的特有的文化。前者可以改变，而后者却不能改变。大致上，这种区别，差不多在三十年前韦柏（A. Weber）在其《社会学的文化观念》（*Der Soziologoische Kulturbegriff*）一文里，已经解释。后来马其维（R. M. MacIver）在其《社会》（*society*）一书又加以说明。照韦柏与马其维的意见，我们可以区别文明与文化。文明是人类努力去设法以统制其生活的状况的一切的机构与组用。文化是人类努力去满足自己的内在的结果。质言之，文明是利用的东西，文化是自足的东西；文明是常变的，文化是少变的；文明是工具，文化是目的，是价值，是时款，是情绪的结合，是智力的努力。打字机、印书馆、工厂、电话、银行等等，都是文明；小说、图书、诗歌、哲学、戏曲、教条等等，都是文化。因为文明是利用的东西，所以文明可以从一个地方传到别的地方，而不失其原有的意义与形式。文化是一种自足的范围（Eine Geschiossene Welt），而与民族精神不能分离，所以不易传播。

事实上，所谓共需与特殊的文化，就有了密切的关系，而难于分开。所以韦柏与马其维虽把文明与文化或是利用的文明与自足的文化分开，然他们而特别是马其维，却承认两者都有密切的关系，而不易分开。马其维对于这点，很能了解。他自己就指出，比方，一件衣裳从衣以御寒方面来看，固是一种利用文化，但从其时款方面来看，又是自足的文化。利用的文化与自足的文化，既有了密切的关系，所谓共需的文化，与特殊的文化，也难于区别。

[①] 校按：本章系由陈序经《抗战时期的西化问题》（发表于昆明《今日评论》第五卷第三期，1941年1月26日）一文中冯友兰部分稍加增补而成，本章与该文相同的部分，依该文酌校。

冯友兰先生所谓共同的文化，或类型的文化，与特殊的文化，区别，大致上是近于韦柏与马其维所谓利用的文化与自足的文化的区别。他承认，从共需的文化来看，中国必需全部改变，就是全盘西化，所以他说：

> 照此方向以改变我们的文化，则此改变是全盘的，因为照此方向以改变我们的文化，即是将我们的文化自一类转入别类，就此一类说，此改变是完全的、澈底的，所以亦是全盘的。

但是，冯先生又说：

> 此改变又是部分的，因为照此方向以改变我们的文化，我们只是将我们的文化自一类转入别一类，并不是将我们的一个特殊文化改变为别一个特殊。我们的文化之与此类有关诸性，则不当改变，不必改变。所以自中国文化的特殊的文化说，此改变是部分的，此改变又是中国本位的。

冯友兰先生可以说是主张全盘西化者，同时又是主张本位文化者。质言之，从共需的文化方面来看，他是主张全盘西化的；从特殊的文化方面来看，他是主张部分西化，或本位文化的。

我们上面已经指出，所谓共需的文化与特殊的文化是有了密切的关系而不易分开的。冯先生自己也告诉我们，"中学为体、西学为用"的主张，是不通的。同时他又指出，以中国的精神文化与西方的物质文化来融合的见解，是谬误的。冯先生所说的共殊，究竟是不是近于体和用或精神和物质的区别，冯先生自己没有明白的说出来，不过若从他同情于中国本位的文化的方面来看，那么他是近于"中学为体、西学为用"的办法。又韦柏与马其维的利用的文化，是偏于物质的文化，自足的文化，是偏于精神的文化。冯先生的共殊既近于利用与自足的区别，那么他一方面主张共殊的区别，一方面又有意或无意反对共殊的区别，这是一个矛盾了。

假使他以为他的共殊的区别，是与体与用或精神与物质的区别，有了根本不同之处，那么他所谓共同的文化，究竟是什么？所谓特殊的文化，究竟又是什么？在他的著作里，他并没有明显的列举出来。他既不像张之洞一样的把中国的四书、五经、史事、政书等等当作体，把西洋的学校、武备、算、绘、矿、医、声、光、化、电当作用。他又不像韦柏与马其维一样的，把利用的文化与自足的文化分别加以列举，这么一来，所谓共殊的别，只是一种空谈，只是一种名词上区别而已。

然而，冯先生在《赞中华》一篇里，又好像以为道德是中国文化的特殊文化，所以他说：

> 清末人所谓中学为体、西学为用者，就一方面说，是很不通的，但是就一方面说，亦是可以说得的……如所谓中学为体、西学为用者，是说组织社

会的道德，是中国人所本有的，现在所须添加者，是西洋的智识、技术、工业，则此话是可以说的。我们《新事论》的意思，亦正在此。

总而言之，《新事论》的旨趣，是要指出自清末至今中国所缺的是西洋的智识、技术、工业，所有的是社会组织的道德。这种主张，不只是"中学为体、西学为用"的说法，而且是保存中国的精神文化，采取西洋的物质文化的变象。因为清朝末年一般人所说的中学为体，主要既是指着中国固有的道德。民国初年，一般人所要保存的中国的精神文化，主要也是指着中国固有的道德。冯先生自己一方面很明白主张"中学为体、西学为用"，很明白的主张保存中国的精神文化，采纳西洋的物质文化，别方面又很坚决的反对这些主张，这又不能不说是一个矛盾。

其实道德之于智识、技术、工业是有了密切的关系的。智识发展，技术进步，工业发达，则社会组织的本身也要起了变化，所谓组织社会的道德，也不能不受了影响。我们知道，家庭是中国社会的基础，家庭道德是中国组织社会的道德的基础。自西洋的智识、技术、工业输入中国之后，中国家庭的组织，固正在变化中，中国家庭的道德，如父母之命、媒妁之言，不孝有三、无后为大，男尊女卑、夫死妇殉，以及其与家庭有关的各种信条、礼俗，无一不受了重大的影响。所以采纳了西化的智识、技术、工业，则我们在有意或无意之中不得不采纳了西洋的道德。反过来说，中国今日对于西洋的智识、技术、工业，所以不能够全盘采纳、澈底讲求，也是由于固有道德作祟。"学而优则仕"，所以求智识的目的是做官，作官是扬父母、益宗族。君子讲道不讲器，所以对于技术、工业都不愿讲求。因此之故，要想提倡西化的智识、技术、工业，非推翻这些道德，是没有用的。

冯先生好像以为道德是不变的，所以他说：

> 在基本道德，一方面是无所谓近代化，或不现代化的。有些人常把某种社会制度与基本道德为一谈，这是很不对的。社会制度是可变的，而基本道德就是不可变的。

然而同时他又说：

> 忠孝可以说是旧道德，我们现在虽亦仍说忠孝，如现在常有人说，我们对于国家尽忠，对于民族尽孝。不过此所说忠孝与旧时所谓忠孝意义不同。此所谓忠孝，是新道德。

一方面说道德没有新旧，这又不是自相矛盾吗？我并非没有注意到冯先生所谓基本道德的"基本"两字。这就是说，以前人讲忠孝，现在人也讲忠孝，所以在基本上仍然存在。不过这里所谓"基本"，最多也不过是一个空洞的名词。比方以前人有舟车，舟车的名词固然存在，然而舟车的意义已不大相同。这正像忠孝的名词固然存在，忠孝的意义已不大相同。意义的变化，才是真正的变化。我们要现代的"忠国家""孝民族"的道德，正像我们要现代的火轮船、摩托车一样呵！

冯先生好像以为中国人之所以为中国人，必定有其特殊之处。而这种特殊的地方，就是中国人的文化。其实文化是变化的，衣蔽前而不蔽后的，固是中国人的文化，戴冠带与穿衣裳的也是中国人。着马褂与穿胡服的，既不失其为中国人，难道戴洋帽穿洋服的，就不是中国人吗？信了孔孟、信了佛回的，固是中国人，信了耶稣的难道就不是中国人吗？我们可以从衣树叶而变为穿衣服，我们也可以从衣胡衣而变为穿西服，我们可以从信孔孟而信佛回，我们也可以从信佛回而信耶稣。文化是人类的创造品，我们要做文化的主人，不要作文化的奴隶。

我阅冯先生的《新事论》，觉得有好多处如《辨城乡》《明层次》各篇，是有意或无意的主张全盘西化论。然而，有些地方，如《别共殊》《赞中华》，又有意或无意的趋于折衷办法与本位文化。这其实就是犯了矛盾的病，未知冯先生以为如何？

其实，冯先生这本《新事论》，而尤其是关于中西文化的看法，其矛盾与错误的地方是很多的。比方冯先生说：

> 有一种比较清楚底说法。持此说法者说，一般人所谓西洋文化者，实是指近代或现代文化。所谓西洋文化之所以优越底，并不是因为他是西洋的，而是因为他是近代或现代底。这一种说法，自然是比笼统地说所谓西洋文化者通得多。有人说西洋文化是汽车文化，中国文化是洋车文化。但汽车亦并不是西洋本有底。有汽车与无汽车，乃古今之分，非中西之异也。一般人心目所有之中西之分，大部分都是古今之异。所以以近代文化或现代文化指一般人所谓西洋文化，是通得多。所以近来近代文化或现代文化一名已渐取西洋文化之名而代之。从前人常说我们要西洋化，现在人常说我们要近代化或现代化。这并不是专是名词上的改变，这表示近来人的一种见解上底改变。这表示，一般人已渐觉得以前所谓西洋文化之所以优越，并不是他是西洋底，而是因为他是近代的或现代底。我们近百年来之所以到处吃亏，并不是因为我们的文化是中国底，而是因为我们的文化是中古底。这一个觉悟是很大底，即专就名词说，近代化或现代化之名，比西洋化之名，实亦较不含混。基督教化或天主教化，确不是近代化或现代化，但不能不说是西洋化，虽大部分主张西洋化者不主张基督教化，或天主教化，或且积极反对这种"化"，但他所用底名词亦指这种"化"。

冯先生一方面既以为中国的文化与西洋的文化，是有了性质上的不同，这就是冯先生所说的中西之异，至少从中西文化的特殊方面来看，是有了这种差异。而一方面又以为中国的文化与西洋的文化乃古今之异，而非中西之异，这又是一个矛盾、一个错误。而且，就以这段话来说，他一方面既以为"汽车亦并不是西洋本有的，有汽车与无汽车，乃古今之分，非中西之异也"，而一方面又以为"基督教化或天主教化，确不是近代化或现代化，但不能不说是西洋化"，这又是有了矛盾，有了错误。冯先生以为汽车不是西洋的东西，而基督教却是西洋的东西。然而事实上，与其说汽车不是西洋本有的东西，不如说基督教不是西洋所本有的东西。反过来说，与其说基督教是西洋的本有的东西，不如说汽车是西洋所本有的东西。因为基督教还可说是从近东或犹太传入西洋，而汽车却是西洋的产物，除了冯先生以为汽车是来自孔明的木马，冯先生怎能否认汽车是西洋的东西？若因冯先生个人主张中国应该有汽车，而不应该有基督教，因而硬说前者不是西洋的东西，而后者却是西洋的东西，这不只是偏见太重，而且是太无意识了。这种看法，比之坐汽车而说周孔的人的作法，尤为矛盾，尤为错误。

至于冯先生以为"近代化"或"现代化"这个名词，比起"西洋化"这个名词，较为妥当，也可以说是只见其一而不见其三。我们应当指出，我们所谓"西洋化"，当然是近代或现代的西洋化，稍有头脑的人，绝不会误会我们所说的西化主要的是指着古代的西洋文化，或中世的西洋文化。基督教来自犹太，经了西洋人采纳之后，在西洋而尤其是中世纪的西洋，虽成为西洋文化的主流之一，然自宗教改革以后，而尤其近代西洋文化发展之后，基督教的力量不只不若在中世那么大，而且受了西洋近代或现代文化的影响。所以中世的教父虽反对地球是圆的学说，近代或现代的教士不只不会去反对，而且像明末的教士之来中国的，还把这种学说传入中国。这是从近代或现代文化之影响于基督教方面来说，至因宗教的改革而影响到近代或现代的民族主义、国家主义，以至礼拜休息的习惯，却都是所谓基督教文化中的近代或现代的成分。所以，若说基督教或天主教确不是近代化，也非中肯之言。

不但这样，以"近代化"或"现代化"去代替"西洋化"，则这个名词不只没有什么意义，而且有了野蛮化或原始化的语病。暹罗人用手吃饭，东洋人用人拖车，这也是近代的文化或现代的文化。那么所谓现代化，是不是还要用手吃饭，用人拖车呢？这样看起来，"近代化"或"现代化"这些名词之不妥当，可以概见。反之，所谓"西洋化"，不只是含有近代或现代的西洋文化，而且是表示冯先生所认为优越的文化。这种优越的文化，主要的根本的是西洋的文化，而这种文化之所以优越，是因为它能适应近代或现代的世界的需要。冯先生既承认中西文化乃古今文化的差异，优劣文化的差异，这就是程度上的差异，而同时却不愿意去全盘西化，这岂不是要使我们近百年来到处吃亏不断的继续下去吗？

第十五章　张佛泉的根本的西化

自从我的《关于全盘西化答吴景超先生》一文登载于《独立评论》一四二号以后，除了胡适之先生在《编辑后记》里声明他"是完全赞成全盘西化论"外，还有张佛泉先生在《国闻周报》十二卷十二期发表了《西化问题之批判》一篇长文，说明他"与全盘西化论是非常同情的"。我细心读这些文章，觉得胡先生，而尤其是张先生与我的主张，似尚有多少差异之点，因将管见所及，简单的写出来，以供读者参考。

胡先生说：

> 现在的人说"折衷"，说"中国本位"，都是空谈。此时没有别的路可走，只有努力全盘接受这个新世界的新文明。全盘接受了，旧文化的"惰性"自然会使他成为一个折衷调和的中国本位新文化。……古人说："取法乎上，仅得其中；取法乎中，风斯下矣。"这是最可玩味的真理。我们不妨拼命走极端，文化的惰性自然会把我们拖向折衷调和上去的。

张先生更申其义而很肯定的说：

> 文化是自然有它的惰性。你不主张折衷，不希望妥协，然而至终却仍要折衷，仍要妥协的。"取法乎上，仅得其中"，以全盘西化为理想，所得恐怕也不过是一半。所以若接受了文化"自然折衷"论，同时就须承认全盘西化，不是可以完全实现的理想。

我以为一方面同情于全盘西化论，而"指出文化折衷论的不可能"，一方面又以为"文化的惰性自然会把我们拖向折衷调和上去"，好像是一种矛盾。至少全盘西化论在胡、张两位先生的心里，好像只是一种政策，而骨子里仍是折衷论调。

我并不否认文化是有惰性的。然而正是因为这种惰性成为西化的窒碍物，所以主张全盘西化。全盘西化论，在积极方面，是要使中国的文化能和西洋各国的文化，立于平等的地位，而"继续在这世上生存"；消极方面，就要除去中国文化的惰性。所以若能全盘西化，则惰性自然会消灭。盖所谓惰性，无非就是所谓中国固有的文化。反过来说，这种惰性若不消灭，则全盘西化无从实现。因此，我以为胡、张两位先生所谓"文化的惰性自然会把我们拖向折衷调和上去"的现象，只能当作东西文化接触以后的一种过渡时期的畸形的现象。这种现象的存在，在时间上，也许颇久，然其趋势，却是在全盘的路上。这是细心研究过七十年来的中国西化史的人，所能容易了解的。比方，三十年前，我们虽然有了多少的人，已经感觉到采纳西洋科学的必要，但是一方面因为我国的学科学的人，在那个时候的科学智识，太过浅薄，不能够引起国人对于科学的信仰心；一方面因为反对科学的文化的惰性太利害，我们试看王壬秋之反对火轮船，义和团之相信肚子可以抵抗枪炮，便能明白提倡科学之更不容易。所以在这种情形之下，我们在科学上，简直没有什么成绩之可言。然而二十年来，情形变了，而我们的科学，也一步一步的较为西化，较为进步，到了现在，居然也有了数位稍可差强人意的科学家；同时，反对科学的文化惰性，也没有从前那样的利害。可知西化的发展，就是惰性的减少。质言之，全盘西化之于我国文化的惰性，是两件不能相容的东西罢。

而且从我国今日的需要来看，我们也必须达到全盘西化的地位才好。假使我们不是这样的努力做去，而相信"取法乎上，仅得其中"的信条，则比方我们的西化的东西，像飞机、战舰、科学、哲学、教育等等，岂非永远的没有法子赶上西洋吗？这么一来，中国的前途，还有什么很大的希望呢？因此，我虽同情于张佛泉先生所谓处在今日步人家的后尘尚望不及影子，我们配不上来创造一种较西洋文化为优美的文化。然而，与其满足于"取法乎上，仅得其中"的信条，我们应当有"青出于蓝而胜于蓝"的信心，至少，我们也要有"取法乎上，须得其上"的精神。其实，我以为西洋文化之所以能有一日千里的进步，就是因为西洋人有了这种信心，有了这种精神；我国文化之所以停滞不发展，而且有开倒车的危险，就是因为中国人没有这种信心，没有这种精神。

上面是对于胡、张两位先生所提出的"文化的惰性自然会把我们拖向折衷调和上去"的问题，略为解释。我现在且再把张佛泉先生所提出两个比较重要的问题稍事讨论。

张先生说：

> 站在全盘西化的观点，进而讲到"从文化本身的各方面的连带关系来看，我们不能随意的取长去短"的话，也未免太过。

我说文化的各方面是有连带的关系，因为所谓文化的各方面，只是一种主观的分析，而非客观的事实。我在拙著《中国文化的出路》里，曾把西洋各国学者的文化的分析，来做一个比较的研究，而我的结论是：

> 分析不过是我们为研究上的便利起见而设的。而且这种分析，总不免有多少的主观。结果是每一个人的分析，可以（而其实往往）和别人的分析不相同。这个原因，不外是因为文化本身上，像我们上面所说，是整个表示，分析是我们对于文化认识上一种权宜，文化本身上，并没有这回事。

因为文化本身上是整个表示，所以文化的各方面或张先生所说的不同的单位，是互有连带的关系。因为这些不同的单位，有了连带的关系，和时势的趋向，以及今日西洋文化的优胜的地位，所以取其一端，应当取其整体，牵其一发，往往会动到我们全身。因此之故，我虽很同情于张先生所谓"你若采取某一单位，你便须'全盘'采纳它，而不容只采取它的一部分"，我却不能同意于张先生所谓"不同的单位，却有好多可以同时并存"。其实，我以为张先生在这里，好像是陷于自相矛盾的地位。至少，张先生是趋于一般普通的折衷派的二元论调。

原来张先生所说的单位或 Traits，不外就是文化学者所谓为文化丛杂（Culture Complex）。文化丛杂，是一种为着研究便利的假设。这种文化丛杂，从其本身来看，正像张先生所指出，是含有好多连带关系的部分。然从文化的全部方面来看，这些文化丛杂，或文化单位，又不外是全部的文化的很多互有连带关系的各方面。泰勒氏（Tylor）在其《原始文化》（*Primitive Culture*）一书里，劈头就说文化是一种丛杂体系（Complex Whole），就是因为文化本身的各方面，是有连带关系。卫士莱（Wissler）在其《人与文化》（*Man and Culture*）一书里所说的文化丛杂，或张先生所说的文化单位，照我个人看起来，大概就是泰勒所谓的丛杂体系中的丛杂单位而已。张先生既然明白，所谓文化单位或丛杂中的各部分，"不容只取一部分"，为什么张先生又忘记了，这些由互有连带关系的各种文化丛杂或单位而组成的丛杂的全部的文化，也"不容只取一部分"呢？

张先生既然明白了"读书不求甚解的态度，不能与精确的缜密的科学态度相妥协"，而必须全盘学西洋，张先生不当忘记了一个受过现代西洋的精确的缜密的科学教育的人，见了女人而不脱帽子，是一件失礼的事。做了失礼的事，也不见得就没有坏处。又如学了打璞克也许不会"自动的"或"立刻的"学了"任何西洋东西"。然而我们不要忘记，能学了打璞克，也能学到任何西洋东西。而且，要是璞克尚可以学，则任何西洋东西，更要学习。若说一个人只学了打璞克，而不愿意去学西洋别的东西，则这个人不但只有了徒学西洋的皮毛的危险，而且是一个无用的人。至于"坐了汽车，却同时仍保持东方人玩姨太太的特权"，只能谓为享受"西货"，不能谓为"西化"。同样，一个"穿了很漂亮的西装的人"，也许"连了一个外国字母也不认得"，然而西装都可以穿，则别的西洋东西愈要采取。何况事实上，穿西装而不认得外国字母的人，见了认得外国字母的人，总免不得有了内心的惭愧。此外，"穿了西裤革履"，固然"还可以穿一件长袍"，但是我们不要忘记，我们的校服，我们的军装，以至我们的留洋学生、住外公使，就不会这样的中西并用。我想四十年前的薛福成，曾讥骂日本人采用西服；三十年前的康有为，曾上疏力主采纳西服；到了现在，采取西装不但不被人讥骂，无须人提倡，而且不断的增加。这岂不是表示我们现在已较为西化吗？这岂不是表示文化的各方面是有连带的关系吗？

本来张先生既非常同情于全盘西化论，而又觉到上面所提出的例子，都是"皮相的问题"，我也本不愿多所讨论，然而我却不恹繁琐，而稍为逐一解释者，正是因为这些例子，足以证明全盘西化的必要。

因为文化各方面都有连带的关系，所以我们不能随意的取长去短。何况一谈到长短的问题，总免不去主观的成分。而事实上，所谓人家之长，也许就是人家之短；所谓人家之短，也许就是人家之长。张先生对于这点并不否认，所以他说："所取的是否长，所去的是否短，却不无问题。"

我既相信文化的各方面有了连带的关系而不能随意的取长去短，我又相信如胡适之先生在《试评所谓"中国本位的文化建设"》一文（《大公报》三月三十一日"星期论文"）里所说："在这个优胜劣败的文化变动的历程之中，没有一种完全可靠的标准，可以指导整个文化的各方面的选择去取。"其实，我以为今日的我们，不应当再把可贵的时间与精神来讨论这个至终不能解决的问题。因此，我对于张先生在第三点里所提出的选择问题，不能表以同情。因为这种选择，不但不合乎文化的原理与文化的趋势，而且有取人家之短而加上自己之短的危险。然而张先生又说：

> 在这时谈西洋文化，总不能整个含混地主张全盘接受……换言之，我以为在目前适应西洋文化是有根本与枝叶上的分别的。只囫囵主张全盘西化，也有已经包括所有根本与枝叶在内，但不能指出根本方面比枝叶方面更重要，便是缺欠。

我以为张先生好像是把现在的中国当做一个完全没有经过西化的国家，所以就采取西洋文化，应当选择其重要或根本的东西，而不应含混、囫囵的全盘西化。然而他忘记了七十年来的中国，已经枝叶的西化。枝叶的西化，既早已成为一种事实，我们是否欢喜枝叶的西化，大概已不成问题，问题乃在于根本的西化。主张全盘西化的人，因为见得比方汽车是比骡车既优且快，而且我们已经用了汽车，不愿徒然劝人们勿坐汽车，而进一步劝人们努力去做汽车。同时他不但只劝人们去做汽车，而且要人们"由一个论语式的头脑，换上一个柏拉图共和式的头脑"。所以全盘西化的真义，就是张先生所说的根本西化。我在以往的著作里，每每用了"澈底与全盘西化"一句话，就是这个原故。然而又怕中国人错认物质的汽车式的西化为根本西化，同时什么叫做"根本西化"，往往也因各人的主观不同而有所争辩，故主用"全盘西化"。盖全盘西化可以包括根本西化，而根本西化却不能包括全盘西化。何况我们在枝叶上既已西化，则再做进一步的西化，岂非就是根本西化吗？已成事实的枝叶西化，加上进一步的根本西化，又岂非全盘西化吗？

总之，从我国目前的情形来看，全盘西化固是一种尚须努力去实现的理想，然而从西洋文化来看，所谓理想的全盘西化的对象却是一种已经实现的事实。这个事实，是一件有形模，有体质，有眼睛皆可以见，有知觉皆可以感，有耳孔皆可听的东西，比之复古派所梦想的已成陈迹的皇古，比之折衷派所侈谈的东西合璧的办法，都较为具体，较易采纳。

第十六章　胡适之的充分的西化

三个月前，我曾说过，胡适之先生"整个"思想不能列为全盘西化派，而乃折衷派中之一支流。胡适之先生当时以为我这种看法，是错误的。同时他且声明道："我是完全赞成陈序经先生的全盘西化论的。"

最近胡适之先生发表一篇《充分世界化与全盘西化》（《大公报》六月廿三日"星期论文"），里面虽然还说他"没有折衷调和的存心"，但是因为他感觉到"全盘西化"这个名词，的确不免有一点语病，因而提议以"充分世界化"这个名词，来代替"全盘西化"这个名词。胡先生说：

> 充分在数量上即是尽量的意想，在精神上即是用全力的意想。

我以为在精神上，我们若用"全力"去西化，结果是在消极方面，必至否认中国固有的文化；在积极方面，还是趋于全盘西化。但是所谓"充分"或"尽量"这些名词，不但很为含混，而且很容易被了一般主张折衷，或趋于复古者，当作他们的护身符。

原来"充分"或"尽量"这些名词，是可伸可缩的，可多可少的。比方，一个朋友托我办一件事，我说，我当尽量去做，我对于这件事做得十分妥当，固然可以说是"尽量"，但是假使我只做了一点，也可以说是"尽量"。我记得严既澄先生曾在五月廿二日的《大公报》发表一篇《我们的总答复书后》，赞成全盘西化，但同时他以为"全盘"两字，容易起人误会，最好改为"尽量"两字。我又联思到从前曾经力主西化的张东荪先生，近来忽然徘徊于复古、折衷之间，不但极力反对全盘西化，而且在《正风》半月刊一卷二期发表一篇《现代的中国怎样要孔子》，提出孔子之道，而近于辜鸿铭、梁漱溟诸先生的主张。但他在这篇文里也相信，我们"依然须尽量采纳西方文化"。我们从此可以明白，赞成或趋于全盘西化的人，固可以主张"尽量"西化，喜谈折衷或趋于复古的人，也可以主张"尽量"西化。同样，假使百分之九十九的西化能谓为尽量西化或充分西化，那么"中学为体、西学为用"也可以说是尽量西化或充分西化了。

此处，严既澄先生又以为"西化"这个名词颇不适当，最好改为"现代化"。胡适之先生在其近作里，也用"世界化"三字。我个人在以往的著作里，也用过这两个名词，但我以为，在实质上，在根本上，所谓趋为世界化的文化，与所谓代表现代的文化，无非就是西洋的文化。所以"西化"这个名词不但包括了前两者，而且较为具体，较易理解。又胡先生虽用了"世界化"的字样，他却仍用"充分西化"的词句。至于严先生虽觉得"西化"两字颇不适当，但他也依然采用"全盘西化"的名词。所以我相信，"西化"这个名词的采用，是不会发生问题的。

我已解释"充分"或"尽量"、"世界化"或"现代化"的口号的缺点，我现在且来谈谈胡适之先生提议避免"全盘"两字的几个理由。

胡先生的第一个理由是，"避免了全盘的字样，可以免除一切琐碎的争论"。照我的愚见看起来，什么是琐碎西化，什么是根本西化，往往也成问题。例如，张佛泉先生好像以为共和国的头脑是根本西化，刘湛恩先生好像以为基督教的精神是根本西化，吴景超先生又却好像以为这两者都是琐碎的西化，而以科学为根本西化。我以为在事实上，在趋势上，我们既已有或不能不有这种头脑，这种宗教与这种科学，那么最好与唯一的办法，还是全盘西化。而且，在全盘西化的原则之下，张佛泉先生既可以专心提倡共和国的头脑，刘湛恩先生也可以努力宣扬基督教的精神，吴景超先生也可以致志鼓吹科学。

又如礼貌或饮食是不是文化的琐碎方面，也未尝没有问题的。要是人们相信国以礼为维，民以食为天或 Mannist was er isst 的信条，那么礼貌与饮食，就不能谓为琐碎的问题了。即算我们相信这是琐碎的问题，但是假使我们承认"人与人交际，应该充分学点礼貌，饮食起居，应该充分注意卫生与滋养"，那么礼貌与饮食的全盘西化又有什么理由而要极力反对呢？若说这"只不过是为了应用上的便利而已"，那么"坐了汽车，却同时仍保持东方人玩姨太太的特权"，恐怕也"只不过是为了应用上的便利而已"。

四十年前，郭嵩焘曾很感慨的说："中国之人心，有万不可解者。"四十年来，我们已经受了不少的教训，不少的侮辱，然而"中国之人心"，至今还"有万不可解者"。例如，有好多人力说中服较便利，为国粹。然而，若有了机会去西洋留学，或到外国游历，他们立刻忘记这种便利，不愿宣扬国粹，而大穿其西服了。又如我们的好多军事长官，令士兵时着西化军装；我们的好多学校当局，要学生常穿西化制服，以为若非如此，不足以壮观瞻而振精神。然而他们自己却往往穿起长衫，提倡中服，以为这是便利，而忘记了壮观瞻而振精神了！

胡适之先生在《独立评论》一四二号《编辑后记》，曾很肯定的指出折衷是不能，是空谈，只有全盘西化一条路。现在既依然"没有折衷调和的存心"，那么胡先生大概还能相信，我们除了全盘西化外，"此时没有别的路可走"。

胡先生的第二个理由是，"避免了全盘的字样，可以容易得着同情的赞助"。所以胡先生说：

> 与其希望别人牺牲毫厘之间来牵就我们的"全盘"，不如我们自己抛弃那文字上的"全盘"，来包罗一切在精神上，或原则上，赞成"充分西化"或"根本西化"的人们。

我对于胡先生这种退让的态度，是不敢表以同情的。原因是：一来，我们相信无论在需要上，在趋势上，在事实上，在理论上，全盘西化都是有可能性的，所以我们才主张全盘西化。换句话来说，全盘西化论既非凭空造出来，全盘西化论也决不能为欲博了几个人的同情，而就要抛弃或避免。至于在政策上，我们应该主张全盘西化，胡先生已经说过，无须我来赘述。二来，所谓"容易得着同情赞助"的意义，大概不外就是表示主张全盘西化的人少过主张根本西化的人，所以少数的全盘西化论者，应该退让一步，以博取较多的根本西化论者的同情。我以为我们不要忘记，今日能主张根本西化者，还是寥寥无几。大多数的人，还是醉梦于中西各半的折衷论调，或是趋于复古的、变相的中学为体、西学为用的论调。假使全盘西化论者，因为要想容易得着同情的赞助，而放弃这种主张，以迁就根本西化论，那么根本西化论者，也恐怕要因为这个原故，而放弃其主张，以迁就那般主张折衷或趋于复古的论调了。

近来还有些人，以为全盘西化论，最易引起守旧者的反响。他们以为苟能避免"全盘"两字，则守旧者必无所藉口。我的回答是，除了我们完全赞成复古或守旧外，恐怕我们没有别的方法满足他们。郭嵩焘的机器西化，固为当时的士大夫所反对；张之洞的西学为用，也为学贯中西的辜鸿铭所不取；连了最近的《中国本位的文化建设宣言》，据我所知的，也有不少的出版物，指摘其为太过西化。在"处处都保持中国旧有种种罪孽的特征"的环境之下，全盘西化论固不"容易得着同情的赞助"，难道根本西化论，就能容易得着"同情的赞助"吗？其实，若在"没开诚接受"全盘西洋文化之前，却先怕人们批评或反对，而至要退让以博其同情，恐怕"那便仍是一种变象"的折衷调和论调。

而况能够主张根本西化，或胡先生所说的"充分西化"，大概总能表同情于全盘西化论。张佛泉先生与严既澄先生固无待说，即胡先生自己，也说"我赞成全盘西化，原意只是因为这个口号，最近于我十几年来充分世界化的主张"。所以能够承认西洋文化十二分之十以上，或百分之九十九的人，也可以全盘承认，至少大体上总可以表同情于全盘西化。若说这些所谓琐碎的一点都不愿承认，那岂不是太过固执吗？若说这些所谓琐碎的一点决不能西化，那怎能又可以充分西化呢？

假使我的观察，大致不错，我还可以说，数月以来的全盘西化的言论，好像也能引起不少的人们对于西洋文化做进一步的认识，进一步的承认。即如张佛泉先生，在《国闻周报》十二卷九期所发表《关于整个教育目标问题》一文里，以为"主张全盘西化的，多半要受到严峻的攻击"。可是后来他自己却不顾到这种"严峻的攻击"，而"与全盘西化论以非常同情"。又如严既澄先生，十余年前在《民铎》杂志三卷三期发表一篇《评〈东西文化及其哲学〉》，以为"东西文化，不但有调和的可能，并且是非调和不可"，现在他却极力主张全盘西化。

总之七十年来，我们对于西洋文化的承认，是逐渐增加的。我们既尚且可以从极端的排斥西洋文化而承认其十二分之十以上，那么从十二分之十以上而至于全盘西化，还有什么问题呢？至少我们既已承认西洋文化为较优胜、较适宜的文化，我们就不应该反对全盘西化，而免"差以毫厘，谬以千里"的危险呵！

我们现在可以谈谈胡先生提议避免全盘的字样的第三个理由。胡先生说：

> 我们不能不承认，数量上的严格全盘西化，是不容易成立的。文化只是人民生活的方式，处处都不能不受人民的经济和历史习惯的限制，这就是我从前说过的文化惰性。

我在《独立评论》一四七号所发表《再谈"全盘西化"》一文里，曾对于胡先生所提出的文化惰性，有所解释。我且说，"正是因为这种惰性成为西化的窒碍物，所以主张全盘西化"。胡先生对于这一点，也并不否认。所以他在《试评所谓"中国本位的文化建设"》一文，也说"中国的旧文化的惰性，实在大的可怕，我们正不必替中国本位担忧"。我想胡先生当时之所以极力赞成全盘西化，大概无非为着这个原故。未知胡先生现在又为着什么原故，而好像投降于中国文化的惰性。假使全盘西化，是"处处不能不受人民的经济状况和历史习惯的限制"，难道"充分西化"或"根本西化"，以至二分之一的西化，就不会"处处不能不受人民的经济状况和历史习惯的限制"吗？反过来说，假使充分西化、根本西化以至二分之一的西化可以不受这种限制，全盘西化也可以不受这种限制。

胡先生又说：

> 况且西洋文化，确有不少的历史因袭的成分，我们不但理智上不愿采取，事实上也决不会全盘采取。你尽管说，基督教比我们的道教、佛教高明的多多，但事实上，基督教有一两百个宗派，他们自己互相诋毁，我们要的那一派？若说"我们不妨采取其宗教的精神"，那也就不是"全盘"了。

我以为"在这优胜劣败的文化变动的历程之中"，理智往往也是"无所施其技"的。我们三百余年来的理智，岂不是告诉我们不要基督教吗？然而，结果究竟如何？而况，我们今日的理智却使我们承认，基督教"比我们的道教、佛教，高明的多多"。至于事实上，中国的基督教在目下也不只是一派的。天主教及其很多的派别固已输入，新教及其好多派别，也已进来。说到将来，我们既不能说也许有的尚未东来的派别，或"不少的历史因袭的成分"，不会不被淘汰或现代化，我们也不能说这些派别或成分永远不会传播到中国。

又胡先生好像以为基督教的派别太多而至"互相诋毁"，是一件不当效法的事。我却以为所谓"诋毁"大概恐怕就是争竞，至少含有争竞的意义。西洋文化，不但宗教方面是如此，就是别的方面也都如此。又况派别繁多，"互相诋毁"或争竞，不但往往能使人们可以自由信仰，而且能使人们可以反省更新。能有自由信仰，个性乃可发展，能有反省更新，文化始可进步。例如，中国的思想的派别之多，莫若春秋战国。然所谓思想的黄金时代的春秋战国的诸子百家，也岂不是自己"互相诋毁"吗？我想二千年来——特别是五百年来的中国文化之所以远比不上西洋文化的一个重要的原因，未尝不就在这里。这是研究中西文化发展史的人，所不可忽略的。

最后，我同情于胡先生所谓"严格说来，全盘含有百分之一百的意义，而百分之九十九还算不得全盘"。然而同时我们似也不能否认，除了这种"严格"的说法以外，有了一种普通的说法。例如，我和好几位同事，有好多次因事未能参加我们的学校的教职员"全体"拍照，然而挂在壁上的照像，依然写着"本校教职员'全体'摄影"，这个"全体"岂不就是"全盘"吗？自然的，我在这里只想指出在所谓百分之九十九或九十五的情形之下，还可以叫做"全盘"，至于我个人，相信百分之一百的全盘西化，不但有可能性，而且是一个较为完善、较少危险的文化的出路。

结　论

我们在上面已把中西文化的各种折衷的人们的理论加以批评。我们愿意指出他们两种普通的缺点，以为本书结论。照我个人的意见，他们最大的缺点是：一方面既忽视了中国西化的事实，一方面又没提出一个具体的办法。我说他们忽视了中国西化的事实，这就是说，有了许多西洋的东西，如基督教之类，虽有许多人主张不要采纳，然而事实上，三百年来而尤其是一百年来，国人虽不断的更加剧烈的反抗基督教，然而，基督教却继续的传入，继续的发展。反对全盘西化的人，好像以为基督教完全尚未输进来，所以主张我们可以不要基督教，是一件不易做到的事，而且忘记了中国的科学直到二十年前，主要的还是由教士的传入。主张全盘西化的人，未必是赞成或鼓吹基督教的人，但是他们看得基督教已经传入，而且我们相信信教是自由的，所以他们以为，与其反对人家信仰基督教，不如劝信基督教的人诚意的去做基督教徒，澈底的去宣传教理。

我说反对全盘西化的人并不提出一个具体的办法，这就是说，他们既不主张全盘西化，他们又不主张复古，他们应该是折衷派。然而西洋有什么东西是值得我们采纳的，中国有了什么东西是值得我们保存的，他们从没有详细的列举出来，单只笼笼统统的说了取长去短。这是空谈而没有用的。而况长短既没有一定的标准，所以就是主张折衷办法的人们，也不能决定何者为我们所当取，何者为我们所当舍，使这些的人们，往往因了个人的好恶而定取舍，结果不但没有益处，反而为一般只会采纳所谓东西文化之短处的人们张目，以为这是折衷，这是中西合璧。带姨太太去作无意义的跳舞的人们，就是一个例子。其实，一般的折衷派，往往都是一般的投机派。

我们回想十余年前，我们开始提倡全盘西化的时候，好多人都以为这是不经之谈，这是情感作用。可是经过民国廿三年的广州学术界，与民国廿四年全国人士作过热烈的讨论之后，不但谩骂全盘西化的主张的人们逐渐趋于绝迹，而且赞成全盘西化的主张的人们越来越多。现在一般所谓头脑较为冷静的哲学的人们，又从哲学的观点去估算这种主张。这不只是表示，国人对于西洋的文化，作进一步的认识，而且对于全盘西化的主张，作进一步的了解。

我们回想在上一次欧战的时候，不但有了许多名流，没有条件的歌颂中国精神文化的超越，很不客气的指摘西洋精神文化的缺点，而且有了不少人士，以为西洋的物质文化也是一种文化的病态，不久就要趋于崩溃。所以辜鸿铭要重开"孔家店"，梁启超也大叫"向东转"。然而在这次抗战与欧战的时期里，反对西洋物质文化的人们固已绝迹，指摘西洋精神文化的人们也已寥寥无几。这又不只是表示，国人对于西洋文化，作进一步的认识，而且是对于全盘西化的主张，作进一步的了解。

我们回想八十年来，一般的国人若非偏于复古，就是偏于道器、体用与精神物质，或其他各种的调和的论调。到了近来，很多国人不但反对复古，而且反对任何折衷的办法。《我们的总答复》里的十教授固是这样，吴景超先生在《答陈序经先生的全盘西化论》一文里，更是有意或无意的趋于全盘西化的主张，就是张申府、冯友兰两先生也是这样。至于张佛泉与胡适之两先生，不只一再声明其表同情于全盘西化论，而且其思想与我们的主张，最为接近。其实头脑稍为清楚的人士，对于全盘西化的主张，都不能否认其有了历史的使命，有了事实的证明，而且有了理论的根据。

我们并不否认，在表面，有些人，像张申府、冯友兰诸先生的言论，是异于全盘西化的主张，然而他们在消极方面，既极力反对复古运动，又极力反对折衷办法。虽则在积极方面，他们没有给我们一个具体的办法，标出一个显明的态度，然而他们既指出复古的道路是不通，折衷的办法又不行，那么他们的言论，至少在消极方面，是近于全盘西化的主张。而况事实上，他们而特别是在本书的第二编所说及各位的主张，于有意或无意之中，已说出全盘西化的理由，已偏于全盘西化的主张。这又不只是表示，国人对于西洋文化，作进一步的认识，而且是对于全盘西化的主张，作进一步的了解。

第三部 西化态度的发展

目　　录

第一编……………………………………………………………………199
　　绪　言……………………………………………………………………199
　　第一章　梁廷枏的西化态度……………………………………………200
　　第二章　林则徐的西化态度……………………………………………205
　　第三章　魏源的西化的态度……………………………………………210
　　第四章　夏燮的西化的态度……………………………………………215

第二编……………………………………………………………………221
　　绪　言……………………………………………………………………221
　　第五章　曾国藩的西化态度（一）……………………………………222
　　第六章　曾国藩的西化态度（二）……………………………………227
　　第七章　曾国藩的西化态度（三）……………………………………232
　　第八章　左宗棠的西化态度……………………………………………238

第三编……………………………………………………………………243
　　绪　言……………………………………………………………………243
　　第九章　李鸿章的西化态度（一）……………………………………245
　　第十章　李鸿章的西化态度（二）……………………………………250
　　第十一章　李鸿章的西化态度（三）…………………………………255
　　第十二章　郭嵩焘的西化态度…………………………………………260

第四编……………………………………………………………………265
　　绪　言……………………………………………………………………265
　　第十三章　杨毓辉的西化态度（一）…………………………………268
　　第十四章　杨毓辉的西化态度（二）…………………………………273
　　第十五章　杨毓辉的西化态度（三）…………………………………278
　　第十六章　抱璞子的西化态度…………………………………………283

第一编

绪　言

在这一编里，我们所叙述的西化的态度，可以说是从鸦片战争起，以至太平天国的衰亡为止。在这二十余年的时期中，国人虽有感觉到西洋的文化有比中国为好的地方，然而能够感觉到中国必须采纳西洋的文化而始能转弱为强的，实在太少。就以我们在下面所举的夏燮与魏源来说，他虽是主张"师夷长技以制夷"，然而他的"守外洋不如守海口，守海口不如守内河"的论调，只能算作消极的"师夷长技以制夷"的方法。因为他不只是希望国人师夷长技而发展之、而凌驾之，反而他主要的只想能够师夷的一些长技以维持我国的闭关自守的政策。反过来说，他既无希望中国能够师夷长技而到西洋去示威，也无希望中国师夷长技在海洋以至在海口，去与洋人比武。我所以说他的"师夷长技以制夷"的方法是一种消极的方法，就是这个原故。

第一章　梁廷枏①的西化态度

从我们现在所知道的鸦片战争的时代的著作来看，在当时，对于中国与西洋的关系的情况的认识最深而经验又最富的，恐怕要算梁廷枏了。

梁廷枏之所以能够这样，是有了好多原因的。第一，我们知道在那个时候，广东是中西交通的枢纽，中西贸易的中心，梁廷枏是广东人，是靠近广州的顺德人，而且又尝在广州读书，对于广州的西洋人的动作很为熟识。

第二，除了上面所说的环境的关系之外，他又是一位很为留心于洋务的人。他很为留心于当时的广州、澳门与西洋的洋人的情况，而且喜欣阅看西洋人的著作与言论。比方，西洋人在澳门所刊行的《澳门日报》，可以说是他所喜读的刊物。

第三，也许是因为上面所说的原因，所以他曾被聘去编修《海防汇览》与《粤海关志》，因而使他不得不对于当时的西洋的情况更加注意。国史馆《文苑传》曾说他在

> 道光中叶，海氛不靖，大吏聘修《海防汇览》，廷枏乃采习旧闻，并得美利坚人新编《合省志略》。

我们知道，他除了编修《粤海关志》《海防汇览》之外，国史馆《文苑传》里又说他：

> 著《粤道贡国说》六卷、《耶酥教难入中国说》一卷、《兰伦（按：即伦敦）偶说》四卷、《合众国说》四卷。

从这些记载以及他的著作来看，就可见得他是当时对于中国与西洋的关系的情况的认识最深的了。

不但这样，在鸦片战争的时候，他不只是住在广州或广州附近，而亲眼看了中国与英国的冲突的经过，而且与鸦片战争的主角林则徐过往很密。我们知道，《夷氛记闻》② 这本书是关于鸦片战争的史料的最有价值的著作，据国史馆《文苑传·梁廷枏传》以及近人的考证，这本书也是梁廷枏所著作。在这本书里，就有好多地方记及他与林则徐的关系，以及林则徐对他的赏识。比方，在该书卷一（商务印书馆印本第十一叶〔页〕注）中有一段云：

---

① 编注：此字从原稿，现多写作"枏"。

② 校按：梁廷枏的著作当为《夷氛闻记》，而不是《夷氛记闻》，下文及后面章节该书名都被写成《夷氛记闻》，当为陈序经误记。点校未改，特此说明。

> 林公前官苏抚，得士心。江苏郭桂船庶常，书院（按：指广州越华书院）中所最赏识者。豫厚堃来权粤市，聘就幕中。会予应聘总修《粤海关志》，署牍录发出其手。林公未度粤岭关，以役迎诸赣州，郭亦附书以迓。知予先在海防书局，所有诸国禀件禁令，及沿海要隘、诸营县界域道里、墩营炮械，皆有录存图绘。于是谆嘱予摘其首要海关事，阳为图说，为羔雁献。先是林公官嘉杭道观察，见予所著书，谬承奖借。至是，就局中录为巨帙，授郭献之。予方由越华院迁邻舍，以备行辕，公过而先下顾，谈极畅。

从这里看起来，林则徐之认识梁廷枬，是在嘉庆年末，当其由御史而出任杭嘉湖道的时候了。这就是说，在林则徐未来广东为钦差大臣之前约二十年，林则徐已认识梁廷枬。梁廷枬在林则徐到广东的时候，又正是总修《粤海关志》兼越华书院监院。林则徐除了利用梁廷枬的洋务的智识之外，还要利用越华书院以为行辕，这更可见这两个人的关系的密切。直到林则徐在广东被革职之后，有好多重要事情还时时与梁廷枬商量。（参看《夷氛记闻》页三十九注）

此外，我们知道，林则徐在广东的时候，曾找了不少人士翻译西洋书籍、刊物，如《澳门月报》之类。这些材料，林则徐后来虽给与魏源编为《海国图志》，然而我们相信，当林则徐在粤从事这种工作的时候，必定得了梁廷枬不少的帮忙。因为一来他是当时最能留心洋务与关于中西关系的著作的人，二来他是越华书院的监院，林则徐要找人去作这种工作，必定与梁廷枬商量或请其介绍。至少，我们可以说，林则徐在广东所搜集关于西洋方面的材料，如上面所说的《澳门月报》之类，梁廷枬都已阅读。而梁廷枬生平所搜集关于这个问题的材料，恐怕有了很多却为林则徐所不知道的。

在鸦片战争的时代，一般国人都醉梦于固有的文化之下，完全不懂得世界的趋势、时代的进步与西洋的情况。林则徐是有意去认识这种趋势、进步与情况的，而当时的西洋人也以为他是唯一的认识国际情况的人物。然而事实上，林则徐这一点的认识不只比不上梁廷枬的，而且有了不少是从梁廷枬而得到的。

我们叙述国人自鸦片战争以后，国人对于西洋文化的态度，先从梁廷枬说起，就是这个原故。

据国史馆《文苑传》里说：

> 梁廷枬，字章冉，广东顺德人。副贡生，澄海县训导。其先人好聚图书。廷枬髫龄而孤性颖悟。成童时，即尽读父书，笔下有奇气。稍长，益肆力于学，为总督阮元所器重。尝读书诃林，见两铁塔题衔亹，与吴仕臣《十国春秋》多不合。乃拟正史通鉴、舆地诸书，旁及说部金石，著《南汉书》十八卷，《考异》十八卷，《文字》四卷，网罗散佚，钩稽同异，论者谓足与马令、陆游《南唐书》并传。

这大概是在他未编修《粤海关志》《海防汇览》以及其关于西洋问题的其他著作之前的事情。传中又说：

> 林则徐自两湘移节来粤，耳其名，下车拜访，询以筹防战守事宜。廷枏为规画形势，绘《海防图》以进。

这与他的《夷氛闻记》里所说的大致相同。此外，传又说：

> 后祁墫、徐广缙并聘入幕中，襄办团练。咸丰元年，以荐赏内中书，加侍读衔。十一年卒，年六十六。

这都是说明，他在近代中西交涉史上，而尤其是鸦片战争史上的地位的重要。

梁廷枏对于西洋的事情既很为注意，他对于西洋人的优点，而尤其是在器械军事上的好处并不否认，特别是自虎门失陷以后，他对于这一点很坦白承认。他在《夷氛记闻》卷五最后一段里告诉我们道：

> 自虎门陷，夷接迹省河，所求率悖理叠出。市断，商舟皆载兵至，以日而增。甫扑厦门，知不可久，则巢浙之宁波，又以余力攻乍浦。缘是以突入长江。其势甚凶，其志甚锐。兵队皆出雇募，酬资重而驱策严；火器又为西海数百年长技。我军之北，不尽关武备之废弛，与将帅之无谋也。

西洋人的火器既优长，兵队又管理得法，而同时又不只是专向广东一省挑战，使我国防不胜防。在这种情形之下，就是极力主战与自信力极强的林则徐，也没有办法。所以，他接着告诉我们道：

> 林文忠理海事，首先至粤，旋秉节钺，所征者粤兵，所筹者粤饷。但一意严守口岸，使藩篱自固。临海门而激励之，众即为用。未尝有所挫失。论者遂谓："文忠倘获始终其事，必能令桀鹜之夷叩关悔罪，由我操纵，畏若神明。"为此说者，诚有见文忠聪达谙练，集思广益，视国如家，兵旅所过，文戒预颁，村市秋毫无扰。及遇敌临阵，又教以成法，人人争先其忠勇之气，早有以慑服远人。推诚士卒，夫是以信于事先，万口同词耳。不知夷意主争市侔利，倾国以求。尝试先定旷日持久之谋，不得逞于粤，则肆毒于闽浙粤，能阻其入，不能阻其出。省河内扰之日，文忠适奉如浙之命，应送诸佛山，方且临别，歔欷叹息，不知何时可了。盖至是，虽文忠亦无可如何矣！

梁廷枏虽然知道西洋器械的利害、军队的善战，同时也看出林则徐的内心的畏惧。然而，他也像林则徐一样的，是极力主战的，而且相信固守内河与背城一战，也可以驱逐洋人于海外。所以他说：

> 然夷之伎俩，全在哃喝以取虚声。兵食资于商人，货滞则商无所出，船愈多而费愈重。汉奸虽有供火食者，究非可长恃。往往重子息假诸澳夷不可得，以礼拜日责捐于商，有仅应以数圆者，明明势已穷蹙，久将益之。文忠刺取其新闻纸与月报，洞悉其情，持之颇坚。既而事起波澜，犹深扼腕。果使粤中无六百万之与，帆航鳞集，售烟为食所得几何？曷敢他出？纵至浙至江，何能为？且亦断不肯以空虚难继之资深入南北，适中进易退难之地者。郑成功之冒险一试，转瞬而舍舟逃命，彼独无所见闻乎？况粤议款时，佛山炮已铸，所未备者，船械而已。战于外海，必求巨舰。今既层阻深入，盘桓内港，东南洋商船之在省河，拖风绘艓之泊陈村，一日可招者以百十计。倘移诸战守，明罚厚赏，背城一战，未尝不可。驱夷于海外，顾大局所在，非文忠所见及者。惜乎！其去之稍速也。

事实上，用中国固有的商船枪炮去抵抗西洋的战舰器械而背城一战，是否能驱逐洋人于海外，实是成为问题。闽浙各处既屡次失守，广东的林则徐就使不被革职，是否能够久守，也是成为问题。至说郑成功之冒险一试，什〔怎〕能比之十九世纪的英国海军？又以礼拜日之捐款而说明英人之经济困难，以及赔款六百万，而始使英人能操胜利，这是太不明瞭西洋的礼拜日的惯例，与不明白英国当时的经济的力量，其见识的浮浅，更不待说了。

我们知道，在林则徐在广东尚未被革职之前，英国人并不积极攻打广东。而在林则徐既被革职之后，林则徐又没有机会去与英国人比武。结果是使一般的士大夫都以为，后来的战败，并不是林则徐所用以抵抗英国的中国固有的古法的不成，而完全是由于琦善的媚夷的政策。梁廷枏不过就是相信这种见解的一般的士大夫中的一个罢。

梁廷枏在事实上是有了一种矛盾的心理：他一方面知道西洋人的军备的优越，但一方面又以为中国的古法可以抵抗西洋。因而，他既不主张当时一些人士所主张的"以夷制夷"的方法，他也不主张"师夷长技"的方法，所以他说：

> 今天下非无讲求胜夷之法也，不曰"以夷攻夷"，即曰"师夷长技"。姑无论西夷同一气类，虽曰为蛮，触争而万不肯为中国用也。就令梁为我用，而一舟之费，内地可调兵数十。败必索偿，胜更求无底止，终难以善其后。天朝全盛之日，既资其力，又师其能，延其人而受其学，失礼孰甚！

原来"以夷攻夷"既不可能，而"师夷长技"又是失礼之事。在梁廷枏的心目中，中国以堂堂大国是不应去效法西洋的。这种自尊自大的心理，是中国传统的思想。然而，我们以为，一般对于西洋文化不知为何物，而有这种思想固无足怪，可是对于西洋情况认识较多，对于西技优良明白较切的梁廷枏，也有了这种主张，这不能不说是我国的守旧的心理的势力之大了。

不但这样，照梁廷枏看起来，所谓西洋的长技，根本都是学自中国。且看他说：

> 彼之火炮，始自明初，大率因中国地雷飞炮之旧而推广之。夹板舟亦郑和所图而予之者。即其算学，所称东来之借根法，亦得诸中国。但能实事求是，先为不可胜，夷将如我何！不然，而返求胜夷之道于夷也，古今无是理也。虽然，服之而已矣，何必胜！

其实，这种论调是中国百年以来的谰调，然其错误却为稍有识者所知道，用不着我们在这里反驳的。

在梁廷枏的《夷氛记闻》卷二里，他又述及下面一件事，今且录之于后：

> 芳（按为杨芳）之始至，道佛山口入，民誉其宿将，望之如岁，所到欢呼不绝，官亦群倚为长城。入城，即发议，谓："夷炮恒中我，而我不能中夷。我居在实地，而夷在风波摇荡中。主客异形，安能操券若此。必有邪教善术者伏其内。"传令甲保遍收所近妇女溺器为压胜具，载以木筏，出御乌涌，使一副将领之。自部卒隔岸设伏，约闻已炮响，即举筏齐列水涘，眠器口向贼来路，而后自抄出筏首夹攻之。夷将到，举筒镜测筏纵排岸侧，驶近，而副将已望见旗帜先遁，筏上无一人，遂长驱直进。芳侦知夷顺流势猛，亟勒兵入城，缚副将将欲斩之，诸帅为祈而免。

杨芳就是所谓果勇侯。杨芳，他曾征伐了四川与湖北的教匪，以及平定了新疆的回回叛乱而著名。在琦善媚外的政策失败之后，主战派的呼声又提高起来。政府以杨芳素有武功，故遣到广东抵抗英人。那里知道，他连了林则徐所用的古法也没有用，而相信妇女溺器可以抵御西洋枪炮，可见得当时的人们的愚昧。

梁廷枏对于杨芳的作法虽很反对，而甚反对杨芳迁入越华书院居住。可见他自己除了相信中国固有的武备足以抵抗西洋之外，他也是一位迷信很深的人。《夷氛记闻》卷五末段中告诉我们道：

> 当夷事初起，民谣无端，自城递传乡曲，七字为句，多离奇难解。有曰寅虎之年定干戈者，其后果以壬寅就款，岂天地劫数之一定，不可逃者乎？

总而言之，梁廷枏既不相信中国的失败，是由于中国的古法落后与西洋文化的优越，而完全归于琦善的媚外政策与天命注定，这是我国的传统的保守的思想与迷信的遗毒的作祟罢。

第二章　林则徐的西化态度

林则徐这个名字，是我们很为熟识而用不着加以介绍的。可是，他对于西洋文化的态度是什么样，却是很值得我们的研究的。

我们知道，林则徐是鸦片战争的时期中主战最力的人物。我们也知道，他在未到广东作钦差大臣之前，是一位政声很好的大臣，办事认真，性格刚直。他于道光十九年（一八三九）正月二十五日到了广州，过了几天，他就出了一篇谕告与洋人，说明鸦片为害人之物，西洋人在自己的国家里尚不吸食，不应运来中国骗人财而害人命。所以他要外国人：

> 速即遵照，将趸船鸦片尽数缴官，由洋商查明共缴若干箱，造具清册，呈官点验，收明毁化，以绝其害，不得丝毫藏匿。一面出具夷字、汉字合同甘结，声明"嗣后来船永远不敢夹带鸦片，如有带来，一经查出，货尽没官，人即正法"字样。

此外，他又拟谕英吉利国王檄，希望英国国王接到该文之后，从速杜绝鸦片。

林则徐又告诉洋人道：

> 本大臣家居闽海，于外夷一切伎俩，早皆深悉其详，是以特蒙大皇帝颁给"平定外域屡次立功之钦差大臣"关防，前来查办。

其实，林则徐虽是福建人，然他在未到广东之前，既没有办过洋务，而所谓"家居闽海，于外夷一切伎俩，早皆深悉其详"，也是夸张其词，以呵喝洋人，因为他的西洋智识差不多完全是到了广东之后，而得自粤绅如梁廷枏等与翻译西洋报章而来。这一点我们在上面一章里已经提及，不必再述。

林则徐一方面谕告西洋人，一方面积极备战，使英国人当时不得不缴出鸦片以备毁焚。在林则徐尚未革职之前，洋人既不积极攻打广东，林则徐所用以抵抗洋人的中国古法，照一般人看起来是很有效力的。

然而事实上，林则徐自到了广东之后，他也慢慢的知道西洋人的利害。因为他除了眼看西洋人的船坚炮利之外，他又请了好多人士翻译西洋刊物，认识西洋的好多情况。这一点就是西洋人也承认，《澳门月报》上有一篇《论中国》一文里曾说：

> 中国官府全不知外国之政事，又不询问考求。故至今中国仍不知西洋……中国人果要求切实见闻，亦甚易。凡老洋商之历练者，及通事引水人，皆可探问。无如骄傲自足，轻慢各种蛮夷，不加考究。惟林总督行事，全与相反。署中养有善译之人，又指点洋商、通事引水二三十位，官府四处

探听，按日呈递，亦有他国夷人甘心讨好，将英吉利书册卖与中国。林系聪明好人，不辞辛苦，观其知会英吉利国王第二封信，即其学识长进之效验。

林则徐究竟懂得多少洋务，当然是一个问题。然在当时的官吏中，他的确是一位虚心去认识西洋的情况的人物，而同时又是一位好官吏，所以连了与他打对的英国人，虽然说他不懂外国情形，也不得不称赞他。梁廷枏的《夷氛记闻》卷二页三一注中曾有一段话，今录之于后：

> 伊里布遣其奴张善赴夷船馈牛酒，首贺以林、邓革职之事，夷酋伯麦摇头曰："林公自是中国好总督，有血性，有才气，但不悉外国情形耳。鸦片可断，一切贸易不可断，断则我国无以为生，不得不全力以争通商。岂仇林总督而来耶！"

其实，林则徐所仇恨的是洋人的鸦片而非通商，这是读过他的谕告夷人书及英王檄的所能明白的。至于外国人在当时，除了上面所说的伯麦说林则徐不悉外国情形之外，对于他大致上是加以赞美。不过同时，一般外国人也很坦白的指出，林则徐所用以抵抗洋人的武备很为落后。上面所说的《澳门月报》上的《论中国》一文里，曾有下面两段话，现在抄之于下：

> 中国不肯与外国人在海面打仗，惟有关闭自己兵丁在炮台内，又断绝敌人之火食，此或者是最好之法，亦系将来必行之法。然此法实难行，盖因各处人烟布满，居民只欲卖火食，所以在尖沙嘴、铜鼓洋各处，火食亦甚易得。但要好待土地人方好，或者中国必用旧时待郑成功法子，将其沿海各岸人民驱入三十里内地，不遵命者杀。我想此法今亦难行，因遍处海岸，皆系富厚地池，当日所以能行者，以其开国得胜之兵威也。
>
> 中国之火枪系铸成之枪管，常有炸裂之虞，是以兵丁多畏施放。中国又铸有大炮，每一门可抵我等大炮四十八门，尚有许多大小不等炮火。惟中国只知铸成炮身，不知作炮镗，且炮身多蜂眼，所以时常炸裂。又引门宽大，全无算术分寸，施放那能有准。又用石头铁片各物为炮弹，并用群子封门子，皆粗笨无力。兵丁或以五人十人为一排，百人为一队，不同我国分派之法。又中国兵丁行路亦不同我等队伍密密而行，皆任意行走，遇紧急时，谁人向前趋走极快者，即是极勇之人。中国兵丁多用兵丁之子充之，以当兵为污辱，凡体面人，不肯当兵；其钱粮甚少，遇征调便乘机勒索房掠，居民见兵过无不惊惧；由行伍升至武官，只要善跳善射，并无学问，尤要有银钱，就可买差使，买缺推陞，各省皆然。现在中国人买甘米力船，又要扣留黄旗两船入官，此事不久，可见一番新世界。今暹罗、安南亦学别国制造兵船，故中国亦用此法。然有两种阻碍：一系中国水手愚蠢，难得明白精熟之人，必寻别国之人方会驾驶；一系工价太贱，若雇外国人，不敷养赡，不肯为中

国用。安南国船亦仍照旧制，只比中国师船稍好看，然亦不甚利便。暹罗国尚有西洋式船样船数只，不过用以贸易，况其船舱制造不好。现在都尔机（按为土耳其）人，曾有西洋人指点装造好船样。然总不及欧罗巴。若中国人欲学外国之式制造师船，必寻外国人指点如何驾驶。凡有外国人肯为中国人所用者，初时必定应许多少工价，各样恩典，迨后定必被骄傲官府骗其工价，并且凌辱。如荷兰人在日本国，务与西洋人相反，事事遵从日本法律，并助日本国捕陷西洋之人，毕竟得何好处？现在在荷兰在日本之贸易，已减至两只船而已。

《澳门月报》所刊登载《论中国》这篇文章以及好多文章，林则徐曾叫人翻译为中文，后来他交与魏源编入《海国图志》卷八十一里。这篇文章主要是指出中国武备的落后。此外，西洋人对于中国的经书，而尤其是孔子的言论，也觉得甚少精理。虽则西洋人对于这方面所知的很少，《海国图志》卷八十三抄录了林则徐叫人翻译《华事夷言录要》中，有一段话云：

孔夫子书系耶述用拉提（按为拉丁）字体译出，甚少精理。我等若信其不甚明白之书，以为中国儒教道理止于此，恐为耶述所误。

这虽然是好像指出翻译孔子的书的人的错误，然事实是指摘孔子的道理。我们知道，在黑格儿（Hegel）一八二①年所著的《历史哲学》（*Vorlesungen über die Philosphie der Weltgeschichte*）里的中国的历史哲学部分里，已经指出，欧洲的有识者曾说，假使孔子之书没有翻译为西文，则孔子在欧洲的声誉必定更大。反过来说，就是自孔子的书翻译为西文之后，欧洲人觉其道理并没有什么可取的地方。

总而言之，在十九世纪上半叶的欧洲人，不但已经看到中国的物质文化，而尤其武备方面，固很落后，就是中国的精神文化，而特别是中国人所最崇拜的儒教，也不见得高明。据说，林则徐除了翻译以为自己览阅之外，曾把这些译文进呈与皇帝阅看，同时也给与两江总督裕谦看过。

十九世纪的上半叶的西洋文化之优越于中国文化，是无可疑的。然而，中国人以至一般的东方人，并不这样的看法。《海国图志》卷八十二所抄录林则徐叫人翻译西人的刊物中，又有下面一段话：

新奇坡（按：即新嘉坡）新闻纸云：暹罗国王闻我等（按：为英人自称）攻敌中国之事，甚非笑轻忽我等以一撮之多，而攻打天朝无数之兵丁。现在暹罗国所有赴中国贸易之船，尽收船厂。而在曼果（暹罗国都，按即曼谷）贸易之中国人与新奇坡贸易之中国人，亦皆戏笑我等。可见，中国人如

---

① 校按：《历史哲学》德文原版出版于1837年，系黑格尔的学生爱德华德·干斯据黑格尔在柏林大学的多次演讲整理而成。

何恃其人民之众。

我们研究暹罗历史知道，暹罗的皇室在这个时候已洞悉世界的大势，且有学习拉丁文、英文的，至于在暹罗与新嘉坡的华侨，也已眼看到西洋势力的澎湃与西洋文化的优越。可是，暹罗的皇室与这些华侨，还尚讥笑英国胆敢与中国打仗。那么，我们可以想像，对于西洋的情况一点不懂的一般中国人士，蔑视西洋，乃是自然而然的。

所以，就是在了鸦片战败之后，一般的中国人士还是以为，其所以致败的原因是由于林则徐的革职，而非中国古法的不成。连了在亚洲其他各处，如暹罗的人们，除了皇室中的帕庄告教由火王及其弟弟二三位知道中国失败，知道中国落后之外，并没有人相信堂堂大国的中国是［不］会被蕞尔小国的英国所打败的。

在这种环境之下的林则徐的态度是什么样呢？

我们相信，在林则徐未到广东之前，并不知道西洋文化的优越。可是到了广东之后，他慢慢的领略了人家的好处，发现自己的短处。这种觉悟不只是因为他从翻译像上面所举的《澳门日报》以及西洋的其他刊物的言论而引起，而且是由于他亲眼看了西洋的船坚炮利而引起的。所以，在他被革职后一年，这就是道光二十二年（一八四二），他在被贬到伊犁的途中，曾致书给友人云：

> 彼（指西洋）之大炮远及十里以外，若我炮不能及彼，彼炮先已及我，是器不良也。彼之放炮如内地之放排枪，连声不断；我放一炮后，须转移时再放一炮，是技不熟也。求其良与熟焉，亦无他深巧耳。不此之务，即远调百万貔貅，恐只供临敌之一哄。况逆船朝南暮北，惟水师始能尾追，岸兵能顷刻移动否？盖内地将弁兵丁，虽不乏久历戎行之人而皆觍面接仗，似此之相距十里八里，彼此不见面而接仗者，未之前闻。徐尝谓剿匪八字要言，"器良技熟，胆壮心齐"是已。第一要大炮得用，今此一物置之不讲，真令韩、岳束手，奈何！奈何！

林则徐的内心是羡慕西洋、恐惧西洋。然而这种内心的觉悟，虽然是告诉了他的朋友，然他并不敢公开去说明。所以写这封信后，他请他这位朋友不要把这①封信给别人看。

蒋廷黻先生在其《中国近代史》一书里曾指出，林则徐是有两个的。他说：

> 林则徐实在有两个。一个是士大夫心目中的林则徐，一个是真正的林则徐。前一个林则徐是主战的，他是百战百胜的，他所用的古代都是中国的古法，可惜奸臣琦善受了英人的贿赂，把他驱逐了。英人未去林之前，不敢在广东战，既去林之后，当然就开战。所以，士大夫想，中国的失败，不是因

---

① 校按：此字后面内容手稿复印件缺，依代抄稿校。

为中国的古法不行，是因为奸臣误国。当时的士大夫得了这样的一种印象，也是很自然的。林的奏章充满了他的自信心，可惜自道光二十年夏天定海失守以后，林没有机会与英国比武，难怪中国人不服输。

他又说：

> 真的林则徐是慢慢的觉悟了的……真的林则徐，他不要别人知道，难怪他后来虽又作陕甘总督和云贵总督，他总不肯公开提倡改革。他让主持清议的士大夫睡在梦中。他让国日趋衰弱，而不肯牺牲自己的名誉，去与时人奋斗。林文忠无疑是中国旧文化最好的产品。他尚以为自己的名誉比国事重要，别人更不必说了。士大夫阶级既不服输，他们当然不主张改革。

从一方面看起来，蒋廷黻先生这种看法是对的。然而，从别方面看起来，所谓真的林则徐，也并不像蒋先生所说的不要人知道。我们知道，林则徐翻译出外国人所说中国的短处以及西洋的长处的言论，决不只林则徐一个人知道。翻译这些言论的人们，用不着说，道光及其大臣必定知道，因为林则徐曾把这些言论呈给他们看，裕谦知道了，因为裕谦也曾把这些言论奏给道光看。梁廷枏以及在广东、浙江、福建的好多士大夫以至疆吏，不只是看了这些言论，而且必定眼看了西洋人的船坚炮利。然而像我们在上面所说的，梁廷枏不只不主张效法西洋，而且反以为效法西洋为可耻。

反过来看，林则徐除了在广东派人翻译外国所办的刊物之外，他也曾竭力去购买外国炮，买外国船。又在他被革职，而被命赴浙江之前，他也曾上奏道光，主张从此制炮必求极利，造船必求极坚。可见得，他并非完全没有提倡，虽则他所提倡的制炮造船是否澈底的西洋化，却是一个问题。

我们不能不承认，林则徐对于西洋的好处并不公开的提倡，而且就是他在广东的时候，他也不设法去利用西洋的技师去制造船炮，或是教授国人去学习这些方法。在正与敌人比武，与环境较适的广东，他尚没有公开去提倡，在了僻处西北的陕甘与僻处西南的云贵，那是更不待说了。

然而，从这方面看起来，与其责备林则徐让国家日趋衰弱，而不肯牺牲自己的名誉，去与时人奋斗，不如说林则徐并没有真的觉悟，而他之所以没有真的觉悟，是由于中国固有的文化的惰性太深。我们与其责备林则徐，不如责备我们的文化，因为我们知道，不只是在鸦片战争的时代的林则徐不易觉悟，就是二十年后的曾国藩、三十年后的李鸿章、五十年后的张之洞，以至今日的政府当局，又何尝容易觉悟呢？

然而，若从对于西化态度方面来看，梁廷枏是比不上林则徐的。因为前者知了西洋的优点，而还公开的反对效法，后者不但没有反对效法西洋，而且在私人方面还曾作了一些提倡工作。

第三章　魏源的西化的态度

魏源（默深）对于西化的态度，可以从他所编著的《海国图志》中找出来。《海国图志》这部书的编著，本来是得力于林则徐，因为林则徐在广东的时候，曾找人翻译了很多外国人的刊物上的言论，后来，林则徐都把这些材料给与魏源。魏源除了利用这些材料之外，又自己找了不少材料以及自己的言论，编纂起来而成为《海国图志》。所以，《海国图志》的原叙中说：

《海国图志》六十卷，何所据？一据前两广总督林尚书所译西夷之《四洲志》，再据历代史志，及明以来岛志，及近日夷图、夷语。钩稽贯串，创榛辟莽，前驱先路，大都东南洋、西南洋，增于原书者十之八。大小西洋、北洋、外大西洋增于原书于原者十之六。又图以经之，表以纬之，博参群议以发挥之。

原叙是写于道光二十二年（一八四二），原书六十卷刊行于扬州。后来，他又增加了四十卷，共为一百卷，于咸丰二年（一八五二）刊行于高邮，因而，他又写了一篇后序。后序中说道：

近惟得布路国人玛吉士之《地理备考》，与美里哥国人高理文之《合省国志》，皆以彼国文人，留心上索，纲举目张。而《地理备考》之《欧罗巴洲总记》上下二篇，尤为雄伟，直可扩万古之心胸。至墨利加北洲以部落代君长，其章程可垂奕世而无弊，以及南洲孛露国之金银，富甲四海，皆旷代所未闻。既汇成百卷，故提其总要于前，俾观者得其纲，而后详其目，庶不致以卷帙之繁，望洋生叹焉！

至于他这部书的特点，据他在原叙中说：

何以异于昔人海图之书？曰：彼皆以中土人谈西洋，此则以西洋人谈西洋也。

以西洋人谈西洋，固是本书的特点，然而在这部书里，魏源除了收入好多以西洋人谈中国的文章之外，这也可以说是以中国人而谈洋务的书。卷一、卷二的筹海四篇，以及其他的好多地方，都是魏源对于西洋文化的态度的表示。

而且，因为他既注意于西洋人谈西洋的情形，与西洋人谈中国的问题，他在当时是一位懂得洋务较多的人物，所以他对于西洋文化的态度，更值得我们的注意。而他编著这本书的目的，在他原叙里，他也指明出来：

是书何以作？曰：为以夷攻夷而作，为以夷款夷而作，为师夷长技以制夷而作。

在《筹海篇一·议守上》，他说：

> 自夷变以来，帷幄所擘画，疆场所经营，非战即款，非款即战，未有专主守者，未有善言守者。不能守，何以战？不能守，何以款？以守为战，而后外夷服我调度，是谓以夷攻夷。以守为款，而后外夷范我驰驱，是谓以夷款夷。自守之策二：一曰守外洋不如守海口，守海口不如守内河；二曰调客兵不如练土兵，调水师不如练水勇。攻夷之策二：曰调夷之仇国以攻夷，师夷之长技以制夷。款夷之策二：曰听互市各国以款夷，持鸦片初约以通市。

这都可以说是魏源的《筹海篇》的要点，也可以说是他编著《海国图志》的目的。我们在这里所要特别加以注意的是他所说的"师夷之长技以制夷"的主张。不过从他的自守的言论来看，我们也可以看出他对西洋文化的态度，因为他之所以主张"守外海不如守海口，守海口不如守内河"，就是因为西洋的船坚炮利。且看他说：

> 制敌者必使敌失其所长。夷船所长者，外洋乎？内河乎？吾之所御贼者，不过两端：一曰炮击，一曰火攻。夷之兵船，大者长十丈，阔数丈，联以坚木，浇以厚铅，旁列大炮二层。我炮若仅中其舷旁，则船在大洋，乘水力活，不过退却摇荡，不破不沉；必中其桅与头鼻，方不能行驶，即有火轮舟牵往别港，连夜修治；惟中其火药舱，始能轰发翻沉，绝无泗底凿沉之说，其难一。若以火舟出洋焚之，则底质坚厚，焚不能燃，必以火箭喷筒，焚其帆索，油薪火药，轰其柁尾头鼻，而夷船桅斗上常有夷兵远镜瞭望，我火舟未至，早已弃碇驶避，其难二。

其实，守外海与海口若不能守，则内河也不易守。魏源在其《筹海篇》里，虽极力指出，守内河是御敌的上策，然而事实上，浙江、广东的内河，也为英人所攻破。可是我们在这里所要加以特别注意的是，他曾明明白白的承认西洋的船坚炮利，而且有了望远镜的效用，所以，假使中国要积极的去与西洋打仗，中国是抵不住的，因而中国只能退一步去守内河与防陆地。虽则这种方法是否可靠，也是一个问题。

退守内河是林则徐所用以抵抗西洋的方法，这也是当时一般人的论调。这种方法是一种消极的方法。然而，魏源除了主张这种方法之外，还主张了"师夷之长技以制夷"的积极方法。我们且看他在《筹海篇三·议战中》说：

> 今日之事，苟有议征用西洋兵舶者，则必曰借助外夷恐示弱，及一旦示弱数倍于此，则甘心而不辞；使有议置造船械师夷长技者，则曰縻费，及一旦縻费十倍于此，则又谓权宜救急而不足惜；苟有议翻夷书刺夷事者，则必

> 日多事。则一旦有事，则或询英夷国都与俄罗斯国都相去远近，或询英夷何路可通回部，甚至廓夷效顺，请攻印度而拒之，佛兰西、弥利坚愿助战舰，愿代请款而疑之。以通市二百余年之国，竟莫知其方向，莫悉其离合，尚可谓留心边事者乎？汉用西域攻匈奴，唐用吐番攻印度，用回纥攻吐番，圣祖用荷兰夹板船攻台湾，又联合俄罗斯以逼准噶尔。古之驭外夷者，惟防其协寇以谋我，不防其协我而攻寇也。止防中华情事之泄于外，不闻禁外国情形之泄于华也。然则欲制外夷者，必先悉夷情始；欲悉夷情者，必先立译馆、翻夷书始；欲造就边才者，必先用留心边事之督抚始。

这是一段很沉痛的话，这也可以见得他的诚恳的主张效法西洋。然而事实上，在那个时候的一般官僚士大夫，不只是反对师夷长技，而且反对翻译夷书，甚至而禁止《英汉字典》的刊行。魏源在上面所抄一段话里曾有了一段注解，告诉我们下面一件事：

> 嘉庆间，广东有将汉字、夷字对音刊成一书者，甚便于华人之译书，而粤吏禁。

这本字典是何人所著，我们不必考究，可是《英汉字典》也被禁止，可见得当时的国人的心理的固塞，而同时可见得效法西洋的主张的不易流行。魏源能够在那个时候，而提倡师夷技，译夷书，不能不说是超越时代的见解呵！

他又指出，在鸦片战败之后，我们更要效法西洋的长技。所以他又说：

> 问曰：既款之后，如之何？曰：武备之当振，不系乎夷之款与不款。既款之后，夷瞰我虚实，蔑我废弛，其所以严武备、绝狡启者，尤当倍急于未款之时。所以惩具文，饰善后者，尤当倍于承平之日。未款之前，则宜以夷攻夷；既款之后，则宜师夷长技以制夷。

而所谓西夷的长技，照他看起来，大致不外三种。他说：

> 夷之长技三：一战舰，二火器，三养兵练兵之法。

他又举出我们要师夷长技的理由：

> 请陈国朝前事，康熙初年曾调荷兰夹板船，以剿台湾矣；曾命西洋南怀仁制火炮，以剿三藩矣；曾行取西洋人入钦天监，以司历官矣。今夷人既以据香港，拥厚赀，骄色于诸夷；又以开各埠，裁各费，德色于诸夷。与其使英夷德之以广其党羽，曷若自我德之以收其指臂？考东中二印度据于英夷，其南印度，则大西洋各国市埠环之，有荷兰埠，有吕宋埠，有葡萄亚埠，有佛兰西埠，有弥利坚埠，有英吉利埠。每一埠地，各广数百里，此疆彼界，各不相谋。各埠中各有造船之厂，有造火器之局，并鬻船鬻炮于他国，亦时以兵船货船，出租于他国。其船厂材料山积，工匠云集，二三旬可成一大战

舰，张帆起柁，嗟咄立办。其工匠各以材艺相竞，造则争速，驭又争速，终年营造，光烛天，声殷地。是英夷船炮在中国视为绝技，在西洋各国视为寻常。广东互市二百年，始则奇技淫巧受之，继则邪教毒烟受之，独于行军利器，则不一师其长技，是但肯受害不肯受益也。

他又举出俄国人彼得皇帝的效法西洋，以为例证。

西史言俄罗斯之比达王，聪明奇杰，因国中技艺不如西洋，微行游于他国船厂、火器局，学习工艺，反国传授，所造器械，反甲西洋。

由是其兴勃然，遂为欧罗巴洲最雄大国。

故知国以人兴，功无幸成，惟厉精淬志者，能足国而足兵。因而他主张：

于广东虎门外之沙角、大角二处，置造船厂一，火器局一，行取佛兰西、弥利坚二国各来夷目一二人，分带西洋工匠至粤，司造船械，并延西洋柁师，司教行船演炮之法，如钦天监夷官之例。而选闽粤巧匠精兵以习之，工匠习其铸造，精兵习其驾驶攻击。

同时，他又主张：

于闽粤二省武试，增水师一科。有能造西洋战舰、火轮舟、造飞炮、火箭、水雷奇技者，为科甲出身；能驾驶飓涛，能熟风云沙线，能枪炮有准的，为行伍出身。皆由水师提督考取，会同总督拔取，送京验试，分发沿海水师，教习技艺。凡水师将官，必由船厂火器局出身，否则由舵工水手炮手出身，使天下知朝廷所注意在是，不以工匠、柁师视在骑射之下，则争奋于功名，必有奇材绝技出其中。昔李长庚剿海贼，皆亲自持柁，虽老于操舟者不及，故知水师不能舍船械而空谈韬略武备，不能舍船炮而专重弓马。

他又说：

人但知船炮为西夷之长技，而不知西夷之所长，不徒船炮也。每出兵以银二十元安家，上卒月饷银十元，下卒月饷银六元。赡之厚故选之精，练之勤故御之整。即如澳门夷兵仅二百余，而刀械则昼夜不离，训练则风雨无阻。英夷攻海口之兵，以小舟渡至平地，辄去其舟，以绝反顾，登岸后，则鱼贯肩随，行列严整，岂专恃船坚炮利哉！无其节制，即仅有其船械，犹无有也；无其养赡，而欲效其选练，亦不可能也。

总而言之，在魏源心目中的西洋长技，不外是战舰火器、养兵练兵而已。而且照他的意见，他只是主张，于利用中国原有的弓马骑射的方法之外，再加上西洋的长技，而并不一定要以西洋的长技去代替中国固有的武器。

魏源所服膺的西洋文化，既不外是战舰火器与养兵练兵，他对于西洋文化的其他方面，而尤其是西洋的宗教，不只是不表同情，而且极力反对。《海国图志》卷二十七《天主教考》的末段里，他曾指出：

> 西域三大教，天主、天方，皆辟佛，皆事天，即佛经所谓婆罗门天祠。其教皆起上古，稍衰于佛世，而后盛于佛以后。然我读《福音》诸书，无言及于明心之方，修道之事也。又非有治历明时制器利用之功也，惟以疗病为神奇。称天父神子为创制，尚不及天方教之条理，何以风行云布，横被西海，岂浅人拙译，而精英或不传欤？……谓上帝初造人类时，止造一男一女，故人各一妻，妻即无道不可议出，即无子不可娶妾，则何以处淫悍不孝，且何又许富贵人婢仆无数，岂阴许其实而阳禁其名乎？……董子曰"道之大原出乎天"，故吾儒本天与释氏之本心。若冰炭，乃天方天主亦皆本天而教之，冰炭益甚，岂辨生于末学而本师宗旨或不尽然欤？周孔语言文字，西不逾流沙，北不暨北海，南不尽南海。广谷大川，风气异宜，天下不能不生一人以教治之，群愚服智群，嚣讼服正直。文中子曰：西方之圣人也，中国则泥。庄子曰：八荒以外，圣人论而不议，九州以外，圣人议而不辨。或复谓东海西海，圣各出而心理同，则又何说焉。

他又说：

> 按欧罗巴人天文推算之密、工匠制作之巧，实逾前古，其议论夸诈迂怪，亦为异端之尤。国朝节取其技能而禁传其学术，具存深意。

这也可以说是魏源的西化的态度。其实，魏源对于西洋的文化，不只是反对其所谓精神或学术的文化，就是对于所谓物质或技能的文化中，他所要效法西洋的，也不外是战舰火器、养兵练兵几方面。

从我们现在的眼光看起来，我们不能不指出他的这种主张的错误，他的这种认识的浮浅。然而，在鸦片战争的时代，我们又不能不承认，他的这种见解已是一种超卓的见解。因为他不只比起梁廷枏的见解高明得多，就是比之林则徐的见解也高明得多。

第四章　夏燮的西化的态度

自鸦片战争以至太平天国的衰亡的二十余年中，国人之对于西洋文化的态度之值得我们注意的，除了上面所说的梁廷枏与林则徐外，《中西纪事》的编著者夏燮与《海国图志》的编著者魏源，也很值得我们的注意。

魏源的《海国图志》，最初成六十卷于道光二十二年（一八四二），到了咸丰二年（一八五二），又增加了四十卷，而共为一百卷。夏燮的《中西纪事》，最初成于道光三十年（一八五〇）。据他在咸丰九年的《中西纪事》次叙里说：

> 庚戌（一八五〇）之冬，需次京邸，时值洋艘遣退，枋相罢回。爰取庚子以来英人入寇本末，编次成帙，藏之，筐之。

又说：

> 天津用兵之后，湖上无事，乃续据十年来所见闻者，合之前定之稿，分类纪叙，厘为十六卷，中西争竞之关键，略具于此。

按所谓天津用兵之后，乃指咸丰八年（一八五八），我国代表与英法两使议和于天津。到了同治四年（一八六五），他的《中西纪事》又增加数卷，共为二十四卷。这就是现在所流行的《中西纪事》本。

若从时间方面看起，魏源的《海国图志》的刊行是比夏燮的《中西纪事》为早。然而，这两部著作都经过二次或三次的修改增加，结果是后者的第一次、第二次与第三次的增补，虽比前者的第一版为晚，然而前者的二版却比后者的原稿为晚。因为魏源的《海国图志》第二版是刊行于咸丰二年（一八五二），而夏燮的《中西纪事》的原稿是成于道光三十年（一八五〇）。

而且这两位著者，不只是同时，而且是同年。夏燮的《中西纪事》的定本目录叙，是写于同治四年（一八六五），其中有一段话，是受述他曾以魏源的《海国图志》为参考，今录之于下：

> 是编草创未就，得见同年魏默深中翰源所撰《海国图志》，爱其采摭之博。惟其体例，兼备四洲，故于英人入寇，及海疆用兵之利钝，不具详也。

夏燮又说：

> 猾夏起于通番，漏卮原于互市，边衅之生由桥于此，原稿皆叙于各案下。续据《海国图志》所载各档案，遂仿纪事本末之例，厘为四卷，著始祸也。五卷以后，边衅本末，多据邸抄及奏咨各案，参以西人纪载之可信者。十五卷换约，章程颁行各省，尤为班班可考。续论次之，而以《剿抚异

同》《管蠡一得》殿焉。末纪海疆殉难诸臣,悉以死事年月之先后为断。惟有则详,而核无则略而存,盖仿《绥寇纪略》"补遗"之例云。

夏燮这部《中西纪事》,大致是搜辑故牍而成的。他在各卷的按语或叙述中,虽也有其对于西洋文化的多少意见,然而我们在这里所要特别加以注意的,是卷二十二的《管蠡一得》一卷。他上面指出,他以《管蠡一得》以为他这部书之殿,是很有意义的。《管蠡一得》的篇首有了下面一段话:

壬寅(道光二十二年,西历一八四二)抚议定后,海口撤防,烟土弛禁,外洋之寄居宁波、上海者,觊觎内地,浸浸乎操入室之戈,鄙人忧之,撰为《私议六事》,上之陆制军建瀛。时淮南奏请改票姚实甫,观察总其谓盐茶增税,将来可次第举行,以资军实,不意遂为后日抽厘滥觞也。海运自粤匪入江,运道梗阻,始试行之,而战舰水师之属,与其借资于外洋,不如讲求于内地。爰将前议,入《中西纪事》之末,而件如左。

他在这一卷里,除了这一段绪言之外,其下面所纪录的为《申明烟禁》《防御内河》《闽粤战舰》《江浙卫兵》《海运利漕》《盐茶裕课》六篇,这就是他上面所说的《私议六事》。在"管蠡一得"这个题目之下注有了"道光二十九年",然而照其引言所说,他的《私议六事》是在壬寅抚议定后,那么,所谓《私议六事》当在道光二十九年前,也许就是道光二十二年或者是后一年。而注有道光二十九年,大约是指着《管蠡一得》的引言是写在这一年。

假使这种看法是不错,那么,我们可以说夏燮的《中西纪事》的刊行,虽晚于魏源的《海国图志》,而且前者曾以后者为参考,可是夏燮的《管蠡一得》这一卷的著作的时间也相当的早,而且未必受过魏源的影响。

夏燮承认西洋的船坚炮利,然而他与我们在下面所说的魏源一样的相信:我人既不易而也不必效法西洋,以相争雄于海洋,至多我们只能师其长技而防备海口与内河。关于这一点,他在《防御内河》一篇里说得很清楚。他说:

自古南人利舟楫,而以今日沿承平之积习,不特操江之防,废弛已久,即闽粤水师,亦有名无实也。东南之患日甚一日,非讲求水师不足以御外洋。而船与炮二者又外洋之长技,加以来往洋面,孰于风信,察于潮汐之衰旺,诚所谓操舟若神,善游而忘水者矣。中国水师与之争锋海上,即使招募夷工,仿其制作,而茫茫大海无从把握,亦望洋而叹焉!

所以,西洋的船炮,虽是坚利,然而中国就使能够效法,也未必有效。因而,他又接着说:

然则欲以御夷,将何道之从?曰:汉晁错有言,匈奴之长技三,中国之长技五。帝王之道必出于万全,则避其所长,而攻其所短。大洋之外,犹平原也,今与寇战于平原,必引而致之狭隘之地,兵法所谓避之于易,邀之于阨者是也。夷之争利,必于内河,然其道里之远近、山川之纡曲,弗悉也;沙礁之有无,淤垫之深浅,未知也。当其豕突而来,本欲以制人之计,邀我于江上,以逞其长;斯时我若第严其在内之防,画地而守之;敌不得与我战,乘其所深入,不足惧,何况其未敢轻试耶!

故御夷者,善战不如善堵,堵则船欲小而不欲大,水勇贵少而不贵多,炮务近而不务远。如是,则其器易精,其行易速,其伺敌之进退也,专攻其首尾,出于其所不及防,然后引之于浅水,邀之于半渡。彼夷船无论大小,向之乘风破浪,翱翔于巨浸中者,一旦局促旁皇,前则有鸟起之惊,而后则有狼顾之虑。此殆与东海之鳌入井,坎中左足,未入而右膝已絷,能无一战而蹶耶!

曰:然则其舍舟而登岸,奈何?曰:此自有陆军任之,于水师无涉也。寇之将至,必下一令曰:夷船在口门外,我水师闻炮声远震,毋得离船一步,违者以军法从事。又下一令曰:当夷船未进,号旗未举,水师未得轻进一步,违者以军法从事。故陆军之胜负,水师弗闻,若贼兵登岸,得胜必将挟舟以为后继之师,我水师能以静制动,可以转危为安,易败为胜。安可自乘其所守,越畔相从,一旦相率而溃,不亦人船两失耶!兵法曰:令不进而进,虽胜必杀,不可不知也。明太祖在鄱阳湖以小船破陈友谅之大船,此其往事。而国初平台湾,靖海侯施琅请以战舰三百配水师两万,自出澎湖计,每舟不过六七十人,而以五艘破其一艘,贼船虽大,环而攻之,面面受敌,无能为也。李忠毅公平艇匪,亦止造大船三十号,名曰霆船,而足领兵船数百,其又大者,不过将领之坐船而已。此皆出洋追贼,不全在内河防御者。然则内河之船,诚无取其高大也。安南之轧船、梭船,每船配水兵不过二三十人,自称制造之费不过四百金,其屡破英夷,皆诱入内河而创之。此守内河之成效也。

这种消极的方法与其浅陋的见解,凡是稍有军事智识的人,都能看出来。然而,夏燮不只是以中国与安南的往事为例,以证其防御海洋不如防御内河、欲小而不欲大、炮务近而不务远的理论,而且以西洋人的话以证明这种理论。他在《防御内河》一篇里,有了下面一段注解:

近年来,有购买外洋船炮之议,原奏具见二十一卷中,嚇德亦称大船不利行驶,若用小火轮船千余号,益以精利枪炮,其费不过数十万云云。是中外价值大略相同,每船数百金,其大率也。

从上面所抄录的各段话看起来,夏燮虽不主张效法西洋的大船大炮,以与西洋争雄于海上。然而效法西洋的小船小炮,以防御内河,却非他所反对。又他在这部书里，他对于效法西洋的长技这一点，他始终没有很显明的表示出来。然而，在鸦片战争刚完之后，这就是他所谓壬寅抚议定后，他对于取法西洋，以至借夷力以平内乱，是有了相当的同情的。所以，比方在二十三卷的《管蠡一得》的《闽粤战舰》一篇中，又说：

> 国初平郑氏，亦曾借动于荷兰之夹板船，是则外邦输诚，愿敌指臂，固数百年之利……夫攻其所短，必先师其所长。

这也可以说明，他对于效法西洋给与同情的表示。然而，在他写了《防御内河》以及《闽粤战舰》两篇之后十七年，这就是五口通商，洋船深入内河之后，他对于取法西洋长技的意见，好像又有了多少改变。在《防御内河》一篇的末段，他有了下面一段注解：

> 此十七年前之论，自长江开商，外洋大小船只深入内地山川，道里险要形势，靡不周知。无论中国战船未能制胜，即使购买外洋船炮，亦岂能破之？故洋艘之入长江，为通商之一大变局。

又在卷二十《外夷助剿》里，有了一段差不多同样的看法的话。现在抄录在下：

> 壬寅抚事既定，中国大吏亦请设船炮之局。彼时五口通商，中外辑睦，若乘机商向外洋购买船炮，不特可免异日粤匪入江之祸，而其时洋艘皆停泊海口，不悉内地虚实，若得小火轮船数千号堵截内江，则所谓"师夷之长技以制夷"者，即在于此。今自长江通商，外洋船只无论大小，靡不驾轻车而就熟路，就使中国仿其制作，迁地能良，又安能敌其夫人能为之技哉！若谓藉以笼络外夷，则痴人说梦话。

总而言之，照夏燮的意见，效法西洋的船炮，主要是为着防御海疆，而非为着进攻西洋或是争雄海上。因此之故，我们所仿造的洋船、洋炮，在小而不在大，在多而不在少。我说这种意见是一种消极的方法，因为他的这种办法不只没有效西效法而凌驾西法的希望，而且没有效西法而与西洋并驾齐驱的企图。其实，这种办法的错误，林则徐早已见及。因为假使不能在海上抵抗西洋的长技，那么不只西洋人可以纵横四海，而且沿海一带他们可以随时扰乱，而同时又可用小船进攻内河，深入内地。又炮若务近而不务远，则人家的炮已先打我们，而我们在未见敌或在未与敌接触之前，也许已经失败。

夏燮之所以提倡这种消极的办法，不外是因为中国的文化的惰性的作祟。反过来说，就是因为他不愿意去采纳西洋的长技，就是因为被迫而不得已去采纳西洋的长技，他也不愿好好的去效法，而只作退一步的采纳。

而且等到西洋的坚船利炮已经深入了我们的内河之后，他连所谓效法西洋小船小炮的态度也改变起来，因为在洋人已经进入内河之后，我们再去效法西洋的小船小炮，也不易抵抗洋人了。

总而言之，洋人的坚船利炮在海洋，我们固不能抵抗，而不必去效法洋人，以争雄海上，洋人的坚船利炮既已入内河，我们也不易抵抗，而同时也好像是不必去效法西洋，去防御内河了。其结果是，好像是效法西洋是没有用的。这么一来，夏燮在壬寅抚议以后的效法西洋的主张，在内河开放之后，好像也是放弃了。因为以为在内河开放以后，效法西洋的船炮也没有用。他对于中国的前途是很悲观的，虽则他也想不出一个补救的方法。

此外，夏燮对于西洋的宗教的输入以及其害处，在卷二的《猾夏之渐》及卷二十一的《江楚黜教》里均有详细的叙述。他自己对于西洋的宗教，大致上是持了反对的态度，虽则他也未像一般人之痛恨耶教，而控造不少的故事，以增加其罪名。在《江楚黜教》的篇末，他有一段按语，足以代表他对耶教的态度，今且摘录于后：

> 按教法之害人，具见于魏默深《海国图志》所载及黄冈吴德芝所记，具详第二卷中。予阅楚南公檄，谓其收养婴儿为采生折割之用。室女自幼入堂，必过天癸之期，始行遣嫁，而红丸被其摄取炼入丹中，可以恣淫欲、资长生。又言，黑夜传教所投妇女丸药，率皆春方，能令女反求男。故其术久而不泄，间有泄其术者，令妇人带归，试之立验，皆无左证。若江西绅士送到之铜管血膏，尤涉暧昧。而其揭帖中言，毁堂之后，放出女婴皆目瞪口呆，不省人事，皆欲加之罪而文致之，实无稽之妄语耳……惟该会规矩，凡女婴被人赎回，须在会立约，载明此女长大仍凭教士作主，指配从教之家，不得于教外自行择配……予曾诘"某教士"：以收养之女，应指配教内人，则江省安得有从教相当之男女，又安能以从教之故，逼令远适异域。该教士笑曰：江省何县何乡无我国教中人，君故不知耶。旋据瑞都（指瑞金）函称，胡姓呈送远年卷宗，该族皈依教法，实始于明季。然则该教之行，由来已久，一旦张胆明目，恃有奥援，宜其祸之相寻无已也。

在卷二《猾夏之渐》篇里又有下面一段话：

> 汉之黄巾、五斗米，其教匪之滥觞乎？明之白莲无为，其天主教之伥使乎？我朝乾嘉之际，直省教匪公行一时，传其教者谓之七七教，而考其教法，则不出吴魏二君所纪之数事。是虽未尝操入室之戈，而卧榻之旁已被西人鼾睡矣。自英人请立传教之条，佛人请弛习教之禁。于是各省拜会，无不藉天主为名，即非天主教者，亦假托之。粤西军兴，则有冯云山、洪秀全、杨秀清等，共结金田拜上会之会……咸丰三年，粤匪攻踞江宁，则有上海不肖之外洋领事，欲藉以徼利，径乘舟由海道至江宁，与之联教通款，遂酿是

年八月上海刘丽川之案。

总而言之，他虽然不相信一般人之控告教士的罪恶，然而他之反对耶教的态度，从这两段话里看起来，也很为显明。

在反对耶教上，夏燮与魏源是处于同样的地位，然而在效法西洋的长技上，而尤其是西洋的坚船利炮，夏燮却没有魏源那么坚决不变的主张。虽则两者都同样的只有消极的师夷长技以制夷，而没有积极的效法西洋的态度。

然而，我们也得指出，从效法西洋的船炮方面来看，夏燮的态度虽不甚显明，而没有魏源那么坚决不变的主张，然而，他总主张过我们要效法西洋的船炮。至于梁廷枏与林则徐，则明知了西洋船炮是优于中国，而却不愿或不敢公然去提倡效法西洋。从此可见得，夏燮在效法西洋文化的态度上，是比了梁廷枏与林则徐是较进一步呵。

第二编

绪 言

我们在上面已经指出,在鸦片战争以后以至太平天国的失败,国人对于西洋的文化,虽有畏惧、羡慕,以至像魏源去主张效法。然而,我们差不多可以说,很少人能够作实际上的采纳。太平天国的运动,虽然是受了西洋宗教的影响,然而,除了宗教之外,他们对于西洋文化的其他方面,并不留意。容闳在其《我在中国与美国的生活》(*My Life in China and America*)(中译《西学东渐记》)里曾告诉我们,他曾到南京去见过洪秀全的从弟干王,并条陈了好几件革新的事业。可是他及太平天国的领袖,对于他的提议,并没有采纳的意思。其实,就是连了西洋的宗教,太平天国所采纳也只是皮毛的东西。他们对于基督教的教理方面,既不太认识;他们对于基督教的迷信传说,也有了画蛇添足的嫌疑。而况他们到了南京之后,对于西洋文化不只不做进一步的提倡,反而趋于复返中国的固有文化的趋向。结果是,所谓中国近代西化运动的先锋,从一般人与事实上看起来,却不是自号为上帝之子与耶稣之弟的洪秀全,而是拥护孔孟、反对耶教的曾国藩及其徒众。这是中国近代西化史上最值得我们注意的一件事。

曾国藩的西洋智识,从我们现代的人们的眼光看起来,是很为浅陋,然而,假使我们懂得曾国藩的环境及其思想的大概,那么他能够同情于西化的事业,也是一件了不得的事情。他本来是一位中国的固有文化的中心的典型人物,他之所以起而反抗洪秀全,也是为着拥护中国的固有文化。然而,在征伐太平天国的时期里,他逐渐的被迫而提倡西化。他虽然这样的改变,然而他自己好像并不有了所谓自我的感觉,从他的言论、日记、书牍、及其他的著作里来看,他好像是始终如一没有什么的改变。这也许是因为中国的固有的文化的惰性,对他的影响太大;也许是因为他的时代,西洋文化在我们中国的压力还未显著;有些人说,也许是因为太平天国以至捻匪所引国内的紊乱的局面,使他没有时间与精神去考虑这个问题。然而,我们也得指出,假使没有太平天国的崛起,不但曾国藩不会成为那个时代的政治舞台的重要人物,就是中国的西化运动的历史上,恐怕也不会有了他的位置。

曾国藩、左宗棠、李鸿章,都是太平天国所造成的人物。关于李鸿章的西化态度,我们当在下编加以叙述,在这一编里,我们要特别的注意到曾国藩的西化态度,而也旁及到左宗棠以及其他的人士的西化的主张。

第五章　曾国藩的西化态度（一）

曾国藩是我们近代的西化运动的先锋人物，我们叙述近代国人的西化态度的史略，我们不能不注意到曾国藩的西化的态度。

我们知道，当林则徐被派为钦差大臣，查办广东海口事务的时候，这就是道光十八年。那一年（一八三八），曾国藩才登进士，入翰林。鸦片战争（一八四〇——一八四二）虽引起好多士大夫的注意，但是，这个战争对于曾国藩好像没有多大影响。这也许是与他生在离开海岸较远的湘西，有了多少的关系。所以，直到鸦片战败那一年，曾国藩还是在旧书古籍中讨生活。据他的《年谱》上说：

> 道光二十二年，公三十二岁。公益致力程朱之学，同时蒙古倭仁公、六安吴公廷栋、昆明何公桂珍、窦公垿仁、仁和邵公懿辰及陈公源兖衮等，往复讨论，以实学相砥砺。

又说：

> 其为日记，力求改过，多痛自刻责之言。每日必自记录，是为日课。每月中作诗、古文若干篇，是为月课。凡课程十有二条：一曰主敬，二曰静坐，三曰早起，四曰读书不二，五曰读史，六曰谨言，七曰养气，八曰保身，九曰日知所亡，十曰月无忘所能，十一曰作字，十二曰夜不出门。

这是一个十足的只求立己、不问外事的道学先生。然而，这并不是说他对于鸦片战争这回事完全没有知道。因为在这个时期里，他登进士入翰林之后，虽也回去故乡一次，他大半的时间是住在京师，鸦片战争的胜败，在京师总能知道多少。因为京师不只是主战主和的主脑，而且消息比较的灵通。我们阅读曾国藩于道光二十二年从京师所发的家书，也能找出下面数条：

> 英夷去年攻占浙江宁波及定海、镇海两县，今年退出宁波，攻占乍浦，极可痛恨。京师人心，安静如无事时，想不日可殄灭也。（禀祖父母）
>
> 逆夷在江苏滋扰，于六月十一日攻陷镇江，有大船数十只，在大江游弋。江宁、扬州二府，颇可危虑。然而，天不降灾，圣人在上，故京师人心镇定。（禀父母）

他对于英国人的攻打中国，虽有"极可痛恨""颇可危虑"的词句，然而，他不只相信中国可以打胜仗，而且指出"京师人心，安静如无事时"。同时又以为，有了圣人在，上天不会降灾于中国。这也可以见得，当时的京师的士大夫，正如睡卧未醒，而不知外国的利害，不知外患的危急。

不但这样，到了鸦片战败之后，在曾国藩的心里也没有什么的反应。他在道光二十二年禀父母的一函里，说：

> 逆夷在江南半月内无甚消息，大约和议已成。

这也充分的表示，他对于当时的鸦片战争并不关心，而同时对于是否和议、和议的条件如何，都不注意。总而言之，从他在鸦片战争时期的家信中来看，他对于鸦片战争既没有什么印象，而在鸦片战争以后，以至太平天国崛起的时候，他对于西洋势力的侵入，既没有什么印象，他对于西洋文化的发展，更没有一点反应。

直到太平天国的势力澎涨到湖南的时候，他被命在湖办理团练，去讨伐太平天国之后，他对于西洋的文化始有了一种反感，而这种反感之表现在他的著作中最显明的，要算他的《讨粤匪檄》了。他在这篇檄里，完全是以中国传统的思想的立场，去批评太平天国之尊崇天主教。他告诉我们道：

> 自唐虞三代以来，历世圣人扶持名教，敦叙人伦，君臣，父子，上下，尊卑，秩然如冠履之不可倒置。

至于太平天国呢，是效法外国的皮毛的。所以他说：

> 粤匪窃外夷之绪，崇天主之教。自其伪君伪相，下逮兵卒贱役，皆以兄弟称之，谓天可称父。此外，凡民之父皆兄弟也，凡民之母皆姊妹也。农不能自耕以纳赋，而谓田皆天王之田；商不能自贾以取息，而谓货皆天王之货；士不能诵孔子之经，而别有所谓耶稣之说、《新约》之书，举中国数千年礼义人伦诗书典则，一旦扫地荡尽。此岂独我大清之变，乃开辟以来名教之奇变，我孔子、孟子之所痛哭于九原，凡读书识字者，又乌可袖手安坐，不思一为之所也。

他又说：

> 自古生有功德，没则为神，王道治明，神道治幽，虽乱臣贼子穷凶极丑，亦往往敬畏神祇。李自成至曲阜不犯圣庙，张献宗〔忠〕至梓潼亦祭文昌。粤匪焚郴州之学宫，毁宣圣之木主，十哲两庑，狼藉满地。嗣是所过郡县，先毁庙宇，即忠臣义士如关帝、岳王之凛凛，亦皆污其宫室，残其身首，以至佛寺、道院、城隍、社坛，无庙不焚，无像不灭。斯又鬼神所共愤怒，欲一雪此憾于冥冥之中者也。

又说：

> 本部堂奉天子命，统帅二万，水陆并进，誓将卧薪尝胆，殄此凶逆，救我被掳之船只，拔出被胁之民人。不特纾君父宵旰之勤劳，而且慰孔孟人伦

之隐痛；不特为百万生灵报枉杀之仇，而且为上下神祇雪被辱之憾。

总而言之，在这篇檄里，曾国藩不只以中国的传统的孔孟的伦理去反对太平天国的西化的宗教，而且以中国的固有的迷信心理去反对太平天国的天主的信条。换句话来说，他是一个十足的固有文化的产儿。

曾国藩在鸦片战争的时候，对于西洋文化的侵入，既没有什么反应；在太平天国的时候，对于西洋宗教的输入，又极力加以反对，为什么曾国藩却又成为我国近代的西化运动的先锋人物呢？

原来，曾国藩之征伐天平天国是很得力于船炮，而船炮这两种东西，又以西洋人所制造的为最精。他在咸丰四年（一八五四）《请催广东续解洋炮片》中说道：

> 查水师事宜，以造船置炮二者为最要。船只纵修造坚固，而风波间有飘失，战阵无不损伤。损失者，必须添补，完好者，亦须油舱……至于炮位适应之品，最为难得。此次蒙皇上屡降谕旨，饬令两广督臣叶名琛购备洋炮，为两湖水师之用。现已先后解到六百尊来楚，皆系真正洋装选验合用之炮。湘潭、岳州两次大胜，实赖洋炮之力。惟原奉谕旨购办千余尊，现止来六百尊，尚属不敷分配，且江面非可遽清，水师犹须增添，尤须有洋炮陆续接济，乃能收愈战愈精之效。相应请旨饬催两广督臣将应行续解之夷炮数百尊，赶紧分起运解来楚，于江面攻剿大有裨益。

我们知道曾国藩在这个时候，虽然知道西洋的船坚，可是他所制造的师船，还是旧式的，这就是说，是我们的固有的东西。因为购洋船不若购洋炮之容易，而且内河水浅，不适宜于驶用洋船。至于洋炮转运较易，而且效力至大。所以，他除了大量购买洋炮之外，还设法找人造炮。所以，他在咸丰四年（一八五四）的《调浙江龚振麟来楚造炮片》中，说道：

> 逆贼占据长江三千余里，掳掠民船数万余号。此次舟师进剿，即使处处得手，亦恐非数月半年所能净尽。所有炮位一宗，必须广为储备。且从前失陷城池，炮位皆为贼有。现在克复岳州、常德，将来克服武汉、黄州，皆须多备炮位，乃足以资防守。除奏请饬催两广督臣续解夷炮数百尊外，查有浙江候补知县龚振麟及其子龚之棠，精于造炮，自制铁模与洋炮无异。合无仰恳皇上天恩，饬下浙江抚臣飞调候补知县龚振麟并其子龚之棠，迅速来楚，其曾经造成之大小铁炮模，一并带来，以资速铸。臣等一面奏闻，一面咨商浙江抚臣黄宗汉，专差迎提、搬取铁模等件。如蒙谕旨允准饬调，其于舟师炮位之接济、南北两省各城之防守，均属大有裨益。

我们不能一定说龚振麟及其子龚之棠所制造的炮，是仿造西洋的炮。然而从曾国藩的奏疏所说，自制铁模与洋炮无异，而同时他又明白洋炮精良，那么，他希望国人能够仿效洋炮，是没有问题的。

又，上面已经指出，曾国藩在这个时候，虽因各种原因而不能购买洋船，然而洋船的坚固迅速，是他所明白的。除了咸丰十年，他赞成利用洋船去采米运到天津之外，在同治元年（一八六二），他曾利用洋船去载运军队。在他的奏稿中，有一篇是《李鸿章军改由轮船赴沪折》，今摘录于下：

> 奏为恭报李鸿章一军改道赴沪由水路起程日期仰祈圣鉴事。窃道员李鸿章所部湘勇、淮勇，募练成军，本拟三月初二日拔队启行，取道巢县、含山、和州一带，前赴镇江。臣于二月二十二日奏明在案。拜折后，正饬该员简料起程，旋于二十八日，据江苏绅士潘馥、钱鼎铭等，自沪来皖禀称上海一路虽得英法各国拨兵协防，有高桥、萧塘之捷，而贼氛四迫，商旅不通，岌岌可危。已由沪局筹款十八万两雇备轮船，陆续入江来迎我军，以期力保要地等情。臣查镇江为进兵形胜之区，上海为筹饷膏腴之地，两者并重，均不可稍有疏失。前因洋船不肯雇载兵勇，李鸿章一军拟由陆道续赴镇江，实出万不得已之计。臣以道路阻长，节节有贼，既忧辎重之难带，又恐行程之太迟。钦奉二月十四、二十四两次寄谕，亦深以李鸿章陆行纤缓为虑。兹据该绅士等与洋人商雇轮船来皖，经费既钜，词意尤挚，自宜先往上海，以顺舆情。

曾国藩不只是购买洋炮、仿造洋炮与雇用洋船，而且利用洋兵以为征伐太平天国的工具。他最初曾奏请利用洋兵以助守上海，后来，好多人以至同治提议利用洋兵去攻打南京，曾国藩对于此事，虽很踌躇，然而也非完全不赞成。他的态度，可在同治元年他所上的《筹议借洋兵剿贼折》的奏疏中看出来。

> 谕旨以洋人与逆匪仇隙已成，情愿助剿，在我亦不必重拂其意。臣处搜获伪文，亦知金陵洪逆，词意不逊，与洋人构衅甚深。在洋人有必泄之忿，在中国为难得之机。自当因势利导，彼此互商，嘉其助顺，听其进兵。我中国初不干求，亦不禁阻。或乘洋人大举之际，我兵亦诸道并进，俾该逆应接不暇，八方迷乱，殆亦天亡粤逆之会也。

照曾国藩的意见，助守上海可以借用洋兵。至于攻打内地的太平天国的军队，最好以中国的军队为主，而以西洋的军队为副。他的理由是："假使转战内地，但有西兵而无主兵，则三吴父老方迓王师而慰云霓之望，或睹洋人而生疑惧之情。"他的比喻是："譬之人家子弟应试科场，稍能成文而倩人润色，犹可言也；若既不能文，又不入场，徒倩枪手顶替，则无论中式与否，而讥议腾于远近，羞辱贻于父兄矣。"

其实，在咸丰十年，他在《复陈洋人助剿及采米运津折》中，已有赞成借用洋兵洋船的建议，所以他说：

> 查大西洋英咈咪各国，恃其船坚炮大，横行海上。俄罗斯国都紧接西洋，所用船炮及其所习技艺，近始由重洋以通中国。该夷与我向无嫌怨，其请用兵剿助发逆，自非别有诡谋。康熙年间，进攻台湾，曾调荷兰夹板船助剿，亦中国借资夷船之一。
>
> 至所称咪商领价采米运津一节，江浙各郡县地方沦陷既多，明年新漕势难赶办。咪商、粤商情愿领价采办台米、洋米，由海道运到津沽，实亦济变之要著。俄酋既以此为请，似亦即可因而许之。

曾国藩虽然赞成利用洋船洋兵，然而同时，他对于洋人总有不敢完全信任的心理，所以，他的利用洋人是有条件的。我们且看他说：

> 自古外夷之助中国成功之后，每多意外要求，彼时操纵失宜或致别开嫌隙，似不如先约定兵船若干只，雇价若干，每船夷兵若干，需月饷若干，军火一切经费若干，一一说明，将来助剿时均由定海粮台支应，庶可免争竞而杜衅端。

总而言之，曾国藩虽非没有条件的去利用洋人去攻打洪秀全，然而借用洋船洋兵，再加以中国的军队会合进攻，是他所赞成的。其实，后来戈登的常胜军，对于打败洪秀全的功劳，是大家所公认的。而况洋兵助守上海，不只对于上海本身的固守，有了很大的作用，就是对于整个战局，也有莫大的帮忙。曾国藩自己也承认"上海为筹饷膏腴之地"，假使当日上海被了太平天国所占据，太平天国不只可以利其财富，去增加其军饷，而且自长江上游以至长江出口，太平天国都无后顾之忧，曾国藩利用上海与长江上游为夹攻的战略，就不能实现。这么一来，太平天国是否为曾国藩所攻败，实成为问题，说不定洪秀全成了大功，而曾国藩却成为逆徒了。

第六章　曾国藩的西化态度（二）

我们在上面已经指出，曾国藩在鸦片战争的时候，对于西洋的势力的侵入，虽没有什么印象，又在太平天国的初年，虽讥骂洪秀全窃外夷之绪，崇天主之教，然而，曾国藩之所以能够征服太平天国，与其说是靠着中国的固有的名教与神道，不如说是靠着西洋的枪炮的威力，以至洋船洋兵的帮忙。而同时，最值得我们所注意的是，在太平天国尚未崛起之前，曾国藩对于洋人从没有接触，而在太平天国的时候，而特别是太平天国失败之后，成为中西交涉史上的一个重要的人物。镇江洋人租屋案、天津洋人被杀案，都为他所办理，就是一些例子。因此之故，曾国藩对于西洋人与西洋的文化，遂不能不有所改变。

其实，他与洋人办理交涉，而尤其办理天津事件时所持的态度，从当时一些臣僚与士人看起来，还有了妩媚洋人的嫌疑。可是就我个人的观察，在太平天国的时代，而特别是太平天国失败之后，与其说曾国藩有了妩媚洋人的嫌疑，不如说他有了畏惧洋人的心理。而其所以畏惧洋人的原因，不外是因为看了洋人的文化，而尤其是船炮技艺的优超。

这种畏惧洋人的心理，在朝廷与一般士人希望他利用洋兵去征服太平天国的时候，已经很为显著。曾国藩每每以为攻打太平天国，要以中国军队为主，而以洋人军队为副。因为他恐怕若完全由洋人军队去征服太平天国，不只失了中国的军队的体面，而且必使洋人有所要胁于我。所以我们推测，在当时的曾国藩所畏惧的，并非太平天国，而是西洋的势力。他对于征服太平天国，既有信心，又有力量。然而，这种信心、这种力量，有了不少是靠着西洋的文化，以至西洋人，这就是西洋的船炮与军队。换句来说，他自己还要利用西洋人的船炮、军队，去征服太平天国。那么，西洋人的势力的雄厚，可以概见。其实，以上海弹丸之地，西洋人之兵力并不很大，然而太平天国也不敢去攻打，而同时曾国藩还要利用洋人的势力，使其助守，以保存其筹饷的来源，那么，西洋人的力量的雄厚，更可以概见了。

关于曾国藩畏惧洋人的心理的表现，我们可以从其赴天津办理津案时的《谕纪泽、纪鸿书》，及其同治九年六月二十八日《复陈津案各情片》里看出来，在其《谕纪泽、纪鸿书》中说：

> 字谕纪泽、纪鸿两儿：余即日前赴天津查办殴毙洋人、焚毁教堂一案，外国性情凶悍，津民习气浮嚣，俱难和叶。将来构怨兴兵，恐致激成大变。余此行反复筹思，殊无良策。余自咸丰三年募勇以来，即自誓效命疆场，今老年病躯，危难之际，断不肯吝于一死，以自负其初心。恐邂逅及难，而尔

等诸事无所禀承,兹略示一二,以备不虞。

这本来是他的遗嘱,然而从这一小段中,已见得他对于应付西洋人是没有办法的。所谓"反复筹思,殊无良策",就是这个意思。而其畏惧洋人的心理,已充分的见于字里行间。而这种心理,在其《复陈津案各情片》中更为显明。今且抄大段于后:

> 臣查此次天津之案,事端宏大,未能轻易消弭。中国目前之力,断难遽启兵端,惟有委曲求全之一法。臣于五月二十九日复奏折内,曾声明立意不与开衅,匝月以来,朝廷加意远柔,中外臣民亦已共见共闻。臣等现办情形仍属坚持初议,而罗酋肆意要挟,卒未稍就范围。谕旨所示洋人诡谲,性成得步进步,若事事遂其所求,将来何所底止,是欲弭衅而仍不免启衅。确中事理,洞悉敌情。臣等且佩且悚。目前操纵之权主之自彼,诚非有求必应,所能潜弭祸机。此后彼所要求,苟在我稍可曲徇,仍当量予转圜;苟在我万难允从,亦必据理驳斥。惟洋人遇事专论强弱,不论是非,兵力愈多,挟制愈甚。若中国无备,则势焰张;若其有备,和议或稍易定。现令张秋全队九千人拔赴沧州一带,略资防御。李鸿章前在潼关,臣已致函商论,万一事急,恐须统率所部,由秦入燕。此时陕回屡受大创,若令李鸿章入陕之师移缓就急,迅赴畿疆办理,自为得力。英美两国水师提督,现已均在大沽,其请示国主,旬日内当有复信。法国若仅与津人为难,则称兵必速;若要求无厌,真与国家为难,则称兵较迟。李鸿章若于近日奉旨移军东指,当不嫌其过缓。臣于洋务,素未研求。昨二十一日眩晕之病又复举发,连日心气耗散,精神不能支持,目光蒙昧。二十六日,崇厚来臣处面商一切,亲见臣昏晕呕吐,左右扶入卧内,不能强起陪客。该大臣已有由京另派重臣来津之奏。臣自咸丰三年带兵,早矢效命疆场之志,今兹事虽急,病虽深,而此志坚实,毫无顾畏。平日颇知持正理而畏清议,亦不肯因外国有所要挟,尽变常度。朝廷接崇厚之奏,是否已派重臣前来,应否再派李鸿章东来,伏候圣裁。抑臣更有请者,时势虽极艰难,谋画必须断决。伏见道光庚子以后,办理夷务,失在朝和夕战,无一定之主计,遂至外患渐深,不可收拾。皇上登极以来,外国强盛如故,惟赖守定和议,绝无更改,用能中外相安,十年无事,此已事之成效。津郡此案,因愚民一旦愤激,致成大变,初非臣僚有意挑衅。倘即从此动兵,则今年就能幸胜,明年彼必复来,天津即可支持,沿海势难尽备。朝廷昭示大信,不开兵端,此实天下生民之福。虽李鸿章兵力稍强,然以外国之穷年累世专讲战事者,尚属不逮,以后仍当坚持一心,曲全邻好。惟万不得已而设备,乃取以善全和局。兵端绝不可自我而开,以为保民之道;时时设备,以为立国之本,二者不可偏废。臣此次以无备之故,办理过柔,寸心抱疚,而区区愚虑,不敢不略陈所见。

总而言之，曾国藩是感觉到中国不能与西洋各国开战。因为西洋各国穷年累世专言战事，其船坚炮利，军队设备，实为中国所不及。所以，纵使中国与之开战，一时侥幸而胜，未必能够长期抵抗，就使一个地方能够侥幸而胜，未必能够处处可以抵抗，所以他不得不主张委曲求全。而这种委曲求全的政策，也就是他的畏惧洋人的心理的表现。

曾国藩既有了畏惧洋人的心理，他就不得不求其对付的方法。我们可以说，他的委曲求全的政策，是他的消极的对付的方法。除了这种消极的方法之外，他又有了积极的对付的方法。这种积极的方法，就是学习西洋的长技，这就是西洋的坚船利炮。

我们在上面一章里已经指出，自他与洪秀全抵抗以后，他就感觉到购买洋炮与租用洋船的必要。因为他利用西洋的这些工具，去打败太平天国，他更感觉到这些工具的优劣。因而他不只是要学习西洋的这些东西，去平荡太平天国，而且希望效法西洋的长技，以为抵抗西洋的势力。他在咸丰十年十一月初八日《复陈洋人助剿及采米运津折》，他已说道：

> 此次款议虽成，中国岂可一日而忘备？河道既改海道，岂可一岁而不行？如能将此两事委为经画，无论目前资夷力以助剿济运，得纾一时之忧，将来师夷智以造炮制船，尤可期永远之利。

一方面既得了西洋的力量去征服太平天国，一方又看到西洋势力的澎涨，所以不得不师夷智以造炮制船，以求永远之利。曾国藩之所以从一个不留意于洋务，以至讥骂西洋的文化的人物，而变为一个近代中国的西化的运动的先锋的原因，从此可以概见。

在太平天国尚未覆灭的时候，曾国藩已赞成学习外洋的长技。在同治元年十二月二十七日的《迭奉谕旨并案复陈折》中，有了下面一段：

> 恭奉九月二十六日通饬谕旨，饬派都司以下武弁学习外国兵法。臣虽未亲见洋人用兵，然闻其长处，约有二端：一曰器械精坚，二曰步伍整齐。其短处亦有二端：不扎营垒，不住帐棚，人数稍多，势难合并，一也；口粮太重，制器太贵，用兵稍久，国必困穷，二也。善学者自须用其所长，去其所短。臣部各军分驻皖境，距海尚远，较之海滨华洋杂处者，风气略近朴实。常胜军之口粮太多。臣方深以为，非若酌挑数人驰赴上海、宁波，恐未得洋人之长技，先染加饷之恶习。臣愚以为，有心学习，人不在多。人多而聚学，则学者图增重饷，教者图侵兵柄；人少而窃学，则一人可教什百，十人可衍千万。巫臣霸吴，其始不过一人教射御之事；吴人破越，其始不过一客习洴澼之方。近闻抚臣李鸿章已派张遇春之勇，随英国兵头教习炸炮；刘铭传之勇，随法国兵头教习洋枪。如果步武枪炮一一习熟，臣当函商李鸿章派

员来皖，转教臣军。至外国火器，诸臻精巧，惟铜冒、自来火，费钱有限，而妙用无穷，尤远胜于中国，引药有畏风畏雨之患，臣拟设法推广用之于鸟枪、抬枪诸器，现饬工匠试造，不知可期有成否？

至于他对于造船的注意，据其同治七年九月的《新造轮船折》中，曾有一段话告诉我们道：

奏为新造第一号轮船工竣并附陈上海机器局筹办情形，恭折仰祈圣鉴事：窃中国试造轮船之议，臣于咸丰十一年七月《复奏购买船炮折》内，即有此说。同治元、二年间，驻扎安庆，设局试造洋器，全用洋〔汉〕人，未雇洋匠。虽造成一小船，而行驶迟钝，不甚得法。二年冬间，派令候补同知容闳出洋购买机器，渐有扩充之意。湖广督臣李鸿章自初任苏抚，即留心外洋军械，维时丁日昌在上海道任内，彼此讲求御侮之策、制器之方。四年五月，在沪购买机器一座，派委知府冯焌光、沈保桢等开设铁厂，适容闳所购之器亦于是时运到，归并一局。始以攻剿方殷，专造枪炮，亦因经费支绌，难兴船工。至六年四月，臣奏请拨留洋税二成，以一成为专造轮船之用。仰蒙圣慈允准。于是拨款渐裕，购料渐多。苏淞太道应宝时及冯焌光、沈保桢等，朝夕讨论，期于必成。查制造轮船，以汽炉、机器、船壳三项为大宗。从前上海洋厂，自制造轮船，其汽炉、机器，均系购自外洋，带至内地装配船壳，从未有自构式样，造成重大机器、汽炉全具者。此次创办之始，考究图说，自出机杼。本年闰四月间，臣赴上海察看，已有端绪。七月初旬，第一号工竣，臣命名曰恬吉轮船，意取四海波恬、厂务安吉也。其汽炉、船壳两项，均系厂中自造，机器则购买旧者，修理参用。船长十八丈五尺，阔二丈七尺五寸。先在吴淞口外试行，由铜沙直出大洋，至浙江舟山而旋。复于八月十三日驶至金陵。臣亲自登舟试行，至采石矶。每一小时上水行七十余里，下水行一百二十余里，尚属坚致灵便，可以涉历重洋。原议拟造四号，今第一号系属明轮，此后即续造暗轮。将来渐推渐精，即二十余丈之大舰，可伸可缩之烟筒，可高可低之轮轴，或亦可苦思而得之。上年试办以来，臣深恐日久无成，未敢率尔具奏。仰赖朝廷不惜巨款，不责速效，得以从容集事。中国自强之道，或基于此，各委员苦心经营，其劳勚亦不可没也。溯自上海初立铁厂，迄今已逾三年，先后筹办情形，请为皇上粗陈其概。开局之初，军事孔亟，李鸿章饬令先造枪炮两项，以应急需。惟制造枪炮，必先有制造枪炮之器，乃能举办。查原购铁厂，修船之器居多，造炮之器甚少。各委员详考图说，以点线面体之法，求方圆平直之用，就厂中洋器，以母生子，触类旁通，造成大小机器三十余座。即用此器以铸炮炉，高三丈，围逾一丈，以风轮煽炽火力，去渣存液，一气铸成。先铸实心，再用机器车刮镟挖，使炮之外光如镜，内滑如脂。制造开花、田鸡等炮，配备炮车、炸弹、药引、木心等物，皆与外洋所造者足相匹敌。至洋枪一项，需用机器尤多。如碾卷枪筒，车刮外光，钻挖膛，镞造斜棱等事，各有精器，巧式百出。枪成之后，亦与购自外洋者无异。此四五年间，先造枪炮，兼造军器之器之情形也。该局向在上海虹口，暂租洋厂，中外错处，诸多不便，且机器日增，厂地狭窄，不能安置。六年夏间，乃于上海城南兴建新厂，购地七十余亩，修造公所。其已成者，曰汽炉厂，曰机器厂，曰熟铁厂，曰洋枪厂，曰木工厂，曰铸铜铁厂，曰火箭厂，曰库房、栈房、煤房、文案房、工务厅，暨中外工匠住居之室。房屋颇多，规矩亦肃。其未成者，尚须速开船坞，以整破舟，酌建瓦栅，以储木料。

制造船炮先要有制造船炮的智识，因而翻译西书，又为急务，所以又设立学馆。他的奏中接着说：

> 另立学馆，以习翻译。盖翻译一事，系制造之根本。洋人制器，出于算学，其中奥妙，皆有图说可寻。特以彼此文义捍格不通，故虽曰习其器，究不明夫用器与制器之所以然。本年局中委员，于翻译甚为究心，先后订请英国伟烈亚力，美国傅兰雅、玛高温三名，专择有裨制造之书，详细翻出，现已译成《汽机发轫》《汽机问答》《运规约指》《泰西采煤图说》四种。拟俟学馆建成，即选聪颖子弟随同学习，妥立课程，先从图说入手，切实研究，庶几物理融贯，不必假手洋人，亦可引伸，日勒成书。

第七章 曾国藩的西化态度（三）

曾国藩在其《新造轮船折》里，已经知道要制造船炮，则不能不翻译关于制造船炮的西书。到了后来，他更进一步而奏请派学生出洋留学，这是我国近代西化史上一件很重要的事情。我们且将他在同治十年七月初三日《拟选子弟出洋学艺折》，录之于下：

奏为拟选聪颖子弟，前赴泰西各国肄习技艺，以培人才，恭折仰求圣鉴事：窃臣国藩上年在天津办理洋务，经前江苏巡抚丁日昌奉旨来津会办，屡与臣商榷，拟选聪颖幼童送赴泰西各国书院，学习军政、船政、步算、制造诸书，约计十余年，业成而归，使西人擅长之技，中国皆能谙习，然后可以渐图自强。且谓携带幼童前赴外国者，如四品衔刑部主事陈兰彬、江苏候补知事容闳，皆可胜任等语。臣国藩深题其言，曾于上年九月、本年正月，两次附奏在案。臣鸿章复往返函商，窃谓自斌春及志刚、孙家谷两次奉命游历各国，于海外情形业已窥其要领，如舆图、算法、步天、测海、造船、制器等事，无一不以用兵相表里。凡西人游学他国得有良技者，归则延入书院，分科传授，精益求精，其于军政、船政，直视为身心性命之学。今中国欲仿效其意而精通其法，当此风气既开，似宜亟选聪颖子弟携往外国肄业，实力讲求，以仰副我皇上徐图自强之至意。查美国新立和约第七条内载，嗣后中国人欲入美国大小官学习学各等文艺，须照相待最优国人民一体优待。又美国可以在中国指派外国人居住地方设立学堂，中国人亦可在美国一体照办等语。本年春间，美国公使过天津时，臣鸿章面与商及，允俟知照到日，即转致本国妥为照料。三月间，英国公使来津接见，亦以此事有否相询。臣鸿章当以实告，意颇欣许。亦谓先往美国学习，英国大书院极多，将来亦可随便派去。此固外国人所深愿，似于和好大局有益无损。臣等伏思外国所长，既肯听人共习，志刚、孙家谷又已导之先路。计由太平洋乘轮船径达美国，月余可至，当非甚难之事。或谓天津、上海、福州等处，已设局仿造轮船、枪炮、军火，京师设同文馆选满汉子弟延西人教授；又上海开广方言馆，选文童肄业，似中国已有基绪，无须远涉重洋。不知设局制造，开馆教习，所以图振发之基也；远适肄业，集思广益，所以收远大之效也。西人学求实济，无论为士、为工、为兵，无不入塾读书，共明其理，习见其器，躬亲其事，各致其心思巧力，递相师授，期于月异而岁不同。中国欲取其长，一旦遽图尽购其器，不惟力有不逮，且此奥窔中，苟非遍览久习则本原无由洞彻，而曲折无以自明。古人谓学齐语者，须引而置之庄岳之间。又曰百闻不如一见。此物此志也。况诚得其法,归而触类引伸,视今日所为孜孜以求者,不更扩充于无穷耶?惟是试办之难有二:一曰选材,一曰筹费。盖聪颖子弟不可多得,必其志趣远大,品质朴实,不牵于家累,不役于纷纭者,方能远游异国,安心学习,则选材难。国家帑项,岁有常额,增此派人出洋肄业之款,更须措办,则筹费又难。凡此两者,臣等亦深知其难。第以成山始于一篑,蓄艾期于三年。及今以图,庶他日继长增高,稍易为力。爰饬陈兰彬、容闳等悉心酌议,加以复核。拟派员在沪设局,访选沿海各省聪颖幼童,每年以三十名为率,四年计一百二十名,分年搭船赴洋,在外国肄习。十五年后,按年分起,挨次回华。计回华之日,各幼童不过三十岁上下,年力方强,正可及时报效。闻前闽、粤、宁波子弟,亦有赴洋学习者,但止图识粗浅洋文洋话,以便与洋人交易为衣食计。此则入选之初,慎之又慎。至带去外国,悉归委员管束,分门别类,务求学术精到。又有翻译教习,随时课以中国文义,俾识立身大节,可冀成为有用之材。虽未必皆为伟器,而人材既众,当有瑰异者出乎其中。此拔十得五之说也。……近年来设局制造,开馆教习,凡西人擅长之技,中国颇知究心,所须经费,均蒙谕旨准拨,亦以志在必成,虽难不惮,虽费不惜,日积月累,成效渐有可观。兹拟派选聪颖子弟赴外国肄业,事虽稍异,意实相同。谨将章程十二条恭呈御览,合否仰求天恩,饬下江海关,于洋税项下按年指拨,勿使缺乏。恭候命下,臣等即饬设局挑选聪颖子弟,妥慎办理。

我们应当指出,奏疏内虽说选子弟出洋学艺是丁日昌所提议,然而事实上,此事的提议,实始于容闳。而此后关于这一件事的办理,容闳的功劳最大。关于这一点,我们当在别处再加详细解释,我们在这里所欲指出的是,曾国藩能够赞成这件事而具名奏请,这是一件了不得的事情。

曾国藩既赞同设局制造船炮,现在又赞同选派聪颖子弟出洋留学,这不能不说是他的远见。

此外,他对于西洋人的行为,也觉得有其可取之处。他在同治元年七月的日记中曾有了下面一段话,今录之于后:

> 欲制夷人,不宜在关税之多寡、礼节之恭踞上着眼。即内地人民居处媚夷艳夷而鄙华,借夷而压华,虽极可憾可恶,而远识者尚不宜在此等着眼。前乎此者,洋人十年(咸丰)八月入京,不伤我宗庙社稷,目下在上海、宁波等处助我反攻发匪,二者皆有德于我,我中国不宜忘其大者,而怨其小者。欲求自强之道,总以修政事求贤才为急务,以学作炸炮学造轮身等具为下手工夫,但使彼之所长,我皆有之。顺则报德有其具,逆则报怨亦有其具。若在我者挟取无具,则曲固罪也,直亦罪也,怨之罪也,德之亦罪也。内地之民,人人媚夷,吾固无能制之,人人仇夷,吾亦不能用也。

曾国藩之所以有了这种感想，大概是因当时有了不少的人们因反对西洋教士在内地传教而引起仇视的行为。甚有人以为，洋人设立育婴堂，目的是为收容小孩而挖心挖眼，国藩对于这种谣传并不相信。在他的批牍，有一件是札法国领事文稿。他说：

> 百姓谣传育婴有将幼孩挖眼挖心之事，本已怀疑……后经本大臣派员赴扬开导百姓，以婴孩死伤虽多，是医生乳妈之咎，非教士之过，并无挖眼挖心等弊……望该总领事力劝教士，嗣后到处只宜传教，不可设育婴堂。

我们知道，曾国藩是很反对天主教的，至少在其《讨粤匪檄》中，他之反对天主教是很显明的。后来因为得了西洋人的帮忙而征服太平天国，他不只觉得洋人的行为也有可取，而且对于洋人传教，也没有存了反对的心理。

然而，我们说到这里，我们又不能不指出，曾国藩的主张效法西洋的东西，实为被迫而使然，而且他所主张的效法西洋的东西的范围，是很为狭少的。

在上面两章里，我们已经指出，曾国藩之所以主张效法西洋的文化，是因为一方面他得了西洋文化的帮助而建立大功，一方面他又怕西洋文化的优越而产生外患。曾国藩自小读书，以至登进士、入翰林与作京官，从不关心于西洋文化，也梦想不到会与洋人接触，办理外交事宜，所以他之成为我国近代的西化的先锋人物，可以说是时势所使然。

曾国藩既为我国近代的西化的先锋人物，可是，曾国藩的心目中的西洋文化的优点，究竟是什么东西呢？

我们可以说，在曾国藩的心目中的西洋文化的优点，不外就是坚船利炮，以及造船制炮的机器而已。容闳在其《我在中国与美国的生活》（*My Life in China and America*）（中译《西学东渐记》），曾有一段话值得我们注意，今依中译本抄之于下：

> 数日后，总督（指曾国藩）果遣人召予。此次谈论中，总督询余曰："若以为今日欲为中国谋最有益、最重要之事业，当从何处著手？"总督此问，范围至广，颇耐我人寻味。设予非于数夕前与友人谈论，知有建立机器厂之议者，予此时必以教育计画为答，而命之为最有益、最重要之事矣。今既明知总督有建立机器厂之意，且以予今日所处之地位，与总督初无旧交，不过承友人介绍而来，此与余个人营业时情势略为不同，若贸然提议予之教育计画，似嫌冒昧。况予对于予之朋友，尤当以恪守忠信为惟一之天职。予胸中既有成竹，故对于此重大问题，不至举止失措。以予先期预备答辞，能恰合总督之意见，欲实行时即可实行也。于是，余乃将教育计画暂束之高阁，而以机器厂为前提。予对总督之言，与前夕对友人所言者略同，大致谓先立一母厂，再由母厂以造其他各种机器厂。予所注意之机器厂，非专为制

造枪炮者，乃能造成制枪炮之各种机械者也。枪炮之各部配合，至为复杂，而以今日之时势言之，枪炮之于中国，较他物尤为重要，故于此三致意焉。总督闻言，谓予曰："此事予不甚了了，徐、华二君研此有素，若其先与二君详细讨论，后再妥筹办法可耳。"

我们应当指出，上海机器局的设立，并非曾国藩的本意，而乃在他幕府中的一些士人的提议，而且曾国藩对于这个机器局的设立，曾经过相当的犹豫踌躇。容闳在其《西学东渐记》中有了下面一段话，证明我们这看法：

文正对于博学多才之士，尤加敬礼，乐与交游。予来此（按指安庆）约两星期，在大营中与旧友四人同居，长日晤谈，颇不寂寞。一日，予偶又询及总督召予入政界之意，诸友乃明白告予，谓彼等曾进言于总督，请于中国设一西式机器厂，总督颇首肯，议已成熟，惟厂之性质若何，则未尚决定耳。某夕，诸友邀余晚餐，食际即以此机器厂问题为谈论之资。在座诸君各有所发表，既乃询予之意见，盖诸友逆知总督第二次接见予时，必且垂询及此，故欲先知余之定见若何也。

容闳这里所说的诸友，其中有了曾国藩在上面一段话中所说的徐、华两君。所谓徐君，大概就是徐寿，他是后来的上海机器局的委员之一。这些幕府士人，可以说是提倡设立机器厂的主动人物，而曾国藩实为被动的人物。曾国藩在大体上虽觉到中国要效法西洋的长技，然而他并没有决心去设立机器厂，而且根本上他对于造船制炮应当如何下手，就不了了。这一点，他与容闳谈话时也曾直率的承认。

从我们看起来，曾国藩本来是中国一个典型的旧人物，他完全是受了固有文化的淘染。他虽被迫而主张效法西洋的长技，然而他对于西洋文化，既没有深刻的认识，结果是他所主张采纳的西洋的文化，只是皮毛的西洋文化。我们知道，上海机器局设立之后，一般主持该局的委员，像徐寿等，很能感觉到国人对于机器的智识太过缺乏，因而提议购买与翻译洋书。曾国藩对他们说道：

至外国书不难于购求，而难于翻译，必得熟谙洋文，而又深谙算造且别具会心者，方能阐明秘要，未易言耳。沪局开设已近二年，在局委员必均能见于此。该委员等此番赴局，宜遵谕专心襄办轮船，能于一年之内赶速制成一二只，乃为不负委用。其轮船以外之事，勿遽推广言之。精心广愿而出之以约旨卑思，庶其有济。（参看批牍上海机器局委员徐寿筹禀条陈轮船制器四条）

照曾国藩的意见，西洋的长技既不外是船炮，那么，我们所要学习的不外是船炮，至于船炮之外，西洋人的长处，他既少有所知，也不愿意去学习。后来上海机器局中，虽也有学馆去翻译西书，甚至后来他还赞同选派学生出洋留学。然而，他之所以这样的做，目的还是制造船炮，这一点是读过他的《拟选子弟出洋学艺折》的所能了解的。因为他心目中的西洋技艺，不外就是制造船炮的技艺，所以他明明白白的指出，在同治年间设局制造，开馆教习，以至派选聪颖子弟赴外国肄业，事虽稍异，意实相同。

其实，曾国藩有的时候还且觉得，西洋的枪炮是不关重要的。他在其《致弟书》中说：

> 制胜之道，实在人而不在器。鲍春霆并无洋枪洋药，然亦屡当大敌。前年十月、去年六月，亦曾与忠酋接仗，未闻以无洋人军火为憾，和张在金陵时，洋人军器最多，而无救于十年三月之败。弟若专从此等处用心，则风气所趋，恐部下将士人人有务外取巧之习，无反己守拙之道，或流于和张之门径而不可觉，不可不深思，不可不猛省。真美人不甚争珠翠，真书家不甚争笔墨，然则将士之真善战者，岂必力争洋枪洋药乎？

总而言之，曾国藩之所以有了这种看法，大致上不外是因为中国固有的文化的惰性太深，而同时他对于西洋文化的认识太浅。比方我们知道，自明末至他的时候，西洋天文传入中国历史既很久，而功用也很显著，然而曾国藩对于这种新学问，好像完全不知道，所以他在咸丰八年十二月廿九日《谕纪泽书》中，告诉纪泽道：

> 国朝大儒于天文历数，讲求精熟，度越前古。自梅定九、王寅旭，以至江戴诸老，皆称绝学。然皆不讲占验，但讲推步。占验者，观星象云气以卜吉凶，《史记·天官》《汉书·天文志》也。推步者，测七政行度，以定授时，《史记·律书》《汉书·律历志》也。秦味经之观象授时，简而得要。心壶既肯究心此事，可借此书与之阅看（《五礼通考》内有之，《皇清经解》内亦有之）。若尔与心壶二人略窥二者之端绪，则足以补余之缺憾矣。

这明明是表示他对于西洋人所传入的天文没有留意，所以他教示子弟研究天文，只以国人的著作为参考。西洋天文学之优越于中国的天文学，早已成为定论，然而，曾国藩却对于西洋人的著作完全没有提及，这是证明他的西洋智识太过缺乏罢。

其实，曾国藩自己也未尝不知道自己对于西洋的东西认识太少。在其书牍中《复李少荃》一书里，他也说过：

> 夷务本难措置……但以不知夷情为大虑。沪上若有深悉洋情，而又不过软媚者，请邀之来皖一行。

总而言之，曾国藩虽因环境的压迫与幕僚的催促，而办理洋务，推动西化，而成为我国近代的西化运动的先锋人物。然而，曾国藩的心目中的西洋长技，至多也不外是坚船利炮。这是因为我国的固有的文化的惰性太深，而同时也是因为他对于西洋文化的认识太浅。若专就他所推动的西化的事业方面来看，他比起林则徐高明得多；若就他的地位而尤其是时代来说，那么他不只是对于西化的推动上没有尽了很多的力量，而且对于西洋文化的认识上却也太过浅薄。

第八章　左宗棠的西化态度

曾国藩死于同治十一年（一八七二）。曾国藩死后，在政治上地位最高，而在实际上提倡西法最力的，要算李鸿章了。关于李鸿章的西化的态度，以至其维新的工作，我们当在下编加以叙述。在这一章里，我们要把与曾国藩的西化的态度比较相近的一二位人物的西化的态度，加以说明。

我们知道，自太平天国失败以后，提倡效法西洋的不只是曾国藩。其实，我们上面已经说过，曾国藩之所以成为我国近代西化运动的先锋，主要是得力于其幕僚的推动。遣派幼童出洋留学，固是由丁日昌，而尤其是容纯甫的主动；江南器械厂的设立，也是得力于徐寿及容纯甫的推动。此外，又如沈葆桢、左宗棠，在那个时候对于西法的提倡，也很著名。福建马尾的造船厂，是得力于沈葆桢与左宗棠而成立。左宗棠后来在兰州又开办了织呢总局。所以那个时候曾左并称，不只是因为他们立了显著的战功，而且是因为他们在西化的推动上出了不少的力量。关于左宗棠的西化的态度，在他的奏疏、书牍及他的著作里，都可以找出来。不过在这里，我们既不愿将他的西化的态度加以详细的叙述，我们最好把他在光绪元年（一八七五）所写的，重刻魏源的《海国图志·叙》里二三段话，抄录在下面：

> 海上用兵，泰西诸国互市者纷至，西通于中，战争日亟，魏子（魏源）忧之，于是搜辑海谈，旁摭西人著录，附以己意所欲见诸实行者，俟之异日。呜呼！其发愤而有作也。人之生也，君治之，师教之，上古君师一也，后则君以世及而教分，撮其大凡，中儒西释，其最先矣。儒以道立宗，受天下之中以生者学之，释氏以慈悲虚寂式西土，由居国而化及北方行国。此外，为天方，为天主，为耶稣，则肇于隋唐之间，各以其所习为是。然含形负气，钧是人也。此孟子所谓君子异于人者也。其无教者，如生番，如野人，不可同群。此孟子所谓人异于禽兽者也。释道微而天方起，天方微而天主、耶稣之说盛。俄、英、法、美诸国，奉天主、耶稣为教，又或析而二之，因其习尚以明统纪，遂成国俗。法兰西虽以罗马国为教皇，其人称教士，资遣外出行教，故示尊崇，然国人颇觉其妄，聊以国俗奉之而已。今法为布所败，教皇遂微，更无崇之者。是泰西之奉天主与耶稣，固不如蒙与番之信黄教、红教也。释氏戒杀绝纷，足化顽犷，时露灵异，足慴殊俗。其经典之入中国，经华士润饰，旨趣玄渺，足以涤除烦苦，解释束缚，是分儒之绪以为说者，非天方所可并也。

他又接着说：

> 天主、耶稣，非儒非释，其宗旨莫可阐扬，其徒亦鲜述焉。泰西弃虚崇实，艺重于道，官、师均由艺进，性慧敏，好深思，制作精妙，日新而月有异，象纬舆地之学尤称专诣。盖得儒之数而萃其聪明才智以致之者，其艺事独擅，乃显于其教矣。百余年来，中国承平，水陆战备少弛。适泰西火轮舟车有成，英吉利遂蹈我之瑕，构兵思逞，并联与国，竞互市之利，海上遂以多故。魏子数以其说干当事，不应，退而著是书。其要旨以西人谈西事，言必有稽。因其教以明统纪，征其俗尚而得其情实，言必有伦。所拟方略，非尽可行，而大端不能加也。书成，魏子殁。廿余载，事局如故。然同、光间福建设局造轮船，陇中用华匠制枪炮，其长亦差与西人等。

他又说：

> 艺，末事也，有迹可寻，有数可推，因者易于创也。器之精光，淬厉愈出；人之心思，专一则灵，久者进于渐也，此魏子所谓师其长技以制之也。鸦片之蛊，痈痒必溃，酒后益醒，先事图维，罂粟之禁不可弛也。异学争鸣，世教以衰，失道民散，邪匿愈炽，以儒为戏不可长也。此魏子所谓人心之寐患，人材之虚患也。宗棠老矣，忝窃高位，无补清时，书此弥觉颜之厚，而心之负疚滋多，窃有俟于后之读是书者。

从这数段里，我们知道，左宗棠的主要意思是，西洋的天主、耶稣的道教，不只远不及我们中国的儒家的道教，而且比不上印度的释氏的道理，所以中国不能效法西洋的道或教，是很显明的。至于艺或器方面，西洋是无疑的比中国为优，所以中国必须效法西洋，所以他之提倡西法，也不外是注重于艺或器方面。我们知道，在这个时候有了好多士大夫，像薛福成，都以为西洋所长者是器，而中国所重者是道，故道器两个观念，成为解释中西文化的差异的一种很流行的观念。左宗棠以道艺去区别中西文化的不同，也就是这个意思。

不但这样，照左宗棠看起来，道艺不只是区别中西文化的不同，而且表示中西文化在文化上的本末或重轻的意义。他说"艺，末事也"，这就是把艺看得轻，而以道为本，看道看得重。这种观念与后来的"中学为体、西学为用"，是有了密切的关系的。而且，照他的意见，艺既是末事，学习技艺并非一件很难的事，所以他说艺事"有迹可寻，有数可推，因者易于创也"，因而，他又相信，他在福建设局所造的轮船，以及在陇中设厂所造的枪炮，比之西洋人所造的并没有什么差别。

其实，这种见解的错误，我们在别处已经指摘，这里不必重述。然而，左宗棠还有一种趋向，这就是以为西洋的算学器械之精，"盖得儒之数而萃其聪明才智以致之者"，这就是说，等于西法是本于中法的说法，而中法之所由来，又是基于儒者之道。

太平天国失败以后，我们一些所谓识时务的人士，既为时势所迫，而不得不提倡效法西洋。然而他们所要效法西洋的，既不外是西洋的技艺，而要保留中国的儒道，而同时又以为西洋的长技，是拾了中国的余绪。这种弱者的夸大的心理，大致上是开始于同治初年，而盛行于光绪的时代。而这种心理之见于著作较早而解释较详的，我们可以把邹诚在同治十三年（一八七四）所作的《夷氛记闻》"序"以为例子。

邹诚，字梦南，他是广东番禺人。当他写《夷氛记闻》"序"的时候，他还不知道《夷氛记闻》"序"是梁廷枏所著。他在市中得了这本书很久，他觉得这本书对于鸦片战争的叙述，"极为明晰"，因而作一篇序。这篇序可以说是他对于西洋文化的看法，也可以说是当时的一些喜谈洋务、提倡西法的人们的一种普通的看法。而且，邹诚在当时既并非在朝的重臣，而其意见，更足以代表一些之在野的务新的人士的意见。

大致上，他是极力主张效法西洋的轮船枪炮，而反对应用中国的固有的弓马去抵抗西洋。他说：

> 窃见硁硁自命者流，非曰能挽两石弓，即曰能掇千斤石，问以兵法阵法，有若面墙；即行伍出身，亦只娴习弓马，而不讲求驾驭轮船，操演枪炮之法。殊不思上古为车战，中古为弓矢，元明则渐尚枪炮，近则专尚之，是今之由弓矢而变枪炮，无异昔之由车战而变弓矢。就令圣人复起，断不能舍枪炮而别有所尚。

他又说：

> 即就广东经费而论，两夷务一红匪共费去三十余万，未闻有一台一船一炮为可恃者，倘再能以此钜资选巧匠，如今蓝开祥、何杰、梁济、陆济辈开矿范模，先行制作车刨椎凿炼冶熟铁，制作新式枪炮，须尽其才，不难悉臻精妙，乃至旷日持久。阅三十余年，仍一事无成者，何哉？知筹饷而不知讲求用饷，知购买而不思分往制器（中土洋务之兴四十余年，费帑数千万所制船台炮械，可以胜敌否，抑有能御敌否？），思求材而不能用材，欲使奸而不知防奸，甚至奇伎异能，非为忌才者所阻，即无资阶进。广东之远逊燕闽江浙也，有以夫。

他又说：

> 近年有议专工制造两人抬放之笨重抬枪者，有造开河机，欲中土开天津、吴淞、潮州、佛山各河以便洋人进浅水火船入内地者，有议请弃虎门各台而守内河者，有议不用三合土台墙，而在空阔海面筑露天台，一点灰不用者，不知是何居心。

他又说：

> 夫中华土地非小弱也，士庶非愚蒙也，宝藏非不多也，财货非短绌也，乃自夷务之兴，议者辄畏其船坚炮利，只知购其器而效之，弗求所以胜之之法。近十余年，曾、李、左、沈、丁诸钜公，均力求制器之法。但格致一道，日新月异而岁不同，观《汤铭》所云日新，《周礼》所云欲新而无穷，可知独不思船炮两项，固格致中之一道。

从这段话里，我们可以看出，邹诚不知〔只〕要国人学习制造枪炮，而且要国人学习西洋的格致或是科学，因为制造枪炮也不外是格致之一道。这种见解比之当时一般人只知购买西洋的枪炮，而却不知制造西洋的器械的，固是高明得多，就是比之一般人只知制造西洋的枪炮，而却不知学习西洋的科学的，也高明得多了。

然而，邹诚又告诉我们道：

> 岂不知西人之知格致人，多从中土传往乎？考霹雳炮创于宋之虞允文，中土传自西域，西人从西域得之，日事扩充，至今西人有十余万斤一钢炮，千余万斤一圭形弹矣。自鸣钟创于明之扬州人，西人得之扩充其意，改铊为铜，条而成表，层出不穷矣。琥珀气始于法夷，由前明在澳门闽中土试，琥珀以能黏灯章者为真悟，出电气端倪，遂扩充而为电报电物，直凑单微矣。他如西人算学，初名为东来法借根方，即天元一指南车，称承自中土周公，尤为西法本中法之显证。至轮船的创自西人，因汽学力学悟出应让其独先者，但中土水碓风磨用牛力用空力之器，亦复不少。

他又更引伸其说道：

> 夫制器不过格致一道耳，中土开辟最早。在洋人所谓耶稣未降生千余年前，中土古圣格致所见于经史者，班班可考。如观天察地，结绳画卦，始为琴瑟网罟者，包牺氏之王天下也。日中为市，斲耒揉耜，始尝百草治疾者，神农氏之王天下也。剡矢刳舟，范金制币，画野分舟者，轩辕氏之王天下也。定时成岁，封山濬川，设官分职者，尧舜之王天下也。而夏商而周，凡利于民生者，渐称备焉。可知中土圣教，原以格致为治平入门首务。
>
> 三代以下，此学渐晦。汉人泥于训诂，多格成物而不知格创物；宋人更以物为事，说向虚处，别夸理学，空谈臆说，无所附柄，二千年来，格致一道益失其真。有如瞽者无相，伥伥何之，漆室无灯，茫茫莫睹，深可痛也。诚特扬而明之，盖理学一途，非泛言性天者所可托，须求物事之理，物事之学，身体力行，庶几无愧。此岂诚一人倡言哉！《易》曰：开成务本，冒天下之道。又曰：备物致用，作成器以为天下利，莫大乎圣人。《诗》曰：天生丞民，有物有则。《周礼》曰：知者创物，巧者述之。是物之一字，原从

实处探讨，所贵格之者，按一物一事，随时研究，而变通之耳。至备指格致用力所在，而包括无遗者，则《礼经》所谓礼、乐、射、书、数、御六事，为六艺。大禹所谓金、木、水、火、土、谷六科，为六学，是尚有可以援古证今者，则《周礼》具在，可复按焉。《考工记》于攻木之工七，攻金之工六，考皮之工五，设色之工五，刮磨之工五，抟埴之工二，固不备列今之车刨剪凿磋磨等事，皆扩而充之也。观察车自轮始，欲其朴属而微，至乃毂转辐以为直，指牙以为抱固，则牙轮毂轴等，古人已有之矣。况所云攻国之兵欲短，守国之兵欲长，即今攻炮守炮之义乎？又如职方氏掌天下之图，辨其邦国都郡，四夷八蛮七闽九貉五戎六狄之人民，以其材用九谷六畜之数，要周知其利害，即今绘画五大洲各国舆图之学，与请派使臣驻各国侦探之义也。保章氏、冯相氏考日月星辰之变动，十二岁十二月十二辰二十八宿之序次，及至王圭氏掌土圭之法，以测日影，即今天文算学之义也。司险周知其山林川泽之阻，而达其道路，设国五涂，以为阻固，即今择险隘，设炮台、撬坑地、垒墙垣、通后路设救护，以图守险之义也。稍人考其弓弩，以上下其食，即《中庸》。所谓日省月试，计廪称事，《书》所谓"允厘百工"，及"工以纳言，时而飏之，格则承之庸之，否则威之"，可证今考工匠制器优劣之义也。象胥掌蛮夷闽貉戎狄之国，使传王之言而喻悦焉，即今学洋话，设通事之义也。训方氏掌四方，传道正岁，则布而训四方，而观新物。怀方氏掌来远方之民，致方贡致远物，而迎送之，达之以节，即今待远人稽察传教及观赛险会之义也。他如卝人译卝字义，即知古人开矿是直砻，易于车水，水底之矿方佳。西人照中土古法，用直砻率臻其妙……又如栗字倾煎五金，开后人无数法门，惜后人忽略读过。总之，格致之道，有宜变通者，有宜师古者，读至"欲新而无穷，敝尽而无恶"二语，觉格致精义，尽在是矣。

照这样看起来，西法之长者，无一不是本自中法。而中法之最好的，又皆来自最古的时代。而其结果是，所谓仿效西洋的真谛，就是复回中国的皇古的意思了。

第三编

绪　言

在这一编里，我们要叙述自光绪初年至甲午中日战争的时期的西化的态度。在这一个时期里，提倡洋务或西法的人士，可以说是逐渐增加起来。然而，我们在这里所要特别加以注意的，是李鸿章的西化的主张。因为他不只在理论上是一位提倡西法很力的人物，而且在事实上也是一位推动最力的人物。其实，自太平天国衰败以后以至甲午的中日战争的三十年中，没有一件西化事业的推动，若不是与李鸿章有过直接的关系，大概总与他有过间接的关系。从我们的第一的机器局，以及我们第一次派送留洋学生，以至轮船、铁路、电报、学堂的兴办，李鸿章都参与其事，而且每每是这些事业的主动或主办的人物。

为什么李鸿章要这样的作呢？因为他相信，我们只有效法西洋，才能富强，才能救国家于危亡。李鸿章与曾国藩一样的得了洋人的力量，西洋的枪炮，而消灭太平天国，而打败捻匪。他与曾国藩一样的畏惧西洋人的长技，一样的羡慕西洋人的文化。

然而，李鸿章不只是对于西化事业的推动上，比较曾国藩多得多，而且对于西洋文化的认识上，也比较曾国藩多得多。主要的，这是因为李鸿章在早年所住的地方，乃是西洋人所聚集的地方，而他所交接的人士，又多为西洋的人士，因而他所受西洋人与西洋的文化的影响，也比较的大。李鸿章在同治元年的春天，就带兵到上海攻打太平天国的军队。他到上海不到几个月，就写信给曾国藩说：

> 鸿章尝往英法提督兵船，见其大炮之精纯，子药之细巧，机器之鲜明，队伍之雄整，实非中国所能及……深以中国军器远逊外洋为耻。日戒谕将士虚心忍辱，学得西人一二秘法，期有增益……苦驻上海，久而不能资取洋人长技，咎悔多矣。

关于上海的西洋人，及其西洋文化对于李鸿章的影响，我们在下面当再加以比较详细的解释。我们在这里只要指出，上海的环境对于李鸿章的西化的思想，是有很大的影响的。

至于曾国藩，他在京师的时候，对于洋务以至鸦片战败的耻辱，并不大注意。而他自被派在湖南办理团勇，以至到被派去天津办理外交，他既很少有机会去住在洋人聚集的区域，他又很少有机会去与洋人交接。他虽然因为西洋船坚炮利及其僚属的鼓励，而推动西化的事业，然而他所兴办的西化的事业，既多是处于被动的地位，而他所兴办的西化的事业的范围，又比较的少。

总而言之，李鸿章在提倡西化的时候，虽尚没有到过外国去考究西洋的文化。然而他在上海的见闻，使他对于西洋文化的认识比较深刻。至于曾国藩，则连了上海与在中国的洋人也少有认识，而主要的西洋的智识，是靠着他的僚属的供给。简单的说，李鸿章的西洋智识固也是间接而来，然而，曾国藩的西洋智识可以说由于间接的间接而来了。因此之故，也许以及其他的原因，曾国藩的西化的认识之不及李鸿章的西化的认识，是自然而然的。

正如曾国藩因为环境的关系，而对于西洋文化的认识，没有李鸿章对于西洋文化的认识那么深刻。同样的，我们可以说，李鸿章也因为环境的关系，而对于西洋文化的认识，没有郭嵩焘对于西洋文化的认识那么深刻。郭嵩焘在国内的时候，对于西洋就极力提倡，后来他出使英法，对于西洋文化作了实地的考察，而对于近代工业文化的策源地的英国，尤能细心研究，因而在西洋文化的认识上，他比李鸿章又较为深刻。

其实我们可以说，郭嵩焘的西化的态度，可以说是甲午战败以前与甲午战败以后的国人的西化的态度的发展的一个承上启下的代表思想罢。

第九章　李鸿章的西化态度（一）

我们上面已经指出，曾国藩死后，在政治上地位最高，而在实际上提倡西法最力的，要算李鸿章。同时我们知道，在曾国藩提倡西法的时候，李鸿章不只已经提倡西法，而且提倡西法还比曾国藩为早。其实，自曾国藩死后以至一九○一年的庚子之祸的三十年中的提倡西法的中坚人物，也可以说是李鸿章。所以李鸿章之提倡西法，不只是时间很早，而且时间又很长。

总而言之，自所谓同治中兴以至庚子之乱的四十年中的长时间里，所谓西化运动的主要人物中，李鸿章是最值得我们注意的。因为在这四十年内，无论那一种的西化事业或洋务工作，无论在直接上或间接上，差不多没有一样不与李鸿章有过关系，因而我们对于李鸿章的西化的态度，是不能不特别加以注意呵。

李鸿章在政治上能够占重要的地位，可以说是得力于曾国藩，而他在洋务上能够占重要的地位，可以说是发端于上海。关于这两点，盛宣怀在其奏请在上海建李鸿章专祠疏中，说得较为详细。今录之于后：

> 伏念大学士，初受知于大学士曾国藩。以幕府书生，独树淮军别帜。当其驻营上海，曾国藩虽信其调度有方，然屡议令移住镇江，取建瓴之势。李鸿章心知不可，坚持不动，卒藏奇功。虹桥四江口之役，曾国藩报书有"从军十年，未尝临阵手歼一贼，今闻亲临督阵，奏此奇捷，既愧且快"等语。昆新大捷，曾国藩贺以书云："向尝疑上海非用武之地。今乃知胜算，非人所及。"其推许如此，初至上海，英法将并催迫进兵，辄拒不听洋将意，颇轻之，久乃信服加礼。以改用外国兵械，攻剿得力，即锐意规仿讲求。其时曾国藩亦派员赴英美各国探访船厂机器价值，老成谋国，益有同揆。曾国藩又称其以刚大作中正之气，以精思窥制造之术，有鞭挞龙蛇视若婴儿之风，盖指在上海之设施也。

又说：

> 上海虽非省会之地，然为李鸿章淮军发轫之地，又为李鸿章开办洋务商务之初基……当咸丰十年，粤匪方炽，悍贼陈坤书等攻陷苏常，与浙酋李侍贤掎角相应，环逼上海，一夕数惊。时督师大臣曾国藩方克安庆，团练大臣庞钟璐等乞援于国藩，国藩以上海为用兵绝地，审慎再三。李鸿章毅然请行。同治元年三月，如挈孤军，自皖抵上海，察其地势，背水一战，士当死中求生，非运奇无以制胜。于是抚用客将，改练洋枪，并自造开花炮弹。四月克嘉定，定青浦，复拓林、奉贤。五月战于虹桥。八月战于北新泾。九月

战于四江口，履锋碟血，迭破贼巢。旋攻昆山、太仓，节节进取，内而收复苏垣，复常郡以应金陵曾国荃之军，外而规宁绍，克嘉兴以应浙江左宗棠之军。淮军由是与湘军并闻天下，其立功实始于上海一隅。

二年，奏设上海方言馆，谓不专求语言文字，务在探讨外国兵刑食货，张弛治忽之大，以逮测算之学、格致之理，制器尚象之法，必能尽阅未译之书，乃能探赜索隐，通合汉识者趣之。四年，复于上海购备铁厂，奏设江南制造局。曾国藩先所采办之机器，亦归并此局。厥后天津、金陵、福州、广州、汉阳诸厂，次第兴举，实师上海之成规。旋移督直隶，每谓今日当务之急，莫若借法以富强，强以练兵为先，富以裕商为本。上海为商务总汇，精心果力，遥为护持，自握利源，各著成绩。

我们知道，上海在那个时候，既是洋人聚集的地方，遂为西洋文化所输入的要区。李鸿章在镇江所部的军队，既租得轮船而到达上海，同时在上海时又利用上海的财富，以接济清廷的军队，利用西洋的枪炮，以攻击太平天国的军队。此外，他又利用西洋人去组织常胜军，克复了好多险要。所以我们可以说，李鸿章之所以成功，洪秀全之所以失败，是与上海的固守、上海的财富、西洋的轮船、西洋的枪炮，以至西洋的军队，是有了密切的关系。

李鸿章既靠了西洋人与西洋的器械而立功，李鸿章一方面既畏忌西洋文化的厉害，一方面又羡慕西洋文化的超越，同时，在他用兵的初年，既以西化程度较浓的上海为反攻的根据地，那么，李鸿章之趋于提倡西法，是很自然而然的。

李鸿章到了上海以后，就提倡设局铸造开花炮弹，后来又设立制造枪炮与轮船的机器厂。同治四年八月初一日，他在《置办外国铁厂机器折》中，曾述及他在上海制造火器及筹设铁厂机器的计画。今且抄录一段于下：

> 窃自同治元年臣军到沪以来，随时购买外洋枪炮，设局铸造开花炮弹，以资攻剿，甚为得力。上年春，蒙总理各国事务衙门函询："学制各种火器，成效何如？"当即详细具复，以短炸炮及洋火药，非得外国全副机器，不能如法试造。现亦设法购求，以期一体学制。至于各项运用之妙，与洋人之贵重此器，暨日本视中国之强弱以为向背各情形，亦推阐陈明，经总理衙门抄函恭呈御览。并以臣函中所言，虑患防微，与该衙门所筹适相符合，宜趁南省军威大振，洋人乐于见长之时，将外洋各种机器，实力讲求，期得尽窥其中之秘，有事可以御侮，无事可以示威等语。于同治三年四月二十八日，奏蒙谕旨，饬由火器营派拨护军参将领萨勒哈春等官兵四十八员名到苏，约臣酌派在丁日昌、韩殿甲及洋人马格里等三局分习制造，专折复奏在案。查制造船炮军火各种机器，有通者，有专用者，若买制齐全，须数十万金。雇觅中外匠工，采购外洋铜铁木炭等料，亦需费不赀。臣处所设西洋炮局，其机器仅值万余金，不全之器甚多，只可量力陆续添购，以求进益。前由曾国藩

派人赴英美各国，探访该处船厂机器实价。臣并议及此物，若托洋商回国代购，路远价重，既无把握，若请派弁兵，径赴外国机器厂学习，其功效迟速，与利弊轻重，尤非一言可决；不若于就近海口，访有洋人出售铁厂机器，确实查验，议价定买，可以立时兴造。进退之权，既得自操，尺寸之功，均获实济。拟饬海关道丁日昌在沪访购。如制器之器，已可购得若干，仍应添补若干，或宜另择妥口试办，容通盘筹议，略有端倪，方可入告。以上各情，均经节次函陈总理衙门，一面饬访购办。此臣处前此议办铁厂机器之原委也。

又说：

兹据丁日昌禀称，上海虹口地方有洋人机器铁厂一座，能修大小轮船及开花炮洋枪各件，实为洋泾浜外国厂中机器之最大者……该厂一经收买，即改为江南制造总局，正名办物，以绝洋人觊觎。其丁日昌及韩殿甲旧有两局，即归并总局……查原厂所用之洋匠，计留八人。其匠目科而一名，技艺甚属精到，所用轮船、枪炮、机器，俱能如法制造。现拟于华匠中留心物色，督令操习，如有技艺与洋人等者，即给以洋人工食。再能精通，则拔为匠目，以示鼓励。现造洋枪器具，尚未全备，已令匠目赶制，全副约大小四十余件，数月可以成功。如式仿制，即省功力……曾国藩采办西洋机器，俟到沪后，应归并臣处措置……机器制造一事，为今日御侮之资，自强之本。总理衙门原奏言之甚详，已在圣明洞鉴之中。

他又指出，机器的效用不只是为军火而设，而却有了其他的作用。所以他又说：

抑臣尤有所陈者：洋机器于耕织、刷印、陶埴诸器，皆能制造，有裨民生日用，原不专为军火而设。妙在借水火之力，以省人物之劳费，仍不外乎机括之牵引，轮齿之相推相压，一动而全体俱动。其形象固显然可见，其理法亦确然可解。惟其先，华洋隔绝，虽中土机巧之士，莫由凿空而谈。逮其久，风气渐开，凡人心智慧之同，且将自发其覆。臣料数十年后，中国富农大贾，必有仿造洋机器制造以自求利益者，官法无从为之区处。不过，铜钱、火器之类，仍照向例设禁，其善造枪炮在官人役，当随时设法羁縻耳。天下至奇至异之事，究必本于平常之理，如或不然，则推之必不能远，行之亦不能久。陈廷经原奏以中国修造钟表，推之于机器，虽有精粗大小之别，可谓谈言微中。

李鸿章虽然是极力提倡机器，然而他一方面既以为机器的提倡的不易，而一方面又以为机器并非立国的唯一的方法。所以他又说：

中国文物制度迥异外洋獉狉之俗，所以郅治保邦、固丕基于勿坏者，固自有在。必谓转危为安、转弱为强之道，全由于仿习机器，臣亦不存此方隅之见。顾经国之略，有全体，有偏端，有本有末。如病方亟，不得不治标，非谓培补修养之方，即在此也。如水大至，不得不缮防，非谓濬川浍经田畴之策可不讲也。事无钜细，乐成固难，而图始尤不易。自来建一议，兴一利，劳臣志士缠绵而经营。及乎习之既久，相安于无事，或几不察其所自来。而追溯创议之初，于此中难易得失之数，几经审慎，曷敢卤莽而一试哉。臣于军火机器，注意数年，督饬丁日昌留心访求又数月。今办成此座铁厂，当尽其心力所能及者而为之。日省月试，不决效于旦夕；增高继长，尤有望于方来。庶几取外人之长技，以成中国之长技，不致见绌于相形，斯可有备而无患。此则臣区区愚诚之所觊幸者也。

李鸿章设立机器局的初意，不过是为制造枪炮，他在同治三年十二月二十七日的《京营官弁习西洋火器渐有成效折》里还说"臣设局仿制，原为军需紧急起见"，后既有了比较完备的机器，他又希望在制造枪炮之外，能制造轮船，以及其他的东西。

关于这个机器厂制造机器与轮船的经过，我们在上面叙述曾国藩的西化事业已经说过。李鸿章除了利用机器厂去制造枪炮、轮船之外，还提倡纺织局与招商局。同治四年七月二十二日，李鸿章曾有《筹设织造机房折》，提倡纺织局。据盛宣怀上海奏建专祠疏中云：

> 李鸿章尝论近日进口洋货，以洋布、洋纱为大宗。苟不自仿造，何以塞漏卮而利民用。光绪八年，招集商股在上海设局试办，延聘洋工改制机器，行之十年，复招商添本，渐见兴盛。忽遭火毁，奏请重加整顿，设法拓充。更招新股，就旧址设立总厂，另拟分设十厂，量内地之销数，定纱机之限制，将使纱布之利，永不外溢。

关于招商局，盛宣怀在同上的疏里说：

> 同治十年，始议轮船商局，众情惶惑，谓夺沙船生计。李鸿章则谓洋轮攘利已久，当筹抵制。今倡办华轮，实为国体商情财政兵力，展拓基局，若不破群议为之，必致盛举中辍，振兴无日。因奏借官本督率兴办，由是内江外海权利，渐次收回，卒能买并旗昌公司，局势始坚定。其后，该局屡遭倾挤，赖李鸿章百端维护，以有今日此成绩。

其实，轮船公司的提倡，于同治六、七年间，已经由容闳极力提倡。李鸿章在同治十一年十一月二十三日的《试办招商轮船折》里也说：

> 因思同治六、七年间，曾国藩、丁日昌在江苏督抚任内，叠据道员许道

身、同知容闳创议华商置造洋船章程，分运漕米，兼揽客货。

到了光绪元年二月二十七日，李鸿章在其《轮船招商请奖折》内，乃极力说明设立轮船公司的必要。他说：

> 伏查各国通商以来，火轮夹板日益增多，行驶又极迅速，中国内江外海之利，几被洋人占尽，且海防非有轮船不能逐渐布置，必须劝民自置。无事时，可运官粮客货；有事时，装载援兵军火，藉纾商民之困，而作自强之气。且各口华商，因无官办章程，多将资本附入洋商轮船股内，尤非国体所宜。

他又举出自招商局成立之后，

> 计有自置轮船并承领闽厂轮船八号，现又添招股份，向英国续购两号，分往南北洋各海口及外洋日本、吕宋、新嘉坡等处贸易，叠次装运江浙漕粮。上年秋间，承载铭军赴台湾，转运粮饷，源源接济，均能妥速无误。从此中国轮船可期畅行，实为海防洋务一大关键，所裨于国计民生，殊非浅鲜。

到了光绪六年十二月十一日，他在《议复梅启照条陈折》中又说：

> 夫欲自强，必先裕饷；欲浚饷源，莫如振兴商务。商船能往外洋，俾外洋损一分之利，即中国益一分之利。微臣创设招商局之初意本是如此。近来该局"和众""美富"两船已往旧金山、檀香山等埠，明春拟派"海琛"船运载兵弁赴英验收碰快船返华，均足为商船出洋之先导。

第十章　李鸿章的西化态度（二）

在交通方面，李鸿章除了提倡造轮船与设立招商局之外，他又极力提倡建筑铁路。我们知道，中国铁路的提倡与兴办是始于洋人，这就是从上海到吴淞的铁路。李鸿章在光绪二年七月二十七日的《妥筹上海铁路片》里，告诉我们道：

> 本年三月间，接准总理衙门函钞上海洋商擅筑铁路奏稿……现据上海道冯焌光叠禀，火车开行后，六月间有压毙人命之事，经该道会商英领事，饬令停止行驶。嗣该领事照称奉威妥玛（英国大使）传谕停行驶，该使在烟台与臣会商……该使总以铁路系各国通行善举，洋商自在通商口岸租地置造，希冀中国仿行，非中国所宜阻止，即英国亦断不令其中止，而沈葆桢暨冯焌光来函又皆欲阻止其事，彼此相持不下。

从这一段话里，我们可以看出来国人在那个时候对于建筑铁路的态度。沈葆桢与冯焌光在当时是称为认识洋务、提倡西法的人物，他们反对火车行驶虽可以说是这条铁路乃外人所建筑，对于中国主权有所损害，然而，他们而尤其是一般的国人，对于铁路的利益，都没有认识。后来，刘铭传上疏请筹款试办清江到京师的铁路，就有人起而作激烈的反对，张家骧的争止铁路疏就是一个例子。朝廷没有办法，要李鸿章与刘坤一商议具奏。李鸿章乃于光绪六年十二月初一日上了《妥议铁路事宜折》。这一篇折，可以说是当时赞成建筑铁路的最有力量的一篇言论，也可以说是李鸿章主张效法西洋的文化的最为显明的一种态度。我们不惮繁冗，今且抄录数段于后：

> 伏思中国生民之初，九州万国自为风气，虽数百里之内，有隔阂不相通者。圣人既作刳木为舟，剡木为楫，舟楫之利，以济不通。服牛乘马，引重致远，以利天下。自是四千余年以来，东西南朔同轨同文，可谓盛事。迄于今日，泰西诸国，研精器数，创造火轮舟车，环地球九万里，无阻不通。又于古圣所制舟车外别出新意，以夺造化之工，而便民用。迩者中国仿造轮船，亦颇渐收其益。盖人心由拙而巧，器用由朴而精，风尚由分而合，此天地自然之大势，非智力所能强遏也。查火轮车之制，权舆于英之煤矿，道光初年，始作铁轨，以约车轮。其法渐推渐精，用以运销煤铁，获利甚多。遂得扩充工商诸务，雄长欧洲。既而法、美、俄、德诸大国相继经营，凡占夺邻疆、垦辟荒地，无不有铁路以导其先。迨户口多而贸易盛，又必增铁路以善其后，由是欧、美两洲六通四达，为路至数十万里。征调则旦夕可达，消息则呼吸相通。四五十年间，各国所以日臻富强而莫与敌者，以其有轮船以

通海道，复有铁路以便陆行也。即如日本，以区区小国在其境内营造铁路，自谓师西洋长技，辄有藐视中国之心。俄自欧洲起造铁路，渐近浩罕、恰克图等处，又欲由海参崴开路以达珲春。中国与俄接壤万数千里，向使早得铁路数条，则就现有兵力尽敷调遣。如无铁路，则虽增兵增饷，实属防不胜防。盖处今日各国皆有铁路之时，而中国独无，譬犹居中古以后而屏弃舟车，其动辄后于人也，必矣。

他又接着而举出建筑铁路的九种大利益，所以他说：

窃尝考铁路之兴大利，约有九端。江淮以北，陆路为多，非若南方诸省河渠贯注而百货流通，故每岁所征洋税厘金二三千万两。在南省约十分之九，在北省仅十分之一。倘铁路渐兴，使之经纬相错，有无得以懋迁，则北民必化惰为勤，可致地无遗利，人无遗力，渐臻殷阜之象。其铁路扼要之处，征收厘税，必渐与南方相埒。此便于国计者利一也。

从来兵合则强，兵分则弱。中国边防、海防各万余里，若处处设备，非特无此饷力，亦且无此办法。苟有铁路以利师行，则虽滇、黔、甘、陇之远，不过十日可达。十八省防守之旅，皆可为游击之师。将来裁兵节饷，并成劲旅，一呼可集，声势联络，一兵能抵十兵之用。此便于军政者利二也。

京师为天下根本，独居中国之北，与腹地相隔辽远，控制綦难，缓急莫助。咸丰庚申之变，议者多请迁都，率以事体重大，未便遽行。而外人一有要挟，即欲撼我都城。若有铁路既开，万里之遥，如在户庭，百万之众，克期征调，四方得拱卫之势，国家有盘石之安。则有警时易于救援矣。各省仕商络绎奔赴，远方粮货转输迅速，皆愿出于其途，藏于其市，则无事时易于富庶矣。不必再议迁都，而外人之觊觎永绝，自有万年不拔之基。此便于京师者利三也。

囊岁晋、豫荐饥，山西米价腾踊，每石需银至四十余两。设有铁路可运，核以天津米价与火车运价，每石不过七两左右。以此例之，各省遇有水旱偏灾，移粟辇金捷于影响，可以多保民命，且货物流转自免居奇之弊。此便于民生者利四也。

自江浙漕粮改行海运，议者常欲规复河运，以防海运之不测。铁路若成，譬如人之一身血脉贯通，即一旦海疆有事，百万漕粮无虞梗阻。其余如军米、军火、京饷、协饷，莫不应手立至。此便于转运者利五也。

轮车之行，较驿马十倍之速，从此文书加捷，而颁发条教，查察事件，疾于置邮。他如侦敌信、捕盗贼，皆朝发夕至，并可稍裁正路驿站，以其费扩充铁路。此便于邮政者利六也。

煤铁诸矿去水远者，以火车运送，斯成本轻而销路畅。销路畅而矿务益兴，从此煤铁大开，修造铁路之费可省，而军需利源更取不尽而用不竭。此

> 便于矿务者利七也。

> 凡远水之区，洋货不易入而土货不易出，今轮船所不达之处，可以火车达之。出入之货愈多，则轮船运货亦与火车相为表里。此便于招商轮船者利八也。

> 无论官民兵商，往来行役，千里而瞬息可到，兼程而涂费转轻，无寇盗之虞，无风波之险。此便于行旅者利九也。

他又说：

> 以上各端，西洋诸国所以勃焉兴起者，罔不慎操此术，而国计、军谋两事尤属富强切要之图。刘铭传见外患日迫，兼愤彼族欺凌，亟思振兴全局，先播风声，俾俄、日两国潜消窥伺之心。诚如圣谕，系为自强起见……刘铭传拟先造清江至京一路，与臣本年拟设之电线相辅并行，庶看守易而递信弥捷，洵两得之道。盖先办一路，虽于中国形势尚偏而不举。然西洋诸国五十年前，亦与中国情形相等，惟其刻意营缮，争先恐后，故有今日之气象。刘铭传之意，盖欲先创规模，以为发轫之端，将来逐渐推广，不患无兴奋之日也。

建筑铁路的各种利益，不只在李鸿章的时代，一般国人看不出来，就是直到现在还有人加以反对。李鸿章既在积极方面说明了铁路的大利，在消极方面，他又指出反对建筑的人们的理由的错误。他在同折中说：

> 或谓铁路若开，恐转便敌人来犯之途，且洋人久思在中国兴造铁路，此端一起，或致彼愈滋烦渎，不知各国之有铁路，皆所以征兵御敌，而未闻为敌用，何也？铁路在我内地，其临边处皆有兵扼守，彼岂能凭空而至？万一有非常之警，则坏其一段，扣留火车，而路亦无用，而全路皆废。数十年来，各国无以此为虞者，客主顺逆之势使然也。至洋人擅在他国造路，本为公法条约所不准。若虞其逞强爽约，则我即不自造铁路，彼独不能逞强乎？况洋人常以代中国兴利为词，今我先自兴其利，且将要路占造，庶足关其口而夺之气，使之废然而返矣。

> 或又谓铁路一开，则中国之车夫贩竖将无以谋衣食，恐小民失其生计，必滋事端。不知英国初造铁路时，亦有虑夺民生计者，未几而傍路之要镇以马车营生者，且倍于曩日。盖铁路只临大道，而州县乡镇之稍僻者，其送客运货仍赖马车、民夫。铁路之市易既繁，夫车亦因之增众。至若火车盛行，则有驾驶之人，有修路之工，有巡瞭之丁，有上下货物伺候旅客之杂役。月赋工糈，皆足以仰事俯畜。其稍饶于财者，则可以增设旅店，广买股分，坐权子母。故有铁路一二千里，而民之依以谋生者，当不下数十万。况煤铁等矿由此大开，贫民之自食其力者，更不可数计。此皆扩民生计之明证也。

> 或又谓于民间田庐坟墓有碍，必多阻挠。不知官道宽广，铁路所经，不过丈余之地，于田庐坟墓尚不相妨，即遇官道稍窄之处，亦必买地，优给价值。其坟墓当道者，不难稍纡折以避之。

李鸿章在其《议复张家骧争止铁路片》（光绪六年十二月初一日）所指出张家骧反对建筑铁路的理由的错误，大致与上面所说几点是相同的。我在上面曾经指出，直到现在还有人反对建筑铁路，而以为建筑铁路有碍风水，尤为守旧者流与乡间人民所尝说的理由。至于恐怕铁路建筑之后，使车夫、工人失其生计的理论，直到最近一般之反对工业、主张重农的人们所说的理由，也颇有相近之处。又如以为有了铁路，更使外国易于侵略我国的理论。在这次抗战中，也有人以为，我国之所以能长期抗敌，就是因为交通不便，因而主张中国今后不必讲求交通。这种理论还可以说是与七十年前的人们的思想，又颇有相近之处。

在国人的思想那么固塞的时候，李鸿章以及其三二友朋，像刘铭传、郭嵩焘，能够大声疾呼提倡建筑铁路，而同时对于兴办铁路的大利，既能一一指出，对于一般顽固者流的反对理由，又能一一加以反驳，我们处在二十世纪的中叶，对于七十年前这些主张效法西洋的人物的识见，又不能不叹其有特别的超人之处呵。而我们在这里，对于李鸿章的提倡兴办铁路所以特别加以注意的，就是这个原故。

李鸿章又以为，欲造铁路，必须自开煤铁，他在《妥议铁路事宜折》中曾说：

> 再，中国既造铁路，必须自开煤铁，庶免厚费漏于外洋。山西泽潞一带，煤铁矿产甚富，苦无殷商以巨本经理。若铁路既有开办之资，可于此中腾出十分之一，仿用机器洋法开采煤铁。即以所得专供铁路之用，是矿因铁路而益旺，铁路因矿务而益修。二者又相济为功矣。

又在光绪七年四月二十三日，他在《直省开办矿务折》里，又举出开矿的必要。他说：

> 窃维天地自然之利，乃民生日用之资。泰西各国以矿学为本图，能争雄竞胜。英之立国在海中三岛，物产非甚富丰盈，而岁出煤、铁甚旺，富强遂甲天下。中国金、银、煤、铁各矿，胜于西洋诸国，只以风气未开，菁华秘而不发。利源之涸，日甚一日。复岁出钜款，购用他国煤铁，实为漏卮之一大宗。从前江西之乐平，及山西、湖南等省，皆以土法开采煤、铁等矿，工力较繁，而所得较微，无裨大局。近如台湾之基隆，湖北之荆门，安徽之池州，经营煤矿，渐用洋法。然或因创办伊始，或因经费未敷，尚难骤得大效。

因而，他遂主张先在直隶涿州所属之开平镇，应用西法以开采矿务。

此外，李鸿章又极力提倡电报，他在光绪六年八月十二日《请设南北洋电报片》里说：

用兵之道，必以神速为贵，是以泰西各国于讲求枪炮之外，水路则有快轮船，陆路则有火轮车，以此用兵，飞行绝迹。而数万里海洋，欲通军信，则又有电报之法。于是和则以玉帛相亲，战则以兵戎相见，海国如户庭焉。近来俄罗斯、日本国均效而行之，故由各国以至上海莫不设立电报，瞬息之间，可以互相问答。独中国文书尚恃驿递，虽日行六百里加紧，亦已迟速悬殊。查俄国海线可达上海，旱线可达恰克图，其消息灵捷极矣。即如曾纪泽由俄国电报回上海，只须一日，而由上海至京城，现系轮船附寄，尚须六七日到京，如遇海道不通，由驿必以十日为期。上海到京仅二千数百里，较之俄国至上海数万里，消息反迟十倍。倘遇用兵之际，彼等外国军信速于中国，利害已判若径庭。且其铁甲等项兵船，在海洋日行二千余里，势必声东击西，莫可测度，全赖军报神速，相机调援，是电报实为防务必要之物。同治十三年，日本窥犯台湾，沈葆桢等屡言其利，奉旨饬办，而因循迄无成就。臣上年曾于大沽北塘海口炮台试设电报以达天津，号令各营，顷刻响应。从前传递电信，犹用洋字，必待翻译而知，今已改用华文，较前更便。如传秘密要事，另立暗号，即经理电线者亦不能知，断无漏泄之虑。现自北洋以至南洋，调兵馈饷，在在俱关紧要，亟宜设立电报，以通气脉。

第十一章　李鸿章的西化态度（三）

我们在上面所指出李鸿章所提倡的西法，大致是偏重于物质的文化方面，而尤其是偏重于军事的设备方面，或是在当时的人们所尝说的海防的设备方面。然而，除这一方面之外，李鸿章对于西洋的语言、文字、教育也曾注意。在他到上海之后数个月，他就提议开办外国语言文字学馆。他在同治二年正月二十二日，就有《请设外国语言文字学馆折》，这是中国的新教育史上一篇很重要的文字，今且录之于后：

> 伏维中国与洋人交接，必先通其志，达其欲，周知其虚实诚伪，而后有称物平施之效。互市二十年来，彼酋之习我语言文字者不少，其尤者能读我经史，于朝章、宪典、吏治、民情，言之历历。而我官员绅士中，绝少通习外国语言文字之人。各国在沪均设立翻译官一二员，遇中外大臣会商之事，皆凭外国翻译官传述，亦难保无偏袒捏架情弊。中国能通洋语者，仅恃通事。凡关局军营交涉事务，无非雇觅通事，往来传话。而其人遂为洋务之大害。查上海通事一途，获利最厚，于士、农、工、商之外，别成一业。其人不外两种：一宁波、广东商伙子弟，佻达游闲，别无转移执事之路者，辄以学习通事为逋逃薮。一英法等国设立义学，招本地贫苦童稚，与以衣食而教肄之。市儿村竖来历难知，无不染洋泾习气，亦无不传习彼教。此两种人者，类皆资性蠢愚，心术卑鄙，货利声色之外，不知其他。且其仅通洋语者十之八九，兼识洋字者十之一二。所识洋字亦不过货名价目与俚浅文理，不特于彼中兵刑食货张弛治忽之大，懵然无知；即遇有交涉事宜，词气轻重缓急，往往失其本旨；惟知藉洋人势力，播弄挑唆，以遂其利欲，蔑视官长，欺压平民，无所忌惮。即如会办防堵一节，闲与通习汉语之大酋晤谈，尚不远乎情理，而琐屑事件，势不能一一面商。因而通事假手其间，勾结洋兵，为分肥之计。诛求之无厌，挑斥之无理，支销之无艺，欺我聋喑，逞其簧鼓，或遂以小嫌酿大衅。洋务为国家怀远招携之要政，乃以枢纽付若辈之手，遂至彼己之不知，情伪之莫辨，操纵进退讫不得其要领，此非细故也。

他又接着说：

> 京师同文馆之设，实为良法。行之既久，必有正人君子、奇尤异敏之士，出乎其中，然后尽得西人之要领，而思所以驾驭之。绥靖边陲之原本，实在于是。惟是洋人总汇之地，以上海、广东两口为最，种类较多，书籍较富，见闻较广，语言文字之粗者一教习已足，其精者务在博采周咨，集思广

益，非求之上海、广东不可。故行之他处，犹一齐人傅之之说也，行之上海、广东，更置之庄岳之间之说也。臣愚拟请仿照同文馆之例，于上海添设外国语言文字学馆，选近郡年十四岁以下资禀颖悟、根器端静之文童，聘西人教习，兼聘内地品学兼优之举、贡生员，课以经史文艺。学成之后，送本省督抚考验，作为该县附学生，准其应试。其候补、佐贰、佐杂等官，有年少聪慧，愿入馆学习者，呈明由同乡官出具品行端方切结，送局一体教习，藉资照料。学成后，亦酌给升途，以示鼓励。均由海关监督督筹试办，随时察核具详。三五年后，有此读书明理之人，精通番语，凡通商督抚衙门及海关监督，应添设翻译官承办洋务，即于学馆中遴选承充，庶关税、军需可期核实，无赖通事亦敛迹焉。夫通商纲领，固在总理衙门，而中外交涉事件则两口转多，势不能以八旗学生兼顾，惟多途以取之，随地以求之，则习其语言文字者必多。人数既多，人才斯出。彼西人所擅长者，测算之学，格物之理，制器尚象之法，无不专精务实，洳有成书，经译者十才一二，必能尽阅其未译之书，方可探赜索隐，由粗显而入精微。我中华智巧聪明，岂出西人之下？果有精熟西文，转相传习，一切轮船、火器等巧技，当可由渐通晓，于中国自强之道，似有裨助。

除了上海外国语言文字学馆之外，他后来又倡办天津水师学堂。光绪七年四月二十三日，他在其《吴仲翔办理学堂片》中说：

北洋陆续购蚊快、铁甲等船，所有管驾、大副、二副、管理轮机炮位人员，需材甚众。其作养造就之法以练船为基址，尤必以学堂为根源。臣于去年七月，奏请饬派前船政大臣、光禄寺卿吴赞诚驻津督办水师学堂练船事宜，奉旨允准在案。

又他在光绪十年十一月初五日的《水师学堂请奖折》中，告诉我们道：

七年（光绪）七月，学堂落成，始添招学生入堂肄业。其时北方风气未开，学生入堂之初，非惟于西语西学，咸所未闻，即中国文字，亦仅粗通经。饬监督各员，严加约束，教习各员，认真课导。

他在同处又说：

伏思水师为海防急务人材，为水师根本，而学生又为人材之所自出，臣于天津创设水师学堂，将以开北方风气之先，立中国兵船之本。

他在光绪十一年又倡办武备学堂。在光绪十三年十月二十五日，他在《武备学堂请奖折》中说：

窃臣于光绪十一年，在天津建设陆军武备学堂，挑选各营精健聪颖、略通文艺之弁兵，入堂肄习兵法……事属创始，风气未开，不可不多方诱掖。

他又说：

> 诚以学堂为储备将材之地，亟宜加意培植。西洋各大国皆以此为自强根基……惟是西洋练兵制器之法，日新月异。中国边海各防，密迩强邻，平日若不认真讲求，临事必至张皇无措。今之统兵将领，皆从前屡立战功，已擢显职，年力渐就衰颓，后起材武之士，全赖学堂为之甄拔。若使精心向学，屡考冠群者，进身无路而不予以升阶，殊不足以资鼓舞而开风气。

此外，他又提倡西医学校，而其理由，他在光绪二十年五月二十三日的《医院创立学堂折》中说：

> 臣查泰西各国行军，以医官为最要，而救治伤科，直起沉痾，西医尤独擅专长。其学以考求经络，辨别药性为始基；以察脏腑之运行，练临症之理法为进步；其究以洞内科之精微，平诸家之同异为极功。非专门名家，历经考试，该国家未能给凭诊治。北洋创办海军之初，雇募洋医，分派各舰，为费不赀，是兴建西医学堂造就人材，实为当务之急。

李鸿章不只在国内倡办水师学堂、武备学堂与医药学堂，而且提倡派送学生出国留学。光绪二年（一八七六），他曾请在天津教习钢炮的德人李劢协带卞长胜等七人到德国武备学校学习水陆军械技艺。他在光绪二年三月二十六日的《卞长胜等赴德国学习片》中说：

> 窃维外交之道，与自固之谋，相为表里。德国近年发奋为雄，其军政修明，船械精利，实与英俄各邦并峙。而该国距华较远，并无边界毗连，亦无传教及贩洋药等事。臣前晤该国驻京使臣巴兰德，谓中国如派人前往学习船政军政，彼国必当尽心教导。是该国素敦友谊，亟应及时联络，师彼长技，助我军谋。近年闽沪各局奏派学生赴英美等国游历肄业，无非为实事求是，力图自强起见。兹臣所派游击卞长胜等久历行阵，素谙洋器，更令出洋精求博览，兼有李劢协援引照料，遍赴德国各厂局军营及炮台兵船，切实考究，以增益其所不能，似亦造就人材之一法。

这是我国派留学生到德国留学的开端。到了同年十一月，李鸿章又与沈葆桢奏请选派闽厂前后学堂制造学生十四名，艺徒四名，驾驶学生十二名，分赴法国官厂及英国水师学堂铁甲兵船"学习制造驾驶之方，及推陈出新，练兵制胜之理"。到了光绪五年九月，他又与沈葆桢会同奏明闽局出洋生徒，"应予蝉联就学，以储后起之秀，而备不竭之需"。到了光绪七年十月十一日，又奏请选派学生十名出洋，这就是闽厂派出的第二次的留学生。

又在光绪十一年十月初十日，李鸿章又与曾国荃奏请续选出洋学生二十二名，分赴英、法、德各国官厂学习制造，这是闽厂派出的第三次的留学生。他派送的理由，据他在光绪十一年十月初十日《续选出洋学生折》中说：

> 查闽厂水师学堂设立多年，前堂专习制造，后堂专习驾驶，现值倡练海军驾驶之才，视制造为尤亟。北洋旧有蚊快各船，均以闽局学成回华之学生，充当管驾，尚为得力。目下新购铁舰到沽，机器极精，虽雇定洋员教练，而华员尚勘独当一面之选，将来逐年添置船只，日新月盛，而驾驶为专门名家之学，未可卤莽从事，若不亟为储备，实有乏才之虑。即制造一端，亦宜力求精进，以期日起有功。

这可见得，李鸿章之提倡学生出洋留学，不只是派送一次或二次以至三次，而且有了继续不断的派送。

不但这样，我们知道，自同治十一年（一八七二）至光绪元年（一八七五）间，由容闳提议而由曾国藩所奏派之留美学生一百二十名，李鸿章也出了不少力量。其实自曾国藩死后，李鸿章就继续着曾国藩去主持一切。同治十一年正月十九日，李鸿章、曾国藩有《幼童出洋肄业事宜折》，他在折中指出，"挑选幼童出洋肄业，固属中华创始之举，抑亦古来未有之事"。这可见派送学生出洋并非一件容易的事。

从同治十一年至光绪元年，所派之一百二十名留美学生，因为在美国时与学生监督吴子登闹了意见，于光绪七年（一八八一），曾被全数召回。结果好多学生在学业上尚未读完，这次提早召回学生，使中美好多人士都很为惋惜。李鸿章虽也负了很大的责任，然而学生回国之后，他曾于光绪十一年三月初三日奏请朝廷奖励这些学生。他的《肄习西学请奖折》中说：

> 窃查同治十年七月，内前大学士两江总督臣曾国藩会同臣，奏请挑选聪颖幼童，赴美国书院学习军政、船政、步算、制造诸学，使西人擅长之技，中国皆能谙悉，以培人材而图自强。奏定章程自同治十一年起至光绪元年止，四批选送学生一百二十名出洋肄业。除因事故撤回及在洋病故二十六名外，其余九十四名，均于光绪七年分作三批回华。头批学生二十一名，均送电局学传电报，二、三批学生内有由船政局、上海机器局留用二十三名。其余五十名，经臣札饬津海关道周馥，会同机器电报各局，逐加考验，分拨天津水师、机器、鱼雷、水雷、电报、医馆等处学习当差，迄今又逾四年。叠经月课、季课，并由臣屡次亲临考校，试以所习各艺，均能融会贯通，各有心得……臣查选募学生出洋肄业西学，培养人材，实为中国自强根本。惟事属创办，风气初开，该学生等童年应募，远涉重洋，学成回华，分派各处当差，均能始终勤奋，日进有功，叠经面加校试，考其所学，其习水师者，内如鱼雷一种理法最为精奥，洋师每有不传之秘，该学生等讲习有年，苦心研究，于拆合演放修整诸事，皆能得法。此外，水雷、旱雷施放灵捷，驾驶讲

求精细。其分赴各营教习者，于外洋操法阵法口令，均臻娴熟，所教弁勇，颇有成效。其派值电报者，传递紧要军报，昕夕从公，密速无误。如步算、制造、医学诸大端，均能深明窾要，质诸西洋教习，及泰西各国水师兵官，咸谓该学生等造诣有得，足供任使……自应一律保奖，俾昭公允。

我特地抄这一段话，以证明李鸿章对于派送学生出洋，既极力提倡，而对于回国之留洋学生，又给予相当的关注与爱护。故总而言之，自同治以至光绪年间，我国派送学生到西洋留学，固是得力于李鸿章的提倡，而中国新式学校的设立，亦得力于李鸿章的提倡。

此外，又如在光绪八年三月初六日，他在《创设广仁堂折》内，又提倡广仁堂，收恤妇孩贫老，分别教养。据他说，堂中分设六所：

一曰慈幼所。收养男孩，初收则为涤垢治病，继则分拨各所授事。二曰蒙养所。设义塾五斋，择聪俊者，延师课读。三曰力田所。于堂之左右购置地亩，种植木棉、稻黍、菜蔬，择粗笨者雇老农教习。四曰工艺所。择不能耕读者，令习编藤织席刻字印书，候年长业成，听其出堂自谋衣食。五曰敬节所。收养青年节妇及无依幼女，仍令各勤女工，不使闲逸。幼女无家可归，俟长成，为之择配。六曰戒烟所。专延良医，妥置方药，疗治鸦瘾病，使吸食者有自新之路，庶烟禁不致徒设。

这种广仁堂的设立，可以说是新式社会事业之事。现在看起来虽是一种很平常的设施，然在当时却又是一种新奇的创设。李鸿章也许是受了各国来华的传教士所设的育婴堂及医院种种社会慈善事业的影响，而有了这种设施罢。

第十二章 郭嵩焘的西化态度

假使我们把曾国藩与李鸿章两个人在提倡西化的运动上来比较，则后者不只是讲求洋务的时间较久，而且所提倡的西化的范围较广。曾国藩所认识的西洋的长技，不外是轮船枪炮，而李鸿章却于这两者之外，提倡建筑铁路，筹办电报，振兴商务与开采矿产。又，曾国藩虽赞同派送学生出洋，可是李鸿章除了对于这一点极力提倡之外，还设立水师学堂、武备学堂、医药学堂，以至慈善机关。

然而，我们也得指出，两者所提倡的西洋文化，都不出了西洋的机器的文化，而他们之所以主张效法西洋的机器文化，目的又不外是发展中国的武备。江南制造局的设立，固是为了发展中国的武备，铁路的建筑，电报的筹办，以至商务的振兴，矿产的开采，甚至水师学堂、武备学堂、医院学堂，以及派送学生出洋留学，主要的都是为发展中国的武备。李鸿章所派送的留欧学生，固是为了这个目的；曾国藩所奏派的一百二十名的留美学生，也是为了这个目的。只看上面所举出李鸿章的《肄习西学请奖折》，就能明白。其实，曾国藩所提倡的西化的范围的狭小，固不待说，就是李鸿章所提倡的西化的范围，也并不很广。李鸿章在《答郭嵩焘书》里曾说：

> 鄙人职在主兵，亦不得不考求兵法……兵乃立国之要端。然欲强兵，则机器不能不讲求。

其实，他所讲求的西法，至多不过是机器，而所谓机器的提倡，也不外是为着强兵。我们可以叫这种机器为军事的机器。从我们现代的眼光来看，这种西化可以说是皮毛的西化，是枝叶的西化。

可是，就是这种皮毛或枝叶的西化，在那个时候不只是推行不易，就是提倡的人也是寥寥无几。别人用不着说，就是位尊功高的李鸿章，也觉得推行的不易与提倡的困难。李鸿章在光绪六年十二月初一日《议复张家骧争止铁路片》，就有了下面一段话：

> 大抵近来交涉各务，实系中国创见之端，士大夫见外侮日迫，颇有发愤自强之议。然欲自强，必先理财，而议者辄指为言利；欲自强，必图振作，而议者辄斥为喜事。至稍涉洋务，则更有鄙夷不屑之见横亘胸中。不知外患如此其多，时艰如此其棘，断非空谈所能有济。我朝处数千年未有之奇局，自应建数千年未有之奇业，若事事必拘守成法，恐日即于危弱而终无以自强。语曰："非常之原，黎民惧焉；及至厥成，天下晏如也。"臣于铁路一事，深知其利国利民，可大可久。假令朝廷决计创办，天下之人见闻习熟，

自不至更有疑虑。臣不敢谓事之必成者，以集款之靡易，而筹借洋债亦难就绪也。果使臣款可集，而防弊之法又悉能如臣所拟，则此等大事，固当力排浮议，破除积习而为之。

这是他上皇帝的话，虽然相当的沉痛，然而自信的心，也相当的强。在他给与友朋的书牍中，我们找出他复郭嵩焘一封信，里面有了下面一段话：

西洋政教规模，弟虽未至其地，留心咨访考究二十年来，亦略闻梗概。自同治十三年海防议起，鸿章即沥陈煤铁必须开挖，电线铁道必应仿设，各海口必应添设洋学格致书馆，以造就人才。其时文相目笑存之，廷臣会议，皆不置可否。是年冬，晤恭邸极陈铁路利益，请先试造清江至京，以便南北转输。邸意亦以为然，谓无人敢主持。复其乘间为两宫言之，渠谓两宫亦不能定此大计。从此遂绝口不谈矣。人才风气之固结不解，积重难返。鄙论由于崇尚时文、小楷误之。世重科目，时文、小楷即其根本。来示万事皆无其本，即倾国考求西法，亦无裨益，洵破的之论。而中国上下，果真倾国考求，未必遂无转机，但考求者仅执事与雨生、鸿章三数人，庸有济耶？

这是李鸿章的内心的沉痛的表白，而且是失了他在奏稿中的信心的一种表示。所以，从此绝口不谈建筑铁路之事，就是这种表示。所谓"人才风气之固结不解，积重难返"，就是说明中国文化的惰性的力量太大，而不易改变。然而，正是因为我国文化的惰性的力量太大，而不易改变，而在当时的人们，像李鸿章，还要提倡效法西洋，还能推行多少西法，这更可以见得他们是超越时代的人物，是提倡西化的先锋。而况在李鸿章提倡西法后的七十年，在李鸿章死后的四十年，好多的人士对于西化的态度，并不见得比之李鸿章的较为高明，而好多的国民的心理的积重难返，并不见得比之那个时候差别很多。

我们可以说，在思想很为固塞的时代里，其思想愈超时代的人，则其内心所受的苦闷，必为更甚。李鸿章所提倡的西化的事业的范围，比之曾国藩所提倡的西化的事业的范围，较大得多。因此前者的内心所受的苦闷，比之后者的内心所受的苦闷，也较为厉害。这是读过这两者的著作的人，所能容易看出来的。同样的，我们可以说，比方认识洋务比李鸿章又较为深刻的郭嵩焘，其内心所受的苦闷，比之李鸿章的内心所受的苦闷，又较为厉害。在郭嵩焘寄给李鸿章的书信中，有了数段话，是与我们在这里所提出的观点，是有关系的。今且抄之于后：

前岁入都，本意推求古今事宜，辨其异同得失。自隋唐之世，与西洋通商，已历千数百年。因鸦片之禁而构难，以次增加各海口，内达长江，其势日迫，其患日深。宜究明其本来，条具其所以致富之实，其发明，其用心，而后中国所以自处，与其所以处人者，皆可以知其节要。谋勒为一书，上之总署，颁行天下学校，以解士大夫之惑。朝廷所以周旋远人之心，固有其大者远者，当使臣民喻知之。道天津，亦为中堂陈之。及至京师，折于喧嚣之口，嗫不得发。

这可见得文化的惰性的厉害，与一般的人心的固塞，而不易去谈论洋务。谈论洋务尚且不易，而况要创办洋务。而且他更感慨的告诉我们道：

窃谓中国之人心，有万不解者。西洋为害之烈，莫甚于鸦片烟。英国士绅亦自耻其以害人者为构衅中国之具也，方谋所以禁绝之。中国士大夫甘心陷溺，恬不为悔。数十年来国家之耻，耗竭财力，〈毒害民生〉，无一人引为疚心。钟表玩具，家皆有之，呢绒布之属，遍及穷荒僻壤。江浙风俗，至于舍国家钱币而专行使洋钱，且昂其值，漠然无知其非者。一闻修造铁路、电报，痛心疾首，群起阻难，至有以见洋人机器为公愤者。

他更举例以说明道：

曾劼刚（按：为曾纪泽）以家讳，乘南京小轮船至长沙，官绅起而大哗，数年不息。是甘心承人之害，以使朘我脂膏，而挟全力自塞其利源，蒙不知其居心也。

他又更为愤慨的说：

办洋务三十年，疆吏全无知晓，而以挟持朝廷曰公论，朝廷亦因之而奖饬之曰公论。呜呼！天下之民气郁塞壅遏，无能上达久矣。而用其嚣张无识之气，鼓励游民，以求一逞。又从而引导之。宋之弱，明之亡，皆此嚣张无识者为之也。

这可以说是庚子义和团之祸的一种预言。我们知道，郭嵩焘是死于光绪十七年（一八九一），他不只没有亲眼去看见庚子的八国联军入京，连了甲午战败于蕞尔的日本，他也没有看见。但是，他这封信既是给与李鸿章的，那么看了甲午之败，而又看了庚子之乱而后死的李鸿章，假使再读了这封信的这段话，更不知作何感慨。

郭嵩焘在这封信里又说：

嵩焘，楚人也。生长愚顽之乡，又未一习商贾，与洋人相近。盖尝读书观理，举古今事变，而得之于举世哗笑之中，求所以为保邦制国之经，以自立于不敝，沛然言之，略无顾忌，而始终一不相谅。窜身七万里外，未及二月，一参再参，亦遂幡然自悔其初心，不敢复为陈论矣。

他的内心所受的苦闷，真可以说痛快淋漓的溢于言表了。然而，他之所以这样的愤慨，又不外是因为，他在当时是一位认识西洋文化比较深刻的人物。因为我们知道，当李鸿章正是致力于讲求兵队的西化的时候，郭嵩焘曾寄信给李鸿章，说明专只讲求兵队的西化是不够的。他在信中说：

> 兵者，末也。各种创制，皆立国之本也。中堂方主兵，故专意考求兵法。愚见所及，各省营制，万无可整顿之理，募勇又非能常也……嵩焘欲令李丹崖携带出洋之官学生，改习相度煤铁炼冶诸法，及兴修铁路与电学，以求实用。

我们知道，这封信是光绪三年郭嵩焘出使在英国所写给李鸿章的。李鸿章因为致力于练兵，所以他所希望派出留学外国的学生要学兵法，而郭嵩焘却以为兵末事也，因而主张留洋学生学习各种实用科学，这是因为他在外国见得西洋人的军队之所以强，是由于他们的器械的精良，而器械的精良，又是由于他们的科学的发达。

郭嵩焘是我国派去英国的第一位公使。他在未出之前，已很留心洋务，提倡西法。到了出使英国住了三年之久，对于西洋的富强之道，更能有机会去实地考察，故对于西洋文化的认识比较深刻，是自然而然的。李鸿章在光绪十七年七月二十二日的《郭嵩焘请付史馆折》里，告诉我们道：

> 光绪元年，补福建按察使，内迁兵部左侍郎，在总理各国事务衙门行走。二年，充出使英法大臣。遣使之初，人皆视为畏途，朝命特以充选。在西洋三年，考究利病，知无不言。

又说：

> 英国于南洋开辟新嘉坡一岛，闽、广人流寓贸易工作者，不啻十万，悉受制于英官。该侍郎据约力争于外部，乃设中国领事官，英埠设华官自此始。自是华人得官保护，遇事不至见陵。其品望最为西人敬服，去任后犹称颂弗衰。差旋抵沪，猝染重病，陈情乞休时，以不能趋叩阙廷为憾。每遇交涉艰危，旁皇形色，尝言冀多得通知中外事体之人，转相开谕，他日或收其用。其秉性忠诚，系怀时局如此。

又说：

> 平生于洋务最为究心，所论利害皆洞入精微，事后无不征验。前后条列各件，外廷多不尽知。病归后，每与臣言及中外交涉各端，反复周详，深虑长言，若忧在己。迄今展阅，敬其忠爱之诚，老而弥笃，且深叹不竟其用为可惜也。

关于郭嵩焘的西化态度的比较的超越他的时代，蒋廷黻先生在其《中国近代史》里，曾有一段叙述，今录之于后：

> 同治、光绪年间的社会，如何反对新人新政，我们从郭嵩焘的命运可以

更加看得清楚。郭氏的教育及出身，和当时一般士大夫一样，并无特别，但是咸丰末年英法联军之役，他跟着僧格林沁在大沽口办交涉，有了那次经验，他根本觉悟，知道中国非澈底改革不可。他的觉悟还比恭亲王诸人更深刻。据他的研究，我们在汉唐时代，固常与外族平等往来；闭关自守而又独自尊大的哲学，是南宋势力衰弱时代的理学先生们提倡出来的，绝不足以为训。同治初年，江西南昌的士大夫群起毁教堂，杀传教士，巡抚沈葆桢（林则徐的女婿）称赞士大夫的正气，郭嵩焘则斥责沈氏顽固。郭氏作广东巡抚的时候，汕头的人，像以先广州人，不许外国人进城。他不顾一切，强迫汕头人遵守条约，许外国人进城。光绪元年，云贵总督岑毓英因为反对英国人进云南，秘密在云南、缅甸边境上，把英国使馆的翻译官杀了。郭嵩焘当即上奏弹劾岑毓英。第二年，政府派他出使英法，中国有公使驻外从他起。他在西欧的时候，他努力研究西洋的政治、经济、社会，他觉得不但西洋的轮船枪炮值得我们学习，就是西洋的政治制度和一般文化，都值得学习。他发表了他的日记，送给朋友们看。他常写信给李鸿章，报告日本派到西洋的留学生不限于机械一门，学政治、经济的都有，他劝李鸿章扩大留学范围。他的这些超时代的言论，引起了全国士大夫的谩骂。他们说郭嵩焘是个汉奸，"有二心于英国"。湖南的大学者如王闿运之流，撰了一副对联骂他："出乎其类，拔乎其萃，不容于尧舜之世；未能事人，焉能事鬼，何必去父母之邦。"王闿运的日记里还说："湖南人至耻与为伍。"郭嵩焘出使两年就回国了，回国的时候，没有问题，他是全国最开明的一个人，他对于西洋的认识远在李鸿章之上。但是时人反对他，他以后全无机会作事，只好隐居湖南从事著作。他所著的《养知书屋文集》，至今尚有披阅的价值。

继郭嵩焘作驻英法公使的，是曾纪泽。他在外国五年多，略识英语，他的才能、眼光，与郭嵩焘等。因为他运用外交从俄国收回伊犁，他是国际有名的外交家。他回国的时候，抱定志向，要推进全民族的近代化，却是他也遭时人的反对，找不着机会作事，不久就气死了。

第四编

绪　言

　　自太平天国灭亡以后，到甲午中日战争的三十年中，在朝的名臣，如曾国藩、李鸿章、左宗棠、沈葆桢、丁日昌，以至当时的名士，如薛福成、郭嵩焘、曾纪泽，所提倡的洋务或西法，主要是西洋的武备或机器的文化。我们可以说，在这些名臣名士之间，对于西化的态度固有了不少的差异，然而他们所认识的西洋的长技，大致不出薛福成所说的器的文化。他们大体上都以为西洋所重者为器，而中国所重者为道。薛福成在光绪二年（一八七六）间为李鸿章《答彭孝廉书》中，对于这一点说得很清楚，他以为"自有天地以来，所以弥纶于不敝者，道器二者而已"。他又指出，"中国所尚者，道为重，而西人所精者，器为多"。李鸿章对于他这种看法称为"精凿不磨之作"。同时，我们知道，薛福成曾在曾国藩幕府，曾国藩也因他上书沥陈洋务而见重他。曾国藩的晚年的效法西洋，既也不外是机器方面，那么薛福成这种以道器去区别中西文化，不只是能够代表李鸿章的看法，也可以代表曾国藩的看法。此外，我们在上面也已指出，左宗棠也以为中国所重者为道，而西洋所精者是艺，所谓艺也就是器。至于沈葆桢、丁日昌们的关于洋务的见解，不见得高明过曾、李、左，是用不着说的。郭嵩焘与曾纪泽因为在外国住了好几年，其对于西洋文化的认识，虽是比之曾、李、左、沈、丁较为深刻，然而，这两位既皆因为提倡西化而为国人所唾骂，而事实上他们两位所希望国人效法西洋的，也不外是西洋的实用科学的智识，而其目的也不外是为着制造器械。故总而言之，自太平天国灭亡以后，以至甲午中日战争的三十年，中国人的西化的态度可以"道""器"这两个概念去代表。这就是说，中国的文化是道的文化，而西洋的文化是器的文化。

　　直到中日战争的时候，若照中日两国的新的器械与船舰来看，至少在表面上中国不只比之日本为劣为少，而且比之日本是较优较多。然而，待到两国兵舰交锋起来，中国遂一败涂地。

　　甲午的战败，使国人有了一种新的觉悟，这就是中国与日本两者虽皆效法西洋，然而日本之所以胜，中国之所以败，除了器械船舰之外，必有其所以胜及其所以败的原因。因而一些所谓识时务谈洋务的人们，又以为日本之所以胜，中国之所以败，并不只是器械船舰的优劣多少，而在这些东西以外，而尤其政治的制度的差异，对于国家的强弱也有了密切的关系。因此之故，遂有不少所谓识时务谈洋务的人士，遂以为我们除了效法西洋的机器之外，还要效法西洋的其他的东西，而尤其是政治的制度方面，所谓变法自强，维新运动遂因之而产生。变法维新，在名义上固是不同，在事实上却是一样。这种运动的领袖人物，无疑的要算康有为与梁启超。所谓戊戌变政，就是这种思潮的实际上的应用。关于康有为与梁启超的变法的意见，或是他们的西化的态度，我们当在别的地方加以详细的叙述。除了康梁以外，严复的关于变法或维新的言论，尤值得我们的注意。因为他不只是住过西洋好几年，亲眼看过西洋文化，而且是第一位直接介绍西洋思想于中国的人物。在好多方面来看，严复之认识西洋文化，比之康梁之认识西洋文化，深刻得多，虽则他们三位在壮年或中年的时候的积极效法西洋的主张，到了晚年或后来都改变了，而趋于复古的方向。严复的西化的态度，我们也当在别的地方加以解释。此外，我觉得广东三水胡礼垣（翼南）的西化的态度，也很为积极。胡翼南蛰居香港数十年。香港自一八四二年割让与英国之后，经过英国人的五十余年的经营，成为世界上有名的现代化的城市。翼南既有其西化的背景，又对于中英文字能够运用自如，而对于西洋富强之道，政治之理，又很关心，他因而积极鼓吹西化，极力提倡西法。他的著作曾经日本人译为日文，而对于日本的维新思想有了不少的影响。他的思想的要点，可以从他批评张之洞的言论看出来。他的《新政真诠》，批评张之洞的《劝学篇》很为厉害。在他的《劝学书后》里，他说：

> 自《同心》至《去毒》（张氏《劝学篇》的各篇名目），所谓"内篇"者，细思其自治之法，竟无一是处。由此以观其外，则"外篇"虽有趋时之言，与泰西之法貌极相似者，苟仿而行之，亦如无源之水，可立而待其涸，无根之木，可坐而见其枯。

他又说：

> 综观《劝学·外篇》各论，其合于西法者，不无一二，然皮之不存，毛将焉附？以内篇诸说蔽塞其中故也。是故由其内篇诸说而观，则中国振兴之机，无由而冀。虽然论必求其源，说必由其本，所以颠倒错乱或不自知其非者，则以民权之理，绝未明也。

他又常常说：

> 中国之学西法，错在不学其心而但学其法。

我们知道，张之洞的《劝学篇》是"中学为体西学为用"的论调的代表著作，关于这本书的内容及其思想，我们已在别一本书加以叙述并加以批评，不必重述。我们在这里所要指出的是，张之洞之所以写这本书的目的，据说主要是反驳当时一般而尤其是康梁所主张的民权或君主立宪的思想。张之洞以为民权有四害而无一利，中国宜有官权。他说：

> 民权之说一倡，愚民必喜，乱民必作，纲纪不行，大乱四起。

然而，我们也得指出，张之洞的《劝学篇》的"中学为体西学为用"的论调，除了反对民权或君主立宪的主张之外，大体上还是提倡维新的。他一生对于各种维新事业，如工厂的创办，如留学生的派送，固不用说，就是以"中学为体西学为用"的论调来说，比起甲午以前的道的文化与器的文化的看法，在西化的理论上，在好多方面是比较积极得多。因为所谓"中学为体"固是重中轻西，而与道器的观念相近。然而所谓"西学为用"，在张之洞的心目中，并不专是指着西洋的物质文化或器的文化，而也包括了政治、法律、教育等等。换句来说，他所提倡的西学的范围，比起所谓机器之学的范围较广得多，虽则他的重中轻西与反对民权的主张，比起康有为、梁启超、胡礼垣的西化的主张落后得多。所以我们可以说，甲午以后的西化的主张，在大体上，是比起甲午以前的西化的主张积极得多。这就是说，甲午以后的国人比起甲午以前的国人，在认识西洋的文化上较为深刻得多，在采纳西洋的文化上较为广泛。

在这一个时期里，这就是从甲午以后以至庚子的祸患，国人之谈变法维新的真是不胜枚举。其著名的人物如康有为、梁启超、严又陵等，对于变法维新的思想，我们既已在别的地方加以叙述，而胡礼垣的思想，我们在上面也略加介绍。此外，又如黄遵宪（公度）以及其他名流的思想，与上面所说的数位的思想，并没有很大的差别，我们只好从略。

我们在下面所叙述的主张变法维新的人物，是比较少有人认识的人物，然而他们的著作，在那个时候以至到了后来，对于一般士人的影响，却也相当的广大。因为在那个时候，有了好多的洋务策论或时务策论的书籍出版，而这些书籍流行既广，影响甚大，在变法与维新的口号之下，一般的读书人而留意于西法的，差不多都人手一部。又因后来考试制度的改变，西化教育的推行，这些洋务或时务的策论的书籍，愈易畅销。因而我们特地的选出足以代表这个时期的变法维新的思想的两部时务或洋务策论，加以解释。

最后，我们也得指出，在这个时期里，一般的谈洋务谈维新者，既以为专去介绍西洋的机器的文化是不够用，而必加以政治上的改革，而所谓政治上的改革，主要却是议院的设立，这就是说君主立宪的政治。康梁的维新运动，以至严又陵、胡翼南以及下面所说的杨毓辉与所谓抱璞居士的西化主张，都可以说是偏重于这一点。其实有了不少的人士，在这个时期里，因为对于政治上的改革而尤其是宪政上的设立太看重，因而对于甲午以前的人们所专事提倡的机器文化，不但不大加提倡，反而加以反对的。这是对于这个时期的西化态度能够加以详细的研究的人，所能容易看出来的。

第十三章 杨毓煇的西化态度（一）

自太平天国灭亡以后，以至中华民国的成立的约五十年间，关于所谓洋务论的文章或书籍之刊行的，真可以说是汗牛充栋。从这些洋务论的著作里，我们很可以看出国人对于西洋的文化的态度。其实我们可以说，自鸦片战争以后以至满清的倾覆的七十年间，凡是国人之有关于西化或是西洋的一切问题的策论的著作，都可以"洋务论"这个名词去包括。

我们在这里不能把所有的或好多主要的洋务论来叙述，我现在只要选出杨毓煇的《洋务富强策论》，当为一个例子来解释。

杨毓煇是广东大埔人，他除了这本《洋务富强策论》，还有其他关于洋务的论著。这本书刊行于光绪二十四年（一八九八），里面有了别人为他写了两篇序言，序言均写于光绪二十三年，所以这本书大概是脱稿于光绪二十三年或光绪二十三年之前。这本书分为八卷，卷一为《富强总义》，卷二为《富强之本》，卷三、卷四为《富强之用》，卷五、卷六为《富强开源之法》，卷七、卷八为《富强剔弊之端》。每卷又分为若干篇，全书共分为四册。在这部书里，其最值得我们注意的，是头四卷。

我们先要指出，杨毓煇以为洋务就是时务，《洋务富强策论》卷四《富强之用·下·辨正洋务议》一篇说：

> 有客问于岭表逸民曰：古来只言时务，识时务故为俊杰。海禁开而世变迭出，交涉日繁，于是谈洋务者起矣。究竟时务、洋务有何区别乎？逸民曰：今天下岂有洋务哉，时务而已。夫通商有约，勘界有约者，交涉之时务也；招商设局，电报立局，通商之时务也。以言军器，则仿制枪炮，为扬威耀武之资；添购船舰，备陷冲锋之用，而不得谓之洋务。以言制造，则熔炼钢铁，塞洋货之漏卮；鼓铸银钱，便民间之行用，而不得谓之洋务。以言工程，则开矿务，以裕财源为求富之本，建铁路以便征调，原属自强之基，而不得谓之洋务。何则？此皆当今之急务，中国之要图，举而行之，如桂附之补弊救偏，如参茸之调元固本，皆有裨于时局而无涉于洋人。然则谓之时务可也，何言乎洋务哉。夫所谓洋务者，必英与法交涉之务也，必德与美交涉之务也，必欧美各洲互相交涉之务也。曩者德法之争，秘智之战，俄法连横之约，德奥义合纵之盟，义人夺教王之权，英文创弥兵之会，在中国诚可视为洋务，以出于洋人无关于中国也。若明明为我当行之事，不行则贫而且弱，行之则富而益强，是与我痛痒相关，岂与彼安危攸系，而必谓之洋务。则是自视中国为洋人也，则是自视中国之事为洋人之事也。夫既视为洋人之

事，无惑乎因循怠玩，置为缓图，通商数十年来依然守旧。甚至创行一事，总其成者，招权纳贿，舞弊营私，浮冒报销，侵吞杂款，一若办洋人之事，侵洋人之财，而与我国计无关，不得律以欺君之罪者。呜呼！皆洋务名之不正，启其渐而开其端也。客曰：新法不得为洋务诚然，然子谓天下无洋务，则洋务局会审堂所办者，岂非洋务乎？逸民曰：唯唯否否，夫洋务局何为而设，将以办吾国与西洋交涉之事也。会审堂何为而设，将以理吾民与西民交争之案也。所理者，仍吾国吾民之事，他国往来案件，无与于中国者，初不能越俎而谋，然则谓为洋务，岂名副其实哉。

他又更进一步而告诉我们道：

而尤不可解者，则谓格致为洋学，是格致虽盛行于泰西，渊源实创于中国。学者数典忘祖，咸惊为洋务、为西法，一二拘迂之士，则又斥之曰背圣道，鄙之曰攻异端，不外视格致为洋学之故。不知格致之法，实中国阐发于先。彼西人于算学天元，自名东来法者，无论矣。而其辨别矿质之法，我人实开其端；研求制造之功，《考工》实肇其始，举旗灯以达言语，西人似独得之法，然则《墨子·旗帜》篇言之详矣。凭测量以绘山川，中国似未得其传，然而裴秀绘图法赅且备矣。墨子云平同高也，端体之无序，而最前者也。间谓夹之者也，此则泰西点线面体夹角之初基。公输子削鸢而飞，墨子削雀而飞，秦始皇造云明台，巧匠二人腾虚缘木，运斤斧于云中，子时起工，午时已毕，故称子午台。蜀汉诸葛武侯造木牛流马，能运兵粮。唐海州巧匠造十二辰车，回辕正南，则午门开，四方回转，不爽豪厘，此为泰西机器制造及法新之鼻祖。炮，则商周已有，惟以机发石，故炮字从石。① 元伯颜帖木儿威行西域，始创火枪，是时欧洲人在其麾下，携以回国，肆力讲求，遂臻其妙，则枪炮前膛后膛之制，不能出其范围焉。祖冲之有千里船，宋杨幺盘踞洞庭有船，机括毕具，以轮激水，行驶如飞，则轮船明轮暗轮之法，诚属步其后尘焉。黄帝时有指南车，为元女所造，帝与蚩尤战，赖指兵士之迷，厥后，周公造之，藉导远人之路，而成汤时更有飞车，则火车双轨、单轨之用，不啻为其流派焉。《淮南子》云阴阳相薄为雷，激扬为电，以及顿牟掇芥、磁石引铁诸说，则电学之所由始。古人最重五音，闻牛鸣窌中而知宫，离群羊而知商，听雉登木而知角，豕负而贩则知徵，听鸣在树而知羽，则声学之所由开。墨子言景，光至景亡，若在，尽古息。景，二光夹一光，一光者景也。景光之人煦若射，下者之人也高，高者之人也下。足蔽下光，故成景于上；首被上光，故成景于下。鉴者近中，则所鉴大，景亦

---

① 校按：手稿中的"炮"多写作"礮"或"砲"。古时"礮""砲"指以机发石的战具，后来才指火炮。现通行为"炮"字。此处手稿写作"砲"，故曰从石。

大；远中，则所鉴小，景亦小。今光学之显微镜回光镜，皆本此理而精也。墨子云，凡重，上弗挈，下弗收，旁弗劫，则其下也直。拖，或害之也。沗（古流字）……又云，相衡则本短标长两加焉重，相若则标必下标得权也。挈有力也，引无力也。今重学之究体，力验权衡，皆从此理而出也。亢仓子云，蜕地之谓水，蜕水之谓气，谓非气之辨气质乎？墨子云，化征易若蛙为鹑，五合，水火土，离然烁金，腐水离木，谓非化学之验质体乎？由此观之，格致皆出于中国，称为洋务，称为西法，反有用夷变夏之嫌。何如称为时务，称为古法，具见居今复古之美，彼鄙格致而不讲者，真属腐儒也。

照杨毓辉的意见，所谓洋务，不外就是时务，所谓洋务，也不外是来自中国的古法，而非西洋的特有之法。所以，中国若仿效西洋，也不外是发扬中国的古法，而济目前的急务。这种见解的浅薄，我们不愿在这里加以指摘。但是在那个时候，因为所谓守旧者流的势力太大，凡是谈起洋务西法者，都为守旧者流所反对。故一般之主张仿效西洋的文化的人们，不得不以为西法乃来自中国的古法，而同时又不得不尽力去避免应用"西""洋"这些名词，而引起守旧者的反对。

然而同时我们也要指出，杨毓辉虽然是解释洋务就是时务，西法来自中法，然而在名义上，他这部书的名称既叫做《洋务富强策论》，不叫为《时务富强策论》，而在事实上，他并不主张复返中国的古法，而主张中国应当变法，而所谓变法，又不外是要变中国的固有之法，而效法西洋的济世之法。因为他所希望的是中国能够富强起来，而富强之法就是西洋之法。所以他在这部书里，开头就有了《富强先在变法议》。变法以图富强，是甲午战败以后，国人鼓吹得很厉害的口号。所谓维新运动，也就是主张变法。关于维新运动，而尤其是康有为、梁启超一般人的变法的言论，我们当在他处加以解释。我们在这里可以把杨毓辉的《富强先在变法议》这一篇言论，摘抄之于下：

今夫地大而不为，命曰土满；人众而不理，命曰人满；兵威而不止，命曰武满。三满不止，国失其势，甚哉。国之忌满，满必变法，以救其弊也；满必变法，以补其偏也。今试仰观于天，五星何以有伏逆迟留，二曜何以有晦明朔望，四时何以有温肃寒燠，二气何以有消长盈虚，殆天之妙于变也，不变则不成其为天矣。今试俯观于地，纬度何以显分五带，本轴何以日转一周，桑田沧海何以变迁，雨露风云何以变幻，殆地之善于变也，不变则不成其为地矣。由天地而证诸人事，则春秋言三统，质文递嬗者，无论矣。溯混沌既开以来，上古本睢盱耳，何以一变而舟车创制，洗谓陋之乾坤；中古亦朴质耳，何以一变而礼乐大兴，成文明之世运……则证诸往古，而无不变之法矣。由往古而证诸当今，泰西各国近百年来，则又大变特变，而不一不变，愈变愈富，愈变愈强。昔罗马罪人及孥，今一变而除枭首之刑，再变而除笞责之刑，刑律轻重得中矣。昔欧洲文教未盛，今一变而设小学，再变而设大学，学校布置已密矣。悟汽机之妙理，则水变而用轮船，陆变而用轮车，扩制造之良规，则船变而为钢船，炮变而为钢炮。恐上下之情不通，则变法而设议院；虑江海之权难握，则变法而扩海军；防邮政之利未克，则变法而联公会；无一事而不变，无一政而不变。是故彼得一变而强俄，睦仁一变而强日，美一变而脱英之羁绊，德一变而复法之宿仇，英一变于印度而庶绩咸熙，法一变于越南而百废具举。则征诸当今，又无不变之法矣。若是乎，中国不欲富强则已，苟欲富强，非先变法不为功。变法，实富强总义也。

原朝廷立法之初，具有深意。诚恐未至当变而或妄变以作聪明，故将则例颁行，示以率由之准，非谓当变而不变也。况千古有不变之道，百年无不变之法。国初立法将三百载，法虽尽善，必有宜此而不宜彼，宜古而不宜今者，乃犹蹒行旧制，轨步不敢移，相率以缄默为朴，诚以因循为持重。而每欲变一法，州县以不敢专，谋之府道，府道则谋之藩臬，藩臬则谋之督抚，督抚则谋之六部，六部似无可谋矣。然以不克亲裁，仍谋之督抚，督抚仍谋之藩臬，藩臬仍谋之府道，府道仍谋之州县，如此层层推谋，则玩日愒月，议论多而成功少，虽有良法，安能遽变，此无他，官制之不善，事权之不一也。虽然使中国不值艰难之会，则变法不变法亦可，今乃欧洲各国互相雄长，咸有鞭笞六合之心，而我犹如醉未醒，如梦未觉，及此时不醒不觉，更待何时？且今之时，甚危矣。俄鹰瞵于北，日虎视于东，英由缅甸而伺于西南，法由越南而觊于东南七省海疆；中原腹地则又互相窥伺，此欲辟通商之埠，彼欲借屯军之口，一言不合，肆其要求矣。一事未惬，逞其恫喝矣。幸而无事，虚与委蛇，不幸而失和，割地赔款，皆意中事。故今之时，正卧薪尝胆之时，非国泰民安之时。变法则后之强基于此，不变则后之弱基于此。是此时乃强弱枢纽也。且中国苟能变法，其势实易富强。何则？中华幅员，东至库页岛，西至喀什噶尔，南至崖州，北至兴安岭，都二万万里有奇。恢恢乎！大居中驭外之规焉。彼俄虽跨三洲而地多不毛，天时寒冷，视中国膏腴万里，大相庭径。即英德法美诸邦，亦多不及。一旦变法，取效之远，何其限量。是则土地易致富强也。中国生齿都四百兆，山川清淑之气，时而发泄于人，故生长其间者，大都聪明灵秀，而复能耐劳苦。当轴者诚振而作之，则上焉者，培植人材，足供治国安民之用；下焉者，使兴一切工作，则薪俸大省，工作益勤，实非洋人所能及。故美国最忌华工，是则人民易致富强也。若是乎，中国之在亚洲，诚天府雄国，徒以不能变法，反就衰颓，不但不能追美泰西，即日本蕞尔岛国，尚不能敌，可耻孰甚焉！可忧孰深焉……嗟呼！时事迁流，数十载于此矣。非不求富，而富卒不可求，亦欲致强，而强卒不可致，无他，务外而逞逐末以求也。然则居今日而策富强，其纲领必自变法始。

我特地抄这两长段于上面，因为这是甲午战败以后的最流行的变法以致富强的言论的一个例子。康梁的维新运动的言论，大致固是这样，一般的主张效法西洋的士人的言论，大致也是这样。所谓维新，主要是因为西洋的势力所压迫而产生。所谓变法，主要是变更中国的旧法而仿效西洋的方法。连了一般之主张效仿日本者，目的也是效法西洋，因为日本之所以能够富强而打败中国，也不外是由于得了西洋的方法。

第十四章　杨毓辉的西化态度（二）

在上面一章里，我们所叙述杨毓辉的主张效法西洋，是偏重于文化的物质方面，其实从杨毓辉看起来，上面所说的各种西法，并不能算作西洋文化的基本的东西，而是西洋文化枝叶的东西。然而什么是西洋文化的基本的东西呢？照杨毓辉的意见，在变法的大前提之下，武备与农商工矿以及交通的西化，固是很为重要，然而政治上的改革，尤为重要。在政治的改革方面，议院的设立又是最为重要。他在卷二《富强之本·宏开议院》里，对于这点说得很为清楚。今且抄之于下：

> 治天下有本焉。本果何在，则不在长驾远驭，耀武扬威，实在广天下之视听，决民间之壅塞。世之震耀，泰西曰海军精锐，曰陆战称雄，不知此末务也。其制胜之本，要在设议院而得民心。君臣气合，上下情通，用能攻敌而敌摧，攻城而城克，否则徒恃军火之胜，兵甲之多，则不戢自焚。古有明训，乌能称雄一时哉！今除俄罗斯外，各国俱设议院，英德之制尤佳。德之上议院曰奔得拉，下议院曰立斯搭。上议员五十九人，分七班，一主内外交涉，一主文武律法，一主内外捐务，一主水陆军务，一主工艺通商，一主铁路电报邮政，一主田赋户口。下议院三百九十七人，由民公举，悉三年为期，期满更选。两院各有院长，主上议院者首相，下议院乃议员选充。议事从违，视多者为准，则三人占从二人之意也。下院议定呈诸上院，由首相署名盖印，仍候国王批准。国王如建一议，亦由两院允惬乃行。英之上议院分五班，一世爵勋旧，二新简公卿，三有职守如教会监督之类，四阿尔兰公举大臣，五苏格兰公举大臣，都四百七十九人。下院由众公举，数凡六百五十六人，其下院之权最重。凡纳税捐款等事，皆下院为政，上院仅视其可否，以定从违。各衙署有不合处，议院例得斥其非。故官不敢舞弊营私，吏不敢弄文玩法，上德不难下被，下情不壅上闻，诚图治之良规也。若是乎，中国不欲图治则已，苟欲图治，非设议院不为功。

他又用了问答的口气，去反驳一般反对设立议院的人们的疑问，而指出议院的必要。

> 或谓党祸，自古为烈，设议院则议员党同伐异，大则阻贤才之路，小则启争竞之端。此说我不谓然。夫党锢固足为祸，定例议员皆数年一易，非能久于其任者也；有事则采众论，非能强持己意者也；何至大起纷争？且非特不能阻贤才，实足以进贤才。盖自征辟，不行，怀才之士多不遇。议院若

兴，则杰士奇人，必博公举，一旦膺议员之职，文章报国，经济匡时，名望由是彰，功业由是显，复何至长才短屈哉。或又谓意相兰渣塞洛，英相格兰斯登，俱因议院解组，德相俾士麦以增兵不满众意乞休，是议院足轧政府，奈何其可行。曰意相英相罢职，必其功不可掩可知，不然，议院讵能将无辜之人，夺其禄，而削其职；至德相增兵阻于议院，此所以无专政之弊也。自来国事皆坏于政出权门。设议院而与民共政，尊如元首，尚不克任意而行，而况官府。故奸雄盗国，寺宦弄权，其弊不难俱绝焉。或又谓议院有过，人不敢言，如德国轮船受贿之案，法国乱首尔朗之罪，以议员不予深究，此端一开，议院将无忌惮矣。曰不足虑也。犯法之事，乡党自好者不为，谓贤者为之哉。即使利欲熏心，不终其德，而院中耳目甚周，必有人纠缪绳愆，声言其罪。彼德法宽恕，议员当别有故，不然西国俱有议院，何不闻有宥罪之条？矧中国欲设议院，可订规例，犯法罪加平民一等。孰敢复犯王章哉。或又谓民权重则太阿倒持，经费巨则筹款不易，变更祖制，崇效西法，则显与国体攸关，何得无弊？曰此一孔之见耳。事必朝批准太阿胡至倒持，经费所需无多，筹款何虞不易？况道虽历久不变，法贵因时制宜，果其下益于民，上利于国，则当毅然而行，安得为祖制不可更，西法不可效。不然，则轮船西法也，电报西法也，制造枪炮纺织纱布西法也，何不闻一概绝之？彼鳃鳃焉过虑者，真拘迂之见也。

他又指出，若议院能设立，则无论对外对内皆有益处，所以他又说：

西人动辄恫喝要求者，恃其人心之齐，欺我人心之涣也。一有议院，大吏纵肯受欺朦，议院必不甘受屈，抑彼知我人心既固，则必知难而退，不复作无厌之求。民教之龃龉，交涉之纷争，可以少息。此则利于固邦交。官吏爱民者少，残暴者多用非刑；贪婪者苛于勒索；民间疾苦，不啻秦人，视越人之肥瘠，漠然无动于心，而百姓呼吁无门，竟有激成变故者，噫，果谁之咎哉？如设议院，天下委曲之情悉能上达，贪官污吏不敢公然妄为，斯地方民情可以安谧，此则利于肃官。常为民蠹者，尤有差役，其猛如虎，其贪如狼，平日欺压乡愚，纵容盗贼，私和命案，指索陋规，无所不至……议院设后，则门丁差役，苟有劣迹，民间可诉之议会，转达议院，讵难摧若辈之势焰，戢若辈之凶横，此则利于除恶。

总而言之，杨毓辉既以为议院的设立是变法的基础，而又指出议院的设立的好多益处。同时，他更觉得议院的设立，正像其他的西法，如武备、农商工矿以及交通等等，一样的可以仿效。

要想仿效西法，照杨毓辉的意见，必先造就人才。他在《造就人才议》里说：

甚哉！人才诚国家命脉哉。古者圣帝明王乘危履倾，皆以人才为杖，故曰杖圣者帝，杖贤者王，杖仁者霸，杖义者强。不杖圣贤而杖谄谀，不杖仁义而杖庸懦，则必贻覆巢破卵之患。一成一败，理无或异。然而生才者，天地也；育才者，君相也。非化以干戈羽籥，不能完其才也；非泽以道艺诗书，不能成其器也。古之为国者知其然，于是乎为之家有塾，党有庠，术有序，国有学校……维时人才辈出，治道昌明，殆非幸致也。惜乎！良法美意至战国而一坏，至春秋而一坏，至嬴秦而又一坏，由是笺释之学兴，相率寻章摘句矣。性理之说炽，空衍太极两仪矣。乃不谓每况愈下，前明又创科举，为时文驱天下，瑰异奇材，尽束缚其心志，立法之酷，殆甚于焚书坑儒。彼盖恐草泽英雄，起而为乱，故以时文埋之塞之，而抑制之耳。虽然，彼一时也，此一时也。彼时海禁极严，人才纵皆埋没，为害犹浅。今则华洋杂处，不患有才以致乱，实患无才以御乱，而犹任其消磨于八股，是何心也？而复听其汩没于八股，是何意也？况求才以备治国安民之用，而培才不以治国安民之法，是南辕而北其辙也，乌足以得人才。故居今日而欲育才，必先设立学堂，由浅而深，由小而大，崇尚实学，废弃时文，庶可备于平时，不难用于临事而难之者。

照他的意见，人才不应从科举中寻找，而应从学堂中培育，而学堂的制度，又可以说是效法西洋的教育制度。他主张，我们要设立小学、中学、以及大学。

小学馆，子弟自十岁至十三岁，教以仪文礼节，授以四书五经，及史学词章之浅者。至十四岁起，则入中学馆，学中国文学经史；性近西学者，并教以格致、天算、舆地，及各国语言文字。以十八岁为期，期满愿出外者，听拣其可深造者，升入大学馆。大学系由博而约，专习一种之学，分列六班，曰经史班，曰政事班，曰格致班，曰洋务班，曰天算班，曰地舆班。其政事一班，则兵刑农商理财治民治水悉属焉；格致一班，则光声化电汽重制造机器咸赅焉；洋务一班，则交涉公法各国语言文字悉备焉；以及其余各班，皆择其所近学习一门，不得泛骛不专，不得浅尝辄止，五年为期……至京师之太学、仕学二院，所以集天下之大成，广天下之识见，必延精通中西经史硕德宿儒，提调各学，尤须宽筹经费，广购中西各国古今著述、诸种实学书籍。

从教育的制度方面来看，杨毓辉无疑的是要效法西洋；从教育的内容方面来看，小学是偏重于中国方面的智识，到了中学，而尤其是大学，特别是关于专门智识以及实用方面的科学，则非效法西洋不可。

总而言之，实用的科学，或是格致，或是武备、农商工矿，以及交通等等是所谓物质文化的基础，议院是一切良善的政治的基础。所以，杨毓辉对于格致与议院，特别看得很重。我们知道，那个时候的人们所说的格致，就是我们现在所说的科学；而那个时候的人们所提倡的议院政治，就是后来一般人所说的君主立宪，这也可以说是民主政治。科学或是赛恩斯（Science），民主政治或是德谟克拉西（Democracy），这两件东西可以说是五四运动中所提倡的西化的要素。

除了我们上面所举出的西洋文化的各方面，而特别是格致与议院之外，杨毓煇对于西洋宗教的输入也表了不少的同情，虽则他觉得耶教并没有儒教那么好。在《消弭教患议》里，他曾告诉我们道：

> 天下无不立教之国，天下无不奉教之人。无教则世道无以昌明，吏治无以纯美，人心无以良善，风俗无以敦庞，教之所系不綦重哉。顾教之术不一，千古至尊无二者，莫如孔子之教。名教纲常之大，诗书礼乐之微，于是乎出，上奉以治国，则国治；下奉以修身，则身修。此外有二氏，曰释氏，曰道氏，释以牟尼为主，道以黄老为宗，汉唐以宋称为极盛。西藏有喇嘛教，派分为三：曰黄教，曰红教，曰黑教，我朝赖以驾驭蒙古而长治久安。西域有回教，创始天方之国，盛行葱岭之间。
>
> 泰西各国则有希腊教、犹太教、挑筋教、景教，而尤以天主、耶稣二教为最盛……就二教大旨而论，实本上天福善祸淫之意，劝导愚蒙如何敬天，如何爱人，如何自治其身，如何推广其道。使善者听其教而益勉，淫者听其教而自惩，是其宗旨，无非劝人为正也，无非戒人为非也。故虽传教者日多，入教者日众，但使设法整顿，俾民教相安，则不特有益于愚氓，而并无害于儒教。何则？教士来华，非能尽人而来也，必经其国家考选者考其才学兼优者，选者选其品行端正者也。故王君韬尝论，传教大半通材，且有一二爱中国之心，竟胜华人之自爱。如美国林乐知、英国李提摩太，设广学会于上海，每立一论，继以流涕痛哭，窥其意，殆欲中国富强；李教士嘉白更欲创尚贤堂于京师，不辞劳瘁，亲往外洋劝捐；如此不分畛域，大公无我，未便没其苦心也。

他又说：

> 论者顾以非我同类，轻之鄙之，抑独何哉？况入教者，大都愚夫愚妇，愚则不读书，愚则不明理，恒被奸徒诱惑，放荡为非。传教者如能实事求是，以教养其性情，束其身心，动其尊君亲上之忱，绝其肆意妄为之念，未始无裨于时局。此吾所谓有益于愚氓者也。以孔子之教而言，或恐西教盛行，不免如浮云蔽日，然吾尝征诸往事而知其无虑也。夫墨翟之教，爱无差等，其失之也泛，圣教则亲有杀而尊有等，故自墨翟之教起，而圣教益显其高。杨朱之教，不拔一毛，其失之也私，圣教则老者安而少者怀，故自杨朱之教行，而圣教愈行其大。释教以灭性为宗，其失也虚无，圣教则以率性尽

性为要，故自释教炽，而圣教益见其尊。道教以炼心为行，其失也清净，圣教则以养心正心为功，故自道教兴，而圣教愈增其贵。若是乎，后世不有十是百是千教万教，要不过供圣教之洒扫，岂能夺圣教之尊崇？况六德导国奉耶稣，而天主未能压其势，法义等国崇天主，而耶稣未能夺其权，盖亦各信行信，各是其是而已。此我所谓无妨于圣教也。

他又说：

夫西人之传教，奉我大皇帝批准也。官不能不为保护，民不得视为寇仇，理显而易见。且今之时，何时哉？今之势，何势哉？兵轮则不及彼之坚也，兵法则不及彼之练也。乃无知小民，动与彼教为警，小则遭赔累之忧，大则启兵戎之祸，纵不为一身计，独不为大局计乎？是以关心时务之君子，不得不将教旨剖明，俾天下豁然于心，庶民教少龃龉之事。不知者若谓有心助彼教，则大相刺谬矣。

杨毓辉以为儒教是至高至大、至尊至贵的宗教，这是我国一般卫道的先生们的意见，并非一种特异的见解。然而，他除了指出西教在中国传教是有了条约上的保护，得了朝廷的批准之外。他又指出，西教的教旨，有了可取的道理，西教的教士，有了可取的地方。而同时又指出，中国已有了好多宗教的输入，故对于西教不必加以反对。这可以说是有了近代信教自由的趋向。

我们知道，在甲午战败以后，一般之主变法与谈洋务的，虽多能明白西洋各国以至日本之所以富强，除了武备之外，还有较好的政治。然而，他们对于西洋的宗教，却多持了鄙视的态度，像杨毓辉这样的，对于西洋宗教加以同情的，实是不可多得。这又不能不说是由他对于西洋的文化，有了进一步的认识，作了深一层的采纳呵。

第十五章　杨毓辉的西化态度（三）

我们在上面一章已经指出，杨毓辉是主张变法的。所谓变法，就是改变中国的旧法，而仿效西洋之法。若用现代的名词来说，就是主张西化。在这一章里，我们要看看他所要变的法，或是他所提倡的西化，究竟是什么东西。

我们先要指出，杨毓辉正像太平天国失败以后的一般讲求时务的人士，极力主张制造船炮，所以在卷三《富强之用》里，他有了《制造船炮议》。不过，他特别注重于小钢船与小钢炮，因为船小则可以多制造，而又适宜于守备沿岸与内河。同样，炮小也可以多制造，而也适宜于近攻。照他的意思，我人制造船炮的主要目的是为防守，而非为远出大洋以应战，更非为远到异国以攻人。所谓防守的船炮，主要是用于沿岸与内河，而用于沿岸与内河的船炮，并不需大而少，而需小而多。

我们知道，杨毓辉的《洋务富强策论》是出版于甲午战败之后。甲午战败的主要原因是败于海军，因而当时有了些人，遂以为日本之所以胜，不只是由于海军，而必有其他的致强之道，因而有些人以为海军可以不必恢复的。杨毓辉却以为，海军是不可缺乏的。所以他在《规复海军议》，他的理由是：

>　　天下五大洲，瀛寰数百国，其所经管擘画者，莫海军若矣。海军为御侮之资，海军实自强之具，彼大胡以制小，众何以陵寡？要皆为海军是资。故居今之时，处今之势，虽有公法而不可恃，何则？公制弱不能制强，强者逞海军之威，公法可守即可弃也。虽有和约而不可凭，何则？和约可绳弱不可绳强，强者恃海军之力，和约可从亦可违也。虽有弭兵之会，弱者竞欲入会，强者不欲入会，何则？强者海军驰逞，会既与我有损，并与我无益也。虽有合纵之盟，而弱者坚守其盟，强者终败其盟，何则？强者海军纵横，盟可自我而立，亦自我而渝也。虽劝以伤财之说，而彼不以为伤财，何则？恃海军以冲人之锋，陷人之阵，无难取偿于兵费也。虽进以息战之说，而不甘于息战，何则？用海军以倾人之国，屠人之城，从此可振其国威也。若是乎，以邦交论，大而公法小而和约，隐而盟誓亲密，显而酬酢殷勤，均不可恃，所足恃者，枪炮之快利，船舶之坚牢，统领之得人，兵弁之用力，舍此之外，无辑睦邦交之策，无保守和局之方，此泰西各国所以视海军为命脉也。迩来西洋水师，尤以英为最训练周详，布置严密，计铁甲战船一百八十七艘，别项战船一百三十八艘。其次为俄，铁甲船三十二艘，别项战船二百三十六艘。意大利大小战船都二百六十九艘，法兰西二百二十八艘，奥与美各一百四十艘，西班牙一百二十六艘，荷兰一百二十一艘，德意志百余艘。

衰如土耳其，大小战船尚有一百零三艘。日本复购兵舰于外洋，日渐增广。然则海军若无关系，各国何以不惜钜款，既筹千百万，以备整军之需，复筹千百万，以为养军之费乎？乃中国自创海军十数年来，糜饷万万，而威海一役，北洋全军皆墨。当此群雄并峙，外侮日亟，若不亟亟规复，其何以绝窥伺，其何以杜觊觎，其何以制人而不为人制？君子盖内观诸己，外观诸人，而知海军之不可不规复也。

至于陆军之要精练，也是必要的，所以他又有了《精练陆师议》。他以为泰西兵政是寓兵于农，所以中国也要这样，而且训练的方法应当是仿效西洋。

总而言之，在武备方面，中国是要效法西洋。船炮固要仿效西洋，海军、陆军以至其训练的方法，也要仿效西洋。

除了武备之外，举凡农商工矿以至陆道交通的铁路，也得仿效西洋，努力讲求。要想讲求农业，先要学西洋之讲求农学，所以他在《讲求农学议》里说：

> 农贵乎学，不学则陋。彼西国之农，则西国之士。农而为士，故法之利弊，能探其微，水利则穷流溯源，田器则变通尽利，而并辅以格致，所田能精益求精也。今中国农不识字，纵有《农政全书》《水利丛书》，未能诵其一篇，解其一义，士之事遂难求备于农，而农之智日亡，农之心日锢，农之功日拙，民之计日贫。故农之与士离，则农不能兴。

他又说：

> 仿行新法，同一田也，若者沃饶，若者瘠薄；同一种也，若者苗壮，若者菱枯。非土性之肥瘠，本殊也；非稻种之优劣，本异也。旧法新法之别耳。故农学以新法为要，新法以化学电学为精……西人曾验有效，每田一亩，向如收粟一斛，用化学料，则增收二斛，甚至美洲土脉本肥，用化学料则收六斛有奇。化学所以大益农功也……电学之用，在乎滋补植物而助其生。昔美国考纳尔书院用电气灌于种子，通于地面，复将电光照射田中，验得植物一受电光，生长速于一倍，竟有叶未全而结子者，其利之大可知。

关于商方面，他在《整顿商务议》篇里说：

> 中国于商务一道，素未研究。自互市以来，西人挟垄断之术，剥求中国利源，有利必钻，无微不至。而我任其剥削，不能设法挽回，遂至银钱流入外洋，如水赴壑。按诸贸易总册，岁耗三四千万金，夫一年耗三四千万，十年耗三四万万，推至数十年，耗数极于无穷，漏卮于胡底。兴商之法，所以宜筹也。今欲兴商，首宜设商学堂，以炼聪明。查欧洲俱有商学堂，讲求商务。商人入堂肄业，经营之法，操纵之方，得熟悉于胸中，为商自有把握。华商往往不习情形，是犹瞽者夜行临绝壑，鲜不偾败相随，幸而安稳营生，

仍不能独树一帜，相形未免见拙。故兴商之本，要在先设学堂。

他又主张效法西洋各国，设博物院，"集五洲之上产，穷万民之心思，互相观摩，变通尽利"。同时，也要设立商部，订商律，扩商埠，这也可以说是仿效西洋的方法。

此外，他又指出西洋各国的农与商的互相关系：互相帮助，故能使两者愈为发达。他告诉我们道：

> 西国商而农者，集众力以务种植，如蔗糖公司、烟叶公司，罔不经营美善。盖精于商，斯精于农也。中国农商绝不相涉，农则庐人之舍，佃人之田，商则视农工为甚微，视田利为甚薄，未闻有设种植公司者。于是商自商，农自农，农不获助于商矣。

农业与商业固有了密切的关系，而这二者之于工业，也有了密切的关系。在《讲求农学议》，杨毓辉说："种植不广，无以裕制造之本，扩贸易之源。"这就是说，农业不兴，则工业品的原料无所从出，而同时所谓商业品的来源，又往往是来自工业。

我们在上面一章里曾已指出，照杨毓辉的意见，西洋有了好多器物，中国已有了很久，可是中国既不求进步，遂使近代的西洋驾而上之。在《振兴工艺议》里，他又说：

> 夫中国之工，非无师法，乃自弃其师法，而西人窃我余绪，反得进而益上，久而弥精。向之不及我者，今转持以傲我，我若采其良法，还我固有，犹可说也。乃不知西法为中法，或惊西法为不可及，或鄙西法而不屑为。而风会所趋，又酷嗜西法，大而枪炮，小而钟表玩物，岁向西国购置，不下千百万金。不设法杜其漏卮，则国计日窘，民生日蹙，必成尪羸痨瘵之病。然则工虽小道而关系大局，匪轻也。

西法究竟是否本于中法，西洋人究竟是否窃我人之余绪，我们在这里不必加以考究。然而照杨毓辉的意见，近代的西洋的工艺是胜于我们的，是无可疑的，而且西洋的工艺用具，已为我们所已经需用，而同时我们又不得不购用，也是无可疑的。在这种情形之下，我们若不仿效西洋，振兴工艺，则金钱必外漏，民生必日困，因此之故，我们就不能不从工业方面去发展，但是，

> 今欲振作工艺，则当设学堂，培植技巧。总学堂先设于京都，嗣于南北两洋各设一所，扩其基址，宏其规模。成效既彰，乃复妥筹经费，逐渐扩充，延中西名师分班教授……专课算化光声电重等学，以立技艺之基……制器尚象之道，安见不能追踪隆古，媲美泰西哉。

除了主张振兴工艺之外，他又主张开采矿产。因为矿产不只是本身有了很大

的利益，而且与工业有了密切的关系。在《采办矿务议》里，他指出开矿的必要，而尤注重于煤矿。他说：

> 今天下之大利，其在矿乎……查五金而天地自然之利，而煤利尤丰。金银铜铁所需，曰铸钱币，曰造器皿，曰制军械，其利甚大。然无煤则汽无以生机，无以运钱，币能自铸乎？器皿能自造乎？军械能自制乎？轮车能自行于陆乎？火船能自行于海乎？煤固居五金之上。比利时，小国也，独能精开煤矿，聂司城岁出五百万吨，海罗城一千四百万吨，合各城岁出总数都二千余万吨，值英银二千三百万余元，用能国小而富。五金之利，铁为大，金银铅铜次之，要皆为富国之资。英吉利以三岛控制五洲，说者谓其擘画经营，先实得力于矿务。况中国地大物博，精华荟萃，矿苗之旺，矿质之美，百倍于比于英，诚能推广经营，菁华大启，则各国矿苗渐匮，将仰给于中华。丝茶销路虽疲，煤铁必起而补其隙，不为富强绝大关键哉。

中国矿产，而特别是煤与铁，两者是否像杨毓辉所说么丰富，当然是一个问题，可是他的目的，是唤起国人注意到开掘矿产的重要。因为在那个时候的国人，对于开采矿务，就差不多都存了反对的心理。且看他说：

> 独是矿务之不兴，其故有二：一惑于风水之言，一昧于开采之法。为其惑于风水，故有既开复闭者，况未开者，复多方阻挠乎。为其昧于开采，固有欲开而不能者，况既开者，复半途中止乎。欲救其弊，当由地方官指明风水惑人之说，剀切劝导，有风水而阻挠开矿者，严究不逮。乃招劝绅商，各就本地佳矿推广开采。

此外，在交通方面，他除了主张制造轮船之外，更极力提倡铁路。在《筹办铁路议》里，他说：

> 甚哉！铁路之利，非一二人之利，实亿万人之利，非一二世之利，实亿万世之利。彼泰西各国商务何以兴，铁路转运而兴也。兵力何以厚，铁路联络而厚也。开矿以易，文报何以通，铁路转输而易通也。区区岛国，如日本，尚能多造铁路，今造成者，由东京新桥至横滨，由神户至大津，又至大阪，大阪则绕至西京，由敦贺至大垣，大垣则接至半田，由高崎至直江津……数年后，可由横滨径达琵琶湖，联络西京大阪神户长崎，国小而强，殆非幸致也。今中国幅员辽阔，控制为难，无铁路以流通，不能如身之使臂，臂之使指。况英法俄铁路，将环绕中国四境，不啻迫我以不得不造之势，导我以不得不造之机。我若蹈习故常，则一旦失和，兵不及征，饷不及运，将何恃而无恐，此芦汉铁路，所以兴办也。从此，由小而大，由近而远，先造干路，后接枝路，诚为富强之本。

在《拟筑边路议》里，他以为边路应从东三省，而尤其是盛京开始，且看他说：

> 盖尝统筹东三省全局铁路，有不可不筑者三，筑之而有大利者四。沿边数千里，无铁路则声势不联，敌苟声东击西，我不免疲于奔命，若有铁路接济，不但三省兵联为一气，而顺直精旅，朝发亦可夕至，斯一兵得十兵之用矣，是不可不筑者一。奉省每值秋夏，海滨水阻泥淖，炮车日行二三十里，轻车日行四五十里，文报迟缓，转运维艰，故甲午之役，日军着着争先，我军事事落后，是不可不筑者二。东三省为根本之地，比来八旗子弟生齿繁而生计绌，则以利源不能开，铁路成则耳目一新，凡百工商皆起色，故铁路苟筑，八旗必转贫而富，是其不可不筑者三。省磅礴郁积，多煤铁金沙，徒以运道不通，难于采办，筑铁路则开采易，销运易，获利尤易，上裕国课，下裨民生，是筑之而有大利者一。东北沿边旷野，绵邈强邻，易生窥伺，议者故拟遣民屯田，然无铁路布置，则难弹压，则难有利，不免有弊。铁路成则千里缩如尺地，何难布置，何难弹压，行见荒凉之地，咸为耕种之区，是筑之而有利者二。俄造西伯利亚铁路，将夺轮舶之利权，东三省铁路告成，则可扼俄路之冲，而分俄路之利。洋货由俄路而来，我揽销于各省土货，由我路而往俄，接运于西洋，从此商务可兴，利权可挽，是筑之而有大利者三。内地人情向多固习，铁路筑成则土习民气丕然一变。向之鄙夷西法者，潜移默化，咸知变法为要图，由是富强之法，不待官府劝诫，必有踊跃乐为者，实扶衰振弱之一大转机，是筑之而有大利者四。

其实上面一段话，虽是解释东三省的铁路的必要的主要理由，然而也可以说是一切铁道的建筑的主要的理由。建筑铁路本来就是效法西洋，而铁路建筑之后，更可以增加西化的作用，更可以了解西洋的好处，使这种西化的作用，西洋的好处，能够普遍于内地，能够普及于民众。可见得杨毓辉之提倡铁路，不只是因为铁路本身有了利益，而且可以有了其他的效用。

除了上面所说的各种新政或西法之外，他如邮政、钱币，以至洋药种种，他都主张效法西洋。我们不能在这里一一的指出来，只好从略。

第十六章　抱璞子的西化态度

我们已经说过，自太平天国灭亡以后的约五十年中，所谓洋务的策论是很多的。上面所举的杨毓辉的《洋务富强策论》，不过只是一个例子。这一部书是甲午战败以后的国人之主张变法以图富强的论调的一种代表著作。大致上我们可以说，自甲午战败以后，国人多能觉悟，要使中国富强，只是效法西洋的船坚炮利以至其他的物质方面的文化，是不够的。因为他们多以为，除了这些东西之外，政治方面的改革，以至其他社会方面的改革，犹为重要。杨毓辉的《洋务富强策论》固是这样，康有为、梁启超的维新运动，以及好多的人们的言论，也是这样。我们在这里不能都把这些言论来作详细的叙述，我们愿意在这一章，再举出一二种或一二人的西化的态度，以为本编的结论。

比方在光绪二十四年，所谓立行斋主人所编的《中外时务策论新编》中所搜集的好多策论，就不只以船坚炮利为富强之本。这部书有了俞曲园一篇序言，其序中云：

> 立行斋主家藏伟人杰作，其中皆切实发挥，悉合时宜者居多。今已编次成集，颜曰《中外时务策论新编》，精缮详校，付诸石印，以公当世。余知是书一出，见之者定必人置一册，简练揣摩，以为投时利器也。岂近日坊间之时务诸书所可同日语哉？

这部书里所搜集关于所谓洋务的文章很多，我现在且把卷二中的《仿效西洋论》录一大段于下，以说明其对于采纳西洋文化的态度的大概：

> 抱璞居士隐于大江之滨，留心洋务之学，万国之公法史记，中西通人之著述，靡不流览。尝随使于欧洲者三年，既读其书，复亲莅其地，与其贤士大夫游，讨论其朝章国故，商情军政，既有关于时矣。旋以他故辞职而归，归而不复出。有二泉生游于沪滨，少学西文，好与兵船水手制造工匠游，自以为知洋务。偶过居士之庐，投刺入谒，操西语以相问，居士茫然不能答。其于衣袋中出铅笔、洋纸，作蟹行字，以相示居士，居士不能识。因乃操华语与之论枪炮之尺寸度数，水军之口号旗色，居士亦无以应也。二泉生忿然作色，曰：先生之于洋务阅历，有年矣，先生之于西学语言文字，当十倍于弟子矣，今三问而不一答，其以弟子为不屑教欤。居士捧腹大笑，曰：我初以子为可言之人矣，而今知非可与言之人也。夫西国之语言文字，以及治兵制器诸大端，犹医家之本草也，不读本草固不足以言医，而不察脉理，不明方意，亦何足以言医。今之号称熟习洋务者，徒留心于语言文字之末，以及

制造器械之事，而于西国制治之要，精意之所在，反若舍置也，是何异学医者徒学本草也。虽然，此非可徒责诸子也。今日举世所谓仿效西法者，固大半不出乎此矣，而抑知西法之所以富国强兵者，固别有精微之所在，而不尽在区区器械兵甲之美哉。

    吾尝身历其境，而知其制，知之要，有寓于器械之先者焉。约而举之，盖有数端。子欲学洋务，吾姑为尔告之。一在民情之通也。夫民居甚散，分位悬殊，通气匪易，乃西国则由乡举里选，以设上下议院，遇事昌言无忌，凡纤悉不便于民者，必本至诚，以设法妥帖之。又设乡大夫、里正等官，以安闾阎，以审讼狱，用民治民，自无纷扰，而复实查户口，生死婚嫁，靡勿详也。且无一夫无不得所，是以君公之位，虽简而实尊，上下之情，虽远而皆通。今中国越控则不准，诽谤则有禁，于是有覆盆之冤而不能上诉者矣，有蠲免之恩而阻于蠹吏者矣。民气郁积而不伸，小则酿而为灾祲，大则激而为贼盗，是民情之通急，当仿效西法者也。而中国未效之，何也？一在民生之保也。夫人情莫不欲安富寿考，使以横逆待之，诛求困之，盗贼、冤狱以折挫之，惠未必吉，逆未必凶，人人无自立之权，遂人人无自坚之志矣。西国则上以诚心保民，下亦咸知自保，凡身家性命，器用财贿，绝无外意之虞。且予告官员半俸赡之，老病弁兵终身养之，老幼废疾阵亡子息，皆设局救育之，使居官无落职之虑，则不至贪墨，临阵无内顾之忧，则无所畏缩。今中国官俸薄而不足以办公，于是不得不出于贪黩。兵饷扣而不足以养家，于是不得不流于疲弱。是民生之保，急当仿效西法也。而中国未之效，何也……一在阜民之财也。夫财用足，则百事成。生财之道，当思藏富于民，非以朘剥榷算为工也。西国则善讲水利、种植、气化之学，而使尺寸无弃地，通工易事，而人擅专门，同力合作，而任用致远。又有公司银行经理得宜，而小民锱铢之积，均得入股生息，蓄财者无浪费之患，转运者获轻贵之利。所以上与下均受其益也。今中国饷糈之浩繁，库储之支绌，亦云甚矣。而为之卜者，方汲汲焉以掊克为工，以搜括为事，以催科为政，而不知水旱之利，固未尽修治也；膏腴之壤，固未尽开垦也；游食之民，固未尽归也；山泽之精英，五金之矿产，固蓄而未洩也。是中国所急，当仿效乎西法者，而反未效之者，何也？

他又指出，西洋的教育的普及与发达，与中国的教育的落后，而主张中国在教育方面要效法西洋。且看他说：

    一在牖民之衷也。夫地无论华夷，人无论男女，智慧材力，日浚则日灵，日梏则日窒。西国则孩提即教以认识实字，稍长教以贯串文义，量其材质，分习算绘、气化各学，而月梢年终总其所习而试之，必令心领神会，手舞足蹈，不令读未解之书，不妄试未习之事。及其成人，或专一事，或名一艺，而终身无废学者，何也？有日报之流传，有社会之宣讲也。日报自朝政至某地某人创某器，咸能洞悉其源委。社会亦每国数百处，系老师宿儒分讲治制、律例、制造、格致等学，环听者，男妇数百人，口讲指画，必使听者领悟而后快。故通国男妇，无不勤其所学，而智慧材力，如萌蘖之易生，枝叶之易茂，制造之精，遂日出而不穷也。今中国则不然，幼课之以读书，能读不能解也；长驱之以八股，所习非所用也。乡僻之地，或数十里不闻读书之声，其贫而蠢者，日即于游嬉，壮而不能专一事或一艺；其慧而黠者，则出其心思才力，尽用于奸诈之途，重为国家之大患。州县困于簿书，以读法为具文；教官安于疏惰，视训迪为故事。至于日报之流传，则虽通都大邑之间，有十不一阅者，更何论乎牧围与妇孺。是牖民之道，急当仿效西法者也，而中国反未效之，何也？

中国的教育固没有西洋的那么普及，那么发达，中国的刑法与中国的道德，也没有西洋的那么良善。所以他说：

> 一在养民之耻也。孔子之论道，齐必以有耻无耻，分民情之向背。管子曰："礼义廉耻，国之四维；四维不张，国乃灭亡。"人固不可以无耻也。西国无残忍之刑法，惟故杀者，罪止远戍苦工，其余不过监禁及罚锾而已。监禁之服用精洁，与平人埒，又将以诵读，课以工艺，济以医药，无缧绁，亦无鞭挞，而人犹畏刑自守，视犯罪为不齿。即寻常偶爽一约，若负重疚，偶拾一遗，若挞市朝。是以牛羊昼夜遍野，货物堆聚通衢，衣物之遗忘于舟车者，每登日报招认，从未闻有宵小之觊觎者。虽由民有生计，亦民知廉耻故也。至于男女之间，犹为雍然秩然，虽杂坐谈笑而不及于淫乱。今中国地方盗贼充斥，虽一钱之物，不可以道傍须臾置，而流氓地棍之横行，尤出乎情理之外，虽杀者日杀而犯者仍犯；官宪亦穷于位置。至于男女淫亵奸拐之事，更不待言矣。是廉耻之道，急当仿效西法者也，而中国反未效之，何也。

我国素称为衣裳之国，礼教之邦，然而官之于民，既以酷刑相待，男之于女，只以淫亵相处。于此可以见得西洋不只是刑法比之中国为优，就是道德也比之中国为胜。其实，不只是在五十年前，就是到了现在，还有不少的守旧者流，往往以为西洋为野蛮的国家，故其人民既多淫于残暴，而男女更多有秽行。所以现在还有好多人以为，西洋的人们是以霸道治国，而中国的人民是以王道治国；西洋的男女只有肉欲的关系，而中国的男女乃以礼教而匹配。我们在这里所说的抱璞居士的看法，却与了这些守旧者流的见解，恰恰相反，可见得他的这种看法，在那个时候实为一种特殊的看法。

总而言之，这个抱璞居士不只以为中国要效法西洋的语言、文字、武备、枪炮，而且以为中国更要效法西洋的政治、经济，以至刑法与道德。他之所以这样的主张，是因为他相信，中国的物质文化固不如人，就是社会的文化，以至精神的文化，也有多不如人之处。而且这位抱璞居士，既从来留心于洋务，而又游历西洋好几年，那么他对于我国西化的态度，是更值我们的注意了。

不但这样，他之所以主张效法西洋，不只是因为西洋的文化优越于中国的文化，而且因为只有效法西洋，而尤其是西洋的基本的文化，才可以救中国的危亡。所以他说：

> 今日之天下，乃千古以来未有之局面，苟欲执诗书之言，拘蛮夷之见，闭关而治，垂拱而听，虽使尧舜复生，周公辅相，亦无以自立。是故以曾文正公之贤，犹创为遴选幼童出洋学习之议；左文襄公之勇，犹有设立艺局拓厂造船之奏。诚知识时务者为俊杰，时势所趋，不得不舍短从长，采取西法以图自强之效也。

他又接着说：

> 然所贵乎取法者，为能采其制作之原，富强之本，以彼之长而辅我之所短，非当徒震其术数之巧，而求之于语言文字之末也。今之学洋务者，往往不揣其本而务其末，弃其精英而拾其糟粕，皇皇焉日举西人之外观末节而仿效之，而于其制治之要，富强之由，反不与深求也。譬如窭人子偶过富家，不察其勤俭致富之由，而徒美其目服御之适宜，器用之精工，思欲仿效之，是安能不愈入于贫也。

我们在上面所说的抱璞居士的西化的态度，不只比之太平天国灭亡以后的曾国藩、李鸿章的西化态度，深刻得多，就是比之郭嵩焘，以及好多的维新人士的态度，也深刻得多。然而同时我们也不得不指出，这位抱璞居士，也像了那个时代的好多国人，为了守旧与夸大的心理所影响，也免不了唱了西法本于中法的谰调。我们且看他说：

> 居士曰……西法实中法也。西国之法，虽名目繁多，皆权舆于算学。洋务中制造各事，咸从算学入手。而算学，中西法之根源，实本于中术之天元，彼西土目为东来法。特其人性情缜密，善于运思，遂能推陈出新，擅名海外耳。其实固中国之法也。余如日报之仿自邸抄也，化学之本于丹家也，邮政则采亭罗之记，印书则为冯道之法，煤灯之本于四川火井，考试之本于岁科取士也，何一非中国之成法？特中国之人安于惰，西国之人求其精耳。至于政治规制，则入周公之八法八柄九职九两相暗合，以至邦交之合。行人制器之合，《考工》无不缕晰条分，整齐而画一，又略有《周官》《周礼》之意也。所少者，刚常之正，文物之美，不如我中国之考究耳。学洋务者，苟本之宋学以植其体，参之史学以广其识，稽之本朝之掌故，按之当今之时

势，举其所以通民情，保民生，臑民衷，养心耻，阜民才者，一一致思而力行之，而后考其语言文字，以仿其器械制造焉。则于洋务，庶几纲举而目张也。

他的结论是：

若不通中学而专攻西学，号于众曰吾以熟洋务，则吾未见其益也。

我们虽然不能不指出，在四十年前，一般的人心至为固塞，一般的人士昧于守旧，因而有了不少提倡洋务与维新的人们，往往喜用西法本于中法的标语，希望因此而引起一般反对效法西洋的人们的同情。然而这种说法的流毒之深，也许出于人们意料之外的。因为这么一来，遂使国人的惰性更加厉害。他们以为西洋的好处，既不外是拾我中国之余绪，那么我们只要恢复或发扬我们的古法就已够了，何必再去效法西洋，而其结果是，往往不只不能劝导国人趋于维新，反而增加了他们的守旧的信心与复古的趋向。

而况，抱璞居士所谓"本宋学以植其体"，攻西学必通中学的论调，却又有了所谓"中学为体西学为用"的论调的气味呢。

第四部 西化态度的发展：五四运动到现在

目　　录

绪　言 …………………………………………………… 293

第一编 ……………………………………………………… 297
　第一章　吴又陵的西化态度 ………………………………… 297
　第二章　陈独秀的西化态度（一）………………………… 306
　第三章　陈独秀的西化态度（二）………………………… 316

第二编 ……………………………………………………… 326
　第四章　胡适之的西化态度（一）………………………… 326
　第五章　胡适之的西化态度（二）………………………… 336
　第六章　胡适之的西化态度（三）………………………… 345

第三编 ……………………………………………………… 354
　第七章　钱玄同的西化态度 ………………………………… 354
　第八章　吴稚晖的西化态度 ………………………………… 364
　第九章　张君劢的西化态度 ………………………………… 373

结　论 …………………………………………………… 382

绪 言

自康有为与梁启超所领导的维新运动失败之后，守旧派的气焰大为澎涨。这般守旧的人物，不只对于西法的鼓吹与设施极力反对，就是对于西洋的政府与人民也愈加仇恨，因为康、梁既醉心于西法而始提倡变法，然而自他们逃亡之后，西洋各国对于他们又加以庇护。罗惇曧在其《庚子国变记》中曾说：

> 慈禧太后以戊戌政变，康有为遁，英人庇之，大恨。己亥（一八九九）冬，端王载漪谋废立，先立载漪之子溥儁为大阿哥，天下震动。东南士气激昂，经元善连名上书至千数人。太后大怒，逮元善，元善走，入澳门，屡索不与。载漪使人讽各国公使入贺，各公使不听，有违言，载漪愤甚，日夜谋报复。会义和团起，以灭洋为帜，载漪大喜，乃言诸太后，力言义民起国家之福，遂命刑部尚书赵舒翘、大学士刚毅及乃莹，先后往道之入京师，至者数万人。

> 义和拳谓铁路、电线，皆洋人所藉以祸中国，遂焚铁路、毁电线；凡家藏洋书洋图，皆号"二毛子"，捕得必杀之……自谓能祝枪炮不然，又能入空中，指画则火起，刀槊不能伤。

义和团既以灭洋来号召一般民众，同时又得了太后、大臣以及一般的守旧者流所庇护与鼓动，结果是引起八国联军入京的耻辱，慈禧与光绪都被迫而逃到西安。

我们知道，当八国联军占据北京之后，还派兵去追慈禧与光绪。慈禧听了这个消息，万分皇惧，她与光绪先到太原，西洋军队虽只是追到保定，可是她连了太原都不敢住，而远逃到西安。直到后来，和议既成之后，北京虽经各国交还了好久，慈禧还不敢回来京都。因为据说各国当局有以慈禧为祸首，而提议交出慈禧以惩戒的。

慈禧及一些大臣，以至一般的守旧者流，经过这次教训之后，不只对于洋人不能不敷衍，就是对于西法也难加以反对。罗惇曧在同书中也指出：

> 自经巨变后，群臣力言新政。乃开经济特科，诏天下办学，命张百熙为学务大臣，改总理各国事务衙门为外务部，以瞿鸿禨为尚书，新政渐繁兴焉。

又说：

> 当在行在时，下诏罪己……太后每见臣工，恒涕泣引咎，臣下请行新政，多所采纳……惕于外人之威，凡所要求，曲意徇之。各国公使夫人，得

不时入宫欢会，间与内政。日本内田公使夫人解华语，尤浓洽。

慈禧无疑的是被迫而敷衍洋人与容忍西法，然而她的内心，却未见得是愿意这样的作。这种口是心非的矛盾，我们可以从光绪二十六年（一九〇〇）庚子八月十四日的行在上谕中看出来。今且节录于下：

> 世有万古不易之常经，无一成不变之治法。穷变通久，见于大《易》；损益可知，著于《论语》。盖不易者，三纲五常，昭然与日星之照世；而可变者，令甲令乙，不妨如琴瑟之改弦。伊古以来，代有兴革。即我朝列祖列宗，因时立制，屡有异同。入关以后，已殊沈阳之时。嘉庆、道光以来，岂尽雍正、乾隆之旧。大抵法积则敝，法敝则更，要归于强国利民而已。自播迁以来，皇太后宵旰焦劳，朕尤痛自刻责。深念近数十年积习相乃，因循粉饰，以致成此大衅。现正议和，一切政事尤须切实整顿，以期渐图富强。懿训以为取外国之长，乃可补中国之短；惩前事之失，乃可作后事之师……总之，法令不更，锢习不破，欲求振作，当议更张。着军机大臣、大学士、六部、九卿出使各国大臣、各省督抚，各就现在情形，参酌中西政要，举凡朝章国政，吏治民生，学校科学，军政财政，当因当革，当省当并，或取诸人，或求诸己，如何而国势始兴，如何而人才始出，如何而度支始裕，如何而武备始修，各举所知，各抒所见……再由朕上禀慈谟，斟酌尽善，切实施行。

在同论里又说：

> 至今之学西法者，语言、文字、制造、械器而已，此西艺之皮毛，而非西政之本也。居上宽，临下简，言必信，行必果，我往圣之遗训，即西人富强之始基。中国不此之务，徒学其一言一话，一技一能，而佐以瞻徇情面，自利身家之积习，舍其本原而不学，学其皮毛而又不精，天下安得富强乎？

从前面一段话看起来，我们可以说是近于中学为体、西学为用的办法，或是道的文化与器的文化的主张。因为所谓"世有万古不易之常经"，或是"三纲五常"，就是所谓道，或所谓体；而所谓"无一成不变之治法"，或是如"琴瑟之改弦"，就是所谓器，或所谓用。经常是不易的，治法是可变的，也好像道、体是不易的，而器、用是可变的。不易的应照固有的办法，而可变的可效西洋的方法。

从后面一段话看起来，所谓语言、文字、械器等等，既目为西艺的皮毛，而不值得重视，而主张效法西政的本源，这种意见在表面上，好像是与上面所说的效法西洋的器用而保存中国的道体，有了矛盾，然而事实上，所谓"我往圣之遗训，即西人富强之始基"，又是偏于保存中国的道体的说法。因为所谓"往圣之遗训"，也无非就是"万古不易之常经"，三纲五常固是这种常经，宽简信果也是这种常经。然而，中国既有不易之经常与往圣之遗训，而应该保存以为施政之本源，而同时又以为语言、文字、械器等等，乃西艺之皮毛，而不值得重视，结果还是对于西洋的文化持了反对的态度，而偏于守旧的办法。

不但这样，在同论里还有下面一段话：

> 自戊戌以来，伪辨纵横，妄分新旧。康逆（康有为）之祸，殆更甚于红拳。迄今海外逋逃，尚有以富有、贵为等票诱人谋逆，更藉保皇、保种之奸言，为离间宫廷之计。殊不知康逆之谈新法，乃乱法也，非变法也。该逆等乘朕躬不豫，潜谋不轨。朕吁恳皇太后训政，乃拯朕于濒危，而锄奸于一旦。实则剪除乱逆，皇太后何尝不许更新，损益科条，朕何尝概行除旧。执中以御，择善而从，母子一心，臣民共见。今者恭承慈命，一意振兴，严禁新旧之名，浑融中外之迹。

我们应当指出，这篇上谕，不过是慈禧以及一般守旧者，藉了光绪的口气去说自己所要说的话，光绪未必能够同意。因为在这里，不只是康梁的维新运动，或是改变西法的办法，是被视为乱法，而且指出"康逆之祸，殆更甚于红拳"，那么其为红拳辩护，而对于西法的厌恶的心理，更为显明。

在表面上是被迫而讲求西法，在骨子里是极端的痛恨维新。我在上面所以说清廷与一些守旧者流之主张效法西洋，是口是而心非，就是这个原故。

这种口是心非或是含糊不明的革新的政策，以及其对于维新领袖的仇恨，结果不只是所谓趋于激烈的革命运动，更因之而加强力量，就是较为温和的维新份子，也因之而趋于极端。梁启超先生所主办的《新民丛报》，可以说是代表维新派的言论，而孙中山先生所领导的《民报》，可以说是代表革命派的言论。两者都是在庚子祸乱之后而创办的。从政治的立场来看，前者是偏于君主立宪，而后者是主张推翻帝制。可是从西化的立场来看，两者都有了根本的相同之处。因为两者所提倡的都是西方的思想，西方的政策，简单的说，都是西方的文化，而非中国固有的东西。

其实就是从政治方面来看，梁启超先生与孙中山有了一个时候还想联合这两方面起来，以增强其改造中国的力量。而况从西化的立场来看，孙中山先生所提倡的革命主义固是渊源于西洋，梁启超所提倡的立宪维新也是取法于西洋。关于这两方的西化的态度，我们当在别的地方详加叙述，我们在这里所要指出的是，在消极方面，他们对于清廷的政策，对于当时的现状都不满意；而在积极方面，他们都主张中国是要从根本上革新或是西化起来。

革命运动的胜利，可以说是澈底革新或西化派的胜利。因为满清推倒以后，不只政治上换了一个新局面，就是文化的其他方面，也受了多少的影响。但是中国文化的惰性，究竟是很坚强的，故其守旧的势力根蒂既深，传播又广，因而不只文化的其他方面不易澈底改革，就是政治上所谓从专制而变为共和，也只是有其名而没有其实。洪宪帝制的发生，就可以证明我们这种看法是对的。

所以，新的文化之不易发展，是与旧的文化之难于破除，是有了密切的关系。换句来说，要想建设新的文化，或是促进西化的工作，则对于固有的文化，不能不加以攻击。

我们应当指出，无论是维新的领袖或是革命的领袖，他们在积极上既主张维新、主张革命；在消极方面，也未尝不指摘中国固有的文化。比方，梁启超、章太炎以及其他的维新与革命人物，对于二千年来的专制儒教，以至科举等等的病弊，也未尝不加以指摘。然而其所指摘的，往往只是偏于某一方面，或是偏于枝节问题，而非从整个或澈底方面去加以攻击，其结果是旧的文化既始终没有崩溃，新的文化也无从输入。戊戌维新运动之所以失败，与民初革命运动之只有空名，都可说是由于守旧思想的势力或是固有文化的惰性所作祟罢。

这样看起来，要想布新，则不能不特别注意于除旧。积极的提西化，而同时消极的又能够极力去指摘中国固有的文化的运动，可以说是得力于五四的文化运动。而五四的文化运动，在中国的西化运动史上，可以说是一个较为澈底与较为进步的运动了。

我以为，五四文化运动在中国的西化运动史上的贡献，与其说是在积极方面的根本西化的主张，不如说是在消极方面的澈底指摘中国固有的文化。因为我们知道，大体上，五四的文化运动的领袖们所提倡的西化，而尤其是民主政治与科学精神这两件东西，在甲午战败以后，已有很多的人士极力提倡，然而，像他们那么大胆与严厉的去攻击中国固有的文化，却是在他们以前所少见的事情。

然而，正是他们能够大胆的严厉的去攻击中国固有的文化，他们对于西化的推动上所得的结果，比之以往的任何时代较大得多。而其在中国的近代的西化运动的历史上所占的地位，也特别重要。

在这一本书里，我们的主要目的，是要把五四的文化运动的数位领袖的西化的态度加以叙述。因为我们感觉到，五四的文化运动的最大贡献，与其说是在于积极方面的提倡西化，不如说是在于消极方面的攻击中国固有的文化，而同时所谓儒教，又是中国固有的文化的代表，因而对于反对儒教以至整个中国文化的言论，又特别的加以注意。

本书分为三编，第一编叙述吴又陵（虞）与陈独秀两先生的西化的态度；第二编叙述胡适之先生的西化的态度；第三编的首一章，叙述钱玄同先生以及其他数位的西化的态度，其最后两章，则分述吴稚晖与张君劢两先生的西化态度。吴稚晖与张君劢两先生，在五四的文化运动上所占的地位，虽不算得重要，然而二三十年来，他们在我们的思想上，而尤其是在我们的西化的态度的发展上，是占很重要的地位的。而且一个偏于唯物观，一个偏于唯心论，很可以代表我们二三十年来的这两派的思潮。

第一编

第一章　吴又陵的西化态度

胡适之先生在《吴虞文录·序》里说道：

　　吴先生（指吴又陵）和我的朋友陈独秀是近年来攻击孔教最有力的两位健将。他们两人，一个在上海，一个在成都，相隔那么远，但精神上很有相同之点。独秀攻击孔丘的许多文章（多载在《新青年》第二卷），专注重"孔子之道不合现代生活"的一个主要观念。当那个时候，吴先生在四川也做了好多非孔的文章，他的主要观念也只是"孔子之道不合现代生活"。

他又说：

　　吴又陵先生是中国思想界的一个清道夫。他站在那望不尽头的长路上，眼睛里、嘴里、鼻子里、头颈里，都是那迷漫扑人的孔渣孔滓的尘土。他自己受不住了，又不忍见那无数行人在那孔渣孔滓的尘雾里撞来撞去，撞的破头折脚。因此，他发愤做一个清道夫，常常挑着一担辛辛苦苦挑来的水，一勺一勺的洒向那孔尘迷漫的大街上。他洒他的水，不但拿不着工钱，还时时被那无数吃惯孔尘的老头子们跳着脚痛骂，怪他不识货，怪他不认得这种孔渣孔滓的美味，怪他挑着水拿着勺子在大路上妨碍行人！他们常常用石头掷他，他们哭求那些吃孔尘羹饭的大人老爷们禁止他挑水，禁止他清道。但他毫不在意，他仍旧做他清道的事。有时候他洒的疲乏了，失望了，忽然远远的觑见那望不尽头的大路的那一头好像也有几个人在那里洒水清道，他的心里又高兴起来了，他的精神又鼓舞起来了。于是他仍旧挑了水来，一勺一勺的洒向那旋洒旋干的长街上去。

胡适之先生以吴虞（又陵）先生之反对孔家的精神，是像他在上面所描那位清道夫的精神。他又称吴先生为"四川省只手打孔家店的老英雄"。我们可以说，吴先生不只是"四川省只手打孔家店的老英雄"，而且是近代中国的打孔家店的老英雄。因为我们知道，吴又陵先生之提倡打倒孔家店，不只是在五四文化运动的时代，不只是在民国成立的初年，而且已在满清的末年。关于这一点，吴先生在其所给陈独秀先生的一封信里曾告诉我们道：

　　不佞丙午（光绪三十二年，西历一九〇六）游东京，曾有数诗（题为

《中夜不寐偶成》，载《饮冰室诗话》），注中多"非儒"之说。归蜀后，常以六经、《五礼通考》、《唐律疏义》、满清律例及诸史中"议礼""议狱"之文，与老庄、孟德斯鸠、甄克思、穆勒·约翰、斯宾塞尔、远藤隆吉、久保天随诸家之著作，及欧美各国宪法、民刑法，比较对勘。十年以来，粗有所见。拙撰《辛亥杂诗》（见《甲寅》七期），《李卓吾别传》（见《进步》九卷三四期），略有发挥。此外，尚有《家族制度为专制主义之根据论》《儒家大同之义本于老子说》《儒家重礼之作用》《儒家主张阶级制度之害》《消极革命之老庄》《读〈荀子〉》诸篇，其主张皆出王充、李卓吾之外。暇当依次录（上），以求印证。不佞常谓孔子自是当时之伟人，然欲坚执其学，以笼罩天下后世，阻碍文化之发展，以扬专制之余焰，则不得不攻之者，势也。梁任公曰："吾爱孔子，吾尤爱真理。"区区之意，亦犹是耳，岂好辩哉？拙撰《宋元学案粹语例言》引李卓吾语，前清学部曾令赵学政启霖查禁。癸丑在成都《醒群报》投笔记稿，又由内务部朱启铃电令封禁（此次方准启封）。故关于"非儒"之作，成都报纸不甚敢登载。章行严曾语张重民曰："《辛亥杂诗》中'非儒'诸诗，思想之超，非东南名士所及。"不佞极愧其言。然同调至少，如此间之廖季平丈，及贵报通信之陈恨我君之见解，几塞宇内。读贵报大论，为之欣然，故不揣冒昧，寄尘清监，教之为幸。

吴又陵先生之所以给这封信与陈独秀先生，是因为他读了后者在《新青年》第二卷所发表的《孔子评议》一文而写的。从这一封信里我们知道，他在满清末年、民国初年，已经提倡打倒孔家店。到了五四文化运动的时代，他又把他在信里所说的好多批评孔教的文章，发表于《新青年》与其他刊物。我们所以说他不只是"四川省只手打孔家店的老英雄"，而是近代中国的打孔家店的老英雄，就是这个原故。

为什么吴先生要打倒孔家店呢？大致上虽是像胡适之先生所说，因为"孔子之道不合现代生活"，然而主要的是因为孔子反对自由与平等，而主张专制。在《明李卓吾别传》一文里，吴先生说：

> 纪晓岚于明季兼该儒释诸人之著作，每言"运当末造，风气浇漓，好异者纷纷不绝，所以世道人心日加佻薄，相率而趋于乱亡"。其视诸人之罪，若浮于沈一贯、温体仁、周延儒、马士英者，所以贸然倡"明亡之讲学"之论，其谬甚矣。孟德斯鸠曰："国家之景运，往往见于治制更张、文物蜕嬗之际，党论纷淆而相攻相得，流湿就燥，或为仇雠，或为石交，守旧者欲舍生以殉古，作新者犯众难以开今，皆极所能为，〈不遗余力〉，此人道最贵之现形也。"现于吾国历史，春秋之末而战国之人才极盛，两汉之末而三国之人才极盛，明末之人才为满清一代之眉目者，不可以指数。守旧开新，

各成其学。专制国家，其腐败覆亡之责，惟人君与官吏尸之。讵可以兴亡之运，苛责一二无聊之学者耶？至孟子谓"孔子成《春秋》而乱臣贼子惧"，即名教之说之所由起。严几道曰："《春秋》成而莽、操、懿、温，李唐一代之前后，六朝、五代之间，篡弑放逐，至为纷纷，乱臣贼子，实未尝惧。逮于赵宋，道学兴而乱臣贼子乃真惧焉，然而由是中国之亡，多亡于外国，何则？非其乱臣贼子，为名教之所不及故也。"王船山谓："晋之谟、绰、羲之诸子，无异宋之汪、黄、秦、汤诸奸，以其屈庾亮，伸王导，恶桓温功成而篡夺。不知天下有大防，夷夏有大辨，即令温功成而篡，犹贤于戴异族为中国主。"然不知异族之得主中国，其事即兴于名教，盖患常出于所防之外也。况吾国名教二字，非有正确之意义范围，徒为一浑浑噩噩之名词乎？若夫宗教之于民，关系綦重。自宋元以降，士大夫之谈道愈精，而监观有赫之情愈浅。中国之言"天罚"，必就其身与子孙而征之；西国之言"神谴"，不存于形体而受以灵魂。盖天道浩渺难言，形体子孙，或缘无征不信，灵魂则以无尽而莫逃。此中西两教维持社会之功，所以迥异。吾国历代学者，多归心释氏。张怀泗诗曰："英雄到老都归佛。"钱谢庵词曰："人为伤心才学佛。"岂非以生死两端，不可思议，沤珠电影，转瞬俱空，忠孝劳生（文天祥诗"忠孝太劳生"），别求解脱，冀得身心归著之？究竟卓吾之于生死，泊然无累，尤其得力于佛学者深也。何得坚持门户之见，以律非常奇伟之士乎？善乎卓吾与焦弱侯书曰："今若索豪杰之士于乡人皆好之中，是犹钓鱼于井，胡可得也？豪杰之士绝非乡人之所好，而乡人之中亦决不生豪杰。是故井蛙不可语以海，夏虫不可说以冰，莺鸠不可以谈天理，曲士不可以喻至道也。"惟彭允初称卓吾之学为知本，罗台山称卓吾为古之伤心人。能知此意而后可以论卓吾矣。呜呼！卓吾产于专制之国，而弗生于立宪之邦，言论思想，不获自由，横死囹圄，见排俗学，不免长夜漫漫之感，然亦止能自悲其身世之不幸而已矣，复何言哉！复何言哉！

在同文里他又说：

夫儒者，于吾国之圣人，既集古今之大成，绝对无诤，而不可非矣。又昧于宗教之流派性质，凡不同于我者，概目之为异端；不本于我者，概指之为邪说。"息邪说辟异端"之谬见，深中人心，岸然自封，深闭固拒，坐成锢蔽，方自诩为正学，为真儒，而不悟其乖僻迂妄，误国殃民，为祸之烈，百倍于洪水猛兽也。何以言之？国内之学，既禁毁摧残而挫折之，使不克发达；域外之学，又鄙夷轻蔑而闭塞之，使不能传布。愚民日陋劣，政府日专横，学绝道丧，至于今日，宙合棼通，而其效可睹矣。向使无儒教之束缚拘挛，则国内之学分歧发展，骎骎演进，未必无欧美炜晔灿烂之观。于域外之学博采兼收，虚襟研究，则艾儒略《西学凡》，已述有欧西建学育才之法，文科、理科、法科、医科莫不粲然具著。使当日不挟儒家之成见，目以变幻支离，辟斥钳制，以"正学""真儒"之道脉心传自封，妄矜深意，而弃短取长，互相师法，则三百年来文化之增进昌明，虽不敢与欧美颉颃，其与俄之大彼得，日之明治，或堪匹敌；而何至丧权辱国，败绩蹙地，一蹶不振，如此之甚哉？由此观之，儒教之影响于亡国亡种，实大矣。

这主要的是说明，孔家反对自由，而使学术一尊、文化停滞，弄到中国衰弱，而有亡国亡种的危险。至于孔家反对平等的病弊，他在《儒家主张阶级制度之害》一文里，也很详细的指摘，今且摘录数段于下：

满清时，京师大学堂监督刘廷琛者，素主"三纲"之说。杨度在谘政院演说忠义之衰由于孝悌，刘大非之，诋杨为少正卯，宜加两观之诛，大有息邪说，正人心，觊觎两虎特豚之意。然吾于其奏疏中"欧美主耶教，重平等；中国主孔孟，重纲常"数言，谓足证东西教义之优劣。盖耶教所主，乃平等自由博爱之义，传布浸久，风俗人心皆受其影响，故能一引而为君民共主，再进而为民主平等自由之真理，竟著之于宪法而罔敢或渝矣。孔氏主尊卑贵贱之阶级制度，由天尊地卑演而为君尊臣卑，父尊子卑，夫尊妇卑，官尊民卑。尊卑既严，贵贱遂别。所谓"礼不下庶人，刑不上大夫"，所谓"王臣公，公臣大夫，大夫臣士，士臣皂，皂臣舆，舆臣隶，隶臣僚，僚臣仆，仆臣台"，几无一事不含有阶级之精神意味。故二千年来，不能铲除阶级制度，至于有良贱为婚之律，斯可谓至酷已！守孔教之义，故专制之威愈衍愈烈。苟非五洲大通，耶教之义输入，恐再二千余年，吾人尚不克享宪法上平等自由之幸福，可断言也。

或曰：孔孟之书，未尝无公平之理。不知尊卑贵贱之阶级既严，虽有公平之理，亦断不能行。此考之于历史，易知也。《荀子·宥坐》篇记孔氏诛少正卯之言曰："心达而险，行辟而坚，言伪而辩，记丑而博，顺非而泽。此五者，有一于人，则不免于君子之诛，而少正卯兼有之，不可不诛也。是以汤诛尹谐，文王诛潘止，周公诛管叔，太公诛华仕，管仲诛付里乙，子产诛邓析、史付，此七子者，皆异世同心，不可不诛也。"尹谐、潘止、付里乙，杨倞注："事迹皆未闻"。而就管叔、华仕、邓析之事迹推之，则据近世文明法律，固无可诛之道；然七子皆不获免，此则以尊贵治卑贱，竟无学说异同、政治犯之可言，何公理之得伸耶？

……孔氏之七日而诛少正卯，实以门人三盈三虚之私憾，所以一朝权在手，便把令来行。梁任公亦谓此实孔氏之极大污点矣。自孔氏演此丑剧，于是后世虽无孔氏，而所诛之"少正卯"遍天下。至明思宗，亦以"少正卯"斥黄道周，几不免于死。作俑之祸，吁可悲也……

夫孔氏对于尊卑贵贱之态度，于《乡党篇》记之特详。其种种面目，变幻不测，虽今日之著名丑角，亦殆难形容维肖，诚可为专制时代官僚派之万世师表者也。

盖孔氏之徒，湛心利禄，故不得不主张尊王，使君主神圣威严不可侵犯，以求亲媚。而当时之人格高洁如沮、溺之流，皆鄙夷不屑，观微生亩"丘，何为是栖栖者欤？毋乃为佞"之言，及孔氏"事君尽礼，人以为诌"之语，则孔氏之诌佞，当时固暴著于社会矣。

呜呼！孔孟之道在六经，六经之精华在"满清律例"，而"满清律例"则欧美人所称为代表中国尊卑贵贱阶级制度之野蛮者也。好学深思之士，试研究之。

自孔氏诛少正卯，著"侮圣言""非圣无法"之厉禁，孟轲继之，辟杨、墨，攻异端，自附于圣人之徒；董仲舒对策，以为诸不在六艺之科、孔氏之术者，皆绝其道，勿使并进；韩愈《原道》："人其人，火其火，庐其庐"之说昌，于是儒教专制统一，中国学术扫地……张尔歧记六祖衣钵传自达摩，藏于广东传法寺。衣本西方诸佛传法信器，钵则魏主所赐。嘉靖中，庄渠魏校，督学广东，取衣焚之，钵碎之，旷代法物，一朝沦毁。明李卓吾以卑侮孔孟，专崇释氏，为张问达所劾，逮死狱中，所著《焚书》两次禁毁，言论、出版皆失自由。则儒教徒之心理犷悍，可以想见。缪种流传至今日，某氏收取章太炎《诸子学略说》，烬于一炬，而野蛮荒谬之能事极矣！

呜呼！泰西有马丁·路德创新教，而数百年来宗教界遂辟一新国土；有培根、狄卡儿创新学说，而数百年来学界遂开一新天地。儒教不革命，儒家不转轮，吾国遂无新思想、新学说，何以造新国民？悠悠万事，惟此为大已吁！

我在上面特地的抄了那么多的原文，目的不外是：一来指出吴先生之痛恨孔教的深切，批评孔学的厉害；二来说明他之主张自由的积极，提倡平等的热情。而这种自由与平等，在他的心目中的榜样，又不外是西洋的自由与平等。

我们知道，自甲午战败以后，而特别是在五四运动的时代，国人之鼓吹自由平等的并不乏人，然而像吴先生那样的，以西洋的自由平等的原理，甚至以中国近代的自由平等的思想，都是来自耶教，那是很不容易找出来的。

因为吴又陵先生相信，西洋的自由与平等是来自耶教，包括在耶教的教义里，因而引起西洋近代甚至中国近代的政治上的自由与平等的主张，或是民主的政治。因而我们可以说，吴先生不只是赞成我们采纳西洋的民主政体，就是西洋的宗教的输入，也必为吴先生所同情。从这一点来看，吴又陵先生比起以往一般之主张效法西洋的宪政，而却反对西洋的宗教的，可以说是进了一步。

然而，吴又陵先生在近代思想上的贡献最大的，与其说是介绍或主张效法西洋的文化，不如说是反对中国的儒家的文化。这就是胡适之先生所说的清道夫的工作。而他之所以特别致力于这方面的工作，因为他相信，中国文化之所以不能发展，就是因为儒家思想的作祟。在《家族制度为专制主义之根据论》一文里，他有下面一段话：

> 明李卓吾曰："二千年以来无议论，非无议论也，以孔夫子之议论为议论，此其所以无议论也；二千年以来无是非，非无是非也，以孔夫子之是非为是非，其所以无是非也。"而孟轲之辟杨、墨，亦曰："杨氏为我，是无君；墨氏兼爱，是无父。无父无君，是禽兽也。"仍以君父并尊，为儒教立教之大本。夫为我何至于无君？兼爱何至于无父？此不合论理之言，学者早已讥之。而今世民主之国，概属无君，岂皆如孟轲所诋为禽兽者乎？使孟轲生今日，当慨禽兽之充塞于世界，抑将爽然自悔其言之无丝毫价值也！

又说：

> 是故为共和之国民，而不学无术，不求智识于世界，而甘为孔氏一家之孝子顺孙，挟其游獘怒特蠢悍之气，不辨是非，囿于风俗习惯酿成之道德，奋螳臂以与世界共和国不可背畔之原则相抗拒，斯亦徒为蚍蚁子之不自量而已矣！

总而言之，中国之所以不能成为民主共和的国家，而有了专制政体的流弊，就是由于孔教所养成。而孔教之所以反对自由平等，而拥护专制政治，又是由于孔教的道德观念所养成。因而假使我们要想实行民主政治，提倡自由平等，我们先要打倒专制政体，然而要想打倒专制政体，我们先要打倒孔家的道德的观念。

照吴先生的意见，孔家的道德观念之最合于专制的政治的，是孝的观念与礼的观念；而孔家的道德之最能博得专制的君主的赏识的，也是这两种观念；同时孔家所用以奉媚专制的君主的法宝，也是这两种东西。《吴虞文录》里的《说孝论》《吃人的礼教》《家族制度为专制主义之根据论》，对于这个问题说得很为详细。在《家族制度为专制主义之根据论》里，他说：

> "孝乎惟孝，是亦为政"，家与国无分也；"求忠臣必于孝子之门"，君与父无异也。推而广之，则如《大戴记》所言："居处不庄，非孝也；莅官不敬，非孝也；朋友无信，非孝也；战阵无勇，非孝也。"盖孝之范围，无所不包，家族制度之与专制政治，遂胶固而不可以分析。而君主专制所以利用家族制度之故，则又以有子之言为最切实。有子曰："孝弟也者，为人之本。其为人也孝弟，而好犯上者鲜；不好犯上而好作乱者，未之有也……"儒家以孝弟二字为二千年来专制政治与家族制度联结之根干，而不可动摇……其主张孝弟，专为君亲长上而设。但求君亲长上免奔亡弑夺之祸，而绝不问君亲长上所以致奔亡弑夺之故，乃保卫尊重臣子卑幼人格之权。夫为人父止于慈，为人子止于孝，似平等矣；然为人子而不孝，则五刑之属三

千,罪莫大于不孝;于父之不慈者,固无制裁也。君使臣以礼,臣事君以忠,似平等矣;然为人臣而不忠,则人臣无将,将而必诛;于君之无礼者,固无制裁也。是则儒家之主张,徒令宗法社会牵掣军国社会,使不克完全发达。其流毒诚不减于洪水猛兽矣。

在《说孝》一篇里,他又举出因孝而生出好多的病弊,如:

> 郭巨的妻产男,怕养男有妨供养,乃命妻抱儿,欲掘地埋之。刘向把他列入《孝子传》内。"郭世道事后母,勤身供养,妇生男,夫妇共议,养此儿所费者大,乃瘗之。"萧广济把他列入《孝子传》内……所以《礼》说:"孝者畜也,畜者养也"……由孝养之意义,推到极点,于是不但做出活埋其子、大悖人道的事,又有自割其身,以奉养父母为孝者……孟子说:"不孝有三,无后为大。"孝非有后不可,所以生子不待成年,已有家有室。因有后之必要,妻苟无子,即犯"七出"之条,而纳妾的制度又因之而起。生男则寝床弄璋,生女便寝地弄瓦。男女的贵贱轻重,都由于能为后不能为后的关系,而溺女的风气又因之而起。男女的人格,初生便有不同,于是又置为妻的女子于最劣弱的地位……男子娶妻,一方面为父母娶的,一方面为子孙娶的,自己全不能作主,那自由恋爱的婚姻,更说不上了。

他的结论是:

> 就这样看来,孝的弊病是很多很大的了。讲片面的孝,"父母在,不远游",美洲就没人发现了;"身体发肤,受之父母,不敢毁伤",朝鲜就没人闹独立了;"不登高,不临深",南北极就没人探险,潜艇飞机也就没人去试行了。

上面是指出孝与专制政治的关系,以及孝的弊病。至于礼呢,吴先生在《礼论》里指出:

> 《隋书·礼仪志》曰:"自犬戎弑后,迁周削弱,礼失乐微,风俗凋敝。"仲尼预蜡宾而叹曰:"丘有志焉。禹、汤、文、武、成王、周公未有不谨于礼也。秦氏以战胜之威并吞九国,尽收其仪礼归之咸阳,唯采其尊君抑臣,以为时用。至于退让起于趋步,忠孝成于动止,华叶靡举,鸿纤并摈。汉高既平秦乱,枚放赏元勋,未遑庙制。群臣饮酒争功,或拔剑击柱,高祖患之。叔孙通曰:'儒者难与进取,可以守成。'于是请起朝仪而许焉,犹曰:'度吾能行者为之'。微习礼容,皆知顺轨。若祖述文、武,宪章洙、泗,则良由不暇,自畏之也。"《汉书·叔孙通传》曰:"'臣愿颇采古礼与秦仪杂就之'。习之月余,通曰:'上可试观。'上使行礼,曰:'吾能为此。'乃使群臣肄习,会群臣朝十月。谒者治礼,至礼毕,尽伏,置酒法法

酒。诸侍坐殿上皆伏抑首,以尊卑次起上寿。觞九行,谒者言'罢酒'。御史之执法,举不如仪者,辄引去。竟朝置酒,无哗讙失礼者。于是高帝曰:'吾乃今日知皇帝之贵也。'"是则今日之礼,据《隋志》言之,更非文、武、洙、泗之旧,仅采秦氏尊上抑下之旨。于是叔孙通窃圣人之号,汉高知皇帝之贵;始溺孔氏之儒冠,终享孔氏之太牢。自汉迄今,滔滔不返,变本加厉,而其害酷矣!

他又说:

独不知孔氏问礼于老聃,亦略闻大同小康之绪论。老聃博古达今,通礼乐之原,明道德之归,何以孔氏背其本师,舍道德,崇仁义,主张家天下之小康,而偏重于礼?殆由其以干禄为心,汲汲于从政,三月无君,栖栖皇皇,自比匏瓜,贻讥丧家之狗。下拜南子,思赴佛肸,所干至七十二君之多,急于求沽。以礼为霸者时君所须,可以使贵贱有等,长幼有差,贫富轻重皆有称,意在趋时阿世。故曰"君使臣以礼",又曰"礼让为国"。盖专制之朝,极之由礼而止,道德非其所尚也。二千年来,儒者自尊为礼义之邦,沿流不返。

上面是说明礼与专制政治的关系。至于礼的弊病,在《吃人的礼教》一篇里说得很痛快。他指出,易牙蒸其首子的肉而给与君主,汉高〈祖〉对项羽说,"吾翁即若翁,必欲烹而翁,幸分我一杯羹",以至臧洪与张巡"杀其爱妾,以食将士",都是孔家的吃人的礼教所养成的。所以他说:

孔二先生的礼教,讲到极点,就非杀人吃人不成功,真是惨酷极了。一部历史里面,讲道德说仁义的人,时机一到,他就直接间接的都会吃起人肉来了。就是现在的人,或者也没有做过吃人的事,但他们想吃人,想咬你几口出气的心,总未必打扫得干干净净。

他又说:

到了如今,我们应该觉悟:我们不是为君主而生的!不是为圣贤而生的!也不是为纲常礼教而生的!什么"文节公"呀,"忠烈公"呀,都是那些吃人的人设的圈套来诳骗我们的。我们如今应该明白了,吃人的就是讲礼教的,讲礼教的就是吃人的呀!

我们可以说,反对孔家的道德,而特别是孔家的孝的观念与礼的观念,像吴虞先生这么厉害这么澈底的,不只在我们过去的历史上不容易找出来,就是直到现在,也不容易找出来。然而他之所以这样的去反对孔家,就是因为孔家是专制的护符,是专制的遗毒,所以要打倒专制政治,非打倒孔家不可。打倒孔家的反面,是提倡自由,提倡平等,而所谓自由、平等,是西洋民主政治的要素,是西洋宗教的原则。所以，在消极方面的反对孔家的思想，就是要在积极方面去提倡西洋的民主政治，以至西洋的宗教的教义。

然而我们已经指出，吴又陵先生虽然是很极力的提倡西洋的自由、平等，以及其政治、宗教，然而他在思想上最大的贡献，与其说是在积极方面的提倡西化，不如说是在消极方面的指摘孔教。我们在上面所以对于他的指摘孔教的弊病加以特别的注意，也就是这个原故。

但是同时我们也得指出，吴又陵先生所反对的中国文化，只是孔家所代表的文化，除了孔家所代表的文化之外，他不只没有严酷的批评，而且有了辩护的趋向。他对于孔子以前的尧、舜、禹、汤、文、武的文化既少加评论，而他对老子的思想相当的佩服。他虽然指出孔子师事老子，然而他也指出，孔子却并不依照老子的意思而作，反而弄坏了老子的主张。此外，他在《儒家大同之义本于老子说》《消极革命之老庄》以及《道家法家均反对旧道德说》等篇，都有了拥护老庄而反对孔孟的意思。从这一方面来看，我们可以说吴又陵先生所反对的中国固有的文化，只是部分的中国固有的文化，虽则这一部分的文化，是中国固有文化中的很重要的一部分。

不过，主张西化而同时能澈底的去反对中国固有的文化，而尤其是孔家所代表的文化，吴又陵先生实在是一个先锋，一个老英雄。因为在以前，一般主张西化的人们，虽然很澈底的以至从根本上去提倡西化，然而他们对于中国固有的文化，而尤其是孔家所代表的文化，不但没有作过什么批评，而且往往加以辩护。像吴又陵先生那么反对的，是不容易找出来的。而况，吴又陵先生对于一般人所反对的西洋的宗教，也有了同情的心理，所以吴先生的西化的态度，比起在他之前的一般的人们的西化态度，可以说是进步得多。

第二章　陈独秀的西化态度（一）

五四的文化运动是中国西化运动的历史上的最重要的运动，这是国人所公认的。这个运动的领袖是很多的，然而最主要的要算陈独秀与胡适之两先生。

胡适之先生在五四文化的运动上，而尤其是在这个运动的后期以至二十年来，对于我国西化运动的推动上影响很大。但是五四文化的运动的发动，可以说是最得力于陈独秀先生，而尤其是他所主办的《新青年》杂志。

不但这样，陈独秀先生对于各种新思想是很容易接受而加以推动的。在他主编《新青年》杂志的时候，他既愿意去发表一般思想新颖的稿件，而同时他又极力加以鼓吹。所以，胡适之先生在其所著《五十年来中国之文学》一文（《申报》五十年）①里指出，"陈独秀的特别性质，是他一往直前的定力"，同时又指出，"陈独秀的勇气恰好补救他们的持重的缺点"。我们可以说，假设没有陈独秀先生的这种定力与这种勇气，五四新文化的运动的成就不会那么大，而其影响也不会那么广。虽则，我们也得指出，也是他的这种定力与这种勇气，而使他后来偏于马克斯的主义的信仰。

陈独秀先生是极力主张西化的，然而同时他又是极力反对固有的文化的。我们现在且先从他反对固有的文化方面说起。

照陈独秀先生的意见，在中国的固有的文化里，其力量最大而同时又最不合于现代生活的，是孔家所代表的文化。因此之故，他对于孔子的思想反对得最厉害。

我们知道自袁世凯做了总统之后，复古的思潮又澎涨起来。孔子至尊的学说既逐渐的抬头，主张以孔教为国教的言论又很发达。康有为及其徒众除了大谈孔道、鼓吹孔教之外，还思在宪法中规定孔教为国教。而且自民国三年至民国七年间，在政治方面，除了袁世凯的帝制把戏之外，还有张勋的复辟。

这么一来，尊孔与专制不只是不谋而合的事情，而其实是有了不可分离的关系。袁世凯想作皇帝，故对于孔子是极力推崇；康有为拥护孔教，故对于清廷不忘故情。所以主张帝制的，既往往趋于尊孔；而鼓吹孔教的，也往往赞同帝制。

陈独秀先生是在这个环境里主办《新青年》杂志的。他既看出尊孔与专制是有了密切的关系，他对于这两种运动都加以剧烈的反驳。不过，专制的理论固是孔子所主张的理论。然而孔子除了拥护专制之外，还有好多的理论是深刻的影响于中国文化，而却不合于现代的生活的。因此之故，他遂以为要想打倒专制政

---

① 校按：胡适此文载《最近之五十年——申报馆五十周年纪念》一书中。

治，我们固不得不打倒孔家店；就是要想打倒中国的其他好多的不合于现代的生活的东西，我们也不得不打倒孔家店。陈独秀先生之所以发表了好多反对孔子的文章，就是为了这些原故。

照陈独秀先生的意见，"孔教"这个名词根本就不能成立，所以孔教就不能当为国教而有了宪法上的根据。在《再论孔教问题》（《独秀文存》卷一，页一三一）一文里说：

> 夫"孔教"二字，殊不成一名词。中国旧说中，惟阴阳家言，属于宗教。墨家明鬼，亦尚近之。儒以道得民，以六艺为教。孔子，儒者也。孔子以前之儒，孔子以后之儒，均以孔子为中心。其为教也，文行忠信，不论生死，不语鬼神。其称儒行于鲁君也，皆立身行己之事，无一言近于今世之所谓宗教者。孔教名词，起源于南北朝三教之争。其实道家之老子与儒家之孔子，均非教主。其立说之实质，绝无宗教家言也。夫孔教之名词既不能成立，强欲定孔子为国教者，讵非妄人？相传有二近视者，因争辨匾额字画之是非，至于互斗，明眼人自旁窃笑，盖并匾额而无之也。今之主张孔教者，亦无异于是。

他又说：

> 假令从社会之习惯，承认孔教或儒教为一名词，亦不可牵入政治，垂之宪章。盖政教分途，已成公例，宪法乃系法律性质，全国从同，万不能涉及宗教道德，使人得有出入依违之余地。此蔡孑民先生所以谓"孔子是孔子，宗教是宗教，国家是国家；义理各别，勿能强作一谈"也。蔡先生不反对孔子，更不绝对反对宗教，此余之所不同也。其论孔子、宗教、国家，三者性质绝异，界限分明，不能强合，此余之所同也。孔教而可定为国教，加入宪法，倘发生效力，将何以处佛、道、耶、回诸教徒之平等权利？倘不发生效力，国法岂非儿戏？政教混合，将以启国家无穷之纷争。孔子之道，可为修身之大本，定入宪法，则先于孔子之尧、舜、禹、汤、文、武、周公之道，后于孔子之杨、墨、孟、荀、程、朱、陆、王之道，何一不可为修身之大本？乌可一言而决者？其纷争又岂让于教祸？

他又指出：

> 或谓国教诚不可有，孔子亦非宗教家。惟孔门修身之道，为吾国德教之源，数千年人心所系，一旦摈弃，重为风俗人心之患，故应定入宪法以为教育之大方针。余对此说，有三疑问，以求解答：（一）孔门修身伦理学说，是否可以与共和立宪政体相容？儒家礼教，是否可以施行于今世国民之日用生活？（二）宪法是否可以涉及教育问题及道德问题？（三）万国宪法条文中，有否无人之姓名发现？倘不能解答此三种疑问，则宪法中加入孔道修身

之说，较之定孔教为国教，尤为荒谬。因国教虽非良制，而尚有先例可言。至于教育应以何人之说为修身之本，且规定于宪法条文中，可谓为万国所无之大笑话！国会议员中，竟有多数人作此毫无知识之主张者，无惑乎解散国会之声盈天下也！余辈对于科学之信仰，以为将来人类达于觉悟获享幸福必由之正轨，尤为吾国目前所急需，其应提倡尊重之也，当然在孔教、孔道及其他宗教哲学之上。然提倡之，尊重之，可也；规定于宪法，使人提倡之，尊重之，则大不可。宪法纯然属于法律范围，不能涉及教育问题，犹之不能涉及实业问题，非以教育、实业为不重也；不能以法律规定尊重孔子之道，犹之不能以法律规定尊重何种科学，非以孔道、科学为不重也。至于孔子之道，不能为共和国民修身之大本，尚属别一问题。宪法中不能规定以何人之道为修身大本，固不择孔子与卢梭也。岂独反对民权之孔道，不能定入宪法以为修身之大本？即提倡民权共和之学派，亦不能定入宪法以为修身之大本。盖法律与宗教教育，义有各畔，不可相乱也。

他又指出：

今之反对国教者，无不持约法中信教自由之条文以为戈矛。都中近日且有人发起"信教自由会"，以鼓吹舆论。余固以为合理，而于事实则犹有未尽者。何以言之？中国文庙遍于郡县，春秋二祀，官厅学校，奉行日久，俨然国教也。而信仰他教者，政府亦未尝加以迫害或禁止。即令以国教为国教，定入宪法，余料各科并行，仍未必有所阻害。故余以为各教信徒，对于政府所应力争者，非人民信教自由之权利，乃国家待遇各教平等之权利也。国家收入，乃全国人民公共之负担，非孔教徒独立之负担。以国费立庙祀孔，亦当以国费建寺院祀佛、道，建教堂祀耶、回；否则一律不立庙，不致祭，国家待遇各教，方无畸重畸轻之罪戾。各教教徒对于国家负担平等，所享权利，亦应平等。必如是而后教祸始不酝酿于国中。由斯以谈，非独不能以孔教为国教，定入未来之宪法，且应毁全国已有之孔庙而罢其祀。

我们从这数段话里可以看出，陈独秀先生不只指出孔教这个名词的错误，而且指出孔教当于国教的荒谬；不只指出宪法中不当有孔教为国教的规定，而且指出宪法中不应有孔道为修身之大本；不只指出政府不应建孔庙祀孔子，而且指出国人应当毁孔庙绝祀孔。

在《宪法与孔教》一文（《独秀文存》卷一，页一〇四）里，陈独秀先生又告诉我们道：

一切宗教，无裨治化，等诸偶像，吾人可大胆宣言者也。今让一步言之，即云浅化之民，宗教在所不废。然通行我国各宗教，若佛教教律之精严，教理之高深，岂不可贵？又若基督教尊奉一神，宗教意识之明瞭，信徒制行之清洁，往往远胜于推尊孔教之士大夫。今蔑视他宗，独尊一孔，岂非侵害宗教信仰之自由乎？（所谓宗教信仰自由者，任人信仰何教，自由选择，皆得享受国家同等之待遇，而无所歧视。今有议员王谢家建议，以为倘废祀孔，乃侵害人民信教之自由，其言实不可解。国家未尝祀佛，未尝祀耶，今亦不祀孔，平等待遇，正所谓尊重信教自由，何云侵害？盖王君目无佛、耶，只知有孔，未尝梦见信教自由之为何物也）

他又说：

今再让一步言之，或云佛、耶二教，非吾人固有之精神，孔教乃中华之国粹。然旧教九流，儒居其一耳。阴阳家明历象，法家非人治，名家辨名实，墨家有兼爱节葬非命诸说，制器敢战之风，农家之并耕力食。此皆国粹之优于儒家孔子者也。今效汉武之术，罢黜百家，独尊孔氏，则学术思想之专制，其湮塞人智，为祸之烈，远在政界帝王之上。

他又说：

今再让一步言之，或谓儒教包举百家，独尊其说，乃足以化民善俗。夫非人是己，宗风所同。使孔教会仅以私人团体，立教于社会，国家固应予以各教同等之自由。使仅以"孔教会"号召于国中，尤吾人所赞许。今乃专横跋扈，竟欲以四万万人各教信徒共有之国家，独尊祀孔氏，竟欲以四万万人各教信徒共有之宪法，独规定以孔子之道为修身之大本。呜呼！以国家之力强迫信教，欧洲宗教战争，殷鉴不远。即谓我民酷爱和平，不致激成战斗，而实际生活，必发生种种撞扰不宁之现象（例如假令定孔教为国教，则总统选举法及官吏任用法，必增加"异教徒不获当选"一条，否则异教徒之为总统、官吏者，不祀孔则违法，祀孔则叛教，无一是处。又如学校生徒之信奉佛、道、耶、回各教者，不祀孔则违背校规，祀孔则毁坏其信仰，亦无一是处），去化民善俗之效远矣。

他又告诉我们道：

今之尊孔者，率分甲乙二派：甲派以三纲五常，为名教之大防，中外古今，莫可踰越。西洋物质文明，固可尊贵，独至孔门礼教，固彼所未逮。此中国独有之文明，不可妄议废弃者也。乙派则以为三纲五常之说，出于纬书，宋儒盛倡之，遂酿成君权万能之末弊，原始孔教，不如是也。持此说之最有条理者，莫如顾实君，谓宋以后之孔教，为君权化之伪孔教；原始孔教，为民间化之真孔教。三纲五常，属于伪孔教范畴，取司马迁之说，以四教（文、行、忠、信）、四绝（毋意、毋必、毋固、毋我）、三慎（齐、战、疾）为原始之真孔教范畴，愚则宁取甲而非乙也。

陈独秀先生在这里虽然是表示宁取甲派而非乙派，然而其实他对于乙派的主张固是反对，对于甲派也不赞成。我们现在先从他之反对乙派方面来说。

在《答常乃悳书》（《独秀文存》"卷三通信"，页二五）里，陈独秀先生说道：

> 足下对于孔教观念，略同顾实君。鄙意以为佛、耶二教，后师所说，虽与原始教主不必尽同，且较为完美繁琐。而根本教义，则与原始教主之说不殊。如佛之无生，耶之一神创造是也。其功罪皆应归之原始教主圣人。后之继者，决非向壁虚造，自无而之有，孔子之道，亦复如此。

他又说：

> 足下分汉、宋儒者以及今之孔教、孔道诸会之孔教，与真正孔子之教为二，且谓孔教为后人所坏。愚今所欲问者，汉唐以来诸儒，何以不依傍道、法、杨、墨，人亦不以道、法、杨、墨称之？何以独与孔子为缘，而复败坏之也？足下可深思其故矣。

这是消极方面的反问。在积极方面，他又指出，三纲五常的学说乃孔子与儒家的根本教义。他在《宪法与孔教》一文里说：

> 三纲五常之名词，虽不见于经，而其学说之实质，非起自两汉、唐、宋以后，则不可争之事实也。教忠，教孝，非皆片面之义务，不平等之道德，阶级尊卑之制度，三纲之实质也耶？"不仕无义，长幼之节，不可废也，君臣之义，如之何其废之"；"挞之流血，起敬其孝"；"妇人者，伏于人者也"；"夫不在，敛枕箧簟席襡，器而藏之"。此岂宋以后尊君、尊父、尊男、尊夫之语耶？纬书，古史也，可以翼经，岂宋后之著作？董仲舒、马融、班固，皆两汉大儒。董造《春秋繁露》，马注《论语》，班辑《白虎通》，皆采用三纲之说。朱子不过沿用旧义，岂可独罪宋儒？

他又说：

> 愚以为三纲说不徒非宋儒所伪造，且应为孔教之根本教义。何以言之？儒教之精华曰礼，礼者何？《坊记》曰："夫礼者，所以章疑别微，以为民坊者也，故贵贱有等，衣服有别。"又曰："天无二日，土无二王，家无二主，尊无二上，示民有君臣之别也。"《哀公问》曰："民之所由生，礼为大。非礼无以节事天地之神也，非礼无以辨君臣上下长幼之位也。"《曲礼》曰："夫礼者，所以定亲疏，决嫌疑，别同异，明是非也。"又曰："君臣上下，父子兄弟，非礼不定。"《礼运》曰："礼者，君之大柄也。"《礼器》曰："礼之近人情者，非其至者也。"《冠义》曰："责成人礼焉者，将责为人子，为人弟，为人臣，为人少者之礼行焉。"是皆礼之精义……此等别尊

> 卑明贵贱之阶级制度，乃宗法社会、封建时代所同然。正不必以此为儒家之罪，更不必讳为原始孔教之所无。愚且以为，儒教经汉、宋二代之进化，明定纲常之条目，始成有完全统系之伦理学说。斯乃孔教之特色，中国独有之文明也。若夫温、良、恭、俭、让、信、义、廉、耻诸德，乃为世界实践道德家所同遵，未可自矜异，独标一宗者也。

这是解释他之所以反对乙派所主张汉、宋以后的孔教，非真的孔教，而乃伪的孔教。至于他之所以反对中国特有文明，这就是孔门的礼教或是孔子的学说，犹为陈独秀先生的主要的思想。为什么陈独秀先生要反对孔子的学说呢？

简单的说，这是因为孔子的学说是不合于现代的生活。

陈独秀先生说：

> 使今犹在闭关时代，而无西洋独立平等之人权说以相较，必无人能议孔教之非。即今或谓吾华贱族，与皙人殊化，未可强效西颦，愚亦心以为非而口不能辨。惟明明以共和国民自居，以输入西洋文明自励者，亦于与共和政体、西洋文明绝对相反之别尊卑、明贵贱之孔教，不欲吐弃，此愚之所大惑也。以议员而尊孔子之道，则其所处之地位，殊欠斟酌。盖律以庶人不议，则代议制度，民选议院，岂孔教之所许？

说到这里，也许有些人以为，《礼运》篇里所说的学说是合乎近代的民主主义。陈独秀先生对于这一点，在其所给吴又陵先生的信（《独秀文存》"卷三通信"，页一二三）里的看法，是这样的：

> 《礼运》大同之说，古之孔教徒鄙弃之，以为非圣人之言，以为虽子游亦不至如此之浅，以为杂而不伦。今之孔教徒以求容于共和国体，故不得已乃尊崇昔之所鄙弃者。以为圣人之大义微言，以为孔子之所以师表万世者以此。此即所谓孔教改良耶？所谓孔教进化耶？抑何丑陋至于斯极也！

他又说：

> 鄙意尤有进者，即使《礼运》出于孔子，而所谓"大道之行，天下为公，选贤与能"者，乃指唐虞禅让而言。大同之异于小康者，仅传贤传子之不同，其为君主私相授受则一也。若据此以为合于今之共和民选政制，是完全不识共和为何物，曷足与辨哉！

总而言之，照陈独秀先生的意见，孔道与专制是不可分离的。在《随感录·尊孔与复辟》一文（《文存》卷二，页九）里说：

> 照孔圣人的伦理学说、政治学说，都非立君不可，所以袁世凯要做皇帝之先，便提倡尊孔。现在内务部又要把颜元、李塨二人从祀圣庙，政府居然准了，因此下了道命令，说些什么孔子道赞化育，陶铸群伦，"重儒修，明

正学","入德即在彝常,导世先端教化"的话。大家想想,这是什么意思?

在《袁世凯复活》一文(《文存》卷一,页一二七)中,又说:

> 袁世凯之废共和复帝制,乃恶果非恶因;乃枝叶之罪恶,非根本之罪恶。若夫别尊卑,重阶级,主张人治,反对民权之思想、之学说,实为制造专制帝王之根本恶果。吾国思想界不将此根本恶因铲除净尽,则有因必有果,无数废共和复帝制之袁世凯,当然接踵而来,毫不足怪。

在《复辟与尊孔》一文(《文存》卷一,页一六七)里,又说:

> 盖主张尊孔,势必立君;主张立君,势必复辟。理之自然,无足怪者。故曰:张(勋)、康(有为)复辟,其事虽极悖逆,亦自有其一贯之理由也。张、康虽败,而所谓"孔教会""尊孔会"尚遍于国中,愚皆以为复辟党也。盖复辟尚不必尊孔,以世界左袒君主政治之学说,非独孔子一人。若尊孔而不主张复辟,则妄人也,是不知孔子之道者也。去君臣之大伦而谬言尊孔,张、康闻之,必字之曰"逆"。以此等人而骂张、康曰"逆",其何以服张、康之心?

在《宪法与孔教》一文中又说:

> 以宪法而有尊孔之条文,则其余条文无不可废,盖今之宪法无非采用欧制,而欧洲法制之精神,无不以平等、人权为基础。吾见民国宪法草案百余条,其不与孔子之道相抵触者,盖几希矣。其将何以并存之?

在《孔子之道与现代生活》一文(《文存》卷一,页一一八)里说:

> 现代立宪国家,无论君主共和,皆有政党。其投身政党生活者,莫不发挥个人独立信仰之精神,各行其是,子不必同于父,妻不必同于夫。律以儒家教孝、教从之义——父死三年尚不改其道,妇人从父与夫,并从其子——岂能自择其党以为左右袒耶?在《复辟与尊孔》一文中又说:说者或曰:孔子生于二千年前君主之世,所言治术,自本于君政立言,恶得以其不合于后世共和政制而短之耶?曰:是诚然也,愚之非难孔子之动机,非因孔子之道之不适于今世,乃以今之妄人强欲以不适今世之孔道,支配今世之社会国家,将为文明进化之大阻力也。故不能已于一言。

上面是主要的指出,孔子之道不合于现代的政治生活——民主政体。若从现代的经济生活方面来看,孔子之道也是相背而趋的。在《孔子之道与现代生活》一文中,他说:

> 现代生活,以经济为之命脉,而个人独立主义,乃为经济学生产之大则,其影响遂及于伦理学。故现代伦理学上之个人人格独立,与经济学上之

个人财产独立，互相证明，其说遂至不可动摇；而社会风纪，物质文明，因此大进。中土儒者以纲常立教，为人子为人妻者，既失个人独立之人格，复无个人独立之财产。父兄畜其子弟，《坊记》曰："父母在，不敢有其身，不敢私其财。"此甚非个人独立之道也。康先生（有为）与范（源濂）书引"鳏寡孤独有所养""我不欲人之加诸我也，吾亦欲无加诸人"等语，谓为个人独立之义，孔子早已知之。此言真如梦呓！夫不欲人我相加，虽为群居间平等自由之精义，然有孝悌之说以相消，则自由平等只用之社会，而不能行之于家庭。人格之个人独立之义〈既不完全，财产之个人独立更不相涉。鳏寡孤独有所养之说，适与个人独立之义〉相违。西洋个人独立主义，乃兼伦理经济二者而言，尤以经济上个人独立主义为之根本也。

此外，陈独秀先生对于孔子之道之不适合于现代的妇女生活，尤极力的指摘出来。在同文里他说：

> 妇人参政运动，亦现代文明妇人生活之一端，律以孔教"妇人者，伏于人者也""内言不出于阃""女子不言外"之义，妇人参政岂非奇谈？西人孀居生活，或以笃念旧好，或尚独身清洁之生涯，无所谓守节也。妇人再醮，决不为社会所轻。中国礼教有"夫死不嫁"之义，男子之事二主，女子之事二夫，遂共目为失节，为奇辱。礼又于寡妇夜哭有戒，友寡妇之子有戒。国人遂以为家庭名誉之故，强制其子媳孀居。不自由之名节，至凄惨之生涯，年年岁岁，使许多富有为之妇女，身体、精神俱呈异态者，乃孔子礼教之赐也。

他又说：

> 今日文明社会，男女交际，率以为常。论者犹以为女性温和，有以制男女粗暴，而为公私宴聚所必需。即素不相知之男女，一经主人介绍，接席并舞，不以为非。孔子之道即曰"男女不杂坐"，曰"嫂叔不通问"，曰"已嫁而反，兄弟弗与同席而坐，弗与同器而食"，曰"男女非有行媒，不相知名；非受币，不交不亲"，曰"女子出门必拥蔽其面"，曰"七年（即七岁）男女不同席，不公食"，曰"男女无媒不交，无币不相见"，曰"礼非祭，男女不交爵"。是等礼法，非独与西洋社会生活状态绝殊，又焉能行于今日之中国？

又说：

> 西洋妇女独立自营之生活，自律师、医生以至店员、女工，无不有之。而孔子之道则曰"男女授受不亲"，"男不言内，女不言外，非祭非丧，不相授器"，"妇人，从人者也"。是盖以夫为妇纲，为妇者当然被养于夫，不

必有独立生活也。

又说：

> 妇于夫之父母，素不相知，只有情而无义。西洋亲之与子，多不同居，其媳更无孝养翁姑之义务。而孔子之道则曰"戒之敬之，夙夜毋违命"；"妇顺者，顺于舅姑"；"妇事舅姑，如事父母"；"父母、舅姑之命，勿逆勿怠"；"子甚宜其妻，父母不悦，出"；"凡妇，不命适私室，不敢退；妇将有事，大小必请于舅姑"。此恶姑虐媳之悲剧，所以不绝于中国之社会也。

这是从妇女生活方面来看。就是从孔子的道德礼教〈方面来看〉，也是不合于现代的生活的，是封建时代的产物。所以他说：

> 孔子生长封建时代，所提倡之道德，封建时代之道德也；所垂示之礼教，即生活状态，封建时代之礼教，封建时代之生活状态也……封建时代之道德，礼教，生活……所心营目注，其范围不越少数君主贵族之权利与名誉，于多数国民之幸福无与焉。何以明之？儒家之言社会道德与生活，莫大于礼；古代政治，莫重于刑。而《曲礼》曰："礼不下庶人，刑不上大夫。"此非孔子之道及封建时代精神之铁证也耶？

封建时代既有封建时代的道德，那么现代也应有现代的道德。我们若以为现代的道德是不同于封建时代的道德，而遂以为现代的道德是比了封建时代的道德为败坏，那是一个错误。陈独秀先生说：

> 浅人所目为今日风俗人心之最坏者，莫过于臣不忠，子不孝，男不尊经，女不守节。然是等谓之不尊孔则可，谓之为风俗人心之大坏，盖未知道德之为物与真理殊，其必以社会组织生活状态为变迁，非所谓一成而万世不易者也。

其实呢？

> 吾国民德之不隆，乃以比较欧美而言。若以古代风俗人心善于今日，则妄言也。风俗人心之坏，莫大于淫、杀，此二者，古今皆不免，而古甚于今。黄巢、张献忠之惨杀，今未闻也。有稍与近似者，亦惟反对新党赞成帝制孔教之汤芗铭、龙济光、张勋、倪嗣冲而已。古之宫廷秽乱，史不绝书，防范之策，至用腐刑。此等惨无人道之事，今日尚有之乎？古之防范妇人，乃至出必蔽面，入不共食；今之朝夕晤对者，未必即乱。古之显人，往往声妓自随，清季公卿，尚公然蓄姬男宠，今皆无之。溺女蛮风，今亦渐息。此非人心风俗较厚于古乎？

他又接着说：

共和思想流入以来，民德尤为大进。黄花岗七十二士，同日为国就义，扶老助弱，举止从容，至今思之，令人垂泪。中国前史有此美谈乎？袁氏称帝，冯、段诸公，竟不以私交废公义，唐、蔡、岑、陆均功成不居，此事在欧美、日本为寻常，而为中国古代军人所罕有。国民党人，苦战余生，以尊重约法之故，首先主张癸丑年与为政敌之黎元洪继任为天下倡，此非共和范为民德之效耶？

这样看起来，无论是从私德方面来看，或是公德方面来看，现代的不只不比前代的为坏，而且比前代的为好。那么所谓以孔子的礼教以为标准的道德，是不合于现代的生活，是很为显而易见的事情了。在《宪法与孔教》一文的结论中说：

　　吾人倘以为中国之法，孔子之道，足以组织吾之国家，支配吾之社会，使适于今日竞争世界之生存，则不徒共和宪法为可废，凡十余年来之变法维新、流血革命、设国会、改法律（民国以前所行之大清律，无一条非孔子之道），及一切新政治、新教育，无一非多事，且无一非谬误，应悉废罢。仍留旧法，以免滥费吾人之财力。万一不安分，妄欲建设西洋式之新国家，组织西洋式之新社会，以求适今世之生存，则根本问题，不可不首先输入西洋式社会国家之基础，所谓平等、人权之新信仰，对于与此新社会、新国家、新信仰不可相容之孔教，不可不有激底之觉悟，猛勇之决心，否则不塞不流，不止不行。

第三章　陈独秀的西化态度（二）

在消极方面，陈独秀先生既指出代表中国文化的孔子之道既不合于现代的生活，在积极方面，他又指出我们不能不采取现代的生活。所谓现代的生活，照陈独秀先生看起来，又不外是欧化或西化的生活。换句来说，要主张欧化或西化，则不得不反对孔教或孔道。陈独秀先生在其《答佩剑青年》（《独秀文存》卷三"通信"，页四八）里说：

> 记者非谓孔教一无可取，惟以其根本的伦理道德，适与欧化背道而驰，势难并行不悖。吾人倘以新输入之欧化为是，则不得不以旧有之孔教为非。倘以旧有之孔教为是，则不得不以新输入之欧化为非。新旧之间，绝无调和两存之余地。吾人只得任取其一。记者倘以孔教为是，当然非难欧化而以顽固守旧者自居，决不忸怩作"伪"欺人，里旧表新，自相矛盾也。

孔教可以说是中国文化的代表，所谓孔教与欧化背道而驰，就是说中国的文化与西洋的文化有了根本差异的地方。陈独秀先生在其著作中，对于中西或东西文化的根本差异的地方，多加说明。比方，在《东西民族根本思想之差异》一文（《独秀文存》卷一，页三五）里，曾举出三点，第一是西洋民族以战争为本位，东洋民族以安息为本位。所以他说：

> 儒者不尚力争，何况于战？老氏之教，不尚贤，使民不争，以任兵为不祥之器。故中土自西汉以来，黩武穷兵，国之大戒。佛徒去杀，益坠健斗之风。世或称中国民族安息于地上，犹太民族安息于天国，印度民族安息于涅槃，安息为东洋民族一贯之精神。斯说也，吾无以易之。

这是东方民族的根本思想的一种，至于西洋的民族的思想呢？

> 若西洋诸民族，好战健斗，根诸天性，成为风俗。自古宗教之战，政治之战，商业之战，欧罗巴之全部文明史，无一书非鲜血所书。英吉利人以鲜血取得世界之霸权，德意志人以鲜血造成今日之荣誉。若比利时，若塞尔维亚，以小抗大，以鲜血争自由，吾料其人之国终不沦亡。其力抗艰难之气骨，东洋民族或目为狂易；但能肖其万一，爱和平、尚安息、雍容文雅之劣等东洋民族，何至处于今日之被征服地位？
>
> 西洋民族，恶侮辱，宁斗死；东洋民族性，恶斗死，宁忍辱。民族而具如斯卑劣无耻之根性，尚有何等颜面，高谈礼教文明而不羞愧！

关于这一点，他在其《敬告青年》一文（《独秀文存》卷一，页五）里，也有了两段类似的说法。今且录下于下：

> 夫生存竞争，势所难免，一息尚存，则无守退安隐之余地。排万难而前行，乃人生之天职。以善意解之，退隐为高人出世之行；以恶意解之，退隐为弱者不适竞争之现象。欧俗以横厉无前为上德，亚洲以闲逸恬淡为美风，东西民族强弱之原因，斯其一矣。此退隐主义之根本缺点也。

又说：

> 若夫吾国之俗，习为萎靡。苟取利禄者，不在论列之数；自好之士，希声隐沦，食粟衣帛，无益于世，世以雅人名士目之，实以游惰无择也。人心秽浊，不以此辈而有所补救，而国民抗往之风，植产之习，于焉以斩。人之生也，应战胜恶社会，而不可为恶社会所征服；应超出恶社会，进冒险苦斗之兵，而不可逃遁恶社会，作退避安闲之想。呜呼！欧罗巴铁骑入汝室矣，将高卧白云何处也？……我愿青年之为托尔斯泰与太戈尔，不若其为哥伦布与安重根。

不但这样，以安息为本位的民族，除了甘于退隐而缺之进取，而同时又是偏于保守而不能进步。所以在《敬告青年》一文里，他又指出：我们

> 固有之伦理、法律、学术、礼俗，无一非封建制度之遗，持较晳种之所为，以并世之人，而思想差迟，几及千载；尊重廿四朝之历史性，而不作改进之图，则驱我民族于二十世纪之世界以外，纳之奴隶牛马黑暗沟中而已，复何说哉！于此而言保守，诚不知为何项制度文物，可以适用生存于今日。吾宁忍过去国粹之消亡，而不忍现在及将来之民族，不适世界之生存而归削灭也。

总而言之，因为东方而尤其是我国的民族是以安息为本位，故也偏于退隐，偏于保守；因为西洋的民族是以战争为本位，故也偏于进取，偏于进步。

第二，陈独秀先生以为西洋民族以个人为本位，东洋民族以家族为本位。他说：

> 西洋民族，自古迄今，彻头彻尾个人主义之民族也。英美如此，法德亦何独不然？尼采如此，康德亦何独不然？举一切伦理、道德、政治、法律，社会之所向往，国家之所祈求，拥护个人之自由权利与幸福而已。思想言论之自由，谋个性之发展也。法律之前，个人平等也。个人之自由权利，载诸宪章，国法不得而剥夺之，所谓人权是也。人权者，成人以往，自非奴隶，悉享此权，无有差别。此纯粹个人主义之大精神也。自唯心论言之，人间者，性灵之主体也；自由者，性灵之活动力也。自心理学言之，人间者，意思之主体；自由者，意思之实现力也。自法律言之，人间者，权利之主体；

自由者，权利之实行力也。所谓性灵，所谓意志，所谓权利，皆非个人以外之物。国家利益，社会利益，名与个人主义相冲突，实以巩固个人利益为本因也。

在《敬告青年》一文中他又说：

……等一人也，各有自主之权，绝无奴隶他人之权利，亦绝无似奴自处之义务。奴隶云者，古之昏弱对于强暴之横夺，而失其自由权利者之称也。自人权平等之说兴，奴隶之名，非血气所忍受。世称近世欧洲历史为"解放历史"：破坏君权，求政治之解放也；否认教权，求宗教之解放也；均产说兴，求经济之解放也；女子参政运动，求男权之解放也。解放云者，脱离夫奴隶之羁绊，以完其自主、自由之人格之谓也。我有手足，自谋温饱；我有口舌自陈好恶；我有心思，自崇所信；绝不认他人之越俎，亦不应主我而奴他人。盖自认为独立自主之人格以上，一切操行，一切权利，一切信仰，唯有听命各自固有之智能，断无盲从隶属他人之理。非然者，忠孝节义，奴隶之道德也；轻刑薄赋，奴隶之幸福也；称颂功德，奴隶之文章也；拜爵赐第，奴隶之光荣也；丰碑高墓，奴隶之纪念物也。以其是非荣辱，听命他人，不以自身为本位，则个人独立平等之人格，消灭无存；其一切善恶行为，势不能诉之自身意志而课以功过。谓之奴隶，谁曰不宜？

在《东西民族根本思想之差异》一文里，他又说：

东洋民族，自游牧社会，进而为宗法社会，至今无以异焉；自酋长政治，进而为封建政治，至今亦无以异焉。宗法社会，以家族为本位，而个人无权利，一家之人，听命家长。《诗》曰："君之宗之。"《礼》曰："有余则归之宗，不足则资之宗。"宗法社会尊家长、重阶级，故教孝；宗法社会之政治，郊庙典礼，国之大经，国家组织，一如家族，尊元首，重阶级，故教忠。忠孝者，宗法社会、封建时代之道德，半开化东洋民族一贯之精神也。自古忠孝美谈，未尝无可泣可歌之事，然律以今日文明社会之组织，宗法制度之恶果，盖有四焉：一曰损坏个人独立自尊之人格；一曰窒碍个人意志之自由；一曰剥夺个人法律上平等之权利；一曰养成依赖性，戕贼个人之生产力。东洋民族社会中种种卑劣不法、惨酷衰微之象，皆以四者为之因。欲转善因，是在以个人本位主义，易家族本位主义。

第三，他指出西洋民族以法治为本位，以实利为本位，东洋民族以感情为本位。以虚文为本位，他在同文中说：

西洋民族之重视法治，不独国政为然，社会家庭，无不如是。商业往还，对法信用者多，对人信用者寡；些微授受，恒依法立据。浅见者。每讥其俗薄而不惮烦也。父子昆季之间，称贷责偿，锱铢必较，违之者不惜诉诸法律；亲戚交游，更无以感情违法损利之事。

又说：

西俗成家之子，恒离亲而别居，绝经济之关系。所谓吾之家庭（My Family）者，必其独立生活也，否则必曰吾父之家庭（My Father's Family）。用语严别，误必遗讥。东俗则不然，亲养其子，复育其孙，以五递进，又各纳妇，一门之内人口近百矣。况夫累代同居，传为佳话。虚文炫世，其害滋多！男妇群居，内多诟谇；依赖成性，生产日微；貌为家庭和乐，实则黑幕潜张，而生机日促耳。昆季之间，率为共产，倘不相养，必为世讥。事畜之外，兼及昆季。至简之家，恒有八口。一人之力，曷以肩兹？因此被养之昆季习为游惰，遗害于家庭及社会者亦复不少。交游称贷，视为当然，其偿也无期，其质也无物，惟以感情为条件而已。仰食豪门，名流不免。以此富者每轻去其乡里，视戚友为盗贼。社会经济，因以大乱。

在《敬告青年》一文中说：

自约翰弥尔（J. S. Mill）"实利主义"唱道于英，孔特之"实验哲学"唱道于法，欧洲社会之制度，人心之思想，为之一变。最近德意志科学大兴，物质文明，造乎其极，制度人心，为之再变。举凡政治之所营，教育之所期，文学技术之所风尚，万马奔驰，无不齐集于厚生利用之一途。一切虚文空想之无裨于现实生活者，吐弃殆尽。当代大哲，若德意志之倭铿（R. Eucken），若法兰西之柏格森，虽不以现时物质文明为美备，咸揭橥生活问题，为立言之的。生活神圣，正以此次战争，血染其鲜明之旗帜。欧人空想虚文之梦，势将觉悟无遗。

他又说：

夫利用厚生，崇实际而薄虚玄，本吾国初民之俗；而今日之社会制度，人心思想，悉自周、汉两代而来——周礼崇尚虚文，汉则罢黜百家而尊儒重道——名教之所昭垂，人心之所祈向，无一不与社会现实生活背道而驰。倘不改弦而更张之，则国力将莫由昭苏，社会永无宁日。祀天神而拯水旱，诵孝经以退黄巾，人非童昏，知其妄也。物之不切于实用者，虽金玉圭璋，不如布粟粪土。若事之无利于个人或社会现实生活者，皆虚文也，诳人之事也。诳人之事，虽祖宗之所遗留，圣贤之所垂教，政府之所提倡，社会之所崇尚，皆一文不值也。

照陈独秀先生的意见，因为东西民族有了上面所说的根本思想的差异，因为有了这种差异，遂使东西两方的文化有了根本不同之处。而这种根本不同之处，就是东西文化的优劣的区别。其实，从上面所说的东西民族根本思想之差异之点，已可看出这两种民族思想的优劣。思想固是这样，文化的各方面也是这样。

因为东方而尤其是我们中国的文化，是比不上西洋的文化，所以中国不得不效法西洋的文化。这是陈独秀先生之所以主张西化的原因。在《吾人最后之觉悟》一文（《独秀文存》卷一，页四九）里说：

> 吾华国于亚洲之东，为世界古国之一，开化日久，环吾境者皆小蛮夷，闭户自大之局成，而一切政学术教悉自为风气，不知其他。魏晋以还，象教流入，朝野士夫，略开异见。然印土自己不振，且其说为出世之宗，故未能使华民根本丕变，资生事之所需也。其足使吾人生活状态变迁而日趋觉悟之途者，其欧化之输入乎？

东西或中西民族的思想文化既有其根本不同之处，中国文化若要根本改变，就要欧化的输入。根本上既要欧化的输入，而始能使中国文化改变，那么这种改变也可以叫做根本上的欧化。因为输入欧化，而使在消极方面，根本改变中国固有的文化，从积极方面来看，就是需要根本欧化。我们且再看他在同文中说：

> 欧洲输入之文化，与吾华固有之文化，其根本性质极端相反。数百年来，吾国扰攘不安之象，其由此两种文化相触接相冲突者，盖十居八九。凡经一次冲突，国民即受一次觉悟。

在《敬告青年》一文中他说：

> 吾国自海通以来，自悲观者言之，失地偿金，国力索矣；自乐观者言之，倘无甲午、庚子两次之福音，至今犹在八股垂发时代。

在《吾人最后之觉悟》一文里，他又指出，我们的文化的惰性过强，对于西洋文化的输入不易接受，故自明末清初以至于近世，我们尚没有澈底的觉悟。

从陈独秀先生看起来，自西洋文化输入中国之后，以至于五四文化运动的时代，我国西化的发展大致可分为下列七个时期。从这七个时期的西化的发展，我们就可以看出中国的西化尚不澈底，而我人今后还要有最后的觉悟。

> 第一期在有明之中叶。西教西器初入中国，知之者乃极少数之人，亦复惊为"河汉"，信之者为徐光启一人而已。
>
> 第二期在清之初世。火器历法，见纳于清帝，朝野旧儒，群起非之，是为中国新旧相争之始。
>
> 第三期在清之中世。鸦片战争以还，西洋武力，震惊中土，情见势绌，互市局成，曾、李当国，相继提倡西洋制械练兵之术，于是洋务、西学之名词发现于朝野。当时所争者，在朝则为铁路、非铁路问题，在野则为地圆地动、地非圆不动问题。今之童稚皆可解决者，而当时之顽固士大夫奋笔鼓

舌，哓哓不已，咸以息邪说、正人心之圣贤自命。其睡眠无知之状态，当世必觉其为可恶，后世只觉其可怜耳。

第四期在清之末季。甲午之役，军破国削，举国上中社会，大梦初觉，稍有智识者，多承认富强之策虽圣人所不废。康、梁诸人，乘时进以变法之说，耸动国人，守旧党尼之，遂有戊戌之变。沉梦复酣，暗云密布，守旧之见，趋于极端，遂积成庚子之役。虽国几不国，而守旧势力顿失凭依，新思想渐拓领土，遂由行政制度问题一折而入政治根本问题。

第五期在民国初元。甲午以还，新旧之所争，康、梁之所提倡，皆不越行政制度良否问题之范围，而于政治根本问题去之尚远。当时所说为新奇者，其实至为肤浅，顽固党当国，并此浅肤者而亦抑之，遂激动一部分优秀国民渐生政治根本问题之觉悟，进而为民主共和、君主立宪之讨论。辛亥之役，共和告成，昔日仇视新政之君臣，欲求高坐庙堂从容变法而不可得矣。

第六期则今兹之战役也。三年以来，吾人于共和国体之下，备受专制政治之痛苦。自经此次之实验，国中贤者，宝爱共和之心，因以勃发；厌弃帝制之心，因以明确。

吾人拜赐于执政，可谓没齿不忘者矣。然自今以往，共和国体果能巩固无虞乎？立宪政治果能施行无阻乎？以予观之，此等政治根本解决问题，犹待吾人最后之觉悟。此谓之第七期民国宪法实行时代。

为什么"政治根本解决问题，犹待吾人最后之觉悟"呢？陈独秀先生在同文中说：

> 吾国专制日久，惟官令是从。人民除纳税、诉讼外，与政府无交涉。国家何物，政治何事，所不知也。积成今日国家危殆之势，而一般商民，犹以为干预政治，非分内之事。国政变迁，悉委诸政府及党人之手，自身取中立态度，若观对岸之火，不知国家为人民公产，人类为政治动物。斯言也，欧美国民多知之，此其所以莫敢侮之也。是为我人政治觉悟第一步。

他又说：

> 吾人既未能置身政治潮流以外，则开宗明义之第一章，即为决择政体良否问题。古今万国，政体不齐，治乱各别。其拨乱为治者，罔不舍旧谋新，由专制政治趋于自由政治，由个人政治趋于国民政治，由官僚政治趋于自治政治。此所谓立宪制之潮流，此所谓世界系之轨道也。吾国既不克闭关自守，即万无越此轨道、逆此潮流之理。进化公例，适者生存。凡不能应四周情况之需求而自处于适宜之境者，当然不免于灭亡。日之与韩，殷鉴不远。吾国欲图世界的生存，必弃数千年之官僚专制的个人政治，而易以自由自治的国民政治也。是为吾人政治的觉悟之第二步。

他又说：

> 所谓立宪政体，所谓国民政治，果能实现与否，纯以多数国民能否对于政治，自觉其居于主人的主动地位为唯一根本之条件。自居于主人的主动的地位，则应自进而建设政府，自立法度而自服从之，自定权利而自尊重之。倘立宪政治之主动地位属于政府而不属于人民，不独宪法乃一纸空文，无永久厉行之保障，且宪法上之自由权利，人民将视为不足轻重之物，而不以生命拥护之，则立宪政治之精神已完全丧失矣。是以立宪政治而不出于多数国民之自觉，多数国民之自动，惟曰仰望善良政府，贤人政治，其卑屈陋劣，与奴隶之希冀主恩，小民之希冀圣君贤相施行仁政，无以异也。古之人希冀圣君贤相施行仁政，今之人希冀伟人大老建设共和宪政，其卑屈陋劣，亦无以异也。夫伟人大老，亦国民一分子，其欲建设共和宪政，岂吾之所否拒？第以共和宪政，非政府所能赐予，非一党一派人所能主持，更非一二伟人大老所能负之而趋。共和立宪而不出于多数国民之自觉与自动，皆伪共和也，伪立宪也，政治之装饰品也，与欧美各国之共和立宪绝非一物。以其于多数国民之思想人格无变更，与多数国民之利害休戚无切身之观感也。是为吾人政治觉悟之第三步。

政治上的民主化固是吾人最后的觉悟，然而伦理上的改革，尤为吾人最后的觉悟的最后觉悟。因为政治与伦理是有了密切的关系而不可分开的，所以陈独秀先生主张伦理上的澈底改革。他说：

> 伦理思想，影响于政治，各国皆然，吾华尤甚。儒者三纲之说，为我伦理政治之大原，共贯同条，莫可偏废。三纲之根本义，阶级制度是也。所谓名教，所谓礼教，皆以拥护此别尊卑、明贵贱制度者也。近世西洋之道德政治，乃以自由、平等、独立之说为大原，与阶级制度极端相反。此东西文明之一大分水岭也。

他又说：

> 吾人果欲于政治上采取共和立宪制，复欲于伦理上保守纲常阶级制，以收新旧调和之效，自家冲撞，此绝对不可能之事。盖共和立宪制，以独立、平等、自由为原则，与纲常阶级制为绝对不可相容之物，专其一必废其一。倘于政治否认专制，于家族社会仍保守旧有之特权，则法律上权利平等、经济上独立生产之原则，破坏无遗，焉有并行之余地？

他又说：

> 自西洋文明输入吾国，最初促我人之觉悟者为学术，相形见拙，举国所知矣。其次为政治，年来政象所证明，已有不克守缺抱残之势。继今以往，

国人所怀疑莫决者,当为伦理问题。此而不能觉悟,则前之所谓觉悟者,非澈底之觉悟,盖犹在惝恍迷离之境。吾敢断言曰:伦理的觉悟,为吾人最后觉悟之最后觉悟。

我们知道,国人自鸦片战争以后,虽逐渐感觉到西洋文化的优越,然而自从太平天国灭亡以后,以至民国初年的五十年间,国人所要效法西洋的,初则不外船坚炮利;甲午以后,始感觉到政治上也要效法西洋;到了民国初年,政治的根本问题还未完全解决。而其所以未能解决的主要原因,从陈独秀先生看起来,就是由于我国的伦理尚未西化。然而要有西化的伦理,则必先打破旧的伦理,而尤其孔家的伦理。陈独秀先生主张打倒固有的伦理。而采纳西洋的伦理,以为实行民主政治的根本,这是五四文化运动中的最重要的觉悟,这也是五四文化运动中的进一步的西化的主张。

要提倡民主政治,我们就不能不打倒孔教及其伦理思想,而主张西化的道德。这一点,我们在上面,而尤其是在上章里,已经说得很为详细。然而我们知道,陈独秀先生不只要打倒孔子之教,打倒专制政体,主张西化的道德,主张民主政治,而且要打倒旧的文学,打倒固有国粹,提倡新的文化,提倡近代科学。在《〈新青年〉罪案之答辩书》(《独秀文存》卷一,页三六二)里,他很痛快的说:

> 要拥护那德先生(德谟克拉西 Democracy),便不得不反对孔教、礼法、贞节、旧伦理、旧政治。要拥护那赛先生(赛因斯 Science),便不得不反对旧艺术、旧宗教。要拥护德先生,又要拥护赛先生,便不得不反对国粹和旧文学。大家平心细想,本志除了拥护德、赛两先生之外,还有别项罪案没有呢?若是没有,请你们不用专门非难本志,要有气力有胆量来反对德、赛两先生,才算好汉,才算是根本的办法。

他又说:

> 西洋人因为拥护德、赛两先生,闹了多少事,〈流了多少血〉,德、赛两先生才渐渐从黑暗中把他们救出,引到光明世界。我们现在认定,只有这两位先生可以救治中国政治上、道德上、学术上、思想上一切黑暗。若因为拥护这两位先生,一切政府的压迫,社会的攻击笑骂,就是断头流血,都不推辞。

在《敬告青年》一文里,他说:

> 科学者何?吾人对于事物之概念,综合客观之现象,诉之主观之理性而不矛盾之谓也。想像者何?既超脱客观之现象,复抛弃主观之理性,凭空构造,有假定而无实证,不可以人间已有之智灵,明其理由,道其法则者也。

在昔蒙昧之世，当今浅化之民，有想像而无科学。宗教美文，皆想像时代之产物。近代欧洲之所以优越他族者，科学之兴，其功不在人权说下，若身车之有两轮焉。今且日新月异，举凡一事之兴，一物之细，罔不诉之科学法则，以定其得失从违；其效将使人间之思想云为，一遵理性，而迷信斩焉，而无知妄作之风息焉。

他又说：

国人而欲脱蒙昧时代，羞为浅化之民也，则急起直追，当以科学与人权并重。士不知科学，故袭阴阳家符瑞五行之说，惑世诬民；地气风水之谈，乞灵枯骨。农不知科学，故无择种、去虫之术。工不知科学，故货弃于地，战斗生事之所需，一一仰给于异国。商不知科学，故惟识罔取近利，未来之胜算，无容心焉。医不知科学，既不解人身之构造，复不事药性之分析，菌毒传染，更无闻焉；惟知附会五行生克、寒热阴阳之说，袭古方以投药饵，其术殆与矢人同科；其想像之最神奇者，莫如"气"之一说，其说且过于力士羽流之术，试遍索宇宙间，诚不知此"气"之果为何物也。凡此无常识之思，惟无理由之信仰，欲根治之，厥维科学。

科学之需要提倡，固与民主政治之需要提倡，无分轻重；文学之需要革命，也与政治之需要革命，无分轻重。在《文学革命论》一文（《独秀文存》卷一，页一三七）里，陈独秀先生说：

孔教问题，方喧呶于国中，此伦理道德革命之先声也。文学革命之气运，酝酿已非一日，其首举义旗之急先锋，则吾友胡适。余甘冒全国学究之敌，高张"文学革命军"大旗，以为吾友之声援。旗上大书特书吾革命军三大主义：曰推倒雕琢的阿谀的贵族文学，建设平易的抒情的国民文学；曰推倒陈腐的铺张的古典文学，建设新鲜的立诚的写实文学；曰推倒迂晦的艰涩的山林文学，建设明瞭的通俗的社会文学。

他又说：

际此文学革新之时代，凡属贵族文学、古典文学、山林文学，均在排斥之列。以何理而排斥此三种文学耶？曰：贵族文学，藻饰依他，失独立自尊之气象也；古典文学，铺张堆砌，失抒情写实之旨也；山林文学，深晦艰涩，自以为名山著述，于其群之大多数无所裨益也。其形体则陈陈相因，有肉无骨，有形无神，乃装饰品而非实用品；其内容则目光不越帝王权贵，神仙鬼怪，及其个人之穷通利达。所谓宇宙，所谓人生，所谓社会，举非其构思所及，此三种文学共同之缺点也。此种文学，盖与吾阿谀夸张、虚伪迂阔之国民性，互为因果。今欲〈革新政治，势不得不〉革新盘踞于运用此政治者精神界之文学。使吾人不张目以观世界社会文学之趋势，及时代之精神，日夜埋头故纸堆中，所目注心营者，不越帝王，权贵，鬼怪，神仙，与夫个人之穷通利达，以此而求革命文学，革命政治，是缚手足而敌孟贲也。

他又说：

> 欧洲文化，受赐于政治科学者固多，受赐于文学者亦不少。予爱卢梭、巴士特之法兰西，予尤爱虞哥、左喇之法兰西；予爱康德、赫克尔之德意志，予尤爱桂特郝、卜特曼之德意志；予爱倍根、达尔文之英吉利，予尤爱狄铿士、王尔德之英吉利。吾国文学界豪杰之士，有自负为中国之虞哥、左喇、桂特郝、卜特曼、狄铿士、王尔德者乎？有不顾迂儒之毁誉，明目张胆以与十八妖魔宣战者乎？予愿拖四十二生的大炮，为之前驱。

陈独秀先生是五四文化运动的时代主张文学革命的最力的一位。他虽然以为文学革命的首举义旗之急先锋是胡适之先生，然而这一次的文学革命的导火线，却可以说是由他而引动的。胡适之先生的文学革命的主张，最先见于民国五年十月他所给与陈独秀先生的一封信里。然而他之所以写这封信与陈独秀先生，是因为他读了陈独秀先生在《新青年》上所发表的文章，主张吾国文艺应从古典主义、理想主义而趋于写实主义，而后始公开的提出他的文学革命的意见。而且自胡适之先生发表了他的文学革命的言论之后，赞成最先而鼓吹最力的要算陈独秀先生。又，后来像钱玄同先生之主张废除汉字，他又极力赞同。所以他写信给钱玄同先生道："吴先生（指稚晖）中国文字迟早必废之说，浅人闻之，虽必骇怪，而循之进化公例，恐终无可逃。"他这样的直往前进的澈底的文字改革的态度，连了胡适之先生也有点踌躇（参看《独秀文存》卷三"通信"，页一五九——一六〇）。其实我们可以说，假使没有陈独秀先生那种勇气，说不定这一次的文学革命的成就，不会那么快与那么大罢。

除了上面所说的政治、道德、科学、文学等等需要效法西洋之外，陈独秀先生对于各种宗教虽有不少的批评，然而他对于西洋的耶教的教义是很表同情的。在《基督教与中国人》一文（《独秀文存》卷一，页四二〇）里，他说：

> 我们今后对于基督教问题，不但要有觉悟，使他不再发生纷扰问题；而且要有甚深的觉悟，要把耶稣崇高的、伟大的人格，和热烈的、深厚的情感，培养在我们的血里，将我们从堕落在冷酷、黑暗、污浊坑中救起。

西洋的物质文化之需要采纳，是陈独秀先生所赞成的，然而他所特别要我们效法西洋的，是人家的政治、道德、科学、文学，以至耶教的教义。这么一来，中国是要根本去西化，是很显明的。

第二编

第四章　胡适之的西化态度（一）

在《胡适文选》中的《介绍我自己的思想》一文里，胡适之先生曾告诉我们道：

> 我很不客气的指摘我们的东方文明，很热烈的颂扬西洋的近代文明。

这可以说是胡适之先生的东西文化的态度的表白。而且在这两句话里，我们不只可以看出他的西化的态度的消极方面，而且可以看出他的西化的态度的积极方面。

我们现在且先注重他的西化的态度的消极方面来说。

关于这一方面的解释，我们所要问的问题是：他怎么样的去指摘我们的东方文明，而尤其是我们中国的固有文明。

我们知道，五四文化运动的最大的贡献是文字的改革。换句来说，就是白话文的提倡。而白话文的提倡得最早而其影响得最大的，要属胡适之先生。可是要想提倡白话文，就不得不反对古文字以至旧文学。

胡适之先生之提倡文字革命以至文学革命，据他的《尝试集》序与其他的著作，虽在民国以前，然而这种主张之引起国人的注意而加以热烈的讨论的，可以说是始于他在民国五年十月间在《青年杂志》上所发表给与陈独秀先生一封信，在这封信里，胡先生说：

> 久未见《青年》，未知尚继续出版否？今日偶翻阅旧寄之贵报，重读足下所论文学变迁之说，颇有鄙见，欲就大雅质正之。足下之言曰："吾国文艺犹在古典主义与理想主义时代，今后当趋向写实主义。"此言是也……适尝谓凡人用古典或陈套语者，大抵皆因自己无才力，不能自铸新辞，故用古典套语，转一湾子，含糊过去，其避难趋易，最可鄙薄！
>
> 尝谓今日文学之腐败极矣：其下焉者，能押韵而已矣。稍进，如南社诸人，夸而无实，滥而不精，浮夸淫琐，几无足称者。（南社中间亦有佳作，此所讥评，就其大概言之耳。）更进，如樊樊山、陈伯严、郑苏盦之流，视南社为高矣，然其诗皆规摹古人，以能神似某人某人为至高目的，极其所至，亦不过为文学界添几件赝鼎耳，文学云乎哉！

综文学堕落之因，可以"文胜质"一语包之。文胜质者，有形式而无精神，貌似而神亏之谓也。欲救此文胜质之弊，当注重言中之意，文中之质，躯壳内之精神。古人曰："言之不文，行之不远。"应之曰：若言之无物，又何用文为乎？

年来思虑观察所得，以为今日欲言文学革命，须从八事入手。八事者何？

一曰，不用典；二曰，不用陈套语；三曰，不讲对仗（文当废骈，诗当废律）；四曰，不避俗字俗语（不嫌以白话作诗词）；五曰，须讲求文法之结构；此皆形式上之革命也。六曰，不作无病之呻吟；七曰，不摹仿古人，语语须有个我在；八曰，须言之有物；此皆精神上之革命也。此八事略具要略而已，其详细节目，非一书所能尽，当俟诸他日再为足下详言之。

以上所言，或有过激之处，然心所谓是，不敢不言。倘蒙揭之贵报，或可供当世人士之讨论。此一问题关系甚大，当有直言不讳之讨论，始可定是非。适以足下洞晓世界文学之趋势，又有文学改革之宏愿，故敢贡其一得之愚。

陈独秀先生除了在《青年》发表了这封信外，还有一篇答书在同处发表，赞成胡先生这种提议。所以，陈先生说："承示文学革命八事，除五、八二项，其余六项，仆无不合十赞叹，以为今日中国文界之雷音。"

自胡、陈两先生的书信发表之后，胡适之先生又作了一篇《文学改良刍议》，登在《新青年》第二卷第五号，出版于民国六年一月一日，使"文学革命"这个问题的讨论热烈起来。一年以后，胡适之先生又写了一篇《建设的文学革命论》，这两篇文章，而尤其前一篇，对于给陈独秀先生的信内所陈的八事详加解释。从此以后，古人渐渐为国人所排斥，而白话文遂得以逐渐流行。

我们应当指出，胡适之先生所提倡的白话文虽还是中国文字，然而从他所反对古文及提倡白话文的精神方面来看，他是深受了西洋文字的影响，而始有了这种主张的。他在给陈独秀先生的信里，所谓"足下洞晓世界文学之趋势"，既是指着西洋而言，而他们所主张的文学写实主义，以及讲求文法、有个我在等等，根本也是受了西洋的文学的影响而来的。

除了文字与文学的革命的言论之外，胡适之先生还有一篇指摘"名教"的文章（参看《胡适文存·三集》卷一，页九一），在这篇《名教》里，胡先生说：

孔教早倒霉了，佛教早衰亡了，道教也早冷落了。然而我们却还有我们的宗教。这个宗教是什么教呢？提起这教，大大有名，他就叫做"名教"。名教信仰什么？信仰"名"；名教崇拜什么？崇拜"名"。名教的信条只有一条："信仰名的万能。"

"名"是什么？……

……"名"就是文字，就即是写的字。

"名教"便是崇拜写的文字的宗教；便是信仰写的字有神力，有魔力的宗教。这个宗教，我们信仰了几千年，却不自觉我们有这样一个伟大宗教。不自觉的缘故，正是因为这个宗教太伟大了，无往不在，无所不包，就如同空气一样，我们日日夜夜在空气里生活，竟不觉得空气的存在了。

胡先生说明了名教的意义与名教的普遍之后，于是指出在我们的文化里，从给与小孩的名字，以至标语口号，都是名教的表现，举些例子来说明罢！

古时小孩生下地之后，要请一位专门术家来听小孩的哭声，声中某律，然后取名字。现在的民间变简单了，只请一个算命的，排排八字，看他缺少五行之中那一行。若缺水，便取个水旁的名字；若缺金，便取个金旁的名字。若缺火又缺土的，我们徽州人便取个"灶"字。名字可以补气禀的缺陷。

小孩命名若不好，便把他的"寄名"在观音菩萨的座前，取个和尚式的"法名"，便可以无灾难了。

小孩若爱啼啼哭哭，睡不安宁，便写一张书帖，贴在行人小便的处所，上写着：天皇皇，地皇皇，我家有个夜啼郎。过路君子念一遍，一夜睡到大天光。文字的神力真不少。

此外又如受了惊骇而失魂，那么叫魂必叫其名字。受了某人的欺侮，可以用刀乱斩某人的名字，以至"打倒帝国主义""打倒汉奸走狗"的标语与口号，都是由名教推衍而来的。

于是月月有纪念，周周做纪念周，墙上处处是标语，人人嘴上有的是口号。于是老祖宗几千年相传的"名教"之道，遂大行于今日，而中国遂成一个"名教"的国家。

这都是崇信文字的迷信而生了的病弊。胡适之先生以为这种迷信若不打倒，中国是没有希望的，所以他说：

打倒名教！名教扫地，中国有望！

胡适之先生不只要打倒古文，打倒名教，而且要打倒儒教，打倒孔丘。胡先生在《说儒》一篇长文里，指出"儒"的古义是这样的：

儒是殷民族的教士，靠他们的宗教知识为"衣食之端"。

胡先生虽指出孔子有了"君子儒"与"小人儒"的区别，然而同时他也指出，无论君子儒与小人儒的生活的路子是一样的。因为他们都是教士，都为人家治丧相礼，而且都很贫穷的，而又颇受人轻视嘲笑。中国古代的一般的儒固是这样，孔子及其弟子也是这样。所以胡先生说：

> 孔子尽管教训他们："女为君子儒，毋为小人儒。"但"君子""小人"的界限是很难画分的。他们既须靠治丧相礼为"衣食之端"，就往往不能讲气节了。如齐国国昭子之母之丧，他问子张："丧及墓，男子妇女安位？"子张说："司徒敬子之丧，夫子相，男子西乡，妇人东乡。"可是主人不赞成这个办法，他说："噫，毋曰我丧也斯沾。尔专之。宾为宾焉，主为主焉。妇人从男子，皆西乡。"主人要那么办，"夫子"的大帽子也压不住，那位"堂堂乎张也"也就没有办法，只好依着他去做了。其实这班大儒自己也实在有招人轻侮之道。

胡适之先生又接着指出《檀弓》里所记一件很有趣的故事，去说明他们招人轻侮的行为。《檀弓》里的原文是这样：

> 季孙之母死，哀公吊焉。曾子与子贡吊焉。阍人为君在，弗内也。曾子与子贡入于其厩而修容焉。子贡先入，阍人曰："乡者已告矣。"曾子后入，阍人辟之。涉内霤，卿大夫皆辟位，公降一等而揖之。——君子曰："尽饰之道，斯其行者远矣。"

胡先生对于这段话作了下面的解释：

> 季孙为当时鲁国最有权力的人，他的母丧真可说是"大丧"了。这两位大儒巴巴的赶来，不料因国君在内，阍人不让他们进去，他们就进季孙的马厩里去修容；子贡修饰好了，还瞒不过阍人，不得进去；曾子装饰得更好，阍人不敢拦他，居然混进去。里面的国君与大夫，看见此时有吊客进来，料想必是尊客，都起来致敬，国君还降一等揖客。谁想这不过是两位改装的儒者赶来帮主人治丧相礼呵！我们看了这种圣门的记载，再回想《墨子·非儒》篇描写的"五谷既收，大丧是随，子姓皆从，得厌饮食"，"富人有丧，乃大说喜"，我们真不能不感觉到"君子儒"与"小人儒"的区别是很微细的了！

胡先生又说：

> 以上记"儒"的生活，我们只用那些我们认为最可信的史料。有意毁谤儒者，而描写不近情理的材料，如《庄子》记"大儒以诗礼发冢"的文字，我们不愿意引用。如果还有人觉得我在上文描写"儒"的生活，有点近于有心毁谤孔门圣贤，那么，我只好请他平心静气想想孔子自己说他的生活："出［门］则事公卿，入则事父兄；丧事不敢不勉，不为酒困，——何有于我哉？"在这里，我们可以看见一个"儒"的生活的概略。

胡先生不只指出孔子也是为人治丧相礼的一个"儒",而且又指出孔子还为人驱鬼,《论语》所记"乡人傩,朝服而立于阼阶",就是一个例子。

这样的去描写儒的生活,及我们不能不说他是有心去毁谤孔门圣贤。其实照胡先生所描写的儒的行为来看,所谓儒者,真是像了今日一般下流的道士;又如曾子、子贡那种行为,简直就是等于骗子;至于为了酒食而随便的到了有丧事的人家,又是像了今日一般的叫化子的作为了。

胡适之先生是反对宗教的,我们上面已经指出,他曾反对名教。他又指出孔教、佛教、道教正在衰败,那么,那种与道教相混的古代儒教之为胡先生所反对,也是无可疑的。

而且,古代的儒教固为胡先生所毁谤,自孔子以后的孔教也为胡先生所反对。从上编所抄录胡先生的《吴虞文录·序》里,我们就可以看出,胡先生之反对孔教的生活,因为他以为这种生活是不合现代的生活,所以他曾大声疾呼"打倒孔家店"。到了民国二十三年,政府通令祭祀孔子。胡先生又在《独立评论》上发表了一篇《写在孔子诞辰纪念之后》(参看《胡适论学近著》第一集卷四,页五〇六),反对政府这种举动。这是一篇很为动人的文章,我们愿意摘录数段于后:

> 我们观察近年我们当政的领袖,好像都不免有一种"做戏无法,出个菩萨"的心理,想寻求一条救国的捷径,想用最简易的方法做到一种复兴的灵迹。最近政府忽然手忙脚乱的恢复了纪念孔子诞辰的典礼,很匆遽的颁布了礼节的规定。八月二十七日,全国都奉命举行了这个孔诞纪念的大典。在每年许多个先烈纪念日之中,加上一个孔子诞辰的纪念日,本来不值得我们的诧异。然而政府中人说这是"倡导国民培养精神上之人格"的方法,舆论界的一位领袖也说:"有此一举,诚足以奋起国民之精神,恢复民族的自信。"难道世间真有这样简便的捷径吗?我们当然赞成"培养精神上之人格""奋起国民之精神,恢复民族的自信"。但是古人也曾说过:"礼乐所由起,百年积德而后可兴也。"国民的精神,民族的信心,也是这样;他的颓废不是一朝一夕之故,他的复兴也不是虚文口号所能做到的。"洙水桥前,大成殿上,多士济济,肃穆趋跄";四方城市里,政客军人也都率领着官吏士民,济济跄跄的行礼,堂堂皇皇的演说,——礼成祭毕,纷纷而散,假期是添了一日,口号是添了二十句,演讲词是多出了几篇。官吏学生是多跑了一趟,然在精神的人格与民族的自信上,究竟有丝毫的影响吗?

> 那一天《大公报》的社论曾有这样一段议论:"最近二十年,世变弥烈,人欲横流,功利思想如水趋壑,不特仁义之说为俗诽笑,即人禽之判亦几以不明,民族的自尊心与自信力既已荡然无存,不待外侮之来,国家固已早濒于精神幻灭之域。"如果这种诊断是对的,那么,我们的民族病不过起

于"最近二十年"，这样浅的病根，应该是很容易医治的了。可惜，我们平日敬重这位天津同业先生，未免错读历史了。《官场现形记》和《二十年目睹之怪现状》描写的社会政治情形，不是中国的实情吗？是不是我们得把病情移前三十年呢？《品花宝鉴》以至《金瓶梅》描写的，也不是中国的社会政治吗？这样一来，又得挪上三五百年了。那些时代，孔子是年年祭的，《论语》《孝经》《大学》是村学儿童人人读的，还有士大夫讲理学的风气哩！究竟那每年"洙水桥前，大成殿上，多士济济，肃穆趋跄"，曾何补于当时的惨酷的社会，贪污的政治？

他详细的指明，我们二十年来各方面都有进步之后，又说：

> 凡是咒诅这个时代为"人欲横流，人禽无别"的人，都不曾认识这个新时代的人：他们不认识这二十年中国的空前大进步，也不认识这二十年中整千整万的中国少年流的血，究竟为的是什么。
>
> 可怜的没有信心的老革命党呵！你们要革命，现在做到了这二十年的空前大进步，你们反不认得它了。这二十年的一点进步，不是孔夫子之赐，是大家努力革命的结果，是大家接受了一个新世界的新文明的结果。只有向前走是有希望的，开倒车是不会有成功的。
>
> 你们心眼里最不满意的现状，——你们所咒诅的"人欲横流，人禽无别"，——只是任何革命时代所不能避免的一点附产物而已。这种现状的存在，只够证明革命还没有成功，进步还不够。孔圣人是无法帮忙的，开倒车也决不能引你们回到那个本来不存在的"美德造成的黄金世界"的！养孩子还免不了肚痛，何况改造一个国家，何况改造一个文化？别灰心了，向前走罢！

胡适之先生在写这篇文章这一年，曾被广州中山大学请到该校讲演，可是他一到香港，就被了提倡孔教读经的陈济棠，以及一般守旧者流的剧烈的反对，因而不得不取消其演讲。他后来回到北平之后，曾写了好几篇游记，其中曾有了不少反对这班提倡复古的言论，也很值得我们的参考。不过在这里我们不必多所举例，我们所要指出的是，照他的意见，在孔教盛行的时代，中国的人情风尚未见得比现在高得多少，反而在一般国人所谓为光辉万丈的孔教正宗的宋明理学，还造出好多吃人的礼教。且看胡先生在《信心与反省》一文里说：

> ……宋明理学，说起来也真正可怜！讲了七八百年的理学，没有一个理学圣贤起来指出裹小脚是不人道的野蛮行为，只见大家崇信"饿死事极小，失节事极大"的吃人的礼教，请问那万丈光辉究竟照耀到那里去了？（参看《胡适论学近著》第一集卷四，页四八三）

其实照胡先生看起来，一般自命为孔门圣贤，一方面既造成好多吃人的礼教,别方面对于中国的好多罪恶又未曾加以反对,小脚不过只是这好多罪恶的一种罢!胡先生在《三论信心与反省》一文里,告诉我们道:

> 骈文、律诗、八股、小脚、太监、姨太太、五世同居的大家庭、贞节牌坊、地狱的监牢、廷杖、板子夹棍的法庭这十一项,除了姨太太外,差不多全是"我们所独有的宝贝","在这世界无不足以单独成一系统的"。高跟鞋与木屐何足以媲美小脚?"贞操锁"我在巴黎的克吕尼博物院看见过,并且带有照片回来,这不过是几个色情狂的私人的特制,万不配上比那普及全国至一千多年之久,诗人颂为香钩,文人尊为金莲的小脚。我们走遍世界,研究过初民社会,没有看见过一个文明的或野蛮的民族把他们的女人的脚裹小到三四寸,裹到骨节断折残废,而一千年公认为"美"的!也没有看见过一个文明的民族的智识阶级有话不肯老实的说,必须凑成对子,做成骈文、律诗、律赋、八股,历一千几百年之久,公认为"美"的!无论我们如何爱护祖宗,这十项的"国粹"是洋鬼子家里搜不出来的。

我们可以说,胡先生所举这十一项的"国粹",差不多每一项无论在直接上或间接的,都与孔教有了多少的关系。

在《漫游的感想》麻将条(《胡适文存·三集》卷一,页六六)里,胡适之先生又指出麻将是我们文化的特产,他说:

> 从前的革新家说中国有三害:鸦片、八股、小脚。鸦片虽然没禁绝,总算是犯法了;虽然还有做"洋八股"与更时髦的"党八股"的,但八股的四书文是过去的了;小脚也差不多没有了。只有这第四害麻将,还是日兴月盛,没有一点衰歇的样子,没有人说它是可以亡国的大害。新近麻将先生居然大摇大摆地跑到西洋去招摇一次,几乎做了鸦片烟与杨梅疮的还敬礼物。但如今它仍旧缩回来了,仍旧回来做东方精神文明的国家的国粹、国戏。

胡先生又说:

> 只有咱们这种不长进的民族,以"闲"为幸福,以"消闲"为急务,男人以打麻将为消闲,女人以打麻将为家常,老太婆以打麻将为下半生的大事业!

此外又如在《试评所谓"中国本位的文化建设"》一文(《胡适论学近著》第一集卷四,页五五二)又指出:"中国今日最可令人焦虑的是,政治社会和思想没有一方面不保持中国旧有的种种罪孽,从读经、祀孔、国术、国医,到满街的性史,满墙的春药,没有一件不是中国旧有的种种罪孽;从娘子关到五羊城,从东海之滨到峨嵋山脚,也没有一处不有中国旧有的种种把戏。"

胡适之先生在《我们走那条路》一文(《胡适论学近著》第一集卷四,页四三九）里，又把中国的根本的病弊归纳为五种。这五种的根本的病弊，他认为是中国的五个大仇敌，这就是贫穷、疾病、愚昧、贪污与扰乱。我们且看他说：

> 我们的任务，只在于充分用我们的智识，客观的观察中国今日的实际需要，决定我们的目标。我们第一要问，我们要铲除的是什么？这是消极的目标。第二要问，我们要建立的是什么？这是积极的目标。我们要铲除打倒的是什么？我们的答案是：第一大敌是贫穷，第二大敌是疾病，第三大敌是愚昧，第四大敌是贪污，第五大敌是扰乱。

> 这五大仇敌之中，资本主义不在内，因为我们还没有资格谈资本主义。资产阶级也不在内，因为我们至多有几个小富人，那里有资产阶级？封建势力也不在内，因为封建制度早已在二千年前崩坏了。帝国主义也不在内，因为帝国主义不能侵害那五鬼不入之国。帝国主义为什么不能侵害美国和日本？为什么偏爱光顾我们的国家？岂不是因为我们受了这五大恶魔的毁坏，遂没有抵抗的能力了吗？故即为抵抗帝国主义起见，也应该先铲除这五大敌人。

胡先生于是更进一步而说明这五大仇敌的害处。关于贫穷方面，他指出：

> 余天休先生曾说中国人口百分之九十五在贫困线以下。张振之先生（《目前中国社会的病态》）估计贫民数目占全国人口三分之一以上。张先生引四川李敬穆先生的话说：依据甘布尔、狄麦尔，以及北京的成府，安徽的湖边村的调查，中国穷人总数当占全国人口百分之五十。近来所得社会调查的结果，如李景汉先生《北郊外之乡村家庭》等书所报告，都可证明李敬穆先生的估计是大体不错的。有些地方的穷人，竟在百分之七十三以上〔李景汉调查北平郊外挂（甲）屯的结果〕，或竟至百分之八十二以上（民国十一华洋义赈会调查结果）。这就离余天休先生的估计不远了。这是我们的第一大敌。

关于疾病方面，他指出：

> 疾病，是我们种弱的大原因。瘟疫的杀人，肺结核、花柳病的杀人灭种，这都是看得见的。还有好多不明白杀人而势力可以毁灭全村，可以衰弱全种的疾病，如疟疾，便是最危险又最普遍的一种。近年有科学家说，希腊之亡是由于疟疾，罗马的衰亡也由于疟疾。这话我们听了也许不相信。但我们在中国内地，眼见整个村庄渐渐被疟疾毁为荆棘地，眼见害疟疾的人家一两代之后人丁绝灭，眼见有些地方竟认疟疾为与生俱来不可避免的病痛。我们不得不承认，疟疾的可怕甚于肺结核，甚于花柳，甚于鸦片……我们没有人口统计，但世界学者近年都主张中国人口减少而不见增加，我们稍稍观察内地的人口减少的状态，不能不承认此说的真确。张振之先生在他的《中国

社会的病态》里，引了一些最近的各地统计，无一处不是死亡率超过出生率的。例如：广州市十七年五月到八月，每周死亡超过出生平均为六十人；八月到十一月，每周死亡超过出生平均六十七人。南京市十七年一月到十一月，平均每月多死二百七十一人，每周平均多死六十二人。不但城市如此，内地人口减少的速度也很可怕。我在三十年之中，就亲见家乡许多人家绝嗣衰灭。疾病瘟疫横行无忌，医药不讲究，公共卫生不讲究，那有死亡不超过出生的道理？这是我们的第二大敌。

关于愚昧方面，他说道：

愚昧更不须我们证明了。我们号称五千年的文明古国，而没有一个三十年的大学（北京大学去年十二月满三十一年，圣约翰去年十二月满五十年，都是连初期幼稚时代计算在内）。在今日的世界，那有一个没有大学的国家可以竞争生存的？至于每日费一百万元养兵的国家，而没有钱办普及教育，这更是国家的自杀了。因为愚昧，故生产力低微，故政治力薄弱，故知识不够救贫、救灾、救荒、救病，故缺乏专家，故至今日国家的统治还在没有智识学问的军人政客手里。这是我们的第三大敌。

关于贪污方面，他说道：

贪污是我们这个民族的最大特色。不但国家公开"捐官"曾成为制度，不但二十五年没有考试任官制度之下的贪污风气更盛行，这个恶习惯已成了各种社会的普遍习惯，正如亨丁顿说的："中国人生活里有一件最惹厌的事，就是有一种特殊的贪小利的行为，文言叫作'染指'，俗语叫做'揩油'。上而至于军官的克扣军粮，地方官吏的刮地皮，庶务买办的赚钱；下而至于老妈子的'揩油'，都是同性质的行为。"这是我们的第四大敌。

最后关于扰乱，他告诉我们：

扰乱也是最大的仇敌。太平天国之乱毁坏了南方的精华区域，六七十年不能恢复。近二十年中，纷乱不绝，整个的西北是差不多完全毁了，东南西南的各省也都成了残破之区，土匪世界。美国生物学者卓尔登（D. S. Jordan）曾说，日本所以能革新强盛，全靠维新以前有了二百五十年不断的和平，积养了民族的精力，才能够发愤振作。我们眼见这二十年内战的结果，贫穷是更甚了，疾病死亡是更多了，教育是更破产了，——避兵避匪、逃荒逃死还来不及，那能办教育？——租税是有些省份预征到民国一百多年的了，贪污是更明目张胆的了。然而还有无数人天天努力制造内乱！

我们应当指出，胡先生虽是把这五个大敌分开来说，然而他们是互有关系的。这一点胡先生自己也已指出，比方他说因为愚昧而使生产力低微，以至影响于政治上的贪污，经济上的贫穷，以及身体上的疾病；扰乱之影响于教育、贪污、贫穷与疾病，均是说明这五大仇敌是互有关系，互为因果的。

不但这样，假使我们从文化的立场来说明这五大仇敌，那么，贫穷、疾病都可以说是偏于物质文化方面的病态，教育、贪污与扰乱都是偏于精神文化方面的病态。换句话来说，中国的物质与精神的文化之所以落后与腐败，就是因为有了这五大仇敌。

胡先生所说的五大仇敌，都是中国今日的文化的病态。然而这种病态之所以普遍于今日的中国的，又可以说是与中国五千年来所传下的文化是有了直接或间接的关系的。换句话来说，上面所举出的古文、八股、骈文、律师、名教、儒教、贞节牌坊、五世同居的大家庭、姨太太、地狱的监牢、廷仗、板子夹棍的法庭、麻将、太监、小脚、鸦片等等，都有了直接或间接的关系。比方古文、八股、骈文、律诗、名教、儒教，固与中国的教育有了关系；而大家庭、姨太太，又与贪污有了关系；至于地狱的监牢、麻将、太监、小脚、鸦片之于贫穷疾病，又有了关系。

第五章　胡适之的西化态度（二）

在前面一章里，我们已经解释胡适之先生所谓"很不客气的指摘我们的东方文明"，而尤其是我们中国的文化。我们现在要来说明，他所谓"很热烈的颂扬西洋的近代文明"。

我们先要指出，从胡适之先生看起来，东方的文化既不只是精神的文化，西方的文化也不只是物质的文化。在《我们对于西洋近代文明的态度》一文（《胡适文存·三集》卷一，页三）里，他很痛快的指出：

> 今日最没有根据而又最有毒害的妖言，是讥贬西洋文明为唯物的（materialistic），而尊崇东方文明为精神的（spiritual）。这本是很老的见解，在今日却有新兴的气象。从前东方民族受了西方民族的压迫，往往用这种见解来解嘲，来安慰自己。近几年来，欧洲大战的影响，使一部分的西洋人对于近世科学的文化起一种厌倦的反感，所以我们时时听见西洋的学者有崇拜东方的精神文明的议论。这种议论，本来只是一时的病态的心理，却正投合东方民族的夸大狂，东方的旧势力就因此增加了不少的气焰。

为什么东方文化不只是精神文化，而西方文化不只是物质文化呢？胡先生的答案是：

> 凡是一种文明的造成，必有两个因子：一是物质的（material），包括种种自然界的势力与质料；一是精神的（spiritual），包括一个民族的聪明才智，感情和理想。凡［是］文明都是人的心思智力运用自然界的质与力的作品；没有一种文明是精神的，也没有一种文明单是物质的。

他又说：

> 因为一切文明都少不了物质的表现，所以"物质文明"（Material Civilization）一个名词，不应该有什么讥贬的涵义。我们说一部摩托车是一种物质的文明，不过单指他的物质的形体；其实一部摩托车所代表的人类的心思智慧，决不亚于一首诗所代表的心思智慧。所以"物质文明"，不是和"精神文明"反对的一个贬词，我们可以不必讨论。

胡适之先生虽然把精神与物质这两件东西相提并论，然而他又好像是偏于唯物的主义。他告诉我们道：

> 我们深信，精神的文明必须建筑在物质的基础之上。提高人类物质上的享受，增加人类物质上的便利与安逸，这都是朝着解放人类的能力的方向

走,使人们不至于把精力心思全抛在仅仅生存之上,使他们可以有余力去满足他们的精神上的要求。

精神的文化既必须建筑在物质的基础之上,那么,我们现在先来看看东西的物质的文化的差别是怎么样?关于这个问题,胡适之先生没有迟疑的相信,东方的物质文化是远比不上西方的物质文化。为什么前者远比不上后者呢?大致上照胡适之先生的看法,这是因为前者是人力的文化,而后者是机器的文化,在《漫游的感想·东西文化的界线》一篇文(《胡适文存·三集》卷一,页五一),胡先生曾举了下面一个例子,以说明这个区别:

> 我离了北京,不上几天,到了哈尔滨。在此地我得一个绝大的发现:我发现了东西文明的交界点。
>
> ……哈尔滨的租界,本地人叫做"道里",现在租界收回,改为特别区……"道里"现在收归中国管理了。但俄国人的势力还是很大的,向来租界时代的许多旧习惯至今还保存着。其中的一种遗风就是不准用人力车(东洋车)。"道外"的街道上都是人力车。一到了"道里",只见电车与汽车,不见一部人力车。道外的东洋车可以拉到道里,但不准再拉客,只可拉空车回去。
>
> 我到了哈尔滨,看了道里与道外的区别,忍不住叹口气,自己想想道:这不是东方文明与西方文明的交界点吗?东西洋文明的界线,只是人力车文明与摩托车文明的界线——这是我的一大发现。人力车又叫做东洋车,这真是确切不移。请看世界之上,人力车所到之地,北起哈尔滨,西到四川,南至南洋,东至日本,这不是东方文明的区域吗?
>
> 人力车代表的文明就是那用人作牛马的文明。摩托车代表的文明,就是用人的心思才智制作出机械来代替人力的文明。把人作牛马看待,无论如何,够不上叫作精神文明。用人的智慧造作出机械来,减少人类的痛苦,便利人类的交通,增加人类的幸福——这种文明却含有不少的理想主义,含有不少的精神文明的可能性。
>
> 我们坐在人力车上,眼看那些圆颅方趾的同胞努起筋肉,湾着背脊梁,流着血汗,替我们做牛做马,拖我们行远登高,为的是要挣几十个铜子去活命养家,——我们当此时候,不能不感谢那发明蒸汽机的大圣人,不能不感谢那发明电力的大圣人,不能不祝福那制作汽船汽车的大圣人;感谢他们的心思才智,节省了人类多少精力,减除了人类多少苦痛!你们嫌我用"圣人"一个字吗?孔夫子不说过吗?"制而用之谓之器。利用出入,民咸用之,谓之神。"孔老先生还嫌"圣"字不够,他简直要尊他们为"神"呢!

在《请大家来照照镜子》一文(《胡适文存·三集》卷一,页三九)里,胡适之先生曾指出，美国使馆的商务参赞安诺德先生所制的图表，有了下面的事实。从土地的面积方面来看，中国有了四，二七八，〇〇〇方英里，美国有了三，七四三，〇〇〇方英里；然而从铁道线方面来看，中国只有七，〇〇〇英里，而美国有了二五〇，〇〇〇英里；又把两国的摩托车来比较，中国只有二二，〇〇〇辆，而美国有了二二，〇〇〇，〇〇〇辆。胡先生根据了这些统计，而写了下面数段话：

> 我们的面积比美国大，但铁道线只抵得人家三十六分之一，摩托车只抵得人家一千分之一，汽车路只抵得人家一百分之一。
>
> 我们试睁开眼睛看看中国的地图。长江以南，没有一条完成的铁路线（按：这是指一九二八以前的情形而言）。京汉铁路以西，三分之二以上的疆域，没有一条铁路干线。这样的国家不成一个现代的国家。
>
> 前年北京开全国商会联合会，一位甘肃代表来赴会，路上走了一百零四天才到北京。这样的国家不成一个国家。
>
> 云南人要领法国护照，经过安南，方才能到上海。云南汇一百元到北京，要三百元的汇水！这样的国家决不成一个国家。
>
> 所以现在的第一件事是造铁路。完成粤汉铁路，完成陇海铁路，赶筑川汉、川滇、宁湘等等干路，拼命实现孙中山先生十万万〔英〕里铁路的梦想，然后可以有统一的可能，然后可以说我们是个国家。

胡先生又指出安诺德先生的别一种统计所示的事实，这就是美国人每人有二十五个机械奴隶，中国人每人只有大半个机械奴隶。因此之故，美国便可增进个人的生产力。根据了这些事实，胡先生又对着我们说：

> 人家早已在海上飞了，我们还在地上爬！人家从巴黎到北京，只须六十三点钟；我们从甘肃到北京，要走二千五百点钟！
>
> 一个英国工人每年出十二个先令（六元），他的全家可以每晚坐在家里听无线电传来的世界最美的音乐、歌唱、演说；每晚上只费银元一分七厘而已。而我们在上海遇着紧急事，要打一个四等电报到北京，每十个字须银元一元八角！还保不住何时能送到！
>
> 人家砖匠上工，可以坐自己的摩托车去了；他的子女上学，可以有公共汽车接送了。我们杭州、苏州的大官上衙门还得用人作牛马！

他又问道："何以有这个大区别呢？"他的回答是：

> 因为人家每人有三十个机械奴隶代他作工，帮他作工，而我们却得全靠赤手空拳，——我们的机械奴隶是一根扁担挑担子，四个轿夫换抬的轿子，三个车夫轮租的人力车！

他又说：

> 我们的工人是苦力，人家的工人是好多机械奴隶的指挥官。

胡先生在上面所说的东西文化的物质方面的比较，都是偏重于交通的工具方面，这就是人类生活的行的方面。然而专从这一方面来看，西洋各国的物质文化之超越于我们的物质文化，真不知是多少倍。其实，行的方面固是如此，在衣食住以及物质生活的其他方面，又何尝不是这样！因为机械的发达不只是使交通的工具能够进步，能够大量的生产，就是对于衣食住以及物质生活的其他方面所需要的物品也能够进步，也能够大量的生产。所以从物质文化方面来看，中国非特别的努力去西化，是很不容易赶上西洋的。

从物质文化方面来看，中国是远比不上西洋，这是很显而易见的。可是从精神文化方面来看，若说中国是远比不上西洋，那是一般人所不易了解了。照胡适之先生的意见，一般人以为在精神文化上，中国未必比西洋为落后，这是一个大错误！胡先生之所以发表《我们对于西洋近代文明的态度》一文（《胡适文存·三集》卷一，页三—二三），主要的目的就是要指出西洋近代的文化绝非唯物的，乃是理想主义的（Idealistic），乃是精神的。我觉得这一篇文章是十余年来说明西洋的精神文化是比东方的精神文化为高明的很有力量的一篇文章，而同时又最足以代表胡适之先生的西化的态度，所以不嫌繁冗，我们愿意把这一篇文章的几大段抄录于下。胡适之先生告诉我们道：

> 我们可以大胆的宣言，西洋近代文明绝不轻视人类的精神上的要求。我们还可以大胆地进一步说：西洋近代文明能够满足人类心灵上的要求的程度，远非东洋旧文明所梦见。在这一方面看来，西洋近代文明绝非唯物的，乃是理想主义的，乃是精神的。

胡先生于是乃从精神文化的理智方面来说：

> 西洋近代文明的精神方面的第一特色是科学。科学的根本精神在于求真理。人生世间，受环境的逼迫，受习惯的支配，受迷信与成见的拘束。只有真理可以使你自由，使你强有力，使你聪明圣智；只有真理可以使你打破你的环境里的一切束缚，使你戡天，使你缩地，使你天不怕，地不怕，堂堂地做一个人。
>
> 求知是人类天生的一种精神上的最大要求……东方的懒惰圣人说："吾生也有涯，而知也无涯，以有涯逐无涯，殆已。"所以他们要人静坐澄心，不思不虑，而物来顺应。这是自欺欺人的诳语，这是人类的夸大狂。真理是深藏在事物之中的，你不寻求探讨，他决不会露面。科学的文明教人训练我们的官能智慧，一点一滴的去寻求真理，一丝一毫不放过，一铢一两的积起来。这是求真理的唯一法门。自然是一个最最狡猾的妖魔，只有敲打逼捞可

以逼她吐露真情。不思不虑的懒人，只好永远作愚昧的人，永永走不进真理之门。

东方的懒人又说："真理是无穷尽的，人的求知的欲望如何能满足呢？"诚然，真理是发现不完的。但科学决不因此而退缩。科学家明知真理无穷，知识无穷，但他们仍然有他们的满足：进一寸有一寸的愉快，进一尺有一尺的满足。二千多年前，一个希腊哲人思索一个难题，想不出道理来；有一天，他跳进浴盆去洗澡，水涨起来，他忽然明白了，他高兴极了，赤裸裸的跑出门去，在街上乱嚷道，"我寻着了！我寻着了！"这是科学家的满足。奈端（Newton）、巴士德（Pasteur），以至于爱迪生（Edison），时时有这样的愉快。一点一滴都是进步，一步一步都可以踌躇满志。这种心灵上的快乐，是东方的懒圣人所梦想不到的。

这里正是东西文化的一个根本不同之点。一边是自暴自弃的不思不虑，一边是继续不断的寻求真理。

除了理智的科学的精神文化之外，从人类的情感与想像力上的要求来看，东方也是比不上西洋的。胡先生以为，不只是文艺与美术两方面西洋人并不轻视，而用不着加以解释，就是从道德与宗教两方面来说，东方也是比不上西洋的。胡先生说：

> 近世文明在表面上还不曾和旧宗教脱离关系，所以近世文化还不曾明白建立他的新宗教、新道德。但我们研究历史的人，不能不指出近世文明自有他的新宗教与新道德。科学的发达提高了人类的智识，使人们求知的方法更精密了，评判的能力也进步了，所以旧宗教的迷信部分渐渐被淘汰到最低限度，渐渐的连那最低限度的信仰——上帝的存在与灵魂的不灭——也发生问题了。所以这个新宗教的第一特色是他的理智化。近世文明仗着科学的武器，开辟了好多新世界，发现了无数新真理，征服了自然界的无数势力，叫电气赶车，叫"以太"送信，真个作出种种动地掀天的大事业来。人类的智能的发展使他渐渐增加对于自己的信仰心，渐渐把向来信天安命的心理变成信任人类自己的心理。所以，这个新宗教的第二特色是他的人化。智识的发达不但提高了人的能力，并且扩大了他的眼界，使他胸襟阔大，想像力高远，同情心浓挚。同时，物质享受的增加使人有余力可以顾到别人的需要与痛苦。扩大了的同情心加上扩大了的能力，遂产生了一个空前的社会化的新道德。所以，这个新宗教的第三特色就是他的社会化的道德。

所以从胡适之先生看起来，宗教的理智化、宗教的人化，以及宗教的社会化的道德，是西洋近代宗教与道德之所以异于西洋从前的宗教与道德，而同时又是西洋近代宗教与道德之所以异于东方的宗教与道德。

从这三种的西洋的新宗教与道德的特色来看，胡先生以为，道德宗教的社会化是近世西洋的文化的最重要的特色。我们且看他说：

> 古代宗教大抵注重个人的拯救，古代道德也大抵注重个人的修养。虽然也有自命普渡众生的宗教，虽然也有自命兼济天下的道德，然而终苦于无法下手，无力实行，只好仍旧回到个人的心身上用工夫，做个向内的修养。越向内做工夫，越看不见外面的现实世界；越在那不可捉摸的心性上玩把戏，越没有能力应付外面的实际问题。即如中国八百年的理学工夫，居然看不见二万万妇女缠足的惨无人道！明心见性，何补于人道的苦痛困穷！坐禅主敬，不过造成许多"四体不勤，五谷不分"的废物！
>
> 近世文明不从宗教下手，而结果自成一个新宗教；不从道德入门，而结果自成一派新道德……二三百年间，物质上的享受逐渐增加，人类的同情心也逐渐扩大。这种扩大的同情心便是新宗教、新道德的基础。自己要争自由，同时便想到别人的自由，所以不但自由须不以侵犯他人的自由为界限，并且还要进一步要求绝大数人的自由。自己要享受幸福，同时便想到人的幸福，所以乐利主义（Utilitarianism）的哲学家便提出"最大多数的最大幸福"的标准，做人类社会的目的，这都是"社会化"的趋势。
>
> 这是西洋近代的精神文明，这是东方民族不曾有过的精神文明。

胡先生又指出：

> 固然东方也曾有主张博爱的宗教，也曾有公田均产的思想，但这些不过是纸上的文章，不曾实地变成社会生活的重要部分，不曾变成范围人生的势力，不曾在东方文化上发生多大的影响。在西方便不然了，"自由，平等，博爱"成了十八世纪的革命口号。美国的革命，法国的革命，一八四八年全欧洲的革命运动，一八六二年的南北美的战争，都是在这三大主义的旗帜之下的大革命；美国的宪法，法国的宪法，以至于南美洲诸国的宪法，都是受了这三大主义的绝大影响的。旧阶级的打倒，专制政体的推翻，法律之下人人平等的观念的普遍，"信仰，思想，言论，出版"几大自由的保障的实行，普及教育的实施，妇女的解放，女权的运动，妇女参政的实现……都是这个新宗教的实际表现。这不仅是三五哲学家书本里的空谈，这都是西洋近代社会政治制度的重要部分，这都已成范围人生，影响实际生活的绝大势力。

胡先生又指出：

> 东方的旧脑筋也许要说："这是争权争利，算不得宗教与道德。"这里又正是东西文化的一个根本不同之点。一边是安分、安命、安贫、乐天、不争、认吃亏；一边是不安分、不安贫、不肯吃亏、努力奋斗，继续改善现成

的境地。东方人看人富贵，说他是"前世修来的"；自己贫，也说是"前世不曾修"，说是"命该如此"。西方人便不然。他说："贫富的不平等，痛苦的待遇，都是制度不良的结果，制度是可以改良的。"他们不是争权夺利，他们是争自由，争平等，争公道；他们争的不仅仅是个人私利，他们奋斗的结果是人类绝大多数人的福利。

最大多数的最大幸福，不是袖手念佛可以得来的，是必须奋斗力争的。朋友们，究竟是那一种文化能满足你们的心灵上的要求呢？

从上面的解释，胡先生又指出：东方的文化的最大特色是知足，西洋的近代的文化的最大特色是不知足。且看他说：

知足是东方人自安于简陋的生活，故不求物质享受的提高；自安于愚昧，自安于"不识不知"，故不注意真理的发见与技艺器械的发明；自安于现成的环境与命运，故不想征服自然，只求乐天安命，不想改革制度，只图安分守己，不想革命，只做顺民。

这样受物质环境的拘束与支配不能跳出来，不能运用人的心思智力来改造环境改良现状的文明，是懒惰不长进的民族的文明，是真正唯物的文明。这种文明只可以遏抑而决不能满足人类精神上的要求。

这是东方的文化，至于西方呢？

西方人大不然，他们说"不知足是神圣的"（Divine Discontent）。物质上的不知足产生了今日钢铁世界，汽机世界，电力世界。理智上的不知足产生了今日的科学世界。社会政治制度的不知足产生了今日的民权世界，自由政体，男女平权的社会，劳工神圣的喊声，社会主义的运动。神圣的不知足是一切革新一切进化的动力。

这样充分运用人的聪明智慧来寻求真理以解放人的心灵，来制服天行以供人用，来改造物质的环境，来改革社会政治的制度，来谋人类最大多数的最大幸福——这样的文明应该能满足人类精神上的要求，这样的文明是精神的文明，是真正理想主义的文明，决不是唯物的文明。

可见得东方文化既不只是精神的文明，而西方文化也不只是物质的文化。反之，东方还可以说是偏于唯物的文化，而西方也可以说是偏于理想主义的文化。所以，不只是西方的物质文化是远超过东方的物质文明，就是西方的精神文化也是远超过东方的精神文化。我们现在且把胡适之先生的《介绍我自己的思想》一文里的二段话，录之于下：

人们常说东方文明是精神的文明，西方文明是物质的文明，或唯物的文明。这是有夸大狂的妄人捏造出来的谣言，用来遮掩我们的羞脸的。其实一切文明都有物质和精神的两部分。材料都是物质的，而运用材料的心思才智都是精神的。木头是物质；而刳木为舟，构木为屋，都靠人的智力，那便是精神的部分。器物越完备复杂，精神的因子越多。一只蒸汽锅炉，一辆摩托车，一部有声电影机器，其中所含的精神因子，比我们老祖宗的瓦罐、大车、毛笔多得多。我们不能坐在舢板船上自夸精神文明，而嘲笑五万吨大汽船是物质文明。

他又说：

但物质是倔强的东西，你不征服他，他便征服你。东方人在过去的时代，也曾制造器物，做出一点利用厚生的文明。但后世的懒惰子孙得过且过，不肯用手用脑去和物质抗争，并且编出"不以人易天"的懒人哲学，于是不久便被物质战胜了。天旱了，只会求雨；河决了，只会拜金龙大王；风浪大了，只会祷告观音菩萨或天后娘娘；荒年了，只好逃荒去；瘟疫来了，只好闭门等死；病上身了，只好求神许愿；树砍完了，只好烧茅草；山都精光了，只好对着叹气。这样又愚又懒的民族，不能征服物质，便完全被压死在物质环境之下，成了一分像人九分像鬼的不长进的民族。

其实从胡适之先生看起来，我们的文化不只是在现代不如人，就是在过去二千余年前，我们就早已不如人。在《信心与反省》一文里，他说：

我们且谈谈老远的过去时代罢。我们的周秦时代当然可以和希腊罗马相提并论，然而我们如果平心研究希腊罗马的文学、雕刻、科学、政治，单是这四项就不能不使我们感觉我们的文化的贫乏了。尤其是造形美术学、算学两方面，我们真不能不低头愧汗。我们试想想，几何原本的作者欧几里得（Euclid）正和孟子先后同时；在那么早的时代，在二千多年前，我们在科学上早已太落后了！（少年爱国的人何不试拿《墨子·经上》篇里三五条几何界说来比较《几何原本》？）从此以后，我们所有的，欧洲也都有；我们所没有的，人家所独有的，人家都比我们强。试举一个例子：欧洲有三个一千年的大学，有许多五百年以上的大学，至今继续存在，继续发展，我们有没有？至于我们所独有的宝贝：骈文、律诗、八股、小脚、太监、姨太太、五世同居的大家庭、贞节牌坊、地狱活现的监狱、板子夹棍的法庭……，虽然"丰富"，虽然"在这世界无不足以单独成一系统"，究竟是使我们抬不起头来的文物制度。（《胡适论学近著》第一集卷四，页四八三）

因为这些原故，胡先生不得不大声疾呼：

少年的朋友们，现在有一些妄人要煽动你们的夸大狂，天天要你们相信中国的旧文化比任何国高，中国的旧道德比任何国好。还有一些不曾出国门的愚人鼓起喉咙对你们喊道:"往东走!往东走!西方的这一套把戏是行不通的了!"

我要对你们说:不要上他们的当!不要拿耳朵当眼睛!睁开眼睛看看自己,再看看世界。我们如果还想把这个国家整顿起来,如果还希望这个民族在世界占一个地位,——只有一条生路,就是我们自己要认错。我们必须承认我们自己百事不如人,不但物质机械不如人,不但政治制度不如人,并且道德不如人,知识不如人,文学不如人,音乐不如人,艺术不如人,身体不如人。

肯认错了,方才肯死心塌地的去学人家。不要怕模仿,因为模仿是创造的必要预备工夫。不要怕丧失我们自己的民族文化,因为绝大多数人的惰性已尽够保守那旧文化了,用不着你们少年人去担心。你们的职务在进取,不在保守。(《介绍我自己的思想》)

最后他又说:

请大家认清我们当前的紧急问题。我们的问题是救国,救这衰病的民族,救这半死的文化。在这件大工作的历程里,无论什么文化,凡可以使我们起死回生,返老还童的,都可以充分采用,都应该充分收受。我们救国建国,正如大匠建屋,只求材料可以应用,不管他来自何方。

第六章　胡适之的西化态度（三）

　　胡适之先生不只指出我国固有的文化的落后，不只指出西洋近代的文化的超越，而且指出自我国受了西洋的文化的影响之后，我国的近代文化，而尤其是二三十年来的文化，也有不少的进步。在这一章里，我们的主要目的，是要叙述胡适之先生所指出我们因西化而得到的进步的事实，以证明我们今后愈要努力去提倡西化的运动。

　　然而，在未说明我们因西化而得到的进步的事实之前，我们应当指出，我们近代在积极方面的新文化的进步，固是得力于中西文化的接触，就是在消极方面的旧文化的破除，也是得力于西洋文化的影响。在《再论信心与反省》一文（《胡适论学近著》第一集卷四，页四九〇）里，胡先生说：

> 忠孝仁爱信义和平等等并不是"维系并且引导我们民族向上的固有文化"，他们不过是人类共有的几个理想，如果没有作法，没有热力，只是一些空名词而已。这些好名词的存在并不曾挽救或阻止"八股、小脚、太监、姨太太、贞节牌坊、地狱的监牢、夹棍板子的法庭"的存在。

反过来看呢：

> 这些八股，小脚，……等等"固有文化"的崩溃，也全不是程颢、朱熹、顾亭林、戴东原……等等的功绩，乃是"与欧美文化接触"之后，那科学工业造成的新文化叫我们相形之下太难堪了，这些东方文明的罪孽方才逐渐崩溃的。我要指出：我们民族这七八十年来与欧美文化接触的结果，虽然还不曾学到那个整个的科学工业的文明，究竟已替我们的祖宗消除了无数的罪孽，打倒了"小脚、八股、太监、五世同居的大家庭、贞节牌坊、地狱活现的监狱、夹棍板子的法庭"的一大部分或一小部分。这都是我们的"数不清的圣贤天才"从来不曾指摘讥弹的；这都是"忠孝、仁爱、信义、和平"的固有文化从来不曾"引导向上"的。这些祖宗罪孽的崩溃，固然大部分是欧美文化的恩赐，同时也可以表示我们在这七八十年中至少也还做到了这些消极的进步。子固先生说我们在这七八十年中"走入迷途，堕落下去"，这真是无稽的诬告！中华民族在这七八十年中何尝"堕落"？在几十年之中，废除了三千年的太监，一千年的小脚，六百年的八股，五千年的酷刑，这是"向上"，不是堕落！

　　胡先生在《写在孔子诞辰纪念之后》一文（《胡适论学近著》第一集卷四，页五〇九）中，又说：

帝制的推翻，而几千年托庇在专制帝王之下的城狐社鼠，——一切妃嫔、太监、贵胄、吏胥、捐纳，——都跟着倒了。

这不过是随便的举出一些例子，去说明所谓固有文化的罪孽，是因受西洋的文化的影响而崩溃。至于我们因为西化而得到的进步的事实，照胡先生看起来是很为显明，所以胡先生告诉我们道：

如果大家能有一点历史的眼光，大家就可以明白这二十多年来，"奇迹"虽然没有光临，至少也有了一点很可以引起我们自信心的进步。进步都是比较的，必须要有历史的比较，方才可以明白那一点是进步，那一点是退化。我们要计算这二三十年的成绩，必须要拿现在的成绩来比较二三十前的状态，然后可以下判断，这是历史眼光的最浅近的说法。

先从物质的文化方面来看，在《悲观声浪里的乐观》一文（《胡适论学近著》第一集卷四，页五○三）里，胡先生指出：

即如那二十年中好像最不争气的交通事业，如果用历史的眼光去评量，这里那里也未尝没有一点进步。我们从徽州山里出来的人，从徽州到杭州，从前要走六七天，现在只消六点钟了，这就是二十四倍的进步。前十年，一个甘肃朋友来到北京，走了一百零四天；上星期有人从甘肃来，只消走十四天了；今年（民国二十三年）年底，陇海路通到了西安，时间更可以缩短了。

胡适之先生在《请大家来照照镜子》一文（《胡适文存·三集》卷一，页三九）曾特别指出，我们的交通事业落后得太可怜，我们在上面对于这点也曾叙述。然而就是以这种最不争气的交通事业来说，我们二十年来以至七八十年来，也未尝没有一点进步。这种最不争气的交通事业尚且有了一点进步，那么物质文化的其他方面之有了多少进步，是用不着多所举例的。然而这些进步并非从我们固有的文化中所产生出的进步，而乃我们效法西洋的一些结果。

从政治方面来看，胡先生在《写在孔子诞辰纪念之后》一文（《胡适论学近著》第一集卷四，页五一○）里曾说：

政治组织的新试验，这是帝制推翻的积极方面的结果。二十多年的试验虽然还没有做到满意的效果，但在许多方面（如新式的司法，如警察，如军事，如胥吏政治之变为士人政治），都已明白的显出几千年来所未曾有的成绩。不过我们生在这个时代，往往为成见所蔽，不肯承认罢了。单就最近几年来颁行的新民法一项而论，其中含有无数超越古昔的优点，已可说是一个不流血的绝大社会革命了。

从社会风俗方面来看：

> 社会风俗的改革，小脚、男娼、酷刑等等，我已屡次说过了。在积极方面，如女子的解放，如婚丧礼俗的新式试验，如青年对于体育运动的热心，如新医学及公共卫生的逐渐推行，这都是古代圣哲所不曾梦见的进步。(《写在孔子诞辰纪念之后》同上页五〇九)

在《悲观声浪里的乐观》一文，胡先生又指出：

> 这二十三年中最伟大而又最容易被忽略的进步，要算各方面的社会改革。最显明的当然是女子的解放。在身体方面，现在二十岁左右的中国女子不但恢复了健全的人样，并且要渐渐的要变成世界上最美的女性了。在教育方面，男女同学的实行不过十多年，现在不但社会默认为当然，在校的男女学生也都渐渐消除了从前男女之间那种种不自然的丑态。此外，如女子的经济地位与法律地位的提高，如女子参加职业和社会政治事业的人数的增加，如婚姻习惯的逐渐变更，如离婚妇女与再嫁妇女在社会上的地位的改善，这都是二十年来中国社会的大进步。

从家庭方面来看：

> 城市工业与教育的发展使人口趋向都会，受影响最大的是旧式家庭的崩溃，家庭变小了，父母公婆与族长的专制威风减削了，儿女宣告独立了。在这变化的家庭中，妇女的地位的提高与婚姻制度的改革是五千年来最重大的变化。(《写在孔子诞辰纪念之后》)

从所谓人格方面来看：

> 什么是人格？人格只是已养成的行为习惯的总和。什么是信心？信心只是敢于肯定一个不可知的将来的勇气。在这个时代，新旧势力，中西思潮，四方八面的交攻，都自然会影响到我们这一辈人的行为习惯，所以我们很难指出某种人格是某一种势力单独造成的。但我们可以毫不迟疑的说：这二三十年中的领袖人物，正因为生活在一个新世界的新潮流里，他们的人格往往比旧时代的人物更伟大：思想更透辟，知识更丰富，气象更开阔，行为更豪放，人格更崇高。试把孙中山来比曾国藩，我们就可以明白这两个世界的代表人物的不同了。在古典文学的成就上，在世故的磨练上，在小心谨慎的行为上，中山先生当然比不上曾文正。然而在见解的大胆，气象的雄伟，行为的勇敢上，那一位理学名臣就远不如这一位革命领袖了。照我这十几年来的观察，凡受过这个新世界新文化的〈震撼最大的人物，他们的人格都可以上比一切时代的圣贤，不但没有愧色，往往超越前人，老辈中，如高梦旦先生〉，如张元济先生，如蔡元培先生，如吴稚晖先生，如张伯苓先生；朋辈中，如周诒春先生，如李四光先生，如翁文灏先生，如姜蒋佐先生。他们的

人格的崇高可爱敬，在中国古人中真寻不出相当的伦比。这种人格只有这个新时代才能产生，同时又都是能够给这个时代增加光耀的。

他又说：

我们谈到古人的人格，往往想到岳飞、文天祥和晚明那些死在廷杖下或天牢里的东林忠臣。我们何不想想这二三十年中为了各种革命慷慨杀身的无数志士！那些年年有特别纪念日追悼的人们，我们姑且不论。我们试想想那些为排满革命而死的许多志士，那些为民十五六年的国民革命而死的无数青年，那些前两年在上海、在长城一带为抗日卫国而死的无数青年，那些为民十三以来的共产革命而死的无数青年，——他们慷慨献身去经营的目标比起东林诸君子的目标来，其伟大真不可比例了。东林诸君子慷慨抗争的是"红丸""彩宫""妖书"等等米米小的问题；而这无数的革命青年慷慨献身去工作的是全民族的解放，整个国家的自由平等，或他们所梦想的全人类社会的自由平等。我们想到这二十年中为一个主义而从容杀身的无数青年，我们想起了这无数个"杀身成仁"中国青年，我们不能不低下头向他们致最深的敬礼；我们不能不颂赞这"最近二十年"是中国史上一个精神人格最崇高、民族自信心最坚强的时代。他们把他们的生命都献给了他们的国家和他们的主义，天下还有比这更大的信心吗？

从道德方面来看：

我们回想到我们三十年前在村学堂读书的时候，每年开学是要向孔夫子叩头礼拜的；每天放学，拿了先生批点过的习字，是要向中堂（不一定有孔子像）拜揖然后回家的。至今回想起来，那个时代的人情风尚也未见得比现在高多少。在许多方面，我们还可以确定的说："最近二十年"比那个拜孔夫子的时代高明的多了。这二三十年中，我们废除了三千年的太监，一千年的小脚，六百年的八股，四五百年的男娼，五千年的酷刑，这都没有借重孔子的力量。八月二十七那一天，汪精卫先生在中央党部演说，也指出："孔子没有反对纳妾，没有反对蓄奴婢；如今呢，纳妾蓄奴婢，虐待之固是罪恶，善待之亦是罪恶，根本纳妾蓄奴婢便是罪恶。"汪先生的解说是："仁是万古不易的，而仁的内容与条件是与时俱进的。"这样的解说毕竟不能抹煞历史的事实。事实是"最近"几年中，丝毫没有借重孔夫子，而我们的道德观念已进化到承认"根本纳妾蓄奴婢便是罪恶"了。

胡先生又总括上面所说的话道：

这些都是毫无可疑的事实，都是"最近二十年"中不曾借重孔夫子而居然做到的伟大的进步。革命的成功就是这些，维新的成绩也就是这些。可怜无数维新志士、革命仁人，他们出了大力，冒了大险，替国家民族在二三十年中做到这样超越前圣、凌驾百王的大进步，到头来，被几句死书迷了眼睛，见了黑旋风不认得是李逵，反倒唉声叹气，发思古之幽情，痛惜今之不如古，梦想从那"荆棘丛生，檐角倾斜"的大成殿里抬起孔圣人来"卫我宗邦，保我族类"！这岂不是天下古今最可怪笑的愚笨吗？

然而从胡适之先生看起来，我们这二三十年来的教育的进步，尤为我们的文化的进步的特色。关于这一点，胡先生在《悲观声浪里的乐观》一文中说得很为透切，我们现在且把他这篇文中的几段话抄之于下：

> 上星期教育部长王世杰先生在他的广播演说里，谈到二十三年里的教育进步，他说：拿民国二十三年来比民国元年，小学生增多了四倍，中学生增加了十倍，大学及专科学校学生增加了差不多一百倍。这三级的数量的太不相称，是很不应该的，是必须努力补救纠正的。但这个历史统计的比较，至少可以使我们明白这二十三年中，尽管在贫穷纷乱之中，也不是没有惊人的进步。

他又指出：

> 二十三年中教育上的进步，不仅仅是王世杰先生指出的数量上的增加而已，还有统计数字不能表现出来的各种进步。我们四十岁以上的人们，试回想二十多年前的中国学校是个什么样子。二十五六年前，当我在上海做中学生的时代，中学堂的博物、用器画、三角、解析几何、高等代数，往往都是请日本教员来教的。北京、天津、南京、苏州、上海、武昌、成都、广州，各地的官立中学师范的理科工课，甚至于图画、手工，都是请日本人教的。外国文与外国地理、历史，也都是请青年会或圣约翰出身的教员来教的。我记得我们学堂里的西洋历史课本，是美国十九世纪前期一个托名 Peter Parley 的《世界通史》，开卷就说上帝七日创造世界，接着就说"洪水"，卷末有两页说中国，插了半页的图，刻着孔夫子带着红缨大帽，拖着一条辫子。这是二十五前的中国学堂的现状！现在我们有了一百十一所大学与学院了，这里面除了极少数之外，一切学系都是中国人做主任做教员了，其中有好几个学系是可以在世界大学里立得住脚的，其中也有许多学者的科学成绩是世界学术界所公认的。这不能不算是二十三年中的大进步吧。

又说：

> 试看看二十五年前中国小学堂里读的什么书，用的什么文字。我在上海（最开通的上海）做小学生的时候，读的是古文，一位先生用浦东话逐字逐句的解释，其实是翻译，做的是"孝弟说""今之为关也将以为暴义""汉

文帝唐太宗优劣论"。后来新编的教科书出来了，也还是用古文写的，字字句句都要翻译讲解。民六以后，始有白话文的运动。民九以后，北京教育部始命令初小第一、二年级改用国语；民十一以后，小学与中学始改用国语教本。我们姑且不谈这十六七年的新文学的积极的绝大成绩。我们试想想，每年一千一百万小学儿童避免了的苦痛，节省了的脑力，总不能不说这是二十年来的一大进步吧。

又说：

试再举科学研究来作个例。辛亥革命的时候，全国没有一个科学研究的机关……——从最早成立的北京地质调查所，到最近成立的中央研究院，——都是这二十年中的产儿。二十年是很短的时间，何况许多科学研究所与各大学的科学实验室又都只有四五年的历史呢。然而在这短时间内，在经费困难与时局不安之下，我们居然发展了不少方面的科学。在自然科学的方面，地质学与古生物学的成绩是无疑的赶上日本的六十年的成绩了；生物学、生理学、药物化学、气象学，也都有很显著的成绩。在历史科学与社会科学方面，中央研究院的历史语言研究所在考古学上的工作，地质调查所在先史考古学上的工作，北平社会调查所与南开经济学院在经济社会方面的调查工作，也都在短时期中做出很大的成绩，得到了世界学人的承认。二十年中有了这些方面的科学发展，比起民国初元的贫乏状态来，真好像在荒野里建造起了一些琼楼玉宇，这不可以算是这二十年的大进步吗？

又说：

平心说来，"最近二十年"是中国进步最速的时代：无论在智识上，道德上，国民精神上，国民人格上，社会风俗上，政治组织上，民族自信力上，这二十年的进步都可以说是超越以前任何时代。这时期中自然有不少的怪现象的暴露，劣根性的表现，然而种种缺陷都不能减损这二十年的总进步的净赢余。(《写在孔子诞辰纪念之后》)

在《悲观声浪里的乐观》一文的结论是：

总而言之，这二十三年中固然有许多不能满人意的现状，其中也有许多真正有价值的大进步。革命到底是革命，总不免造成一些无忌惮的恶势力，但同时总会打倒一些应该打倒的旧制度与旧势力。有许多不满人意的事，当然是革命后纷乱时期所造成的，所以我们也赞成"革命尚未成功"的名言。但我们如果平心估量这二十多年的盘帐单，终不能不承认我们在这个民国时期确然有了很大的进步，也不能不承认那些进步的一大部分都受了辛亥以来的革命潮流的解放作用的恩惠。明白承认了这二十年努力的成绩，这可以打破我们的悲观，鼓励我们的前进。事实明告我们，这点成绩还不够抵抗强暴，还不够复兴国家，这也不应该叫我们灰心，只应该勉励我们鼓起更大的信心来，要在这将来的十年二十年中做到更大什百倍的成绩。古代哲人曾说："士不可以不弘毅，任重而道远。"悲观与灰心永远不能帮助我们挑那重担，走那长路。

总而言之，胡适之先生除了指出中国文化的贫乏与西洋文化的丰富之外，又指出中国自受西洋文化的影响之后，而尤其是自满清覆灭，革命成功之后，因为西化而得到很多的进步。他又指出，我们这些进步虽然尚未达到与西洋并驾齐驱的地位，虽然尚未能使我们的国家成为一个完全现代化的国家，以及虽然在这个西化的历程中也有了不少旧的罪孽的流行，以至新的弊病的发现，然而大体上，中国是跟着时代而走的，而且今后的中国更应努力去朝着西化这条路上走。

我们以为，若照胡适之先生的中西文化的比较来看，或是以他所说的"百事不如人"的态度来论，胡先生的言论可以说是很近于全盘西化的。其实在民国二十四年间，胡适之先生曾有过一度声明赞成全盘西化的主张。然而，我们若照胡先生的整个思想或全部著作来看，胡先生的西化的态度，可以说是根本西化的态度。虽然这种态度是很近于全盘西化的，而且这种态度是比之他以前［他］除他以外的其他的根本西化的态度，较为积极，较为进步。

关于胡先生之不能始终如一的赞同全盘西化的理论，以及他的这种态度所可能发生出的流弊，我在别一本书里谈到胡先生的根本西化的态度时，已经指摘出来。我们在这里愿意把他一些偏于折衷——重西轻中的折衷的言论的例子，略为说明以为本章结论。

第一，胡适之先生虽然指出中国文化是比不上西洋文化，而有了我们"百事不如人"的说法，然而胡先生对于我们中国固有的文化，也免不了有些留恋的地方。在《三论信心与反省》一文（《胡适论学近著》卷四，页四九六）里，胡先生曾有了下面一段话：

> 依我的愚见，我们的固有文化有三点是可以在世界上占数一数二的地位的。第一是我们的语言的"文法"，是全世界最容易最合理的。第二是我们的社会组织，因为脱离封建时代最早，所以比较的是很平等的，很平民化的。第三是我们的先民，在印度宗教输入以前，他们的宗教比较的是最简单的，最近人情的；就在印度宗教势力盛行之后，还能勉力从中古宗教之下爬出来，勉强建立一个人世的文化；这样的宗教迷信的比较薄弱，也可算是世界稀有的。

胡先生虽也指出：

> 这三项都夹杂着不少的有害的成分，都不是纯粹的长处。文法是最合理

的、简易的，可是文字的形体太繁杂，太不合理了。社会组织是平民化了，同时因为没有中坚主力，所以缺乏领袖，又不容易组织，弄成一个一盘散沙的国家；又因为社会没有重心，所以一切风气都起于最下层而不出于优秀份子，所以小脚起于舞女，鸦片起于游民，一切赌博都出于民间，小说戏曲也皆起于街头弹唱的小民。至于宗教，〈因为古代的宗教〉太简单了，所以中间全国投降了印度宗教，造成一个长期的黑暗迷信的时代，至今还留下了不少的非人生活的遗痕。

可是胡先生又说：

> 然而这三项究竟还是我们在这世界上最特异的三点：最简易的合理文法，平民化的社会构造，薄弱的宗教心。

我所以说胡先生对于我们固有的文化还免不了有些留恋的地方，就是这个原故。

其次，我们知道，胡先生常常以为西洋的文化的特色是科学，中国所特别缺乏的也是科学，然而同时胡先生却处处表示，我们中国近数百年来的学问的研究是合于科学的方法。比方胡先生说：

> 一千年的黑暗时代逐渐过去之后，才有两宋的中兴。宋学是从中古宗教里滚出来的。程颐、朱熹一派认定格物致知的基本方法，大胆的疑古，小心的考证，十分明显的表示一种"严刻的理智态度，走科学的路"。这个风气一开，中间虽有陆王的反科学的有力运动，终不能阻止这个科学的路重现，而大盛于最近三百年。这三百年的学术，自顾炎武、阎若璩，以至戴震、崔述、王念孙、王引之，以至孙诒让、章炳麟，我们决不能不说是"严刻的理智态度，走科学的路"。

我们现在只要问问，为什么这种历史相当久长的科学的路，除了用以鉴别古董外，没有发生其他的效力。胡先生既常常以为西洋的物质文化的发达是完全靠于科学的发达，要是中国自己的科学是来自中西文化接触之前，为什么这种科学对于我们的物质文化却没有半点的影响呢？这岂不是说明胡先生所说的中国的科学是与西洋的科学，有了根本不同之处吗？

这又是我之所以说胡先生对于我们的固有的文化，还免不了有些留恋的地方的原因。

最后，在胡先生所著的《中国哲学史大纲》的导言里，我们又找出这样的一段话：

> 世界上的哲学大概可分为东西两支。东支分印度、中国两系，西支也分希腊、犹太两系。初起的时候，这四系都可算作独立发生的。到了汉以后，

犹太系加入希腊系，成了欧洲中古的哲学。印度系加入中国系，成了中国中古的哲学。到了近代，印度系势力渐衰，儒家复起，遂产生了中国近世的哲学，历宋元明清直到于今。欧洲的思想，渐渐脱离了犹太的势力，遂产生欧洲的近世哲学。到了今日，这两大支的哲学互相接触，互相影响。五十年后，或一百年后，或竟能发生一种世界的哲学，也未可知。

胡先生在这里所说的东西哲学，不只可以说是东西文化的要素，而且可以说是东西文化的代表。假使这两种东西能因接触与影响而成为一种世界的文化，这岂不是一种东西合璧的文化折衷的说法吗？

这又是我之所以说胡先生对于我们的固有的文化，还免不了有些留恋的地方的原因。

我们若从上面所指出的三点来看，胡先生可以说是东西文化上的一个折衷论者。然而我们也得指出，胡先生虽然是对于我们的固有文化有些留恋的地方，然而大体上，他的西化的态度是根本西化的态度，而且他的这种态度，在比较上是很进步，是很积极的。换句来说，是很接近于全盘西化的。

第三编

第七章 钱玄同的西化态度

除了上面所叙述数位学者的西化态度之外,自庚子之祸以后的三十年中,而尤其是在五四运动的时候,以至这个运动之后的十余年间,还有很多国人严厉的指摘我国固有的文化,以及积极的主张效法西洋的文化。我们愿意在这一章里,再把数位代表人物的西化的态度加以解释,以证明在这个时期的国人的西化的态度,是比了以往的国人的西化的态度,较为澈底,较为进步。

在这种的较为澈底、较为进步的西化的态度的代表人物中,钱玄同先生的言论是很值得我们注意的。

我们知道,五四的新文化运动,是与当时所谓"文学革命"有了密切的关系,而且是不容易分开来谈的。所谓"文学革命"的主要主动者,虽是陈独秀与胡适之两位先生,然而他们两位在这方面的主张,不只没有钱玄同先生那么积极,而且是深受了钱先生的很大的影响,这是陈独秀与胡适之两先生所承认的事实。

钱玄同先生的新文学的主张,最早见于他在民国六年正月间所给与陈独秀先生的一封信里。他的信里有一段话说:

> 顷见六号《新青年》胡适之先生《文学刍议》,极为佩服。其斥骈文不通之句,及主张白话体文学说最精辟。公前疑其所谓文法之结构为讲求Grammar,今知其为修辞学,当亦深以为然也。具此识力,而言改良文艺,其结果必佳良无疑。惟选学妖孽,桐城谬种,见此文又不知若何咒骂。虽然,得此辈多咒骂一声,便是价值增加一分也。

陈独秀先生在其答书里曾说:

> 以先生之声韵训诂学大家,而提倡通俗的新文学,何忧全国之不景从也?可为文学界浮一大白!

这可见得,他的赞成白话体文学,是文学革命运动中一个很有力量的生力军。

不但这样,在数个月后,他又给陈独秀先生一封信,他指出提倡白话体文学的人们,不只单是提倡而已,而且应该自己用白话文去做文章。同时他还提议,

《新青年》杂志应该发表白话体的文章。他说：

> 我们既然绝对主张用白话体做文章，则自己在《新青年》里面做的，便应该渐渐的改用白话，我从这次通信起，以后或撰文，或通信，一概用白话，就和适之先生做《尝试集》一样的意思。并且还要请先生、胡适之先生和刘半侬先生，都来尝试尝试。此外别位在《新青年》里面撰文的先生，和国中赞成做白话文章的先生们，若是大家都肯"尝试"，那么必定"成功"。"自古无"的，"自今"以后，一定会"有"。不知道先生们的高见赞成不赞成？

他又指出：

> 有人说：现在"标准国语"还没有定出来，你们各人用不三不四半文半俗的白话做文章，似乎不很大好。我说：朋友！你这话讲错了。试问"标准国语"，请谁来定？难道我们就没有这个责任吗？难道让那些专讲"干脆""反正""干么""您好""取灯儿""钱串子"，称不要为 pie，称不用为 Pong 的人，在共和时代还仗着他那"天子脚下地方"的臭牌子，说什么"日本以东（京）语为国语，德国以柏林语为国语，故我国当以北京语为国语"，借这似是而非的语来，抹杀一切，专用北京土话做国语吗？想来一定不是的。既然不是，则这个"标准国语"，一定是要由我们提倡白话的人实地研究"尝试"，才能制定。我们正好借这《新青年》杂志来做白话文章的试验场。我以为这是最好最便的办法。

此外，他又主张中文须学西文的横写方法，他指出：

> 或曰……中文直下西文横迤，若一行之中有二三西文，譬如有句曰："十九世纪初年，France 有 Napoleon 其人。"如此一句写时，须将本子直过来，横过去，搬到四次之多，未免又生一种不便利。则当以何法济之？曰：我固绝对主张汉文须改用左行横迤，如西文写法也。人目系左右相并，而并非上下相重。试立室中，横视左右，甚为省力。若纵视上下，则一仰一俯，颇为费力。以此例彼，知看横行较易于直行。且右手写字，必自左至右，均无论汉文西文，一字笔势，罕有自右至左者。然汉文右行，其法实拙。若从西文写法，自左至右，横迤而出，则无一不便。我极希望今后新教科书从小学起，一律改用横写，不必专限于算术、理化、唱歌教本也。既用横写，则直过来横过去之病可以免矣。

到了民国七年的春天，钱玄同先生又给陈独秀先生一封信，也同上面的几封信发表于《新青年》杂志，主张废除汉文而采用西文。在这一封信里，钱玄同先生不只是反对汉文，不只是主张采用西文，而且反对固有文化的其他方面，而且主张采纳西洋文化的其他方面。所以，我们愿意把这封信的大部分抄录于下：

先生（指陈独秀先生）前此著论，力主推翻孔学，改革伦理，以为倘不从伦理问题根本上解决，那就这块共和招牌一定挂不长久。玄同对于先生这个主张，认为救现在中国的唯一办法。然因此又想到一事：则欲废孔学，不可不先废汉文；欲驱除一般人之幼稚的野蛮的顽固的思想，尤不可不先废汉文。

玄同之意，以为汉字虽发生于黄帝之世，然春秋战国以前，本无所谓学问，文字之用甚少。自诸子之学兴，而后汉字始为发挥学术之用。但儒家以外之学，自汉即被罢黜。二千年来所谓学问，所谓道德，所谓政治，无非推衍孔二先生一家之学说。所谓"四库全书"者，除晚周几部非儒家的诸子外，其余则十分之八都是教忠教孝之书："经"不待论；所谓"史"者，不是大民贼的家谱，就是小民贼杀人放火的账簿，——如所谓"平定什么方略"之类；——"子""集"的书，大多数都是些"王道圣功""文以载道"的妄谈。还有那十分之二，更荒谬绝伦：说什么"关帝显圣""纯阳降坛""九天玄女""黎山老母"的鬼话；其尤甚者，则有"婴儿姹女""丹田泥丸宫"等说，发挥那原始时代"生殖器崇拜"的思想。所以二千年来用汉字写的书籍，无论那一部，打开一看，不到半页，必有发昏作梦的话。此等书籍，若使知识正确、头脑清晰的人看了，自然不至堕其玄中；若令初学之童子读之，必至终身蒙其大害而不可救药。

欲祛三纲五伦之奴隶道德，当然以废孔学为唯一之办法；欲祛妖精鬼怪、炼丹画符的野蛮思想，当然以剿灭道教——是道士的道，不是老庄的道，——为唯一办法。欲废孔学，欲剿灭道教，惟有将中国书籍一概束之高阁之一法。何以故？因中国书籍，千分之九百九十九都是这两类之书故。中国文字，自来即专用于发挥孔门学说及道教妖言故。

但是有人说：中国旧书虽不可看；然汉文亦不必废灭，仍用旧文字来说明新学问可矣。此说似是而实非。既不废汉文，则旧学问虽不讲，而旧文章则不能不读。旧文章的内容，就是上文所说的"不到半页，必有发昏做梦的话"。青年子弟，读了这种旧文章，觉其句调铿锵，娓娓可诵，不知不觉，便将为其文中之荒谬道理所征服。其中毒之程度，亦未能减于读四书五经及《参同契》《黄庭经》诸书。况且近来之贱丈夫，动辄以新名词附会野蛮之古义，——如译 Republic 为"共和"，于是附会于"周召共和"矣；译 Ethics 为"伦理学"，于是附会于"五伦"矣。——所以就使造新名词，如其仍用野蛮之旧字，必不能得正确之知识。其故有二：(1) 因国人的脑筋异常昏乱，最喜瞎七搭八、穿凿附会一阵子，以显其学贯中西。(2) 中国文字，字义极为含混，文法极不精密，本来只可代表古代幼稚之思想，决不能代表 Lamark、Darwin 以来之新世界文明。

他又指出：

> 至于有人主张改汉字之形式，——即所谓用□字、罗马字之类，——而不废汉语：以为形式既改，则旧日积污，不难洗涤。殊不知改汉字为拼音，其事至为困难：中国语言文字极不一致，一也；语言之音，各处固万有不同矣，即文字之音，亦复纷歧多端，二也。制造国语以统一言文，实行注音字母以统一字音，吾侪固积极主张；然以我个人之愚揣，其至良之结果，不过能使白话文言不甚相远，彼此音读略略接近而已；若要如欧洲言文音读之统一，则恐难做到……况汉文根本上尚有一无法救疗之痼疾，则单音是也。单音文字，同音者极多，改用拼音，如何分别？——此单音之痼疾，传染到日本，日本亦大受其累：请看日本四十年来提议改良文字之人极多，而尤以用罗马字拼音之说为最有力；然至今尚不能实行者，无他，即"音读"之汉字不能祛除净尽，则罗马字必难完全实行也。——吾以为改用拼音，至为困难者，此也。
>
> 即使上列诸困难悉数解决，汉字竟能完全改用拼音；然要请问：新理，新事，新物，皆非吾族所固有，还是自造新名词呢？还是老老实实写西文原文呢？由前之说，既改拼音，则字中不复含有古义，新名词如何造法？难道竟译 Republic 为 Kung-huo，译 Ethics 为 Lun-Li-hsuh 吗？自然没有这个道理。由后之说，既采西文原字，则科学、哲学上之专门名词，自不待言；即寻常物品，如 match, lamp, ink, pen 之类，亦宜用原文，不当复云 Yang-huo, Yang-teng, Moh-shue〔yangmeh-shue〕, yang-pih-teu；而 dictator, boycott 之类应写原文，亦无疑义。如此，则一文之中，用西字者必居十之七八；而"拼音之汉字"不过几个介、连、助、叹之词，及极普通之名、代、动、静、状之词而已。费了好多气力，造成一种"拼音之汉字"，而其效用，不过如此，似乎有些不值得罢！盖汉字改用拼音，不过形式上之变迁，而实质上则与"固有之旧汉文"还是半斤与八两、二五与一十的比例。

他对于中国的文字的总批评是：

> 所以我要爽爽快快说几句话：中国文字，论其字形，则非拼音而为象形文字之末流，不便于识，不便于写；论其字义，则意义含糊，文法极不精密；论其在今日学问上之应用，则新理新事新物之名词，一无所有；论其过去之历史，则千分之九百九十九为记载孔门学说及道教妖言之记号。此种文字，断断不能适用于二十世纪之新时代。

他又说：

> 我再大胆的宣言道：欲使中国不亡，欲使中国民族为二十世纪文明之民族，必以废孔学、灭道教为根本之解决；而废记载孔门学说及道教妖言之汉文，尤为根本解决之根本解决。

从这里看起来，我们就可以知道，钱玄同先生之所以主张废除中国文字，目的是在于废火代表中国固有文化的孔学、道教，这可以说是他西化主张的消极方面的理论。反过来说，就是要想接受西洋二十世纪的新文化，必先采纳西洋的文字。我们且看他在同信中说：

> 至于废汉文之后，应代以何种文字，此固非一人所能论定。玄同之意，则以为当采用文法简赅、发音整齐、语根精良之人为文字 Esperanto。

他又说：

> 惟 Esperanto（世界语）现尚在提倡之时，汉语一时亦未能遽而消灭。此过渡之短时期中，窃谓有一办法：则用某一种外国文字为国文之补助，——此外国文字，当用何种，我毫无成见。照现在中国学校情形而论，似乎英文已成习惯，则用英文可也；或谓法兰西为世界文明之先导，当用法文，我想这自然更好；——而国文则限制字数，多则三千，少则二千，以白话为主，而"多多夹入稍稍通行的文雅字眼"，期以三年五年之工夫，专读新编的"白话国文教科书"，而国文可以通顺。凡讲述寻常之事物，则用此新体国文；若言及较深之学理，则全用外国文字教授。从中学起，除"国文"及"本国史地"外，其余科目，悉读西文原书。如此，则旧文字之势力，既用种种方求减杀，而其毒焰或可大减；——即废文言而用白话，则在普通教育范围之内，断不必读什么"古文"；发昏做梦的话，或可以不至输入于青年之脑中；——新学问之输入，又因直用西文原书之故，而其观念当可正确矣。

钱玄同先生这种澈底的主张废除汉文与积极的主张采用西文的意见，连了当时的胡适之先生，以至陈独秀先生，也有了一些些的踌躇。我所以说钱玄同先生的西化的态度，比之胡适之、陈独秀两先生，较为澈底、较为进步，就是这个原故。

然而钱玄同先生之所以要废除汉文，既是要澈底的去废灭代表中国固有文化的孔学与道教，而他之所以要采用西文，又可以说是要澈底的去接受西洋的二十世纪的文化了。于是，从这里我们可以看出钱玄同先生的澈底的西化的态度。

所以，总而言之，钱玄同先生所发表的言论，虽然特别注意于中国文字的废除与西洋文字的采用，然而他的真正目的是从根去打倒中国固有的文化，从根去接受西洋现代的文化罢！关于这一点，我愿意把《钱玄同先生纪念集》里黎锦熙先生所作的《钱玄同先生传》中一段话，录之于后，以为叙述钱玄同先生的西化态度的结论罢!

民国七八《新青年》的新文化运动，可以说是与文学革命运动一而二二而一的……钱先生参加文学革命，同时对于新文化运动却更有了特别的功劳……古文大师章太炎先生则直把孔子当作一个史学家看待，顶多再带了些教育家的臭味，孔子的最大成绩是在整理了许多旧书旧史（经）。他有《驳建立孔教为国教议》，只读了这篇东西就可知道，钱先生在这一点上，受他老师的影响最深。所以到了民七，就一拳打翻"孔家店"，反对"吃人礼教"，反对"包办式买卖式的婚姻"，反对雇一群叫化子扛着"肃静""回避"的牌匾送葬，如此等等，也说不尽，这就是"五四"运动的前夕的"新文化"启蒙运动。在《新青年》上唯有钱先生的说话最大胆，最不怕，最痛快淋漓，最使人兴奋，所以要推他为新文化运动揭幕的一人。其实呢，新文化运动最重要的观念是把二千年来一切旧的东西重新估价值，那么当然那些旧东西都有历史的价值的，但要适于现代，就不能不有所因革损益，而其建设偏重于西化的新文化了。

除了钱玄同先生之外，在五四运动的时代，在《新青年》上发表文章，主张改革中国文学、主张改革中国文化得很力的刘半农（复）先生，又可以算作一个代表的人物。刘先生在《我的文学改良观》一文，是专为反旧文学的；而在其《复王敬轩书》中则除了反对旧文学之外，又主张反对孔教，反对中国的旧文化，与主张采纳西洋的新文化。今且摘录其后文数段于下，以见其态度的大略：

文字这样东西，以适于实用为唯一要义，并不是专讲美观的陈设品。我们中国的文字，语尾不能变化，调转又不灵便，要把这种极简单的文字，应付今后的科学世界之种种实用，已觉左支右绌，万分为难。推求其故，总是单音字的制作不好。先生（指王敬轩）既不知今后的世界是怎么样一个世界，那里再配把"今后世界中应用何种文字"一个问题来同你讨论。

至于赋、颂箴、铭、楹联、挽联之类，在先生则视为"中国国粹之美"者，在记者等却看得半钱不值。因为这些东西，都在字面上用功夫，骨子里半点好处没有。若把他用来敷陈独夫民贼的功德，或把胁肩谄笑的功夫，用到死人的枯骨上去，"是乃荡妇所为"，本志（指《新青年》）早已结结实实的骂过几次了。西文中并无楹联，先生说他"未能逮我"，想来已经研究过，比较过。这些全世界博物院里搜罗不到的奇物，还请先生不吝赐教，录示一二，使记者等可以广广眼界，增写见识！

他又指出：

本志排斥孔丘，自有排斥孔丘的理由。先生如有正当的理由，尽可切切实实写封信来，与本志辩驳；本志果然到了理由不能成立的时候，不待先生督责，就可在《新青年》杂志社中，设起香案，供起"至圣先师大成孔子"的牌位来！如先生对于本志所登排斥孔教的议论，尚未完全读过；或读过之后，不能了解；或竟闻了解了，却没有正当的理由来辩驳，只用那"孔子之道，如日月经天，江河行地"的空话来搪塞，或用那"岂犹以青年之沦于夷狄为未足，必欲使之违禽兽不远乎"的村妪口吻来骂人，则本志要把先生所说的"狂吠之谈，固无伤于日月"两句话，回敬先生了！

他又接着说道：

本志记者，并非西教信徒；其所以"对于西教，不加排斥"者，因西教之在中国，不若孔教之流毒无穷；在比较上，尚可暂从缓议。至于根本上，陈独秀先生早说了"以科学解决宇宙之谜"的一句话，蔡子民先生又发表过了《以美术代宗教》的一篇文章，难道先生没有见过吗？若要本志记者听了先生的话，替孔教徒做那"攻乎异端"的事业——哼哼！——恐怕你这位"道人"，也在韩愈所说的"火其书，庐其居"之列吧！

此外，又如鲁迅（周树人）先生在《新青年》杂志中所发表的小说，对于中国固有的文化的腐败也极力的指摘。比方，他在《狂人日记》一篇里说：

凡事总须研究，才会明白，古来时常吃人，我也还记得，可是不甚清楚。我翻阅历史一查，这历史没有年代，歪歪斜斜的每页上都写着"仁义道德"几个字。我横竖睡不着，仔细看了半夜，才从书缝里看出字来，满本都写着两个字是"吃人"！

这就是一些人所反对的吃人的礼教，而所谓吃人的礼教，又是我们中国的固有的文化的特点。又如鲁迅先生在《门外文谈》一文（《鲁迅代表作选》，页三七〇）里，他赞成中国文字拉丁化。他说：

这里我们可以研究一下新的"拉丁化"法，《国际每日文选》里有一本《中国语书法之拉丁化》，《世界》第二年第六七号合刊附录的一份《言语科学》，就是介绍这东西的……它只有二十八个字母，拼法也容易学，"人"就是 Rhen，"房子"就是 Fangz，"我吃果子"是 Woch goz，"他是工人"是 Ta sh gungrhen。现在在华侨里实验，见了成绩的，还只是北方话。但我想，中国究竟还是讲北方话——不是北京话——的人们多，将来如果真有一种到处通行的大众语，那主力也恐怕还是北方话罢。为今之计，只要酌量增减一点，使它合于各地方所特有的音，也就可以用到无论什么穷乡僻壤去了。

他又接着说：

那么只要认识二十八个字母，学一点拼法与写法，除懒虫和低能外，就谁都能够写得出，看得懂了。况且它还有一个好处，是写得快。美国人说，时间就是金钱；但我想：时间就是性命。无端的空耗别人的时间，其实是无异于谋财害命的。

他的结论是：

"中国"是一向受着难文字、难文章的封锁，和现代思潮隔绝。所以，倘要中国的文化一同向上，就必须提倡大众语、大众文，而且书法更必须拉丁化。

所谓"要中国的文化一同向上"，就是指着中国的文字要同中国的文化一同西化。换句来说，中国的文化固要西化，中国的文字也要西化。

在五四运动的时代，除了上面所提的吴又陵、陈独秀、钱玄同、刘半农、周树人诸先生反对中国固有的文化与主张澈底的西化之外，在《新青年》与《新潮》的杂志上，还看了不少的言论是偏于这种主张的。然而单就我们在上面所说的数位的言论，已足代表了这个运动的思潮的大概，所以对于其他的多少类似这种言论的人物，只好从略了。

我们知道，五四运动的时代正是欧洲战争的时代。在欧战的时候与欧战方完之后，国人见得欧洲人所创造的现代的文化，而尤其是物质的文化，却因战争而破坏起来，因而有了不少的国人遂以为欧洲的文化，而尤其是欧洲的物质文化，是要不得的，因而又提倡打倒西方的物质文化与发扬东方的精神文化的言论。那个时候的《东方杂志》上所发表的几篇文章，而特别是署名"伧父者"所发表的几篇文章，以至后来的梁启超先生的言论，都是极力鼓吹这种意见，而与《新青年》处于相反的地位。陈独秀先生的在《新青年》上所发表的一再质问《东方杂志》记者的文章，与胡适之先生的言论，而特别是他的《我们对于西洋近代文明的态度》一文，都可以说是对着那些因欧战而怀疑西方文化的言论而发表的言论。关于陈独秀先生及胡适之先生的见解，我们在上面已经详细的叙述，我们现在且再把林语堂先生在《中学生杂志》第二号上所发表《机器与精神》一文，摘录一二段于下。一方面可以说明一些反对把精神文化与物质文化来区别东西文化的根本不同的偏见，一方面可以看出一些主张中国需要根本采纳西洋文化的代表言论。林语堂先生说：

实则东西文明同有物质与精神两方面，物质文明并非西洋所独有，精神文明也非东方的奇货。

他因而举出好多例子去证明他的意见，之后又说：

倘是我们再把问题进一步说，东西虽各有物质文明，所不同者在于机器与手艺而已。这样，我们把西洋的机器文明与东方的手艺文明相对，却没有什么不可，不过，在文章上，就没有那么冠冕堂皇，而稍稍有落伍逊色之意了。不过，我们也须明白，机器文明仍然不能与精神文明相对，只能与手艺文明相对。因为有机器文明的人，未必就没有精神文明，我们知道这句所谓机器文明的话，还是五十年前中国人心理中的一件事。那时的中国人只看见西洋人火车、轮船、电报、枪炮等显而易见的文明，故谓之机器文明，五十年以来稍开通的国人，早已承认中国的政治政体不如西洋了，而政治固属于精神界的东西；三十年来国人也渐渐感觉中国的学术思想，科学方法不如西洋了，而科学哲学又是属于精神界的东西；十年前的中国人又感觉连文学上，都有不及西洋人了，于是有近代文学的运动，尽量的翻译西洋的文学。……到了现在，也已有一部分人，心目中明确认识却未敢说出来，东方的道德是腐败不堪，贪污淫秽，卑鄙懦弱，不如西洋人的道德了。然而政治、学术、文学、道德，以至于图画、音乐及一切美术，都是精神界的东西。所以要拿东方的精神文明与西洋的机器文明比较，论理上也就有许多欠妥的地方，恐怕不是事实所容许。

林先生于是又指出，没有机器文明不是便有精神文明的证明。他说：

我们要知道，没有机器文明，不过是说一国的工业尚在手艺时代而已，同时政治上常在封建时代。这种工业的手艺文明，与政治的封建文明，自有他特殊的诗趣，也有其特别精神上的美致的安慰……平心而论，坐在自来水马桶上大便的人，精神上未必即刻腐败；坐在中国的苏杨马桶上大便的人，精神也未必保得住健全。

反过来看，照林先生的意见，机器文明就是精神文明的表现。且看他说：

有了科学，然后有机器，有了西人精益求精的商业精神，才有今日人人欢迎的舶来货物。国粹家每每要效辜鸿铭的故智。虽然身穿用洋针洋线洋布所做的衣服，足上着西洋袜机所制的机器袜，看的又是用西洋机器所造的纸料及用西洋机器印成的报纸，走的又是西洋机器碾成的柏油路，坐的又是西洋机器造成的舟车，却一味要鄙夷物质，矜伐吾国固有的精神文明。但是你们只要细想，这些机器造成的舶来品，岂不是精神所创造出来的？……上海公共租界物质文明，似乎比中国南市闸北的物质文明略高一点，难道这就是可认为的历任的上海市政局诸公的精神道德比公共租界的工部局董事会高尚吗？西人有这种勇于改进的精神，才有这种精益求精的物质上的发达，我们若还要一味保存东方精神文明，去利用西方的物质，遵守"中学为体西学为用"的狗屁不通的怪话，恐怕连拾人牙慧都拾不起来，将来还是非永远学海上寓公手里拿着一部《大学》《中庸》（体）去坐西人所造的汽车（用）不成。《大学》《中庸》尽管念的熟烂了，汽车还是自己制造不出来，除了买西洋汽车没有办法。

他最后又说：

> 希望诸位对于这个西方文明，多考虑一下，把他清楚认识，才不会为中国文明将来发展的一种障碍。爱国心切，反而间接减少中国变法自强的勇气。我们不会学西洋人，至少也得学东洋人，中国人早肯洗心革面彻底欢迎西欧的物质文明，也不至有今日老背龙钟的状态了。

所谓精神文化既不能离开所谓物质的文明，那么所谓彻底欢迎西欧的物质文明，就是等于彻底欢迎西欧的现代的整个文化了。

第八章 吴稚晖的西化态度

我们知道，吴稚晖先生是我国近代提倡物质文化最力的一位。他之所以极力提倡物质文化，大致是由于他的唯物的主张而来。所以照吴先生看起来，所谓自然的境界固是物质的东西，所谓人事的方面也由物质所组成，两者之所以分别的，不外是天然的物质与人为的物品而已。吴先生在民国五年（一九一六）所发表的《青年与工具》一文（参看《吴稚晖全集》卷一，页一八六）里，曾有下面一段话是解释他的这个唯物的观念的，今且录之于下：

> 坐我于一室之中，悠然四顾，惟我自身与相对之一猫，及窗前之树，为天然品。余上橡下席，笔砚几案，衣饰袜履，藉猫之褥，支树之橛，皆非天然所能有，概称之曰人为品，盖莫不一一皆造于自人也。苟无其人，则此橡、此席、此笔砚、此几案、此衣饰袜履与夫此褥、此橛，皆无从出现。猫则藉草，树则枕石，皆在山川云物逦迤回荡之中，生活于天造之草昧而已。纵亦有兽窜之穴，鸟筑之巢，蜂成之窠，蚁聚之垤，稍与天造争别异之观，亦止点缀于天然品之间，非能相对为物。有两大之势，有如今日人为品之耸塔于高峰，建市于平原，连桥于巨川，卦轨于大陆。一若山川云物，必待城郭舟车共组而为世界也。然则吾人言人事，之所以表异于天然之界者，惟此世界互待以为组织成分之人为品而已。

就是在这里所说的人，也不外是物质的东西，所以吴先生的人的定义，照他在他的《一个新信仰的宇宙观及人生观》一文（《全集》卷四，页四一）里所说，是这样的：

> 人便是宇宙万有中叫做动物的动物……人便是外面止剩两只脚，却得到了两只手，内面有三斤二两脑髓、五千零四十八根脑筋，比较占有多额神经系质的动物。

因此之故，吴先生在这篇《一个新信仰的宇宙观及人生观》一文里所说的宇宙观，是"黑漆一团"的物质；而他所说的人生观，是吃饭、生小孩与招呼朋友。

总而言之，宇宙"无非拿具有质力的若干'不可思议'量合成某某子。合若干某某成为电子，合若干电子成为原子，合若干原子成为星辰、日月、山川、草木、鸟兽、昆虫、鱼龟"以至人类等物，而人生是吃饭、生小孩、招呼朋友的动物。至于所谓文化，就是人为的物品。

宇宙、人类既是物质的东西，所谓精神也是从物质而来的，因而精神是离不了物质的。且看他说：

> 我是坚信精神离不了物质。什么真如正觉，也不过用几个物质的麻醉性名词，叫人昏昏盹盹，悠悠洋洋，得个说不出、话不出的精神快乐罢了。其余什么清风明月，高山流水，说得像煞有价事，也无非借那取不尽，用不竭，又好又廉，够懒惰，趁现成，拿来安慰自己的精神罢。甚至于反证着，弃去美衣佳味，甘心饲虎尝秽，也借着外物，作个痛苦的干脆了当罢了。其余浅近的什么窗草不除的理学，熙熙皞皞的农村，更是无办法而各尽天年的持中罢了。闹来闹去自己是"有"，还是借些"有"，恐弄明白了是痛苦，所以拿它含精混了算精玄。

不但这样，物质文化是进步的。所以，他在同文（《一个新信仰的宇宙观及人生观》）里又说：

> 我是坚信宇宙都是暂局的，然兆兆兆兆境没有一境不该随境努力，〈兆兆兆兆时〉没有一时不该随时改进……我相信人类以后，还要有超人类；人类未死以前，我相信孔子以后，还要有超孔子；石器以后，曾有今日的物质文明；今日的物质文明以后还要有骇得煞张君劢、章行严各位先生的超等物质文明。物质文明非但现在说不够破产，就是再几兆年，还是进行。

物质文化既是时时刻刻的进步，而同时精神文化既不能离物质文化，那么物质的进步，所谓非物质或精神的文化也往往随之而进步。所以吴先生又说：

> 我相信物质文明愈进步，品物愈备，人类的合一，愈有倾向；复杂之疑难，亦愈易解决。故黄帝以前，止酋长各据部落，榛莽秽阻，交通不出数十百里。从城郭、宫室、衣裳、车马、舟楫、耒耜、杵臼、弧矢，物质文明大进，始有国的意味。不多几时，夏禹便操其椠檋畚锸，治工程于数千里之间。至于商周，礼乐冠裳，文明大备，于是部落皆成都邑，并合所谓"万国"者，成立数十大邦。经春秋战国，才智辈出，桔橰而汲，削鸢而飞，驱壁策肥，裹粮行滕，周流历聘者，交通大繁，自然趋于秦汉之统一。由是五百六十尺之巨舟，期年可以毕事，郑元和遂抵好望角；麦智利、哥仑布，亦寻出新世界，环游地球。华特的蒸汽机一动火，轮船火车推进，黄发碧长睛之动物，遂如水四溢。交民巷、海大道、静安寺、九龙湾，便尖塔高矗，一万年也不再行矣。故物质文明之于一民族之祸福，我不敢知。惟四千年前舞轩羽两阶，七旬方格之有苗，今固高隐湖南、贵州山间之农村，世界人类学小册中，几漏载其名。所以物质文明帮助人类统一地球，从而共产，从而大同，是我所坚信。果为何等人类，我耸肩而不敢答。好在今之玄学家，彼时亦成鬼久矣，彼亦可不负责也。因而在这一段文章里头，始可列为悬案，存而不论。

他又接着说道：

> 我们再讲物质文明帮助人类在地球上大同之进行。前年美总统有选举之说，无线德律风，预备临时添置二百万具。那就人民普遍监察，运用愈周，共和可以愈真。如德国之工业教育，虽全厂工程师战死，工头能代行职务；工头又死，工人亦能勉强开工。千晷劳工大学等之设备成为理论。工人智识愈高，合作工厂将代用资本工厂。业组之社会主义可不烦流血而成。铁柱日铸万枝，水泥日出万桶，试验仪器，充积厂屋，精铁油木之棹椅，满贮仓库。三十里而峨焕完备之大学，已在面前；二十里而崇阁富丽之书库、博览室，又堪跻足。一动车而千亩云堆，一开机而万卷雪垒，人皆为适量之节育，亦各操二小时之工，如此而共产，庶几名实两符。你想倘要如此"睡昏"的做梦，缚了理智之脚，要想请直觉先生去苦滴滴的进行，他高兴吗？回头过去，向后要求，走最高等之一路，是其结果矣。然而地球上自有人类，用不着玄学鬼子孙承乏友邦那。犹之乎江南自有"吾兄"太伯之吾弟稚晖，能长子孙。用不着断发文身的荆蛮哥哥，舍却湖南山中农村之乐，而来实无锡版图也。

其实从吴稚晖先生看起来，所谓大同的世界的梦想是有两种的。他在《机器促进大同说》一文（《全集》卷一，页一八四）里说：

> 世间梦想大同世界的，就有二种。一种是爱好天然，让他一团茅草乱蓬蓬，使山川草木，疏落有致；在清风明月之下，结起茅屋，耕田凿井做着羲皇之梦。这种空气，自然清风的境界，在下也十分赞成。然而到狂风苦雨连绵旬月，我庐、我田、我井漂荡无存；否则蓬蓬乱草之中，蚊蝇跳蚤，叫苦连天，毒蛇猛兽，惊心动魄，就不免有些踌躇了。所以在周朝井田阛阓已经修治的世界，在俄国城郭宫室尤较美备的人境，偶然有我们几位别致朋友，快活着村庄生活，自然好像羲皇已经接近，浮生大是可乐。若真正是羲皇以前那种耕田凿井的大同世界，恐怕只是片面的。

他又说：

> 又有一种重视物质文明，以为到了大同世界，凡是劳动，都归机器，要求人工的部分极少。每人每日止要做工两小时，便已各尽所能。于是每天余下的二十二小时睡觉八小时，快乐六小时，用心思读书、发明八小时。在这二十二小时睡觉、快乐、使用心思之中，凡有对于温厚、鲜洁、轩敞、飞速等条件的享用东西，应有尽有，任各人各取各需。到那时候人人高尚、纯洁、优美，屋舍皆精致幽雅，道路尽是宽广九出；繁植花木，珍禽奇兽，豢养相当之地。合全世界无一荒秽颓败之区，几如一大园林。彼时人类的形体头大如五石瓠，因用脑多之故；支体皆纤细柔妙，因行远升高入地，皆有现

成机器遍设于道路,所需手足劳动甚少之故。这并不是乌托邦的理想,凡有今时机器较精良之国,差不多有几分已经实现,这明明白白是机器的效力。

从这数段话里,我们可以看出,吴稚晖先生所提的是现代以机器为工具所促进的大同,而非古代以自然为生活而梦想的大同。因为真正的大同世界并非凭空造作的,而必有物质文明以为基础,而机器是促进物质文明的主力,所以只有机器发明,物质文明进步,人类始能达到大同的世界,始能享得精神的幸福。在《青年与工具》一文(《全集》卷一,页一八七)里说:

> 吾决非崇拜物质之一人。惟认物质文明为精神文明所由寄之而发挥,则坚信无疑。幸福者果何物乎?幕吾以天,席吾以地,缠藤叶于吾身,坐山石之上,歌声出金石,固何歉乎?精神完固之我,而不认为有一种高尚之幸福。但此种幸福,皆在物质备具,充养吾之精神,已使演进而有余。而后偶任吾个体之返本自适,遂有天地甚宽其乐反未央耳。若真在藤叶缠身之世共幕于天、共席于地之同胞,皆苦藤叶之不供。吾缠吾身,怀宝即罪,杀身之惨,可以区区章身之藤叶,安在而能如戒约完具。盗贼屏远之人境,有晏然之山石可坐,即非出于人与人之相害。以藤叶自缠,苟然生活之人功,岂能使蛇龙兕虎敛迹深林,而多干净可坐之山石。而且歌则有思,哭则有怀,纵原人亦自有呜呜之天趣。然安在所谓声出金石者,而望简册不富、缥缃不具之人类,足生我人代为设想之繁感。是则我人理想中高尚之幸福,一若全发挥于精神者,亦几乎实由物质文明伸缩之区域,为其发挥弛张之区域耳……于是幸福中,不能不含有巨大成分之物质文明……是则物质之文明,决未可于人类之幸福,有所蔑视。

精神的文化与幸福的享受,既不能离开物质的文化与工具的发达,那么近代的机器的发明不只是促进近代的物质文化,而且促进近代的精神文明。然而这种因机器而造成的近代或新的文化,究竟是从何而来呢?吴稚晖先生很不迟疑的告诉我们:这是从西洋人所发明的,而非东方人所创造的。他在《科学与人生》一文(《全集》卷一,页五)里说:

> 西洋文化的大发展还不够二百年。一七六四年华特蒸汽机的出世确是一件顶天立地的事业,一八五六年达尔文的种源出世而思想事业为之一变,世界已经改变了好多。而中国却还有许多三个不信,一定要做曲辫子,有了遗老还不够,还有遗少,年纪轻轻已经做了曲辫子,拿隔年的历本来翻好日子。从前科举的时候出一个"截题"的,好像"子曰学而时习之不亦",他们说"不亦"两个字有好多神情在里面。这种事情在从前不以为奇,在现在便觉得岂有此理。科学随时代而进步,人生观也因而改变。有好多文学家、哲学家的事情现在都变为科学了,有许多从前发明家的事情,现在觉得

一点不希奇……华特发明了蒸汽机，并且发明了一立方的水能变成一千六百方的蒸汽，那时真是了不得的事，现在小学生都已知道了。

在《一个新信仰的宇宙观及人生观》一文里，吴先生又告诉我们道：

> 数千年的短时间，本一旦暮，所以若说也有少数古人胜过今人，我可以相对的承认，但从大部分着想，就是孔二先生，说不定及不来梁任公梁大先生、梁漱溟梁二先生。至于一般普通人，可坚决的断定，古人不及今人，今人又不及后人。

我们说到这里，我们可以明白，吴稚晖先生不只是反对一般专门提倡所谓精神文化的人们的理论，而且反对一般极力提倡复回皇古的人们的理论。

然而所谓复回皇古的主张，与精神文化的提倡，是东方人而尤其是我们中国人的思想的特性。而且所谓复返古代的生活，往往又是复回精神的文化。因为东方人而尤其是我们中国人，自中西海道沟通以后，总以为东方的原有的文化是精神的文化，而西方的近代的文化是物质的文化；反对西方的物质的文化，就是要想复回我们原有的精神的文化；而这种精神的文化，往往又是以孔教为代表。吴稚晖先生以为"古人不及今人，今人又不及后人"，已很显明的去反对我国的传统的复古的思想。而况他又指出，孔二先生说不定及不来梁任公以至梁漱溟先生呢。

总而言之，我们中国人所夸耀的精神文化，既不外是古代的文化，而尤其是孔家的文化。那么，反对我们的精神文化，固是反对我们复回古代的文化；而反对复返我们古代的文化，也可以说是反对我们的精神的文化。其实照吴稚晖先生的意见，一般人之以东方文化是精神文化，西方文化是物质文化，就是一个错误，而尤其是一般主张复古的人们的很大错误。我们且看吴先生在《科学周报·发刊语》（《全集》卷一，页九）里说：

> 我要附说一句，便是近日好古先生流行的口头禅，终说他们（西洋人）是物质文明，我们是精神文明，那里知道一百五十年前他们也只有精神文明，他们的物质文明是二千年前我们指南针、地震仪次第造成的时候，他们的祖宗也有同样的理论。又在二百年前好像牛顿先生一流人更耍着苹果等的把戏，于是一百五十年前造成了一个合式的锅炉，才文明到物质上去的。可是精神也愈文明了。如其不信，物质比物质，可怜朋友们是屈服了，精神比精神，朋友说得高兴时，也要留神些，说不定受科学洗礼，更晓得应该如何留心了。

可见得东方的文化既不只是精神的文化，而西方的文化也不只是物质的文化。而况在近代的中国的物质文化，固是比不上西洋的物质文化；就是中国的精神文化，又何尝比得上西洋的精神文化呢？吴先生在《箴洋八股化之理学》一文（《全集》卷六，页三九）里曾说：

> 西方物质进步，故精神亦随了进步。若理想的无战争必要经由社会主义，及张先生（君劢）的理想的无政府主义，才可达到。程朱的理学，他做梦也说不上。没有哥白尼把一个物质的太阳放在中心，张先生理想的无政府名词在宋明理学书上寻得出么？

这是反驳张君劢先生所提倡的精神的文化，而尤其是西洋化的中国的理学的话。然而，吴先生的目的不外是说明，不只是西方人的理想的精神文化是靠着西方的进步的物质文化，就是中国人要有这种的精神文化，也得先学得西方的进步的物质文化才有希望。

无论从物质文化方面来看，或是精神文化方面来看，我们中国既都比不上得西洋。那么，中国之要效法西洋是无可疑的。

我们若从这种理论推衍起来，吴稚晖先生的西化态度，从某方面看起来，是很近于全盘西化论。然而我们也得指出，吴稚晖先生既以物质文化为精神文化的基础，而只提倡西洋的物质文化，那么，西洋的精神文化之非是筑在这种物质的基础之上，未必为吴先生所愿意采纳的。因为我们知道，西洋的宗教，以及其他的好多所谓精神的文化的发展，是远在机器发明之前。吴先生所要的西化，既只是机器所产生或是科学所促成的近代的物质文化，那么这种文化只是西洋的文化的一部分，也许这是近代西洋文化的很重要的部分。而且我们也知道，张君劢先生固是留恋于中国的理学以及其他的固有的文化，然而他的根本思想还是近代的西洋的思想。虽则他的这种思想的来源是偏于玄学方面，然而西洋近代的科学之于西洋近代的玄学，既非完全是没有关系，那么，单只采纳西洋的科学而反对西洋的玄学，是否能使中国的文化能够澈底的西化，也是一个问题。然而这个问题，我们不愿在这里加以详细的讨论。我们所要指出的是，吴先生既相信西洋的精神文化是由西洋的物质文化而来，那么效法西洋的物质文化，则其结果是西洋的精神文化也必随之而来。从这方面来看，吴先生的西化的态度，正如我们上面所说，是很近于全盘西化主张。

而况，吴先生对于中国固有的文化，曾加以严厉的批评与极力的反对呢！

不但这样，近来有些人见得西洋人之到东方的，每每喜欢研究中国古代的文化，或是东方固有的文化，遂以为西洋人尚且提倡我们古代的文化，或是东方的文化，因而对于复回皇古的主张与"向东走"的口号，更觉得我们自己应当努力提倡的。吴先生对于这种心理的错误，在其《书〈神州日报·东学西渐〉篇后》一文（《全集》卷二，页七六）里说：

> 西人之好古，在近代之比较级上，似过于吾人。吾人以好古有名于世界，复以好古见诮于世界。岂知所以有名者则为妄，所以见诮者则有故。有

名之妄，一语可以解决。以现状而论，一切搜求古物、保存古物，随在自不如西人，则无其实而有其名，故为妄也。其见诮之故，则因西人之于古物也，珍之。珍之，故以供参考者十之七，以供润饰者十之三。而摹仿而服从之者，吾亦不能以为无有，然为数至少，故不能列于（若干）成分。吾人之于古物也，尊之。尊之，故摹仿而服从之者十之七，以为夸耀者十之二，以为参考者十之一。摹仿而服从之，而不究其得失，是则认古人为道理，其足以见诮可知。况挟己之摹仿而服从之物，随在不适于竞存，其重为世界所戮笑也亦宜。

西人不惟好古也，在近世之比较级上，其好学亦过于吾人。彼之好古也，从罗马、希腊直上溯埃及、巴比伦，埃及、巴比伦固为彼中之文明所自出，然其人视之，固浅化之人类也。吾人可不必妄自菲薄，彼之视吾人，亦知开化已五千年者。岂有并不能与埃及、巴比伦为斯参。岂特如此，彼之视印度，视巫来由，视斐洲，甚而至于视西印度红种之区域，皆以为有可参考之资料。彼之所以参考于古者，直欲提拣其废料，以扩己之能力也。所谓采葑采菲，所谓竹头木屑，近日西人盖实行之。彼之好古，实为好学。彼其略得进化之果，即成于能自好学之因也。

吴先生不只是反对我国那种好古的习惯，而且反对人们去读所谓国故。据说，他在好多年前曾与友人相约不看中国书，所以，他对于国故的研究加以剧烈的反对。他在《箴洋八股化之理学》一文（《全集》卷六，页四五）的附注中说：

这国故的臭东西，他本同小老婆、吸鸦片相依为命。小老婆、吸鸦片又同升官发财相依为命。国学大盛，政治无不腐败。因为孔、孟、老、墨便是春秋战国乱世的产物，非再把他丢在毛厕里三十年。现今鼓吹成一个干燥无味的物质文明，人家用机关枪打来，我也用机关枪对打，把中国站住了，再整理什么国故，毫不嫌迟。

他又说：

什么叫做国故，与我们现今的世界有什么相关？他不过是世界一种古董，应保存的罢了。埃及巴比伦的文字，希腊罗马的学术，因明唯识的佛经，周秦汉魏的汉学，是世界上人公共有维护之责的东西，是各国最高学院应该抽几个古董高等学者出来做不断的整理。这如何还可以化青年脑力，作为现世界的教育品呢？

他又说：

从前张小浦说得好："倘真正是国粹，何必急急去保存？二千年以来，定孔孟为一尊，斥老墨为异端，排除无所不至，然而老墨之书至今光景长新。"所以在三千年内姑且尽着梁先生（启超）等几个少数学者，抱残守缺，已经足够，不必立什么文化学院，贻害多数青年。更不必叫出洋学生带了好多线装书出去，成一个废物而归。充其量都成了胡适之、胡先骕诸位先生，也不过做一个洋八股的创造人而已。少数的胡适之、胡先骕是要的，不幸梁先生要大批的造，不幸又有最高等的学者张君劢先生出来做护法，使他繁殖。

吴稚晖先生不只反对一般人去研究国故，而且主张澈底改革中国的文字。他在《二百兆平民大问题最轻便的解决法》一篇长文（全集卷二，页二一）里，曾拟了下面数种办法：（一）古书仍旧，不必议及。（二）高深学理之书，暂可尽写以汉文。（三）中等书报，皆写以汉文，有愿加国音于旁者尤好。（四）通俗书报，皆写以汉文，惟必加国音，最好。并要多作专供局部之通俗汉文报，右方注国音，左方注方音。（五）局部极浅俗之书报，或用四法，或竟杂用字母及汉文。与和文相同，亦好。如写不出的助词等等，不必强借不相干之汉文为之。（六）丫头、老妈子、小工、洋车夫，彼等自己写信，任他全用注音字母，各拼方音。于关乎契约合同等之音，彼人能写汉文一二亦好。（七）局部告白，仓卒不及用汉文，大众本可凭注音字母而了解者，即听其全用注音字母。

吴先生在别一个地方又说：

万一拼音文字一时办不到，不若先采英文，为学校人人必习之。文字庶藉以吸收世界智识而谋一切实用学术之发达（参看《全集》卷三，页二三）。

吴先生在《新世纪》第四十号又有下面一段话：

中国文字迟早必废，欲为暂时之改良，莫若限制字数。凡较僻之字，皆弃而不用，有如日本之限制汉文。此法行，则凡中国极野蛮时代之名物，及不适用之动作词等，皆可屏诸古物陈列院，以备异日作《世界进化史》者为材料之猎取。所有限制以内之字，则供暂时内地中小学校及普通商业上之应用。其余发挥较深之学理及繁颐之事物，本为近世界之新学理、新事物，若为限制行用之字所发挥不足者，则可揽入"万国新语"（即 Esperanto），以便渐揽渐多，将汉文渐废，即为异日径用万国新语之张本。

总而言之，吴稚晖先生虽极力提倡注音字母与汉字并用，然这不过是暂时的办法，他的根本办法是废除汉字。所以，他很肯定的说中国文字迟早必废。至于废除之后，无论是用万国新语，或是英文，或是别国文字，都是十足的西化的文字呵！

从我们在上面所说的话来看，吴稚晖先生消极方面既极力去反对中国的文化，在积极方面又极力主张采纳西洋的文化。他虽然没有提倡全盘西化，然而若照他的精神文化是离不开物质文化的意见，以及其提倡物质文化的理论，则其结果是，中国非根本西化是不行的。

因为吴先生极力提倡西洋的物质文化，所以他对国人之提倡东方的精神文化的，特别加以痛恨；而对于一般享受西洋的物质文化而同时提倡东方的精神文化的，尤特别加以痛恨。在一般的国人正在欢迎从印度来中国演讲的太戈尔先生的时候，吴先生曾写过一篇文章，题为《婉告太戈尔》（《全集》卷六，页一四六），里面有二段话，今且录之于后以为本篇结论：

> 这番宾与主大半都口口声声的反对物质文明，但是一则居然有洋房前的草地招待来宾，一则居然坐着汽车去游 Sail 的龙华会议。招待还要借一品香演讲，还要选新式的洋俱乐部，却不曾在城隍庙九曲亭开招待会议，用二把手小车插了桃花推他老人家在龙华道上得得而行，增些诗料。又不曾就在龙华后街野鸡团子店里谶会一次，一定要上洋照相、洋桌椅陈设得精雅的功德林。演讲其实在铁马路桥天妃宫的前门外也尽容得千人，又不屑顾，这真叫我们陶潜先生站在萧然的环堵上看了，垂涎一尺，要忿极了，问道："难道真是此一时彼一时，东方文化也跟了时代走的吗？"然我一定又要笑陶先生不通世故了。他们早有一位谢国响谢世兄替太先生、张先生一班通儒说明，说道："我们正不妨享用物质文明，却不为物质文明所驱使。"这种意思，我们应该了解，拆穿板壁说亮话，便是说火车、轮船不妨让西人来供奉，我们东方人自做我们最高的印度诗篇。太先生呀，西方人本来生成是一种做工的动物，他连了你们的田也代耕了，地也代治了，或者你们将来连百姓也可以不高兴造，他也代造了。

> 列位看官们想罢，我们最出风头的龙华，太先生看了 very Sod，解说的说，太先生是嫌她失了宗教气（可怜埋没了那班烧香的善男信女），其实止是因为到了堂堂上海第一次游的名胜，便比不上印度四、五、六等的古塔、古庙，无意中是包含了物质文明的比较罢。我想将来到了北方，看了静宜园的牌坊，明陵的石碑，或者勉强说句 very well，应酬一应酬也未可定。因为比起印度二、三等塔庙来，有些东方的特色了。说来说去，满肚皮的物质文明罢了！太先生呵！你切勿被我们一位孟先生好笑，所谓以五十步笑百步，真是最难堪的自问呀！

第九章　张君劢的西化态度

张君劢先生二十余年来发表不少关于西化问题的文章，他对于西化的态度上，虽是往往徘徊于折衷的途径，然而大致上，他的思想的系统可以说是偏于西方的思想的系统，而他在中西文化的态度，也可以说是偏于根本西化的态度。张先生的这种态度之见著作之最显明的，要算他在民国二十三年六月十六日至六月廿五日，在广州《民国日报》的"现代青年"栏所发表《学术界之方向与学者之责任》一长文，以及他在民国二十五年，在商务印书馆所出版的《明日之中国文化》一本书。又因为《明日之中国文化》一本书刊行较后，所以我们在这里叙述张君劢先生的西化的态度，对于这一本书特别加以注意。

在《学术界之方向与学者之责任》一文里，张先生说：

鸦片烟战争以来之吾国情况何如乎？通商之局，人主动而我被动，固已情见势拙。外人劫之以兵威，我每战而辄北。先败于英，次败于法，又次败于日本……迄于最近，日人以数小时之久占领沈阳，继且推广而为四省，夫外力之相逼也如此其急，而我之士大夫中，反甘为外人虎伥者。自对外言之，中华民族之文化尚有若干的效用乎？

在《明日之中国文化》一书"第九讲"中，张先生又说：

吾族立国东亚，已垂三四千年之久，而近数十年来，有岌岌不能自保之势；是我族文化是否有存于今后之价值，乃当前之大问题也。自鸦片烟战后之对外失败观之，吾族文化，在学术上、政治上、技术上，无一事堪与外人并驾者，乃有变法与革命之举；此西化之说所以日昌也。

在同书"第十讲"里，张先生又指出：

近年国内以外国学说之屡经试验而无成功，于是有提倡复古者；亦有以对外之失败为增进国民之自信力计，而出于复古者。吾以为复古之说，甚难言矣。同为儒家，有主宋学，有主汉学；汉学之中，或主古文，或主今文，或主郑玄，或主王肃；宋学之中，或主程朱，或主陆王。其优劣得失可以不论，要其不能对于现代之政治、社会、学术为之立其精神的基础一也。若复古之说，但为劝吾国人多读古书，阐发固有道德，其宗旨在乎唤醒国人，使其不至于亡本，此自为题中应有之义，与吾人之立本不相背。若谓今后全部文化之基础，可取之于古昔典籍之中，则我人期期以为不可。自孔孟以至宋明儒者之所提倡者，皆偏于道德论。言乎今日之政治，以民主为精神，非可求之古代典籍也；言乎学术，则有演绎归纳之法，非可取之于古代典籍也。

与其今后徘徊于古人之墓前，反不如坦白承认今后文化之应出于新创。

上面所举数段话，是从历史方面说明西化主张的由来，以及复古学说的困难。在消极方面，张先生既反对复古；在积极方面，他又主张西化。我们且看他说：

> 且一时代之社会，自有一时代之哲学为其背景。吾族今日所处之时代，所遇之邻国，既与昔异，除吾民族具有一种勇气另辟途径外，别无可以苟且偷生、迁延度日之法。其在政治上，当有卢梭、陆克辈之理，以辟政治之途径；其在哲学上，当如笛卡儿及康德辈，以立哲学之系统；其在科学上，当如加利雷、奈端、达尔文之勇于探求真理，与夫十九世纪初年德国科学家于各方面之努力。诚能如是，则新文化之基础，自不难于成立。有此新基础，国民对于祖宗之遗产，有增益而无消费，其崇敬之心，亦有增而无减。所谓于创新之中以求保存之法者，即此义也。不观德人乎，在科学、哲学上时有发见，而对于路德、哥德、俾士麦，未尝少减其崇拜。英人之科学、哲学同在创新之中，而米尔顿、莎士比亚与夫休谟、穆勒之书，未尝不家喻户晓。可知在日新之中而古亦自能保存。换词言之，则继往而开将来，而自出于一途也。

他又接着说：

> 新文化之创造，亦曰对于国民生活之各方面，如政治、如学术、如宗教等等，指示以标准，树立其内容；先之以言论，继之以事实；由一二人之思想以成社会之制度。欧美十六七世纪以降之文化，即由兹以成；而吾国今后之途径，亦不外此而已。

所谓"吾国今后之途径，亦不外此而已"，就是指着欧洲十六、十七、十八以至十九世纪的民主主义论者，以及哲学家、科学家所造成的现代的西洋文化。因为照张君劢先生的意见，西洋现代文化的成就，是十六、十七世纪以降的文化的累积而成的。我们要采纳西洋现代的文化，我们不只是要学西洋现代的东西，而且还要追本逐源的去学西洋所造成现代的文化的基础，这就是十六、十七世纪所发展的文化。

简单的说，中国的旧文化已不适合于现代的时境，而必须去效法西洋；然而要想效法西洋，则必须从西洋的文化的基础做起。因为不只在消极方面，我们不能从中国固有的文化而建立新的文化；而且在积极方面，我们若不从西洋的文化学起，那么我们要想采纳现代的西洋文化也不容易。

然而在积极方面，我们今后的文化的基础，既要以西洋文化的基础为基础；那么在消极方面，张先生不能不承认，要想采纳西洋的文化的基础以为中国文化的基础，那么中国的固有的文化的基础就不得不打倒。张君劢先生对于这一点虽没有明白的解释，然而他的反对复古的主张，像我们在上面所指出的，可以说是反对这种固有的文化的基础的理论。因为在固有的文化基础上既不能造出新文化，而必要用西洋的文化的基础以为中国新文化的基础；那么在消极方面，不能不排斥固有的文化基础，而始能建立新的文化的基础。

> 而且照张先生的意见，就使我们要想保留我们的某一部分的文化，我们也必要在这个新的文化的基础成立之后而始能保存，所谓"有此新基础，国民对于祖宗之遗产……以求保存之法者，即此义也"。

以西洋的文化的基础以为我们的文化的基础，这就是我在上面所说，张先生的西化的态度是偏于根本西化的态度。

这是从文化的发展方面来看，我们也可以说，这是从时间方面或是纵的方面来看张君劢先生的根本西化的态度。除了这种看法之外，我们还可以从文化的内容方面来看，或者我们可以说，从分析方面或是横的方面来看。

其实，张君劢先生在我们上面所抄录的数段话里，所谓"吾族文化在学术上、政治上、技术上，无一事堪与外人并驾者"，已是一种文化的内容或是分析与横的看法。然而对于这一点，我们在这里要加以特别的注意。因为从某方面来看，张先生的这种看法，可以说是他之所以主张根本西化的主要原因。张先生在《学术界之方向与学者之责任》一文里，告诉我们道：

> 设想中国尚未与欧洲相遇，皇帝专制如故，科举取士如故，灾荒之肆虐如故，农工之拙劣如故……通商以前之旧文化，可以痛快言之，徒以无外来者与之比较，乃得保存垂二千年之久。政治上新旧朝代之迭代，以成王败寇为原则，有何制度与理想可言？视西欧政治以全国人民为目标者，相去奚止霄壤。学术上稍成派别者，有汉、宋两家之学，然多数士子则埋首于高头讲章而已。千百年来以医药之书，委之于粗识诗书而仕进无路之半读书人，农工商之业，尤为社会所鄙弃，因而耕田之器，交通之具，无往而非原始时代之产物。自对内言之，中华民族之文化尚有若干效用乎？

张先生上面已指出，中国文化之对外之无效；现在又指出，中国文化之对内之无用。对内都没有效用，那么中国文化之要澈底改革是无可疑的。然而中国文化之所以对内对外都没有效用，主要的原因是由于中外的交通。因为中外交通之后，或是中西的文化接触之后，中国的文化比之西洋的文化相形见拙，使我们感觉到中国的文化"无往而非原始时代之产物"；反过来说，西洋的文化，照张先生这种理论看起来，可以说是无往而非现世时代之产物了。

把中国的文化与西洋的文化来比较，不只是在时间上有了原始与现代的差异，而且在价值上也有优劣的分别。张君劢先生对于这一点，曾从中西的文化的各方面来解释。我们现在且把他在《明日的中国文化》的第九、第十两讲里，

对于中西文化的优劣的比较看法,叙述于下:

第一,从政治方面来看,张先生说:

> 吾国政治特点之为人所共见者,是为君主专制政治。以一人高拱于上,内则有六部九卿,外则有封疆大吏与府县亲民之官。此一人而贤明也,则一国治;一人而昏愚也,则一国乱。除此一人之外,社会上无如欧洲所谓贵族阶级,世世代代保有其社会上政治上之特权,可以牵制此一人所作所为者。故吾国过去政治之大病,第一在于无社会基础。

又说:

> 政治上因君主制度连累以起者,有篡弑之祸,有宦官之祸,有宫戚之祸,有王室子弟相残之祸,有流寇之祸,有群小包围之祸。其所造成之国民,则四万万人中有蠢如鹿豕者,有奴颜婢膝者,有各人自扫门前雪者,有敷衍塞责者。凡西方所谓独立人格,勇于负责与为国牺牲的精神,在我绝无所闻,绝无所见。自近年政体改革以还,宪政之难行,选举之舞弊,与夫"做官欲"之强、权利心之炽,谓皆为君主专制政治之造孽可焉。

第二,从社会方面来看,张先生说:

> 中国社会之特点,可以"家族主义"名之。自周秦以降,久已确立敬宗尊祖之习;以丧服之制定其亲疏之差,以姓以氏为社会分子团结之唯一基础。古代如此,今日内地之乡村如此,今日之海外侨民如此,可知此种思想之入于人心者深。吾国家族由男子承继,子孙多、族人众,足为同族光宠;人口增加之速,即由于此。一家中婆媳、姑嫂、妯娌之不和,殆为各地同一之现象。名为同堂,实则彼此相待如仇敌。各族祠堂中积有财产,以培其同族子弟之能读书者,不可谓非互助之一法,惟既以家族为单位,而个人失其独立之价值。古代刑法上有所谓夷三族、夷九族之刑,至明之方孝孺尚举十族以殉一人,可知宗族制度之惨酷,至于何等。子弟既以父兄同居,以有父兄可依,不务正业,浪费家财,即名门贵胄,传一世二世之后,未有不衰亡者;以视欧洲贵族能传数百年之久者,迥不相同。近年以来,居民咸集于都市,其居上海、天津者,皆局促于小屋中,虽欲于祖宗生死之日,尽其祭奠之礼,远不如昔日高堂大厦中之诚敬。家祠每年春秋两祭,对于子弟之远在远方者,不能促之使返,况乎自海外留学归国者,见夫欧美一夫一妇同居之习,故近年反对大家族而实行小家族制度者,已遍南北矣。

第三,从学术方面来看,张先生说:

> 自学术方面言之,春秋战国之末,为吾国思想勃兴时代。有儒、墨、道、名、法诸家,此外更有兵家、阴阳家等等,循此轨道而发挥之,吾国学

术或不至如今日之落后。然其所以有今日者，又不外二故：一曰文字之障碍；二者理论思想之缺乏。

关于文字方面的障碍，张先生说：

> 吾国古代文字，有所谓蝌蚪与大篆，小篆出于秦时，至汉代，更有隶书八分与真、行、草诸体。因此书体之不同，不免鲁鱼亥豕之误，此犹传写时笔画脱漏之所致也。乃自秦始皇焚书后，汉儒搜拾灰烬，旧典籍先后发见，其中因古文本、今文本之不同而生学派之差别。汉时已陷于"释五字之文至于二三万言"之弊，后世乃以训诂考证为专门之学，可知吾国学者束缚于文字之苦者为何如。此乃吾族二千余年来学术上最可怜之一事，西方所无而吾独有之现象也。由此文字之递变乃生古字难解之大病：第一，有所谓校勘之学。"也"字可作"他"字，"议"字可作"仪"字，此校勘家之功也。第二，有所谓训诂之学。"光被四表"之"光"字可与"充"字与"横"字相通，此戴震所发见者也。第三，《尚书》中"无偏无颇，遵王之义"一句中，有唐代"颇""陂"之争，有"义"读"我"之争，此属于音韵者也。第四，有考证全书真伪之争，如《尚书》之真伪，其尤著者也。

张先生又举出好多例子以明书之难读，而指出字体的变化之影响于典籍意义与治经的。同时他又指出：

> 更有因年代久远而来历不明，乃不能不加以考据者：如老子为何时人，左丘明为何时人；因其来历之不明，其与他人之关系，如老子在孔子之前或后，左丘明与公谷之关系。皆不免于甲一说乙一说之争执。吾所欲言者，二三千年来，全社会之心力，消耗于文字训诂之中者，不知几何。清之中叶更视此为人间惟一学问；今日如梁任公、胡适之等，尚特别表而出之。吾常以为一国中必有若干思想内容之学，即曾文正所谓义理之学，而后可以立国；若专以此等支离饾饤之学为学问，吾恐其因考据而亡国矣。

关于论理思想的缺乏方面，张先生曾指出，这种缺乏之影响于吾国学术，而尤其是科学的落后的甚大。他以为欧洲因有论理学而始促进科学的进步，同时又因为有了科学的事实而尤能确定论理中的精密方法。我国因为没有论理学，乃不知有概念；因为不知概念，即不知对于一个概念下定义；因为不知下定义，结果是一个概念与别的概念的不同，没有法子去辨别；而一种学问与他种学问的分界，也没有法子去确定。张先生又指出，我国自《墨子》一书沉埋之后，即无再谈论理的。他的结论是：

> 论理学既为凡百学术之母，则论理学之消亡，则成为一切学术智识之消亡。吾国既为缺乏论理学之民族，其自然科学自亦无由而发展矣。

第四，从宗教方面来看，张先生说：

  自宗教方面言之，孔孟以前已有所谓"天人合一"之思想。天人合一者，一方面天能生人生物，故以天为万物万有之本，如《诗经》所谓"天生蒸民"之谓也。他方面则以为天有自然之法则，如《诗经》所谓"天生蒸民，有物有则"之谓也……吾国人之论天也，常不离人；其论人也，常不离天。言人事者，必推本于天道；言天道者，必求其效验于人事。因此之故，在吾国人之思想中，天人之间，初无大鸿沟之横贯，与西方思想中将上帝与人类画为两界者，大不相同。此中西两方最大差异之点也。

他又说：

  吾国人习于天人合一之观念，合之于阴阳五行之说，于事物之一阴一阳、一动一静之两方面，皆认为可以并存而不可偏废，故民族兼容并包之力量最大。新发生之道教、佛教与夫卜筮、风水之说，皆坦然迎之，绝不认其间彼此之互相冲突。我国人于生时，信仰儒家之说，在其追荐死亡之日，则信仰佛教、道教乃至于喇嘛教。自耶教输入后，有人信仰耶教，而不欲抛弃祭祖之礼，乃释祭祖为民事风俗，非崇信多神，以此谋祭祖与耶教调和。由此可见，吾人对宗教之态度，在好的方面言之，谓其兼容并包；在坏的方面言之，可谓杂乱无章。此其所以然之故，由于平日天事不离乎人事，因而缺少事天之诚敬，陷于信仰上之不专一。澈底言之，吾国人之心灵中有真正确信与真正诚意者，实不可多见。因其念念不忘人事之故，而所希望于宗教者，不外乎"益寿延年""有求必应"之要求；以视西方对于上帝，但求悔罪赦免者，大不同矣。西方人有此信心，故处事有诚意，社交上率直而不失其真，政治上有不折不挠之气概。视吾国人之专以敷衍应酬为生者，不可同日而语。此乃吾国人对于宗教之态度，而同时影响及于人事者也。

第五，从道德方面来看，张先生在《学术界之方向与学者之责任》一文里说：

  更就礼俗言之，丧礼中之"斩衰括发""寝苫枕块"虽沿袭至今，究有多少哀毁之情存于其中乎？殡丧之日，乞丐、仪仗充斥，既不足以壮观瞻，更何诚意之可言乎？男女"不杂坐""不亲授"，"非有行媒，不相知名；非受币聘，不交不亲"之社交方式，尚能行于今后乎？如是，但此等旧制旧说，而社会之生活，何尝与之相应乎？

他又说：

  我国恃其历史之长，以礼教之邦自居，问其所以成为礼教之邦之证据，则曰：有圣人之制礼作乐。问其圣人之礼乐，今尚行于中国否，则茫然不知所答。何也？但以存于文字中者为有否，而其行与不行不计焉。吾国自命为能知礼，然所以敬其父母者，寿时征文启，亡时讣文而已。朋友之所敬者，寿联千百，挽联千百，以形诸文字为一切具在是矣。反之，我在巴黎所见之丧柩过街，行者脱帽为礼，视吾国之漠然无动于中者，相去为如何。欧洲男女十五六岁时，入教堂举行冠礼，视吾国冠礼但为《礼记》中一章，而千年来久无遵行之者，相去为何如。

他又说：

尝比较东西立国之方，深感于号为礼教之邦，而一切徒见于书本中，反不如野蛮国之礼文简略而犹能实行之为得；与其文告皇皇而名实相反，反不如词意简略而字字见于施行之为得；与其在条款上讨论详密，反不如文字疏略而能真心奉行之为得。

张先生在其著作里，而尤其是在其《明日之中国文化》一书里，曾屡屡指出，我们中国的文化，自孔孟以至宋明儒者之提倡者，皆偏于道德，偏于人伦。然而若照上面数段话来看，中国的道德不只是比不上西洋各国的道德，就是比之野蛮民族的道德，还且不如。这么一来，中国的道德之需要改革是无可疑的。

此外，若再从艺术方面来看，张先生在《明日之中国文化》"第九讲"里，虽然把了西洋学者拉土勒氏（Latourette）所说中国艺术的优点加以申述，而以为我国艺术有胜过西方之处，然而在同书"第十讲"里，张先生又告诉我们道：

就艺术言之，似乎吾国不必有所学于外人。然欧洲艺术之特长而为吾国之所无者，往往而有；以欧人游心于无限之境，其所超境界，往往为吾人所不及。如诗歌中长篇作品，但丁之《神曲》、歌德之《浮士德》，吾国诗文中无此体裁与意境也。至于雕刻、建筑、音乐、戏剧，常有人焉就其民族心灵之深处而体味之，而表而出之，故亦常在日新月异中。其他为西方所有吾国所无者，尚不可胜数。吾国人苟在此方面继续加以努力，则除旧日成绩外，应有新领域之扩张与新创造之表现。

从此可以见得，中国的艺术也有好多地方是比不上西洋，而须效法西洋的。其实，张先生所说的中国的艺术的优点，也不过是根据西洋人的说法，而不一定是张先生自己的看法。这与张先生在《明日之中国文化》里所述西洋人对于中国的政治也有赞美其有可取之处，是一样的看法。我们以为，西洋人而尤其是一般所谓东方的学者，虽有多少喜欣赞美中国的文化的优点，然而不只一般的西洋人既并不因此而提倡中国的文化，连了这些赞美中国的文化的优点的西洋的东方学者，愿意去实行中国的文化，愿意去实行中国的生活的，也不容易找出来。就是退一步来说，我们以为西洋人提倡东方的文化，这是西洋人的兴趣，西洋人的事情；而我们因为要求国家民族的生存而提倡西方的文化，这是我们的责任，这是我们的事情；而况西洋人之提倡东方的文化的，未必是为着我们的前途而着想呵！香港的殖民地政府，也岂不是很努力去提倡尊孔读经吗？然而与其说是提倡东方文化，不如说是加强其愚民的政策罢。这是我们中国人之拾西洋人之余唾而提倡东方文化，所不可不注意的。

然而总而观之，张君劢先生除了申述西洋人之赞美中国文化的一二优点之外，他对于中国的文化的各方面，如政治、如社会、如学术、如宗教，以至于道德、艺术，无一不觉得中国是落后，西洋是进步。那么中西文化的优劣，中国之效法西洋，是无可疑的。

至于中国的物质文化之比不上西洋的物质文化，那是更不待说。然而，张先生之所以没有把这一点来比较的原因，照我看起来大约有二：一来，从物质文化方面来看，中国之远不及西洋是显而易见的，是大家共知的，用不着加以解释；二来，我们知道张君劢先生是一位唯心论者，所以对于所谓文化的精神方面的提倡尤为注意。其实，从张先生看起，欧洲的近代的物质文化是从欧洲的精神文化而来，所以，今后的中国要想物质文化的发展，必先提倡精神的文化。张先生在《明日之中国文化》"第十讲"里，有了一段话，今录之于下：

> 吾人注意于精神自由，自与唯物论者之偏重物质者异。一般人之所见，以为吾国所缺，在乎自然科学之发达，在乎实业之发展，在乎军事之防御，以为此数方面尤为重要；故应先图振兴实业，先图增加战斗力。然我人自欧洲科学发展史求之，其始也，有地动之说；继也，有物体下坠之公例，其后乃有奈端之公例；一属于天文学，一属于物理学。其创始人但知探求真理，初无足食足兵之实用目的存乎其间；及十八、十九世纪以后，生理学、化学、物理学渐次昌明，蒸汽机造成后，而后科学之应用乃推及于工商。可知诚能培养国民探求智识之原动力，则其应用于工商与军事之效果，自可随之而来；若但以物质为念，而不先培养科学精神之来源，如此而谓能发达科学，能发达工商、实业，能巩固国防，吾未之见也。

物质的文化是由精神的文化而来的，所以中国的物质文化之所以不如人，是由于中国的精神文化之不如人。所以总而言之，今日中国文化无论是在物质方面，或精神方面，以至推衍下去而至于张先生所详细指出的政治、社会、学术、宗教、艺术，以至以礼教之邦自居的道德，差不多没有一样不落后，差不多没有一样不要效法西洋。那么，中国之要差不多样样西化是无可疑的。我在上面所以说，从文化的内容分析或横的方面来看，张先生是偏于根本西化的态度，就是这个原故；我所以说，无论从文化的纵的方面或横的方面，张先生都是趋于根本西化的态度，是并非无因的。

至于张先生要以精神的自由以为建设中国文化的基础的看法是否妥当，我们不愿在这里加以讨论。然而我们所要指出的是，他在《明日之中国文化》"第十讲"中所提倡的精神自由的政治、精神自由的学术、精神自由的宗教，以至精神自由的艺术，无一不是西方的东西。其实，他所说的"精神自由"这个原则，就是西洋的东西。张先生既以西洋文化的基础是筑在精神自由的原则上，而同时又欲以这种原则以为建设中国的文化的基础，那么所谓采纳西洋的精神自由的原则的结果，也就是要使中国的文化根本的西化起来，这又是张先生的根本西化的主张的另一个看法了。

张君劢先生这种根本西化的主张，无疑的是很为积极。然而也许是因为中国的文化的惰性的作用，或是因为别的原因，他对于采纳西洋文化总免不了有了踌躇，而徘徊于折衷的澜调。这一点我在上面已经指出。我现在且把他在《学术界之方向与学者之责任》一文里一段话，录之于下，以证明我们的看法是对的。他说：

> 曾不思世之可以移植者，制度而已，条文而已，名词而已；其不可移植者，为民族心理。同一社会主义也，在英为工党，在德为社会民主党，在俄为饱雪维几党，与所谓橘逾淮而为枳者，受同之限制矣……此可知民族不同，则政治、法制、学术亦随之不同。所贵乎为民族者，当求政制上及学术上之独立，岂仅以步趋人后为事哉！

假使我们以张先生这种理论是代表张先生的根本思想，那么从这种理论推衍起来，中国是不能根本西化的，至多只是皮毛的西化。结果是这种理论不只是一般折衷者的根据，而且是一般复古者的根据。这么一来，不只中国不能采纳西洋的精神的自由，就是西洋的艺术、道德、宗教、学术、社会制度与政治制度，也无从而改革了。

然而大体上，我们根据张先生的生平思想以及其著作，像我们在上面所举的《学术界之方向与学者之责任》一文，而尤其是《明日之中国文化》一书中对于中西文化的看法，大致上是趋于根本西化的态度的。

结　论

除了上面所叙述的数位学者的西化态度之外，在五四的文化的运动的前后的三十年中，有了两种的思潮是与西化的问题有了密切的关系，而要加以注意的：一是政治上的革命思想，一是经济上的经济史观。关于政治上的革命思想，我们在本书的绪言中已略为提及，我们在别的书里当再加说明；我们在这里所要指出的，在革命运动的早年，一般从事革命运动的人们都以为，中国的革命如能成功，则中国的文化的各方面也必因政治的革新而革新。这就是说，中国必因此而成为一个西化或现代化的国家。这种思想无疑的是近于所谓政治史观，这就是以政治的立场去解释文化的其他方面。我们不能否认，民国成立与北伐成功对于文化的其他方面有了不少的影响，然而我们也得指出，假使文化的各方面的惰性太深，那么政治上的改革也是不易。这一点我们在绪言也已说及。因为政治不过是文化的各方面的一方面，政治上的变动固可以影响到文化的其他方面，然而文化的其他方面的是否变动，也可以影响于政治方面。

同样，所谓经济史观，是以经济的立场去解释文化。这种看法的历史虽是很久，然而作了较有系统的解释而其影响于思想界最大的，要算马克斯。马克斯以为，人类社会文化的改变，是随着生产方法的改变而改变的。手磨的时代造出封建诸侯的文化，蒸汽磨机的时代造出工业资本的文化，这是马克斯的经济史观的要旨。因为经济是文化的下层的基础，所以经济的状况一变，筑在经济的基础之上的政治、法律、宗教、道德、以及社会意识，都要改变。

从这种观点出发，所谓马克斯的主义者，往往把文化的发展分为三个阶段：一为封建社会的文化，二为资本主义的文化，三为社会主义的文化。假使我们以欧洲的文化的发展来看，中世纪是属于封建社会的文化，近代是属于资本主义的文化，将来要进到社会主义的文化。

我国人之以马克斯的经济史观去解释社会文化的变迁，大约始于民国八、九年间。比方戴季陶先生在《建设》杂志上发表文章（一卷二号），以这个观点去说明中国的乱原；胡汉民先生在《同志》上（一卷三四号）发表文章，以这个观念去研究中国的思想，都可以说是受了马克斯主义的影响。到了陈独秀先生在《新青年》杂志上发表了好多关于马克斯的学说的文章以后，于是国人之以这种观点去解释中国某一时代，或某一问题，以至整个中国的文化的言论，真如春笋怒发。自民国十三年共产主义的势力在中国澎涨之后，这种言论之见于刊物的更是不胜枚举；至于关于这方面的专书之出版的，也可以说是汗牛充栋。

大致上，一般所谓马克斯主义者，都以为中国固有的文化是封建社会的文化，西洋现代的文化是资本主义的文化，而他们的理想的文化是所谓社会主义的文化。他们对于封建社会的文化固要打倒，对于资本主义的文化也要废除，因为照他们看起来，这两种文化若不崩溃，则所谓社会主义的文化是没有法子去实现的。

究竟中国固有的文化，是否只能以"封建社会的文化"这个名词去包括，究竟西洋现代的文化，是否只能以"资本社会的文化"这个名词去包括，我们当在别处加以讨论。不过，假使我们相信，文化的发展必须由封建社会的文化而趋于资本主义的文化，再由资本主义的文化而进到社会主义的文化；那么，中国的文化也必须跟着这三个阶段而走。所以，无论中国的文化是从封建的社会的文化而经过资本主义的文化，然后再从资本主义的文化而达到社会主义的文化也好；或是一直从封建社会的文化而跳到社会主义的文化也好，中国文化所走的路是朝着西洋文化所走的路，是无可疑的。

其实，这些所谓马克斯主义者，既并不反对中国目前的生产方法是要用蒸汽机器，那么，中国是要走上资本主义的文化的。就使我们能够利用西洋的蒸汽机器的生产方法，而同时能够避免资本主义的文化的病弊，而走上所谓社会主义的文化的路线，那么，这个路线还是西洋的文化的路线。因为中国既没有蒸汽机器的生产方法而要效法西洋，同时西洋要进入社会主义的文化阶段，也不能不废除资本主义的文化的病弊；那么，中国所取长与去短的东西，还是西洋的东西呵！

在理论上，所谓经济的基础一经改变，则所谓上层的文化的其他方面也必随之而改变；那么，中国的生产方法若是变更，而使中国的经济基础有所变更，则所谓中国的文化的其他方面，如政治、法律、宗教、道德，以至艺术、文学、意识等，也必因之而变更。这种理论若应用起来，是趋于全盘西化的主张。然而在事实上，十余年来一般国人之相信这种理论的人们，往往是一般反对全盘西化的理论的人们。其实，比方在民国二十三年的广州的西化问题的讨论得最热烈的时候，反对全盘西化的理论最厉害的，却是一般以马克斯的经济史观去解释东西文化的人们。前提是趋于全盘西化的理论，而结论却与前提处于相反的地位，这是矛盾！这是错误！

国人之以马克斯的经济史观去解释东西文化的问题的人们，虽往往是反对全盘西化的理论的人们，而有了矛盾与错误；然而，假使他们所要打倒的封建社会的文化，以及其在这个文化基础上的其他的文化，都崩溃了，那么，中国无论是走上资本主义的文化的路，或是他们理想中的社会主义的文化，中国未来的文化还是近于全盘西化主张的。所以，在理论上，尽管他们反对全盘西化的主张；在事实上，假使他们的理论而能够真的实现起来，正像我刚才所说，中国未来的文化，还是趋于全盘西化的途径呵！

第五部 全盘西化的名词与意义

目 录

第一编 名词的解释 …………………………………………………… 389
 第一章 ………………………………………………………………… 389
 第二章 ………………………………………………………………… 398
 第三章 ………………………………………………………………… 406
 第四章 ………………………………………………………………… 414

第二编 意义的解释 …………………………………………………… 422
 第五章 ………………………………………………………………… 422
 第六章 ………………………………………………………………… 430

第三编 近代世界文化的趋势 ………………………………………… 438
 第七章 ………………………………………………………………… 438

第一编　名词的解释

第一章

在这本书里，我们要把"全盘西化"这个名词，以及其所包含的意义加以解释，并以答一般怀疑这个名词以及其所包含的意义的人们。本书的一部分是从民国二十三年所刊行的《全盘西化言论集》中的《对于一般怀疑全盘西化者的一个浅说》一文，以及民国二十四年所写而尚未刊行过的《全盘西化论》的第一、第二与第五章选录而来的。有了好多词句，本当修改而却未修改，一来固是因为时间不允许，二来也是因为要想存其原来的面目。

三十三年三月底于昆明

差不多二十年前，卢观伟、陈受颐两先生与我，已坚决的相信中国要全盘西化。不过在名词上，我们最初所用的，是"全盘采纳西洋文化"或是"全盘接受西洋文化"的字样。到了民国二十年间，我开始用了"全盘西化"这个名词。我之所以用了这个名词，至少有了下面三个原因：一来"全盘采纳西洋文化"或是"全盘接受西洋文化"这些名词似为较长；二来这些名词较为呆板；三来这些名词至少在字面上，也许有些人会误解为全盘接纳或接受西货，结果是往往徒事享受西洋文化，而忽视创造西洋文化。反过来说，"全盘西化"这个名词不只简明，不只活动，而且充分的表示我们要自动的与积极的去创造西洋人所创造的文化。简单的说，就是西化，而并非只是利用西洋人所已做成的东西。这有些像我们吃了东西，不只是生硬的吞下去，而要消化起来，才对于身体有了益处。

但是同时，我在这里也要指出，我虽然采用"全盘西化"这个名词，可是在意义上，是与所谓"全盘采纳西洋文化"，或是"全盘接受西洋文化"，可以说是本来就没什么分别。

全盘西化的"化"字，是应当当为一个动词看。这有些像我们吃了东西，不只是生硬的吞下去，而要消化起来，才对于身体有了益处。

自民国二十年后，我除了谈话中喜用"全盘西化"这个名词之外，著作中也常常用了这个名词。到了民国二十一年正月，我曾写了一本《中国文化的出路》，后来由商务印书馆出版。在这本书的第五章的题目是《全盘西化的理由》，同时在这一章里我又常常用了"全盘西化"的字样。从此以后，不只我自己常常用了这个名词,而少用以至不用"全盘采纳西洋文化",或是"全盘接受西洋文化"的字样,就是一般主张以至反对全盘西化的人们,也常常用了这个名词,而少用以至不用"全盘采纳西洋文化",或是"全盘接受西洋文化"的字样。

但是同时我在这里也要指出,我虽然用了"全盘西化"这个名词,可是在意义上,在实质上,是与我最初所用的"全盘采纳西洋文化",或是"全盘接受西洋文化"的字样,可以说是没有什么分别的。其实,就是在我所著的《中国文化的出路》一书中,我对于"全盘西化"这个名词虽是极力的提倡,然对于"全盘采纳或接受西洋文化"的字样,仍然采用。

此外,我后来在梁漱溟先生的《东西文化及其哲学》一书里,又找到"对于西方文化是全盘承受"的词句。严既澄先生在民国二十四年五月二十二日至二十三日的天津《大公报》上所发表《〈我们的总答复〉书后》一文里,且告诉我们道:

> 记得十几年前,梁漱溟先生已经在他的《东西文化及其哲学》里指出中国人的特质为调和折衷。大概这种既不这样,也不那样的态度,就是这种精神的最澈底的表现。我们冷眼旁观,觉得近来似乎已有好多大事糊糊涂涂地被送断于这种态度中。因循敷衍,至于今日,眼看这个庞大的民族既不热烈的求生,也不痛快的求死,结果只有半死半活、不死不活地在那里苟延残喘。这种态度的来源便是在中国人之想得太多、做得太少的老毛病。我们古代的圣人之所以不赞成三思而后行,也正是由于他知道想得太多的结果一定会成为行得太少。在事情还没有下手去做之前,先去把一切可能的流弊都想遍了,结果在畏头畏尾,徘徊瞻顾之余,一定会连一步也不肯向前走。

他又说:

> 在十多年前,已有梁漱溟先生明白指出,今后中国的出路只有"全盘接受西方文化"这一条。

我们应当指出,严先生所说梁先生以为中国人的特质是调和折衷固是对的,然而他说梁先生明白指出"今后中国的出路只有'全盘接受西方文化'这一条",却是未免错误。

原来在梁漱溟先生在民国十一年在商务印书馆所出版的《东西文化及其哲学》一书中(页二九八),虽有"对于西方文化是全盘承受"的说法,然而梁先生曾紧接着指出,我们不只要根本的改过西方文化,这"就是对其态度要改一改",而且指同时又指出,我们要"批评的把中国原来态度重新拿出来"。

我们知道,从梁漱溟先生看起来,世界文化是有了三种或是三条路,这就是西洋、中国与印度三方面,而这三方面的差异是这样的:

(一)西方文化是以意欲向前要求为其根本精神的。

（二）中国文化是以意欲自为、调和、持中为其根本精神的。
　　（三）印度文化是以意欲反身向后要求为其根本精神的。

照梁先生的意见，文化发展的途径，应该是从西洋的路而趋于中国的路，再由中国的路而趋于印度的路。现在西洋的路已发展到极点而趋于中国的路，所以梁先生说：

> 世界未来文化就是中国文化的复兴，有似希腊文化在近世的复兴那样。人类生活只有三大根本态度，如我在第三章所说，由三大根本态度（西、中与印度）演为各别不同的三大系文化，世界的三大系文化实出于此。论起来，这三大态度都因人类生活中的三大项问题而各有其必要与不适用，如我前面历段所说，最妙是随问题的转移而变其态度——问题问到那里，就持那种态度；却人类自己在未尝试经验过时，无从看得这般清楚，而警醒自己留心这个分际。于是古代希腊人、古中国人、古印度人，各以其种种关系因缘凑合不觉就单走上了一路，以其聪明才力，成功三大派的文明——迥然不同的三样成绩。这自其成绩论，无所谓谁家的好坏，都是对人类有很伟大的贡献。却自其态度论，则有个合宜不合宜；希腊人态度要对些，因为人类原处在第一项问题之下；中国人态度与印度人态度就嫌拿出的太早了些，因为问题还不到。不过希腊人也并非看清必要而为适当之应付，所以西洋中世纪折入第三路一千多年。到文艺复兴乃始拣择批评的重新去走第一路，把希腊人的态度又拿出来。他这一次当真来走这条路，便逼直的走下去不放手，于是人类文化上所应有的成功如征服自然、科学、德莫克拉西都由此成就出来，即所谓近世的西洋文化。西洋文化的胜利，只在其适应人类目前的问题，而中国文化、印度文化在今日的失败，也非其本身有什么好坏可言，不过就在不合时宜罢了。人类文化之初，都不能不走第一路，中国人自也这样，却他不待把这条路走完，便中途拐弯到第二路上来；把以后方要走到的提前走了，成为人类文化的早熟。但是明明还处在第一问题未了之下，第一路不能不走，那里能容你顺当去走第二路？所以就只能委委曲曲表出一种暧昧不明的文化——不如西洋那样鲜明；并且耽误了第一路的路程，在第一问题之下的世界现出很大的失败。

这是梁漱溟先生之所以主张"对于西方文化是全盘承受"的理由。假使梁先生而就只这样的主张，那么他可以说是主张全盘西化的先锋。然而，梁先生紧接的说道：

> 不料虽然在以前为不合时宜而此刻则机运到来。盖第一路走到今日，病痛百出，今世人都想抛弃他，而走这第二路（中国的路），大有往者中世人要抛弃他所走的路而走第一路的神情。尤其是第一路走完，第二路问题移

进，不合时宜的中国态度遂达其真必要之会，于是照样也拣择批评的重新把中国人态度拿出来。

这就是说，西洋的文化已发展到极点，而发生出毛病与苦痛，所以今后的西洋文化，也要走了中国的路。这是从西洋的文化方面来看，而断定今后的文化是中西合璧的文化。从中国的文化方面来看，中国本来走着第二路，这就是中国本来的路，可是这路在以往是早熟的路；今后虽然是世界文化所要走的路，不过中国因为没走过第一路，这就是西洋的路，所以今后除了依照自己的路之外，还要补走第一条路，而其结果也是成为中西合璧。

简单的说，西洋人要中国的文化，而中国人要西洋的文化，这岂不是一个很好的中西合璧的文化吗？而所谓"全盘承受西洋文化"，事实上却是中西调和。

不但这样，梁先生又说：

> 印度文化也是所谓人类文化的早熟，他是不待第一路、第二路走完而径直拐到第三路上去的。他的行径过于奇怪，所以其文化价值始终不能为世人所认识（无识的人之恭维不算数）；既看不出有什么好，却又不敢菲薄。一种文化都没有价值，除非到了他的必要时；即有价值也不为人所认识，除非晓得了他所以必要的问题。他的问题是第三问题，前曾略说。而最近未来文化之兴，实足以引进了第三问题，所以中国化复兴之后将继之以印度化复兴。于是古文明之希腊、中国、印度三派竟于三期间次第重现一遭。

总而言之，从文化的种类方面，西洋、中国与印度三种文化都要混合起来，而成为西、中、印或东西文化的调和。从文化的发展方面来看，以往是西洋文化的胜利，今后是中国文化的复兴，将来是印度文化的再生。这又成为西、中、印或东西文化的调和。从现在与最近的将来看起来，是中国文化的复兴，这是偏于复古的思想；从较远的将来看起来，是印度文化的再生，这也是偏于复古的思想。所以而今而后，全是东方文化的世界，也可以说是复返东方的古，连了近数百年来的西洋文化，也是复返古代希腊的文化。所以无论是中国也好，印度也好，以至西洋也好，所有各种文化都是复返古代的文化。从这一方面看起来，梁漱溟先生又成为一位复古的论者，而他所谓世界三种文化的发展，其实是三种文化的循环。

所以，无论从整个世界的文化来看，或是从中国的文化来看，梁漱溟先生都是一个循环论者、复古论者，至少也是一位徘徊于折衷与复古之间的论者，或是近于重中轻西的折衷论调，而与全盘西化的主张，可以说是恰恰处于相反的地位呵！

其实，梁漱溟先生的主张的错误，而与全盘西化的理论持了相反的意见，吴稚晖先生在一九二四年在《太平洋杂志》四卷五号所发表《一个新信仰的宇宙观及人生观》一篇长文里，已经指摘出来。我现在且把吴先生的一大段话，抄录于下：

讲起孔颜乐趣来，我尤服膺梁漱溟先生。我虽止与同座一次，偕游一次，然四面八方打听，他的内行敦笃，则闻而知之；他的气度温纯，则见而知之。然在我们逼住不能不做乐利派的眼光看去，梁先生终不免做了十七世纪的一个废物。我可以自己权且承认，我或者是言伪而辨，他却也免不了学非而博，正是一对少正卯。我至今代他终想不通的，请条举于下：第一，持中一路，是要得到西洋今日的文明，才走上去不失败，这是梁先生自己说的。如此，中国不曾有今日西洋文明，差不多同孔子时代一样。有今日西洋文明的，止是西洋。那么，梁先生的《东西文化及其哲学》里的中国化，为什么不去专给杜威、罗素等受用，却给中国的梁漱溟、谢国馨等先受用，难道不嫌早么？第二，孔子当时早走了持中的第二路，所以走不上第一路。西洋不曾早走第二路，所以就在第一路上全跑过了，这又是梁先生自己的意思。而且梁先生的意思，没有在第二路全跑过，断不可走第三路，所以印度态度，现在要绝对排斥。绝对排斥印度态度的缘故，无非要迎受孔子的持中，那么，要全盘迎受西洋第一条路，如何便用不着迎受第二路，绝对排斥第三路的比例呢？这是梁先生要搔头笑起来的呀（他或者恃有"根本改过"一语，请看第三条）。第三，姑且让一步讲，什么持中了能否向前么，什么两条路可以同时并走吗，皆不必深究。梁先生的路是"整齐得很好玩"的。一是三条路皆是世界化，世界人类皆依次走到。二是先到第一条，然后再走第二条，然后再走第三路。第三路是功德圆满，最高的一条路。三是果然把第一路走完，自然转到第二路（不言而喻，若把第二路走完，自然转到第三路）。照这样说来，非但中国要绝对排斥印度化，印度便更要绝对排斥自己的第三路，且一定还要相对的排斥中国的第二路。因为他第一先要全盘迎受西洋文化，若也学中国，跨了一、二两条路，在他于中国化完全不习，定然与中国人不能得同样之效果，而有难逃之弊害。梁先生！你想，印度人要全盘弃了自己态度，学过西洋，再学中国，然后再把自己态度拿出，印度人不是顶倒霉么？若说也可以同中国一样的，把西洋化全盘承受，根本改过，就可以"西""中"混合而进。在印度也可以把西洋、中国两化，全盘承受，根本改过，也可"西""中""印"混合而进。照此比例，西洋、中国何不援照印度法，大家"西""中""印"混合而进，令全世界早达到最高贵的第三路，岂不于人类进化有大益？何以西洋、中国反绝对的要排斥印度化呢？第四，梁先生个人，止把一个孔子来安心定命，排斥了西洋化，居然也其乐洋洋（难道梁先生已将西洋化的第一路走完过了么，想决无此滑稽）。就证明个人的安心定命，可以躐等。如此，何以梁先生对于个人，不力求上达？既悉印度化的精微，仍下乔入谷，吃酒肉而乐妻孥，尚支离自解。故西洋化人视你为仇敌，诚浅薄矣；而印度人斥你为叛徒，先生将何说之解？先生将曰，吾为孔子，即将为乔答摩之预储。然先生不曾成达尔文，如何能做孔子？（此夫子自道）殆以《东西文化及其哲学》上抄几条西洋化如何坚卓，当全盘承受，即算已成达尔文，所以尽管自然转入第二路，去做孔子？然则先生描写孔颜乐处固加倍精细于描写西洋化诸条，是先生又成就了孔子矣，如何不急进而与乔答摩合体乎？终之，梁先生说得整齐好玩，太高兴了一点，便矛盾百出。所以全书尽管天花乱坠，引证得翔实，在矛盾中，不免都成了童骏废话了。一个人决不能包办一切。梁先生既愿吃酒肉，乐妻孥，服膺孔子，在我谬妄，则拍手赞叹为进化。全书中描写孔颜乐处，定比康有为、陈焕章不同。可与梁先生的人格，同一佩服。何以解其叛佛之迹，阳极尊之，而阴置之死地？（绝对排斥）又恶守旧之名，名则全盘向前，实则尽之半途（持中）。梁先生之心或无是，而迹实如此，效又如此。梁先生答胡先生言，陈仲甫先生在《前锋》中，说"梁漱溟、张君劢，被适之教训一顿，开口不得"，我不觉得我反对他们的运动，我不觉得我是他们的敌人，我是没有敌人的。梁先生也说他没有敌人，在他个人人格上，何消说得，没有敌人。我信陈、胡诸位敬佩梁先生，也是过于别的朋友。但梁先生书中却不免夹了"敌言"，所以别人也用着"敌驳"，这正是大家当仁不让。言敌而已，非人敌也。梁先生说，"我不觉得反对他们的运动"，只真是梁先生苦不自觉，所以别人也不能已于言。梁先生以为西洋化要全盘承受，如是优礼西洋化，宜得崇拜，何反来咨嗟？然此等滑稽，不嫌拟不于伦（实在拟不于伦，惟类例却如一），有一现成的比例可说。若曰，梁先生的《东西文化及其哲学》中的全盘承受西洋化，恰与曹锟完全宣布《中华民国宪法》，无心而相同。梁先生是拿西洋化来开顽笑，曹锟是拿宪法开顽笑。我可信梁先生之志则非是，而先生之实乃有然。道德之价值，空言无益，乃在事实，故孔子罕言仁。倘满口致良知，天花乱坠，求其隐，付诸一叹，则圣言无光。梁先生所言孔颜乐趣，弥觉亹亹者，非他人不能言，乃有人格照映之故。而其"西洋化全盘承受"，人乃置之一笑，即梁先生其实藐视之，而且不屑过问之反响也。倘用意若曰：事必分功，贤者识其大者，吾任持中之道；不贤识其小，让无聊人去承受西洋化。谁则堪此蹂躏，报之曰童骏宜矣。

我在别的地方，对于梁先生的理论的错误已经指摘。我在这里只要指出，梁先生既然以为"对于西方文化是全盘承受"，而同时又要根本去改造西方文化，这已经不是全盘西化的主张，这已经是一个矛盾。而且，梁先生所谓我们要"批评"的把中国原来的态度重新拿出来，那么这种态度经过批评之后，已非中国原来的东西。而况，梁先生还要我们把孔子的路放得宽，去容纳其根本改过的西洋文化，那么这两种中西合璧的文化，既非原来的中国文化与原来的西洋文化，而是批评之后的中国文化与根本改过的西洋文化。则其结果是，今后的中国文化，以至世界文化，不只是中西混合的文化，而且并非像梁先生所说的第一路（西洋）走完之后，而转入第二路（中国）的西中两个完整的阶段的演进。因为第一路既要根本改过，就已否认第一路，而第二路也要批评而后行，也已不是中国固有的路了，而其结果若非半西半中，也是非西非中了。

然而，同时又有些人以为，吴稚晖先生曾主张全盘西化。舒新城先生在民国十六年在中华书局所刊行的《近代中国留学史》一书中（页二〇八），曾告诉我们道：

> 民国十二年，因张嘉森（君劢）在清华学校讲演"人生观"，发生科学与玄学的论战，引起东西文化优劣的激辩，吴（稚晖）作长六万言的长文一篇，题为《一个新信仰的宇宙观及人生观》，更主张全盘承受西方文化。

吴稚晖先生的西化主张，是比较的接近于全盘西化的。这一点我在别的地方已经说过，不必再述。但是舒新城先生以为吴先生是主张全盘承受西方文化，这恐怕是一种误会。在上面一段中，吴先生虽然反对梁漱溟先生的含糊不明的西化主张，然而吴先生自己并不主张全盘西化。我曾详阅了吴先生的《一个新信仰的宇宙观及人生观》，我以为假使吴先生而被人目为偏于全盘西化的主张，大概是下面一大段话，我现在且先把这段话抄录于下，然后再来看看这段话是否有了主张全盘西化的意思。吴先生说：

> 其实洋鬼子并未物质文明破产，道德也并不算账。少年眼光锐利，称他为杀身成仁之天理流行，确是天理流行。破产算账的谣言，价值还低过于唐焕章的八月十五后天翻地覆。简直同三十年前政事一样。有一御史上条陈，言与洋人打仗，止要各肩黄豆一袋，或挑水担一副。洋人赶来，委豆于地，横担于途，洋人一跌倒，脚直而不能起，预储绳索捆绑是了。脚直是前三十年御史的话；西化破产，洋人算账，这是今日出洋博士、大学教授的话。民族如此低劣，真要气破肚皮。若我怕骂"洋子洋孙"，不揭此黑幕，我真对不过孔仲尼、王阳明。并且我顺便要向陈仲甫、胡适之诸位先生商量，这是梁漱溟先生提醒的功德。我们中国已迎受到两位先生——赛先生（Science）、台先生（Democracy）——迎之固是极是矣。但现在清清楚楚，还少私德的迎受（止零星的，拣些较可恶，或胜奇，或细小者，偷偷摸摸，大家拉点扯点，未曾正式的鼓乐迎接）。这是什么东西呢？就是可以迎他来，做我们孔圣人续弦的周婆的，叫做穆勒儿（Moral）姑娘便是。请她来主中馈，亦且无妨牝鸡司晨。才把我们那位会灰葱头的局董，不要老是曲肱饮水。振作点，一面本要天理流行，浴乎沂边之游泳池（巴黎森河边便有），风乎舞雩

之列树下。一面不妨狐貉之厚以居，食不厌精，脍不厌细，申申如，夭夭如，像个在文明人境。商羊苹实，陈于客座。鸟兽草木，采作标本。老农老圃，再不许骂为小人。周冕殷辂，一定要随时打样。货恶其弃于地也，力恶其不出于身也，不独子其子，不独亲其亲，决不可任梁世兄恐怕抵触持中，乱说浅薄（明知借他招牌假托，说得对，亦何妨说不啻若自其口出）。于是穆太太对一班徒子法孙，温温和和的，常川教导。使他们出门与父亲亲嘴（孺慕），上车替娘舅提包（服劳）。饭是摊着卓毯吃，还是一粒饭颗不掉；痰是隐在手巾唾，莫说肮脏痰盂宜设；指甲修得烁光；须根刮得皓白。（洒扫应对进退之节）别人作事，莫好像饿煞仙鹤，延颈而旁观；千人一室，勿好像闲室空瘪三，张目而互看。（施诸己而勿愿，亦勿施于人）小节说不其尽，大义更要效慕。朋友托孤，可千万家财，代管二十年，增产两三倍，积起账簿数箱，一一编号而交付。海轮触冰，顷刻要沉，送妇孺稳上端艇，二千人作乐唱乐，谈笑而共逝。（舍己为人）算账的穆太太，断断不弱于持中的老"夫子"也。所以迎受了：穆姑娘治内，赛先生请他兴学理财，台先生请他经国惠民。

吴先生又接着说：

> 如此，庶几全盘承受。如此，专心在第一路上，向前进，开步走，是为正理。何可折回半途（持中），哭哭啼啼，向老迈的孔鲧爷爷，讨索冷饭剩羹，逼得他曲肱饮水；没了法，还止好溜回桃源洞里，直达贵州苗山深处，耕田凿井，强度鼻涕眼泪之岁月乎？

吴稚晖先生，除了主张中国要迎受西洋的台先生与赛先生之外，还主张中国要迎受西洋的穆姑娘（Moral）。而同在上面一段话里，所谓"如此，庶几全盘承受。如此，专心在第一路上（梁漱溟先生所说的第一路），向前进开步走"，虽然是近于全盘西化的理论，然而吴先生在这里所说一些话，主要是批评梁漱溟先生的理论而引起的言论，至于吴先生的整个思想，是否偏于全盘西化的主张，这是一个问题。

我们在另一书里，曾有专章去解释吴先生的西化的态度。我们已经指出，吴先生是偏于根本西化的，是近于全盘西化的；然而我们也曾指出，吴先生所提倡的西化，是物质的西化，机器的西化。因为吴先生太看重于物质的西化与机器的西化，吴先生不只不提倡这种西化以外的西化，而且反对这种西化以外的西化。换句话来说，吴先生所提倡的西化，只是部分的西化，而非全盘的西化。

我们知道，吴稚晖先生这一篇《一个新信仰的宇宙观及人生观》，是因为民国十二年间张君劢与丁在君以及好多学者所讨论的人生观而引起的。吴稚晖先生在大体上，是站在所谓"科学的人生观"的立场，而与丁在君、胡适之诸位先生的主张相近。张君劢先生及一些表同情于张先生的人们的见解，虽与丁先生的意见不同，然而他的思想的来源与要点，却是来自西方。简单的说，张君劢先生的思想，是偏于西方的唯心论调。在西洋，唯心与唯物的争论历史虽很久，然而两者直到现在，既还是西洋思想的主流，而两者在西洋文化中的地位，都是很重要的。其实从文化的立场来看，心、物两者是不可缺少的要素，唯心论者偏重于心理的要素，固是片面之见；唯物论者着重于物质的要素，也是片面之见。西洋文化正如世界上的一切文化，是这两种东西的混合物。因为空间或时间上的各异，某种文化也许偏重于心的方面或物的方面，然而文化本来绝不会只是物的表现或只是心的表现。中世纪的西洋文化，虽然是偏重于精神方面或心的方面，然而中世纪的西洋文化，并不因此而缺乏或完全没有了物质文化。同样，近代的西洋文化虽然偏重于物质方面或物的方面，然而近代的西洋文化，也并不因此而缺乏或完全没有了精神文化。因为两者是文化的要素，缺乏了一方面，就不成其为文化。

根据了我们上面的看法，我们就可以明白，吴稚晖先生的专事提倡西洋的物质文化，而忽略了西洋的精神文化，这不能说是全盘西化了。

第二章

又如，胡适之先生在民国二十四年六月一日，在天津《大公报》上所发表《充分世界化与全盘西化》一文里，说：

> 那一年（一九二九）《中国基督教年鉴》（Christian Year-Book）请我做一篇文字，我的题目是《中国今日的文化冲突》，我指出中国人对于这个问题，曾有三派的主张：一是抵抗西洋文化，二是选择折衷，三是充分西化。我说抗拒西化在今日已成过去，没有人主张了。但所谓"选择折衷"的议论，看去非常有理，其实骨子里是一种变相的保守论。所以我主张全盘的西化，一心一意的走上世界化的路。

胡先生又指出：

> 那部年鉴出版后，潘光旦先生在《中国评论周报》里写了一篇英文书评，差不多全文是讨论我那篇短文的。他指出我在那篇短文里用了两个意义不全同的字，一个是 Wholesale Westernization，可译为"全盘西化"；一个是 Wholehearted Modernization，可译为"一心一意的现代化"，或"全力的现代化"，或"充分的现代化"。潘先生说，他可以完全赞成后面那个字，而不能接受前面那个字。这就是说，他可以赞成"全力现代化"，而不能赞成"全盘西化"。

从前面那段话里，我们知道胡适之先生所用 Wholesale Westernization 与 Wholehearted Modernization 这两个名词，并没有什么分别。我们以为，这大概是由于胡先生在这篇文章里所用这两个名词，不过是顺手写来，没有详细的加以考虑，所以好像没有留下很确定的意见。至于潘光旦先生虽然把这两个名词分开得很清楚，然而潘先生自己就表示，他可以赞成 Wholehearted Modernization，而不能赞成 Wholesale Westernization。

我们承认 Wholesale Westernization 可以译为"全盘西化"，然而我们也得指出，胡先生在这篇文章里，除了没有分别 Wholesale Westernization 与 Wholehearted Modernization，或是"全力现代化"之外，胡先生所用这两个英文名词，除了潘光旦先生加以注意之外，对于国人并没有什么影响。而且我们还要指出，在民国二十四年之前，胡先生既并不极力主张全盘西化，也并没有用过中文上的"全盘西化"这个名词，或是"全盘接受西洋文化"这些字样。

是在民国二十四那一年，因为我在《独立评论》一四二号发表了一篇文字题目叫做《关于全盘西化答吴景超先生》，胡适之先生读了这篇文字之后，在其

《编辑后记》里才明白的主张全盘西化。我现在且把他的《编辑后记》中的一大段话，抄录在下面：

> 在陈序经先生的长文里，他提起吴景超先生曾把我算作主张文化折衷的一个，这一点大概是吴先生偶然的错误，但陈序经先生也说我"虽然不能列为全盘西化派而乃折衷派中之一支流"，这个看法也是错误的。我前几年曾在上海出版的 Christian Year-Book 里，发表过一篇 The Cultural Conflict in China，我很明白的指出文化折衷论的不可能。我是主张全盘西化的。但我同时指出，文化自有一种"惰性"，全盘西化的结果自然会有一种折衷的倾向。例如中国人接受了基督教的，久而久之，自然和欧洲的基督徒不同；他自成一个"中国基督徒"。又如陈独秀先生的接受共产主义，我总觉得他只是一个"中国的共产主义者"，和莫斯科的共产党不同。现在的人说"折衷"，说"中国本位"，都是空谈。此时没有别的路可走，只有努力全盘接受这个新世界的新文明。全盘接受了，旧文化的"惰性"自然会使他成为一个折衷调和的中国本位新文化。若我们自命做领袖的人也空谈折衷选择，结果只有抱残守缺而已。古人说："取法乎上，仅得其中；取法乎中，风斯下矣。"这是最可玩味的真理。我们不妨拼命走极端，文化的惰性自然会把我们拖向折衷调和上去的。关于这个问题，我也许作专文发表。此时我只借此声明我是完全赞成陈序经先生的全盘西化论的。

胡适之先生在这里虽然声明他是完全赞成我的全盘西化论，然而在《独立评论》一四七号我所发表《再谈"全盘西化"》一文，我已指出胡适之先生的西化主张是与我的西化主张，尚有多少差异之点。张佛泉先生在民国二十四年的《国闻周报》第十二卷三十期中所发表的《西化问题的尾声》一文中，也有了下面一段话：

> 主张"全盘西化"的陈序经先生却是非常之认真。凡他认为稍与他不同的，他全不肯马马虎虎收为同志。胡适之先生和我都明白表示非常赞助他的主张，但他总以为我们还不够激底。陈先生的这种实事求是，不肯调和的态度，本是人人应有的。

又如，主张本位文化而反对全盘西化的王新命先生，在民国二十四年的四月三日的《上海晨报》上所发表的《全盘西化论的错误》一文里，也说：

> 上面的全盘西化论（按：指我与胡适之先生的）骤看过去是完全相同的。但如果加以精密的分析，便知道陈序经的西化论，和胡适的西化论毕竟有点不同。陈序经是主张以西洋的文化代替中国的文化，并希望全盘西化的父亲能生全盘西化的儿子。胡适之是主张自己向着西化的怀抱猛扑，让中国固有的文化自然而然地从西化怀里曳自己回到"中国本位"。前者是从西化

到西化，后者是从全盘西化到半盘西化。前者是极端的全盘西化论，后者是以折衷为目的的全盘西化论。

我在这里应该指出，王新命先生以为胡适之先生所主张的全盘西化论是以折衷为目的的全盘西化论，这似乎有点误会。因为在《独立评论》一四二号中所写的《编辑后记》的，胡先生曾明明白白的指出，人们"说'折衷'，说'中国本位'，都是空谈"，而在《充分世界化与全盘西化》一文里，还说他自己没有折衷调和的存心。

至于我之所以在《关于全盘西化答吴景超先生》一文中，说胡适先生是折衷派中之一支流，那是在胡先生在《独立评论》一四二号所写那篇《编辑后记》之前。因为在写那篇《编辑后记》之前，胡先生并没有明白的、积极的主张全盘西化，而是主张重西轻中的折衷派，或是主张根本西化的论者。

在胡先生写了那篇《编辑后记》之后，以至他在天津《大公报》的"星期论文"（廿四年三月三十一日）所发表的《试评所谓"中国本位的文化建设"》，以及其《充分世界化与全盘西化》，都可以说是不以折衷为目的。

我们虽然指出，写了那段《编辑后记》之后的胡适之先生不以折衷为目的，然而我们不能不指出，在《充分世界化与全盘西化》一文里，胡适之先生对于"全盘西化"这个名词，却起了怀疑的心理。胡先生在这篇文里，曾告诉我们道：

> 陈序经、吴景超诸位先生大概不曾注意到我在五六年前的英文讨论（按：这是指着《中国基督教年鉴》上所发表的《中国今日的文化冲突》一文，而引起潘光旦先生的讨论）。"全盘西化"一个口号所以受了不少的批评，引起不少的辩论，恐怕还是因为这个名词的确不免有点语病。这点语病是因为严格说来，"全盘"含有百分之一百的意义，而百分之九十九还算不得"全盘"。其实，陈序经先生的原意并不是这样，至少我可以说我自己的原意并不是这样。我赞成全盘西化，原意只是因为这个口号最近于我十几年来"充分"世界化的主张；我一时忘了潘光旦先生在几年前指出我用字的疏忽，所以我不曾特别声明"全盘"的意义不过是"充分"而已，不应拘泥作百分之百的数量的解释。

我要指出，我所谓"全盘"固含有硬性的百分之百的解释，然而同时也含有弹性的百分之九十九，或九十五，以至九十的解释。关于这一点，我在下面当详细加以说明。我在这里要特别加以说明的，就是从胡先生这段话里，不只证明至少在民国廿四年以前，胡先生对于全盘西化这种理论，没有作过有系统的解释与积极的主张，而且证明胡先生对于"全盘西化"这个名词，也没有坚决的或是有意的加以采用。所以，在《充分世界化与全盘西化》一文里，胡先生又说：

> 所以我现在很诚恳的向各位文化讨论者提议：为免除许多无谓的文字或

名词上的争论起见，与其说"全盘西化"，不如说"充分世界化"。"充分"在数量上即是"尽量"的意思，在精神上即是"用全力"的意思。

胡先生之所以提议用"充分世界化"这个名词去代替"全盘西化"这个名词的理由，有了三个。我们现在且把他这三个理由，分开抄之于下：

  第一，避免"全盘"字样，可以免除一切琐碎的争论。例如我此刻穿着长袍，蹈着中国缎鞋子，用的是钢笔，写的是中国字，谈的是"西化"，究竟我有"全盘西化"的百分之几，本来可以不生问题。这里本来没有折衷调和的存心，只不过是为应用上的便利而已。我自信我的长袍和缎鞋和中国字，并没有违反我主张"充分世界化"的原则。我看了近日各位朋友的讨论，颇有太琐碎的争论。如"见女人脱帽子"，是否"见男人也应该脱帽子"；和我们"能吃番菜"，是不是我们的饮食也应该全盘西化。这些事我看都不应该成问题。人与人交际，应该充分学点礼貌；饮食起居，应该充分注意卫生与滋养。这就够了。

胡先生又说：

  第二，避免了"全盘"的字样，可以容易得着同情的赞助。例如陈序经先生说："吴景超先生既承认了西方文化十二分之十以上，那么吴先生之所以异于全盘西化论者，恐怕只是厘毫之间罢。"我却以为，与其希望别人牺牲那"毫厘之间"来迁就我们的"全盘"，不如我们抛弃那文字上的"全盘"来包罗一切在精神上或原则上赞成"充分西化"，或"根本西化"的人们。依我看来，在充分世界化的原则之下，吴景超、潘光旦、张佛泉、梁实秋、沈昌晔……诸先生当然都是我们的同志，而不是论敌了。就是那发表"总答复"的十教授，他们既然提出了"充实人民的生活，发展国民的生计，争取民族的生存"的三个标准，而这三件又恰恰都是必须充分采用世界文化的最新工具和方法的，那么，我们在这三点上边，可以欢迎"总答复"以后十教授做我们的同志了。

最后，胡先生说：

  第三，我们不能不承认，数量上的严格的"全盘西化"是不容易成立的。文化只是人民生活的方式，处处都不能不受人民的经济状况和历史习惯的限制，这就是我从前说过的文化惰性。你尽管相信"西菜较合卫生"，但事实上也决不能期望人人都吃西菜，都改用刀叉。况且西洋文化确有不少的历史因袭的成分，我们不但理智上不愿采取，〈事实上也决不会全盘采取。〉你尽管说基督教比我们的道教佛教高明得多，但事实上基督教有一两百的宗派，他们自己就互相诋毁，我们要的是那一派？若说"我们不妨采取其宗教的精神",那也就不是"全盘"了。这些问题,说"全盘西化"则都成争论的问题,说"充分世界化"则都可以不成问题了。

关于胡适之先生提议用"充分世界化"这个名词去代替"全盘西化"这个名词的三个理由的错误,我在《独立评论》一六〇号所发表《全盘西化的辩护》一文,已经详细的指出,我在这里不必加以重述。我在这里所要指出的是,胡适之先生对于"全盘西化",在理论既并没有坚决的或有意的去主张,在名词上又没有坚决的或有意的加以采用。

我们虽然这样的去指出胡适之先生不是纯粹的全盘西化的论者,然而我们不能否认,他的西化的态度是最近于全盘西化论。而且因为他赞成过全盘西化,所以全盘西化的主张增加不少的声势,引起热闹的讨论,使全盘西化无论在理论上,在名词上,更加得到人们的同情与采用。

胡适之先生既以"全盘西化"这个名词的确不免有一点语病,而提议以"充分世界化"这个名词来代替,那么"充分世界化"这个名词,是不是没有毛病呢?

我们先从"充分"这两个字说起:

"充分",照胡适之先生的意见,在数量上即是"尽量"的意思,在精神上就是"用全力"的意思,然而这个名词的毛病,我在民国二十四年七月间,在《独立评论》一六〇号上所发表《全盘西化的辩护》一文就已指摘出来,我说:

> 我以为在精神上,我们若用"全力"去西化,结果是在消极方面,必至否认中国固有的文化;在积极方面,还是趋于全盘西化。但是所谓"充分"或"尽量"这些名词,不只很为含混,而且很容易被了一般主张折衷,或趋于复古者,当作他们的护身符。

我又说:

> 原来"充分"或"尽量"这些名词,是可伸可缩的,可多可少的。比方,一个朋友托我办一件事,我说,我当尽量去作;我对于这件事做得十分妥当,固然可以说是"尽量",但是假使我只做了一点,也可以说是"尽量"。我记得严既澄先生在民国二十四年五月廿二日至廿三日的天津《大公报》,发表了一篇《〈我们的总答复〉书后》赞成全盘西化,但同时他以为"全盘"两字,容易引起人们误会,最好改为"尽量"两字。我又联思到从前曾经力主西化的张东荪先生,近来忽然徘徊于复古折衷之间,不但极力反对全盘西化,而且在《正风半月刊》一卷二期发表一篇《现代的中国怎样要孔子》,提出孔子之道,而近于辜鸿铭、梁漱溟诸先生的主张;但他在这篇文里也相信,我们"依然须尽量采纳西方文化"。我们从此可以明白,赞成或趋于全盘西化的人,固可以主张尽量西化,喜谈折衷或趋于复古的人也

可以主张"尽量"西化。同样，假使百分之九十九的西化，能谓为尽量西化或充分西化，那么"中学为体、西学为用"也可以说是尽量西化或充分西化了。

因为"充分"与"尽量"这些名词是可伸可缩，可多可少，是使所谓全盘西化、根本西化、折衷办法，以至复古者流，都可以利用这些名词去表明其西化的态度，结果是使西化的态度无从确定。而这些名词也太过空泛，没有什么意义，没有什么目标了。

"充分"或"尽量"这些名词之不妥当，既已像上面所说，至于"世界化"这个名词又怎么样呢？

我们先要指出，"世界"这个名词是空间的表示。而这个空间的表示，在广义方面含有宇宙的意义，在狭义方面是包括整个的地球。在广义方面，意义太广，所以若说是宇宙化，那是没有什么意义的；在狭义方面，既包括整个的地球，那就是等于说是包括了世界上所有的一切的文化。所谓"所有一切的文化"，在种族上既是包括了一切民族的文化，在程度上又是包括了高低不齐的文化。西方的文化固是世界文化的一部分，东方的文化也是世界文化的一部分；中国的固有文化固是世界文化的一部分，南洋的土人文化也是世界文化的一部分；菲洲土人的文化固是世界文化的一部分，澳洲土人的文化也是世界文化的一部分。

在这种情形之下，所谓世界文化的意义不只包括太广，而且在文化的立场来看，并没有一个共同的基础。有些民族已用飞机去运输，有些民族却还用犬去运输；有些民族已用人造丝去做衣服，有些民族却还用树叶去盖下体；有些民族已住数十层高的高楼，有些民族还是穴居或野处；有些民族已吃人工做的牛油鸡蛋，有些民族还是吃了没有煮过的食物；有些民族已用打字机去打字，有些民族还不懂得文字。

在这些没有共同的基础的世界文化之下，所谓"世界化"这个名词太过广泛，是显而易见的。

假使我们以为这个世界化就是西洋化，或是根本就是西化，那么为什么不就用西洋化或西化，而必用世界化呢？

其实，胡适之先生所谓世界化就是西洋化，至少可以说是根本西化。胡先生在《独立评论》一四二号的《编辑后记》里，以为我们"只有全盘接受这个新世界的新文明"，"这个新世界的新文明"无疑的就是现代的西洋文化。而在《试评"中国本位的文化建设"》一文里，他又说：

> 我的愚见是这样的：中国的旧文化的惰性实在大的可怕，我们正可以不必替"中国本位"担忧。我们肯往前看的人们，应该虚心接受这个科学工艺的世界文化和它背后的精神文明，让那个世界文化充分和我们的老文化自

由接触，自由切磋琢磨，借它的朝气、锐气来打掉一点我们的老文化的惰性和暮气。将来文化大变动的结晶品，当然是一个中国本位的文化，那是毫无可疑的。如果我们的老文化里真有无价之宝，禁得起外来势力的洗涤冲击的，那一部分不可磨灭的文化将来自然会因这一般科学文化的淘汰而格外发辉光大的。

胡先生又说：

总之，这个我们还只仅仅接受了这个世界文化的一点皮毛的时候，侈谈"创造"固是大言不惭，而妄谈折衷也是适足为顽固势力添一种时髦的烟幕弹。

从这两段话里我们可以明白，胡适之先生所说的世界文化，无疑的是西洋文化。胡先生不只是要西洋的科学工艺，而且要西洋的科学工艺的背后的精神文明；胡先生不只是指出我们"侈谈创造"是不对，就是"妄谈折衷"也是错误。

我们不愿多所举例去说明胡先生的世界文化是西洋文化，我们只要读者一读胡先生在一九二五年所发表《我们对于西洋近代文明的态度》一文，就能明白胡先生对于西洋文化是备极尊崇；而在《胡适文选》中《介绍我自己的思想》一文，对于主张西化的态度尤为明显。我们且看胡先生说：

少年的朋友们，现在有一些妄人要煽动你们的夸大狂，天天要你们相信中国的旧文化比任何国高，中国的旧道德比任何国好。还有一些不曾出国门的愚人鼓起喉咙对你们喊道："往东走！往东走！西方的这一套把戏是行不通的了！"

我要对你们说：不要上他们的当！不要拿耳朵当眼睛！睁开眼睛看看自己，再看看世界。我们如果还想把这个国家整顿起来，如果还希望这个民族在世界上占一个地位，——只有一条生路，就是我们自己要认错。我们必须承认自己百事不如人，不但物质机械不如人，不但政治制度不如人，并且道德不如人，音乐不如人，艺术不如人，身体不如人。

这一段话我在别的地方曾经引过，我在这里再把他抄录下来，一来是因为他是很近于全盘西化的主张，二来是要指出胡先生所说的世界文化，不只根本就是西洋文化，而且整个都是西洋文化呵！

其实，不只胡适之先生所说的世界文化是西洋文化，就是无论何人之用这个名词的本意，都是指着西洋文化。因为所谓中国要世界化，绝不是说中国要菲洲化，或澳洲化，或南洋化，或暹罗化。因为这些文化不只远比不上西洋文化，而且远比不上中国文化，中国绝不会去采纳一种比中国文化为落后的文化。这么一来，所谓世界化必定不是菲洲化，或澳洲化，而是别种化。而这个别种化，除了西洋化以外，可以说是没有别的了。换句话来说，我们既然感觉到我们固有的文化是不足以应付这个新时代、新环境，而要效法他人的文化。这个他人的文化，在现在的世界里，除了西洋文化是值得我们效仿之外，还有那一种文化呢？

明明白白是要西洋化，是西化，而我们却要说是世界化，这岂不是一个矛盾的说法吗？假使我们承认现代的西洋文化已经趋向而成为世界的文化，所以我们可以说是世界文化，那么这个世界的文化还是西洋的文化，这就是说，世界文化与西洋文化是一而二、二而一的东西了。

我们虽然承认，而且在别的地方也已指出，西洋文化是正趋为世界文化，然而我们也得明白，直到现在世界各国与各民族之效法西洋的，其文化还比不上西洋的文化。菲洲、澳洲的土人的西化的程度固是很浅，就是亚洲的暹罗，以至日本的西化程度，也何尝赶得上西洋？所以假使我们而效法日本的西化，何不去效法西洋的文化？而况效法日本的西化，还是间接的西化，而非直接的西化。

第三章

此外，又有些人提议以"现代化"这个名词来代替"西化"这个名词。比方，严既澄先生在民国二十四年五月二十二日至二十三日的天津《大公报》所发表《〈我们的总答复〉书后》一文里，说：

> "西化"这个名词颇不适当，——如今世上的一切学问智识文物制度均已成为世界的公器了，我们既为人类的一部，又何必为了所居地点的关系而妄为区别，把人类分划为东西两部——而且很容易引起国粹主义者的反感，我以为最好改为"现代化"。

严既澄先生之所以提议用"现代化"这个名词去代替"西化"这个名词，是因为西化或现代的文化已成为"世界的公器"。所谓"世界的公器"，就是世界的文化。这好像与上面所说的胡适之先生所提议的世界化，是差不多一样的。不过，胡先生是偏重于空间上的意义，而严先生却偏重于时间上的观念，所以他乃提议用"现代化"这个名词。至少严既澄先生所说的"现代化"，是与胡适之先生所说的"世界化"，是差不多相同的。严先生所说的"现代化"既与胡先生所说的"世界化"是差不多相同，那么我们在上面所用以批评胡先生所提议的"世界化"这个名词的理论，大致上也可以用来批评严先生所提议的"现代化"这个名词了。

然而"现代化"这个名词，除了严先生当为"世界化"来看之外，还有别人用以表示他种意义。比方，冯友兰先生在其《新事论》的《别共殊》一章里，曾说道：

> 有一种比较清楚的说法。持此说法者说，一般人所谓西洋文化者，实是指近代或现代文化。所谓西洋文化之所以是优越的，并不是因为他是西洋底，而是因为他是近代或现代的。这一种说法，自然是比笼统地说所谓西洋文化者通得多。有人说西洋文化是汽车文化，中国文化是洋车文化。但汽车也并不是西洋本有的。有汽车与无汽车乃古今之分，非中西之异也。一般人心目中所有之中西之分，大部分都是古今之异，所以以近代文化或现代文化指一般人所谓西洋文化，是通得多。所以，近来近代文化或现代文化一名已渐取西洋文化之名而代之。从前人常说我们要西洋化，现在人常说我们要近代化或现代化。这并不是专是名词上的改变，这表示近来人的一种见解上底改变。这表示，一般人已渐觉得，以前所谓西洋文化之所以是优越的，并不是因为他是西洋底，而是因为他是近代的或现代的。我们近百年来之所以到

处吃亏，并不是因为我们的文化是中国底，而是因为我们底文化是中古底。这一个觉悟是很大底。即专就名词说，近代化或现代化之名，比西洋化之名，实亦较不含混。基督教化或天主教化确不是近代化，或现代化，但不能不说西洋化，虽大部分主张西洋化者，不主张基督教化或天主教化，或且积极反对这种"化"，但他所用的名词亦指这种"化"。

我要指出冯友兰先生这段话虽有些是我们所赞同的，然而大体上他的错误的地方，实是比了他的对的地方是多得多。从某方面来看，我们承认他说一般人所谓西洋文化者，实是指近代或现代文化，然而我们不能不指出，所谓西洋文化之所以优越，不只是因为他是近代或现代的，而同时也是因为他是西洋的。简单的说，所谓中西之分不只是古今之分，而同时也是中西之异。假使我们说中西之异只是古今之分而非中西之分，那么我们就要问，为什么西洋可以从古代或中古的文化而变为近代或现代的文化，而中国的古代或中古的文化却不能变为近代或现代的文化？换句话来说，为什么中国的文化直到现在还逗留在中古文化的阶段，而西洋的文化到了近代却能变为现代的文化？

我们一提到这个问题，我们不只不能否认现代的西洋文化有其特殊的地方，而异于现代的中国文化或是中古的文化，而且不能否认中国的中古文化之于西洋的中古文化，也有不同之处。质言之，中国文化直到现在还是中古的文化，是与中国的固有的文化，以至上古的文化，是有了关系的；而西洋文化之在今日所以成为现代文化，也是与西洋的中古文化，以至西洋的上古文化，是有了关系的。

因此之故，我们近百年来之所以到处吃亏，不只是因为我们的文化是中古的，而且是因为我们的文化是有了特殊的缺点。而这些特殊的缺点，就是我们所固有或所独有，而却为西洋所没有或所未有的。这种固有或独有的文化，就是我们的文化或是中国的文化，而别于西洋的文化。

我们这里所要说明的，不外是西洋文化之所以优越，或是所以异于中国，不只是因为他是近代或现代的，而也是因为他是西洋的。所以我们之所以要这种近代或现代的，也不只是因为他是现代的，而同时也是因为他是西洋的。因为在现在的文化中，除了西洋的文化之外，还有其他的文化。现代的菲洲、澳洲、以及亚洲的南洋、暹罗的土人，以至我们中国的固有文化，既仍然存在，而且有了很多人在现在还在这种文化中过活着，那么在事实上，我们也不能否认他是近代或现代的文化。从这方面看起来，冯先生所谓中国的文化是中古的文化的看法，乃是因为中国的文化与西洋的文化接触之后，而始觉得中国的文化是中古的文化。假使中国到了现在还是闭关自守而不与西洋文化接触的话，那么国人绝不会觉得中国的文化是中古的文化，更不会知道西洋的文化是现代的文化。在这种情形之下，中国的文化无疑的是现代的文化，而况这种文化直到现在在中国是到处可见，谓为现代文化也无不可。

总而言之，国人之所以觉得国人的文化是中古文化，是由于国人从西洋的文化观点去看中国的文化，而始有这种看法。那么在这里就已有了中西之分。其实我们可以说，正是因为有了中西之分，而始有了这里所说的中古与现代之分。至少自从中西海道沟通以后，以至现在或是最近的将来，这种看法是对的。假使今后的西洋文化延滞而没有变化，而中国受过西化之后却日进千里，那么将来的西洋文化变为"下古"的文化，而中国的文化变为"现代"的文化，那么这种下古与现代之分，还是一个西洋与中国之分。难道那个时候的国人，就不会像中古时代的国人一样的有了夏夷或中西之分吗，而却只有了所谓"下古"与"现代"之分吗？

明明是从中西的观点而始有中古与现代之分，明明是受西洋的影响而始能使中国的文化成为现代的文化，然而同时却又因其是西洋的而不是中国的，而却不愿当作中西的差异来看，这是一种很大的矛盾，很大的错误。

从上面的观察，我们可以说冯先生所用"现代化"这个名词是含混得多，而我们所用"西化"这个名词是清楚得多了。

我们应当指出，我们所说的西化自然是指着现代的西化而言。我们并不反对人家用"现代""西化"或"全盘现代西化"这些名词，然而我们生存在这个时代里而谈西化，当然是以这个时代的西洋文化为对象。因为不只我们所需要的文化是现代的西化，就是西洋人之在这个时代里所过活的，也是他们的现代文化。我们上面虽曾经指出，现代的西洋文化是与中古以至上古的西洋文化有了关系，然而这是从文化的发展方面来看；若从文化的应用方面来看，凡是西洋文化之在今日而尚留存而还为西洋人所过活的，都可以叫做现代文化。因为假使这种文化而不是现代的文化，那么这些文化必定已成或即将成为历史上的陈迹，而不会或不易存在于今日或是最近的将来。

说到这里，冯先生也许说道"基督教化或是天主教化确不是近代化或现代化"，我们以为冯先生这种说法是有了不少的错误。若从基督教或天主教的来源或历史方面来看，基督教或天主教可以说不是近代或现代的东西；然而从近代或现代方面来看，我们也可以说近代或现代的基督教或天主教已经近代化或现代化。十九世纪初年，玛礼逊所传入中国的基督教或是新教，固是近代化的东西。明朝末年，利玛窦所传入中国的天主教，又何尝不是近代化的东西。天主教的罗佑拉（Loyala）及其徒众，与改正教的马丁·路德，同样的是近代化的宗教的先锋。这是读西洋宗教历史的人所不能忽略的。

我们读西洋史都知道，西洋在中世纪的末年的基督教会对于科学家与科学思想的压迫的厉害，然而不只是十九世纪来到中国的新教徒，对于中国的科学有了不少的功劳，就是十六到十七世纪来到中国的旧教徒，对于中国的科学的提倡也有很大的贡献。算术、天文以至物理是用不着说，就是在地理方面，直到现在我们所用的中国舆图，还是根据了清初的天主教士所绘画的以为蓝本。西洋教徒之来中国的固是输入了很多的西洋的近代科学，以至与科学有关的智识，以及文化的其他方面；西洋教士之到别的地方的，又何尝不是这样呢？

从这方面来看，基督教化或天主教化也可以说是近代化或现代化。因为近代的西洋的基督教或天主教，也正随着西洋的时代的变化而变化。假使不是这样，则基督教或天主教必被了时代所淘汰，而不易存在，而成为陈迹。

又如资本主义是近代的东西，然而德国的韦尔柏（Max Weber）曾告诉我们，近代的资本主义的发展是与近代的清教徒有了密切的关系。韦尔柏这种看法，已引起近代好多学者的注意。我们以为，所谓近代资本主义的发展是与近代的清教徒是有了密切的关系，是有了两种意义：一是近代的资本主义的发展是很得力于清教徒的精神；一是近代资本主义发达之后，清教徒以及其他的基督教都受了不少的影响。一般人以为，近代基督教士之能够在欧洲以外的好多地方宣传宗教，是与欧洲的资本主义之能够在欧洲以外的好多地方扩张势力，是有了密切的关系。我们试看一般的天主教徒而尤其是耶稣会的会士，无论到了那个地方，除了宣传宗教之外，还在经济上发展其力量，这不能不说是受了近代经济文化的影响。

近代资本主义对于近代的西洋宗教固有了不少的影响，近代的社会主义对于近代的西洋宗教也有了不少的影响。所谓基督教社会主义（Christian Socialism）就是一个例子。这种基督教社会主义，主张合作运动，反对自由竞争，在一方面看起来，可以说是很现代的运动了。金斯利（Charles）和毛利斯（F. D. Maurice）所领导的基督教社会主义，不只在马克斯与恩格尔所领导的共产主义之后，而且不见得是中古时代的产物。

这样看起来，不只是近代的科学对于现代的基督教有了影响，就是近代的资本主义、社会主义以及经济的组织，也对于近代的基督教有了影响，而所谓影响，也可以说就是基督教或天主教的近代化的一种表示。

此外又如星期日的休息，这是基督教的风俗，然而这种风俗不只在现在的西洋还且沿用，就是西洋以外的国家，或是非基督教的民族，在现在也多已采用。因此，我们不能不说这种风俗是现代的风俗，而我们采用这种风俗，又不能不说是现代化，虽则这种风俗的来源很久，历史很长。所以冯先生所说"基督教化或天主教化确不是近代化或现代化"，不能不说是有了错误。

然而最奇怪的是，冯先生一方面既以为基督教化或现代化不能不说是西洋化，而别方面又以为汽车并不是西洋本有的。照冯先生的意见，汽车既不是西洋本有底，所以汽车不能算作西洋的东西，所以一般人以为中国文化是洋车文化，西洋文化是汽车文化，这乃古今之分，而非中西之分。

我们现在要问，汽车并不是西洋本有底，而是那里所本有的？其实，若说基督教不是西洋本有，而说是近东所本有的，也许有些道理，然而冯先生却说基督教化或天主教化是西洋化，而却不愿承认汽车化是西洋化，这岂不是很大的矛盾、很大的错误吗？

其实，冯先生这种看法，完全是一种主观的偏见，而非客观的事实。我们以为基督教化或天主教化固可以叫做西洋化，汽车化也可以叫做西洋化，而这两种东西，也可以说是西洋文化的二种主要代表——前者可以说是代表西洋的精神文化，后者可以说是代表西洋的物质文化。

原来基督教虽是原始于所谓近东的犹太，然而基督教的发展是得力于西洋人。基督教在西洋的发展，不只在西洋有了一千多年的历史，根深蒂固的在西洋人的生活中发展，而成为西洋文化的要素，而且由西洋人的努力而传播到世界其他的部分。所以，基督教遂成为西洋的宗教。至于汽车之为西洋的产物，更为显明。汽车的发明是在机器发明之后，机器发明固是始于西洋，汽车的发明也是始自西洋。汽车之输入中国虽是有了好几十年的历史，然而直到现在，国人所乘的汽车通通还是来自西洋。我们看看国内，不只是在都市中，就是在有公路所到的地方，都有了汽车的行驶，然而直到现在，国人尚不能自造汽车而要完全仰赖于西洋的供给。一般的官僚市侩，以至一些的民众，不只喜欢乘汽车，还要乘最高贵、最新式的汽车。连了这些汽车上所需用的一切零件，也无一不来自西洋，比之基督教的西洋气味，还要浓厚得多。那么，汽车之为西洋文化是无可疑的。

然而，冯先生为什么只承认基督教或天主教为西洋文化，而却不承认汽车为西洋文化呢？

冯先生大概是以为汽车是比之洋车高明得多，方便得多，而且从需要方面来看，不只官僚市侩需要汽车，就是平时交通，而尤其战时运输，更是需要汽车。因为汽车是我们最需要的，我们非有不可。我们有了就是我们的东西，既是我们的东西，就不能专叫做西洋的东西。

我们并不反对这种看法，然而我们所要问的是，为什么基督教化或天主教化却不当为像汽车为我们的东西一样的看，而却当为西洋化呢？冯先生也许回答道，这是我们所不需要的，因为我们有了孔子之道德，用不着基督教或天主教，西洋人要的东西而我们所不要的，故叫做西洋的东西。

因为需要与不需要而断定其不是西洋的或是西洋的，这岂不是一种主观的偏见，而非客观的事实吗？

其实，基督教或天主教之传入中国的历史，比之汽车之传入中国的历史，长久得多。信仰基督教或天主教却谓为西化，乘用汽车却说非西化，这岂不是很大的矛盾，很大的错误吗？

总而言之，基督教化或天主教化固是西化，乘用汽车也是西化，所以"西化"这个名词，不只没有含混而且很为适宜。

又如张熙若先生在民国二十四年的《国闻周报》第十二卷第二十三期中，

所发表《全盘西化与中国本位》一篇长文，对于"西化"与"现代化"这两个名词，曾当为不同意义来看，而以为现代化可以包括西化，西化却不能包括现代化。张先生说：

> 我个人对于今日社会改造的态度也可藉此机会说说。我认为我们今日大部分的事物都应"西化"，一切都应该"现代化"。如此说来，现代化是与西化有分别的了？当然的，为讨论方便起见，我们不妨说：西化差不多是抄袭西洋的现成办法，有的加以变通，有的不加变通。

张先生又说：

> 现代化有两种：一种是将中国所有西洋所无的东西，本着现在的智识、经验和需要，加以合理化或适用化，例如将中国古书加以句读（注意：是加句读，不是加新式标点，因为新式标点是不大适用于中国的古文的），或将古文译为白话文（也不一定用欧化文体）；另一种，是将西洋所有，但在现在并未合理化或适用的事情，与以合理化或适用化，例如许多社会制度的应用和改良（这也并不是不可能的，许多地方还是必需的）。比较起来，第一种的现代化比第二种的现代化在量的方面一定要多些，但第二种的在质的方面或者要重要些。

张先生又说：

> 若是有人愿拿"现代化"一个名词包括上文所说的"西化"，那当然也可以，不过不要忘记：现代化可以包括西化，西化却不能包括现代化。这并不是斤斤于一个无谓的空洞名词，这其中包含着好多性质不同的事实。复杂的社会情况是不容许我们笼统。

我们应该指出，张熙若先生虽以为"现代化可以包括西化"，而"西化却不能包括现代化"，然而张先生并不反对采用"西化"这个名词。所以他"认为我们今日大部的事物都应该西化"，而"一切都应该现代化"。简单的说，张先生并不一定主张以"现代化"这个名词去代替"西化"，不过西化的范围比之现代化的为小。

我们在上面已经指出，"现代化"这个名词很为含混。我不愿在这里再加重述，我只要指出，不只从现代的各种高低不齐的文化方面来看，"现代化"这个名词太过笼统，就是以中国的现代的文化来看，也是这样。一部牛车只用了一个胶皮轮胎，可以说是现代化了，然而我们的目的并不只是用这种现代化的工具，而是要学人家制造火车与汽车。所以，就使我们而因了特殊的环境，如在抗战时期，而不得不用胶轮的牛车以为运输的工具，而要这种现代的东西，然而我们的目的还是西化。

张熙若先生曾指出"现代化有两种：一是将中国所有西洋所无的东西，本着现在的智识、经验和需要，加以合理化或适用化"。张先生所举的例子，是如中国古书加以句读。句读固如张先生所说不能谓为西化，然而我们也得指出，句读也不能谓为现代化。因为在中国古书中，也有不少是加以句读的，所以要现代化的话，那还是要加新式标点，而新式标点又是西化。至于新式标点之比句读的便利，不只是在白话文上很为显明，就是在古文上也显而易见。不过关于这一点，我们的意见虽与张先生的不同，然而我们所要说明的并不全注重这一点，而乃是句读不算得现代化，假若加以新式标点，就变为西化了。

张先生在这里又指出第二个例子，这就是将古文译为白话文。张先生曾加以注解，这种白话文也不一定要用欧化文体。我们承认白话文是中国所曾有的固有的东西，然而我们也不能否认，近代白话的运动是一种西化的运动，而现在的白话文之所流行，是受了西化的影响。假使不是这样，我们还是用古文去做文章，而梦不到要用白话文去翻译古文呵！而况，既用了白话文去翻译古文，则白话文又不能不加以新式标点，而其结果还是不能不西化。

张先生的第二种的现代化，"是将西洋所有，但在现在并未合理化或适用的事情，与合理化或适用化"。张先生只举出许多社会制度的应用与改良，而没有说出具体的例子。我们无从加以讨论。我们只能指出，假使西洋的许多社会制度有了缺点而要加以改良，那么改良的方法，在现在的情形之下，还是要用西化的方法去改良才有效用。比方，我们对于西洋人所制造的飞机有了不满意的地方，而要加以改良，那么改良的方法还是要用西化的方法，而决不能用修理牛车的方法去改良飞机。其实，我们在未改良人家的东西之前，我们先要好好的去学习西人制造飞机的方法。这个例子虽然是文化的物质方面，然而文化的物质方面固然是这样，文化的非物质方面也可以说是这样。

总而言之，张先生的第二种的现代化已经有了西化的意义。因为我们在未改良西洋人的东西而应用于我国之前，我们先要效法或研究人家的东西才行。若说西洋人因为不满意于他们的社会现象而要加以改良，那么其改良的方法与结果虽也可以说是西洋的，然而事实却也是西洋的、西化的。在这种情形之下，所谓现代化也是有了西化的意义。

从我们上面的观察来看，张先生所说的现代化还是西化。而况事实上，无论我们的古书或白话文之加以新式标点，以至我们的社会制度的应用与改良，无一不趋于西化的路上。又况在文字方面，国人在数千年来除了是从古文而改为白话文之外，所谓文字拉丁化的运动、世界语的运动，以至提倡用英文或法文去代替中文，不只并不乏人，而且也实有其理由。因为中国文字之难读是大家所公认的事实，我们今后而欲在教育普及上，在学术研究上，以至在文化改造上，都有赖于我们的文字的革命。而文字革命的最便宜的方法，恐怕是欧化的字，或是以西文去代替中文了。

至于社会制度方面，我们现在从我们的家庭，以至我们的国家，从我们的风俗，以至我们的法律，又没有一样不是趋于西化。无论我们对于这方面的西化的态度是否喜欣，然而这方面的西化的事实，却又不能加以否认。这是一些喜谈现代化而不喜用"西化"这个名词的人们，所不能不注意的。

事实上，张先生在《全盘西化与本位文化》这篇文里也已指出，中国文化之需西化的是占了大部分。张先生虽然指出建筑、山水画、中国饭三件东西是不应西化，然而文化是千绪万端的，这三样东西，恐怕不过只是千分之三或万分之三；而况就以这三样东西来说，我们的城市以至乡村的洋楼逐渐林立，与在我国的西洋画的普遍，与西菜馆的增加，又何尝不是已趋于西化与更要趋于西化的途径呢？

总而言之，张熙若先生虽然分别现代化与西化，然而他所说的现代化既还是西化，而同时他并不反对西化。而所谓西化的东西，又差不多包括了整个西洋文化的范围。这么一来，张先生不只不能否认"西化"这个名词，而且不能否认他是很近于全盘西化的主张呵。

第四章

有些人像冯友兰先生，在民国三十一年一月七日，在昆明《中央日报》所登载其在国立西南联合大学社会学会所演讲的《抗战与中国社会思想》的演讲词里，以为"工业化"这个名词可以代替"西化"这个名词，冯先生说：

> 中国从前没有现代化，所以积弱不振，一般人也因此自信不行。抗战以来，因为时势的逼迫，已一步把中国社会推上工业化的途径。现在在报上常有"工业化""现代化"的字眼，而少见"西化"的字眼。

他又说：

> 我们所谓建国，就是建一个现代工业化的国家的意思。因为中国从前是一个农业国，已不适合生存于现代工业化的世界，所以有建设工业化国家的必要。建国的过程中，就是工业的进展，建国完成之日，也就是全国工业建设成功之时。

在《今日评论》第五卷第六期（民国三十年二月十六日刊行）所发表的《答陈序经先生》一文中，冯先生又有了下面一段话，今且录之于后，以资对照：

> 陈先生的结论是："我个人以为他们的最大的缺点是：一方面忽视了中国西化的事实，一方面又没有提出一个具体的办法。"我的《新事论》明明大书特书地提出"工业化"的具体办法，其错误与否姑不论，但不能说是没有提办法。若说这办法并不具体，则比所谓西化，又似乎具体一点。所谓西化的事实，若是指的修铁路、办工场等，这些我并没有忽视，而且正是我的《新事论》所竭力提倡的，不过我不称之为西化，而称之为工业化。这并不是名词之争，我在《新事论》中已经说明。若说西化的事实，是基督教的传入之类，这真是西化，不过这些是有也可，无也可的，我们也无须提倡他，也无须消灭他。信不信是个人的自由，与抗战建国，并没有什么关系。

我们也要指出，冯先生以为现在在报上常有"工业化""现代化"的字眼，而少见"西化"的字眼，这是一种错误。我们恐怕这是由于冯先生少看报章杂志的结果。冯先生近年以来虽然写了好几本书，而同时虽然喜欣用"新"这个字去名其书，如《新理学》《新事论》《新世训》《新原人》，然而事实上，这些著作的材料，主要从我国几本旧书里东抄西抄与翻来覆去的加以引用，对于新近出版的刊物书籍大概很少寄目，所以有了这种的错误。

其实假使冯先生而能对于近来有些报章杂志尝加阅读的话，那么，冯先生不只会感觉到，"西化"或"接受西洋文化"这些名词的采用，不知比之"现代化"以至"工业化"这些名词的采用，不见得较少，恐怕还较多得多。举一个例子罢，我最近在一个友人处，阅了三月八日的成都《新中国日报》的社论——《文化饥荒之解放》一文，以及三月十一日柳浪先生在该报所发表的《迎接第二大翻译时代》一文，以至三月十四日常燕先生在该报所发表的《充分迎接西洋文化》一文，不只常用"接受西洋文化"这个名词，而且很积极的主张西化。比如柳浪先生在其文章里指出，"我们的学者，要赶快负起接收适应现代世界的西洋的文化"；常燕先生也指出，"中国民族如果还能长进，就应该虚心澈底接受西方的文化"。这种论调不只是积极的主张西化，而且是很明显的赞同全盘西化了。

就以冯先生自己的言论来说，比方在《新事论》中，他不只是常常用了"西化"这个名词，而且从某方面来看，他觉得全盘西化也是对的。在我们的谈话中，冯先生自己说他的主张可以说是本位文化，也可说是全盘西化。这种是这样又是那样的说法，本是一种糊涂不明的投机者的说法，然而我们所要指出的是，他并不完全否认"西化"这个名词的存在与可能性，而且比方他虽然说"所谓西洋文化之所以是优越，并不是他是西洋的，而是因为他是近代或现代底"。然而所谓"西洋文化之所以优越"这句话本身，不只是承认西洋文化的事实，而且承认西洋文化是优越的。这就是说，西洋文化是比之中国文化较为优越。西洋文化既比之中国文化较为优越，那么中国就不得不仿效西洋，而仿效西洋文化就是西化。这么一来，冯先生之反对采用"西化"这个名词，却是一种偏见了。

至于"工业化"这个名词，在这几年虽是常常在报章杂志上可以看见，然而这个名词不只不能代替"西化"这个名词，而且其意也并不很清楚。冯友兰先生在上面一段话中，以为"工业化"这个名词比之所谓"西化"又似乎具体一点，又是一种错误。

我们现在要问，怎么叫做"工业化"？冯先生在上面一段话中，曾以为我们从前是一个农业国，已不适合生存于现代工业化的世界，所以有建设工业化国的必要。然而在这里，冯先生并没有说明他所提倡的是中国固有的手工的工业，还是西洋近代的机器的工业。因为所谓"工业化"这个名词，是包括了手工的工业与机器的工业。假使我们所谓工业化是指着前者，那么早已经有，用不着去提倡；假使我们所谓工业化是指着后者，那么我们又不能不效法西洋。效法西洋不能不叫做西化，虽则西化不一定就是工业化。

其实，我们现在要发展机器的工业，一切机器固是差不多完全要仰给于西洋，就是工厂的设计以至人事的管理，也无一不要效法西洋。近来资源委员会大批派送好多人到美国，与其说是为采办机器，不如说是学习人家对于工厂的设计与人事的管理，可见得我们现在的工业化，就是西洋的工业化。

然而从这方面来看，工业化只是西洋化或西化的一方面。冯友兰先生对于这一点未尝不了解，所以除了工业化是西化之外，他也承认基督教化是西化，虽则他以为基督教化是可有可无，而与抗战建国并没有什么关系。因为照他看起来，只要工业化就可以抗战救国。冯先生这种见解，真是像六七十年前的曾国藩、李鸿章的西化的见解，因为他们在当时以为，图谋富强只要外国的机器就已够了，其他的西洋的一切东西是不必要的。其实这种浅薄的见解，是用不着冯先生在《新事论》里大书特书的提出。因为若从工业化的事实方面来看，我国的工业化——西洋的机器的工业化的程度，直到今日虽是很浅；然而从工业化的理论方面来看，我国人士之提倡工业化的历史，自曾国藩、李鸿章以至抗战以前并不乏人，所以用不着冯先生去大书特书。而况冯先生所用"工业化"这个名词，除了机器的工业化之外，还有手工的工业化，所以若以"工业化"这个名词去代替"西化"这个名词，一方面既很为含混而不够具体，而别方面意义又太狭而不能包括"西化"这个名词所包括的东西。

我们的意见是：我们固然要西洋的机器工业化，然而促成这个工业化的科学的智识，以至工厂的设计、人事的管理，以至企业的精神，也要西化。否则不但不易工业化，就是工业化了还不够建国。曾国藩、李鸿章、张之洞、左宗棠，以及一般所谓识时务的臣僚，所办的工厂公司何尝不是走上工业化的途径，然而八十年来究竟有过多少效益？就如最近十余年来资源委员会所开设的好多工厂，也何不是走上工业化的途径，然而光只靠了这一点，是不是能够建国，也是一个问题。所以我们以为我们不只要工业化，而还要西化的工业化；不只要西化的工业化，而且要西化的其他方面；不只要西化的其他方面，而还要全盘西化。

有些人主张以"科学化"这个名词去代替"西化"这个名词。比方陈石泉先生在民国二十四年三月十三日至二十一日所发表《中国文化建设动向》一文中，指出"夜郎自大、唯我独尊的崇奉中国旧有文化，蔑视科学的效用，固是错误，而一味尊信西洋文化，轻忽中国旧文化的美德，也是同样的失败"。因而，他在《文化建设与科学化运动》一文（参看《中国文化建设讨论集》下编，页一九三至一九七）又指出：

> 文化建设之客观任务，主要地在于创造未来民族之生命，使我人于此内忧外患之环境中，获得讨检过去之推动力，希冀未来之诱导力，以此种力之综合，而构成复兴民族之自信力。然而文化之本身，即人类生活之具体表现，盖指物质文化与精神文化合一炉而冶之之谓也。文化建设不仅在于创造一般之复兴民族自信力，而尤在于物质精神之创造。只物质固无以表现文化，但仅精神亦未能概括文化，然则，文化建设之具体表现，则为科学化运动是也。

他又说：

> 科学化运动，在一般人或疑其为一种单纯之物质建设的推动运动，然究其实质，并非如此。盖科学本身，固包括于文化之中，文化既为人类社会生活具体形式之反映，合精神与物质一炉而冶之，则科学也者，固不限于物质之推动而已。且现代科学已造高峰，吾人不仅宜运用于自然现象中，则社会现象中亦可利用研究之成果，文化建设之必以科学化运动为其主要之内容者以此。

又如卢于道先生在《科学杂志》第十九卷第五期（民国二十四年）所发表的《科学的文化建设》一文，也是反对全盘西化而只要科学化的文化。卢先生说：

> 近来国内有十教授《中国本位的文化建设宣言》，不久引起各方的讨论，一时风动，与以前新文化运动颇呈先后辉映，此乃智识界之自觉，知我国文化之落后，与建设本国文化之责任，非但外人不能代谋，即本国人欲一味抄袭欧美，亦等于张冠李戴，可为崇拜西人、抹煞民族本色者之捧唱。然我所欲言者，为该宣言之本身，既未提出文化建设之具体方案，而响应及批评者亦少中肯之理论，或曰中国需要基督教式的文化（刘湛恩氏），或曰中国须继续清末文化运动之余绪（黄炎培氏），或曰中国需要资本主义之文化（李麦麦），或曰中国需要社会主义之文化。议论纷纷，莫衷一是，虽各有见地，而于文化之畴范意义，与如何建设"中国本位文化"，则皆未有明白之指陈。

他又说：

> 四十年来，吾国关于文化运动及文化建设之事甚多。最初有张之洞之"中学为体，西学为用"说，继有康、梁之维新运动，入民国后乃有胡陈之新文化运动，及梁漱溟氏之农村建设运动，要皆不失为谋中国文化建设之运动也。至于以前李鸿章之置海军、兴办兵工、造船诸厂、敷设铁路诸要政，以及近年之修筑公路，建筑无线电台、复兴农村、禁止鸦片等，亦莫非文化建设之表现。今徒以少文人之呐喊、号召，曰文化建设，而无具体方案之制成，是与以前之各种文化运动何异？最后待笔战终了，文化建设运动亦将随之消沉。

他又说：

> 然则文化建设，如之何而后可？曰惟科学为最要图耳。何则？科学者，准确之知识也。无论其为纯粹科学，为应用科学，真理惟一，白为白，黑为黑，古今中外，新旧皆然。一加一为二，二加二为四，是无待于中西之辩、

> 新旧之争也。

我们知道科学虽是逐渐成为世界化的东西，可是近代科学的发展既是来自西洋，而直到现在科学之最进步的还是西洋。陈石泉先生对于这一点并不否认，他在《文化建设与科学化运动》一文中也说：

> 鸦片战争以还，吾国保守成性，殊少建树，是以科学一项，步步后人，此并非吾人妄自菲薄，事实昭彰，无可讳言，是以采取欧美先进技术科学，作为吾国建设之基础，当为必要。

我们应当指出，我国科学的落后不只是自鸦片战争以后，就是在明清初甚至在周秦希腊的时代，我们在科学上的建树就不如人。希腊的欧几里得的《几何原本》就是一个例子。然而我们所要特别加以注意的，是陈石泉先生承认我们要采取欧美先进技术科学，作为吾国建设之基础，这么一来，陈石泉先生在这里所说的科学化，就不能不说是西化了。

科学化固是西化，然而西化却不一定是科学化。因为科学化的范围较狭得多，而西化的范围较广得多。换句话来说，科学化不过只是西化的一方面或一部分，所以西化可以包括科学化，而科学化却不能包括西化。

这样看起来，"科学化"这个名词是不能代替"西化"这个名词，可以说是一件很为明显的事情了。

我们并不反对陈石泉先生所说的科学化，是想包括了西洋的物质文化与精神文化，然而在西洋的文化里，科学固是一种要素，然而科学也只是一种要素。除了科学之外，还有其他的要素。比方，在五四文化运动的时候，这个运动的领袖们除了极力提倡科学之外，还极力提倡民治，而民治是无疑的是西洋文化的一种要素。此外，又如西洋的基督教是近代化的基教，在中世纪的时代的力量虽已衰微，然而现在化的基督教，在西洋的文化中还不失其为要素之一。至于机器工业、新式都市，以及其他的好多东西，都是西洋文化的特性或是要素。这些要素之于科学当然是有关系，然而我们却不能把"科学"这个名词去包括一切。我们所说西化可以包括科学，而科学化不能包括西化，就是这个原故；我们之所以说"科学化"这个名词不能代替"西化"这个名词，也是这个原故。

因为了这个原故，单只提倡科学化，是不足以改造我们的文化而建设一个新国家。关于这一点，我们只要回看我们近代的科学化的运动的历史，便能明白。

原来西洋科学之输入我国，是始于明朝末年，从那个时候计算，到现在已有三百六十年以上的历史。在明末，以至在清初，朝廷与士大夫对于西洋的科学——天文、算数、地理——表示相当的好感。然而不只因为我们在科学方面太没有基础，而且因为我们除了科学之外，对于西洋文化的其他方面太不注意，结果是到了雍正而特别是乾隆以后，排外或闭关的思想一再抬头，使我国西化的运动固是无法发展，就是科学化的运动也因之而受很大的打击。

到了鸦片战争之后，我们国人对于西洋的船坚炮利虽略能羡慕，然而对于科学也很少能注意。是在太平天国灭亡之后，曾、李诸名臣始觉悟到科学的重要，一八七二年以及此后之派遣学生出洋留学，可以说是这种觉悟的开始。然而同时我们不能不指出，他们心目中的科学，又不外是一些与军事有了密切关系的应用科学。他们对于纯粹的科学固没有注意，他们对于西洋文化的其他方面不只没有注意，而且往往持了反对的态度。正是为了这个原故，不只西洋文化的其他方面不易输入中国，不只西洋的纯粹科学不易输入中国，就是那些应用科学也无法在中国随着时代而发展。原因就是这些应用科学的发展，不只要依赖于纯粹的科学，而且依赖于西化的其他方面。所以若反过来看，五十年来而尤其是三十年来，我国的科学化之所以能够逐渐发展，是与西化教育的发展、教会学校的发达，以至西化政治运动的发展，以及西化商业与西化思想的发展，都有了密切的关系。

这样看起来，我们要想促进高度的科学化，我们不能不促进高度的西化呵！

我们愿意一般专门主张科学化而不要西化的其他方面的人们，要放开眼睛看看我国近代科学化的历史，注意这个历史的教训呵！

总而言之，"科学化"或"工业化"这些名词，意义都嫌得太狭，而不能包括"西化"这个名词中所包括的各种要素。而况就以科学化与工业化两者合并起来，也不能代表西洋文化的要素。同时，单只以这两种东西去改良我们的文化，而希望建设一个新的国家，是不够的。又况，我们在近代对于这两种东西的采纳历史不能谓为不久，然而直到现在还是很为落后，而要我们大声疾呼加以提倡。并非因为国人从前提倡不力，而主要乃因在固有的文化的惰性很为厉害的环境之下，一切的东西都保存着而没有改变的时候，要想科学与工业能够单独的发达，是不容易的。比方，八股文章还是深入人心的时候，科学技艺是视为末学小技；又如，大家庭的恶习没有改革之前，工厂公司的主持人物常常会把工厂公司当为一家人的事业。在这种情形之下，科学往往会变为洋八股，而工业往往会变为家族化。

这是从其消极方面来看。从积极方面来看，比方西洋文字、学习西式教育的提倡，以至新法律、新政治与新社会的逐渐形成，以及新式交通的发展，对于科学与工业的推动都有很大的帮忙。所以三十年来，在我国也能养成几个差强人意的科学家，也能建立几个较有基础的工厂，实乃得力于我国的文化在其他的各方面已经趋在西化的途径。

至于"现代化"或"近代化"这些名词，假使不是指着西洋化而言，那么其意义不只太过含混，而且并非我们所要实现的目标。因为还存在于现代各处的所谓野蛮或半开化的民族的文化，种类虽很为繁多，然没有一种是我们所欲采纳以为改造我国的文化的张本的。

又如，我国的旧文化之还存在于今日的，从某方面看起来也是现代的，然而这些东西之不适宜于今日的，如交通工具，我们就不能不加以改良。改良要有一个目标，假使我们不以西洋的交通工具为榜样，难道我们要以依士企摩人的交通工具为榜样吗？

而况事实上有了好多东西是西洋的，而为我们一些人以为不是现代的而不愿意采纳的，如基督教之类。然而我们不要忘记，三百多年来，国人之反对基督教的固是不少，然而国人之相信基督教的也很多。我们同意于冯友兰先生所说信不信是个人的自由，然而我们不能不指出，基督教在中国不只在宗教方面已有很多国人信仰，就是对于科学，对于教育，以至对于政治，都有很大的影响。而且我们又不能不指出，我们并不希望所有国人都变为基督教徒，而况事实上，就是在西洋也并不是人人都信基督教，然而现在的西洋人，以至现代的中国人，既还有不少信仰基督教，那么基督教也不能不谓为现代的。至于基督教本身的现代化，我们在上面已经说过，这里不必加以重述。

一些喜用"近代化"或"现代化"这些名词的人们，好像以为这些名词是最近数年来，或是抗战以后才用的，这是一个很大的错误。十余年前（民国二十年），我在《社会学刊》第二卷第三期所发表《东西文化观》一文里，我不只用"接受西洋文化"的字样，而且常用"欧洲近代文化"或"西洋现代文化"等字样。我在这篇文里曾提出我们主张全盘采纳西洋文化的两个理由：一是"欧洲近代文化的确比我们的进步得多"，二是"西洋现代文化无论我们喜欢不喜欢，她是现在世界的趋势"。此外，又如我在民国二十二年十二月二十九日，在中山大学演讲《中国文化之出路》（登载在民国二十三年一月十五及十六日的广州《民国日报》"现代青年"栏），我也常用"近代西洋文化"或"现代西洋文化"的字样。

又如梁锡辉先生在民国二十二年十二月十五日所出版的《南风》第九期所发表《澈底创造与发展现代文化》一文，是说明我们的全盘西化的主张的。然而他这个题目，是用了"现代文化"的字样。

我在这里只要说明，我们虽然是用了"西化"这个名词，然而我们所指的是现代的西洋文化。假使有人误会我们所说的西化不是现代的西化，而是中古或上古的西化，那么所谓"科学化"或"工业化"这些名词，也非加上一个"现代化"的字样不可。然而事实上，今日我们所说的"科学化"或"工业化"，就是指现代的科学或工业而言，决不会是指着中古或上古的科学或工业而言。同样的，我们所说的"西化"也是现代的西化，而非中古或上古的西化。就以冯友兰先生所用"现代化"与"工业化"这两个名词来说，现代化固是指明现代的，工业化难道就是指了中古的或上古的吗？可见他所说的工业化，也是现代的。至于他要用这两个名词去代替"西化"这个名词的错误，我们在上面已经指出，这里可以不必再加叙述。

此外，我们在上面又指出，要用"尽量"或"充分"这些名词去代替"全盘"这个名词，也是不妥。这些名词所表示的意义是可伸可缩，可多可少，可为主张全盘西化者所采用，也可为主张折衷或复古者所利用，结果是这些名词太空泛了，太笼统了。

我们既指出"科学化""工业化"以至"近代化""现代化"这些名词，不能代替"西化"这个名词，我们又指出"尽量""充分"这些名词，不能代替"全盘"这个名词，所以"全盘西化"这个名词是有其特殊意义的，有其特殊作用的，而不能随便加以更改，而不能用"科学化""工业化""近代化""现代化"，或是"充分现代化""尽量现代化"，或是"充分世界化""尽量世界化"这些名词来代替。

我们并不否认，"科学化""工业化"以至其他的名词有其特殊的意义，有其特殊的作用，然而这些名词不只与"全盘西化"这个名词有其不同之处，而且从中国文化的出路方面来看，全盘西化的主张是中国文化的最好的出路。

因为我们这样的相信，所以我们才用"全盘西化"这个名词，我们才有全盘西化这种主张。这个名词在意义上虽与"全盘采纳西洋文化"虽是相同，然而我们也要指出，"全盘采纳西洋文化"这些字样以前虽是有人用过，然而主张全盘采纳西洋文化却是我们最先提出。梁漱溟先生用过"全盘迎受西洋文化"的字样，然而他的主张却正是与全盘西化的主张处于对峙的地位。他不只偏于折衷办法，而且偏于复古的论调。吴稚晖虽然也述用了梁漱溟先生所用的"全盘迎受西洋文化"的字样，然而他也非主张全盘西化的，虽则他的主张是较近于全盘西化的论调。胡适之先生虽用过英文上的 Wholesale Westernization 这个名词，然而在那个时候，不只中文方面他没有用过这个名词，而且他实在也没有打定主意去提倡这种主张。后来他用了这个名词，采了这种主张，可是过了不久，他对于这个名词，以至这个主张，又怀疑起来。

最后，我们还可以指出，"全盘迎受西洋文化"的字样，在我们最初主张全盘接受西洋文化的时候，我既没有发现这些字样已经有了用过，而十余年来流行最广的"全盘西化"这个名词，却是我用得最早，至少直到现在，我还没有发现有人用了这个名词是较我为早的。

第二编　意义的解释

第五章

关于全盘西化的正确意义，只有在十余年来我主张全盘西化的著作里找寻。我在这里想将这个名词所包含普通意义的几方面，略为叙述，并答一般怀疑这个名词的人的言论。

第一，"全盘"这个名词可以当作"俚俗口调"，也可以成为"学人正语"。卢观伟先生在《我们要一个新文化哲学》一文（《全盘西化言论集》），借用英国哲学者柏克利"要同学者一样思想，要同俗人一样说话"的名言，鲜明〈指出〉"全盘"这两个字也可以当作"俚俗口调"。有些人，像谢扶雅先生在《岭南周报》第四卷第十二期中所发表《全盘西化平议》一文里，遂以为"全盘"这两个字只是"俚俗口调"，而不是"学人正语"。我以为谢先生在这里好像误会了卢先生的意思。至少从我个人看起来，"全盘"这两个字不只是个"俚俗口调"。原因是：一来，"俚俗口调"与"学人正语"是不容易分开的；一个做生意的人能说"全盘打算"，难道一个学者就不能说"全盘整理"吗？二来，好多名词，在某一时代，是一种"俚俗口调"，然而在别一时代，却可以成为"学人正语"。"民主政治"（Democracy）在希腊的学者哲人看来，只是一种暴民政治的"俚俗口调"，可是在十九世纪的时代，岂不是成为学者哲人的正语吗？三来，若说"俚俗口调"不应变为"学人正语"，那么白话文不应该替代古文了，英、德、法文不应该替代拉丁文了。辜鸿铭每以为中国古文与拉丁文为学者哲人的文字，而以英、德、法等文为流氓文化。他又指出流氓文化不足以达学者哲人的意想，然而很可怪的是，他自己却不用古文拉丁去宣传至圣孔子之道，而偏偏用了他所谓流氓的英文去写一本《春秋大义》（*The Spring of the Chinese People*，1935）。总而言之，"学人正语"苟能俚俗化起来，固可成为"俚俗口调"，"俚俗口调"苟为学人所用，也可以成为"学人正语"。

第二，"全盘"这两字可以当作弹性解释，也可以当作硬性解释。在《独立评论》一六○号所发表《全盘西化的辩护》一文里，我说了下面一段话：

> 我同情于胡适之先生所谓"严格说来，全盘含有百分之一百的意义，而百分之九十九还算不得全盘"，然而，同时我们也似不能否认，除了这种严格的说法以外，有了一种普通的说法。例如，我和好几位同事，有好多次因

事未能参加我们学校的教职员全体拍照，然而挂在壁上的照像，依然写着"本校教职员全体摄影"。这个"全体"岂不是"全盘"吗？自然的，我在这里，只想指出在所谓百分之九十九或九十五的情形之下，还可以叫做"全盘"。至于我个人，相信百分之一百的全盘西化不但有可能性，而且是一个较为完善，较少危险的文化出路。

胡适之先生看了我这段话之后，以为我不当把硬性的"全盘"来弹性化，所以他在《答陈序经先生》一文（《独立评论》一六〇号）里说：

> 如今陈序经先生说，在所谓百分之九十九或九十五的情形之下，还可以叫做"全盘"，就是他也承认"全盘"一字可作活用，也可以稍有伸缩余地了。但我的愚见以为"全盘"是个硬性字，还是让它保存本来的硬性为妙，如要把它弹性化，不如改用"充分""完全"等字。

张佛泉先生看了我上面那段话之后，又以为我不应把譬喻的"全盘"两字当作确凿性，所以他在《国闻周报》十二卷三十期所发表《西化问题的尾声》一文里说：

> 我以为陈先生用这百分之百，或百分之九十五的譬喻，应该好好先郑重声明那是个譬喻，并只譬喻而已。严格来说：我不知道西化的程度问题，怎样能用数目字来表示。……所以如用"全盘"两字，非要注重它的数学的确凿性不可时，那便也只变成一种比喻。若所用的是譬喻，而竟忘其为譬喻，则不啻指海市蜃楼为现实矣。但"全盘"如不含百分之百的数学意义，则依陈先生的观点看来，便不如不用这两个字为是。

张先生对于我上面那段话的解释，和胡先生的，恰恰相反。原来胡先生所说的"硬性"，可以说是张先生所说的"确凿性"，或是"严格的说法"；胡先生所说"弹性化"，可以说是张先生所说的"譬喻"，或是"普通的说法"。胡先生好像忘记了我所谓普通说法的百分之九十九或九十五的"全盘"，不外是从胡先生所谓严格说来百分之一百的全盘推衍而来。"严格"是"普通"的对峙名词，有了严格必有普通。胡先生既声明百分之一百是严格或硬性的全盘，那么胡先生不能否认我所指出的百分之九十九或九十五是一种普通或弹性的全盘。这么一来，胡先生也不能否认他自己把"全盘"弹性化。

张先生着重于我相信百分之一百的全盘西化的可能性，遂以为我忘记了譬喻的"全盘"，而只取百分之一百的确凿性的"全盘"，这也是有点误会。我既明明白白指示出，在所谓百分之九十九或九十五的情形之下，还可以叫做"全盘"，那么我决不会否认所谓譬喻的"全盘"。其实在我以往的著作里，我差不多没有用数字来解释全盘的意义，张先生既先谓四分之三的西化是近于全盘，胡先生既先谓百分之九十九不是严格的全盘，我只好借用这些数字来解释。我屡已说过：文化的各方面是有密切的关系的，分析不过是为着研究的便利起见，文化本身并没有这回事。假如我把数目字来表示西化的程度时，也正像张先生与胡先生一样的当作一种比喻，然而这并不是说我不相信全盘西化是有确凿性。因为我们既承认，西洋人所能作得到的文化，我们都能做得到，那么我们就不能否认全盘西化是有确凿性或硬性的可能。

总之，要是"全盘"这个名词是含有弹性与硬性的意义，那么弹性的全盘西化固不能不谓全盘西化，硬性的全盘西化也不能谓为没有可能性。

第三，全盘西化的主张也许有了情感表示，然却是一种理智表示。好多人以为主张全盘西化的，只是一种情感的表示，而蔑视了理智的作用，这是一种错误。我并不辩护这种主张是完全超出情感的范围，因为：一来，人类本身是情感的东西，凡是人类，都免不出情感。人类既是免不出情感的，人类对于很多事物的观察，总免不去多少的情感的成分。二来，情感的作用，在历史上，是不可轻视的，比方美国的独立、法国的革命、满清的推到、北伐的成功，该有了不少的情感的成分。

有些人如谢扶雅先生，以为"全盘西化"这个名词，好像文学上叫做 Metaphor，和"断肠""血泪""白发三千丈"等熟语一样，都是情感的美学的表示。我以为要是这个名词而真有了美感的表示，足以使一般人能够欣赏这个口号，同情这种主张，那么这个口号与这种主张的价值，岂不是更大起来吗？又如严既澄先生以为我们且命主张全盘西化者为狂。狂，也是偏于情感的。严先生自己既赞成全盘西化，他必定也是见到"狂"的作用。其实，以理学儒家自命的曾国藩，在他给儿子纪泽的书里，还且说过"少年须有狂者之气"，可知"狂"的情感固有好处。

我虽这样觉得情感的作用，而全盘西化的主张未必完全超出情感的范围，但是我却并不蔑视理智，反之，我却以为全盘西化的主张是一种理智的运动。胡适之先生以至张佛泉先生，都以为我看轻了理智的作用，都有点误会。胡先生这样推论，大概是着重于我的《全盘西化的辩护》一文里所说"理智往往无所施其长"那句话，而忽略了我这句话是在下面一段里说的。我说：

> 我以为"在这优胜劣败的文化变动的历程之中"（按：此乃借用胡先生的话），理智往往也是无所施其技的。我们三百余年来的理智，岂不是告诉我们不要基督教吗？然而，结果究竟如何？而况且我们今日的理智，却使我们承认，基督教比我们的道教佛教高明的多多。

我应当声明：我这段话的首两句是夺胡适之先生在《试评所谓中国本位的文化建设宣言》（《大公报》二十四年三月卅一日）一文里所说"在这优胜劣败的文化运动的历程之中，……十教授所梦想的科学方法，……完全无所施其技"一段话的。我当时本拟用"有时"两字来替代"往往"两字，可是经过不少的考虑，我终用了"往往"两个字。原因是：一来，我这句话里所说的"理智"，是这优胜劣败的文化变动之中的"理智"，我们既已承认西洋的文化是优胜的文化，中国的文化是劣败的文化，那末所谓"理智"，正如所谓科学方法，是往往无所施其技的，或如胡先生所说"完全无所施其技的"。其实我用了"往往"两字，还比胡先生所用"完全"两字较为温和。二来，我这里所说的"理智"，是我们从来固有的"理智"。所以我曾紧接着指出，我们三百余年来不要基督教的"理智"是没有什么效果。同时我又指出，我们今日的"理智"却使我们承认基督教比我们的道教与佛教高明的多，这个"理智"可以说是西化的理智。总之，我以为理智亦是变动的而非静止的，所以理智也有古今高下之分。而况胡先生也没有否认，如"女人袖子的长短，嘴唇上胭脂的深浅，这都不是理智所能为力的"。

其实，所谓优胜（西）劣败（中）的文化变动的认识，就是理智的认识。正是有了这种认识，我们才主张全盘西化。我们只要回顾七十年来国人对于西化的认识，日趋月增，就能明白。胡适之先生与张佛泉先生屡说"充分西化"或"根本西化"，是很近于全盘西化的。"充分西化"与"根本西化"既是理智的认识，"全盘西化"就不能不谓为理智的认识了。

而且要是我们承认理智在西洋文化里的成分较多，位置较重要，功用较显明，那么主张"充分西化"或"根本西化"的人，固不会轻视理智，主张"全盘西化"的人更不会轻视理智。至若胡适之先生在《答陈序经先生》一文里（《独立评论》一六〇号）指出，西洋文化中有许多部分，虽然是不合理性的，那只可以说是以西洋或西化的眼光去评估西洋文化；因为比较上，我们还不能不承认，比方，西式结婚的仪节中，如新妇披面纱、来宾掷碎米的习惯，还不若我们的固有的结婚的仪节中，如新妇坐红轿、来宾闹洞房的陋俗之不合理性。

第四，全盘西化的历程固是模仿的历程，也是创造的历程。有些人以为全盘西化只是模仿不是创造，这是一种错误。我在《独立评论》一四二号所发表《关于全盘西化答吴景超先生》一文中，曾说：

> 西洋文化在近代之所以能够有一日千里的进步，就是因为它的动性较强；二千年来的中国文化之所以停滞不发展，就是因为它的惰性较深。惰性较深，就是表示缺乏创造力，动性较强，就是表示有创造力。因此，有些人且叫中国的文化为保守的文化，西洋的文化为创造的文化。这样看起来，全盘西化，实为中国创造别一种新文化的张本了。

其实所谓"全盘西化"，在根本上是要把西洋创造文化的精神吸取过来。有了这种精神，当然不只是能创造人家所能创造的文化，而且可以创造新文化，所以全盘西化就含有创造新文化的意义。何况，"西化"这两个字的本身已有了动性，质言之，就是有了创造的精神。我们既承认西洋文化之所以能够有一日千里的进步，就是以因为它的动性较强，那么全盘西化就是要我们有了这种较强的动性了。

退一步来说，模仿实可以说是创造文化的张本。比方，我们要创造新式飞机，我们第一步的工作是先学晓得人家已经造成的新式飞机；我们要创造新式轮船，我们第一步的工作是先学晓得人家已经造成的新式轮船；又如写字先临帖，做诗先读诗，都是这个意思。古人说"熟读唐诗三百首，不会吟诗亦会吟"，所谓"熟读"就是模仿，所谓"会吟"是有了创造的意义。因为会吟诗的人，决不只是东抄一句西抄一句而凑成一首诗，而是自出心裁去把自己心中的情绪，用诗的方式表达出来。这种作法可以叫做创造。然而要想这样做法，就不能不先从熟读别人的诗或是模仿别人的诗做起。我所说模仿文化是创造文化的张本，就是这个意思。

我们可以说，历史上世界上一切文化的创造，很少有不根据于模仿的。因为所谓创造，大致不外是依赖着前人已经做成的东西，而加以多少的改变。这就是含有模仿的意义。法国的著名社会学者塔特（G. Tarde），在其《模仿律》（*Lois de L'imitation*）及《社会律》（*Lois Sociale*）以为，凡是社会的东西，主要都是由模仿而来的。我们可以说，凡是文化的东西，主要是由模仿而来的。又如德国的著名的社会学者飞尔康德（A. Vierkandt）在其《文化变迁中的连续性》（*Die Stetigkeit in Kulturwandel*）一书中，所谓一切文化的改变都是连续的改变，也差不多就是这个意思。

再退一步来说，我们今日的文化比之西洋的文化，真可以说是望尘莫及。假使我们而能够模仿人家的文化，而达到人家所已经达到的地位，那么中国在近年以来，不但没有那么厉害的外患，而且不会有那么多的内忧与灾害。我们自己照了镜子看看自己好多弱点，要想改革这些弱点尚且不暇，还谈什么新的创造——超越西洋人的新的创造，还谈什么在文化上的特殊贡献，还谈什么在文化上成为一枝最强最劲的生力军。这真是像张佛泉先生所谓为"笑话"，梁实秋先生所谓为"夸大狂"，胡适之先生所谓为"大言不惭"。

而况一般批评全盘西化的人们，大都都是主张复古或折衷的人们。所谓复古者，是复回古代的文化，或复回固有的文化。复回固有的文化，或是前人已经成就的东西，固是谈不上创造新的文化；就是所谓折衷，也无非就是"保存其所当保存"与"吸取其所当吸取"，而成为中西"合璧"的文化。这种东西合璧的文化，又何尝不是模仿了固有文化的一部，而加上模仿了西洋文化的一部分呢？因为假使全盘西化而只是模仿而非创造，那么一半西化或是多半西化，更是模仿而非创造了。

第五，全盘西化的理论不只是有了事实的根据，而且是理想的文化。所以有些人以为全盘西化不是理想的文化，也是一种错误。

我们以为从中国的文化的立场来看，这种批评固是错误；就是从西洋的文化的立场来看，这种看法也是片面的见解。

其实，除了很少数的极端的守旧者流，以为中国固有的文化是世界上最优越的文化之外，现在无论何人都能承认，西洋文化是世界上最优越的文化。换句话来说，我国的文化是落后的文化，西洋的文化是进步的文化。从文化的纵的方面来看，我们的文化比之西洋的是望尘莫及的。有好多人还以为，我们的固有文化是中世纪的文化，这也许是言之稍过。然而中国文化发展之迟、水平之低，不但比之欧美差得很远，就是比之日本也是不及。

从文化的横的方面来看，我在别的地方已经说过，我们无论在那一方面也比不上西洋。我们的物质文化固不如人，我们的精神文化也不如人。我们八十年来在文化的改造上所取以为目标的，是文化进步的西洋；我们五十年来所常常资以借镜的，是西化维新的日本。直到今日，我们在西化上尚未能步及日本而趋近我们的目标。所以数十年来我们的外患日亟，内乱未已，也未尝不是由于我们的西化的程度不够。这就是说，我们尚未达到我们的目标。

我们在目下既尚未达到我们的目标，那么这个目标还是一种理想。这样看起来，从我们所欲达到我们这个目标看去，西洋文化还是我们的理想的文化。西洋文化既是我们的理想的文化，那么全盘西化就不能不谓为理想的文化了。

其实从我们的固有的文化方面来看，西洋在物质上的成就，如飞机，如电灯，固是神乎其神；就是在精神方面的成就，如科学，如哲学，也是我们所梦想不到的。我们自己在目前既没有法去创造一种较这种文化为好的文化，而还尚未达到人家已经达到的地位，我们就不能不虚心与坦白的承认，人家这种文化是我们的理想文化。

从西洋文化的立场来看，所谓"全盘西化不是理想的文化"，在表面上是无可疑的。因为全盘西化的对象是西洋文化，西洋文化是一种已经存在的事实，凡是已经存在的事实，都不能谓为理想。因为"理想"是"事实"的对峙的名词，理想是事实的相反的意义。虽则理想可以变为事实，好像俗人所说"理想乃事实之母"，可是在理想未成，或未完全成为事实之前，理想还是理想而不能谓为事实。西洋文化既是一种事实，从西洋的文化的立场来看（注意这是从西洋的文化的立场来看，而非从中国的文化的立场来看），全盘西化不外是西洋文化的变身，所以全盘西化也是一种事实，而非一种理想。

西洋文化不是理想文化，还可以有一种解释，这就是从价值方面来看，西洋文化不是绝对的最好文化，不是绝对的完全的文化。然而这也是从西洋的文化的立场来看。因为西洋人也正设法去改善西洋的文化，这就是说，西洋人对于西洋的文化，也有不满意的地方，所以不能谓为绝对最好或完全的文化。反过来说，假使把中国、印度、菲洲各种文化来和西洋的文化比较起来，那么西洋的文化还是最好与完全的文化，而成为中国、印度、菲洲的理想的文化。

可是正是因为西洋人或西化的人们，觉得现在的西洋文化不是最好或完全的文化——理想的文化，所以才继续不断的去设法改善其文化，以求实现其理想的文化。因为他们继续不断的去设法改善其文化，以求实现其理想文化，所以西洋文化才有进步，才有旭日初升的前程，才有如花怒发的现象，才有去短增长的善果，才有认识未来的真理，质言之，才有继续不断的能够进步。

其实所谓绝对的最好的东西，或是绝对的完全的事情，是不会有的。因此之故，所谓理想是无穷的，达到了一层立刻又有了一层排在你的面前，实现了一种立刻又有了一种藏在你的脑里。西洋人因为明白这个道理，所以在消极方面，他们时时都不满意于他们所已经达到的地位。这就是说，他们不当他们已经达到的地位或已经实现的文化为理想的文化。在积极方面，他们时时都有了一个绝对的最好，或绝对的完全的文化或世界，在他们的心里，这就是一个理想的文化。所以，他们才能够有了继续不断的进步。

在观念上，在动态上，一个能够有了继续不断的进步的文化，可以说是一种理想的文化。西洋的文化既是能够有了继续不断的进步，那么西洋的文化就可以叫作理想的文化了。西洋的文化既是理想的文化，那么全盘西化不只是理想的文化，而且是理想的文化中的理想的文化了。

不但这样，理想固为事实之母，然而事实也往往成为理想的基础。柏拉图的"理想国"，是建筑在古代希腊的斯巴达，以及其他的希腊的城市国家的制度之下。莫尔斯的"乌托邦"，是建筑在他的时代的政治与经济的情形之上。海市蜃楼、空中楼阁，也有其原因，也有其背景。完全没有凭藉事实而能发生出一种理想，是很少有的，因为理想往往也要以事实为基础。所以假使机器尚未发明，那么五十年前的飞机的理想是不容易发生，更不容易实现。同样，我们可以说将来的理想的飞机，是要以现在的飞机以为基础。所以我们若想有比较现在的西洋的文化为好的理想的文化，还是要以现在的西洋的文化为基础。从这方面看起来，而尤其从我们的文化的立场看起来，西洋文化中的理想的文化，可以说是我们的理想的文化中的理想的文化了。我所以说全盘西化是我们理想的文化中的理想的文化，就是这个意思。

第六，全盘西化的结果固含有好多各异的成分，以至不少的冲突的特性，然而却筑在一个共同的基础，以及一个共同的阶段。

一些反对全盘西化的人们，之所以反对全盘西化的一个最大的理由，是以为在"西洋文化"这个名词之下，有了很多各异的成分，以至不少冲突的特性，所以我们不易采纳这个文化。可是他们忘记了，所谓很多各异的成分与不少冲突的特性，正是表示其文化中的包藏较富与弹性较强。所谓包藏较富，是表示吸收外来的特性较易；所谓弹性较强，是表示自动的进步能力较大。而况各异的成分愈多，则所谓冲突的特性也可以因之而愈多；冲突的特性愈多，则各异的成分也因之而愈多。我在《独立评论》一六〇号所发表《全盘西化的辩护》一文，曾说过下面一段话，今且重抄于下：

胡适之先生好像以为基督教的派别太多而至"互相诋毁"，是一件不当效法的事。我却以为胡先生所谓"诋毁"大概恐怕就是竞争，至少含有竞争的意义。西洋文化，不但宗教方面如此，就是别的方面也都如此。又况派别繁多，"互相诋毁"或竞争，不但往往能使人们可以自由信仰，而且能使人们反省更新。能有自由信仰，个性乃可发展，能有反省更新，文化始可进步。例如，中国的思想的派别之多，莫若春秋战国，然而所谓思想的黄金时代的春秋战国的诸子百家，也岂不是自己"互相诋毁"吗？我想二千年来——特别是五百年来中国的文化之所以远比不上西洋文化，一个重要原因，未尝不就在这里。这是研究中西文化的发展的人们，所不可忽略的。

　所谓派别繁多，就是很多各异的成分；所谓诋毁争竞，就是不少的冲突特性。

　因此之故，我以为关于采纳这些各异的成分，以至冲突的特性，是没有问题的。比方一个国会里能有资本主义派，也能有社会主义派，能有捧喝党，也能有民主党，那么一个国家里也能有而且往往免不了要有这些各异的特性，与这些冲突的成分。而况在事实上，在今日的中国主张资本主义者固不少，主张社会主义者也很多；拥护捧喝党的固不乏，拥护民主党的更为不少。这些特性，这些成分，既无一不是西洋的东西，也无一不能采纳与介绍。这样看起来，所谓全盘西化的可能性与确实性，是很显明的。

　而况，所谓各异与冲突之中，却有了共同的基础呢！关于这一点，我在《独立评论》一四二号所发表《关于全盘西化答吴景超先生》一文里，曾说：

　　在"西方文化"这个名词之下，分析起来，固然是五光十色，斑驳陆离，可是总而观之，他们却有共同的基础、共同的阶段、共同的性质、共同的要点。所以在西方文化里，所谓极右与极左的政治主张与运动，不但是这个时代环境中的变态，而且事实上，他们并不推翻与离开民主中心的政治。所以西洋人，虽然有的有皇帝，有的总统，有的有独裁，可是他们的独裁，不但是暂时和局部的现象，而且能够顾及民意，奖励民治。他们的总统，既未必像我们的总统，还要一做皇帝；他们的皇帝的权力，也不像我们所想像的大过总统。皇帝也好，总统也好，甚至独裁也好，不但在趋势上，是朝向较为民主化的途道，而且事实上，目下西洋人民之享受政治的权力，无论在数量上，或在范围上，比之欧战以前，只有增加，没有减少。

　其实"西洋文化"这个名词之所以能够成立，就是因为在这个名词之下，有了这些共同的地方。"西洋文化"这个名词既能因此而成立，那么全盘西化也能因为采纳这些共同的东西而成立。何况像上面所说，各异的成分与冲突的特性，也可以采纳呢。

第六章

有好多人能够相信根本西化，而却怀疑全盘西化。然而事实上，根本西化是很接近于全盘西化的。所以真心诚意的主张根本西化的人们，多能同情于全盘西化的论调，张佛泉先生就是一个例子。而且，从西化的趋势与已成的结果来看，根本西化也可以说是全盘西化。反之，从西化的理论与标准的立场来看，全盘西化也可以说是根本西化。因为在事实上，八十年来的在枝叶上或琐碎上已经西化，那么从理论上与标准上来看，再做进一步的澈底西化就是根本西化。然而从其趋势与结果来看，已成事实的枝叶西化或是琐碎西化，再加上进一步的根本西化，就是全盘西化了。

而且在枝叶上我们既已西化，那么我们是否喜欢枝叶的西化，大概是不成问题的。因为既已枝叶的西化，我们就使不喜欢这些西化也不容易去除去这些西化，所以问题乃在于根本西化。全盘西化论不只是主张根本西化，而且承认已经成为事实而不容易除去的枝叶西化。所以全盘西化的论者，因为见得比方汽车是比骡车既优且快，而且我们已经用了汽车，不容易放弃汽车而复用骡车，不愿徒然费了时间精神去劝人不要坐汽车，乃进一步去劝人们努力去制造汽车。同时，全盘西化论者不只劝人们努力去制造汽车，而且劝人们努力去研究科学，以至劝人们努力去设法，比方从一个论语式的头脑换上一个柏拉图的共和国的头脑。我所以说全盘西化在理论上与标准上是根本西化，而在趋势上与结果上是全盘西化，就是这个原因。

然而，我们对于一般主张根本西化的人们不能表以同情，而坚持全盘西化的主张，是有了很多的理由的。今且把了几个重要的理由，说明于后：

第一，全盘西化可以包括根本西化，而根本西化却不能包括全盘西化。这是很显明的，而用不着解释。

第二，什么是根本西化，什么是枝叶西化或是琐碎西化，往往是因了各个人的主观的不同而有所争辩，为了免除这些无谓的争辩而努力于实际的工作，还是主张全盘西化。关于这一点，我在《独立评论》一六〇号所发表《全盘西化的辩护》一文，曾这样的说过：

> 照我个人的愚见看起来，什么是琐碎西化，什么是根本西化，往往也成问题。例如，张佛泉先生好像以为共和国的头脑是根本西化，刘湛恩先生好像以为基督教的精神是根本西化，吴景超先生又好像以为这两者都是琐碎的西化，而以科学为根本西化。我以为在事实上，在趋势上，我们既已有或不能不有这种头脑，这种宗教以及这种科学，那么最好与唯一的办法，还是全

盘西化。而且在全盘西化的原则之下，张佛泉先生既可以专心提倡共和国的头脑，刘湛恩先生也可以努力去宣扬基督教的精神，吴景超先生也可以致志于鼓吹科学。

第三，主张根本西化的人们，好像是把现在的中国当作一个完全还没有经过西化的国家去看待，所以主张在采取西洋文化的时候，我们应当设法去选择其重要或是根本的东西，而不应当含混的去全盘西化。这种看法不只是在消极方面，像我在上面所说不符事实，否认事实，而且在积极方面，恐怕还要反对事实。为什么呢？因为这就是等于反对已经成为事实的枝叶西化。我们以为这种看法在消极方面也许有点成效，而在积极方面也未必有所补益。因为在事实上，枝叶的西化不只减少，而且日趋日多，结果是反对这种事实不但没有用处，而且容易引起许多无谓的争端，使所得不偿所失。而况比方若能自制汽车来坐，自建洋楼来住，不但没有什么理可以反对，而且却有大事提倡的必要呵！

有些人以为西洋文化不外就是资本主义的文化，所以若是我而〔们〕全盘西化，结果也不外是资本主义化。

这种的看法，大概是一般所谓马克斯主义者的看法。他们以为西洋文化的发展，是从所谓封建社会的文化，而趋于资本主义的文化。中世纪的西洋文化是属于前者，而近代以至现在的西洋文化是属于后者。

我们以为，这种看法是一种最没有意识而犯了最大的错误的看法。

原来资本主义（Capitalism）这个名词之在西洋，是在十九世纪的下半叶才流行的，虽则在十八世纪的初年及十九世纪的初年，有些学者像杨洛（Arthur Young）与科尔利治（Coleridge），也偶尔的用过。德国的波尔拉（L. Pohle）氏，以为这个名词本来是政治上的一种口号，而非学术上的一个名称。我们看看德国的著名的《政治学词典》（*Worterbuch der Staateswissenschaft*），在一九一〇年所刊行的第三版中，尚没有关于资本主义的专篇文章，直到了一九二二年所刊行的第四版中，才有波尔拉（L. Pohle）氏的关于这方面的专篇文章解释资本主义。这样看起来，关于资本主义这个问题的讨论，可以说是较晚的。

我们并不否认，资本主义的制度的起源，是比之这个名词的应用或是这个问题的讨论较早，然其发展及其作用，却是较近的事情。所以，若以"资本主义"这个名词去包括"西洋文化"这个名词，是很不妥当的。

而况，"资本主义"这个名词所包含的意义，也很不清楚。经济学者，像德国的什摩勒（Schmoller）、法国的基特（Gide）、美国的塞利曼（Seligmann）等的名著中，都没有什么注意到这个问题。有些人也许要说道，这是正统派的经济学者，不晓得资本主义在经济上的地位的重要，然而我们不要忘记，指出资本制度与现象为近代经济上的特别重要的原素的马克斯对于资本主义的意义，也不过在他觉得很必要时，才对于这个名词所含的意义的某一方面略加解释，而并没有明显的给与我们一个详细的与整个的解释。

然而经济学者与好多其他的学者,对于这个名词都有一个共同的看法,这就是资本主义不过是经济的一方面。比方德国的著名的经济学家索姆巴特(W. Sombart),是近代研究资本主义最早而最有成绩的人物,他很显明的说过,资本主义是表示一种经济制度的思想,他同时又进一步而指出,经济生活只是文化生活的一方面。其实,经济不外是文化的很多方面的一方面,这是一种公认的见解。资本主义既只是西洋的经济的一方面,而西洋的经济既又只是西洋文化的一方面,那么以西洋的经济去包括西洋的文化,已是错误,若以资本主义去包括西洋的文化,那岂不是大错而特错吗?

而且,一般以为西洋文化只是资本主义的文化的人们,大概是相信所谓社会主义而尤其是马克斯的社会主义的人们,可是他们好像忘记了,社会主义也是西洋的产物。一方面以为西洋文化只是资本主义的文化,一方面又赞成西洋的社会主义,这本来有了多少的矛盾。而况,照他们的意见,资本主义的文化正是没落,继之而起的是社会主义的文化。这本来是八十年前的马克斯的预言,然而八十年来,资本主义不但没有没落,而且澎涨得很厉害。我们在这里并非而且不愿为资本主义去辩护,不过这是事实,不能否认。何况,直到今日,以社会主义的国家自命的苏俄,也一步一步的蹈入资本主义之门,而反常送秋波,以至极力去亲善所谓资本主义的国家,大事招致美国的资本家。这是稍能留心于苏俄二十余年来的发展史的人们,总能知道的,而读了莫尔托夫在一九三五年所发表的报告书的人们,更能领会我们在这里所说的话。

我在这里不必指出资本主义也有其好的方面,不过我要指出,像我们中国这么样贫困的国家,苟能有了资本主义的生产力量的基础,然后再谈社会主义者所谈的分配的方法,岂非一件更好的事情吗?而况,假使西洋文化而真只是资本主义的文化,那么我们要想抵抗资本主义的国家,恐怕最好的方法还是资本主义的文化呵!

又有些人以为全盘西化是接受西货。比方张磬先生在民国二十三年一月廿五日在广州《民国日报》的"现代青年"栏上所发表《中国文化之死路》一文里,曾有下面一段话:

> 我本来决不是绝对反对西洋文化的人,更不是所谓那些复古派、折衷派,不过像他们主张全盘接受西洋文化,而不言手段只标目的笼统的宣传,必至一般青年盲目的崇拜西化,以至穿西装是西化,吃西餐是西化,甚至一香水,一糖果,非舶来品不足以表其西化——不西化便落伍。

这是一种最大的误会。事实上,我〈在〉民国廿三年一月廿九日的《广州民国日报》的"现代青年"栏所发表《关于中国文化之出路答张磬先生》一文里,已经指出:

张先生误解我最大的地方，是把"西化"来和"西货"混为一谈。我虽是极力主张全盘和澈底的"西化"，却不主张盲目的全盘和澈底接受"西货"。

此外，在《社会学刊》二卷三期的《东西文化观》一文，以及在商务印书馆所出版的《中国文化的出路》一书中（页六〇），我也有下面一段话：

我们以为设使中国真西洋化了，中国老早赶上欧美，至少赶上日本。无奈孙（本文）先生所说的大部分的西洋化，乃是我们所享受的西洋的货，并非我们自己所创造的西洋文化。我们自己不会做汽车，只会坐汽车，这叫做西洋化吗？无怪得数十年来的提倡西化，终不见得化得什么。

又如我在民国十七年，我在《再开张的孔家店》一文（参阅《全盘西化言论集》页二三）里曾说：

专去采纳西洋的物质文化，不但是一件行不得的事情，而且是一件最危险的事情。我们若只喜欢住洋楼而不求造作洋楼的材料与方法，只喜欢坐汽车而不求造作汽车的材料与方法，结果只有消耗而没有入息。这样作去则帝国主义者虽不侵略我们，我们的生计必日趋日蹙，而终至于自杀的地位。数十年来我们所谓利权外溢，国境日穷，一方面固由外国之侵略政策所使然，一方面也未尝不因我们只知提倡西洋的物质文化，只会享受西洋的物质文化，而不知求其物质文化之所以成为物质文化所由来。然而欲知其物质文化之所由来，则我们于其精神文化不得不格外注重。

我特地的抄了上面数段话，目的无非是要指出，在我们提倡全盘西化的初期，我们就把"西化"与"西货"分开得很清楚，而且我们不只把了这两个名词分开得很清楚，而且指出这两个名词是处于相反的地位。我们之所以提倡西化，就是因为我们见得专只接受西货是一件最危险的事情。

这样看起来，一般人之指摘我提倡全盘西化的，以为我们是提倡享受西货，那真是无的之矢了。

其实，凡是主张全盘西化的人，对于这一点都很为清楚。比方卢观伟先生在我所著的《中国文化的出路》一书的"序"中，也有下面一段话：

但是我们主张全盘接受欧化，当然要首先注重欧化的创造的方面的活动，如创造新文明、新经济、新国家、新制度、新教育学术、新艺术等。这也可以叫做文化的正业；至于享乐和玩耍方面的欧化活动，乃文化的副业，当以正业的成功和进展为权衡。就是中国人不只要会坐汽车，还要会造汽车，不要一人有数辆汽车，而还要多数人有公用汽车或电车的逻辑。

这更可以见得，我们不是提倡享受西货，而是提倡全盘西化了。

蔡枢衡先生在民国二十三年所刊行的《今日评论》第五卷第五期中，曾发表《新中国的文明与文化》一文，在这一篇文里，有了下面一段话，他说：

> 我觉得所谓全盘西化……太观念化了……为什么太观念化了？因为全盘西化只可求之于观念上的想像，不能见诸客观的现实。陈先生的全盘西化论是把观念当现实——至少是想把观念当现实，所以说是观念化了的。拿一件简单的事情来做例：假定一个中国人，身着西服，口说西话，吃西菜，读西书，脑袋里装满了西洋的意识，举动仪礼和西洋人没有二样，再加生长在西洋，这算已尽了西化的最大的能事了！综合看起来，这人已和普通中国人截然不同了。然而，还不算是全盘西化了。

为什么呢？蔡先生接着说，因为：

> 这人的五官百体，五脏六腑，彻头彻底还是中国人。换句话来说，人种没有变——至多是量变而不是质变。日本明治维新时代，极度自卑之余，曾经有人主张应该鼓励日本女性和西洋人乱交，以达改良日本人种之目的。不知陈先生的全盘西化论中，也包含了这种成分否？纵使包含在内，混血儿终究是混血儿，还不是西洋人，所以还不是"全盘"，非"全盘"的"西化"，就不是"全盘西化"。"全盘"落了空，决定了全盘西化论只是一种既反真理又非现实的空想。

又如冯友兰先生，在国立西南联合大学社会学会所讲《抗战与中国社会思想》（登在民国三十一年一月七日的昆明《中央日报》），也有下面两句话：

> 如果要西化，便要中国人都是高鼻子绿眼睛……这是不必要的。

此外，还有些人都用这样的立场，去批评全盘西化的主张。其实这是一个很大的错误，这是一个没有意识的看法。我们只要指出，不只主张全盘西化的人们，不要把中国的人种变为西洋人，就是一般提倡西化的人们，也并没有这样的思想。因为我们所谓全盘西化，乃是指着西洋的文化而言，而非指着西洋的人种而言。前者完全是一个文化的问题，而后者却是一个生物或生理的问题。这两个问题不只在概念上分开得很清楚，就是在实质上也是区别的。我们所需要的是西洋的文化，而非西人的躯体。文化是人为的东西，而躯体是自然的产物。前者是后天的，是可以互相仿效的，而后者却是先天的，是不一定能仿效的。

从人种方面来看，我国人虽与西洋人有了不同的地方，然而智能、体力却没有什么分别。所以，凡是西洋人在文化所能够成就的东西，我国人也能作得到。这是全盘西化的主张的一种论据。我们的文化之所以落后，并不是由于生理上与西人有了不同的地方，所以我们主张全盘西化，并不主张中国的人种也要西化。

我们这种看法，并不否认人种也有改良的可能，或是也有混合的可能。近代的优生学者，就相信用科学的方法可以改良人种。而卫生的讲究，以及体育的注重，也可以使一个人的身体强壮，比方近二三十年来国人效法西洋人之讲究卫生、注重体育，已有很显著的成效。一般青年而尤其是青年女子，在二三十年的身体的加强，甚或至于身体的增高变大，都是民族前途的一种很好的表示。假使有人要说因为效法西洋而使身体强壮也是西化，这也是一种不能否认的事实。然而身体上的西化，是属于生理的范围，而与我们所说的文化上的西化，是两件完全不同的事情，不能混而为一。

而况若从生理方面来说，不只是西洋人与我国人有了不同之处，就是在我国的民众中，蒙古与汉族固有不同之处，新疆的回回以至南方的苗黎之于汉族，也有不同之处。就以汉族的本身来说，不只南方人与北方人有了不同之处，就是南方人或北方人之中，以至一乡一家中的人们，也不见得都是相似。然而我们并不因此而遂谓中国文化是因了种族或个人的不同，而使中国文化或华化，以至全盘华化，或完全中化。这些名词不能够成立。

总而言之，人类体质上的异同是生物或生理上的问题，而非文化上的问题，我们所讨论的是文化，而非人种上的生理。

又有些人以为，全盘西化未必适合于中国的国情。我们以为这一般人的错误，是对于"国情"这两个字没有充分的了解。什么是国情？我在《独立评论》第四十三号所发表《教育的中国化与现代化》一文，曾有下面两段话：

> 国情这两个字，虽然可以包括一切的天然、气候、地理、物产、人种，以及文化的情况，然而事实上所指明的，根本却只能说是文化一方面。我们承认天然、气候、地理上的不同，固可以影响到教育的制度，然在文化进步的社会，这些东西的影响，其实是微乎其微。而且事实上中国的天然、气候、地理、物产和西洋文化先进的各国，并没有多大差别。此外，若说中国人种的聪明和脑力没有像西洋人那么高超，所以说不到来模仿西洋教育，配不上享受新教育，这是无论何人，都不会承认的。

我又说：

> 所谓没有经过现代化的中国，不外是旧的中国。旧的中国，是旧时代的产儿。从新的时代或现代看去，旧的中国，若不是落后的中国，至少也是"古董"的中国。因为它若不是落后或古董的中国，他必定是适合于现代的中国。适合现代的中国，就是新的中国。要是整个中国是新了，是现代化了，那么教育也必定是现代化了，也是新了。同时，这一个中国是用不着现代化的，而这一种教育，也用不着新化，更没有所谓中国化（合于国情）的可能。所以要使新教育中国化，其结果若不是新教育的退后化，至少也有新教育的古董化的危险。

教育不外是文化的很多方面的一方面，教育固是如此，文化的其他方面也是如此。这样看起来，所谓国情主要就是文化的环境。在文化较高的社会里，人类征服自然的力增加，自然环境之影响于文化的极为微薄，所以美洲可以变为第二的欧洲，日本也可以一跃而为强国之一。这就是证明，自然环境不但不能限制文化的发展，而且受了文化的征服。假使不是这样，那么比方广州市是不会西化的，粤汉铁路也是不会筑成的了。

从此可知，所谓国情主要只是指着我们固有的文化。而这种固有的文化，在积极方面既不能适应此时此地的需要，在消极方面又是阻止外来文化的惰性。我们主张全盘西化，目的正是要破除这种惰性，而求适合于此时此地的需要。

此外，我们还要指出，我们虽是全盘西化，我并不反对人家研究固有的文化，也不反对人家保存固有的古物。研究文化与保存古物，是与应用这些东西于实际生活，是有很大的不同。关于这一点，我在《独立评论》一四九号所发表《从西化问题的讨论里求得一个共同的信仰》一文已经解释，今且摘录于下：

> 我在这里应该声明，研究与应用是有不同的。主张全盘西化的人，不但不会烧《论语》，而且表同情于大学里有些人研究《论语》。其实，不但在西洋或西化的图书馆里，保存《论语》比较妥当得多；而且在西洋或西化的大学里的人，研究《论语》的方法与成绩，比较好得多。然而我们不能因此而说是要实行《论语》的生活。黑格儿在一百年前，已经感觉到《论语》的生活不适用。他且好像以为假使《论语》而不翻译为西文，孔子的声誉之在西洋，也许较好（参看《世界历史哲学讲义》）。可是他却不因此而不研究《论语》。

又有些人以为，全盘西化是太过笼统。我却以为全盘西化的对象既是西洋文化，而西洋文化又是一种事实，那么事实是不容许我们笼统的。何况，这种事实是一件有形模、有体质、有眼睛皆可以见，有知觉皆可以感，有耳朵皆可以听的东西。比之复古派所梦想已成陈迹的皇古，比之折衷派所谈的东西合璧的办法，都较为具体，较易采纳。

又有些人以为，全盘西化是盲从西洋。这也是一种错误。原来西洋文化的重要特性，是教人不盲从，所以西洋教育的目的，是发展个性。此外，在言论上，思想上，政治上，种种自由的原则，都可以说是近代西洋文化发展的主因。全盘西化在精神上是要使我们的个性发展，是要学人家的自由原则，所以全盘西化绝不是盲从西洋。

此外，又有人说全盘西化是反客为主。我的回答是，主张中西各半的折衷派，已经打破了主客之分，至于主张根本西化或超过一半以上的西化，简直就是反客为主；那么，专去责备全盘西化的主张为反客为主，是很不公平的。何况一般责备我们的人们，却多是一般持了反客为主的论调的人们。其实，文化是人类的共有品，凡是能够适应于我们今日的需要的，我们应当接受。要是我们而存了主客之分的偏见，我们只好守旧，只好复古，至多也不能跳出"中学为体，西学为用"的范围。

又有人问道，全盘西化从何化起？我们的回答是很简单的。七十年来的中国在文化的各方面，如教育，如科学等等，虽比不上西洋各国，但已经西化了，而且已有了多少进步，所以从何化起这个问题，从现在看起来是无关重要的。我以为，我们在消极方面苟能不做复古的梦想，不做折衷的空谈，以免阻碍西化的发展，在积极方面苟能特别的努力去西化，那么今后所得的进步，必当更多而至于全盘西化了。

第三编　近代世界文化的趋势①

第七章

　　像前章所说，事实上中国固已逐渐的趋于全盘西化的路上，就是事实上的世界，也逐渐的趋于西洋文化的路上。换言之，所谓西洋文化可以叫做现代文化或是世界的文化。她是世界文化，因为世界任何一国都是采纳这种文化；她是现代文化，因为现代任何一国都是朝向这种文化。简单的说，西洋的文化是现代世界的文化。

　　假使中国要做现代世界的一国家，中国应当采纳而且必需适应这个现代世界的文化。

　　怎么说欧洲文化是现代世界的文化呢？

　　欧洲的现代文化，是发生于文艺复兴和宗教改革以后。文艺复兴引起人类研究自然的兴趣，宗教改革引起人类信仰自己的精神。因为要信仰自己，个性始能充份发展；因为研究自然，故宇宙的隐谜得有相当的了解。两者所生的效果固有这种的差异，然两者对于欧洲现代文化的贡献上，都有密切的关系。自然世界的研究和自我本身的信仰，两者相辅而行，始能造成灿烂美丽的现代文化。设使个性而受制于专制淫威之下，那么纵有研究自然世界的兴趣，也许为了这种淫威所压迫而无从发展。同样，纵有了信仰自己的精神而没有研究自然世界的兴趣，则个性的发展也许没有表现的机会。

　　欧洲人因为对于自然的研究的兴趣的增加，所以在天文、地理、物理、化学、生物各科学上都有了相当的了解；因为个性的认识，所以他们在政治、法律、经济，以及社会的各方面上都有了充份的发展。而所谓现代的欧洲文化，也不外是这些东西和其所产生出的果实的总和。这个总和，为了研究的便利起见，我们随便可以把她来分析为若干部分，然她的本身上却是互有密切的关系。欧洲文化之所以为欧洲文化而别于其他的文化，就是因为这个总和的本身上，有了她的特性，而没有可以分开的可能。

　　这个欧洲的文化，是从欧洲的文艺复兴和宗教改革发展出来的。文艺复兴和宗教改革，是欧洲中世纪的文化的反应。反应固是发生于欧洲，然而反应的发展

---

① 校按：此编内容为陈云仙教授提供的手稿所缺，故这里用南开大学图书馆藏代抄稿。

却越过欧洲的境界，而逐渐的传播与分布于世界其他的部分。

从时间上看去，这个文化的传播和分布并没有多大的差别。世界各洲和各国的航路的沟通，差不多是在同一的时期里。南菲洲的极南好望角，是发现于一四八六年①。新世界的美洲，是发现于一四九二年。欧亚航道的沟通之由南菲洲而达印度马拉巴海之加尔各达，是在一四九八年，到了一五一〇年左右达马来半岛的麻拉呷，再越五年（一五一六年）而至中国。其由美洲之南绕海道而至菲列宾者，是在一五二一年。由此看起来，差不多全世界的海道的沟通，也不过是十五世纪末叶到十六世纪的初叶的三十年左右间的事。欧洲的文艺复兴虽开始于十四世纪，然宗教改革却在一五一七年以后。于是可知，现代的欧洲文化的萌芽时代，也就是世界各洲和各国文化因海道沟通而开始接触而继续不断的时代。

十五世纪的世界的文化的种类虽繁不胜举，但是大概来看可以分为三类：一为属于欧洲的文化；一为属于中国的文化；一为属于其他的文化。欧洲文化在这个时期里，从发展的情势来看，比于中国虽占优越的地位，然实质上未必很优于中国。所以我们差不多可以说，欧洲和中国的文化是处于对峙而没有多大高下的地位。除了这两种文化以外的各种文化，都比这两者低下得很。两种差不多处于平衡的文化，因为历史的发展和特殊的性质的不同，若是接触起来，当然要经过不少的时间，然后始能和谐。但是两种一高一下的文化，一经接触立刻就分出胜负，而成为一种受制和屈服于他种。比方在十五世纪的初叶，三保太监郑和之使西南洋，据明史所载，降服了三十余个西南洋的诸国，其原因就是因为西南洋诸国的文化低于中国的文化，所以一经接触，胜负立分。可惜明初的成祖之遣使的目的，并非为着移民通商，乃想一扬耀中国的威武富强于异域。其结果是西南洋诸国之屈服于有明者，也不外是昙花一现。同样，欧洲的文化既比这些其他的文化为优越，所以两方的文化一经接触，胜负也能立现。然而欧洲人之冒险异域开辟海道的目的，却和中国的扬威耀武不同，而乃在于通商互市、开土殖民。因为了他们的目的是这样，所以不转瞬间，这些文化较低的地方差不多全为欧洲人所占据。我们试把十六世纪以后的世界地舆一看，除了中国本部和其番属的暹罗、安南、朝鲜，以及中国文化上的弟子日本以外，所有其他的种族、土地差不多通通都在欧洲文化的势力范围之下。这么多的种族，这么大的土地，既为欧洲人所征服，欧洲文化之趋于世界化，老早已是一件自然而然的事。何况欧洲的文化自从文艺复兴和宗教改革以后，正像旭日初升春花怒发一样的向前急进，而随着时代的变换，随着时代的新鲜而新鲜——质言之，她是时代文化之最能时代化者——她是现代的文化。

她既老早已趋于世界化，她又时时随着时代化，她正像我已说过，是现代世

---

① 编按：多数文献记载为1488年。

界的文化。

假使中国要做现代世界的一个国家，中国应当采纳而且必需适应这个现在世界的文化。

这个结论，完全是基于世界文化的已往的事实及趋势推衍出来。而这里所谓世界文化，又不外是欧洲文化。要是读者对于这些事实和这个趋势尚没有充分的了解，我们不妨略为说明于下。

欧洲人自从十六世纪以后，既征服了这么多的种族、这么大的土地，他们最初总把它来作殖民地看。其隔离较近，气候较适，物产较丰，而人烟较少的地方，欧洲人的移居也逐渐的较多。因为欧洲人日来日多，结果是这些地方遂逐渐的成为欧洲的第二，这就是四百四十年来的美洲新大陆，而特别是亚美利加合众国。合众国（美国）这片地方，本来是美洲的土人——印第安人的土地，自从欧洲人占据东北的海岸以后，逐渐的扩充而至于南北及西方的海岸，欧人既日来日多，土地日占日广，原居的那些土人遂日退缩而日减少。读过美国早年历史的人总能觉得，征服这些土人，是欧洲人一个最困难而最重要的问题。到了一八七六年，加士德（Custer）将军还要拼命来征伐，而始得到最后的胜利。然而印第安人（红种人）最终败北之日，也就是他们种族趋于灭亡，土地全为被占的时候。五十余年来的土人只有日趋日下，据一九二〇年的调查，仅有二十五万左右，而所居的地方，不过是美国的八个州里之很小的部分。我们回顾在欧人未到美洲之前，整个土地山河到处都有他们的足迹，现在零落到此，不但他们和傍观者要有今昔之感，就是美国人也由仇恨而生了怜悯。所以，五十年前的征伐的政策已变为保护的政策——保护这就要灭亡的人种，来做人类学者的研究资料，来开后代子孙的眼界。

原来这些土人有他们自己的文化，现在不但文化保存不住，连到人种也要消灭，这是什么缘故呢？我们的回答是：因为他们不愿采纳和适应于欧洲文化。自己的文化本来就不及人，自己既不愿学人而固守残余，把它来对抗人家日新月异、日进月增的文化，安有不至完全覆灭的道理？

也许有些人说，这些土人的衰落未必是由于他们不愿适应和采纳欧洲文化，而乃由于他们的本来文化太低，没有法子来赶上进步很高的欧洲文化。要是这个见解是对，那么一切低下的文化的民族之和欧洲文化接触者，必至种族与文化灭亡，则将来这些地方，仍为全盘西化的地方，而合于我们的结论。不过，文化是人类的创造品，凡是人类都有文化，都有创造和模仿文化的能力。各种文化的差别既只有程度而没有种类的不同，那么文化较低的民族，也可以模仿文化较高民族的文化。美洲土人之到这个地步，完全是由于他们不愿放弃其所谓固有的文化，来迁就欧洲的文化。这个结论并非空凭臆造的，她有了历史和事实的证据。

留心过美国问题的人均能知道，美国的白种人所觉得美国的人种和社会上的很大问题，是黑人问题。黑人本来是菲洲那些文化低下的人种，他们的本来文化比之美洲土人的文化，未必见得优高。白种人到了美洲以后，因为感觉到工人缺乏，所以把他们从菲洲像牛马一样运过来，卖给人家做奴隶。然而也许正是因为他们是白种人的奴隶，他们接触欧洲人的文化的机会较多，同时又能采纳和适应这种文化，结果是开放黑奴以后，他们的环境逐渐的进步起来，而他们的文化也像欧洲文化一样的进步。他们的人数，据一九二〇年的调查，是一千一百万以上。比起一九二〇年的美洲土人，要多了四五十倍；比起十八世纪的末叶和十九世纪初叶在美国的黑人，要多三倍。据人口学者的推算，他们的人口的增加很是利害，这是什么原因呢？我们的回答就是：他们能够采纳和适应于美国人的文化。设使他们像美洲的土人一样的，要保留他们的固有的文化，来抵抗欧洲的文化，那么他们的种族也许同着这些土人的命运一样。而且平心来说，美国一八六〇年——一八六五年的南北战争的结果，名义上虽为黑人解放而胜，然实际上黑人从此以后之为美国白种人所仇视，比之美洲土人还要利害。美国的白种人之稍能主持正义者，都觉得他们之对待黑人的手段之残酷利害，然而黑人的人种照旧的增加无已，他们的文化逐渐的进步不止，其视人种锐减文化衰落的土人，正如天渊之别。我们苟能想及这个一则受人"怜悯"保护而衰而亡的民族，一则受人憎恶仇恨而兴而盛的民族，怎能不有所警惕于心呢？

美国既为欧洲人所垄断，而且为欧洲文化所垄断，那些土人因为不愿采纳和适应这个文化而致于灭亡，那些黑人已经放弃其固有文化而采纳和适应这个文化，其结果是整个美国是生活于整个欧洲文化之下。事实上，我们若放大范围，我们可以说，整个美洲都差不多是生活于欧洲文化之下。因为了这个原故，美洲的文化也可以叫做欧洲的文化，而一般用欧洲的文化的名词的人，也是包括了美洲的文化。

我们上面是说明欧化的欧洲的美洲殖民地，我们且来谈谈欧洲的殖民地的其他地方吧。

菲洲北部是和欧洲比邻。埃及之在古代已和欧洲沟通，其极南的好望角之为欧洲人发见，也比美洲较早，但是因为气候的酷热、沙漠的横贯以及其他的原因，所以欧洲人之经营菲洲不若美洲一样。然而整个菲洲，也是被欧洲人的征服而瓜分了。事实上，英国统治之下的南菲洲联邦，已朝着脱离英国而趋于第二英国的路上。东西沿海一带的土地都是受制于欧人之下。有五千年的历史的北部埃及也是英国的保护国，最近来虽有了独立的机会，然而除非埃及自己能够澈底西化，独立恐怕还是有名无实。所以现在和过去的菲洲正是被迫而趋于西化的菲洲，简直可以说是欧洲文化的移植场罢。

菲洲固是这样，澳大利亚洲和新西兰及太平洋南部的海岛也是这样。澳大利亚和新西兰自欧战以后，所处的地位正和美洲的加拿大、菲洲的南菲洲联邦一样，她名义上虽然是英国属地，事实上却可以叫做英国的第二。而她的文化也就是英国的文化，也就是欧洲的文化。我们自然承认，在菲洲和澳洲土人的人数是很多，土人的文化还是遗存，然而这些土人因为已在欧人的统治之下，他们若不是像美洲的黑人，诚意虚心来采纳和适应于欧洲的文化，他们只有像美洲的土人一样的束手而待毙。

我们放开眼睛来看版图最大、人数最多的亚洲，内部情形和文化状况虽比较的复杂，然而历史和事实上的文化的趋势，却同各洲一样。欧洲人的殖民地，像印度，像马来半岛，像苏门答腊、爪哇以及安南等处所处的地位，既和菲洲的殖民地一样，他们之为欧洲人所欧化，固不待说。所谓独立国家，像暹罗、中国而特别是日本，没有一国不跑在欧化的途上。中国在事实上已趋于西化，前章已经说明。暹罗四十年来之努力于西化，也是一件很为显明的事。治外法权的取消，暹罗比之中国还进步得多。而一九三二年的革命，数日之间马上宣布宪法，成立君主立宪，尤见得朝野两方的认识潮流。暹罗实际上曾做过英法的保护国，现在能够再逐渐的一步一步的自己独立起来，不外是得力于暹罗自己的欧化。

至于六十年来日本的西化，更是显明了。日本在过去的时代曾受过欧洲人的胁迫，曾经有过治外法权的存在。然自明治维新以后数十年间，始而战败皇朝的中国，继而打胜狮象的俄国，再进而为欧战后的世界五大强国之一。三十五年前的中国人，大多数以为日本的强盛，是由于她能够购买和仿制欧洲的精良枪炮和战舰，然而一九〇〇年以后的中国人早已觉悟：她不单是在战具方面能够效法西洋，她在教育、政治、农工商业，以及其他方面，也能诚意虚心的欧化。卫道尊孔像张之洞一般人也会劝人留西洋不如留东洋，因为照他的意见，西洋所有的精华日本都已学到了，所以能学日本就是能学西洋。这种见解的流弊，我在他处已经说过，然而他们以为日本所以应当效法，所以致强，是由于效法西洋，却是没有错误。三十五年前的日本已能做到这样澈底的西化，二十年后的日本，怪不得要做世界五个一等国家之一。

我们四十年来因为屡受了日本的侮辱和压迫，只会起了仇视的心理和谩骂的口气，然而平心静气认真克己的人，一到日本看看他们六十年来的西化的成绩，他们六十年来的西化的普遍，他们六十年来的西化的澈底，他们六十年来的西化的努力，我们自己真要愧死。看一看横须贺的兵舰，翻阅一下日本在世界上的航业的地位，坐一次由横滨到东京的电车、东京到西京的火车，入东京帝国大学的图书馆，和这里的教职员谈谈话，我们就很容易的见出彼我成就的不同了。

六十年来，日本的西化能够那样，三百年来的中国的西化不过如此，七十年来的中国的西化又不过如此，这是甚么缘故呢？

我们的回答是：固有的传统的因袭太深太重，所以上下都不愿意诚虚心的、澈底全盘的西化所致。

事实上，四百年来的欧洲文化之趋于世界化，亦犹四千年来的汉族文化之中国化一样。中国人若看不清楚四百年来的欧洲文化史，至少也要知道四千年来的汉族文化史。传说汉族乃来自中国之西方，最初从甘肃而逐渐的沿着黄河流域而向东南发展。这时候的中国是中国土人的居住——也许是现在所谓苗人和黎人，他们因为文化低下，结果是汉族进了一步，他们就要退了一步。春秋战国的时代，现在所谓长江以北附近和以南的地方，还是中国土人居住的地方。自秦以后，而特别是经过东晋、南宋的北方的胡狄之乱，汉族向南迁移，逐渐由长江流域而趋于珠江流域，遂使原住中国的土人日趋日下，日迫日困。在明初的时代，比方在南方的琼州一岛，征黎伐苗，还是政府为保持汉族的安宁起见，所要解决的重要问题。我们试一读明代琼岛名人节士像丘濬、海瑞之对于这个问题的讨论的疏策，便能知道，延至满清末季，经冯子材的苦征始再无患。现在所谓平黎策、征苗论，不但没有再见，反而还见化黎育苗的政策。我们若问这些黎、苗或是土人，为什么到了这个田地，那么唯一的原因，就是他们的文化既低下而又不愿采纳和适应于汉族，结果是趋于衰灭。

四千年来的汉族文化，正是四百年来的欧洲文化的历史的放大，而汉族文化之于中国，正是欧洲文化之于世界的缩影。

我们察久明暂，由小知大，欧洲文化成为世界的文化的趋势，还有什么疑义？何况，上面所举事实上的欧洲文化，已成为世界五大洲的文化呢！

由此观之，中国人的情愿澈底全盘西化与否，于欧洲文化之已为世界的文化的趋势及历程，并不发生障碍。不过，为了中国的本身计，则吾们的结论是：假使中国要做现代世界的一个国家，中国应当澈底采纳，而且必须全盘适应这个现代世界的文化。

第六部
全盘西化论史话

目 录

绪 言 ··· 449

第一编 ··· 450

 第一章 卢观伟的全盘西化论 ·· 450

 第二章 陈受颐的全盘西化论 ·· 460

 第三章 我自己的全盘西化论 ·· 469

第二编 ··· 478

 第四章 廿四年前的全盘西化论（一） ··· 478

 第五章 廿四年前的全盘西化论（二） ··· 488

 第六章 廿四年前的全盘西化论（三） ··· 497

第三编 ··· 506

 第七章 廿四年的全盘西化论（一） ·· 506

 第八章 廿四年的全盘西化论（二） ·· 516

 第九章 廿四年的全盘西化论（三） ·· 526

 结 论 廿四年后的全盘西化论 ·· 535

绪　言

全盘西化的主张，最初不过是由了三二个朋友提倡讨论，后来逐渐的从大学的讲，以及一个地方的讨论，而影响至于全国的。现在凡是关心于西化这个问题的人们，不只是有意的或无意的，都免不了受过这种主张的影响，而且是有意的或无意的，也免不了朝着这条路径上而走。这不只是证明在理论上我们需要全盘西化，而且是证明事实上我们也需要全盘西化。

所以，只要从全盘西化的理论的发展上，以及其理论的影响上，就可以明白，全盘西化的主张并非凭空的造说，而是有理论的根据，有事实的证明。这可以说是我写这本《全盘西化论史略》的主要的目的。

本书分为三编：第一编，叙述最初提倡全盘西化的人们的背景与思想；第二编，说明在广东方面的全盘西化论战；第三编，解释民廿四年的全盘西化论战。此外，在结论中，著者又把在抗战时期里的全盘西化论战略为说明。

第一编

第一章 卢观伟的全盘西化论

卢观伟先生是一位主张全盘西化最力而较早的。他之所以主张全盘西化最力而又较早，是有其背景的。

卢观伟先生的父亲曾在日本经营商业，所以他在小时候曾跟着他的父亲在日本居住。当他在日本的时候，是在维新运动失败之后，与维新运动的领袖人物，而特别是梁启超及其徒众，在日本刊行《新民丛报》，鼓吹新民学说，介绍西洋思想之后；而且又是革命运动的领袖人物，正在日本刊行《民报》，鼓吹革命，而以日本为革命工作的一个地方的时候。卢观伟先生在小的时候，曾在孙中山与梁启超诸先生在横滨所创办的大同学校里读过书。他一方面既得了维新与革命的徒众的思想与行为的影响，一方面又眼看日本维新的政治与西化的运动。日本既因维新的政治与西化的运动而一败中国，再败帝俄，他自然而然的受了深切的影响。不但这样，卢观伟先生因自小就在日本，他不只能说流利的日本话，而且能写日本文。比之当时由国内赴日本的留学生之对于日话日文只能半知半解，或甚至完全不知不解而只能懂得日本的维新与西化的皮毛的，大不相同。

卢观伟先生在日本的时候既得了维新人物与革命领袖的影响，而明白中国的贫弱若非澈底去改革，则国家前途不堪设想。而同时又因家庭住在日本的关系，而通晓日语日文，对于日本的维新政治与西化运动有了深刻的了解。

不但这样，他后来回国之后，又在岭南大学读书。岭南大学是美国教会所设立的学校，其教育制度可以说是完全仿照美国的；而且在那旧时候，岭南大学不只各种科学的课本是差不多全用英文，就是课堂演讲也是差不多全用英话。卢观伟先生既因住过日本与懂得日语日文，而深刻了解日本的维新的政治与西化的运动，而同时了解了西洋文化的优点；他现在又进一步而追求西洋智识的工具与认识西洋文化的环境；而且在大学毕业之后，他曾到了英美以及欧洲大陆各国，而特别是苏俄、日本，再求高深的智识，作过实地的观察。

卢观伟先生是专攻哲学的，而尤其是对于英美的哲学最有兴趣，故他在这方面的成就很为可观。他是一位天性刚直而好学深思的而最有学者的涵养与风度的人物。在他在大学作学生的时候，在南方的学术界中已很著名；而其学问及人格，尤为基督教中的人们所敬重。卢先生虽是基督教徒，而最有宗教家的热情与精神的人物，但是他之信仰宗教，并不拘于宗教的仪式上的遵守，而注重于教义学理上的探求，所以他又是一位最能了解基督教的教义与学理的宗教哲学家。他在大学里教授西洋哲学，而对于近代英美的哲学虽尤有兴趣，然而他对西洋整个文化的演进，也很为注意。从他看起来，西洋哲学在西洋文化的发展上占了很重要的地位，而基督教在西洋哲学的发展上又占了很重要的地位。我们可以说，他之所以致力于西洋哲学，以及注意于基督教的教义与学理，就是这个原故。

我说卢观伟先生是"最有学者的涵养与风度"，而又"最有宗教家的热情与精神的人物"，这是凡能一见了卢观伟先生的人们，所能最容易看出来的。他专攻英美而尤其是英国的哲学，他个人的不只具有了不少英国的精神，而且又很像英国的彬彬君子。

卢先生因为有了学者的涵养与风度，故他在学问上的成就很为可观；因为有了宗教家的热情与精神，故他对救世救人的工作也很为注重。在他在大学读书的时候，因为他感觉到好多青年没有机会求学，缺乏良善教育，他自己曾停了学，在广州西关设立了一个学校。这个学校直到抗战以前还正在发展，而十多年中对于养育人才上有了很大的贡献。其实照卢先生看起来，不只好的学校要用哲学家去主办，就是好的国家也要哲学家去治理。

又如在五四运动的时候，他在岭南大学曾与陈受颐先生与其他的同学发刊《南风》杂志，提倡新学术，鼓吹新文化。在那个时候，他虽曾一度病得很重，然而在病榻上他还努力工作，发表文章。其实，他是一位很好的杂志的编辑者，一位很好的刊物的推动者。就以我个人十余年来所写的文章而言，有了不少是得了他的鼓励而始写作或出版。比方，我在德国写了一篇《东西文化观》，发表在《社会学刊》二卷三期里之后，他不只介绍给好多朋友阅读，到了我回国后，他又要我略加修润，印单行本。我既不好推却他这种的好意，只好把这篇文章重新增改，结果是成为商务印书馆所出版的《中国文化的出路》一书。又如，前两年我在《今日评论》第五卷第三期所发表《抗战时期的西化态度》一文，我寄一本给他看，他又把来印为单行本。又如，在岭南大学所出版三本《全盘西化言论集》，卢先生不只自己写了文章，而且对于文章的选择与印制的事情，都很极力的帮忙。

此外，他常常又在广州、香港各处讲演，极力提倡全盘西化，故在这些地方的一般青年，不但对他的名字很为熟识，而且因听了他的讲演而认识全盘西化的意义，明瞭全盘西化的必要的，不知多少。全盘西化论本来是策源于南方，而在南方之提倡全盘西化最力而较早的，就是卢观伟先生。

卢观伟先生虽极力提倡全盘西化，然而关于这方面的文章之发表的很少。其实，卢先生从来是很少写作文章的，这是因为他对于写作文章很为谨慎。其实，像他那样的智识学问，日攻夜读，而同时有了求学问的很好的文字工具，再加以他所采集的丰富的书籍，他应当多所写作；可是他既为谨慎，结果是这博学多能的人物，除了为南方的一般青年学者所熟识之外，其他各处的青年学者很少知道这位博学多能的人物。我在没有介绍他的全盘西化的主张之前，略为介绍他的个人的行为的概略，及其思想的背景，并非完全是没有意义的。

卢观伟先生提倡全盘西化的时间虽很久，然而关于这方面的文章之发表较早的，要算他在民国二十一年为我的《中国文化的出路》一书而作的序言。这是一篇简短的文章，然而他个人之主张全盘西化的要点，已在这篇序言提出。到了民国二十三年，他又写了一篇长文，名为《我们要一个新文化哲学》，这篇文章登载在吕学海先生所编的《全盘西化言论集》里；到了民国二十四年，他又写了一篇文章，叫作《趋于"全盘西化"的共同信仰》，这篇文章是登载在冯恩荣先生所编的《全盘西化言论续集》里。这两篇文章既并不在别的刊物发表，而《全盘西化言论集》三本在外间又少流传，所以，我愿意把卢先生这两篇文章特别加以介绍。

在《我们要一个新文化哲学》一文里，卢观伟先生说：

> 在现代和现在的中国，我们要造成一个新文化哲学，以应付我们目前的新环境和新事实。我的意见倒以为那些不满意于"全盘西化"这个名词的理论的人们是看错了。因为我以为从历史演进的历程来看，非这样地说，这样地主张，不够激底和不够积极来提倡输入和摄取西方文化。欧西文明，确是整个的，文明史家也叫欧西文明为一个文明集团（Civilization Group）。欧洲的国家民族虽有许多，但讲到文化则一。同时这一个应属全人类的新文化正是蔓延他洲，自动或被迫的征服他洲，这也人人知道的事实。现在主张接纳这一个人类的新文化的理想和要素，来根本改造中国和东方的，就是全盘西化（Total Westernization or Westernization as a whole）和激底西化（Thorough Westernization）。

卢先生又接着说：

> 凡是界说，断无可以得到一个尽善尽美的，但是我们为研究和明瞭一种理论的便利计，也不妨努力于得到一个较为完满的名辞和界说。我以为用"全盘西化"这个用语的优点，或可以说在注重输入文化时，理论上要将外来文化的各种主要不可少的要素（Essential Element），应有尽有的，完整平匀的，形式内容兼备的输入。实际上在可能的范围内，尽量平匀的输入，这就是要有常识和整个的计划；譬如输入民权，也要输入人权；输入革命，也要输入宪法；输入男女的交际，也要输入西洋的礼教和道德；要输入 Shaw，也要输入 Chesterton。从应有尽有和包容的（all-inclusive）方面来看，可说"全盘西化"；从理想和标准方面来看，可说"激底西化"。主张"全盘西

化"当然包括"澈底西化"在内；而且因为中国人讲革新的常有打折扣的危险，所以标出不折不扣的"全盘西化"为适宜。我们着眼于世界新旧文化，由冲突而达到完整状态（integration）的过程，择一个至为普通的流行语，如"全盘"如"澈底"来说明一种学问上的理论，正如十八世纪英国哲学者柏克利（Berkeley）所说："我们要同学者一样的思想，要同俗人一样说话（To think with the learned and speak with the vulgar）。"我的意思，以为用语上和理论上，不见得有什么不妥当。比较其他的主张，绝不嫌其太笼统，事实不容许这理论的笼统含糊！因为"西化"过程中的主要事实（Essential Fact），截至今日止，是十分确定的。它的体系和轮廓，虽经一九一七年的俄国革命，及假定将来苏俄的总成绩对于人类的贡献和价值经过最后的估价后，恐怕会无多大更变。那些非难"全盘西化"为笼统、紊乱、矛盾、危险的论者，我以为尚未尽先认识好关于西洋文化至低限度的事实的责任，并会在我们革新运动的过程中，生出好多不需要的流弊和危险。

在《趋于"全盘西化"的共同信仰》一文里，卢先生又说：

> 其实用全盘两字，来表示做接受西洋文化的理论，也许是最适宜的。我们应知道我们今日不只要接受柏拉图的遗产、牛敦的遗产、达尔文的遗产，也许 Calvin 的遗产、Luther 的遗产、Bentham 的遗产、Mill 的遗产，也都要接受！我们民族的 head 固要革命，我们的 heart，我们的礼教、娱乐、习惯、风俗，就不需要革命吗？政治哲学、法律哲学，固然需要，但道德哲学、社会哲学又何尝不需要呢？我们今日国家的自由平等，固然重要；人民的自由平等，也许更重要！现在有些人士，慨叹着"土德倒运"，"土圣人竟为洋圣人所打倒"，中国人又"逃儒归洋"，但是我们等候两千多年，儒也还治不好国，佛也还治不好心，那么我们又有甚么办法呢？这岂不是正要全盘接受西化方足以"争取民族的生存"之证吗？所谓和谐的全盘（harmonicus whole）、具体的全盘（concrete whole），乃是全盘的真义。这自始就是全盘西化论所主张的概念，不过用一个很普通的中国语"全盘"，来讲一种文化理论罢了。所谓"完整平匀"地接受西洋文化，也就是具体单位间的完整平匀地接受。

卢先生在上面的解释是注重于"全盘"的意义。此外，他以为"西化"与"现代化"这些名词，在实质上是没有什么分别的。在《我们要一个新文化哲学》一文里，他曾说：

> 但是我们所应该注重和无错误地认识的，倒是在于名词所象征的事实和它应有的涵义。因为凡属一个名词或一种理论，不过是要求叙述和满意的解释一种事实的。所以怀疑"现代化""西化"或"全盘西化"的论者，先要

认清"现代化"和"全盘西化"这名词里面应具有的不可少的事实（essential facts）和涵义。就是先要明白人家对于"现代化"或者"全盘西化"一语，怎样用法？所主张的理论是怎么样说法？

我要指出，在卢先生写这篇文章的时候，广东方面的复古空气正在浓厚，全盘西化固为守旧者所怪讶，现代化也为顽固者所不容。所以在那个时候，"全盘西化"与"现代化"这些名词的应用，是没有什么分别的。然而同时，我们感觉到现代化的意义固是包括于全盘西化的意义之内，而全盘西化的意义却不能包括于现代化的意义之内。因为我们所需要的现代的文化，根本就是西洋的文化，而非马来土人或菲洲土人在现在所尚保存而应用的固有的文化。这些文化，以至我们的人力车、姨太太，在现代既尚存在，既尚应用，不能不谓为现代文化；然而我们所要的决不是这些文化。所以，"全盘西化"这个名词是比之"现代化"这个名词较好得多。

然而近来却有些人以为，我们所主张的全盘西化并不一定是现代的西洋文化，因而提议用"现代化"这个名词去代替"全盘西化"这个名词。照他们看起来，好像我们是不主张去采纳现代的西洋的文化，好像我们没有用过"现代化"这个名词。这是一个大错而特错的看法。我个人在以前曾用过这个名词，而我在这里所以抄出卢先生这段话，也是要说明，我们所说的全盘西化，是含有现代西洋文化的意义。

总而言之，我们所以用了"全盘西化"这个名词，是经过长期的考虑而后用，是经过不少的讨论而后用。因为这个名词既有了理论的根据，而非随便的铸作；又有了事实的证明，而非凭空去造出。我们愿意一般批评这个名词的人们，不要只凭主观的观察，只随个人的好恶，而随便的加以指摘。其实，只要读了卢观伟先生对于"全盘西化"这个名词的解释的人们，应当不会再对于这个名词起了疑问了。

卢观伟先生以为，全盘西化的理论是中国近代的思想史上的一种逐渐发展的结果。我们且看他说：

> 我现在只想说明，如果我们承认"现代化"是十九世纪以来的中国和东方最大的历史的过程，而由此事实和过程产生指导新时代新环境的文化理论，或文化理想论（Cultural Idealism）。三十年前既可用"维新"等用语和主张，则今日更不可不用一更积极更激底的用语和理论，以指导今日仍有"盲人骑瞎马"的危险的中国及东方应走的途径。读者如一读陈序经先生的近著《中国文化的出路》一书，应该可以看出中国人对于"现代化"或"西化"的态度被内外新环境的要求，每代确有每代的进步。今日如胡适之先生的"西化"态度，比较前人如梁启超、郭嵩焘的"西化"态度，激底得多，积极得多，完满得多。

卢先生说到这里，曾录了胡适之先生主张西化很力的一段话，以为证明。然后，接着指出胡适之先生的"西化"论：

> 乃张之洞的《劝学篇》里所梦想不到的见解。当时张之洞的思想，我以为现在也要不可太快忘掉。我们要问问，为什么他的见解会那样奇怪？他论民权有四害而无一利，中国宜有官权。他这样的说："民权之说一倡，愚民必喜，乱民必作，纲纪不行，大乱四起。"我们今日还有自由来读三民主义的人们，读了这样的话，真有"隔世之感"了，也不能不算得了一点进步。

在《趋于"全盘西化"的共同信仰》一文里，他曾指出民国二十四年的文化讨论的结果。他说：

> 总之，经过这一次讨论之后，我们可以见到所谓"学了外国本领，保存中国旧习""因时制宜，折衷至当"的一般错误危险的东西合璧心理，与文化折衷调和论，理论上已完全无根据。国中开明人士，多已趋于信仰只有全盘的西化，才算得可靠的思想，才能够真正的谋今日中国诸大小问题的出路。在这个暮气与因袭的惰性极沉重的国度环境里，这样的一个很革新向前的文化理想，固然非一朝一夕可以实现的事，然而孙中山先生在许多年前为《民报》作序的时候，也曾说过："非常革新之学说，其理想灌输于人心而化为常识，则其去实行也近。"那么，我们又怎不可以继续努力呢？

其实照卢先生看起来，我们近百年来的历史的事实，也是这样的趋向，趋向于全盘西化的途径，虽则百年来经过不少的波折，遇到不少的阻力。他说：

> 我们要是小心读读我们自己近百年来的历史，总会不至到认识不出这百年来历史演进中的大趋向。在这个历史演进的历程中，虽然时常有不少的阻力和障碍，令到进步的路线不循着直线进行，东倒西侧，时左时右，走得很迟滞，不能满足我们的愿望；但是经过好多人大大小小的努力才得到的进步，是不可抹煞的。那么历史的趋向和目标是很显明，不容许我们丝毫怀疑的。

卢先生又说：

> 整个"现代化"或"西化"事实上的进步，因为国民教育的不普遍，及其他种种的障碍，虽然到今不能令我们满意，但不能说绝无成绩之可言。如张星烺近著《欧化东渐史》（商务印书馆版）那本书里头所列举有"形欧化"（欧洲物质文明）的军器、学术、财政、交通、教育等等事业，无形欧化（欧洲思想文明）的宗教、伦理、政治、艺术、学术上各种思想等，确是不可埋没的真实的成绩。我们观察历史，要整个去看，有时会退回头几

步，不能循着直线进行，但仍然是进步的。有时有人欢喜开倒车，有时代落伍的危险；有时开车开得太快，有脱轨的危险。都是病在主观的闭着眼睛的，只知自己所造成的幻思世界，夸大的不知天高地厚的不肯对付事实（to face facts），就是不肯认识和对付真实的环境和根本的需要。美国有一位学者说，这是一种心智的自杀（Mental Suicide），是一种慢性的半睡半醒症（Chronic Somnolence），在文化上表现是一种文化的病态，由地理上或智识上隔离所致。我们不可不警醒，但看它也不必太过神经过敏。因为历史是不循环的，这样的文化病态，是一时的，是片段的，终归会被文化的健康所克服。人类只须减少过去的错误，好好的认定目标向前进，就必不会徒劳。

我在上面已经说过，卢观伟先生对于日本近代的维新政治与西化运动，认识至为透切。近来每每有些人以为，日本直到现在尚不能达到全盘西化的地位，因而也以为中国也是不能全盘西化。关于这一点，卢先生的解释最值得我们注意。我们且看卢先生说：

> 不但我们中国还要"向西走"，日本也还要"向西走"。二十世纪远东问题的合理和满意的解决，还是要靠较为使人满意的西方的"王道"主义，就是在十七八世纪由西方产生，讲人类应该"自由""平等"的相待那种主义，才能够解决远东现在很严重的人民生活上、内政上和国际上的种种困难问题。现在这种理想主义的重心和力量还是在西方，我们不可不注意。
>
> 但是日本人中因为读了千几年中国古书的原故，七十年来虽然比较我们的"西化"澈底得多，仍然"夸大，茫漠"（主张"西化"的日本人说的）的思想上的恶习，不能免掉，所以现在还有很多不对和有危险性的思想。

所以我们说，七十年来"西化"颇有成绩的日本，理想和事实上，也还更要"全盘西化"，才能够希望满意的解决国民生活上——其实未曾经过"西化"的地方，无"国民生活"之可言，和国际关系上种种的问题。中国的应该怎样来谋自存发展，也就不必再辩了。我们可以说，今日日本会有自己害自己的危险思想，全由于不澈底的"西化"所致。它的希望和远东将来的希望，便在更"西化"之途径了。我们稍为研究下日本，也都知道，今日日本国民里头，也有不少知明之士，是见到这重要的道理；日本知识界中和政界中，也有不少主张"西化"的思想远过于我们曾在那里留过学的诸先生，我们也要知道。

其实照卢先生的意见，在七十年后的我们的西化，已远不及七十年前的日本的西化。卢先生在我所著《中国文化的出路》的序言里曾说：

> 本来中国的须要澈底欧化，早已经过理论的时代，遑言疑惑？自鸦片战争以来八九十年间，已成为一个中国的切身的实际问题，关系我们民族国家的治乱安危。我们过去欧化运动史上的"同治中兴"（一八六四），不如人

家的"明治维新"（一八六八）的激底；我们的曾、李诸名臣，不及人家木户、大久保的开通；我们的士大夫阶级，不如人家武士阶级的坚决；我们的遗老遗少，亦无多量的对于新教化的兴趣。所以自从甲午以至到现在，不知吃了多少次亏，弄到今日我们的国家亦太不像样子了。

八十年前的日本的西化的程度，已比七十年前的（中国）的西化的程度，较深得多。卢先生上面所说的话是十年以前，十年以前的日本，以至于今日的日本，还要西化，我们自己更是不必说了。而况这一次的世界大战，日本还是祸首呢！今日读了卢先生的劝告，更是有了无限的感慨。

在卢先生写文章的时候，反对或同情于苏俄的人们，都把苏俄以为反驳我们的全盘西化的主张。卢先生在《我们要一个新文化哲学》一文里，曾有详细的答复。我现在只要抄出一段于下：

> 讲到苏俄的问题，本来是很繁杂的，要待专家来应付；但是和"全盘西化"论生出关系的方面，也不是那样的难于解答。我们稍为用心读欧洲的历史，自然知道俄国乃是一个仅半"欧化"的国家，国民教育不普及，文化亦低。一九一七年的革命也是有它的欧战后特殊机会，我们不能强人人去学它。但是它有它的长处和短处，有心研究自能看出，现在不必详细的论列。但我这里的很简单的结论，以为他的文化，我们可以借用。它的沙皇时代的资本主义，有人叫它做只及成年的资本主义（Adolescent Capitalism）的名词，叫它的文化做只及成年的西洋文化，就是一个至多"半西化"和"半西化教育"的国家，也很适宜。因为俄国人的灵魂，未曾受过西欧历史上几个大运动的影响，如文艺复兴、宗教改革、启蒙运动等。所以有人批评俄国的领导阶级和青年们的思想，这样的说："一个共产党人，是一个俄国东正教的僧人，曾受过西欧的唯物主义和无神主义的兴奋和惑乱的人（Masaryk语）。"我以为这句话是一个一生研究俄国的事情的西斯拉夫人，对于苏俄的文化、思想、教育、领袖阶级的一个很适当的描写和批评。因为一个新社会和新文化的建设，断非可以神迹地一朝一夕地用几个革命口号，可以突然的创造成的；革一个名字的命是甚容易的事，但革大多数人民生活习惯的命，是不容易的；所以"旧东西"常常挂着"新名词"很快的回来。我们谈新俄国，不可忘记它的仍然负着一套沙皇主义的遗产。

总而言之，不只日本还要努力西化，就是苏俄也要努力西化，至于中国更是不待说了。

卢观伟先生以为，文化的不同是程度上的不同，而非种类上的不同，所以，在中西文化接触上没有折衷的可能。且看他说：

> 我以为反对全盘西化的各派别的论者的最大弱点，是他们不大认识人类

的文化，从它的体系而言，只有程度的高下的分别，而无种类的分别；现在只有较高的文化和较低的文化的分别，就是新文化和旧文化的分别，无东西文化之别。所以较高的文化体系里所具有的要素和价值，必为较低的文化体系中所缺乏，所以叫做较低的文化补救之法，只有较低的文化的体系自动的或被迫的"全盘西化"，和摄取较高的文化体系中的要素和价值，方可延长和发展它的生命。程度上较高的文化和较低的文化原无折衷之可言，要满足人类关于"行"的欲望，舢板小舟永远无资格和大小汽船讲什么折衷调和。讲到政治思想，如张之洞的官权主义和总理的三民主义，无折衷调和之可言。事实上，复古派也好，折衷派也好，其危险处在于因为不肯激底的更新，连守古的能力弄到也会失掉。今日我们中国人要研究或欣赏自己的国粹和国宝，或一想一发"思古之情"。我们的好东西被珍藏得最安全或最完备的处所，岂非倒要到欧西的图书馆、博物院、家庭的桌上、华贵的妇人的身上去找寻吗？我们想起来，也要警醒了。但是我们今日无法能否认这类的事实！所以我的意见，倒以为我们要是想自己发展自己"民族的个性"，养成一种能适应今日的生存，能"安内攘外"的"民族意识"，又有余力来做"保存国粹"和"抱残守缺"的工作，则只有激底的先走"全盘西化"一条路，其他的路恐怕走也无多大效果。这也有许多历史的明训，明眼人自知，现在可以不必多说了。

文化既只有程度的差异，而没有种类的不同；文化的各方面或各单位又有了密切的关系，所以折衷的办法是更不可能。卢先生说：

> 原来所谓文化单位或文化丛（cultural trait or complex），不过是我们用来研究和分析文化的现象的一种便利的说法。事实上，各单位是互相联结、互相影响，而非独立的。它有趋于结合的趋势，所以小单位结合而为大单位，简单的单位结合而为复杂的单位。用文化学者的名词来说，由油灯丛演进而为电灯丛，由茅屋丛演进而为洋楼丛，人力车马车丛演进而为汽车丛，更有所谓科学丛、教育丛、宗教丛、健康丛、娱乐丛等等。文化愈进化，单位愈为复杂，愈多包容，小单位乃融合于大单位，文化就是单位的整体。这样讲来，每个单位"既不容只取一部份"，而要全盘采纳，那么对于文化的整体又岂不也要全盘采纳吗？综合的全盘比较分析的全盘，岂非更应该做我们采纳文化的方式吗？

现代的西洋文化，是一个清清楚楚、具体可见的模型体系，生生动动地在演进之中。它的枝叶和根本有了连带的关系。它的枝叶既为根本的外围，也许要附着根本，才可以延续它的生命。它在全盘的条件之下，必然不会伤及根本的。我们也禁不止它的入来中国，入来了也不易除去，但在全盘之下，当无问题。况且西洋的枝叶，也许还胜过我们固有文化的枝叶呢！

总而言之，不只文化的各方面或单位是有了密切的关系，就是所谓根本、枝叶之分，也是有了密切的关系，所以不要西化也算罢了，若要西化，是以全盘西化为最宜。

然而卢先生这样的主张全盘西化，并非主张享受西洋文化而不创造文化，我们且把他在我所著《中国文化的出路》的序言里一段话，附之于后，以为本篇结论：

但是我们主张全盘接受欧化，当然要首先注重欧化的创造的方面的活动，如创造新文明、新经济、新国家、新制度、新教育学术、新艺术等。这也可以叫做文化的正业；至于享乐和玩耍方面的欧化活动，乃文化的副业，当以正业的成功和进展为权衡。就是中国人不只要会坐汽车，还要会造汽车，不要一个人有数辆汽车，而还要多数人有公用汽车或电车的逻辑，这涵义也不妨临末提明。

第二章　陈受颐的全盘西化论

　　上面一章是叙述卢观伟先生的全盘西化的主张，在这一章里，我要谈谈陈受颐先生与全盘西化的运动的关系。

　　陈受颐先生是陈澧（兰甫）先生的侄孙。陈兰甫先生是广东一个很有名的经学家，这是大家所知道的，而他的《东塾读书记》尤为士人所熟识。所以，陈受颐先生可以说是在旧的学问上是有了渊源的。陈受颐先生在岭南大学毕业之后，就在岭南大学当教席，而他所教授的主要科目，是中国文学系里的科目。

　　但是陈受颐先生自小就入岭南学校。岭南既是美国教会所设立的学校，不只在中学里，科目差不多完全用英文教授，就是在小学里对于英文已很注重。陈受颐先生从岭南的小学读起，后来进了中学，最后又在大学毕业。因此之故，他在英文的基础上弄得很好，而他后来能够写得很好的英文，说很好的英语，一方面是由他个人的努力，然而长期的训练，是有了密切的关系的。

　　因为他有了家学或是旧学的渊源，而且在大学毕业之后，他又在国文系当教席，同时他的个人性格是比较温和的，所以在他未出国之前，他对于我们的固有的文化有过相当的留恋，有了相当的尊崇。

　　而且我们知道，教会学校里的教师，差不多完全是传教的教师。传教的教师之来中国，目的是为传教，教书可以说是副业。教书既是副业，结果这些教师在学问上的成就往往不会很大。陈受颐先生在中国的旧学问上既有了很好的根底，而在新学问上又作过很好的预备。其实据我个人所知道的，专以英文来说，岭南大学的英文教授中有了好几位，曾对人说，陈受颐先生不只写英文比了一些的美国的英文教授好得多，就是在课堂讲演时，陈受颐先生所说的英话也比了一些美国教授说得好。因为了这个原故，陈受颐先生免不少要以为西洋文化的代表人物，就是这些教会学校里的教师们；这些教师们在中国学问上既少有成就，而在西洋学问上也没有什么可取的地方。在这种的情形之下，他虽然并不蔑视西洋的文化，然而要他去反对中国的文化，也是他所不会作的。

　　然而他既在教会学校里读了十余年书，而且曾入了基督教，他不只不蔑视西洋文化，而且对于西洋的文化也有相当的尊崇。结果是陈受颐遂在不知不觉而却又自知自觉成为一个中西合璧的人物，同时也免不了有了折衷调和的趋向。这种趋向，一直到他出国的时候，可以说是没有多大的变化。

　　陈受颐先生是民国十三年（一九二四）出国。他本来是学文学的，而且在大学毕业之后，又在大学里教过五年书，而其所教的还是文学，所以到了美国之后，他还是专攻文学，而特别是比较文学。他所进入的学校是芝加哥大学。因为他不只是在学生的时候，已是一个成绩优异的学生，而且又教了好几年书，所以他到芝加哥大学不久，他虽是在研究院里作研究，同时芝加哥大学却聘他在该大学教授一二门功课。因此之故，他在芝加哥的时候，他不只是过了学生的生活，而且是一个教师，享受多少教师的便宜，多有机会去与教授学者相接触。这些接触，使他立刻感觉到，这些教授学者，与他以前在国内的教会大学里所接触的美人教授大不相同，使他感觉到，所谓西洋的文化并不能以国内的教会大学里的美国教授去代表，使他对于西洋文化的态度不能不有所改变。这是陈受颐先生主张全盘西化的一种原因，这也是他主张全盘西化的开始。

一九二五年，我到美国去，我所入的学校是意利诺省立的意利诺大学。意利诺大学是在欧班那（Urbana）。欧班那离芝加哥不过两个余钟头的火车，若是乘小汽车的话，那么用不了两个钟头。因为两个地方距离很近，所以我们常常有了机会见面。有的时候，差不多每个星期都见面一次。假使不是我到芝加哥的话，那么他就来到欧班那。

我与陈受颐先生两人虽然同时在过岭南，然而我在岭南不过只有两年，这就是从一九二〇年至一九二二年。而且在我刚进岭南入中学的时候，他已毕业而在大学教书。不只是因为班级差得太多，而且因为我在中学连了要想去选读他所授的功课，也为事实所不许。因为这个原故，我在岭南的时候，与他讨论学问的机会，差不多可以说是没有的。

所以直到我到美国之后，他与我都在研究院作研究工作，功课既不若大学部多，那么我们来往的机会既多，因而聚谈的机会也多。他是学文学的，我是学政治的，在各人的专门所研究的科目上，我们既各有不同，我们在谈论的时候也难于多谈；然而我们却有一个共同有了兴趣的问题。差不多每次见面都必谈，而每谈都往往是侃侃难休。其实有的时候，谈到天亮还未能睡。我是喜欢早起的，他是喜欢晚睡的，结果是每次见面都要做通宵之谈。而往往是假使是我到芝加哥的话，要候我回去欧班那，我才去补睡；假使是他到欧班那，要候他回芝加哥，他才去补睡。

我们所谈的共同的问题是什么问题呢？

这就是东西文化的问题，而特别是中西文化的问题。

为什么我们常谈这个问题呢？

我们是东方人，是中国人，我们在国内固要进了西人所设立的学校，或是西化的学校；现在还要跋涉重洋，跑到美国去再入学校，这是我们的共同的地方。然而为什么我们在国内既要入西人所设立或西化的学校，在大学毕业之后还要跋涉重洋，跑到美国去再入学呢？

简单的回答，就是因为我们的教育太过落后。比较高深的智识固是要到外国寻求，就是好多普通的智识，在那个时候，而尤其是在那个时候之前，在国内也要在西人所设立的学校里寻求。假使不是在西人所设立的学校学习，就是在国人所设立的西化的学校里学习。

其实若从我们的固有的文化或传统的思想的立场来看，我们是不会跑到国外求学的，也不会在国内的西人所设立的西化的学校去求学的。因为从这种立场来看，我国是文渊之薮，是教化之邦，是礼义之国；而外国是野蛮之地，是邪教之邦，是异端之国。不只诗书礼乐是远驾蛮夷，就是天文算术，像阮元那些人看起来，也为西洋诸国所望尘不及。所以从这种立场来看，不只出洋留学完全无必要，就是在国内也无需于西人去设立学校，或国人去设立西化的学校；反之，西人还要来我们中国求学，而况还有好多人相信，西洋之精者乃是我国杨墨之余唾呢。

陈受颐先生的叔祖父陈兰甫先生，曾主持过广州的著名的学海堂。而学海堂是阮元所创办的，这是中国南方的研究旧学问的大本营。陈兰甫先生既沉醉于中国的旧学，而为近代的经学大师，纵使他不像阮元那样鄙视西学，然而因为个人的兴趣的关系，以及当时的环境的作用，他不能当为一个维新的人物。陈受颐先生既生长于这种家庭与环境里，我们可以想像，他之所以进入西人所设立的教会学校，是一件例外的事。其实在陈受颐先生的少时，他的家里那些中国士大夫阶级的一般习惯还很浓厚。他虽是异所谓西关二世祖，然而在他作小孩时，出入不只是坐了官气十足的轿子，而且往往有了一二个厅差，拿了陈家的灯笼在后面跟着。在这种家庭里培养出来的子弟，往往固不愿意跑到教会学校读书，就是进了这些学校，往往也因习惯上的差异太大，不易适应，而难于长久的读下去。

然而像陈受颐先生这样，却从小学以至大学都在教会学校里读书，这不外是由于他的父亲感觉到西化教育的必要，所以他才被送到这种学校里。其实不只是他自己，就是他的三个弟弟，也通通都在岭南里由小学而读至大学。此外，他的姊姊也是受了新的教育。所谓固有的诗书礼乐之家的人，像陈受颐先生一样，也不得不进入教会学校去寻求西洋的智识，可见得他的家庭之感觉到这种教育的需要；那么这种教育之重要，可以概见。不过陈受颐先生既像我在上面所说，一方面因为有了旧家庭的背景，有了旧学问的环境；一方面又因为看了那些传教士式的西洋教授的智识，并不见得什么了不得；所以在国内的时候，在岭南的时候，始终是一位中西文化的调和的人物。对于中国的旧环境、旧文化，既有所留恋；而对于西洋的智识、西洋的文化，也有了多少的怀疑。

但是到了美国之后，他不只是从一个旧环境而跑到一个新环境，从一个旧文化而跑到一个新文化，而且感觉到所谓传教士的西洋教授，并不一定能够代表西洋的智识阶级，而他们的智识，也多是西洋的智识的末流。新的环境既给与他新的激刺，而一些学问高深的名师，又改变了他从前所怀疑传教士式的教授的智识的态度，使他对于西洋文化的信心愈加强化，而全盘西化的主张，遂逐渐的发展起来。

一个人对于一个问题的解决，若由自己去解决，也许未必能够得了一个完满的答复，而且就是有了一个完满的答复，对于这个答复的信心，也许未必很为坚强。所以，若有了朋友互相切磋，互相讨论，不但对于这个问题的答复容易得到完满的答复，而且容易坚强了这个答复的信心。我们对于东西文化的问题的讨论，而归结到全盘西化的主张，可以说是除了各人的自己的观察与考究之外，还因不少的讨论而始有了这个主张。

我在上面曾将陈受颐先生的个人的环境与态度的发展略为解释，我愿意在这里稍为叙述，我个人之所以主张全盘西化，然后再说明我们两个之所以因互相讨论而使我们对于这个主张有了强固的信心。

我不但是生在乡间，而且并非生在一个诗书世传的家庭，祖父固是一个以耕农捕鱼为活的人，父亲又因家贫而统共不过进了一年半的私塾，然而父亲是一个忆力最强、意志最坚的人。因为他的忆力好，他虽然只进了一年半的私塾，他念熟了不少古书，而后来他能继续的去自己用工夫，使他不只在商业上所需要的文字能够应付自如，就是商业以外的好多书籍，他也很为注意。因为他的意志坚强，他作一事必很澈底的作，而且很能耐苦的作，结果使他在商业上得了不少的成就。所以，到了中年以后，我们的家境可以说是逐渐的日趋日好。

因为父亲个人很能用功去读书，所以他很希望我能读书，因为他后来在商业上有了多少的成就，使他对我在求学的经济的负担上，并无多大困难，所以他更希望我能在学问上得到半点的成就。

我在乡间曾入过私塾。刚入学的时候，就念着"初开蒙，拜圣公，四书熟，五经通"；后来也进过半旧半新的学堂，然而所读的主要还是"四书"、《左传》。在民国初年的时候，因为我们乡间治安太坏，而我父亲这时是在新嘉坡作生意，因而遂跟着亲戚到新嘉坡。新嘉坡在那个时候，虽然有了华侨所设立的学校，然而好的华侨学校是不容易找的。一般亲戚朋友都主张送我入英国人所开设的学校。父亲为了他们大家都这样的主张，也只好这样的办，所以我就被送入英人所设办的英华学校（Anglo-Chinese School）。说也奇怪，我在乡间的家庭既非诗书世传，而在乡间的学校也并非十分守旧，而且数十年来，西洋人怎样的压迫中国的故事也并不时常听闻，然而我自小就有一种厌恶洋人的心理。现在我到了新嘉坡，不只是居住在洋人的殖民地政府之下，而且要入洋人所开办的学校。我最初虽不欲反抗亲戚朋友与父亲的意思，然而一谈起要入洋人学校，我就不高兴。结果是我进入英华学校不够三天，则死也不愿再读下去。其实，为什么我要这样的作，我现在也想不出来。其实，我们的班主任是一位中年的西洋妇人，她的和蔼的面容，她的善诱的方法，有些时候我还觉得比起我们乡间的严厉的面孔与其严厉的教法较好得多。而且学校的宏伟，各处的洁净，也比起我们乡间那间年久失修的祠堂较好得多。可是我不只不愿受教于洋人，而且根本就不愿意去读英文。因为洋人既是我所厌恶，英文据我看起来，只是要作洋买办的人读的；其实我父亲也有了这种意见，所以我不愿意再读下去，父亲不只不反对，而且表过相当的同情。他还且对我说，他本来也不愿意我进入洋人学校，不过，一来亲戚朋友的好意不好不尊重，二来在西洋人统治之下的地方，不识洋文很不方便。

我离开英文学校之后，就在育英学校读书。这是华侨所设立的小学，分初等、高等两级。后来因为这个学校有些风波，我曾换了好几间学校，因而白费了不少的时间，最后还是在育英毕业。我在华侨所设立的学校读书的时候，有一个时候最喜欢画图画，我自己还请过一位有名的油画师教我画过油画，因而在育英毕业之后，我预备回国求学的时候，有些亲戚朋友劝我回国入美术学校。然而多数却希望我能入什么速成科的法政学校，或是先入中学，然后再入法政专门学校。国人既笃信学而优则仕的信条，作官成为读书人的目的，而海外华侨尤望其子弟这样的作。不过父亲始终是以我个人的兴趣而决定，所以在我离开新嘉坡的时候，他就对我说，我爱进什么学校就进什么学校，不一定要听一般的亲戚朋友的劝告。

我是民国九年春天到了广州，这是我第一次到广州。从前在乡间及在新嘉坡的时候，有好多人曾说广州怎样好，然在我到广州后，所得的印象差不多恰恰相反。我最初住在一间广州最大的旅馆里，本来希望在大旅馆里比较安静，比较有规矩，至少这是我父亲的意见。所以在我离开他之前，他告诉我出门旅行勿惜小钱，舟车旅馆都以愈好的愈不欺骗人家。然而在我所住的最大旅馆里，照样有了各种黑幕；连了学校里，也有赌博之风。广州在这个时候，正在拆城去开辟马路，然狭小污秽的街道到处都可见。而使我印象最深的，是叫化子之多。在我们乡间，叫化子固是少见，在新嘉坡也很少见，偶然见了，在距离很远的地方，父亲往往要我把一二毫钱去给他。回到广州，最初我还这样的作，可是结果往往为了叫化子所包围。至于一般官僚政客的种种丑态恶行，或见之于目，或听之于耳，使我感觉到我们的社会的黑暗、文化的落后。我到这时回想，像新嘉坡这些为洋人所统治的殖民地，尚能有条有理，我不能不开始怀疑我们自己的文化。于是，我乃决定要入注重英文的学校。岭南在这方面是广州最负盛名的，可是我在南洋既不读英文，现在要入岭南又不容易，我不得已专请了一位教英文的先生，又专请了一位教算术的先生。这两位先生都曾留学过美国，而且在过大学教过书。他们很用功夫去教我，所以到了暑假我考岭南时，不只考上了，而且还考入插班。我在岭南读了两年中学。民国十二年我赴上海，入沪江大学读了二年。民国十三年转入复旦，民国十四年毕业，那年夏天到美国。十六年冬我读完研究院。十七年回岭南大学当教师。民国十八年又赴欧洲，在德国作了二年研究工作。到了民国二十年，仍回岭南当教席。廿三年南开经济研究所聘我为研究教授。直到七七事件发生以后，我乃参加长沙临时大学。后来学校迁滇，改为国立西南联合大学，我也始终没有离开这个大学。

我已略把我个人的背景加以叙述。我要指出，在乡间及新嘉坡的时候，我可以说是不知不觉中有了反对西洋文化的态度与行为，然而自从新嘉坡回国之后，我逐渐的感觉西化的必要。我入注重英文与西洋较深的岭南，不只出乎吾的亲戚朋友的意料之外，而且出乎我父亲与我个人的意料之外。然而我要入岭南是我的自觉。我觉得中国要西化，不过我要主张西化，我先要认识西洋文化。一般不明白我的态度这样的改变的亲戚朋友，还以为在新嘉坡不愿读英人所设立的学校，而却回到广州去入美国人所设立的学校，是少年心志不定、胡来胡闹的行为，然而在我却相信这是一种得当的改变，一种健康的主张。

我既有了这种改变、这种主张，到了美国之后，又常常有机会与陈受颐先生讨论这个问题，使我们对于这个问题不但兴趣日浓，而且信仰愈为坚固。我们都以为教育是文化的度量，我们而尤其是诗书世传的家庭的陈受颐先生，还要从西人所设立的小学读起，读完大学之后，还要跑到外国再求高深的学问。那么，不只是我国的教育非要西化不可，就是我国的文化的其他方面也非要西化不可。教育与文化的其他方面都要西化，就是全盘西化。

其实，教育既为文化的度量，以文渊之薮、教化之邦、礼义之国自命的中国教育尚要西化，则其文化的其他方面之要西化，更不待说了。

不但这样，教育可以说是文化的精神方面，国人常常以为我国的文化是精神的文化，西洋的文化是物质的文化；以精神文化自命的中国精神文化还要西化，物质文化更不待说了。

陈受颐先生在我到美国之前，他是很少离开过芝加哥。我到欧班那之后，他不只常常到欧班那，而且我们有时还到其他各处。欧班那与其接连的森品（Champaign），总共约有三万多人口，而意利诺大学的学生就有了万多，这是一个大学城（University Town），这也是美国各处的一个典型的城市。它固是城市，然也具有乡村的风味。在这里，我们不只有机会去与美国的智识份子相接触，而且有机会去与一般人民相接触。大学教授，以至讲师、助教，固享受其美满的物质与精神的生活；就是一般的平民，无论是工人或农夫，也能享受其美满的物质与精神的生活。一般工人、农夫，不只往往有了一间舒适、清净的房子，而且〔有了〕不少有了自备的汽车；在房子里不只往往有了钢琴及收音机种种设备，而且有了不少文学以至各种科学的刊物或书籍。一个工人或农夫太太常常弹起很动人的音乐，能谈沙士比亚的文学或是爱迪生的电工；我们回想我们好多留学生的母亲，要请人家代替写信给儿子。我们回想我们的乡下的土房，固不待说，就是城市的贵官达人的住宅，把来与美国的一般的工人、农夫的住宅相比较，也有相形见拙的现象。我们不只谈不上什么物质文化，也谈不上什么精神文化。二千年前的孔丘，到今我们还是崇拜，然而孔丘先生对于物质文化固是极力反对，对于精神文化又有过什么成就呢？崇拜孔丘二千余年，人民的物质生活固愈来愈困，人民的道德生活也愈来愈坏。我们对于美国人的生活愈加考究，我们愈觉得我们的生活太过贫乏，因而我们愈觉得中国西化的必要，全盘西化的必要。

我们既常常的去作实地的考察，又常常的热烈讨论。我们有些时候且尽力的去想想我们的好处，希望能与外国朋友谈话时，能够指出我们的光荣。陈受颐先生在芝加哥大学因为曾授了一门中国文化的课程，所以更尽力的去设法想出我们的好处。然而说来说去，除了我们把了我们千百年前的祖宗所创造或发明的指南针、印刷术与火药等等之外，我们想不出我们现在有了什么东西能够自夸。而况现在的西洋人的指南针、印刷术、火药，比起我们的较好得多。我们自己不能有所振作，徒欲以祖宗一些的光荣去夸耀，于人不只不能表示我们自己的光荣，反而表现自己不中用罢。

比方，陈受颐先生在民国十八年五月岭南大学的学生所组织的"思思学社"所出版的学术论文集里，曾发表《十八世纪法兰西之中国观》一文里，说了几段很沉痛的话：

>"家有敝帚，享之千金"，这是人类的共同心理。外国朋友向我们及中国文明的特征时，谁也不忍痛遮羞，勉强说几句堂皇的话。及乎回到家里，对着镜子一照，便又不免于汗颜。因为自己算起来觉得中国的真的长处，人家都有。要是中国有特色，那种特色就恐怕是不大堂皇的东西——如侍妾制度，缠着或缠过足之类。
>
>听说近来释太虚、陈焕章之流，正在把东方的精神文明的福音，努力向西方输进。东方的精神文明究竟是什么一回事？在我们钝根，自然无从了解。大抵西方人士总是乐于听一听，而终于不肯上当罢。儒家、梵土和大乘的研究，他们都有学权，我们万不可以其为夷狄也而轻之。假如东方文明可以救世，那么西欧、北美早已超度了。
>
>近来批评东西文化的人，因为言语上的不慎，每将东方文化与西方文化并举，使不留心的读者有容易误解的可能，以为这两个文化是互排的、平等的、对立的。实则西方文化已快快的变了世界的文化，东方文化纵有保留的价值，也不过要变为西方世界文化的一小部分——东方的种种特色，与世界潮流抵触的，自然快要灭亡，成为古代文化的一种遗迹。……欧洲文化的逐渐扩大，而卒成为世界文化。变迁至多，趣味至浓，历史至久，迹象至明。假如是中国的文明的前途，真非澈底改造不可，那么无论已往的中国如何阔气，不但与我们丝毫无关，而且是要使我们万分惭愧。……总而言之，过去已成为过去，我们且努力造成将来。

陈受颐先生与我都于民国十七年回国，我们都在岭南大学当教席。不久，卢观伟先生也从欧洲经美洲、日本回国。我们三人既常常在一个地方聚谈讨论，愈觉得中国非全盘西化，则中国的前途是很危险的。

岭南大学在那个时候，每天都有半点钟的晨会，主要目的是由学校当局报告校务，及请人讲演各种问题。恰巧主持这个晨会的人，要我们三人继续的去讲演，而且同时要我们每人讲三次，总共为九个演讲。关于这次讲演的概略，冯恩荣在民国二十二年所出版的《南风》季刊第九卷一期中所发表《全盘西化的意义》一文（这篇文章曾转载在《全盘西化言论续集》）中，曾有下面一段记载：

> 这是五六年前的事了。那时我还是大学一年级的学生，正是下文所说的那几位先生刚刚回国在校服务的时候。记得在某一个大学晨会当中，卢观伟先生曾经提出一个关于东西洋文化的问题，在一连三个晨会的演讲里，把中国、印度和欧洲文化的特质作一个简短的批评和分析。他的结论断定东方文化，尤其是中国，有着很多根本的缺陷，要是和西欧文化比较起来，真是望尘莫及了。这个演讲过了不久（按：是接着这个演讲，并没有间断），不知是有意或无心，便是陈受颐先生的演讲了，不久又是陈序经先生的演讲了。大家说的都集中在文化的身上，大家都是主张激底地接受西洋的文化，而在陈受颐先生的讲辞里，他甚且把中国固有文化当作"莽原"看待，于是"全盘接受西洋文化"的呼声，便在这个时候刺动了一般岭南人的耳鼓。

其实陈受颐先生的讲演的题目，就是叫作《莽原》。中国从文化的立场来看，就是一个莽原。因为正像我们在上面所说，不只是在物质方面贫乏得很，就是在精神方面也枯燥得很。陈受颐先生本来是学文学的，他用了文学家的口调去叙述这个莽原，特别能够引起听众的感动。这与卢观伟先生所用冷静的哲学家的头脑，而对于中西文化这个问题作了一个很明白的分析，又不相同。

陈受颐先生除了这三个讲演之外，他在课堂中，而尤其是在朋友师生的闲谈中，他对于全盘西化的主张说得最动听，而其影响于朋友及学生的也最大。

陈受颐先生虽是极力主张全盘西化，鼓吹全盘西化，然而他对于这个问题很少写过文章，而且专为这个问题而发表的专文可以说是没有。在民国十七年至十八年之间，他曾想把近代之关于讨论中西文化的一些平常人所少见的著作加以摘要，而且他曾在这方面作了不少工夫，目的是批评以往人的见解的错误，而说明全盘西化的必要。可惜后来又因别的工作所阻，结果没有继续的作下去。

陈受颐先生是大家所认为研究明末清初中国与西洋交通的史料最有成绩的一位。关于这方面的工作，他用中英文发表了好几篇文章，而且得了很好的好评。然而他为什么要研究这个问题呢？照他的意见，中国应该积极西化，全盘西化，不只是要始于鸦片战争以后，而却要始于明末清初。因为在明末清初，西洋的文化已趋入近代的文化。在欧洲的所谓守旧派的天主教教徒，尚能发奋振作，去适应新时代，吸收新智识，同时跋涉重洋，吃了不少的苦辛，受了不少的困难，到中国来传教；同时代表了西洋的新时代，介绍了西洋的新智识。而我国人民、士大夫，除了徐光启、李之藻，以及其他数位之外，不只是正在甜梦而不会认识这个新时代，不愿采纳这些新智识，反而有了不少极力去反对洋人的东来，极力去主张闭关的政策。结果是使中国的西化运动延迟了二百多年，结果是酿成鸦片的战争，以至甲午之败与庚子之祸。

总而言之，陈受颐先生是要找出我们反对全盘西化运动的一个历史的原因，一个历史的远因。他的结论是，三百年前我们就已应该全盘西化，何况鸦片战争后，至于现在，那是更不必说了。

从一方面看起来，他的这种见解，在我们主张全盘西化的人们中，是最澈底的主张，最澈底的见解，而且这种见解并非凭空造说，而是有了历史的考据，有了事实的证明。此外，在民国二十四年，当全盘西化论者与中国本位的文化建设论者讨论得很热闹的时候，陈受颐先生曾应天津的扶轮会之约，到该会作过一次讲演，题目是《国人对于西化的态度的趋向》。讲演是用英文，后来《天津北京时报》（*Peking and Tientsin Times*）曾登了一个摘要。他的讲演的大意是：主张复古派是完全没有了；至于折衷派中，支流虽很多，然也多趋于重西轻中的折衷派，而与张之洞的"中学为体，西学为用"固是不同，就是与十教授的中国本位的文化也是不同。他的结论就是：国人的西化的态度是趋全盘西化的。

陈受颐先生虽没有发表过关于全盘西化的专篇论文，然而他对全盘西化的推动出了很大的力量。不但这样，他自己虽不发表关于这方面的文章，以至少有发表关于其他方面的文章，可是他对于中西文化，而尤其是对于全盘西化的言论，无所不读，而且很小心的读。就以我个人年来所写关于这方面的文章来说，有了好多在未发表之前，就得他看过，而且往往给与很好的意见。假使在发表之前未经他看过的文章，在发表之后，他除了看后，往往必写信来鼓励或讨论；假使我是批评别人的意见，他又把人家的原文细心的读，然后将我的文章一再阅读，看看我所批评的各点是否得当。所以，在全盘西化的运动中，陈受颐先生不只是一位很热心的推动者，而且是一位后台老板呵！

第三章 我自己的全盘西化论

关于我个人尚未从美国回到广州之前，对于全盘西化的见解，我在上面一章谈及陈受颐先生与全盘西化的运动的关系时，已略为叙述，我在这里不必再加申说。我现在所要解释的，是我从美国回到岭南大学以后，对于这个运动的推动的概略。

在岭南大学的晨会关于全盘西化的讲演，除了上面所说的卢观伟与陈受颐两位先生所讲的之外，我也讲过三次。我是从文化本身上去说明文化的各方面的关系，而其结论是：我们若要西方的物质的文化，我们不得不要西方的精神的文化。我并且指出，我们中国的文化发展到汉朝以后就停滞起来；至于西洋在中世纪的时候的文化，虽然也有点像我国的汉朝以后的文化，然而到了文艺复兴与宗教改革以后，情形就大大不相同。我们五六百年来还是甜睡未醒，而人家却已日进千里。西洋近代的文化的变化，而尤其是工业革命与法国革命以后的文化的变化，比之以往所有的西洋的各时代总合起来的文化的变化，较为剧烈得多。所以在这数百年来，我们落后而又落后，结果是使我们百年以来吃亏而又吃亏；所以我们不只要全盘西化，而且要赶快的全盘西化。而且我又指出，就以中世纪的西洋文化来与汉朝以后的我国文化来比较，中世的西洋文化表面虽是陷于停滞的状态，骨子里却是预备着一个新文化的发展；至于我国，则无论是表面上、骨子里，都处于停滞的状态。因为前者无论在理论上，或在事实上，有了两种势力相对抗，这就是宗教与政治，或是教会与国家，使西洋的文化的弹性始终能够保存，而待着机会去发展；至于我们中国，儒教与专制联络起来，前者给后者以理论上的根据，而后者给与前者以实力上的保护，结果朝代虽是变来变去，而文化的各方面始终没有变化，而且无法变化。其实我还指出，就以西洋的希腊、罗马的文化来与我们的春秋战国的文化来比较，前者在好多方面就已胜于后者。因此之故，中国非急起直追，非全盘西化，则中国将来的危险是不堪设想。

这是我在大学晨会的三次讲演的大概。除了这三次讲演之外，我在民国十七年的下半年，曾在《广州民国日报》的副刊上发表过《再开张的孔家店》一文。我所以写这篇文章，是因为看了孔祥熙先生呈请政府保护孔林、孔庙的呈文。保护孔庙、孔林本来没有什么可以批评，不过他在呈文里还大提倡了孔子之道以为我们治国处世的张本。我因为批评了他的复古的主张，遂连带的说及全盘西化的理论。我现在且节录一二段于下：

> 晚近以来，我们每听一般人说，西方的物质文明是优过东方的，他们对于西方的物质文化是愿意采纳的，但是他们极力提倡东方的精神文化。我们

承认"文化"这个名词是包含精神和物质两方面，然若一方面提倡西洋的物质文化，一方面又提倡东方的精神文化，是行不通的。良以把文化来分作物质、精神两方面，乃我们为了利便研究起见而发生的主观的观念，并非文化本身上有了物质与精神之分。因为物质文化与精神文化，是不能分开的，所以物质文化的演化是随着精神文化的演化而演化的。我们差不多可以说，物质的文化是精神文化的表现。读过历史的人，当能知道这话不错。西方近代的物质文化，是随着文艺复兴以后的精神文化而生的。史家称中世纪为黑暗时代，精神文化既沉于坠落的境地，物质文化也没有发达。数千年来的中国，受因于专制思想的淫威之下，得过且过，所谓精神文化既走不出二千年前的精神文化的圈子，结果是二千年后的物质文化，并没有什么较精彩过二千年前的物质文化。最近数十年来物质文化上能够有半点的进步，无非是数十年来精神文化上有了多少的变化的结果。物质文化既不能离精神文化而独立，采取人家的物质文化，应当采取人家的精神文化。

我在这里所以特别看重了精神文化，是因为国人一方面既以为我国的精神文化是远胜于西洋的精神文化，一方面又以为西洋只有物质文化而没有精神文化。其实，物质文化与精神文化是文化的两方面，我们固然不能说物质文化是比精神文化较为重要，我们也不能说精神文化是比物质文化较为重要。所以，精神文化的进步固可以说是物质文化的进步的表示，而物质文化的进步也可以说是精神文化的进步的表示。然而国人既太轻视了西洋的精神文化，我们不能不对于这方面加以特别的提醒罢。我在同文里又说：

> 专去采取西洋的物质文化，不但是一件行不得的事情，而且是一件最危险的事情。我们若只欢喜住洋楼，而不求造洋楼的材料和方法，只欢喜坐汽车，而不求作汽车的材料和方法，结果只有消耗，而没有入息，这样做去，则帝国主义者虽不侵略我们，我们的生计，必日趋日蹙，而终至于自杀的地位。数十年来，我们所谓利权外溢，国境日穷，一方面固由于外国之侵略的政策所使然，一方面亦未尝不因我们只知提倡物质文化，只会享受物质文化，而不知求物质文化所以成为物质文化所由来。然而欲知物质文化所由来，对于精神文化不得不格外去注重。

我想我这些话，至少可以答复一般之以为全盘西化就是"皮毛西化"，或是"享受西货"的批评。我们在提倡全盘西化的早期，就对国人提出这种警告。无奈一般半知半解的士人，直到现在还以为全盘西化是皮毛西化，是享受西货，这真是太没有意识了。

此外我又说：

> 我们虽然反对把孔子的学说来支配现在的社会，我们并不反对人家去研

究孔子的学说。为学问而研究学说是一件事，要把一种学说来支配一个时代的行为，又是一件事。我们对于前者，不但不反对，还极赞成，不过同时我们应该记得研究学问也有缓急之分；对于后者，我们相信孔子的主张，已不合于我们现在的需求，而是根本与我们所要求的相反对。我们若不努力去阻止他的学说的实施，那么中国今后的政治以至整个文化的趋势，恐怕也不外是过去专制淫威的再生。

我抄了《再开张的孔家店》一文中的几段，是要说明我之所以主张全盘西化的与反对实现孔子的生活的理由。这篇文章发表之后，除了《民国日报》的副刊上曾有人发表文章以讨论之外，还有其他的刊物也发表过文章来讨论，而且有二三个刊物且转载了我这篇文章。

到了民国十八年，岭南大学学生为纪念三月廿九日的黄花岗七十二烈士而出版的《碧血黄花》一册中，我曾发表了一篇长约万言的文章，这篇文章的题目是叫作"积极的死"。我现在手头没有这篇文章，不过在民国十九年正月，我在柏林又写了一篇同样题目的文章，登载在那一年的岭南大学政治学会所纪念黄花岗七十二烈士而出版的《黄花十九纪念》一册。在这篇文章里，我曾说：

> 在去年（民国十八年）的《碧血黄花》里，我曾写过一篇《积极的死》，写作那篇文的动机，是羡慕黄花岗七十二烈士的积极的死的精神。我的结论是，辛亥三月二十九日广州之役，七十二烈士的积极的死不过是求政治上的改革，然而政治的革命不过是整个文化的革命的一方面，并且政治的革命的成功与否，是与整个文化的水平线的高低有了密切的关系。因此我的希望，我们今后应当以七十二烈士的政治革命的积极的死的精神，去作文化的革命。

我把我们近代的政治革命的运动，当为西化的运动的一方面，我这里所说除了政治革命的运动之外，文化的其他方面也要革命，我是有意的去提倡整个文化的革命，这也可以说是全盘西化的运动。因为我相信，只是努力于政治上的西化，而不求文化的其他方面的西化，则政治上的西化未必能够成功。因为正如我在这里所说，政治革命不过是整个文化的革命的一方面。这就是说，政治是文化的一方面，政治与文化是有了密切的关系而不可分开，所以只求文化一方面的革命，而不求文化的其他方面的革命，是不易成功的。

我在美国是学政治学，而特别是政治哲学，虽则我对于社会学亦选了不少科目与有了不少的兴趣，我回岭南大学也是教政治学与政治哲学。民国十七年，在岭南大学教书时，我曾把我在美国的博士论文《现代主权论》略加修订，以便付印。我在美国时，已经感受到美国近代的学术是深受德国的学术的影响，政治学也不能算作例外；其实美国政治学之受德国的影响，比之其他的学术尤大。所以，在美国的时候，就想到德国再作数年研究的工作。到了我在岭南大学教书与付印我的《现代主权论》的时候，我更觉得要到德国的必要；而我父亲尤希望我能够到欧洲德法各国再作数年功夫。所以，我遂决定民国十八年夏首途赴德国。

我与我妻到德国之后，第一年是住在柏林。柏林大学的教授及图书馆，而尤其是德国的国家图书馆，以及数目多而便宜的旧书册，使我不只得了不少的宝贵的智识，而且买了不少的便宜的旧书。不过柏林究竟是一个国际的城市，而且在大学书馆左近，房子不易寻找。我虽是住在动物园（Tiergarten）左近，颇能享优美的景色，不过来往既颇费时间，而城市的喧闹住了一年颇有倦意，于是乃决定于民国十九年夏移去琪尔（Kiel）。琪尔是德国著名的海军根据地，可是自上次欧战以后，德国海军受了限制，琪尔在那个时候遂失了以前的重要性。然而这里有一个著名的琪尔大学，而世界闻名的世界经济学院（Instotuts für Wiltwortschaft），也在这里。此外，这个地方人口只有二十万左右，地靠北海之边，风景很好，又与丹麦接近，常常有到丹麦的旅行团体机会。

琪尔大学就在海港的傍边。而世界经济学院的房舍，就是前德皇威廉第二的避暑行宫，里面除了丰富的藏书之外，还有该院同人的休息室、咖啡室种种设备，至于房舍的美丽及风景的雅致，更不待说。此外还有一个很大的花园在傍边，我们所租的住房也就在花园的傍边。在旭日初升或太阳西落，以至明媚月夜的时候，在海傍的长堤，在花园的树下，格外觉得美丽，格外觉得幽雅。而且德国人民是最有音乐天才的人民，最喜音乐娱乐的人民。在这种景色之下，你总会听到各种音乐若远若近，若起若伏，时而雄壮如排山倒海的声音，时而温柔如情郎情女的细语，真是使尔心往神驰，情怡意乐。你有时会忘却了自己，忘记是深夜；你有时会想入幻境，觉非人间。这是一种物质上的享受，然而这也真正才是精神上的"超脱"。我平生没有像我在琪尔那一年么感觉到身心怡快，而同时我在这一年里也真正的下过苦功夫。我想，德国人是最会享受的人民，而同时又是最能吃苦的人民；德国人是最会玄想的人民，而同时又是最为实际的人民。唯心论的哲学，精美的机器，这都好像是两种相反的东西，然而在德国人的生活里，却是两种很为和谐的东西。这也许是环境所使然，然而所谓环境，还是德国人自创出的环境，我在上面所描写的琪尔，恐怕不过是一个例子罢。

我既享受过这种生活，我不能不回想我们自己的国家的一般的人民的生活。可是我自己一想到这个问题，我又不能不有了好多感想。就以国内而说，为什么一个荒芜不堪、"蚊大如蝇"（这是德国人初去开辟青岛时所说的话）的青岛，不够二十年，却可以变为中国境里最清洁、很美丽的城市呢？为什么一个不毛之地、盗贼之薮的香港，可以变为最繁盛、很重要的港口呢？我这样的问、问、问了好多，我的结论也不外是事在人为。德国能够这样，青岛能够这样，香港能够这样，都是人为。我不相信德国人、英国人，以至〈其他西洋人〉比我们中国人较为聪明，然而为什么西洋人能够这样作，而我们不能这样作呢？其实这并不是一个能作而不能作的问题，而是我们愿意不愿意作的问题。

我这样的想，我愈感觉到我在美国时，及在岭南时，所主张的全盘西化的理论，是解决中国文化的出路，是解决中国问题的方法。我愈这样的想，我愈觉得我们非这样的作，则中国的前途是不堪设想的。

这是民国十九年的夏天。夏天过了，秋天不久也过了。到了雪景正在降临，外间的冷气凛凛，我决意在耶稣诞节之后新年之前，把我个人对于这个大问题的见解，写了一万多字的文章，这就是在《社会学刊》第二卷第三期所发表那篇《东西文化观》。

我应当指出，我在德国二年，可以说是整个时间是放在政治哲学，而尤其是主权论的问题上。我对于社会学虽有兴趣，我对于文化虽也有兴趣，然这都不是我的专门所研究的东西。然而《东西文化观》这篇文章，可以说是经过长期的思考与观察而始写的，而且这篇文章，可以说是我后来关于东西文化的问题的著作的骨格。

我在这篇文章里所说的话，多见于我后来的著作，或为他人所摘录，我不必在这里抄录，我只能简单的说说我写这篇文章的大概。我分对于东西文化这个问题的解决方法为三个派别：一为复古派，一为折衷派，一为全盘西化派。这个分类，都为后来一般讨论这个问题的人所采用。我自然是主张第三派，所以我在消极方面批评复古与各种折衷的办法的错误，而在积极方面说明我们主张全盘西化的理由。但是东西文化这个问题，是一个文化的问题，这个问题是与文化的本身或根本的原理有了密切的关系，所以在第一段里，我就解释了文化的本身或根本的几个重要原理，然后去批评复古与折衷的错误，而说明全盘西化的理由。

民国二十年夏，我因为父亲身体不好，而我自己也染了病，遂不得不回国。回国之后，仍在岭南大学当教席。卢观伟先生早已读过我的《东西文化观》，我回国后，他就劝我把这篇文章略为修改，给与学生们看看，以便了解我们对于东西文化的态度。我同时也感觉到，关于这个问题的专书实在太少，而且恰巧民国二十一年为我父亲六十岁寿辰，我乃决意利用寒假的时期去修改这篇文章，结果于民国二十年底，写了约八万言一本书，这就是商务印书馆所出版那本《中国文化的出路》。

《中国文化的出路》既写完之后，我在民国二十一年又把里面第三、四、五及七章那四章再加增改，而成为《东西文化观》及《南北文化观》两册，每册约十二万言，共二十四万言，这是在民国二十一年至民国二十二年之间写的，后来都由岭南大学所发版的《岭南学报》登载，并印为单行本。

当我正写《东西文化观》的时候，广州的协和大学要我到该大学，在该校作长期的演讲，每周一次，每次二小时，而以一个学期为限，我就以"东西文化观"为题。从岭南到白鹤洞协和大学，路程相当的远，然我在这个时候，对于南方的蛋家的研究兴趣颇浓，所以，每次虽往往费了不少时间于小艇的来往，然我并不觉得疲倦，而且听讲的人也有相当的兴趣，因而也给与我不少的鼓励。

除了这个长期的讲演之外，广州好多学校从民国二十年下半季到民国二十一年的上半年，都要我作过讲演，总共至少讲过七八次，有时讲演之后，还有讨论，这都使我对于这个问题不得不有所准备，虽则我在岭南大学所教的，及我个人所专攻的，还是政治学与政治哲学。

民国二十一年四月间，美国哥林比亚大学教育学院教授勒克（Harold Rugg）先生到了广州，考察教育与社会状况，四月廿一日晚，朱有光先生请他吃饭，要我作陪，曾略谈及东西文化的问题。到了廿六日，岭南大学文理学院院长梁敬敦（Laird）先生，又请了岭南大学及广州一些的中西人士，四十余人在他的府上开了一个讨论会，讨论了三个多钟头。在讨论中，最热烈的是东西文化的问题，而我们所问的是我们对于西洋文化的态度应该如何。关于这个问题的辩论，我后来曾写了一篇《对于勒克教授莅粤的回忆与感想》，附题为《续谈现代大学教育的方针》，这篇文章曾登载于六月的《广州民国日报》的"现代青年"栏，后又集了别一篇关于教育的文章，而重印单行本。

四月廿六日的讨论会，不只是在岭南大学所少有的一个热烈的讨论会，而且是在广州及其他各处所少有的一个热烈的讨论会，我愿意把《对于勒克教授莅粤的回忆与感想》一文里关于东西文化的问题的数大段，抄录于下：

> 我们同事之中，有主张全盘和激底西化的主张的，是从文化的本身上去讨论，我们的理由及其详细的理论，当于别的著作里论列，这处可以不必再述。勒克教授和其他数位同事是主张部分的选择的西化的，那一部分要西化，那一部分不要西化的言论，说起来也是很长（按：事实上，也很空洞，而没有具体），只好从略。不过，勒克教授主张这种部分的选择西化的理由，据他自己再三声明，是根据所谓科学的方法的研究所得的结论。
>
> 然而他的科学的方法的研究是怎么样呢？
>
> 勒克教授这样的告诉我们："四月以来，我到了北平、上海，现在又来广州，无论到那个地方，我都去找找中国一般的名流或是智识阶级，探探他们各个人的意见，然后将这些意见总合起来，结果是主张部分的选择西化的人居了大多数，所以我断定中国目前的需要是部分的选择西化。"
>
> 勒克教授是好像素来喜欣用统计的方法去研究学问的人，他的名著《教育上的统计方法》不要说了，就是费了十年功夫来预备的《勒克社会研究教科书》（1920—1930），也是根据这个方法而著作的。统计的方法是科学的方法上比较稳当的方法，所以他对于中国目前的文化上的主要研究的结

果，也是从这个方法的研究所得而来。但是阅者试想，这种逻辑和科学的方法是多么危险呵！

我当场就指出，他这种方法在这个问题上是非科学的方法，而他的逻辑是错误的，因为他的前提是筑在一个不稳当的基础上。为什么呢？

假使勒克教授是七十年前来到中国，问问那个时候的中国名流，中国是要部分的西化还是不要？这些名流必定异口同声的告诉勒克先生道："中国是不应该丝毫的西化的，中国要保存而且要竭力的去保存祖宗传下来的整个中国文化，同时要极力去排除西化的侵入。"若照勒克教授的科学方法，所研究得的结论，必定是中国不应该丝毫的西化，然而这种异口同声的结论，现在无论何人都觉到七十年前的名流的大错特错。而中国到了今日，还是弄到这个田地的原因，无非是七十年前的名流所遗下的种子。

就使勒克教授是三十年前来到中国，而听了举国若狂的相信张之洞的"中学为体，西学为用"和"西化毋背于经典"的论调，照勒克教授的科学的方法，所研究得的结果，也必以为这种论调是救时的金科玉律了。其实，现在的我们已觉到当时这种论调是错误的，同时我们也觉得张之洞所给与于中国人的遗毒是不浅的。

勒克先生忘记了他所根据以为大多数人的意见，与三十年前，也许是七十年前的大多数人的意见，相差还是有限；而且他忘记了，不但现在的中国，就是三十年前的中国，或是七十年前的中国，已应该澈底的西化，遑论到了今日。他不明白这一点，无怪乎勒克教授要反驳我道："我是现在来中国，不是三十年前来中国呵！"

勒克先生是美国人，正像我们的同事卢观伟先生所说："用不着长住中国，随便可以作了迎合群众而自己不必去负责任的论调。"我以为就使勒克教授而长住中国，他恐怕也不会去享受他所赞美的幽静的、和谐的、简单的生活和文化。就如他这次来到中国，住的是西洋旅馆，除了应酬之外，吃的是西菜，游的是头等客位。我们岭南附近的旧凤凰村，古木森森之下，古气沉沉之内的中国房子，多么幽静，多么精神生活呵！然而勒克教授恐怕梦也不到要到那里尝尝三二天这种生活呵！

此外，卢观伟先生曾从别方面去说明勒克教授的研究的结论不合乎科学的方法。卢先生以为，科学的方法固是人人所用的，然其所得的结果，未必是人人相同，而且未必是大多数人的意见是必对的，所以，不少的物理学家都用了科学的方法去研究自然的法则，然而比方相对论，只有爱恩斯坦发明出来，可知真理未必是由于大多数人的意见才能成立。这些议论本来是很显明的，很对的，然而勒克教授竟对卢先生说："你怎能把爱恩斯坦来和现在所讨论的问题相提并论？"

勒克教授这种的科学方法所研究得的结论的错误,大概稍有过科学常识的人都能见及。所以怪不得讨论完后,一位做过二十余年的自然科学的教授,而住了中国二十年左右的外国朋友,禁止要对着我们说:"勒克教授的科学方法所研究得的结论如何,固不必说,单以四个月的调查与考察而得到一种结论,而被人家推倒,也是一件很平常、很当然的事呵。"我想西洋学者之来中国的很多,然而惊动国人比较深刻的,要算罗素和杜威。勒克教授老早已告诉我,他曾念过罗素关于中国问题的著作,杜威先生是他的同事,他对于杜威先生关于中国的言论,也必是领略过。罗素和杜威之来中国,是在十年之前,那个时候正是欧战方完。固为了战后满目疮痍,欧洲有些人免不了会起了一种的变态的心理,以为西洋文化已经破产了,除了留存所谓人生的必需的物质文化之外,于是大来呐喊,向东跑罢!罗素和杜威都知道中国的文化的物质方面是太缺乏了,同时说不定也受了欧战后的那种变态心理狂的影响,而且因为中国人对待他们太好了,去说中国没有好处,或是很多的不好处,好像是对不住东道主的(罗素自己曾这样的说,至于杜威先生,著者于在美时曾遇之于欧班那意利诺大学,并且问及他在中国时所谓中国文化的优点,是否仍主张保存?杜威先生答以要看时境而定耳),于是捧出所谓精神文化、静的文化来替中国作面子。勒克教授不知原委,奉为圭臬,结果是未来中国以前,老早打定主意,到中国后,拿出十年前罗素和杜威的说法去说,结果只有错误。

不但这样,勒克先生曾告诉过我们,社会和文化的改造,是基于三种根本的原则上:第一是地理环境的要素,第二是社会制度的要素,第三是哲学思想的要素。这三种要素是形成某种社会文化的原动力,而哲学思想尤为重要,所以改造社会文化,对于哲学思想的改造尤须注意。卢观伟先生本来是专攻哲学、注意思想的人,我想就使勒克先生不说及哲理思想在社会文化改造上的这样重要,卢先生也免不了会有意或无意的谈及哲理思想。然而很出乎我们意料之外的是,当卢先生提及哲学上的问题,以及三二位哲学家的时候,勒克教授好像怪讶了不得的说:

"呵呵,你竟谈起哲学来。"

这是什么话?这岂不是自己打自己的嘴巴吗?

我把这几段话摘录下来,一来说明自我们提出全盘西化这个主张之后,曾有过热烈的讨论;二来指出一些反对全盘西化的人的理由的薄弱。

此外,我可以随便的提出我这篇《对于勒克教授莅粤的回忆与感想》,是与广州当时的主持大学教育的当局与名流,在同年五月间所开了一个教育会议,议决停办或减少文法各科,而注重理工科学的提议,有了密切的关系,我疑心他们这个提议是受了勒克教授的多少影响。自他们公布了这个议案之后,我立刻写了一篇长文去严厉的批评他们，题目叫作《对于现代大学教育方针的商榷》，这篇文章也发表于《广州民国日报》的青年栏。不过是五月发表的，比起《对于勒克教授莅粤的回忆与感想》那篇文的发表还要早些。自从《对于现代大学教育方针的商榷》一文发表之后，在广州曾引起一场很热烈的关于大学问题的讨论，文章之发表的有了数篇，时间延长了半年。这个问题的讨论，是与所谓中西文化的问题，以至我们所主张的全盘西化的理论，也有了关系。比方我在《对于现代大学教育方针的商榷》一文的差不多最末一段，曾说：

> 其实，急急焉只务目前的苟安与实际的生活起见，而不愿去作激底的研究，这是国人的最大的病弊。我们若再不小心思量，结果恐怕是唱出向后转的论调。曾国藩曾提倡过造船与机械的教育，李鸿章也提倡过开矿、筑路的教育，然而德国的铁血宰相老早说过，中国与日本较，日本必胜，中国必败。中国既已败了，而且不止败了一次，这是什么原故呢？大概不外只见得人家之用，不见到人家的体；只求目前的应用，不想激底的求知。有其体，求其知，未必一定是要用。然没有其体，没求其知，试问怎能有其用呢？舍知与体，而求用也，不外是缘木求鱼的故智罢！

我在这里所说的体用应当兼而得之，虽是针对教育方面来说，然而其实是从全盘西化的立场去看。换句来说，我们不只要西洋文化的用，而且要西洋文化的体，所谓体用兼全的去采纳西洋的文化，就是全盘西化。

我在上面曾说过，《中国文化的出路》那本书的著作的一个很重要的动机，是要把来当作我父亲六十岁寿辰的小小礼物，然而很不幸的，该书尚未出版，与父亲六十寿辰尚未到期，而我父亲竟于六月五日因病而逝世。我回家奔丧，在哀痛之余，一方面固使工作受了不少的影响，然一方面却因此而使我对于全盘西化的主张，愈觉得提倡的必要。因为父亲与好多年前死去的母亲，都可以说是我们固有的文化与半中半西的文化的牺牲品呵！

第二编

第四章　廿四年前的全盘西化论（一）

全盘西化的主张，最初不过是由数位朋友的私人的讨论而产生出来，后来在岭南大学经过一些同事及同学讨论，而尤其是经过大学晨会九次有系统的讲演之后，在岭南大学里遂成为一种很普遍的口号，很流行的理论。

自然的，这并不是说在岭南大学里的同事与同学们，对于这种主张是完全没持异议的。其实同事之中，像谢扶雅、陈安仁先生们，就写了不少文章，表明他们对于这种主张是怀疑的。关于这点，我们在下面当再加说及。至于同学方面，也有怀疑这种理论的，比方后来为全盘西化的主张辩护得最力的冯恩荣先生，在《南风》九卷一期所发表的《全盘西化的意义》一文里，曾告诉我们道：

> 这个"全盘西化"的论调，虽然不是如一般之所谓轰动一时，在当时却是一种新的刺激，引起一部分的同学剧烈的辩论。就是思想幼稚的我，对于这个问题亦不免常常萦绕着脑海，发生了不少的怀疑，后来又常常请教诸先生于私邸。为了年少意气的驱使，忘了"乳臭未干"，翻了什么辜鸿铭一流人物的学说，反诘诸先生。

他又说：

> 可是好几年的光阴又过了，现在课室里，在"大学讲演会"的演讲里，还要费着诸先生们的唇舌，可见问题在有些人的认识中，仍然不很清楚的。我们以为像这样似的问题，如果在这里所谓高级学府里依然得不着一个比较澈底和正确的了解，则又怎能怪得外间的人们的好开倒车呢？

此外，又如在民国廿三年一月的《南大青年》廿二卷五期中，所登载何格恩先生的《我对于研究全盘或澈底接受西洋文化问题的态度》一文，也好像是对于全盘西化的主张有了怀疑的态度。

大致上自民国十七年，"全盘西化"这个主张在岭南大学提出之后，直到民国二十一年的秋天的数年中，讲演这个问题的次数最多的，还是在岭南大学的里面。卢观伟、陈受颐两先生，而特别是我，在外间虽做过好多次讲演，而我在民国二十一年的上半年，还在协和大学作了长期的讲演，然而外间对于这个问题的讨论，究竟没有像岭南大学里面那么热烈。至于文字之发表的，除了民国十七年我在广州《民国日报》副刊所发表的《再开张的孔家店》一文，以及民国二十年我在《社会学刊》二卷三期所发表的《东西文化观》一文之外，讲演词之为人所笔记而发表的，以及岭南大学学生在《民国日报》的副刊所主办了一个周刊中发表了一些的短篇文章，或因谈别的问题而连带说及这个问题的，虽也有了多少，然而主要的还是岭南大学的学生们所主办的《南风》《南大青年》及《岭南周报》，以及其他的特刊等等，所登载关于这个问题的文章占了多数。

到了民国二十一年的夏天，自我发表了《对于现代大学教育方针的商榷》一文，发表之后与引起广州的教育界的热烈的讨论之后一年，中山大学的当局又约我到中山大学对于东西文化的问题作长期的讲演。我当时对于中山大学的聘请，最初以为我在协和大学已经讲过这个问题，不愿再讲一次。然而后来却被了朋友的催促，而且他们以为既讲了一次，再次讲演并不很费工夫，所以我终于答应了中山大学每周讲演一次，每次二小时，以一学期为限。这与在协和大学的讲演的办法一样。不过中山大学那个时候是在广州城内，从岭南大学到城内虽然也要渡江，然而比起白鹤洞的协和大学却较近得多，这也是我接受中山大学的聘请的一个原因。

民国二十二年的年底，中山大学社会学系主任胡体乾，曾发起"中国文化问题演讲会"。他见得我在中山大学的长期对于这个问题的讲演，一来并非为公开的演讲，二来所讲较为专门，所以特别为大众的听者而作一次公开的讲演。我的讲演的日期是同年十二月廿九日，地点在中山大学的大礼堂。梁锡辉先生把我的讲演词笔记起来，并且在民国二十三年正月的《民国日报》"现代青年"栏八二六与八二七两期上发表。

这篇讲演的题目是"中国文化之出路"，梁锡辉先生所笔记的讲演词发表之后，引起一场很剧烈的讨论。这不只是广州或是中国的南方的一场关于这个问题的大论战，而且是近代中国的一场关于这个问题的［一场］大论战。我在这一章里，以及下面二章里，要把这一次的讨论的大概与结果加以叙述。

然而在未叙述关于中西文化的问题的剧烈的讨论之前，我愿意把那个时候的广东的当局以及一些人，在文化上所采取的政策以及其思想的方向，略为说明。

自反对中央政府的西南政务会在广东成立之后，广东在名义上虽由一些所谓党国元老所组织的西南政务会所管理，然而事实上却可以说是在陈济棠先生的实力统治之下。陈济棠先生的左右不只是多是迷信者流，而且多为守旧之徒。陈济棠先生的哥哥陈维周先生信相、信命、信风水，据说他曾梦想皇帝会在他家出世，而且看重了洪秀全在花县的祖墓，欲以高价去收买而改葬其自己的祖宗。陈济棠先生也深受了他所惑。此外，在陈济棠先生所管理之下的军政各机关的顾问、秘书，皆是一般守旧者流。陈济棠先生出身行伍，自己既偏于守旧，而又用了这些守旧人物，结果是使所谓革命的策源地与西化的策源地的广东，成为那个时候的中国的复古的大本营。

他们的复古的运动的工作是什么样呢？

第一是祀孔。我们知道孔子是主张复古最力的人，他是中国的主张复古的代表人物，所以，尊崇孔子的人们必定都是主张复古的人物。其实孔子生在二千年前，我们现在还要去尊崇他，就是复古的行为。不过尊崇孔子的人，而尤其是统治阶级，在历史上主要还是利用他的学说去实行专制政治，去作专制政治的护身符。因为孔子所谓"不在其位，不谋其政"，"民可使由之，不可使知之"等等，都是很合于专制君主的口胃，所以汉高祖在未作皇帝之前，虽以便溺儒冠，可是作了皇帝之后，便就以太牢祀孔子。专制的政治之于孔子的信条既相辅而行，结果是中国数千年来朝代虽不知换了多少，政治以至文化的其他方面始终是没有什么变更。直到满清推倒、辛亥革命成功之后，尊孔祀孔的习俗始大受了影响。康有为以及其所谓保皇党的徒众虽尽力提倡尊孔祀孔，然而结果不但祀孔的运动没有成功，保皇的运动也成梦想。因为革命运动的成功，而尤其是民权思想的发达，尊孔祭孔是不易实行的。民国十七年间，孔祥熙先生虽呈请政府保护孔庙孔林，然他在那个时候也不敢公然提倡祀孔。陈济棠先生既是偏于守旧，又为一般守旧者所包围，到了反对中央政府的旗帜一旦起来，广东在实际上是在他个人统治之下，为要使其统治的势力的坚固，而像专制帝皇的家天下一样，他遂成为民国以来的第一位实行祀孔的人物。这是民国二十年的事情。二十年来的广东各处的冷清荒毁的孔庙，因他的提倡而变为热闹的场所。在每年的八月廿七日那一天，不只广东的省政府主席要穿起长衣马褂，于晨光熹微的时候跑到孔庙里，带着一般守旧者流，在古乐冬冬的声音与古气沉沉的空气之下拜祭孔子；就是在各地方的长官，也要跑到其所主管的区域内的孔庙里这样的拜祭。

第二，除了实行祀孔之外，他们又提倡读经。民国以来，提倡读经本非陈济棠为首创，湖南省政府主席何键先生之提倡读经，比起陈济棠先生要早得多。不过陈济棠先生的提倡不只带了不少的强迫性，而且比较的澈底。除了广东省教育厅通令各校以儒家的经书为必修的科目之外，还有了什么"讲经会"的组织。陈济棠先生对于《孝经》特别看得起，所以特令大量的翻印。除了广事推销之外，还把来当作军事政治学校的必修课本，使二十年来一般将成为古董的老学究与卫道先生大得扬眉吐气。而整个广东，而尤其是广州这个城市，真是要成为古香古色的城市。

第三，陈济棠先生又创办了学海书院。照他的意见，现行的教育制度不只是太西化了，而且太不合于我国的国情。然而现行的教育制度，或是西化的教育机关的势力，不只很为坚固，而且很为普及。假使他想整个都要消灭的话，这不只是不容易作的事情，而也非一时所能作得到的事情。于是他乃开设学海书院，目的是恢复从前的旧教育的制度，而同时也是继续与实现着阮元在广东所设立的学海堂的遗志。然而说也奇怪，他却不请了所谓满清的遗老遗臣，或是翰林进士，去主持这个书院，而却请了张君劢先生去主持，后来又请了张东荪先生去管理。同时更使我们奇怪的是，这两位曾经力主过西化的张先生，竟然也为了陈济棠先生所利用。

这不过只是随便举出一些复古的运动的工作，这种工作愈推动得厉害，对于所谓西化的运动的工作，反对得愈厉害。比方在民国二十三年，中山大学曾特请了胡适之先生到该校讲演。胡先生到了香港之后，在陈济棠先生控制之下的言论机关，就大事攻击。胡先生到了广州，他们更攻击得厉害。还有中大教授古直先生，提议给陈济棠先生，要以孔子杀少正卯的罪状杀之，结果是中山大学的邹鲁先生只好取消了他的演讲。

广东的当局虽然是极力的提倡复古的运动，虽是极力的压迫西化的运动，然而不只在隔江的对面的河南岛的岭南大学，与隔江的对面的白鹤洞的协和大学，有人提倡全盘西化的主张，讨论全盘西化的理论；就是在城内的中山大学里，也有人长期的讲演全盘西化的主张，公开讲演全盘西化的理论。而且，我的《中国文化之出路》的讲辞，又能在言论素来偏于复古的《民国日报》上发表。

自这篇讲辞发表之后，主张复古的当局的刊物上，虽有了不少谩骂的言论，蔑视的口气，然而所谓一般复古的人物，始终没有一位出面或挺身起来辩护他们的立场，与批评我们的主张。有一个时候，他们曾用政府的力量去警告我们，同时禁止几种刊物登载我们的文章。然而后来又不知何故，好像又自动的去废止他们的禁令，而使这个东西文化的剧烈的讨论的文章，又可以在刊物上而尤其是《民国日报》的"现代青年"栏，得以继续的发表。

大致上，我那篇《中国文化之出路》的讲演的大意，可以说是我在商务印书馆所出版的《中国文化之出路》一书的缩影。虽则也有不少增减的地方，比方在讲演中我并差不多没有说及书中的第一、第二两章之关于文化的根本概念，以及第六章所说的近代文化的主力；我在讲演中所注重的是，书中第三、第四、第五三章中所批评的复古的主张与折衷的各派，以及说明全盘西化的理由；又因我是在广东讲演，所以对于近代西化的策源于南方这一点，略加申说，藉以鼓励一般的听众。关于这一点，书中的第七章也有说及。不过比方在批评折衷派的时候，在讲演中所批评的折衷的派别，共有七个派别，而书中只有五个派别，然而这只可以说并非十分重要的差异。所以在讲演与书中可以说是大同小异，而同时又与我在《社会学刊》二卷三期所发表那篇《东西文化观》，在根本上也是相同的。

《中国文化的出路》一书虽写于民国二十年，因为寄去北平友人评阅，又由北平寄去上海商务印书馆，同时因印刷的关系，直到二〔三〕年后，这就是民国二十三年正月始出版。我在中山大学公开讲演《中国文化之出路》，是在民国二十二年十二月廿九日，梁锡辉先生因为整理笔记费了三数天工夫，所以这篇讲演词也是在民国二十三年正月，在《民国日报》"现代青年"栏登载。讲演词发表了不久之后，商务印书馆所出版的书，也就在广州书店里出卖，这是一件颇为巧凑的事情。

我在这里不愿意把讲演词重抄或摘录，因为除了讲演词在《民国日报》登载之外，后来又收入《全盘西化言论集》。此外，又如上海的大众出版社仿效美国的 Reader Digest 而刊行的《文化》第七期，及其他的刊物，均有转载这篇讲演词。而且正如我在上面所说，讲演词是与《东西文化观》一文以及《中国文化之出路》一书里的见解，是大同小异的，所以这里不必重抄或摘录。我现在所要叙述的是这篇讲演词发表之后的影响。

《中国文化之出路》的讲演词发表之后，最先在《民国日报》"现代青年"栏上发表讨论的文章的，是谢扶雅先生的《为中国文化问题进一解》一文。谢先生对于全盘西化的主张，是持了怀疑的态度。他说：

> 文化本是一个很大而很复杂的问题，我们总应在未加笼统赞美或笼统非难之前，加以长期的研究与批窾，而得充分的正确的了解……我们对于整块的西洋文化，应先施以大规模的解剖与分析，审查与研讨，而不必遽加赞美或遽唱全盘接受。

我要指出，我们之所以主张全盘西化，是经过相当的长期的研究与批窾，而且作过不少的解剖与分析，审查与研讨，所以并不是随便的去加以赞美，或是随便的去唱全盘接受，所以谢先生这种怀疑是不必要的。

然而谢扶雅先生为什么要怀疑全盘西化的主张呢？因为主要的是他以为，全盘西化的主张是我国的民族自信力的丧失的结果。且看谢先生说：

> 我们在谈文化或民族性问题的时候，决不当因为文化有缺陷的原故，随而轻视中国的文化，甚至连带着看不起中国民族，却反应该格外尊敬我们自己的民族，爱护自己的民族，而对于我民族抱坚决的自信心。自鸦片战争以前，我们中国常常妄自尊大，视西洋为四夷。鸦片战争以后，渐由排外一变而为畏外，更由畏外一变而为媚外。媚外的程度日甚一日，自蔑的程度亦日甚一日。其结果是无论什么事，凡西洋的统统是好的，凡中国的统统是不好的。九一八以前，河山破碎，国命垂危，照理定会看到明耻励战、爱国心蓬勃弥漫的现象，反不料丧神落魄、自暴自弃的状态，更有急转直下之势，民族自信力压根儿沦丧无余。大家心理都隐然觉得中国民族实在没有办法了，有人居然说这个民族太老了，血质已癕败了，自然更有人主张中国文化整个要不得，非全盘换过不可。于是顺理成章的，自然会有人起来主张中国非把西洋的一切文化统统模仿过来，除此之外更无第二条路。

我在当时曾草了一篇《对于一般怀疑全盘西化者的一个浅说》一文（参看《全盘西化言论集》），里面有了一大段是解释谢先生在这段话里的误会。此外，又如吴景超先生曾于民国二十四年七月七日的天津《大公报》发表一篇"星期论文"，题目是《自信心的根据》，可以参考。我在这里只要指出，主张全盘西化的人们既不畏外，更不媚外，而且相信凡是外国人所作得到的东西，中国人都能作得到。我们所以主张全盘西化，就是有了这种自信心，而这种自信心，就是我国民族复兴所应有的自信心。我们承认我们的文化是太老了，不能适合于目前的需要。然而我们否认我们的民族是太老，血质是窳败。其实能够主张全盘西化，就是承认中国的民族并不老，血质并不窳败，是与西洋民族处于平等的地位。所以西洋人有能力去创造某种文化，中国人也有能力去创造某种文化。谢扶雅先生最大的错误，是把文化与民族混而为一，民族是偏于生物的，偏于先天的；文化是人为的，是后天的。中国在目前所不及人家的，是文化而非民族。又照他的意见，全盘西化的主张好像是在九一八以后的事，其实这也是错误。在九一八以前，在民国十七年，我们在岭南大学提倡全盘西化的时候，谢扶雅先生已是我们的同事，而况全盘西化的主张还在民国十七年以前呢。

此外，谢扶雅先生又偏于经济史观的立场，以为文化的变化是受了经济环境的变化而变化。其实假使这种看法是对的话，那么中国的经济环境之需要改变，而且正在改变，是一件很显明的事。假使中国而从农业的国家而变为像西洋的工业的国家，那么照这个立场来看，中国文化之要全盘西化，更不待言。其实一方面偏于经济决定论，一方面又以为中国文化不能改变，已是一种矛盾。而且谢先生在《为中国文化问题进一解》一文里的矛盾与错误之处，尚不止此，我们这里只好略而不谈。

然而自我的《中国文化之出路》的讲演词发表之后，指摘与谩骂我们得最厉害的，要算张磐先生。张磐先生的第一篇指摘与谩骂我的讲演词的文章，是他的《中国文化之死路》一文，登在《民国日报》"现代青年"栏。张磐先生告诉我们道：

> 现在西洋文化是什么呢？却始终没有明明白白的告诉出来。这含糊的暗示，未免使青年们要摸不着头路，而有"盲人骑瞎马，夜半临深池"的危险。这个问题在五四运动时代原是很简单的，西洋文化就是资本主义文化，就是资产阶级文化，所谓赛恩斯，德谟克立西，原是资本主义的产物。但是现在要回答这个问题，决没有那样简单了，所以在西洋文化的花园里，有满目啼痕的白杜鹃，有如火如荼的红芍药，有卓然耸立的黑牡丹，有雄心勃发的褐芙蓉，五光十色，斑驳陆离。青年们一入园门，必至目眩心迷，应接不暇，全盘接受无异吞了矛盾的炸弹。年来中国文化界的混沌、矛盾、冲突、紊乱，就是如此。这里头包含的大危险，大概博士也承认吧。

所以贸然用"全盘"二字要负责的，我们应该忠实地负青年的指导责任，笼统的暗示是使不得的。

所以不从中国经济生产力方面力图改造，而徒唱"全盘接受西洋文化"，是做帝国主义的工具，是努力于自杀运动的工作。

张磬先生是以经济史观的立场去批评全盘西化论，又如他后来又在《民国日报》"现代青年"栏所发表《为中国文化问题再进一解》一文里说：

谢扶雅教授也承认文化要受下层经济结构所决定的原理，比陈序经博士说的中国的问题根本就是整个文化的问题，自然高明的多。

张磬先生在其著作里，处处都以经济史观，或是所谓马克斯的公式，去批评全盘西化的主张与说明他的立场。关于这一点，我们下面当再加以讨论。我们现在先要指出，在上面所举几段话中，就有了好多错误。他以为五四运动的时候，所谓西洋文化就是资本主义的文化，就是资产阶级的文化，这就是一个错误。因为西洋文化并不能以这样简单的公式去说明，这就是说，并不能以资本主义、资产阶级去代表。然而很奇怪的，他又以为五四运动之后的西洋文化又大变化起来，而成为五光十色、斑驳陆离的文化，这么一变真变得利害。然而事实上，照张先生的意见，这个变化不外是指着俄国的革命以后的共产主义的发展，或是张先生所要谓为共产主义或社会主义的文化。其实俄国自革命以后，不但在经济方面大致上是趋在英美的工业化的途径，在政治上，在根本上，也是趋在英美的民主的途径。这一点，除了我早已指出外，卢观伟先生在《我们要一个新文化哲学》一文里说得很清楚。总而言之，在五四的时代或五四以前的西洋文化，既不像张先生所说的那么简单；在五四以后或是俄国革命以后，也并不像张先生所说的变化得那么厉害罢。而且，若用张磬先生所用的马克斯的公式，来应用到中国文化的问题上，那么，除非张磬先生不相信中国的农业社会或是封建制度是会变为工业社会或是社会主义的文化，那么，中国变为工业的国家的时候，中国整个文化还是趋于全盘西化。因为相信经济变化了，所谓上层的文化也必随之而变化的。然而张先生不能不相信，中国的农业社会会变化为工业的社会，因为这是马克斯的社会发展的必然性。我们上面已经指出，一方面相信经济决定论，一方面又以为中国文化不能改变，已是一种矛盾。谢扶雅先生固犯了这个矛盾，张先生也犯了这个矛盾。

其实，用马克斯的经济史观去说明中国文化的出路，已是一种西化的思想，这一点，我在《关于〈中国文化之出路〉答张磬先生》一文（登载《民国日报》"现代青年"栏八三六期）已经指出。我说：

张先生对于文化的解释是完全站在最流行的经济史观上，他抄陈高傭先生在《申报》月刊二卷七号所发表的《怎样使中国文化现代化》一文里一段话来证明他的主张,然而他好像忘记了陈先生这段话是从八十五年前马克斯在其《哲学的穷困》(Missre de La Philosophie: Response a La Philosophie de Missre de M. Proudhon)脱胎而来。马克斯在那个时候已告诉我们:人类社会的改变,是随着生产的方法的改变而改变的。他又说:手磨的时代,造出封建诸侯的社会;蒸汽磨机的时代,造出工业资本的社会(参看《哲学的贫困》页一五三)。马克斯的学说,说起来虽非这么简单,然而他的经济史观的精华,已在上面数语里表现出来。张先生所摘录陈高傭先生那段话,也不过是上面所举出几句话的注脚。以经济的立场来说明文化,在马克斯以前虽有片段的说明,然比较有系统的研究,要推马克斯为最先。自马克斯以后,一般拥护这种学说的人,虽是支流纷纷,然大概也跳不出马克斯所画的圈子。我以为除非张先生和陈高傭先生不承认,他们所主张的经济基础的文化观,是间接或直接的受过马克斯的影响,除非他们夸张以为这个学说是他们自创的,那么他们所提倡的中国文化的"生路",也不外是拾了西洋人的余唾。他们又何尝作过什么澈底的研究,乃大事其宣传呢?

其实,我们对于马克斯这种经济史观,是不能随便赞同的。因为这并非绝对的无可非议的。而且事实上马克斯在他的《资本论》第三卷(Das Capital,页三二五)明明白白的说,经济的原因乃社会或者文化的发生和发展的很多原因之一。关于这一点,认识马克斯最深切的恩格斯于一八九〇至一八九四年间,也发表了好多书信,说明马克斯和他并没有否认经济原因以外的许多原因。

我的见解是:单以经济的原因来说明文化,是很容易陷于错误的,何况经济的本身,不外是文化很多方面的一方面。经济的势力,固可以影响于文化的其他方面;文化的其他方面的势力,也常常影响于经济的制度和观念。中国今日的经济危机,固然会影响于文化的其他方面,然而中国人的思想、习惯、制度、政治、道德、教育,种种势力之影响于我国的经济的制度与观念,难道张先生总不承认吗?

我以为,假使张先生不是受过西洋思想和制度而尤其是马克斯的思想及苏俄的制度的影响,恐怕他梦也不到有了所谓经济史观这回事,恐怕他还是念着"君子不器",去兵去食而存信的信条呵。

我的这篇《关于〈中国文化之出路〉答张磐先生》发表之后,张先生又在《民国日报》"现代青年"栏八四〇期上,发表了一篇《在文化运动战线上答陈序经博士》一文,此外,又在同处发表一篇《为中国文化问题再进一解》及一篇《中国复兴教育运动宣言》。这几篇文章,都是对于我所提出的主张有所指摘,而《在文化运动战线上答陈序经博士》一文尤尽了谩骂的能事。关于他的文章里的很多错误、矛盾的地方,吕学海先生在《读〈在文化运动战线上答陈序经博士〉后——代陈序经先生在文化运动战线上答张磐先生》一文里，曾逐句和痛快的去反驳张磐先生。关于这一点，我在下面当再加叙述。我在这里所要指出的是，张先生在该文里一方面以为教授、学者乃至大学学生，是不事生产而徒事享受，或夺取别人的生产资料的人，一方面又以为我是靠着教授，或讲演中国文化的问题而为生的人。关于这两方面，我在《关于〈中国文化之出路〉再答张磐先生》一文，曾说过下面数段话：

> 这种反驳真不值得阅者一笑的。事实上张先生正是"弄巧成拙"了。张先生要明白我不是一位像张先生所主张人人要做物质的生产的人。我是相信社会是分工的，而且相信在一个复杂的社会里，要是人人都要去做衣食住行的物质的生产事业，像张先生所提倡的，那么结果在这个社会里，不但没有维持治安与秩序的政府的人员，就是治理病人的医生，以至一切的艺术家、新闻记者，和张先生所自命的"我们负领导青年职责的教育者"也要废除。这不只不是我所主张，而且是我所相信所不能作得到的社会。我既相信社会的形成，应有而且事实不能不有各种像政府人员、医生、艺术家、新闻记者以至教授、学生等等，我目下是在大学里当教师的人，我只求所以尽忠于这种职业，就能无愧于心。何况就使我而是一位汽车生产者，我必不能同时是一位制衣者、耕田者、建筑者，……结果虽是能作汽车而后坐者，还是一位没有建筑而要住房，没有耕田而要吃饭，没有制衣而要穿衣者，……我常说：人类在社会里的需要很多，每一个人能对于某种需要上尽力从事，而能满足他人与自己的需要，就算尽其所能。因为尽其所能，也应得其所需。社会是分工的，互助的。所以我虽像张先生一样住洋楼、坐汽车，然没有像提倡人人要作物质的生产事业而自己却并不从事这种事业的张先生的言行之不一致和矛盾呵。

张先生问我的入息在那里。我也还问张先生道：提倡物质生产事业的张先生的入息在那里？其实我的入息，未必会多过张先生。我除了岭南大学的薪水之外，并没有别的入息，而且像我这样少到城市、少乘汽车的人，也用不着很多的入息。我在岭南大学所授的科目，既不是中国文化的问题，我年来在协和大学和中山大学所讲关于中国文化的问题的科目，全是友谊上的帮忙。正式薪水我固然没有，他们送来的舟车费，我也不要而退回。所以名义上，在协和与中山，我固是教师，事实上，我还要把我在岭南的薪水来作舟车费和午餐费，而像一般自己拿钱去研究学问的学生一样。所以，我对着协和与中山的青年们谈起中国文化的问题和我所主张的全盘西化，并没有对于良心不住的地方。

这两段话，而尤其是后面一段话，虽非是与中国文化的问题，或是全盘西化的主张，在理论上有了特殊的关系，然而我也特意的抄录在这里。一来，我要说明反对全盘西化的主张的人们，有的时候不从这个主张的学理上加以讨论，而很容易的牵涉到个人的问题，这也可以证明，他们在学理上并没有作过充分的准备。谩骂了人家以后，又只好以个人来作讨论的题目。二来，我要说明我们主张全盘西化，完全是以中国目前的需要为前提，而决不是为着个人的便宜而作了这种主张。

第五章　廿四年前的全盘西化论（二）

除了谢扶雅与张磬两先生发表文章去讨论全盘西化的主张之外，还有陈安仁、王峰、林潮、王衍孔、何汝津、穆超、家驹、吴良尧、非斯、何永佶、张君劢、吕学海、冯恩荣、梁锡辉、卢观伟诸先生，以及其他各位先生，都发表了好多篇文章，总计这一次对于这个问题的讨论的文章，至少有了五十篇以上，而在时间上延长了一年之久。

我要指出，登载这些文章之最多的，要算《广州民国日报》的"现代青年"。"现代青年"自从我的《中国文化之出路》的讲演词在民国二十三年正月发表之后，就连续发表了好多篇文章。可是到了民国二十三年二月底，"现代青年"忽然停止登载这些稿件。据说，这是当时的趋于复古的广东当局所命令禁止的。经过二个多月之后，《民国日报》的副刊又开始登载这个问题的文章，一直延长到民国二十三年年底，该副刊还有这些文章发表。除了《民国日报》的副刊之外，岭南大学所出版的《南风》季刊、《南大青年》、《岭南周刊》等等刊物之登载关于全盘西化的讨论的文章也很多。中山大学所出版的刊物也有发表这种文章，虽则并没有多少篇。此外，又如在上海所刊行的《华年》，大众出版社所出版的《文化》，均有关于这类文字的登载。而同年的《文化建设》《读书顾问》以及其他种刊物，也刊登关于评论我在商务印书馆所出版的《中国文化之出路》的文章。

而且，从民国二十三年春天《民国日报》的"现代青年"停止登载关于全盘西化的言论的时候，岭南大学的学生们曾选出一些已登载或未发表过文章，印为一册，名为《全盘西化言论集》。第一集的编者是吕学海先生，这是民国二十三年四月间出版；过了一年，这就是民国二十四年五月间，又由冯恩荣先生编了一本《全盘西化言论续集》；再过了一年多，这就是民国二十五年十月，再由麦发颖先生编了一本《全盘西化言论三集》。后来还有人要继续去编四集、五集，可是民国二十六年"七七事变"发生以后，印刷困难，因而中止在这三本《全盘西化言论集》中。第一本及续集中的一部分的文章，都是民国二十三年在广州的中国文化问题的讨论时所发表的文章。

在民国二十三年这一年里的中国文化问题的讨论，除了我所发表《关于〈中国文化之出路〉答张磬先生》《关于〈中国文化之出路〉再答张磬先生》与长有二万余言的《对于一般怀疑全盘西化者的一个浅说》，以及卢观伟先生的《我们要一个新文化哲学》这数篇文章，是为解释全盘西化的理论之外，其为说明全盘西化的理论而发表文章最多的，要算吕学海与冯恩荣两先生。

关于我与卢观伟先生在民国二十三年所发表的文章的大概，上面已经说及。我现在要把吕学海及冯恩荣两位先生的主张全盘西化或辩护全盘西化的要点，略为解释。一来是为阐明全盘西化的理论，二来从解释他们的理论，也可以看出当时一般人之怀疑全盘西化的主张的言论。因为吕、冯两先生所发表的好多篇文章，主要的可以说是全盘西化的理论的批评。

　　我在上面一章曾经说过，指摘与谩骂全盘西化的主张得最利害的，要算张磐先生。关于张磐先生所发表的文章，除了我的两篇答复的文章之外，吕学海先生曾写了一篇《读〈在文化运动战线上答陈序经博士〉后》一文。张磐先生的《在文化运动战线上答陈序经博士》一文，虽是一篇长文，不过这篇文章除了所谓尽了谩骂的能事之外，实在没有什么可取的地方。事实上是一篇文人贻文弄墨的村妇骂街式的文章。吕学海先生那篇书后，只把他整篇文章里的很少的字组与词句改过来，变为一篇很巧的反驳的文章。这是变为一篇游戏的文章，然而同时又是理正辞直的文章；所谓亦庄亦谐，可以把来形容这篇书后。这篇书后发表之后，张磐先生就也不再写作关于中国文化的问题的文章，而退出这个文化论战的战场。

　　张磐先生本来是以经济史观的立场去反对全盘西化的主张，我在上面已经说过，真正相信经济环境的变化而必引起到他们所谓上层的文化的变化的人们，其所持的这个观点是否可靠，固不必论，然而以这种观点去观察中国文化的变化，恐怕也是趋于全盘西化的途径。因为他们若相信，中国的封建制度或农业社会是会变为工业的社会，这就是西洋的工业的社会，那么所谓封建的文化也必逐渐消灭，而代替以所谓工业的文化。吴景超先生在《独立评论》第一三九号所发表《建设问题与东西文化》，所以把经济史观派的人们也列为全盘西化派，就是这个原故。然而正如我在《独立评论》第一四二号所发表《关于全盘西化答吴景超先生》一文里所指出：

　　　　"近年以来，国人之相信经济史观者固然很多，但是我并没有听见他们之中有主张过全盘西化者。"其实，据我所知的，一般之以经济史观的立场去解释中西文化的问题的，差不多都是主张折衷派的，这好像是一个矛盾，张磐先生也非一个例外罢。

　　其实，张磐先生对于中西文化的问题，既并没有作过什么研究，而对于经济史观的认识，更为浅薄。我不只恐怕他没有看过西文原本或译本之关于经济史观的有系统的著作，而且连了中文方面的关于这种的有系统的著作，恐怕也没有看过，结果是他除了写了三二篇近于谩骂的文章之外，一谈起中西文化的问题，以至他所服膺的经济史观，他就无法应付，而不得不退出这个文化论战的战线了。

　　吕学海先生除了反驳张磐先生的《在文化运动战线上答陈序经博士》一文之外，他还写了好几篇文章，一为《评中西文化讨论的折衷派》，一为《为全盘西化答客难》。前文收在《全盘西化言论一集》，后文收在《全盘西化言论续集》。这两篇文章是批评陈安仁、何汝津、王衍孔、穆超、吴良尧、非斯数位的折衷论调。此外，还有批评张君劢、何永佶两位先生的两篇文章。

陈安仁先生，也是［一位］反对全盘西化的主张的极力的一位。他除了在《民国日报》的"现代青年"栏八三七期发表过一篇《中国文化的生路与死路》之外，曾在《华年》周刊三卷二十三期发表了一篇《广州文化论战通讯》。此外，他又在岭南大学的《南大青年》《岭南周报》上发表了好几篇文章，主要的都是他与吕学海先生两人讨论中西文化的问题，而相互批评与答辩的文章。

陈安仁先生的言论，无疑的是折衷办法。他在《中国文化的生路与死路》一文告诉我们："中国文化有所长也有所短，其长的要保存，其短的要放弃。"这显然是折衷派的论调。同时他又说："说到中国固有的优良文化要保存，是一言难尽的。"他因此而列举了我国固有的优良文化，照他的意见，在文化物质方面，我们有了很好的建筑、饮食，这就是我们的宫殿式的美观的建筑，以及"调味素备的饮食"；在文化的精神方面，我们不只有了和平、忠孝、仁爱、信义的种种固有的道德，我们不只有很好的政治哲学，而且有了优美的文学。这都是驾乎欧美的东西，而应该保存的。陈安仁先生虽是这样的列举，然而文化是千绪万端的，他所能够举出来的，也不外是上面数种优点，那么，西洋文化的优点未必少于中国文化的优点。关于陈安仁先生所列举中国文化的各种优点，吕学海先生在其与陈先生辩论的文章里，多已指摘其错误，我在这里不愿再加以申述。我所要指出的是，陈先生一方面既以为中国文化的优点一言难尽，一方面又告诉我们"现代西洋文化比我们中国的高明许多"。这可以说是已是一个矛盾了。

其实，在这次的中国文化的问题的讨论中，真正主张复古的是没有的，至于有了多少重中轻西的趋向的，也不容易找出来。何永佶先生在民国二十三年十一月三十日在《民国日报》副刊所发表的《西方文化的讨论》的讲演稿，以为在我们高唱接受西欧文明的时候，欧洲人不只自己对于他们的文明持了怀疑的态度，而且其所提出的改革，"是与我们中国固有的思想不谋而合，不约而同"，然而他也没有显明的说他是重中轻西的折衷派。何永佶先生所举出欧洲人的思想之与我国固有的思想而尤其是孔孟的思想不谋而合、不约而同的代表人物，是唐芮氏（R. H. Tawney）。吕学海先生在《读〈西方文化的讨论〉后》一文里，已指出唐芮的思想是与孔孟的思想有了不同之处。其实，一些国人往往以为西洋某种思想是与我国固有的思想是不谋而合、不约而同，这不是犯了牵强附会的错误，而且是有了神经过敏的病态。

其实所谓真正的复古的言论，在这次的中国文化的问题的讨论中，固是没有；而所谓真正的半中半西的折衷，在这次讨论中，也不容易找出来；此外，一般的所谓折衷论者中，都是趋于重西轻中的折衷派。这就是说，大致上，大家都是偏于根本西化的主张。

这种偏于根本西化的主张，或是重西轻中的折衷的论调的代表人物，要算张君劢先生了。张先生在民国二十三年六月间的《民国日报》的副刊发表过一篇长文，题为《学术界之方向与学者之责任》，虽然有了多少可以非议之点，而正像吕学海先生在《读张君劢先生〈学术界之方向与学者之责任〉后》一文里所指出，然而就张君劢先生的整个思想以及这篇文里的大致上说，他可以说是比较的接近于全盘西化的主张的。关于这一点，我们当在下章再为说明。

此外，王衍孔、何汝津、穆超三位先生，大致上也都承认西洋文化的优点是比了中国文化的优点为多，关于这一点，我们也当在下章再为说明。我在这里所要指出的是，有些人，而特别是穆超先生，一方面虽承认西洋的文化的优点较多，中国的文化的优点很少，然而他却以为，中国的国情是不宜于全盘西化的。所以，穆超先生在《再论全盘西化》（《民国日报》副刊八十一期）曾举例说道：

> 中国的蚕丝近年因丝质不良，不合美化原则，而不适于美国大量的需要，故销路为日本所压倒。一般人都以为蚕种须更换，饲育方法需加改良……于是去年春季，浙江建设厅有见及此，决心改良蚕种及饲育方法。从外国买来巨量的蚕种，强迫人民更换。但是一般缺乏智识的人民，对于新的饲育的方法，根本不懂，对于新蚕种又根本不明瞭其性质。于是发生一个大暴动，连合起来把新蚕种都毁了。……由此可知，"全盘西化"能否行得通了。

这是一般中西文化的折衷论者，所常用以非难全盘西化的主张的例子，吕学海先生反驳得好：

> 穆超先生这个例子，显然不足以证明"全盘西化"行不通，反正是指出了"折衷"的困难和危险。因为以"一般缺乏智识，对于新的饲育方法，根本不懂，对于新蚕种又根本不明瞭其性质"的人民来接受"新蚕种"，显明是"折衷"的事实，不是"全盘西化"的事实，因而"发生一种大暴动，连合起来把新蚕种都毁了"的困难和危险，显明是"折衷"所发生的困难和危险，不是"全盘西化"所发生的困难和危险。故以"全盘西化"的立场观之，假使我们要输入西洋的新蚕种，我们对于一般没有现代的西洋的科学智识和思想习惯的人民，也应加以相当的训练，使他们不必见到新蚕种就害怕，使他们根本不懂得饲育新蚕种的方法和明瞭新蚕种的性质等。换言之，使他们的智识和思想习惯等也都西化、现代化，夫然后它们能认识"新蚕种"，发生好感。所以，文化上有一方面想改革，其他各方面也应改革，否则不容易成功的。穆超先生这个例子，岂不是明白指出"折衷"的行不通吗？岂不是明明白白指出中国文化的一方面要西化，中国文化的其他各方面也都要西化吗？

吕文海先生又说：

> 中西文化之不能"折衷"，好比大家庭制度与小家庭制度不能"折衷"一样。我们不能一方面去采纳人家的小家庭制，而一方面又想保留自己的大家庭制的特征。因为中西文化，无论在任何方面比较：政治、经济、艺术、宗教、科学、伦理，和各种思想制度……都比我们讲步。一个整个都是进步的西洋文化，与一个整个都是落后的中国文化，并无"折衷"的必要，也无"调和"的可能。故今日中国"社会的混乱"和"收不到调和的益处"，并不是如穆超先生所认为是"全盘西化"的结果，反是"中西合璧"的"折衷"所发生的困难和危险。在今日中国的社会，有新伦理和旧道德的不调和，有新社交和旧礼教的冲突，有新生产方法与旧生产方法的矛盾，有"科学"与"迷信"的混乱，有建设工业国家与恢复旧的做人方法的矛盾，种种"混乱"和"不调和"的文化现象，无一不是"折衷"的结果。这都是指出"折衷"的行不通。西洋文化，有它自己一个系统——与中国文化的系统完全不相同，它的各方面是互相衔接，互相调和；所以我们不能随意的部分吸收，使一部分的西洋文化，与我们的文化的各方面互相衔接，互相调和。关于中西文化的差异，我们上文已略有述及。总之，西洋文化整个是现代的进步的；中国固有的文化，整个都是旧的落后的，故我们不去吸收西洋文化则已——这是绝对不可能的事，如果需要吸收，则非"全盘西化"不为功。

又如，吴良尧先生在《民国日报》副刊第八十七期中所发表《全盘西化乎？》一文，以为全盘西化只是野蛮民族与被征服的民族始行得通。吴先生说：

> "全盘西化"的本身的诠释，即具十足的错误性。西化而须全盘，就得表示它的必然性、整个性和绝对性。一个国家要必然的、绝对的去接受一个本国以外的某整个文化，这是可能的：譬如一个野蛮民族，它没有文化（？），那末它必然的要去接受别人的文化；譬如一个被征服的国家，它虽有不健全的文化，正做了被征服的条件，所以它也须绝对的去整个接受外来的文化——即是征服国的文化。
>
> 揆诸上列两个譬如，我们是否同样的可以把那种譬如加到中国的本身来？……中国自最初的生存，达到目下的生存，其间已建立了四五千年的历史过程，这四五千年的历史过程，是造就了中国文化的本身……它不是没有文化的野蛮民族，它不是有着不健全的文化的被征服国家。它有的是健全文化，但民族的惰性未能使这健全的文化能和时代一同演进，而结果成为当今落伍的文化的公认。

吕学海先生对于上面两段话的解释是：

不错，中国不是一个野蛮民族。但今日中国的文化，既未能"和时代一同演进，而结果成为当今落伍的文化的公认"，那么这里所谓"落伍"，自然是指中国文化"落"现代的西洋文化的"伍"。而我们之所以目某一个民族为野蛮，不外是它的简陋的文化"落"我们的文化的"伍"。一个民族或国家，要改进它的落伍的文化，惟有向着别个民族或国家的进步的文化，急起直追。一个野蛮的民族，尚且可以全部吸收外来的文化，我们实在找不出什么理由，来证明我们不可以"全盘西化"。我们缺乏现代的政治制度；缺乏现代的经济组织，工业文明；缺乏现代的科学；缺乏现代的伦理标准；对于现代的西洋文化的各方面，我们都闹着饥慌，我们都一样的需要。所以说"一个野蛮的民族，它没有文化，它要去全部吸收外来的文化"和说"落后的中国它没有现代的文化，它要去'全盘西化'有同样的意义和理由"。若是我们是甘于"落后"，那就无话可说了。

我们现在固然不是一个被征服的国家，假如我们像吴先生所主张，保存中国固有的文化，则中国却有变为一个被征服的国家的危险。吴先生以为一个被征服的国家就有"全盘西化"的可能，这话显然是错误的。

吴良尧先生曾问道：

请问印度亡国，接受了全盘的英国文化，"满洲国"新兴，接受了全盘的日本化，现在，中国甘牺牲了自己的文化，来投降别个文化，……则将中国地位，置于印度的那边？

吕学海先生的回答是：

我的见解，却恰恰与吴先生的相反。我以为如果印度早已全部吸收了英国的文化、政治、经济、军事、民族意识、科学等等各方面；则印度文化，能与英国的文化并驾齐驱，不会亡国。纵使战败于英，亦可以变为现代的德意志，不会变为没有起色的现代的印度。又假如我们的同治维新，能如日本明治维新的比较澈底西化，则今日的中国文化，在政治上、经济上、军事上、民族意识上、科学上各方面，至少都能与今日的日本争长挈大，而东北四省亦不会拱手让乎，"伪国"便不会如此产生。现在东北四省失了，安南失了，台湾、琉球都失了；印度亡了；他们有全盘吸收征服国的文化的可能吗？它们的地位是被动的不是自动的了，是被主的不是自主的了。它们的人民是奴隶不是自由人了；征服国的文化的"皮毛"，也许会令他们去享受，征服国的文化的优点，恐怕他们完全没有染指的机会了。吴先生好像不知道一国的文化的落后的危险，无怪乎他竟会说出"时间一直截止到目前，内乱已渐平，外侮亦已告一段落"的乐观话了。他想不到他刚说这句话之后，受过较为西化洗礼的日本，又在察东抛了几个大炸弹了，又来干涉中国人民的

"排日"了，又添上了一个"中日提携"了。假如中国是个西化、现代化的国家，我们的敌人——日本，怎敢那么猖狂？顾今日的中国，它的文化虽然大落人后，差幸它仍不失为一个独立的国家，故我们今日主张"全盘西化"，尚有机会，尚有自由权。若我们依然不悟，白费时间和精力徘徊于"复古"和"折衷"的路上，恐怕到了中国变为东北四省之续之后，则悔之太晚呵！

非斯先生在《民国日报》副刊第八十九期所发表《全盘西化和其他》一文，以为全盘西化的主张是"十足意志自由论的看法"。他自己虽以为中国今日应否全盘西化要看社会的趋势如何而定，而他的结论是中国必要西化，可是因为西化中有了麻醉药的文化，是中国所不应采纳的，所以他以为我们不应当全盘西化。吕学海先生除了指出他这种看法的错误之外，还指出：他既没有指出中国文化有那一方面我们不能把它西化，也没有指出西洋文化有那一方面我们不能吸收过来。其实，非斯先生在这篇文里，虽然是不喜欢我们用"全盘西化"这个名词，可是他自己的主张是很接近于全盘西化的，这一点我们当于下面再为说及。

上面是主要的把吕学海先生之于民国二十三年的广州的文化讨论的关系，加以叙述，我现在要来说明冯恩荣先生之于这次的文化的讨论的关系。

冯恩荣先生在民国二十二年年底，曾在《南风》九卷一期上发表过一篇《全盘西化的意义》。在这篇文里，他除了略为说明全盘西化的理论的早期历史之外，他又指出，我们数十年来的西化的不澈底。此外，他一方面说明西方文化是一个物质与精神不能分开的两方面，而自成为一个系统的东西；一方面又说明中国文化的各方面的贫乏，而不如西洋。所以，我们"非澈底与全盘的西化，不足以自信"。

自我的《中国文化之出路》的讲演词发表之后，冯恩荣先生又写了好几篇文章。有些文章，如在《民国日报》"现代青年"八五三至八五四期上所发表的《西洋文化之本质》，是说明西洋文化的性质。冯恩荣先生是深受卢观伟先生的思想的影响，所以他很注重于基督教与西洋文化的关系。他在《南大青年》廿二卷第五期所发表的《论基督教文化》，可以说是解释这一点的。此外，他又发表了两篇文章，去批评一些反对全盘西化的人们的言论：一为《对于一般怀疑"全盘和澈底的西化"的批评》，登在《民国日报》"现代青年"八四九期；一为《关于全盘西化论的比较方法》，登在《民国日报》副刊七十三期。

在《对于一般怀疑"全盘和澈底的西化"的批评》一文里，冯恩荣先生的主要目的，是批评王峰先生在《民国日报》"现代青年"八三七至八三八两期上所发表的《评陈序经先生的〈中国文化之出路〉》一文，与林潮先生在同处八三八至八三九两期上所发表《评陈序经博士论〈中国文化之出路〉》一文。

王峰先生也同张磬先生一样的，是以经济史观的立场，去批评全盘西化的主张。他在他那篇文里说：

> 欧洲现代文化，谁都知道是资本主义社会的反映……所发生的文艺复兴与宗教改革，和政治革命，都是资本主义代替封建社会而起。

冯恩荣先生对于王峰先生这种看法，曾加以批评道：

> 其实稍曾读过西洋近代史的人，理该要明白欧洲的文艺复兴与宗教改革，以至政治革命，都不是那么简单的一回事。欧洲那些的改革运动，都有了很长远的历史，如果没有希腊、罗马、基督教二千多年的孕育，是产生不出来的。又如十二、十三世纪欧洲的大学运动，中世纪末叶欧洲各民族的自觉、列国的成立、城市的兴起、十字军的东征和元朝的西征，都是产生欧洲的近代文化、文艺复兴、宗教改革、政治革命的主要原因。难道那些教育的、心理的、政治的、经济的、交通的、军事的种种文化的各方面，都只受制于经济的一个原则吗？

冯先生又说：

> 王峰先生要站在这样不稳固的立场上，进一步来解释东西文化。他断定西洋文化已经到了一个"没落"的时期，来证明西洋文化之"不可移植到中国"，复以为中国没有那个所谓资本主义社会的经济基础，以见西洋文化是"不能移植到中国"。错谬的论据，产不出正确的结论，那是自然的。但最错谬的是，他对于整个的中国文化，却一点都不提及，既没有比较，又没有分析，便惴惴然为西洋文化抱杞忧，宣布西洋文化的末日，不能不说是一个大疏忽。

至于林潮先生以为，全盘西化是不适于中国的国情这一点，我在上面已经解释，冯恩荣先生在其文章里加以批评之外，曾举出我在《独立评论》第四十三号所发表《教育的中国化和现代化》一文里下面二段话，去反驳林潮先生：

> 固有的中国文化，是自成一个系统的，自成一个圈围的，所以固有的中国文化像政治、经济等也有了密切的关系。西洋文化也有了它一套，它的政治、经济等，也有密切的关系。自东西文化接触以后，国人感到事事都不如人，同时又不能闭关自守，而保存固有的文化，结果是固有的中国国情，已不适合于今日的新的时代。整个文化既是不适合于现代的环境，则整个文化是要现代化了。若说中国的国情，或文化的某一部分，或好多部分，是适合于新的时代，那么这一部分，或好多部分，已变为现代的需要，而非中国的独有，或固有的需要了。

> 不错，国情或环境两字，虽可以包括一切天然、气候、地理、物产、人

种以及文化的情况,然而事实上所指明的,却只能说是文化的一方面。我们承认天然、气候、地理上的不同,固然可以影响及教育制度,以及文化的其他方面。然在文化进步的社会,这些东西的影响,其实微乎其微。而且事实上中国的天然、气候、地理、物产和西洋先进的各国,并没有多大的差别。此外,若说中国人种的聪明和脑力没有像西洋人那么高超,这是无论何人都会不承认的。

冯恩荣先生的《关于全盘西化论的比较方法》一文,是批评家驹先生在《民国日报》副刊五六期上所发表的《略论陈序经博士研究中国文化的出路之比较方法》一文。冯恩荣先生在他的这篇文里告诉我们:

> 家驹君提出一个关于研究方法的疑问,以为"全盘西化论"所用的比较方法是不该用到"中国文化的出路"的问题。其实,这个疑问也是用不着的。第一,我们知道比较方法是全盘西化论的研究中的许多方法之一。我们不能把它当作唯一的方法,正如我们不能单就了经济的观点上,或环境的观点上来决定我们对于整个结论一样。换句话说,我们在讨论这个复杂的文化问题的时候,比较之后还要批评的;演绎之后还要归纳的;分析之后还要综合的。然后可以概括得一个比较满意的结论。经济史观,或地理环境之说,在文化讨论上免不了犯着不澈底和畸形的流弊,就是忽略了这个综合的见解的原故。
>
> 其次,关于比较方法和"中国文化的出路",陈序经先生在他的《中国文化之出路》的演辞里,劈头就指出中国的问题,就是整个文化的问题,要想解决中国的教育、政治、经济等等问题,非先从文化着手不可。那末中国文化的出路,不就是要向西走,要整个的把中国现代化起来吗?
>
> "全盘西化论"的缔造是有基础的。但就比较方面说,在比较政治的时候,便要调查两方面的成绩,如选举的制度,宪法的施行,人民生命财产的保护,社会秩序和公安的一切事实,都要逐一的比较起来;在比较教育的时候,便要调查双方人民受教育的数目比率,教育机关的多少,历史的长短,学生的程度,以及学校的内容、设备及其影响等,都要应有尽有的比较过来;在比较经济生活的时候,便要调查双方的人民对于衣、食、住、行、用具、财产、职业、贸易、运输,究竟达到什么程度。多数人民是否在贫乏的水平线以上,抑在水平线以下。已经达到安适的程度,或尚未达到等等。此外,如比较文学、科学、道德、宗教、艺术、法律、战争、交通、农业等,都是经过详细的调查、严格的标准。
>
> 这样的研究结果,未必一定要实用的,可是当它拿到实用去的时候,它当然可以指出中国文化应该走的一个途径。所以中国文化之出路的主张,和全盘西化的理论,是分不开的、息息相关的东西。

第六章　廿四年前的全盘西化论（三）

从我们上面一章的叙述以及这次讨论的结果，大致上，有了下面数点是很值得我们注意的。

第一，一般参加这次的中国文化的问题的讨论的人们，对于当时与当地的当局的复古的运动，不但没有一位同情，而其实差不多没有一位不表示反对。

第二，一般反对全盘西化的主张的折衷论者，既非主张重中轻西而近于复古的折衷办法，也非主张中西各半的真正的折衷论者，而乃重西轻中而近于全盘西化的折衷主张。

第三，经过这次的中国文化的问题的讨论之后，赞成全盘西化的主张的逐渐增加，同时全盘西化的理论，经过这一次的讨论之后较为显明。

我在第四章里曾指出，广东的当局在我们讨论中西文化的问题的时候，正是实行复古的运动的工作，祭孔，读经，恢复从前的书院的制度，反对维新的人物的莅粤，都是复古的运动的工作的要点。同时，在政府当局所出版或管理之下的刊物，又常常发表其守旧的理论与复古的政策。然而同时我们也在上面指出，这个复古的当局，虽然在一个时期禁止我们刊登全盘西化的言论，以至中西文化的问题，然而在其所出版或管理之下的刊物，并没有直接去批评我们对于这个复古运动的批评。

而且我们在第五章里又指出，在参加这次中国文化的问题的讨论的人们中，反对全盘西化的主张虽然不少，然而真正主张复古的可以说是没有。比方，陈安仁先生在其著作里，虽然告诉我们中国文化的优点是一言难尽，然而他并不主张复古，他也并没有表同情于当时的当局的复古的运动的工作。又如，何永佶先生虽然误解了唐芮的思想为孔孟的思想的再生，然而他也没有明显的去主张复古，也并没有表同情于当时的当局的复古运动的工作。

其实，从参加这次的中国文化的问题的讨论的人们的言论来看，不但没有人去主张复古，没有人去表同情于当时的当局的复古的运动的工作，反而有好多明白的去反对复古的主张与复古的运动的工作。比方，讥骂我们主张全盘西化最厉害的张磬先生，就明显去声明他不赞成复古，他是反对复古。而批评我们主张全盘西化比较早的谢扶雅先生，后来在岭南大学所出版的刊物上发表了一篇文章，还且很明显的去指出，在广东那个时候的浓厚的复古的空气之下，他不只是极力反对复古，而且愿意去主张全盘西化，希望能以这个主张去阻止当时的当局的复古的运动的工作。

总而言之，在当时与当地的当局，尽管用政治的力量去提倡复古的运动，然而除了一些官僚政客为了保存地位而不得不维〔唯〕命是从，或是为了升官发财而尽力去妩媚上司，而始去推动或实行这种复古的运动之外，一般的智识界、教育界都可以说是反对这个运动的。所以在复古的浓厚的空气之下，我们讨论中西文化的问题，主张全盘西化，反对复古运动，在一个时期之中，虽被他们禁止，然而人心所向，思潮所趋，他们也没有法子去阻止，而且也没有法子来辩护他们的运动，没有法子来反对我们的理论。据说，连了通电请用孔子诛少正卯的方法去诛胡适之、主张复古最力的古公愚（直）先生，因为受了同事的反对，而不得不辞中山大学的教职。其实，古公愚先生虽然极力去提倡复古，然而他自己不只穿的是西装，住的是洋楼，而且食的为他所最喜欣，却也是西餐。复古运动本来是反背潮流的运动，而况像这样的人物而提倡复古，复古怎不为一般人所反对呢？

上面是解释我们所提出的第一点，这就是一般参加这次的中国文化的问题的讨论的人们，对于当时与当地的当局的复古的运动，不但没有一位同情，而且其实差不多没有一位不表示反对。我们现在且进而解释第二点。

我说一般反对全盘西化的主张的折衷论者，既非主张重中轻西而近于复古的折衷办法，也非主张中西各半的真正的折衷论者，而乃重西轻中而近于全盘西化论的折衷主张。关于这一点，我在上面一章里曾指出，最好的代表人物是张君劢先生。张先生在《民国日报》副刊六三期至六九期所发表的《学术界之方向与学者之责任》一篇长文中指出，无论从历史上，或是对外、对内方面来看，我们的固有的文化都失了效用。从历史方面来看，中国之所以一败而再败，而三败四败……是由于固有的文化失其效用。又无论是从对外方面来看，或是从对内方面来看，我国固有的文化都不能适合于时代环境的要求。三来，无论从文化那一方面来看，这就是说，文化的物质方面农、工、商、交通也好，文化的社会方面的政治制度也好，文化的精神方面的思想学术也好，可以说不只不如人，而"无往而非原始时代的产物"。

这么一来，中国文化之落后，中国文化之需要改革，是一件很显明的事情了。

不但这样，照一般的国人的看法，我国是礼义之邦、道统之国，自中外交通以后，国人虽然慑于西洋的物质文化的超越，然而一说及道德礼义，国人却往往以为，这不只是我国的精神所在，而且是西洋文化中所缺乏的要素，所需效法于我们中国的东西。然而张君劢先生对于这一点，是怎么样的看法呢？他告诉我们，中国的礼俗反不如野蛮国家的礼文，简而易于实行。中国礼俗既尚比不上野蛮的国家，比之西洋，更是望尘莫及，所以他主张我们要有新伦理去替代旧的。他说：

盖处今日民族竞争之世，须有一种新伦理价值，以为国之标准，此今后第一要务也。……

　　而所谓今后之新价值标准,照张先生的意见,是有了下列的五项:一是由静而移于动;二是由虚而移于实;三是由精而移于粗;四是由少数而移于多数;五是由身家而移于团体。

我们上面已经指出,礼义道德是我国人所自夸为我国文化的特征、我国文化的精华。张先生对于我国的旧礼义,其攻击之力、批评之甚,比之我们一般之主张全盘西化的人们,只有过之而无不及。而其痛恨名实相反的礼教之泄于言词,以至目国人之对于孔教,尤不若野蛮民族之能实行而为得。这是五四运动以来指摘中国礼教所少有的文字,而尤其是在当时的广东当局,正在提倡其固有的礼教,而发表这种言论,更足以证明张先生的卓见。

在消极方面,张先生既指摘国人所目为吾国文化的精华的礼教,以至学术思想、政治制度与农、工、商业等等;而在积极方面,他又主张要有动、实、粗,以至为多数、为团体而谋利益的伦理标准。那么张先生的言论,不只是在消极方面是很接近于全盘西化的主张,就是在积极方面也是很接近于全盘西化的主张。因为所谓动、实、粗,以至为多数、为团体而谋利益的伦理标准,就是西洋的伦理的标准;而所谓静、虚、精,以及为少数、为身家而谋利益的伦理标准,就是中国的伦理标准。伦理尚须西化,而况文化的其他方面呢?

我并不忘记,张先生在这篇文里以为西洋文化的移植是有困难的,不过关于这一点,吕学海先生在《读张君劢先生〈学术界之方向与学者之责任〉后》一文,已经加以解释。张先生之所以不主张全盘西化,也就是在这一点。然而我们若把他的整个思想来看,他是比较的接近于全盘西化的主张的。

除了张君劢先生之外,谢扶雅先生的主张,也可以说是很接近于全盘西化的主张。在广东的当局提倡复古的运动得很热闹的时候,谢先生还声明在这种情形之下,他是很赞成全盘西化的。这一点我在上面也略已提及,现在只好从略。

此外,又如王衍孔、何汝津,及穆超、吴良尧、非斯诸先生,都是重西轻中而偏于全盘西化的理论的折衷派。王衍孔先生在《民国日报》"现代青年"八四九至八五一期所发表《东西文化的分析》一文里说:

　　你看他们(指西洋人)的衣食住行罢,与他们的合理而有美观的生活,比较之下,便觉得我们的生活不独无条理,而且丑陋了。

这可以说是偏重于物质的文化方面去比较中西文化的优劣,至于精神的文化方面,王衍孔先生告诉我们道:

　　至于西方的精神生活的变化主义,固能令人对于一切事物有丰富精密的认识,驾御环境有敏捷稳健的能力,但机智精巧而心地不纯朴的人,每诡计百出、私心极重、有利可图的地方,无论手段如何残酷卑劣,亦不惜为。所以现时的西方社会虽有组织，而实以个人的利益为前提。

王衍孔先生在这里并不否认西洋人的精神文化的优越，他所忧的是因为机智精巧而会有诡计百出。其实我们自称为心地纯朴的人们，在我们的社会里又何尝没有诡计百出的事情呢？而况西洋人是否诡计百出，还是疑问。就退一步来说，我们承认西洋人诡计百出，然而他们除了有丰富的物质的文化的生活之外，又有丰富的精神的文化的认识，那么从整个西洋的文化看起来，还是西洋的文化比之我们的文化优越得多。那么，王衍孔先生还是一位主张重西轻中而近于全盘西化的主张的折衷派了。

又如，何汝津先生在《民国日报》的"现代青年"八五一期上所发表《文化问题中的几个具体问题》一文里，很坦白的承认，中国的整个文化还远不及西洋的整个文化。他告诉我们：

> 应坦白的承认这一种表现，宗法封建社会、商业资本社会意识形态的旧中国文化，是不能与现代资本主义文化、社会主义文化抗衡的。

究竟中国的文化是否可以叫做宗法封建、商业资本社会意识形态（？）的文化，而西洋的文化是否可以现代资本主义文化、社会主义文化这些名词去包括，我们不必在这里讨论。我们所要指出的是，他承认中国的文化是比不上西洋的文化的，然而何汝津先生却以为，在中国的西化的过程中，中国不应全盘西化，而应是折衷的办法。因为他以为中国的国故是需要整理的。他告诉我们道：

> 假使中国民族是不会灭亡的话，那么中国未来的新文化，一定不是欧美资本主义文化，也不是苏俄社会主义的文化，是有它的独特的文化的。而这种独特的文化，也不能不包含旧文化的原素，这就是要的人努力去整理国故的理由。

何汝津先生是想从整理国故中，我们可以发见一些中国的旧文化的原素，而加以保存，使能与外来的西洋的文化相配合，而成为一种独特的文化。他之所以成为一个折衷论者，就是这个原故。然而何汝津先生又告诉我们：

> 不要以为还可以在中国旧文化废墟里、故纸堆里，找出超出现代文化的学术思想来。

一方面想从整理国故而发现一些中国旧文化的要素，而加以保存；一方面又以为不能从"中国旧文化废墟里、故纸堆里，找出〈超出〉现代文化的学术思想"。这本来就是一个矛盾。其实照何汝津先生的理论的前提来说，他是偏于全盘西化的主张的，然而他又不愿意去赞成全盘西化，结果不得不想出所谓整理国故，以为这样可以保留中国文化一部分，然而最后又以为，整理国故不能找出适合于现代文化的需要的原素。这可见得他的思想的紊乱。然而在他的心目里，中国不只要西化，而且根本要西洋，是没有问题的。

又如，穆超先生在《民国日报》副刊八十一期所发表《再论全盘西化》一文，本来是答辩吕学海先生的文章的，然而他不只对于吕先生所说"中国文化之任何方面政治、经济、艺术、宗教、科学、伦理……都比西洋落后"没有加以否认，他自己还说：

> 今日中国文化的落后，民族的弱点，我们不能不承认的。同时中国古代的几许优点，今日已时过境迁，不适于时代需要。

这又可见得，他在实际上既承认西洋的文化的优超，那么理论上他不能不承认我们需要西化，要根本西化。他所以不赞成全盘西化的，也是因为他怕中国的国情不适于全盘西化。这一点我们已于上面解释，不必再述。

再如，吴良尧先生在《民国日报》副刊八十七期上所发表的《全盘西化乎？》一文，以及非斯先生在同处同期所发表《全盘西化及其他》一文，都承认西洋的文化是进步的文化，而且主张无论如何中国一定要接受西化。西洋的文化既为进步的文化，而同时无论如何中国要接受这种文化，那么中国所要接受，就算像非斯先生的意见，虽不是全盘的去接受，至少也要根本的去接受。

其实，就是发表反对全盘西化的文章最多的陈安仁先生，以至讥骂我最厉害的张磬先生，也可以说是属于重西轻中的折衷派。陈安仁先生在上面所举出的《中国文化的生路与死路》一文里，曾说过：

> 的确，现代西洋文化比我们中国高明许多，然不能说西洋文化均好，而我们中国文化通通不好。……世界文化之发展，全在吸收各国家、各社会、各民族的优良文化，以产生更优美新异的文化。

陈安仁先生这些话是很显明的指出，他虽反对全盘西化，他并不反对中国大部分的文化要西化，因为他相信而且很确定的相信，现代西洋文化比我们中国高明许多。他所反对的是我们说西洋文化均好，而我们中国文化通通不好。然则陈安仁先生也是一位重西轻中而接近于全盘西化论的折衷派，是无可疑的。

至于张磬先生在《中国文化的死路》一文里说：

> 我本来决不是绝对反对西洋文化的人，更不是所谓复古派、折衷派。不过像他们主张全盘西化而不言手段，只标目标的笼统的宣传，必至一般青年们盲目的崇拜西化，以至穿西装是西化，吃西餐是西化……甚至一糖果、一香水，非舶来品不足以表其西化——不西化便是落伍。

我们主张西化，并非主张享受西货，这一点我当在别处加以说明。张先生既不是复古派，又不是折衷派，同时又不是绝对反对西化，而是相对反对西化，而是反对我们"无条件的全盘接受"。那么，张先生也许不会反对中国的文化要大部分的西化，而成为重西轻中的接近于全盘西化论的折衷论调。我的这种看法是相当的对的，因为除了上面所说的理由之外，张磐先生在二十二年的《民国日报》"现代青年"栏里，曾发表过一篇《娱乐教育》。在这篇文里，张先生说：

> 中国贫在物质，欧美病在过重物质；欧美人自觉的，中国人糊涂的。

所谓"中国贫在物质"，这是无可疑的；所谓"欧美病在过重物质"，却是一个疑问。而况张先生曾接着说"欧美人自觉的，中国人糊涂的"。欧美人既自觉，那么就使他们病在过重物质，他们也会改过自新；中国既是糊涂，那么中国贫在物质，也许未必能够觉悟。在这种情形之下，中国之需要效法西洋，根本效法西洋，以至全盘效法西洋，是很显明的事情了。我在《关于〈中国文化之出路〉再答张磐先生》一文里，曾说过：

> 我主张全盘西化，无非要想中国人要自觉的，不要糊涂的，而且要全盘澈底的自觉，不要半点丝毫的糊涂。张先生反对全盘澈底的西化，是不是还要中国人这样糊涂以终，或是留着多少糊涂劣根性呢？一般盲目的国人，不明白欧美人是自觉的，中国人是糊涂的，以致不能自觉，糊涂以终，犹无足怪。张先生是知道这个分别的人，还要反对效法西人之自觉，而踌躇、徘徊于糊涂之途，是亦糊涂中之糊涂者矣。

这虽然是当时的有点情感的话，然而却是有理之言。张磐先生在表面上，在词句上，虽然尽了讥骂全盘西化的主张的人们的能事，然而在骨子里，在思想上，他并不见得离开全盘西化的主张很远。他的整个思想，不只是偏于根本西化的主张，偏于重西轻中的折衷派，而且他所用以解释文化的观点，这就是经济史观的观点，完全是西洋的观点，西洋的方法。

我们现在可以谈谈我们上面所提出的第三点，这就是经过这一次的中国文化的问题的讨论之后，赞成全盘西化的主张的逐渐增多；同时全盘西化的理论，经过这一次的讨论之后，较为显明。

我在上面曾说过，全盘西化的主张最初是由卢观伟、陈受颐与我三人发起，到了我们在岭南大学的晨会作过九次公开的讲演之后，这种主张在岭南大学里已有不少的影响。自从民国二十三年正月，我的《中国文化之出路》的讲演词发表，而引起一场的热烈的文化论战之后，除了我与卢观伟先生写了文章去辩护与解释我们的立场之外，吕学海、冯恩荣两先生都很热心的去赞成全盘西化的主张，而同时正如我们在上面一章所指出，他们又很热心去辩护与解释这个主张。此外，又如梁锡辉先生，除了记下我的《中国文化之出路》的讲演词之外，他曾写过好几篇主张全盘西化的文章。比方，他在《南风》九卷一期所发表《澈底创造与发展现代文化》的一篇长文，以及在《南大青年》廿二卷五期所发表《写在〈澈底创造与发展现代文化〉以后》的一文，均是说明全盘西化的主张的。此外又如麦发颖、李藉赐两先生，以及好多位在岭南大学所出版的刊物上所发表好多文章，都是赞成这个主张的。

不只是因为赞成全盘西化的主张的人们逐渐增加，使多数人对于这个主张贡献意见，而使全盘西化的理论较为明显。而且因为在热烈的讨论中，反对我们的主张的人们提出不少的疑问，使我们作了自我的检讨，使我作了不少的答复，使我以前也许没有机会详细或显明的去解释的问题，现在有了这个机会去解释。而且也许有些问题，在以前我们根本就没有想到的，现在有人提醒了我们，使我们能够想及或说明这些问题。此外，为了解释人家的疑问，说明我们的立场，我们不能不更加努力去多作参考书册的工夫。这都是使对于全盘西化的理论能够得到较为显明的解释的原因。

我现在可以把一个例子来说明。在我的《对于一般怀疑全盘西化者的一个浅说》一篇文里的引言中，我说：

> 自我的那篇《中国文化之出路》讲演词在《民国日报》的"现代青年"栏发表以后，有了不少的人们对于我们所主张的全盘西化的理论，没有充分的认识而生出不少的误会起来。为了说明我的立场，我曾把人们怀疑全盘西化的要点，约分为三十条；拟逐条解释，题为《对于一般怀疑全盘西化者的一个浅说》。我初意本想写完这篇文章，但是一来因为校务及他种工作相缠，没有空暇去继续写作；二来有些为人们所怀疑的要点在吕学海、冯恩荣两先生的文章里，已略为我说；三来我最初希望《民国日报》的"现代青年"的编者，对于我上面《关于〈中国文化之出路〉再答张磐先生》一文，能够先事登载，然后陆续写成这篇，在该栏发表。可是那篇文章寄去有月，该栏编者好像不愿意发表，我对于这篇文章的写作，也因之而中辍。

我这篇文虽然没有写完，然而一些人对于全盘西化的主张的怀疑的要点，我却给了不少的注意，而欲有所解答。而且就以这篇尚未写完的文章来说，里面虽只写了八条，然而八条中所解释的八点，已经写了二万余言。我说明了中国问题与文化问题的关系，文化基础与基础文化的关系；我解释了全盘西化与皮毛西化的不同，全盘西化与接受西货的不同；此外，全盘西化与中国国情，全盘西化与笼统西化，全盘西化与民族意识，全盘西化与五四运动等等问题，都是因了这次的讨论而引起我的注意，而加以解释的。总而言之，假使没有这次的热烈的讨论，有了许多关于全盘西化的言论，也许就不会写作，而《全盘西化言论集》也许不会刊行。因为《全盘西化言论集》的刊行，正如吕学海先生在《全盘西化言论集》中的引言里说：

> 自从今年一月陈序经先生的演讲词《中国文化之出路》在《民国日报》"现代青年"栏发表之后，跟着即爆发了一场文化论战，想读者也还记得

罢。本来事理愈辩而愈明，尤其是"西化"这个问题——一个范围极阔而且性质极复杂的问题——更急待"不厌求详"的讨论。可是"现代青年"栏为了该报改组和其他的原故，无形中将这个论战半途截断，使主张全盘西化的人们想更来说个明白也不得到机会。

全盘西化这个主张，在今日之中国只是一个最"后进"的思想，她引起一般折衷派和经济史观派的批评和怀疑，原是意中必有的事。为了这个问题的重要，本刊（《南大青年》）二十二卷第五期也曾登载过好几篇关于讨论和说明这个主张的文字，虽然还未算得详细和透彻。现在我们为了弥补这个缺陷起见，特再征集关于这个问题的文字，和选出已在"现代青年"栏发表的几篇比较重要的言论，汇编成一册，颜曰《全盘西化言论集》。俾读者可以明瞭我们主张全盘西化各方面的理论的系统，和易于比正。同时，算作我们对于讨论这个问题的一个小结束。

《全盘西化言论集》第一集的刊行，一方面固是由当时的当局所出版或管理之下的出版物上，无法登载关于全盘西化的主张的文字；一方面也是想把一些已经发表或未经发表的全盘西化的言论，搜集起来，成为一册，以为这一次的中西文化的问题的热烈讨论的一个段落。但是自从这本《全盘西化言论集》出版之后，没有多久便又引起一场热烈的讨论。冯恩荣先生在其所编的《全盘西化言论续集》的"弁言"中也说：

> 《全盘西化言论集》（就是第一集）的出版，原可算作对于全盘西化论立场的说明作一小结束。但是集子出了不久，便又重新引起了许多的讨论和批评的文字，见之于岭南大学校内的刊物，广州《民国日报》的副刊，以及外界的出版物中，也很不少。

今年一月，上海十教授发表了一篇很惹人注目的《"中国本位的文化建设"宣言》。而赞成那些言论的人们，在北方的论坛上开始对于全盘西化论，有所检讨，因而引起了在《独立评论》里最近一两个月关于全盘西化的讨论。这个问题总算已引起中国智识界更深一步的注意了。

我们现在又集合关于这个问题的新旧文字，继续印行这本《全盘西化言论续集》，目的仍然不外是把我们对于这个问题讨论所得更为明显的结论，公之于世，再由这一个结论的立场，把中国目前关于文化的各派别的错谬的思想，来再做一点积极的批评的工夫。希望从这些讨论的结果，可以帮忙中国找到一个较妥善完全的，较少危险和弊害的文化的出路。

可见得《全盘西化言论续集》也可以说是，以至于《全盘西化言论三集》的刊行，是由于《全盘西化言论集》所引起的讨论的结果。而那二年中（这就是民国二十三年与二十四年），以至近十余年来的关于全盘西化的主张的言论，或是关于中西文化的问题的讨论，都是有了连带的关系。

事理是愈讨论而愈显明。全盘西化的理论之所以得到显明的表示，也可以说是由于讨论而来。而这个理论之所以逐渐的能够引起国人的注意，逐渐的能够得了人们的同情，也可以说是由于讨论而来。

所以麦发颖先生在《全盘西化言论三集》（民国廿五年广州岭南大学学生自治会研究出版股出版）中的"编者引言"里曾说：

> 三年来，中国智识界对于"全盘西化"的文化理论及其主张的反应的争论，在广州和在北方，曾经很热闹地表露于民国二十三年和二十四年的春间。这些言论和文字，我们当时已经搜集刊印于《全盘西化言论集》和《全盘西化言论续集》之中，使关心今日中国文化出路的人，容易得到参考的资料。
>
> 我们留心读过这些文字及其论证的，想都能看出反对论者的态度，日有改变，近于或赞成"全盘西化"的论者日趋日多；虽然起首叫做拥护"中国本位文化建设"的，后来理论上也大大改变起来了。
>
> 所以我们在讨论全盘西化问题的初期，所谓反对论者，好像还是很有理由，振振有辞的说得十分起劲；但是讨论到最近的阶段，不独反对全盘西化论最力的复古派已像"死老虎用不着再打"，就是老生常谈的折衷调和论，也"受了很大的创伤，很少人相信"。这总算已引起中国智识界对于这个问题更确定，更积极，再不容犹豫的态度了。

第三编

第七章　廿四年的全盘西化论（一）

　　在上面三章里，我们已把广州，而尤其是民国二十三年的广州的全盘西化的理论的讨论的大概，加以叙述。这一次的中国文化的问题的讨论，是我们数十年的中国文化的问题的讨论上所少见的现象。因为不只参加这个讨论的人们与文章之发表的很多，而且时间延长了一年之久。

　　然而，这一次的中国文化问题的讨论，大致上只是偏于广州的一个地方。上海方面的一些刊物，虽然也有一些文章的登载，然而究竟没有多大影响。

　　到了民国二十四年，这个问题不只继续的热烈的讨论下去，而且在地域上，讨论的范围漫延于全国各处。

　　其实八十年来，国人对于西化问题的讨论，其兴趣最为浓厚而其情形最为热烈，同时最能引起全国的人们加以注意的，恐怕要算民国二十四年那一年了。

　　这一年的西化讨论的重心，是全盘西化的主张与本位文化的宣言。当时有些人说，前者是因为反对后者而发生的，这是一个错误。读过我们上面所叙述的全盘西化的运动的史略，就能知道，其实所谓《中国本位的文化建设宣言》，不只是刊布于全盘西化的主张之后，而且我们可以说，中国的本位文化的宣言是为着反对全盘西化的运动而产生的。因为在这个宣言里，就有了反对全盘西化的主张的词句。十教授告诉我们道：

　　　　吸收欧美的文化是必要的而且是应该的。但须吸收其所当吸收，而不应以全盘承受的态度，连渣滓都吸收过来。

　　而在四个月后，十教授所发表的《我们的总答复》里，又告诉我们道：

　　　　我们的信念是如此，所以我们所揭橥的中国本位的文化建设，在纵的方面不主张复古，在横的方面反对全盘西化。

　　十教授在宣言里虽然声明反对复古，然而他们自己却偏于复古。其实有人疑心，十教授的《中国本位的文化建设宣言》，是受了当时趋于复古的当局的暗示而发表的，我们对于这点不必加以考究。然而，他们的宣言既有了复古的趋向，那么他们所谓反对复古，只是一种表面的说法。关于这种复古的趋向，我们下面当再加说明，这里暂且不提。此外，十教授在总答复里虽然声明他们反对折衷的论调，然而他们自己却也属于折衷。他们自己既是趋于复古，属于折衷，那么他们的宣言，以至他们的总答复的主要目的，可以说是为了反对全盘西化的运动而产生的。而况在宣言里，在总答复里，他们有了显明的反对全盘西化的表示呢。

不但这样，全盘西化的理论自我们数位朋友提倡之后，而特别是自在岭南大学与广州各处作过热烈的讨论之后，其影响所及已超出广州的范围。上海方面，在民国二十三年，已有关于这个理论的文章的登载，而我在商务印书馆所出版的《中国文化之出路》一书，又已经出版。我们知道，《中国本位的文化建设宣言》，以及他们自己，或同情他们的宣言的关于西化问题的文字，都是以在当时在上海所出版的《文化建设》月刊上发表。然而在十教授尚未发表宣言之前，就是在这个月刊上，已有评论主张全盘西化的《中国文化之出路》一书的文字的登载。所以，全盘西化的理论的历史不只是比之《中国本位的文化建设宣言》较早得多，而且我们可以说，后者是主要的为了反对前者而发生的。

《中国本位的文化建设宣言》在未发表之前，十教授已请了一些记者、名流于发表之日为文讨论，或通电赞成。所以［在］这个宣言在民国廿四年一月十日在同月同日所出版的《文化建设》月刊第一卷第四期上发表，比方同月同日的上海《晨报》就发表了《中国本位的文化建设》的一篇文章，去表同情于这个宣言；而江苏省政府主席陈果夫先生，也不久通电去表同情这个宣言。

到了这个宣言发表之后，十教授不只是到处请了名流发表意见，而且到处开了文化建设座谈会，希望唤起国人的注意，希望得到国人的同情。我个人曾把民国二十四年在各处所发表的关于中西文化的问题的几百篇文章，小心阅读，而其所得的印象，就是正像我在上面所说，这一年里的文化讨论的重心，是全盘西化的主张与本位文化的宣言。换句话来说，就是主要的是本位文化的主张与全盘西化的主张的争论。马芳若先生在其所编的《中国文化建设讨论集》的一大册的"中编前言"里认为，全盘西化论者批评十教授的宣言，是他所编的全书最精彩的一段。且看他说：

> 这里的文章，本来也是为批评"一十宣言"而发的；不过文意侧重"西化"。就是除了对宣言批评外；还提出自己对于建设中国文化的意见，认为接受西洋文化便是中国文化的出路。这个主张是和"一十宣言"相左的；于是署名于"一十宣言"的几位教授，及其他与"一十宣言"表同情的几位先生，便为文商讨。编者认为是全书最精彩的一段。不过有两点要声明的：第一，这虽是"全盘西化"论者和"本位文化"论者两派的论战，编者认为还未到短兵相接的地步，只是各派说明自己的主张罢。……第二，这虽是一场混战，但是仍旧有小组可寻的。

十教授本来是为了反对全盘西化的主张，而发表《中国本位的文化建设宣言》，可是自这个宣言被了主张全盘西化的人们加以严厉的批评之后，十教授又不得不改变其态度。这种态度的改变，可以从他们的《我们的总答复》里看出来。

我以为十教授的《中国本位的文化建设宣言》，在表面上虽是主张折衷，然而骨子里却是偏于复古的。这一点，在十教授发表这个宣言之后，我曾写了一篇《评〈中国本位的文化建设宣言〉》，这篇文章后来收入在《全盘西化言论续集》里。现在我又把它修改起来，而成为《东西文化观》的第二部分的《折衷办法的批评》一书里的第九章，我在这里不必再加抄录。我现在所要指出的是，这种看法并不是我一个人的看法，而是一般人的很普通的看法。我现在且摘录胡适之先生在民国二十四年三月三十一日，在天津《大公报》的"星期论文"的《试评所谓"中国本位的文化建设"》一文里数段话，抄之于下，以为例子：

> 十教授在他们的宣言里，曾表示他们不满意于"洋务""维新"时期的"中学为体，西学为用"的见解。这是很可惊异的！因为他们的"中国本位的文化建设"正是"中学为体，西学为用"的最新式的化装出现。说话是全变了，精神还是那位《劝学篇》的作者的精神。"根据中国本位"，不正是"中学为体"吗？"采取批评态度，吸收其所当吸收"，不正是"西学为用"吗？
>
> 我们在今日必须明白"维新"时代的领袖人物也不完全是盲目的抄袭，他们也正是一种"中国本位的文化建设"。他们很不迟疑的"检讨过去"，指出八股、小脚、鸦片等等为"可诅咒的不良制度"；同时他们也指出孔教、三纲、五常等等为"可赞美的良好制度，伟大思想"。他们苦心苦口的提倡"维新"，也正是萨、何诸先生们的理想，要"存其所当存，去其所当去"。

胡先生又说：

> 我们不能不指出，十教授口口声声舍不得那个"中国本位"，他们笔下尽管"不守旧"，其实还是他们的保守心理在那里作怪。他们的宣言也正是今日一般反动空气的一种最时髦的表现。时髦人当然不肯老老实实的主张复古，所以他们的保守心理都托庇于折衷调和的烟幕弹之下。对于固有文化，他们主张"去其渣滓，存其精英"；对于世界新文化，他们主张"取长舍短，择善而从"。这都是最时髦的折衷论调。陈济棠、何键诸公，又何尝不可以全盘采用十教授的宣言来做他们的烟幕弹？他们并不主张八股小脚，他们也不反对工业建设，所以他们的新政建设也正是"取长舍短，择善而从"；而他们的读经祀孔也正可以挂起"去其渣滓，存其精英"的金字招牌！十教授的宣言，无不一句不可以用来替何键、陈济棠诸公作有力的辩护的。何也？何、陈诸公的中心理论也正是要应付"中国此时此地的需要"，建立一个中国本位的文化。

关于陈济棠在广东在那个时候的复古运动，我在上面已经说过。胡适之先生既以"中国本位的文化建设"是为陈济棠、何键作有力的辩护，那么十教授的宣言之偏于复古的主张，可以概见了。

胡适之先生更很沉痛的说：

> 今日大患并不在十教授所痛心的"中国政治的形态，社会的组织，和思想的内容与形式，已经失去它的特征"。我们的观察，恰恰和他们相反。中国今日最令人焦虑的，是政治的形态，社会的组织，和思想的内容与形式，处处都保持中国旧有种种罪孽的特征，太多了，太深了，所以无论什么良法美意，到了中国都成了逾淮之橘，失去原有的良法美意。政治的形态，从娘子关到五羊城，从东海之滨到峨嵋山脚，何处不是中国固有的把戏？社会的组织，从破败的农村，到簇新的政党组织，何处不具有"中国的特征"？思想的内容与形式，从读经祀孔，国术国医，到满街的性史，满墙的春药，满纸的洋八股，何处不是"中国的特征"？

照胡适之先生的意见，《中国本位的文化建设宣言》并不异于"中学为体，西学为用"的近于复古的折衷的主张，而且照胡先生看起来，中国的文化在今日所保存中国的特征"太多了，太深了"，而十教授却焦虑这种特征的失弃，那么十教授之趋于复古的态度，是很显明的。此外，又如严既澄先生，在民国二十四年五月二十日的天津《大公报》所发表的《〈我们的总答复〉书后》一文里也说：

> 胡适之先生曾在《大公报》的"星期论文"上指摘十位先生的宣言实际上就是三十年前的"中学为体，西学为用"说。十位先生的总答复否认胡先生的判断，以为他们与"中体西用"说之根本不同处在乎不承认精神与物质，和体与用之可以分开；他们认为"有什么体便有什么用；说什么中体西用简直是不通！"不过据我个人近来在许多人的口中和笔下观察所得，他们的这种分别是不大容易得到众人的理解的；许多人都只知道"中国本位文化建设"说就是截长补短说，其办法就是以中国固有的文化为主，而吸收西洋文化之所长以补助之。还有人更进一步而讨论到中西文化的优劣比较的问题，例如，北平市各名流举行第一次"中国本位文化建设座谈会"于公园水榭之时，便有某院长说到"今日到会的人大多数都穿着中国衣服，可见还是主张中国本位文化者为较多"的话（根据报载），而且当时到会者所发言论，也大都侧重于中国固有文化之发扬。这就与"中体西用"说无甚差别了。可见这个看法是很普遍的。而那天也参加座谈会的宣言起草人之一陶希圣先生，却并未曾明白矫正各位发言人的误解——依他们现在的总答复说，这个看法便成为错误了。

这可见得，不只是照一般人的看法，所谓"中国本位的文化建设"是偏于复古的主张，就是所谓起草宣言人之一的陶希圣先生，也默认或同意于这种看法了。

又如，民国二十四年十二月十五日的《北平晨报》的"体育"栏载，河南百泉乡村师范学校所主办的乡民运动大会，提倡国术比赛、毽子比赛等运动，该报记者以为这是中国本位文化运动，同时加以按语道：

值此建设中国本位文化之声浪高唱入云时代，确有大提倡而特提倡之意义也。

再如，潘光旦先生在《华年》周刊四卷三期上所发表《谈"中国本位"》一文里，曾解释"本位"这两个字道：

"本位"二字原是不难了解的。物有本末，事有先后，明白这一点，古人称为"近道"。以中国为本位，是以中国的治安与发展为先务。本末也有主客的意思，所以本位就等于主体。也有轻重的意思，所以本位所在就等于重心所寄。也有中心与边缘的意思，所以以中国为本位就无异以中国为中心，译成英文就是 Sino-centric；"中国"的称号原有这个意思，但同时也养成一种妄自夸大的心理。自今而后，此种自大的心理应去，而自恃、自爱、自尊的态度却不能不培植。本末也有常变的意思。中国是一个常数（Constant），世界文化潮流的动荡终究是一些变数（Variables）。我们决不能因变数的繁多，而忘却了常数的存在。我们更应该以变的迁就常的；常的对于变的事物，虽宜乎不断的选择、吸收，以自求位育，但也不宜超越相当程度，使外界对于它的个性，发生怀疑、错认，甚至于根本不认识的危险。本末也有体用的意思。以前提倡"洋务"时代张之洞"中学为体，西学为用"的两句话，也不能说是全无道理。

潘光旦先生"对于这个宣言大体上很赞同"，所以我特地的把他的这段话抄在这里。潘光旦先生是很显明的指出，本位是以中国为本，而本位的文化是以中国的文化为本；同时他又指出，这个本位文化是与"中学为体，西学为用"是同一的意思。我希望阅了潘先生这段话的人，而尤其是一般主张或辩护《中国本位的文化建设宣言》的人们，不要以为我们因为反对这个宣言，而至于曲解"本位"这两个字的意义罢。

卢观伟先生在《趋于全盘西化的共同信仰》一文（参看《全盘西化言论续集》）里，曾这样的说：

大体上西化程度不过一半，五对五的趋势的二元论才是真正的折衷派，超过一半以上则已入了西化本位。

张佛泉先生在其关于西化的著作里屡屡指出，根本西化的主张与全盘西化的主张是很接近的。张先生所说的根本西化，就是卢先生在这里所说的西化本位。所谓西化本位的主张，既是近于全盘西化的主张，那么所谓《中国本位的文化建设宣言》，不能否认其接近于复古的主张了。

上面是说明十教授的《中国本位的文化建设宣言》是趋于复古，至少是属于中体西用而近于复古的折衷的办法。这可以说是在民国二十四年，这个宣言发表以后的一般人的很普遍的看法。这就是说，反对这个宣言的人固是这样的看法，就是赞成这个宣言的人也是这样的看法。

十教授的宣言的真意上既明明是趋于复古，然而在词句上却又有了不守旧的说法；又，十教授的宣言在表面上，虽是批评中体西用的折衷办法，然而在骨子里，还是属于中体西用而近于复古的折衷办法。这是矛盾，这是错误。

十教授的宣言的这些矛盾、这些错误，以及其很多的矛盾、很多的错误，自受了各方而尤其是主张全盘西化的人们的公平的指摘与严厉的批评之后，他们除了各个人发表文章以为解释之外，到了那年的五月十日，又共同发表一篇《我们的总答复》。我阅了这篇《我们的总答复》之后，觉得十教授在这篇总答复里的态度，比起他们在四个月前所发表的《中国本位的文化建设宣言》里的态度，已经变得很利害；同时在表面上，他们虽是仍然怀疑全盘西化的主张，然而事实上，他们已经有意或无意的趋在这条路上。因而草了一篇《读十教授〈我们的总答复〉》，登载在民国二十四年五月二十日的天津《大公报》上，指出他们态度的改变得很厉害，同时指出他们已经有意或无意的趋在全盘西化的路上。我的这篇文章，后来曾加以修改起来，而成为《东西文化观》的第二部分的《折衷办法的批评》一书里的第十章，我在这里不必再加抄录。我只要指出，十教授在这篇总答复里不但反对任何复古，而且反对各种折衷，而改变了他们在宣言里的态度。我这种看法其实也非我个人的看法，而是一般人的普遍的看法，连了一般同情于十教授的宣言的人也是这样看法。例如，徐彝尊先生在《正论》旬刊第二十八期上所发表的《读上海十教授〈我们的总答复〉》一文中说：

> 知道怎样建设中国本位的文化，的确不是一件容易的事。十教授不能明白解答，又不肯强不知，所以公开讨论，请大家来研究，这确是学者应有的态度。至于什么是中国本位的文化，岂有发表《中国本位的文化建设宣言》的人自己却不知其意义的道理？他们所以拿来发为疑问，还只是虚怀若谷的学者的态度罢。

徐先生又说：

> 现在在征文揭晓之前，十教授已先发表一篇《我们的总答复》了。文中对于：（一）何谓中国本位？（二）何谓不守旧？（三）何谓不盲从？

(四)中国本位和"中学为体,西学为用"有何不同?(五)什么是中国此时此地的需要?(六)对于反帝反封建的态度怎样?都一一加以解答。这篇文字的流畅、挺秀、紧凑、生动,到堪与宣言比美。

这都可以说是徐先生同情于十教授的宣言与总答复的话,然而徐先生又接着最后所抄录一段话说:

> 可是从内容上观察,我们却总觉得有许多缺憾的地方。

徐先生虽尽力的去同情于十教授的宣言,赞美十教授的总答复,然而他却指出,十教授的总答复的内容,已与了十教授的宣言的内容有了很大的不同,而表示有了许多的缺憾。然则十教授在总答复里的态度的改变,是没有可疑的。

其实,十教授不只是在总答复里改变了他们在宣言里的态度,十教授对于什么是中国本位的文化,建设的意义究竟是什么,恐怕自己也不知道。这不只是因为十教授的各个人有了各个人的自己的看法,比方,署名发表《中国本位的文化建设宣言》的十教授中,也有署名为了拥护全盘西化的主张,而在《新生》周刊二卷廿一期所发表《我们对于文化运动的意见》,这就是一个最显明的例子。

此外,徐彝尊先生又说:

> 新旧是时间上的对待词。如果我们今天所有的谓之为新,则前于今天所有的便都是旧,但是新与旧是一事,好与不好又是一事。硬说旧的全是好的,而企图抱残守缺,固然陷于错误;硬说旧的全是不好的,而企图根本铲除,也同样的陷于错误。总理说:"我们固有的东西,如果是好的当然是要保存。不好的,才可以放弃。"这样的允执厥中、一无成见的态度,是我们应该效法的。忠孝、仁爱、信义、和平是中国的旧有道德,格物、致知、诚意、正心、修身、齐家、治国、平天下是中国旧有政治哲学,我们总不能说这是旧的东西,这是"封建的残骸,没有可迷恋的现实价值"吧。再说民族主义本来也是中国旧有的东西,总理说:"要救中国,便先要想一个完善的方法来恢复民族主义。"总不能说是抱残守缺罢。所以固有的好东西,如果现时还存在着,我们便应该去保存他,保存便是守旧。如果这些东西,现时不幸已经失掉,我们便应该去恢复他,恢复便是复古。守旧和复古,在相当条件下,并不一定便是坏事,一听古和旧便掩耳而逃,避之若浼,这种偏执不通的畸形心理是要不得的。十教授在宣言里还说过些"必需把过去的一切加以检讨,存其所当存,去其所当去"的话头,谁知在总答复里,却又直截痛快的说,"对于任何复古的企图,都采排斥的态度"了。我们虽不可以辞害意,批评十教授的主张前后不能一贯,但总有些埋怨他们择语的不慎。何况他们又明明在不守旧的前提下,满装了些"复活封建作为""制造人工黑夜""延长进化过程"等一类话。大有"守旧云者,如此般而已"的意

思，这不是他们对于守旧两字的误解么？

我特地的把这位徐先生这数段话抄下来，因为徐先生不只是很表同情于十教授所发表的《中国本位的文化建设宣言》，而且从他的词句，还是很愿辩护十教授的《我们的总答复》的人。然而在这种同情与辩护的心理之下，徐先生又感觉到，十教授在总答复里的态度，已不像十教授在宣言里的态度，而有很大的改变，使像徐先生这样表同情于宣言，愿辩护总答复的人，也有了不知怎么样的去解释的困难，或是窘状（Embarassment）。所谓"我们虽不可以辞害意，批评十教授的主张前后不能一贯，但总有些埋怨他们择语的不慎"，这是最能表露这种窘状的情绪了。

上面是说明十教授在其总答复里，对于复古的坚决的反对的态度。至于十教授在总答复里，对于反对各种折衷的办法，其态度也很坚决。我在《读十教授〈我们的总答复〉》一文中曾指出，十教授既说有什么体便有什么用，有什么用便有什么体，那么采纳人家之用，不能不采纳人家之体。又十教授既说物质和精神是一个东西的两方面，那么采纳人家的物质，不能不采纳人家的精神。这么一来，我们除了全盘西化之外，没有别的方法。

在总答复里，十教授在消极方面既反对任何复古与各种折衷，而在积极方面又显明的趋于全盘西化的路上。因为他们在宣言里所说的中国本位的文化是要合"此时此地的需要"，在总答复里已变为：（一）充实人民的生活；（二）发展国民的生计；（三）争取民族的生存。这三种需要都可以说是有了密切的关系的，而第二以至第三项，都可以说包括于第一项。十教授在第一项里既显明的说："中国人民的生活非常贫乏，物质方面不消说是不如人，精神方面又何尝丰富？"那么十教授不只承认物质方面我们要西化，就是精神方面我们也要西化。物质与精神两方都要西化，就是全盘西化。

其实我在当时这种看法，也非我个人的看法，而是一般人的普遍的看法。比方，胡适之先生在民国二十四年六月二十一日的天津《大公报》所发表的《充分世界化与全盘西化》一文里，告诉我们道：

> 就是那发表"总答复"的十教授，他们既然提出了"充实人民的生活，发展国民的生计，争取民族的生存"的三个标准，而这三件事又恰恰都是必须充分采用世界文化的最新工具和方法的，那么，我们在这三点上边可以欢迎"总答复"以后十教授做我们的同志了。

胡适之先生在这篇文章里，主要目的虽然提议以"充分世界化"这个名词去代替"全盘西化"这个名词，然而我们在这里所以要特别注意到这段话的是，从胡先生看起来，总答复前或是宣言里的十教授的态度，是与总答复里的十教授的态度是不同的。这就是说，总答复里的十教授已改变其宣言里的态度，而成为胡先生所说的充分世界化的同志，或是接近于全盘西化的主张了。

同样，严既澄先生在《〈我们的总答复〉书后》一文里也说：

> 我在未读他们的总答复之前，心里也老是疑惑他们的主张和中体西用说并不见得有多大不同处……如今读了这篇总答复之后，总算明白了他们的真意并不如此了，然而从他们的意义不十分显明透彻的文字所产生出来的种种恶影响，却总是他们所应该负责的。就以他们这篇总答复来说，我也很希望他们注意下述一件事实：中国的文人原来最喜欢在言语文字上绕圈儿，如"既不怎样怎样，也不怎样怎样"的这种文字上的游戏，说起来是非常的冠冕堂皇，而真意所在有时候会陷于虚无缥缈，例如孟子上解释孔子所说的"中行""狂""狷"和"乡愿"四等人物，中行（孟子叫做"中道"）是最高的，狂与狷次之，乡愿是最不好的；孟子只解释了狂、狷与乡愿三种人，狂是进取的，狷是不屑不洁的，而乡愿则是"非之无举也，刺之无刺也……居之似忠信，行之似廉洁，众皆悦之，自以为是"的。他未曾说明中道是如何的一种人，却说明乡愿与中道相似。后来解孟子的人便把这中道说成得乎狂狷之中，既不如狂者之一味狂，又不如狷者之只知狷的人，以为如此解说方恰合"中道"的名称；不知后之读书者，闭起眼睛来想一想他们所描写的人的那种谨守绳墨，徘徊歧路，而无坚定的主见的情形，反倒成了一个乡愿的写照了。我颇觉得近来的关于西化的论争，很可以拿来和这四种人相比譬：我们姑且命主张全盘西化者为"狂"，主张闭关复古者为"狷"，那么，中体西用说者可例以"乡愿"，而作"总答复"的那十位先生所自陈的态度亦可暂比"中行"。这样一比，我们再来念念他们的这篇"既不是这样，也不是那样"的文章，我们的眼前又不免现出一个"乡愿"的影像来了——虽然他们自己是极端反对乡愿的说法的。

我所以说十教授的《我们的总答复》是有了很多的矛盾、很多的错误，也就由于他们有了像严既澄先生所说的"既不是这样，也不是那样"的态度罢。严先生又说：

> 我把十位"宣言"起草者的这篇总答复仔细看过了两遍之后，颇觉得他们的根本主张其实是和所谓全盘西化说大体相近的，只可惜他们被这套绕圈儿的文字遮蔽着了，只图理论上说得通圆，文字上说得痛快，就此模糊笼统地把自己的立脚点说成了一个大零号而不自知。他们说："在纵的方面不主张复古，在横的方面反对全盘西化"；同时他们又明白指出，中国此时此地的需要是"充实人民的生活，发展国民的生计，争取民族的生存"。根据这种说法，我敢请问诸位先生，中国整个民族现时所能利用去解决这三项问题的工具和智识，除了从我们的祖先遗传下来的和我们在最近二三百年来陆

续向西洋学得来的以外，还有些什么？对于前两项问题，如不求助于科学的发明，便只有守着我们的世代相传的人力耕种和小手工业，对于后一项问题，如不求助于现代军事知识和新式军器，便只有依然运用我们的一刀一枪。试问中国如今在整个生活系统和一切文物制度里所有的，究竟有什么东西是现代的中国人自己创造，既非祖宗的遗产，也非向西洋各国学来的？……由此说来，他们十位先生的既不主张复古守旧，也不主张全盘西化的说法，岂不是刚好把自己平空悬挂起来，根本取消了自身的立脚点么？至于他们所盼望达到的"一种积极的创造"，我只好借孟子的话说，"先生之志则大矣"，事实上一国文化之创造，恐非一手一足、一朝一夕之间所能为力吧。

严先生在这段话所说的，不只是因为他同我一样的指出十教授的总答复是趋于全盘西化的路，虽则在表面上与在词句上，他们还是反对全盘西化的主张，而且因为他所主张的全盘西化是有了特殊的见地。

第八章 廿四年的全盘西化论（二）

在上面一章里，我曾把一般最初表同情于本位文化或折衷办法，而后来却趋于全盘西化的主张的代表人物的态度，加以叙述。在这一章里，我们要把一些本来主张根本西化，而后来却表同情于全盘的理论的代表人物的态度，以及民国二十四年那一年中的一般赞成全盘西化的主张的代表人物的思想，加以解释。

我们可以先从张佛泉先生的态度说起。

张佛泉先生在民国二十三年《国闻周报》第十卷第二十四期上所发表的《中国教育基本问题》一文，就主张所谓"根本西化"。他在这篇文里曾指出，他对于西化态度的三个要点：第一，是一切中国问题都是适应西洋文化的问题；第二，借用西人的实用科学与政体都不是澈底的办法；第三，我们对于西洋文化要有最后的认识，我们要从实用科学、政体与主义，再深一层到哲学时期。而"哲学"一名词，照他的意见，在这里是有极宽泛的意义，包有批判的、分析的、自动的、谨严的、逻辑的精神。

他又说：

> 所以我们如果检讨中国问题，我们可以得到这种的观念：最根本的还是头脑问题，如果我们头脑的习轨（Habitude of Mind），思想的方法，不另转上一条路径；如果我们个人对家、对社会、对国的基本观念，不另换上一套新的；我敢说，中国一切表面现象永不会变好。
>
> 西方文明在物质表象背后，是个科学头脑；在政治表象背后，是个道德。

到了民国二十四年，张佛泉先生又在《国闻周刊》第十二卷第九期上发表《关于整个教育目标问题》一文。他在这篇文里又告诉我们：

> 我以为中国教育当前的最大的问题，也是几十年来未得解决的问题，便是怎么样适应西方文化。我们对于这个问题如拿不出确定的态度来，则不但缺少可适从的施教方针，并且其他一切社会、政治、经济等问题也不能得到直接解决。人人都知道国难问题严重，然而不知怎样适应西方文化的问题更严重。这是一个最基础的问题。我深信在新的政治组织、新的经济结构、新的社会形态没有实现之前，必有一个可以为这些具体建设做基础，做先锋的新哲学，新的精神先养成方可。

张佛泉先生在这篇文里所谈的虽是教育问题，然而教育固是要怎么样的适应西方文化，文化的其他方面，如政治，如经济等等，也是要怎么样的适应西方文化。为要适应西方文化，以建设我们的新教育、新政治、新经济等等，我们又要先有一种新精神或新哲学，而这个新哲学，也就是一个新文化哲学。而这个新文化哲学，照张佛泉先生的意见，不外就是他所提倡的根本西化。所以，他在《关于整个教育目标问题》①一文里又说：

> 我们可以见到将文化与文明划为截然两段，也含有很大的错误。若说文明是发明，文化是创造，也许还不失为漂亮的名词，至若谓文明是有世界性的，文化是有国别性的，便已含蓄了很大的错误，若更进而以为文明是可抄袭的，而文化是绝对不能模仿的，便完全又陷入张之洞的"中学为体，西学为用"的"两截"（我想这"两截"两字比"二元"两字好得多）西化论之窠臼了。我们翻来覆去所要指明的即正是：就大体上讲，有某种文化才会产生某种文明，而文明不是蓦地产生的。比如没有希腊文化便没有近代科学的文明，或反过来说，只有道、儒、佛的文化，却必亦无望得到科学的文明。文化文明相生的过程是如此，我们采纳他们时也要文化与文明同时并重，或甚至将注意力多放在文化上面！我们认为非这样从基础上着手，从根本上着手，是学不好西人的。

所谓基础上、根本上去学西化，就是根本西化。张佛泉先生后来在《国闻周报》第十二卷第十二期发表了《西化问题之批判》，文里曾解释这个根本西化的必要，他说：

> 然则为甚么我们主张要从根上西化？因为我们四万万人如想继续在这世上生存，便非西化不可，而欲西化则只有从根本上西化才足以生效！我们是被逼西化，被迫从根本西化。近几十年的教训是，我们最聪明的办法，便唯有诚意的，老实地，爽快的，不忸忸怩怩的从根本西化。我与主张保存国粹以图立国的人正正相反，我深信从根本上西化才是我民族的出路。

我们应当指出，张佛泉先生这种根本西化的主张，可以说是偏于"唯心"方面的根本西化。因为他所注重的西化是所谓精神方面的西化，而他所注重的改革是头脑方面的改革。这种西化的态度，不只是像他所说是与主张保存国粹以图立国的人正正相反，而是与主张所谓"中学为体，西学为用"的人正正相反。换句来说，张佛泉先生是主张西化本位的，而与主张中国本位的正正相反罢。

我们也得指出，张佛泉先生可以说是始终偏于根本西化的主张，不过在民国二十四年的中国文化问题讨论得很热烈的时候，而尤其是全盘西化的理论正在流行的时候，张佛泉先生的态度也有不少的变更。因为我们知道，张佛泉先生在

---

① 校按：这里作者引用有误。下面引文实出自张佛泉发表于《国闻周报》第12卷第12期（1935年4月1日）上的《西化问题之批判》一文。

《国闻周报》十二卷第九期所发表的《关于整个教育目标问题》一文里，张先生一方面提出他的根本西化的主张，一方面还是告诉我们道：

> 主张全盘西化的多半要受到严峻的攻击。

可是自我在《独立评论》一四二号发表了《关于全盘西化答吴景超先生》一文后，张佛泉先生在《国闻周报》十二卷十二期所发表《西化问题之批判》一文，却不顾到这种"严峻的攻击"，而同情于全盘西化论，而且用张佛泉先生自己的词句是与全盘西化是非常同情的。张先生说：

> 全盘西化论也不是丝毫没有问题的。我个人在大体上很同情于全盘西化论，并且非常佩服陈序经先生的勇气，敢取一种不骑墙的态度。

他又说：

> 我与全盘西化论是非常同情的。我与全盘西化论的不同，只在我看中西文化间多少有"质"的不同，而不只是"程度高下的分别"；只在我看西方文化有实质与表象之分，只在我将注意力放在实质的采纳方面，而不将实质与表象同等而视。

张佛泉先生在这篇文里，既与全盘西化论以非常的同情，然也有多少分别、怀疑的地方。因而我又在《独立评论》一四七号发表《再谈"全盘西化"》一文，去解释这一点，这篇文章现在也收入在《东西文化观》第二部分《折衷办法的批评》的第十五章。张佛泉先生后来又写一篇文章，题为《西化问题的尾声》，重申他的根本西化的主张，以及他与全盘西化论的多少分别，与他对于全盘西化论的多少怀疑。同时，他也声明，他是始终表同情于全盘西化的主张的。

我已说过关于张佛泉先生的主张与我的主张的多少不同之点，以及张先生对于全盘西化的多少怀疑之处，我已在《再谈"全盘西化"》一文中解释，这里不必再述。我现在这里所要指出的是，为什么张佛泉先生对于全盘西化论是非常同情的？从张先生的文章里，至少我们可以找出两个很重要的理由。照张先生的意见：第一，全盘西化的主张可以说是一种历史的趋势；第二，全盘西化论可以说是一种情调的表示。关于第一点，张先生在《西化问题之批判》一文里告诉我们道：

> 现在我们要问，这几十年来在对西方文化态度的变动中，到底有没有它一定的趋势呢？就大体上讲，我们可以发现是有的。我在另一文里已经轻轻论到这一点。依着时间的迈进，我们对西方文化的长处，实在是愈承认愈多。我们在起始只承认西洋文化的"器"或"用"而不承认它的"道"或"体"，或是只承认它的"物质"，而不承认它的"精神"。当时所以采取这种态度的原故，也许是由于对西方文化根本没有澈底了解，只见到了它的

"用"，而未见到它的"体"；也许是由于以为他们的"体"不配我们采纳，而只有"用"足供我们借取。无管当时所以取那种态度的理由是怎样，但只采取了西洋文化的一半（至少现在我们认为只取了一半），却是无疑的。这种"二元"的论调，现在几乎已成了公认的错误。继这种硬性的二元论之后，便是现在所流行的调和中西文化论。这一派以为东西文化各有所长，亦各有所短，所以我们应当去自己之所短，取他人之所长，舍他人之所短，保自己之所长，而藉此望能产生出（不创造出）新的文化来。这种态度能否站得稳的问题，我们暂且留在下面讨论。我们现在只愿指出，这一派人比起硬性的"二元"论者，已经有许多进步。他们一方面是更勇敢了，更比较走向极端了；一方面却与西方文化取得更多的妥协，将原来的顽梗态度软化了许多。这一派人不只承认了西方的"用"，在他们的"体"中也发现了长处，并且以为这些长处可取。所以若用数目字来计算这种动向，我们可以勉强的说，"中学为体，西学为用"论只承认了西方文化的二分之一，现在的东西文化调和论却已承认了西方文化的四分之三。所以这种动向中，我们接近西方文化是愈来愈增加的。现在竟已与全盘西化论接近了。这种动向不管是由于有意识的推进，还是由于无意识的变化，不管是我们所喜欢的，还是我们所嫌恶的，但它确是史实。

我要指出，七十年前的道器之说，或四十年前的体用之说，可以说是重中轻西的折衷办法，而非像张先生所说的"硬性的'二元'论"，或是"承认了西方文化的二分之一"的中西各半的主张。而后来的流行的调和中西文化论，还是多偏于中西各半的主张。不过在中西各半的折衷办法正在流行的时候，所谓承认了四分之三的折衷论调已逐渐的抬头起来。张先生对于折衷各派的看法，固有与我们有了多少差别之处，但是他们所举出历史的趋势，是我们对于西方文化愈承认愈多，而接近于全盘西化的理论，这是无可疑的。

不但这样，若照张先生的看法，则所谓"现在所流行的调和中西文化论"既"已经有了许多进步"，将原来的顽梗性软化了许多，而"承认了西方文化的四分之三"，而接近于全盘西化的理论。而同时，张先生在《西化问题之批判》一文里，还觉得这种所谓"承认了西方文化的四分之三"的，"现在所流行的调和中西文化论"，还是不够澈底。这就是说，没有张先生所主张的根本西化那么澈底。则张先生所主张的根本西化之愈接近于全盘西化论，更是可想而知。张先生之所以非常表同情于全盘西化论，就是这个原故。

关于第二点，这就是全盘西化论可以说是一种动人的情调。张先生在《西化问题的尾声》一文里说：

> 然则……君何以很同情这种（全盘西化的）主张呢？对于这个问题，我只能这样答："全盘"的主张，代表一种态度，一种要求，一种情调。这

种理论是对调和中西论的有力反应，所以在大体上，是值得人同情的。

此外，张先生在这篇文里的最末一段又说：

> 我们这样的批评陈序经教授的全盘西化论，却不要忘了他这次坚决主张全盘西化的功绩。若不是他取这样极端的态度，在广州在北方都不会引起这样热闹的争论；也不会把由读经出发，而文化统制，而文化建设的运动，被大家一盆凉水泼上去，浇得再也抬不起头来；也不会这样确定了我们澈底西化，永不再犹豫的态度！矫枉往往过正，但它的影响不能抹煞。

我要声明，我的全盘西化的主张是矫枉过正。因为这种主张不只是像张先生所说，是一种历史的趋势，是一种情调的表示，而正像张先生所说，是一种要求，而且是正当的要求，急迫的要求。其实，自民国二十四年的热烈的西化问题的讨论，而特别是抗战以后，我更觉得这种主张是中国的唯一的出路。所以尽管在理论上，虽然还有不少的人们呐喊向后转，主张开倒车，然而事实上，不只我们不应该这样的做，而且时代的趋势也是推动我们趋在全盘西化的路径。

除了张佛泉先生的思想之外，我们在这里可以略谈胡适之先生的态度。

胡适之先生是主张西化很力的人，这是大家都知道的。据胡先生说，一九二九年他曾用英文为《中国基督教年鉴》写了一篇《中国今日的文化冲突》（The Cultural Conflict in China），里面曾用过 Wholesale Westernization 与 Wholehearted Modernization 的字样，可惜我们到今还没有看过这篇文章。但是照我个人的观察，在我未在《独立评论》一四二号发表《关于全盘西化答吴景超先生》一文以前，胡先生的整个思想不能列为全盘西化派，而是偏于根本西化论。当我这篇文发表的时候，胡先生在《独立评论》上写了一篇《编辑后记》，始显明表同情于全盘西化的主张。他说：

> 现在的人说"折衷"，说"中国本位"，都是空谈。此时没有别的路可走，只有努力全盘接受这个新世界的新文明。全盘接受了，旧文化的"惰性"自然会使他成一个折衷调和的中国本位新文化。若我们自命作领袖的人也空谈折衷选择，结果只有抱残守阙而已。古人说："取法乎上，仅得其中；取法乎中，风斯下矣。"这是最可玩味的真理。我们不妨拚命走极端，文化的惰性自然会把我们拖向折衷调和上去的。关于这个问题，我将来也许作专文发表。此时我只借此声明，我是完全赞成陈序经先生的全盘西化论的。

在我的《再谈"全盘西化"》一文里，我虽然指出胡适之先生与我的意见究竟有了差别之处，可是胡先生的这种同情，对于当时的全盘西化的主张，可以说是壮了不少的声势。而且没有多久，胡先生又在《大公报》上发表一篇"星期论文"（民国二十四年三月三十一日），题为《试评所谓"中国本位的文化建设"》。这篇文章也引起不少的讨论。我在上面也曾摘录了几段话，去说明他对于十教授的宣言的看法是那篇宣言是趋于复古的主张，我现在且把他这篇文章里的最后两段关于主张全盘西化的意见，抄录于下：

> 我的愚见是这样的：中国的旧文化的惰性实在大的可怕，我们正可以不必替"中国本位"担忧。我们肯往前看的人们，应该虚心接受这个科学工艺的世界文化和它的背后的精神文明，让那个世界文化充分和我们的老文化自由接触，自由切磋琢磨，借它的朝气锐气来打掉一点我们的惰性和暮气。

总之，在这个我们还只仅仅［只］接受了这个世界文化的一点皮毛的时候，侈谈"创造"固是大言不惭，而妄谈折衷也是适足为顽固势力添一种时髦的烟幕弹。

到了六月二十三日，胡适之先生又在《大公报》发表《充分世界化与全盘西化》一文。胡先生因为要想免除一切琐粹的争论，与得着一般人的同情的赞成，因而提议以"充分世界化"这个口号来代替"全盘西化"这个名词。我当时对于胡先生这种提议表示反对，因作《"全盘西化"的辩护》一文，登在《独立评论》一六○号。这篇文章现在也收在《东西文化观》第二部分《折衷办法的批评》的第十六章，这里不必再述。平情而论，胡先生虽然提议用"充分世界化"这个口号去代替"全盘西化"这个名词，然而事实上，胡先生后来所主张的充分世界化与全盘西化并没有多大分别。所以他在西化问题的态度上，不只是始终接近于全盘西化的主张，而且大致是同情于全盘西化的理论。所以在我的《"全盘西化"的辩护》发表之后，胡先生又写了一篇《答陈序经先生》，登载于《独立评论》一六○号。胡先生在这篇文里虽然指出，他与我对于西化上的有些不同之点，然而他也声明，我们的意见相差并"不很远"。

上面所说的国人之趋于全盘西化的主张，大概是注重于团体或个人的本身上的先后的不同方面。这就是说，他们本来是主张本位文化、折衷办法，以至根本西化，而后来却趋于全盘西化的主张，或是同情全盘西化的理论。我们现在可以把民国二十四年那一年中的一般赞成全盘西化的主张的代表人物的思想，略为解释。

在好多赞成全盘西化的主张的言论中，沈昌晔先生在《国闻周报》十二卷十四期所发表《论文化的创造》一篇长文，是很值得我们注意的。沈先生不只是极力赞同全盘西化，而且以为全盘西化是创造中国新文化的出路。他说：

> 我以为现在文化界的领袖们，应放大了胆来做采纳整个西洋文化以培养中国的新精神的运动。不应怕全盘西化有成为西洋文化的附庸的危险而不取，却应以大胆的魄力驾驭整个西洋文化，使中国采纳后的消化有良好的经过。这是创造中国新文化的出路！

他又说：

> 要是不采纳整个的西洋文化，而在因袭的圈子里发扬中国的文化遗产，也难以适应世界文化的。即使有几点所谓卓越的文化的性征，注射到这个犯危症的文化病人身上，因为是固有的缘故，至多稍稍兴奋一下，仍培养不成新的文化精神。即使再加几种西洋的有价值的贡献综合投之，也因西洋的贡献脱离了本体而失其效力，投入之后，又敌不过这个文化病人的旧精神，自然一样的难以养成一种新的精神。必须用西洋整个的体系注射下去，使这个文化病人脱胎换骨，排斥了旧精神，然后，才能把新精神渐渐养的。而因为这里面的血是中国的，所以养成的仍是中国的新精神，而不是西洋的，而可以与西洋文化相适应。有了这种新精神，不愁不发出创造的力量。

他在这里又接着而批评张季同先生道：

> 张先生不是说过"中国人不是不会发明，是能发明能创造的，然刚发明一点，刚创造一点，便满足了，便停止不进"的话吗？这话正足以说明以中国的固有的文化遗产来创造中国的新文化是落空了。何况张先生还不能确定地找出该要发扬的中国文化的特色呢！这样，不采纳整个的西洋文化，又有什么办法？

沈先生又说：

> 创造中国的新文化，不能依靠因袭的旧精神。因为现存的中国精神，不足以适应世界文化的趋向，更不足以创造新的文化，而反足以阻碍时代的进展，所以必须淘汰现存的中国精神，而培养中国的新精神。

总而言之，西洋文化是世界文化的代表。只有从西洋文化里，才能够培养中国的文化的新精神。我且再抄他二段话于下：

> 现在所谓世界文化是以西洋文化为代表，采纳整个西洋文化以养成中国新的精神，正是建设中国本位文化的先声。除了西洋文化外，有那一种力能使中国培养成一种可以适应世界文化的泼剌剌的新精神呢？

> 所以中国新精神的培养，应借助于西洋文化之力，也惟有西洋文化能淘汰中国要不得的旧精神。

又如，在《独立评论》一六三号所登载区少干先生的《我们此时此地的需要是什么》一文，也是赞成全盘西化的主张的。区先生指出，《中国本位的文化建设宣言》是"跳不脱'中学为体，西学为用'的老嫌疑"。他说：

> 如果我们再推进一步，简单可以说，全盘西化也就是中国本位文化。怎么说呢？既然本位的解释，是此时此地的需要，那么这个"本位"的确立，全要看评价人估出此时此地的需要是什么而定。如果有人指出中国此时此地的需要，要印度化，那么印度化便是中国的本位文化。如果有人指出中国此

时此地的需要，要全盘西化，那么全盘西化，也就是中国本位文化了。"本位文化""全盘西化"，根本就不能成立两个对立的名词。但这种名词，最能挑拨起一大块感情的说话，感情的说话最足以障碍一切真理的发现。因为在民族感情上，这两个名词显然含有"敌""我"的意义。如果我们不要这种挑拨感情的题目，而代以我们此时此地的需要是什么，或许我们会得到比较具体而有意义的结论。守旧的态度就不容易渗进去。

我们此时此地的需要是什么？不妨拿十教授的话来看："总括起来，中国此时此地的需要就是：（一）充实人民的生活。（二）发展国民的生计。（三）争取民族的生存。"要完成这三项大计，如果我们仔细计算规划起来，恐怕不容我们争论，事实上，便是全盘西化。

区先生又说：

我们要完成这三项大计，所需要的是不是行政效率的增加？交通网的完成？矿产水利的兴发？科学的工业化？医药和公共卫生的改进？教育的普及？外交与国防的充实？……这些这些，一切一切，可怜都不是我们固有文化所能为力，所以"本位文化之建设"发为空论则甚容易而且堂皇，具体指陈则很难甚或竟不可能了。

他又说：

我们自有历史以来，都以复古为标准的，复古复了二千余年了。破关以后，持折衷调和之论者，也有数十年了。还是寻不得出路。我们这时正不妨开明主张接纳这个代表世界文化的西洋文化！只要国家不亡，固有文化是亡不了的。

又如，郑昕先生在《独立评论》一六三号所发表《开明运动与文化》一文，也是赞成全盘西化的。郑先生这篇文章，是在胡适之先生的《充分世界化与全盘西化》一文之后而写的。胡先生提议以"充分世界化"的口号代替"全盘西化"的名词，郑先生好像是读了胡先生的文章之后，而提出抗议，所以这篇文章是批评胡先生的不澈底的西化态度。郑先生说：

适之先生的开明运动，来源是西方。适之先生是服膺西学的人，我们希望他肯全盘领悟西方文化，也大胆的全盘接受西方文化；不要只看重西洋的"用"，而进一步把握西洋物质文明所自出的"体"——文化本身。

他又说：

譬如再生运动，是西方文化主潮的一大关键。再生运动，是重新发现被中古埋没的自我与自然。我们试问：人的发现与自然发现工作，我们做过没有？自然的研究，自然的欣赏，几乎与我们无缘。推开这层不论，只就"人的发现"来说，我们的社会，除了一堆互相依赖的关系的人外，很难找出独立的，自由的，自主的人。"自主"（Autonomy）二字，说出多么容易，而在实际上履行，多么难能。真正的自主的原则确立了，通行了，则道德上，政治上，法律上一切的争论等于空话。一个完全自立的人，你将他摆进新社会也好，你将他摆进"旧"社会也好；你叫他在泛系主义的德国、意国也好，你叫他在俄罗斯也好；你将他摆进君主立宪英国、日本，或民主政体的法国、美国，都无不可。因为他配作一个真正的好公民，好党员；因为他根据自主、自由的原则，利他而不利己，至少是利他胜于自利。自由决不是放纵，决不是任意。自由的遵守法律，而不是任意的不守法守律；自由的尊重人己的道德人格，而不是任意毁坏人己的道德人格。所以一个平淡无奇的再生时期的"人的发现"的原则还不能履行，则一切的社会革命与文化事业都是空谈。西洋的思想是一贯的，而其政体上的改变，只是外形。我们确确实实的相信，欧洲的国家，不管是什么政体，都妨碍不了整个民族的精神上与物质上的进步。譬如德国，不管是如现在在欧战的老元戎兴登堡当国——这位可敬的战士，死去已经一年了——或是极右的国家社会主义的希特勒，或是共产党的泰尔曼上台，我们相信他们人民爱公乐群的观念，决不因之减轻。尽管是敌党敌派，而能各站在大学门前的一旁，雍容的各散各的传单，在同一的街道上，各讲各的政策，住在同一个院子里，而能各做各的工，各尽各的职，而决不夹私人的仇恨与忌妒。这种公私分开、和平礼让的气象，那是我们自称礼义之邦的中国社会里所可想像的？

这段话所说的德国的情形，现在看起来也许稍为出入，然而希特勒主义既不疑要被打倒，而德国不久又无疑的会恢复回像郑先生所说的一样。目前德国的情形不只是暂时的，而且是例外的。而况就以目前的德国来说，其国内的人民状况，不只并不像我们所想像那么坏，恐怕比了一些文化落后的国家还好得多。所以西洋的整个文化的基础，并不因了希特勒的上台，或此次的战争而摇动。而且正像郑先生所说，西洋的各国文化是有了一个共公的原则，共同的色彩，而使我们能够全盘的效法呵。

此外，又如黄尊生先生在民国二十四年所出版的《中国问题之综合的研究》一书里的态度，也可以说是偏于全盘西化的主张的。他以为"中国此时实在应该决定他的态度，对于世界文明无条件的全盘接受"。

再如，朱谦之先生在同年所出版的《文化哲学》一书里，也有下面一段话：

> 许多人主张全盘西化，以为这就是中国文化的唯一出路，这话我绝不反对。我们尊重过去的文化，然而过去的文化，须经过今我的创造活动，而后才有存在的意义。所以一切真的文化，都是现代的文化，也都是适合于现代的文化。不然所谓过去的文化，只是糟粕而已，无生命的木乃伊而已。我们

就现代的中国文化来看，无论从那方面，都是宣告西方文化之侵入与本国文化之破产，所以现阶段的中国文化，自然而然的已经走上科学文化的路上。我们越充分理解中国文化的现阶段，越发现中国文化如不想继续创造则已，要想继续创造，则必须有一个物质的基础。所以全盘承受科学文化，即所以促进中国的新文化。所以凡为现阶段文化所应有尽有的，都可以大量地欢迎他。

我上面不过是将趋于全盘西化的主张，或赞成全盘西化的理论的一些例子，加以说明，然而，在民国二十四年的国人对于西化的态度的改变，而尤其是趋于全盘西化的主张的方向，已可概见。

第九章　廿四年的全盘西化论（三）

全盘西化的理论，在民国二十四年那一年，不只是像我们在上面一章所说，引起发表所谓《中国本位的文化建设宣言》的十教授对于西洋的文化作进一步的认识，而且引起一般的国人对于西洋的文化作进一步的承认。关于这一点，我们可以把几位代表的人物的态度的改变，而分为几方面来说明。

我们先说明，最初对于十教授的《中国本位的文化建设宣言》有过相当或多少的同情，而后来却变其态度的，例如吴景超先生。我在上面已经指出，《中国本位的文化建设宣言》在表面上、在词句上，虽是很像老生常谈的折衷论调，可是在事实上、在骨子里，却是偏于复古的途径。吴先生所宣言"我们可以说不是事实上或骨子里的复古的趋向，而乃表面上或词句上的折衷的办法"，这种折衷的办法既为吴先生个人所赞同，所以他对于全盘西化的主张遂处于反对的地位。为了反对全盘西化的主张，吴先生曾在《独立评论》第一三九号发表了一篇《建设问题与东西文化》。吴先生在这篇文章里，劈头就以为胡适之先生在《独立评论》第七七号所发表的《建国问题引论》一文是偏于折衷的主张，于是又指出十教授的《中国本位的文化建设宣言》是偏于这种主张，然后告诉我们"这种折衷的态度，我个人是很赞同的"。同时，他又接着说：

> 不过对于东西文化的态度，除却折衷这一派以外，至少还有两派，是站在两个极端的：一派主张全盘接受西方文化，一派主张复返中国固有文化。在这两派之中，第二派没有讨论的价值，因为至今还没有看到这一派能提出一种在理论上站得住脚的主张。而且这一派的势力，在青年中可谓薄弱已极，不久自归淘汰，我们也不必枉费时间来与他们辩驳。主张全盘接受西洋文化的人，不但有鲜明的主张，而且有理论作他的根据。现在我愿意把这一派的理论检讨一下，后再说折衷派此后应有的工作。

吴景超先生的这篇《建设问题与东西文化》的目的，就是批评全盘西化的理论。吴先生又说：

> 在文化社会学中，派别是很多的。美国现在流行的一派，注重于文化的分析。在他们分析文化时，有一个基本的概念，便是文化单位。每一个文化单位，有其特殊的历史，有传播性，但最要紧的一点，就是这些单位不能独立存在，每与别种文化单位，混合而成为文化集团。陈序经先生在美国时，大约受过这派学说的影响，所以数年前他在《社会学刊》二卷三期中，发表了《东西文化观》一篇文章，便提倡全盘接受西洋文化。

吴先生在这里说，我是受了美国的文化社会学派的影响而提倡全盘西化，我虽然不能否认我没有受过美国的文化社会学派的影响，然而我在这里也得声明，我主要的并不是受了这个学派而始提倡全盘西化的。关于这一点，我在本书的首数章里已经说明，这里不必再述。

吴先生在上面那段话所说，我在《社会学刊》二卷三期中所发表的《东西文化观》一文，就是民国十九年我在德国所写，而在民国二十年春所发表的那篇文章。而吴先生在他的《建设问题与东西文化》一文里所批评的全盘西化的理论，也就是以这篇《东西文化观》为对象。

自吴先生发表了他的《建设问题与东西文化》之后，我乃写了一篇《关于全盘西化答吴景超先生》，登在《独立评论》一四二号。我要指出，我这篇文章在当时的影响相当的大。一般表同情于全盘西化的主张的人们，像胡适之、张佛泉诸先生，固以这篇文章为根据；而一般反对全盘西化的主张的人们，也多以这篇文章为目标。本来全盘西化的理论，除了吴景超先生所述我的那篇《东西文化观》之外，我在商务印书馆所出版的《中国文化的出路》，以及民国二十三年广州的全盘西化的讨论的文章，以至《全盘西化言论集》，都已发表不少。然而正像我在上面所说，民国二十〈三〉年的东西文化的论战，主要只限于广州一方面，而且那些关于全盘西化的主张的著作，尚未流行很广，所以吴景超先生既还以我的《东西文化观》一文，以为批评全盘西化的理论的对象。而在我的《关于全盘西化答吴景超先生》一文发表之后，又成为赞成或批评全盘西化的主张的主要目标。

我的《关于全盘西化答吴景超先生》一文发表之后，除了胡适之先生在《独立评论》的《编辑后记》写了一段赞同的话之外，张佛泉先生曾在《国闻周报》十二卷十二期发表了《西化问题之批判》一篇长文。张先生的文章也是表同情于全盘西化的，不过他提出几个疑问，我因而又草一篇《再谈"全盘西化"》，登在《独立评论》一四七号。吴景超先生读了我的《关于全盘西化答吴景超先生》，而尤其是我的《再谈"全盘西化"》之后，也在《独立评论》一四七号发表了《答陈序经先生的全盘西化论》一文。他除了辩护他自己的立场与批评我的文章之外，还"希望我们因讨论这个西化问题，也许可以得到一个最低限度的共同信仰"。

我以为吴先生在《答陈序经先生的全盘西化论》一文里的态度，比起他的《建设问题与东西文化》一文里的态度，已经变化得很利害。因又草了一篇《从西化问题的讨论里求得一个共同的信仰》，登在《独立评论》一四九号。这篇文章，以及《关于全盘西化答吴景超先生》一文，现在均收入《东西文化观》的第二部分《折衷办法的批评》的第十及第十一两章。我在《从西化问题的讨论里求得一个共同信仰》一文里指出，吴景超先生在《答陈序经先生的全盘西化论》一文里的态度变更之厉害，是出乎我的意料之外。我在这里不必再加重述，我只愿意把我的结论摘录于下：

> 若照吴先生所说的四种采纳西洋文化的态度，而用张佛泉先生的算术方法加起来，则吴先生正像了张先生所说"已承认了西方文化的四分之三"以上，而"竟与全盘西化论很接近了"。

我因而又说：

> 吴先生既承认了西方文化的十二分之十以上，那么吴先生之所异于全盘西化论者，恐怕是厘毫之间罢。

我想这个结论大致是不错的，而且后来吴先生又在天津《大公报》（民国二十四年七月七日）[又]发表了《自信心的根据》一文。吴先生在这篇文里所说的话，是证明我这个结论的，我愿意把这篇文里的几段话抄在下面。吴先生说：

> 近来讨论中西文化的文章里，有几篇具体的条举中国文化的优点。胡适之先生说：我们固有文化有三点是可以在世界上占数一数二的地位的，第一是最简易合理的文法，第二是平民化的社会构造，第三是薄弱的宗教心。梁实秋先生也提出三点：第一是中国的菜比外国好吃，第二是中国的长袍布鞋比外国舒适，第三是中国的宫室园林比外国的雅丽。张熙若先生在中国的文化中看中了两点（按：张熙若先生也提出了第三点，这就是中国饭），便是宫殿式的建筑及写意的山水画。此外对于这个问题发表意见的还有，但我还没有看到一篇文章，能条举中国文化的优点到十项以上，尚能持之有故，言之成理的。拿中西的文化互相比较，我们固有的文化，相形见绌，这大约是不可否认的事实了。

我们可以说，吴先生在这里，是有意，是积极的，近于全盘西化的理论了。其实，胡适之、梁实秋、张熙若三先生所各提出的三种优点，还大有讨论的必要。我们对于这点，这里不必提及。但是我们可以说文化的各方面或成分是千绪万端，把胡、梁、张三先生所揭出的各种优点总共起来，也不到吴景超先生所说的十项以上。那么，"拿中西的文化互相比较，我们的固有的文化相形见绌"，这无疑的是不可否认的事实了。

中国文化既若此之落后，那么中国之需要西化，中国之需要全盘西化，而且要赶快的[要]全盘西化，这也无疑的是不可否认的事实了。

不但这样，吴先生不只指出中国的文化的落后，而趋于全盘西化的主张，而且指出我们不应因文化的落后而丧失了我们的自信心。吴先生说：

> 有些人考虑了这些事实之后，便丧失了自信心，以为我们的文化既不如人，便是我们这个民族不如别人的证据。天演的公例，是优胜劣败，所以中

华民族的前途，是很黑暗的，是没有希望的。

我们以为这种推论是错误的。自信心不应该建筑在某一时期的文化成绩之上，是凡有历史观点的人都承认的。假如在某一时期中，因为自己的文化成绩不如别人，便丧失了自信心，那么在金字塔的埃及时代，希腊罗马人的祖宗，应当没有自信心了。同样，在希腊罗马的黄金时代，英、德人的祖宗，假如把自己的文化，来与他们对比一下看，见别人的伟大，回顾自己的鄙陋，岂不是更要丧气吗？然而希腊罗马人，以及英人、德人，并不因为一时的落伍，便丧失了急起直追的勇气。他们都是有自信心的，所以都能产生一个更伟大的时代。

吴景超先生这种理论，可以打破一些迷恋复古的人以至折衷的人的最普遍的偏见，以为文化的丧失是民族丧失的表征。吴先生又说：

> 以上所说，只能消极的扫除疑虑，还不能积极的鼓起信心。我们如想增加大众对于自己的信心，还要提出别种证据来，作他们自信的基础。这种证据，并不难求。我们只要离开文化的领域，走入生物的领域，离开文化而谈民族，离开后天的而谈先天的，离开环境而看遗传，就可以发现我们中华民族，是一个伟大的民族，是有一个灿烂的将来的。

吴先生进而举出我中华民族有了两点优点：一为适应自然环境的力量，一为聪明才智与任何民族比较都无愧色。吴先生对于这两点，曾加以详细的解释，并找出事实来证明。而他的结论是：

> 这些事实是可以作我们的自信心的根据的。我们的遗传的优越，使我们自己对于前途，觉得颇有把握。我们现在不如别人，正如在万米赛跑中，有一刹那，在别人的后面几步似的。只要我们的脚劲不差，急起直追，那么在一二圈之后，不见得不能超过他人。换句话说，我们在这个时候，应当赶快吸收别人的长处。我们的先天的根底本来不差，所以在这点上，应该不会有什么不能克服的困难。等到我们的文化基础与别人一样的广厚的时候，我们在各方面的贡献，不问他是科学还是艺术，是哲学还是文学，也一定不亚于人，正如德人不亚于英人一样。这种自信心，我们是应该有而且是可以有的。

吴先生本来是一位赞同《中国本位的文化建设宣言》的折衷派，他在《答陈序经先生的全盘西化论》一文里，既改变了他在《建设问题与东西文化》一文里的态度，而在《论自信心的根据》这篇文里，又有意的积极的近于全盘西化的论调。同时，他又指出我们的文化的落后，而要急起直追，去效法人家。他更提出好多的理由去说明，在我们西化之后，我们还有一个灿烂的将来。我们可以说，吴先生这里所说的理由，正是我们主张全盘西化的好多理由中的一些有力的理由。

又如，张季同先生在《国闻周报》第十二卷第十期上曾发表《关于中国本位的文化建设》一文，也赞成十教授的宣言，张季同先生说：

> 近年以来，在复古及纯欧化两种主张之外，原也有人主张兼综东西两方之长，发扬中国固有的卓越的文化遗产，同时采纳西洋的有价值的精良的贡献，融合为一而创成一种新的文化，但不要平庸的调和，而要作一种创造的综合。我在前年的一篇旧文（《世界文化与中国文化》，载在民国二十二年六月十五日的《大公报》"世界思潮"周刊）里，即曾如此主张，其中所表示的意思，大体上是与十教授的宣言所说相同的。然而提出"中国本位的文化"的明确口号来，却自此宣言始。宣言中所说，大体上，是国人所当接受的。

他又说：

> 所谓中国本位文化建设的主张，更显明的说，其实可以说是"文化的创造主义"。不因袭，亦不抄袭，而要从新创造。对于过去及现在的一切，概取批评的态度；对于将来，要发挥我们的创造的精神！宇宙一切都是新陈代谢的，只有创造力永远不灭而是值得我们执着的。
>
> 惟有信取"文化的创造主义"而实践之，然后中国民族的文化才能再生；惟有赖文化之再生，然后中国才能复兴。创造新的中国本位的文化，无疑的，是中国文化之惟一的出路。

我应当指出，张季同先生在这篇文里所主张的中国文化的出路，是与十教授的宣言有了不少不同的地方。然而大体上，正像张先生所说，他是赞同十教授的《中国本位的文化建设宣言》的。

张季同先生的《关于中国本位的文化建设》一文发表之后，沈昌晔先生曾在《国闻周报》十二卷十四期发表一篇《论文化的创造——致张季同先生》。沈先生的长文是站在全盘西化论的立场而批评张先生的。张季同先生自受了沈昌晔先生的批评之后，又在《国闻周报》十二卷十九期上发表一篇《西化与创造——答沈昌晔先生》。在这一篇文里，我们也可以看出张季同先生的态度有了不少的变化。我们且看张先生说：

> 当然，中国文化与西洋文化，除地域的不同外，尚有时间上阶段上的不同，中国文化是落后的，西洋文化实优于中国的，因而中国在文化中应保持而发展者少，西洋文化应介绍而吸收者多。

所谓"中国文化是落后的，西洋文化实优于中国的"，所谓"中国在文化中应保持而发展者少，西洋文化应介绍而吸收者多"，都可以说是很肯定主张根本西化，或是西化本位，所以我们在这里至少可以说，张先生是从中国本位而变为卢观伟先生所说的"西化本位"了。

其实，张季同先生不只是从中国本位而变为西化本位，而且有意的或无意的，他还趋于全盘西化的主张。我们且看他说：

> 中国文化不大注重物质方面，然而中国的物质文明也非无相当成就。西洋以物质文明为重心，然而西洋的精神文明实不在中国之下。实在说，把一个文化分为精神的、物质的二方面，只是一种勉强的分法，方便的分法。我们不能说西洋文明只是物质文明，西洋也有卓越的精神文明，也注重心的改造，这谁也不能否认。

张先生又说：

> 我决不承认应采纳的西洋有价值的精良的贡献，只有利用之学。沈先生所谓利用之学，当指科学。我则认为西洋文化的贡献，固以科学为中心，而决非只是科学。西洋的哲学，在质上，在量上，都是中国所不及的。文学亦然。这是因为中国文化是落后的，比西洋差了三百年。我说中国文化特重正德，西洋文化则特重利用，两个"特"字并不是虚字。谁能否认西洋也讲人性之发挥与改进呢？西洋人对身心修养方法之讲求，固或不及中国旧日的理学心学，然而西洋道德哲学研究之缜密，却远非中国所及。然而，西洋所特重的，却不能不说是克服自然，而非内心修养。我说中国特重正德，西洋特重利用，是说中国人认为正德居"首"，而利用居"次"；西洋则以利用居"首"，而正德为"次"。谁能说西洋文化"忽略"了人性之发挥与改进呢？忽略了这点，还成什么文化？

西洋的物质文化，既在中国的物质文化之下；而西洋的精神文化，又不在中国的精神文化之下。此外，西洋的科学，固是优于中国的科学；西洋的哲学以至文学，也是优于中国的哲学与文学。又西洋人固是特重利用，然而其道德哲学又远非中国所及。这么一来，西洋的文化无论那一方面都比中国为优，中国之需要全盘西化已无可疑。而况西洋的精神文化之于西洋的物质文化，既像张先生所说只是一种勉强的分法、方便的分法，而实际上这两方面既有了关系，既不可分开，那么采纳西洋的文化的一方面，则不得不采纳西洋的文化的别方面。西洋的文化的两方面——物质与精神——都要采纳，岂又不是成为全盘西化吗？张季同先生在这篇文里，在表面上，在词句上，虽像十教授的《我们的总答复》里一样的反对全盘西化的主张，然而在实际上，在骨子里，却也像十教授的《我们的总答复》里一样的趋于全盘西化的理论。这真是一件很巧凑的事情呵！

上面是指出，原来同情于十教授的《中国本位的文化建设宣言》，而后来却变化其态度而趋于全盘西化的主张的例子。我们现在且来解释原来主张或偏于折衷的办法，而后来却同情于全盘西化的论调的例子。这种例子，我们愿意以严既澄先生的态度来说明。严先生在十余年前，在《民铎》杂志三卷三期上，曾发表《评〈东西文化及其哲学〉》一篇文章，这是批评梁漱溟先生的《东西文化及其哲学》那本书。严既澄先生这篇文章的结论是：

> 东西文化不但有调和的可能，并且非调和不可。

这当然是一种折衷论调。但是在民国二十四年五月二十日的天津《大公报》上，严既澄先生所发表《〈我们的总答复〉书后》一文里，却又极力反对折衷办法，而主张全盘西化。关于严先生在这篇文里对十教授的《宣言》与《总答复》两文中的折衷态度的错误，以及其态度的变化，我们在上面已经说及。我们现在要再把他这篇文里一二段抄录于下，说明他主张全盘西化的态度的坚决。

> 须知天下本来没有如此恰满人意的中正的位置，那只能认作一个理想的虚点。记得十几年前，梁漱溟先生已经在他的《东西文化及其哲学》里指出中国人的特质为调和折衷。大概这种既不这样，也不那样的态度，就是这种精神的最澈底的表现。我们冷眼旁观，觉得近来似乎已有好多大事糊糊涂涂地被送断于这种态度中。因循敷衍，至于今日，眼看这个庞大的民族既不热烈的求生，也不痛快的求死，结果只有半死半活、不死不活地在那里苟延残喘。这种态度的来源便是中国人之想得太多、做得太少的老毛病。我们古代的圣人之所以不赞成三思而后行，也正是由于他知道想得太多的结果一定会成为行得太少。在事情还没有下手去做之前，先去把一切可能的流弊都想遍了，结果在畏头畏尾，徘徊瞻顾之余，一定会连一步也不肯向前走。其实天下事绝不能尽如人意，看准了目前必需去走的路子，便只有勇气直前，走到那里算那里。就是明知道这条路中途会发生某种危险，也只好到那时再想法子去挽救。这总比停留在歧口上去仔细揣摩那一条才是万灵的路好得多。调和折衷的精神，在中国整部历史上所产生的结果，到如今总算起来，实在是坏的多，好的少。而到了今日，一切事变都以异常的速度把我们向前推挤，再没有从前那样丰富的时光留给我们去迟疑瞻顾了，于是这样精神便立刻产生出异常重大的坏影响来。例如在三十年前，已有许多学者看出非学西洋无以自存，在十多年前，已有梁漱溟先生明白指出今后中国的出路只有"全盘接受西方文化"这一条，然而进二步退三步，直到今天，还有这许多著名的学者在那里舌敝唇焦地辩论"中国本位"抑"全盘西化"的问题，而近一年来跟着这种辩论发生出来的复古的倾向更有沛然莫御之势，这都是我们的这种根深蒂固的民族性在那里作怪。"宣言"的十位起草者既然"对于任何复古的企图都取排斥的态度"，他们便应当注意中国本位的说法复容易被复古的国粹论者所利用，而且很容易把国人的这种徘徊瞻顾的根性勾引起来。结果就连他们所主张的择善而从的局部西化也永远达不到了。

我在这里只要指出，梁漱溟先生在其《东西文化及其哲学》里虽然用过"全盘接受西方文化"这个词句，然而梁先生却是一个主张复古的人物。这一点，我在别处已经说过，这里不必再述。而且凡是读过梁漱溟先生的文章的人，也很容易明白他也是犯了"不是这样，又不是那样"的态度的毛病。除了这些点外，大致上我是很赞同严先生在上面所说那段话。

在消极方面，严既澄先生既反对本位文化，反对折衷办法；在积极方面，他又赞成全盘西化的主张。照我个人的意见，严既澄先生这篇《〈我们的总答复〉书后》，是一篇赞成全盘西化论的一篇很有力的文章。从我在上面所抄录那段话，就可见得他的痛快淋漓的说法，而其最能动人的，是下面所说一段话：

> 我有一回曾经对一位国粹主义者的朋友说："我现在就算完全承认你的话，凡是中国所有的东西都是好的，值得永久保存的；然而在目前的强盗的世界里，正是秀才遇着兵，有理讲不清的时候。我们总得把别人拿来欺负我们、剥削我们的种种东西先拿在手里，然后能够和他们一同生存。就算人家各国的文化都是坏到要不得的，我们也只好去学，因为非如此不能自立。人家各国所同有的叫作通性，我们所独有的叫做特性，我们如今所当作的事就是要努力习得人家的通性，然后以此来保存我们的特性——假定我们的特性是值得保存的。正如一个圣人不幸而生活于一群蛮不讲理的强盗之中，他既不能掉三寸不烂之舌去说服他们，只好学会了他们的武艺来保持自己的生命。等到打得他们过之后，再拿他自己的一套大道理来向他们卖弄宣传，也未为晚呀。"

总而言之，赞成全盘西化的一般言论之能有如严既澄先生的这种急进的，实在是不可多见的。

此外，我在这里可以顺便的提及文学社等十余团体及上海百余位名流，在《新生周刊》二卷二十一期上所发表的《我们对于文化运动的意见》。我知道，署名发表这篇意见的人，有了一部分好像曾同情于折衷的论调，而且署名发表《中国本位的文化建设宣言》的十教授中，也有了署名发表这篇意见的。然而这一篇意见，可以说是表同情于全盘西化的主张的，所以怪不得有一位反对全盘西化的徐北晨先生，曾在民国二十四年六月二十二日的《晨报》"晨曦"上，发表了一篇《主张西化的又一群》。他在这篇文劈头就很焦急的说："关于胡适、陈序经二先生全盘西化论的不当处，及其所含的危险性，国内学者已有很多人出来加以驳斥了。但当我读了六月十五日出版的《新生》周刊第二卷第二十一期时，却知道还有主张西化的另一群。"

文学社等十余团体及上海百余位名流发表的《我们对于文化运动的意见》，"希望国人注意"，可惜事实上国人对于这篇意见，始终没有给过相当的注意。因此我们愿意摘录这篇意见里几段话，以供国人参考：

> 在帝国主义间利害日益加甚的今日，处在被侵略的地位的我们，自不能

不打算自救。自救运动发生的当儿，议论纷纷是必然的。不过，不问病人的症候如何，只是胡乱用药，其结果不但不能把病减轻，甚且会招来更大的危险。近来弥漫各地的复古的呼声，我们以为是并不对症的一味药。

我们相信复古运动是不会有前途的。假如读经可以救国，那末，"戊戌维新""辛亥革命"全是多事了，假如"中学为体，西学为用"的主张可以救国，那末，李鸿章、张之洞早已成了大功了。时势已推演到这个地步，而突然有这种反动现象发生，我们虽然明白其原因并不简单，但不能不对这种庸妄的呼号，指出问题的症结所在而促其反省。不错，中国民族必须有自信心，信赖我们的自己的能力；我们不愿作帝国主义者的奴隶，我们要从现在的次殖民地的政治局面挣扎出来，我们要完成民族解放的功业。这一切，并不是憧憬于过去的光荣就可以成功的。一切破落户捧着废址上的残砖碎瓦，以为这就可以重建楼台，谁都知道只是一个愚妄的梦想！

我们以为民族的自救，除了向"维新"的路上走去，再没有别的办法了！

一切建设事业，军事设备，都需要最进步的物质文明的帮助，惟有文化工作，却故步自封，不愿受外来的影响，这岂是可能之事？

凡伟大的民族差不多都吸收外来的文化。罗马帝国是全盘的承受了希腊文明的。中国的文明到底有几分之几是纯粹的"国粹"，也大是疑问。国乐器的"胡"琴便是疆"胡"物；所谓长袍马褂的礼服也是"胡"服；最初的床，被称为"胡"床；民间最流行的"烧饼"就是"胡"饼。如果除去外来的成分，样样都要国粹，就非恢复"席地""鼎食""车战""汉衣冠"不可。这是谁都知道的。那末，为什么对于"文化"生活，却非要求读经作"古文"不可呢？

所以复古运动的结果，将是一服毒药，对于民族前途，绝对没有起死回生的功效！

我们不忍坐视这愚妄运动日渐发展，故敢竭其微忱，宣言如右，希望国人注意！

这篇宣言从整个来看，是侧重于攻击读经与存文的运动。然而我在上面所摘录那数段话，是无疑的是为着一般的复古的趋向而发的。此外，宣言里也有多少可以商榷的地方，例如"文化"两字，有时用以包括物质、精神两方面，有时又好像只指着精神生活方面。但大体上我们可以说，他们的态度是很显明的。他们在消极方面，指出过去的光荣已成过去，而目下所遗留的"残砖碎瓦"决不能重建楼台，这可以说是全盘否定中国的固有文化；他们在积极方面，指出凡伟大的民族差不多都吸收外来的文化，而且以为"罗马帝国是全盘承受了希腊文明的"，这是明明白白承认全盘西化的可能与全盘西化的必要，而表同情于全盘西化的主张了。

结论　廿四年后的全盘西化论

七年前，我在《国闻周报》第十三卷第三期曾发表过一篇《一年来国人对于西化态度的变化》。我曾指出，七十年来，国人对于西化这个问题讨论得最为热闹的，要算民国二十四年那一年。我并且指出，经过这一次讨论之后，主张复古的人固已逐渐绝迹，主张折衷的人也已逐渐减少，只有主张根本西化与全盘西化的人日趋日多。从民国二十五年至民国二十六年，国人对于西化这个问题的讨论，虽不像民国二十四年那么热烈，可是国人的态度是趋于根本西化与全盘西化的。七七事件发生以后，不但在理论上，我们觉得全盘西化的必要，就是在事实上，我们也是朝着这条路上走。所以在文化的物质方面，七七事件以前还有人提倡"大刀救国"，七七事件以后这种运动可以说是完全没有了；在文化的精神方面，所谓"民族至上""国家至上"，不只是一种口号，而且是一种事实。这都可以说是西化的结果，所以我们相信，全盘西化不只可以持久抵抗我们的敌人，而且可以建设一个强有力的国家。

我以为，凡是稍能留意于我国近代的历史与我们目前的需要的人，都很能容易感觉到全盘西化的必要。比方，蒋廷黻先生在抗战后所刊行的《中国近百年史》① 里，就很显明的指出全盘西化的必要。此外，片段的文章之作这种主张的也有不少。其实全盘西化论不是凭空造说，而是有了充分的理论以为后盾，有了显明的事实以为明证。正是为了这个原故，全盘西化的主张不只是对于数千年来的根深蒂固的复古论调，加以极澈底的打击，就是对于八十年来的老生常谈的折衷办法，也指出其根本的错误。这一点，凡是愿意把数年来国人对于西化问题所讨论的文章加以阅读的，都能容易明白。

然而，这并不是说在抗战时期国人对于全盘西化的主张是没有异议的。在抗战时期里，坚持绝对复古的言论固已绝迹，可是有意或无意的徘徊于折衷的谰调尚不乏人。照我个人的意见，这种有意或无意的徘徊于折衷的谰调的著作，比较上值得我们注意的，要算张申府先生所刊行的《文化教育哲学》一小册，冯友兰先生所发表的《新事论》十二篇，与贺麟先生在《今日评论》第三卷第十六期所发表的《文化的体与用》一文。这三位都是学哲学的，而且是以哲学的观点去解释西化这个问题。我个人对于哲学虽是门外汉，然却感觉到张、冯、贺三位先生，对于文化的根本原理却有不少曲解之处，因而草了《抗战时期的西化态度》一文，登在《今日评论》第五卷第三期，以供国人参考。

---

① 校按：书名实为《中国近代史》。

自我的《抗战时期的西化态度》一文发表，又引起关于西化问题的讨论。除了冯友兰先生与蔡枢衡先生等在《今日评论》发表文章之外，还有其他的文章在《今日评论》或其他的刊物发表。此外，除了吕学海先生在《今日评论》第五卷第九期发表《我们对于西化的态度》去重申全盘西化的立场之外，林抡元先生曾写了一篇批评蔡枢衡先生在《今日评论》五卷五期、六期所发表的《新中国的文明与文化》一文。此外，还有好多篇文章是讨论这个问题的。可是不久因为《今日评论》因印刷的困难而停刊，而这一场关于西化问题的讨论，也因之而中辍。

　　我在这里只要指出，在一这次的讨论中，一些怀疑全盘西化的理论的人们，所提出的理由至为薄弱，只看吕学海先生及林抡元先生的文章的人便能知道。又如，冯友兰先生在《今日评论》第五卷第六期所发表《答陈序经先生》一文，并没有握住讨论问题的中心，而只枝枝节节与断章取句，而且有些近于贻文弄墨；又从某方面来看，冯友兰先生是表同情于全盘西化的理论的。所以就我个人的观察，这一次的西化问题的讨论，不只更足以证明所谓折衷论调的穷途末日，而且更足以证明全盘西化的理论的健全。